2025 최신판

에듀윌 중졸 검정고시 핵심총정리 ①

과목별 핵심이론 + 모의고사

[국어] 김지상 [수학] 최주연 [영어] 유란

전과목 대비
&
최신 기출
개념 수록

43주 베스트셀러 1위 산출근거 후면표기

단 한 권으로
한 번에 빠른 합격!

1 빅데이터로 과목별 효율적 학습! 최근 3개년 기출 핵심 키워드
2 출제 예상문제로 실전 대비! 과목별 모의고사 2회분
3 과목별 빈출 복습! N가지 젤 중요한 개념

eduwill

에듀윌과 함께 시작하면,
당신도 합격할 수 있습니다!

집안 사정으로 인해
오랫동안 학업을 중단했던 늦깎이 수험생

외국 생활을 앞두고
한국 학력 인정이 필요한 유학생

학교를 그만두고
미래를 스스로 준비하는 학교 밖 청소년

누구나 합격할 수 있습니다.
해내겠다는 '열정' 하나면 충분합니다.

마지막 페이지를 덮으면,

에듀윌과 함께
검정고시 합격이 시작됩니다.

eduwill

85만 권 판매 돌파
177개월 베스트셀러 1위!

에듀윌이 만든 검정고시 BEST 교재로
합격의 차이를 직접 경험해 보세요

중 · 고졸 검정고시 기본서

중 · 고졸 검정고시 5개년 기출문제집
(24년 9월 출간 예정)

중 · 고졸 검정고시 핵심총정리

중 · 고졸 검정고시 모의고사
(24년 12월 출간 예정)

에듀윌 검정고시 합격 스토리

박○주 합격생

에듀윌 교재로 학습하면 고득점 합격 가능!

핵심총정리와 기출문제집 위주로 학습하면서, 취약했던 한국사는 기본서도 함께 보았습니다. 암기가 필요한 개념은 노트 정리도 하였고, 기출은 맞힌 문제와 틀린 문제 모두 꼼꼼히 살폈습니다. 저는 만점이 목표였는데, 사회 한 문제를 제외하고 모두 100점을 맞았답니다!

김○늘 합격생

노베이스에서 평균 96점으로 합격!

에듀윌 핵심총정리에 수록된 요약본을 토대로 나만의 요약노트를 만들고 반복해서 살펴보았습니다. 시험이 2주가량 남았을 때는 D-7 모의고사를 풀었는데, 실제 시험장처럼 OMR 답안카드 작성을 연습할 수 있었습니다. 검정고시를 준비하는 수험생이라면 이 두 책은 꼭 보기를 추천합니다~

노○지 합격생

에듀윌 기출문제집은 합격으로 가는 필수템!

저는 먼저 부족한 과목의 개념을 집중 학습한 후 기출문제를 반복해 풀었습니다. 기출문제집에는 시험 범위에 해당하지 않는 문제가 무엇인지 안내되어 있고, 출제 경향이 제시되어 있어 유용했습니다. 시험 일주일 전부터 전날까지 거의 매일 기출문제를 풀었어요. 제가 합격하는 데는 기출문제집의 역할이 컸습니다.

박○르 합격생

2주 만에 평균 95점으로 합격!

유학을 위해 검정고시를 준비했습니다. 핵심총정리를 통해 어떤 주제와 유형이 자주 출제되는지 알 수 있어 쉽게 공부했습니다. 모의고사는 회차별·과목별로 출제의도가 제시되어 있어 좋았습니다. 다들 각자의 목표가 있으실 텐데, 모두 원하는 결과를 얻고 새로운 출발을 하시길 응원할게요!

다음 합격의 주인공은 당신입니다!

더 많은
합격 스토리

eduwill

에듀윌이
너를
지지할게

ENERGY

시작하는 방법은
말을 멈추고
즉시 행동하는 것이다.

– 월트 디즈니(Walt Disney)

에듀윌 중졸 검정고시
핵심총정리

eduwill

" 합격을 가로막는 문제적 유형 "

시간 부족 유형

공부해야 할 과목은 6개나 되는데, 시험이 코 앞으로 다가왔다. 시간만 많으면 다 정리할 수 있을 것만 같다.

개념 부족 유형

아직 개념에 대한 이해 혹은 암기가 덜 되었다. 충분한 학습량을 확보하는 것이 필수적이다.

정리 부족 유형

시간도 충분하고, 개념도 머릿속에 있는데 개념들이 얼기설기 얽혀 있는 듯하다. 어떤 개념이 더 중요한지 모르겠다.

자신감 부족 유형

충분히 공부를 한 것 같지만 아직도 시험을 잘 보리란 확신이 들지 않는다. 아마도 문제 풀이가 부족했던 걸까?

" 어떤 유형이든, 에듀윌만 믿고 따라오세요 "

1 철저한 기출 분석

최근 3개년 기출을 기반으로 분석!

3 키워드별 이론 분류 & 정리

잘 정리된 이론과 세심한 보충, 심화 설명으로
이해가 쏙쏙!

KEYWORD

2 6과목의 핵심 키워드 추출

키워드별 압축 이론과 핵심 개념 위주로
단시간에 정리!

4 합격예감 모의고사

과목별 모의고사를 통해 취약 부분을 파악하고
부족한 개념은 보충!
자신감은 Up!

**5 선생님이 고른 과목별
N가지 젤 중요한 개념**

주요 개념을 위주로
다시 정리해 보기!

 핵심 개념＋문풀 완성!

구성과 특징

1 출제 예상! **핵심 키워드**

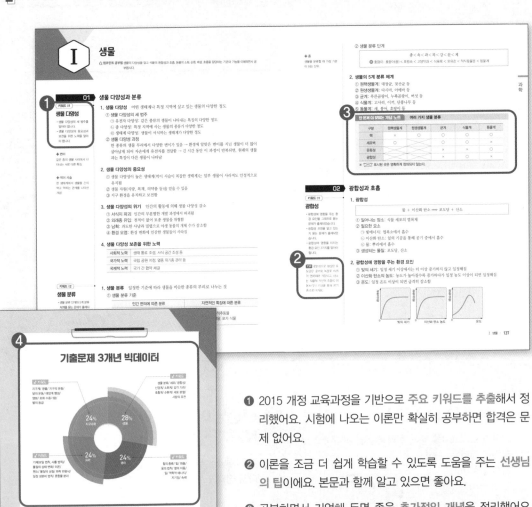

❶ 2015 개정 교육과정을 기반으로 주요 키워드를 추출해서 정리했어요. 시험에 나오는 이론만 확실히 공부하면 합격은 문제 없어요.

❷ 이론을 조금 더 쉽게 학습할 수 있도록 도움을 주는 선생님의 팁이에요. 본문과 함께 알고 있으면 좋아요.

❸ 공부하면서 기억해 두면 좋을 추가적인 개념을 정리했어요. 하나하나 학습하다 보면 고득점도 어렵지 않아요.

❹ 과목별 첫 페이지에 최근 3개년 기출문제를 분석하여 시험에 자주 출제되는 핵심 주제를 정리하였습니다. 어떤 내용이 중요한지 한눈에 알 수 있어요.

2 자신감 충전! **합격예감 모의고사**

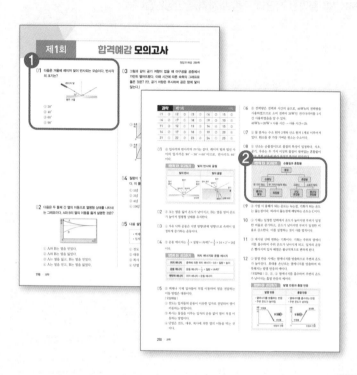

❶ 실제 시험의 유형과 난이도에 맞춰 **모의고사**를 2회 구성했어요. 실제·시험 시간에 맞춰 문제를 풀어보며 시험에 대한 감을 익혀요.

❷ 정답과 오답 해설은 기본! 해당 문제에 대한 보충 개념을 정리하여 비슷한 유형의 다른 문제가 출제되어도 효과적으로 문제를 풀 수 있어요.

+ PLUS

성적에 날개를 달아주는
N가지 젤 중요한 개념

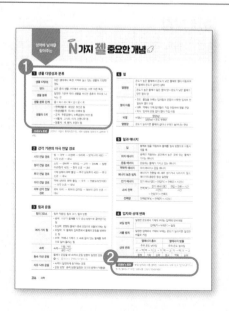

❶ 과목별로 시험에 자주 출제되는 중요한 개념들을 한번에 모아서 정리했어요. 공부의 시작부터 시험 직전까지 자주 보면서 눈에 익혀 주세요.

❷ 제시된 개념과 관련하여 선생님이 여러분에게 꼭 해주고 싶은 말을 적어놓았어요. 선생님의 팁을 머릿속에 기억해두고 시험 중에도 떠올려 보세요!

시험 정보

❙ 중졸 검정고시란

부득이한 이유로 정규 중학교 과정을 마치지 못한 사람들을 대상으로 실시하는 국가 자격 시험입니다.
중졸 검정고시에 합격한 사람은 중학교를 졸업한 사람과 동등한 자격을 인정받습니다.

시험 주관 기관
• 시 · 도 교육청: 시행 공고, 원서 교부 및 접수, 시험 실시, 채점, 합격자 발표를 담당합니다.
• 한국교육과정평가원: 문제 출제, 인쇄 및 배포를 담당합니다.

출제 범위
• 2015 개정 교육과정에서 출제됩니다.
• 2013년 1회부터 문제은행 출제 방식이 도입됨에 따라 과거 기출문제가 30% 내외 출제될 수 있습니다.
🖐 본서는 출제 범위를 철저하게 반영하였으니 안심하고 학습하세요!

시험 일정

구분	공고일	접수일	시험일	합격자 발표일	공고 방법
제1회	2월 초순	2월 중순	4월 초 · 중순	5월 초 · 중순	시 · 도 교육청 홈페이지
제2회	6월 초순	6월 중순	8월 초 · 중순	8월 하순	

🖐 시험 일정은 시 · 도 교육청 협의에 따라 변경될 수 있어요.

출제 방향
중학교 졸업 정도의 지식과 그 응용 능력을 측정할 수 있는 수준으로 출제됩니다.

응시 자격
• 초등학교 졸업자 및 이와 동등 이상의 학력이 있는 사람
• 초 · 중등교육법 시행령 제29조의 규정에 의하여 학적이 정원 외로 관리되는 사람
• 3년제 고등공민학교 졸업자 및 졸업예정자
• 중학교에 준하는 각종 학교의 졸업자 또는 졸업예정자
• 보호소년 등의 처우에 관한 법률 시행령 제69조 제2호에 해당하는 사람
🖐 상기 자료는 2024년 서울시 교육청 공고문 기준이에요. 2025년 시험 응시 예정자는 최신 공고문을 꼭 확인하세요.

❚ 시험 접수부터 합격까지

시험 접수 방법

각 시·도 교육청 공고를 참조하여 접수 기간 내에 현장 혹은 온라인으로 접수합니다.

🖐접수 기간 내에 접수하지 못하면 시험을 응시할 수 없으니 주의가 필요해요!

시험 당일 준비물

- 수험표 및 신분증(만 17세 미만의 응시자는 청소년증, 주민등록번호가 포함된 여권 혹은 여권정보증명서)
- 샤프 또는 연필, 펜, 지우개와 같은 필기도구와 답안지 작성을 위한 컴퓨터용 수성사인펜, 답안 수정을 위한 수정테이프, 아날로그 손목시계 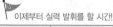 디지털 손목시계는 금지되어 있어요!
- 소화가 잘 되는 점심 도시락

입실 시간

- 1교시 응시자는 시험 당일 오전 8시 40분까지 지정 시험실에 입실합니다.
- 2~6교시 응시자는 해당 과목의 시험 시간 10분 전까지 시험실에 입실합니다.

시험 진행

🚩 이제부터 실력 발휘를 할 시간!

구분	1교시	2교시	3교시	4교시	점심	5교시	6교시
시간	09:00 ~ 09:40 (40분)	10:00 ~ 10:40 (40분)	11:00 ~ 11:40 (40분)	12:00 ~ 12:30 (30분)	12:30 ~ 13:30	13:40 ~ 14:10 (30분)	14:30 ~ 15:00 (30분)
과목	국어	수학	영어	사회		과학	선택 *

＊ 선택 과목에는 도덕, 기술·가정, 정보, 체육, 음악, 미술이 있습니다.

유의 사항

- 수험생은 시험 시간에 휴대 전화 등의 통신기기를 일체 소지할 수 없습니다. 만약 소지할 경우 사용 여부를 불문하고 부정행위로 간주됩니다.
- 수험생은 시험 종료 시간이 될 때까지 퇴실할 수 없습니다. 다만, 불가피한 사유로 퇴실할 경우 퇴실 후 재입실이 불가능하며 별도의 지정 장소에서 시험 종료 시까지 대기하여야 합니다.

합격자 발표

- 시·도 교육청 홈페이지에서 발표합니다.
- 100점 만점 기준으로 전 과목 평균 60점 이상을 취득해야 합니다.
- 평균 60점을 넘지 못했을 경우 60점 이상 취득한 과목은 과목 합격으로 간주되어, 이후 시험에서 본인이 원한다면 치르지 않을 수 있습니다.

1권

2권

국어

기출문제 3개년 빅데이터

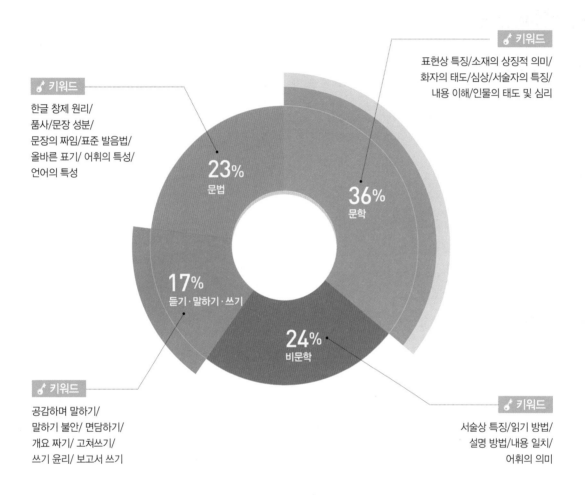

🔑 키워드

한글 창제 원리/
품사/문장 성분/
문장의 짜임/표준 발음법/
올바른 표기/ 어휘의 특성/
언어의 특성

🔑 키워드

표현상 특징/소재의 상징적 의미/
화자의 태도/심상/서술자의 특징/
내용 이해/인물의 태도 및 심리

23%
문법

36%
문학

17%
듣기 · 말하기 · 쓰기

24%
비문학

🔑 키워드

공감하며 말하기/
말하기 불안/ 면담하기/
개요 짜기/ 고쳐쓰기/
쓰기 윤리/ 보고서 쓰기

🔑 키워드

서술상 특징/읽기 방법/
설명 방법/내용 일치/
어휘의 의미

💬 선생님의 한마디

고득점을 받고 싶다면 쓰기 영역의 고쳐쓰기 유형을 반드시 정복해야 합니다. 문법은 개념을 이해함과 동시에 암기하는 것이
필수입니다. 특히 '품사', '문장 성분', '음운의 체계', '올바른 표기' 유형을 반드시 이해 및 암기해야 합니다. 문학 영역은 '표현상
특징'과 관련된 개념을 반드시 알아두길 권합니다. 읽기 영역은 주어진 지문을 꼼꼼하게 읽는 연습과 더불어 모르는 어휘는
능동적으로 정리하고 익히는 습관을 들여야 합니다.

I 문학

⚑ **원포인트 공부법** 갈래별 대표 개념을 학습하고, 작품에 적용하여 이해하세요.

---

01 현대 시

키워드 01

시적 화자, 시적 대상, 시적 상황

'시'를 학습할 때 기본적으로 확인해야 하는 내용입니다.

TIP 시 속에 '나', '내', '우리'가 등장하면 시적 화자가 시에서 드러난 거예요.

시적 화자	시에서 말하는 사람으로, 시인이 자신의 생각과 감정을 전달하기 위해 설정한 대리인
시적 대상	화자가 노래하는 대상으로, 시에서 화자의 말을 들어 주는 청자뿐만 아니라 사람, 사물, 상황, 현상, 관념 등 시의 소재가 되는 모든 것이 시적 대상이 될 수 있음
시적 상황	시에서 화자가 처해 있는 상황, 즉 화자의 형편이나 처지·환경

키워드 02

한용운, 「나룻배와 행인」

나는 나룻배
당신은 행인.
→ 1연: '나'와 당신의 관계

당신은 흙발로 나를 짓밟습니다.
'나'를 소홀히 대하는 당신의 태도
나는 당신을 안고 물을 건너갑니다.
'나'의 희생
나는 당신을 안으면 깊으나 옅으나 급한 여울이나 건너갑니다.
'나'는 '당신'을 위해 어떤 난관도 이겨 내고 희생함
→ 2연: 당신의 무심함과 '나'의 희생

수미상관
(의미 강조, 안정감,
운율 형성, 여운)

만일 당신이 아니 오시면 나는 바람을 쐬고 눈비를 맞으며
└── 시련과 고난 ──┘
밤에서 낮까지 당신을 기다리고 있습니다.
'당신'을 향한 '나'의 헌신적인 사랑
당신은 물만 건너면 나를 돌아보지도 않고 가십니다그려.
'당신'의 무정함
그러나 당신이 언제든지 오실 줄만은 알아요.
'당신'에 대한 '나'의 절대적인 믿음
나는 당신을 기다리면서 날마다 날마다 낡아갑니다.
'나'의 인내와 희생
→ 3연: '나'의 인내와 기다림

나는 나룻배
당신은 행인.
→ 4연: '나'와 당신의 관계

작품 정리

갈래	자유시, 서정시	성격	불교적, 상징적
주제	인내와 희생을 통한 참된 사랑의 실천		
특징	• 부드러운 어조로 시적 화자의 태도와 주제를 전달함 • 은유법을 사용하고, 수미상관의 구조를 지님		

한눈에 콕콕

▶ '나'와 '당신'의 태도

나(나룻배)		당신(행인)
• '당신'에 대한 헌신적, 희생적인 태도 • '당신'이 돌아올 것에 대한 희망적, 의지적인 태도	⬌	'나'에 대한 무관심하고 무정한 태도

▶ '나'와 '당신'의 의미

나		당신
• 사랑하는 임을 믿고 기다리는 여인 • 진리에 도달하기 위해 인내하는 구도자 • 조국의 광복을 기다리는 사람	⬌	• 사랑하는 여인을 두고 떠난 사람 • 도달하기 힘든 불교적 진리, 절대자(부처) • 조국의 광복 또는 빼앗긴 조국

키워드 03

백석, 「고향」

나는 북관(北關)에 혼자 앓아누워서
<small>타향에서 혼자 앓아누운 시적 화자의 외로운 처지</small>
어느 아츰 의원을 뵈이었다

「의원은 여래(如來) 같은 상을 하고 관공(關公)의 수염을 드리워서
<small>「 」: 비유적 표현을 사용하여 의원의 모습을 묘사함</small>
먼 옛적 어느 나라 신선 같은데」

새끼손톱 길게 돋은 손을 내어

묵묵하니 한참 맥을 짚더니

문득 물어 고향이 어데냐 한다

평안도 정주라는 곳이라 한즉
<small>시적 화자의 고향</small>
그러면 아무개 씨 고향이란다
<small>'나'가 아버지로 섬기는 사람으로 의원과 막역지간임</small>
그러면 아무개 씰 아느냐 한즉

의원은 빙긋이 웃음을 띠고

막역지간(莫逆之間)이라며 수염을 쓴다

나는 아버지로 섬기는 이라 한즉

의원은 또다시 넌즈시 웃고

말없이 팔을 잡아 맥을 보는데

손길은 따스하고 부드러워
고향과 가족을 떠올리게 하는 매개체 (촉각적 심상)
고향도 아버지도 아버지의 친구도 다 있었다
의원의 따뜻한 손길을 통해 친근감과 따스함을 느낌

작품 정리

갈래	자유시, 서정시	성격	서정적, 서사적
주제	고향과 가족에 대한 그리움		
특징	• 서사적 구성을 통해 한 편의 짧은 이야기를 읽는 듯한 느낌을 줌 • 시적 화자의 독백과 인물 간의 대화 형식을 통해 시적 상황과 정서를 효과적으로 표현함		

한눈에 콕콕

○ 시적 화자('나')의 정서 변화

외로움, 힘듦		반가움		따뜻함, 친근함
낯선 타향에서 혼자 앓아누워 있음	➡	시적 화자가 아버지로 섬기는 이와 의원이 절친한 친구임을 알게 됨	➡	의원이 따뜻한 손길로 말없이 웃으며 진맥함

○ 인물의 관계

'나'		아무개 씨		의원
	아버지로 섬기는 이		친구(막역지간)	

키워드 04

기형도, 「엄마 걱정」

열무 삼십 단을 이고
엄마의 고단한 삶
시장에 간 우리 엄마
어린 시절 시적 화자가 홀로 있는 이유
안 오시네, 해는 시든 지 오래
시간이 흘렀음   □ : 부정적 시어의 반복과 변형(운율 형성, 시의 분위기 조성)
나는 찬밥처럼 방에 담겨
외로운 처지(직유법), 촉각적 심상
아무리 천천히 숙제를 해도

엄마 안 오시네, 배춧잎 같은 발소리 타박타박
엄마의 지친 발소리(직유법, 공감각적 심상 – 청각의 시각화, 의성어)
안 들리네, 어둡고 무서워
'나'의 정서
금 간 창틈으로 고요히 빗소리
가난함(시각적 심상)   외로움 고조(청각적 심상)
빈방에 혼자 엎드려 훌쩍거리던
어린 시절 회상(과거)

아주 먼 옛날
엄마를 기다리던 어린 시절로부터 세월이 많이 흘렀음 → 시적 화자는 어린 시절을 회상하는 어른임

지금도 내 눈시울을 뜨겁게 하는
서글픔과 애틋함(촉각적 심상)
그 시절, 내 유년의 윗목
외롭고 고단했던 어린 시절(은유법, 촉각적 심상)

작품 정리

갈래	자유시, 서정시	성격	회상적, 감각적
주제	시장에 간 엄마를 기다리던 어린 시절의 외로움		
특징	• 어린 시절을 회상하는 형식으로 이루어짐 • 감각적 이미지와 독창적인 비유를 사용하여 어린 시절의 외로움과 엄마의 고단한 삶을 효과적으로 그려 냄 • 부정적인 시어의 반복과 변형을 통해 운율을 형성하고 시의 분위기를 조성함		

한눈에 콕콕

○ **시적 화자의 상황과 정서**

• 시장에 간 엄마 • 해가 진 지 오래된 저녁 시간 • 찬밥처럼 남겨진 '나' • 고요한 빗소리	➡	차가움, 쓸쓸함, 외로움

○ **시상 전개**

1연(과거)	엄마를 기다리는 아이 → 어린 시절의 외롭고 쓸쓸했던 감정을 생생하게 전달함
2연(현재)	어린 시절을 회상하는 어른 → 어린 시절을 회상하며 느끼는 현재의 감정을 드러냄

○ **표현상 특징**

안 오시네, 안 들리네	안타까움과 절망감을 강조하는 부정적인 시어를 반복함(반복법)
나는 찬밥처럼 방에 담겨	외로운 '나'의 처지를 '찬밥'에 빗대어 표현함(직유법, 촉각적 심상)
배춧잎 같은 발소리 타박타박	엄마의 지친 발걸음을 배춧잎에 빗대어 표현함(직유법, 공감각적 심상)
고요히 빗소리	'나'의 외로움을 고조시킴(청각적 심상)
내 유년의 윗목	쓸쓸했던 어린 시절을 차가운 '윗목'에 비유함(은유법, 촉각적 심상)

키워드 05

운율

운율은 주로 어떤 요소가 '반복'될 때 형성됩니다.

시에서 느껴지는 말의 가락으로, 보통 어떤 요소가 규칙적으로 반복될 때 형성됨

일정한 음운의 반복	특정 음운을 반복하여 운율을 형성함 예 갈래갈래 갈린 길 / 길이라도('ㄱ', 'ㄹ', 'ㅏ', 'ㅣ'의 반복)　　　　　－ 김소월, 「길」－
일정한 음보나 음절 수의 반복	호흡의 단위나 글자 수를 규칙적으로 반복하여 운율을 형성함 예 산 너머 남촌에는 누가 살길래 / 해마다 봄바람이 남으로 오네. 　　　7　　　　5　　　　7　　　　5 － 김동환, 「산 너머 남촌에는」－
문장 구조의 반복	구절이나 행을 이루는 특정 문장 구조를 반복하여 운율을 형성함 예 별 하나에 추억과 / 별 하나에 사랑과 / 별 하나에 쓸쓸함과 / 별 하나에 동경과 / 별 하나에 시와 / 별 하나에 어머니, 어머니 　　　　　　　　　　　　　　　　　－ 윤동주, 「별 헤는 밤」－
음성 상징어의 사용	의성어나 의태어를 사용하여 운율을 형성함 예 보리피리 불며 / 봄 언덕 / 고향 그리워 / 피－ㄹ 닐니리. 　　　　　　　　　　　　　　　　　－ 한하운, 「보리피리」－

김춘수, 「꽃」

내가 그의 이름을 불러 주기 전에는
'나'가 '그'를 인식하기 전

그는 다만

하나의 몸짓에 지나지 않았다.
의미 없는 존재   ⋯ 1연: '나'가 '그'의 이름을 부르기 전의 '그'와 '나'의 관계

내가 그의 이름을 불러 주었을 때
'나'가 '그'를 인식하였을 때(이름 부르기=의미 부여 행위)
그는 나에게로 와서

꽃이 되었다.   ⋯ 2연: '나'가 '그'의 이름을 불러 주었을 때의 '그'와 '나'의 관계
의미 있는 존재

내가 그의 이름을 불러 준 것처럼

나의 이 빛깔과 향기에 알맞는
존재의 본질
누가 나의 이름을 불러 다오.

그에게로 가서 나도

그의 꽃이 되고 싶다. □: 반복을 통한 운율 형성, 주제 강조   ⋯ 3연: 누군가 '나'의 이름을 불러 주기를 소망함
누군가에게 의미 있는 존재가 되고 싶다는 화자의 소망이 드러남

우리들은 모두
'나'의 소망이 '우리'의 소망으로 확대됨
무엇이 되고 싶다.
의미 있는 존재
너는 나에게 나는 너에게

잊혀지지 않는 하나의 눈짓이 되고 싶다.   ⋯ 4연: 서로에게 잊히지 않는 눈짓이 되기를 소망함
의미 있는 존재

작품 정리

갈래	자유시, 서정시	성격	관념적, 상징적
주제	서로의 존재를 인식하고 서로에게 의미 있는 관계가 되기를 소망함		
특징	• 간절한 어조로 소망을 드러냄 • 의미 있는 존재를 '꽃'으로 상징함		

한눈에 콕콕

○ '이름 부르기'의 의미

무의미한 존재		이름 부르기		유의미한 존재
하나의 몸짓	➡	• 대상의 존재를 인식 • 대상에게 의미 부여 • 진정한 관계를 맺는 과정	➡	꽃, 무엇, 하나의 눈짓

○ 화자의 소망

잊혀지지 않는 하나의 눈짓이 되고 싶다.	➡	서로에게 의미 있는 존재가 되는, 진정한 관계를 맺기를 소망함

키워드 07

나희덕,
「귀뚜라미」

높은 가지를 흔드는 매미 소리에 묻혀
  매미가 사는 공간   '나'의 울음을 묻히게 함
내 울음 아직은 노래 아니다.   ⋯ 1연: 매미 소리에 묻힌 귀뚜라미의 울음
  귀뚜라미(의인법)   귀뚜라미가 소망하는 것(↔ 울음)

차가운 바닥 위에 토하는 울음,

풀잎 없고 이슬 한 방울 내리지 않는   ┐ 귀뚜라미의 처지

지하도 콘크리트 벽 좁은 틈에서   ┘
      귀뚜라미가 처한 열악한 환경
숨막힐 듯, 그러나 나 여기 살아 있다
          고통 속에서도 자신이 살아 있음을 알리려는 의지
귀뚜르르 뚜르르 보내는 타전 소리가
    의성어   살아 있음을 알리는 소리(= 울음)
누구의 마음 하나 울릴 수 있을까.   ☐: 의문형 문장 반복(설의법)   ⋯ 2연: 고통 속에서도 꿈과 소망을 잃지 않는
          누군가에게 감동을 줄 수 있을까   귀뚜라미

지금은 매미 떼가 하늘을 찌르는 시절
            계절적 배경(여름)
그 소리 걷히고 맑은 가을이
여름이 지나가고(청각의 시각화)
어린 풀숲 위에 내려와 뒤척이기도 하고

계단을 타고 이 땅 밑까지 내려오는 날
                  귀뚜라미가 기다리는 날
발길에 눌려 우는 내 울음도
    억눌린 현재 상황   청각적 심상   ⋯ 3연: 가을에는 자신의 울음이 누군가에게 감동을 주는
누군가의 가슴에 실려 가는 노래일 수 있을까.   노래가 되길 희망함
    다른 이에게 감동을 줄 수 있는 소리

갈래	자유시, 서정시		성격	비유적, 미래 지향적
주제	자신의 울음이 누군가에게 감동을 주는 노래가 되기를 소망함			
특징	• 의인화를 사용하여 주제를 표현함 • 다른 대상(매미)과 대조하여 화자의 처지와 소망을 드러냄 • 청각적 이미지와 의성어를 사용하여 상황을 생동감 있게 표현함 • 의문형 어미를 반복하여 운율을 형성함			

한눈에 콕콕

○ **시적 화자와 시적 상황**

시적 화자	'나(귀뚜라미)'
계절	여름
장소	지하도 콘크리트 좁은 틈
주요 상황	• 매미 소리에 묻혀 '나'의 소리가 다른 이들에게 전해지지 않음 • 열악한 환경에 처해 있지만, 자신의 소리를 전하려 포기하지 않고 노력함 • 가을이 되어 '나'의 소리가 전해져서 누군가에게 감동을 줄 수 있기를 바람

○ **대조적 시어**

매미		귀뚜라미
하늘을 찌르는 소리	⬌	매우 작은 타전 소리
나무 높은 곳(높은 가지)		지하 낮은 곳(차가운 바닥, 콘크리트 벽 좁은 틈, 이 땅 밑)
여름(현재)		가을(미래의 소망)

키워드 08

심상

'심상'은 검정고시에서 꾸준히
출제되고 있는 개념입니다.

1. 심상 시어에 의해 마음속에 그려지는 구체적 사물의 형상(빛깔, 모양, 소리, 냄새, 맛, 촉감 등)이나 느낌 또는 그것으로부터 떠오르는 감각적인 인상을 말하며, '이미지'라고도 함

2. 심상의 종류

시각적 심상	형태 묘사나 색채어 등을 사용하여 눈으로 보는 듯한 느낌을 주는 심상 예 무덤 위에 파란 잔디가 피어나듯이 　　　　　　　 – 윤동주, 「별 헤는 밤」 –
청각적 심상	귀로 소리를 듣는 듯한 느낌을 주는 심상 예 서리 까마귀 우지짖고 지나가는 초라한 지붕 　　　　 – 정지용, 「향수」 –
후각적 심상	코로 냄새를 맡는 듯한 느낌을 주는 심상 예 매화 향기 홀로 아득하니 　　　　　　　　　　　 – 이육사, 「광야」 –
미각적 심상	혀로 맛을 보는 듯한 느낌을 주는 심상 예 흡사 / 정처럼 옮아오는 / 막걸리 맛 　　　　　 – 김용호, 「주막에서」 –
촉각적 심상	피부에 닿는 듯한 느낌을 주는 심상 예 내 볼에 와 닿던 네 입술의 뜨거움 　　 – 신경림, 「가난한 사랑 노래」 –
공감각적 심상	하나의 감각을 다른 종류의 감각으로 전이하여 표현하는 심상, 즉 두 개 이상의 감각이 결합하여 나타나는 심상 예 분수처럼 흩어지는 푸른 종소리 　　　　　　 – 김광균, 「외인촌」 –

키워드 09

이육사, 「청포도」

내 고장 칠월은
풍요롭고 평화로운 고향
청포도가 익어 가는 시절.
희망, 풍요롭고 아름다운 삶
···→ 1연: 고향을 떠올림

이 마을 전설이 주저리주저리 열리고
민족의 역사 풍요롭게 많이 매달린 모양(의태어)
먼 데 하늘이 꿈꾸며 알알이 들어와 박혀,
이상 예전부터 이어져 온 평화로운 삶이 청포도의 풍성함에 어울려 떠오름
···→ 2연: 고향의 모습을 청포도와 연결 지음

하늘 밑 푸른 바다가 가슴을 열고
의인법
흰 돛단배가 곱게 밀려서 오면,
'푸른 바다'와 '흰 돛단배'의 색채 대비
···→ 3연: 아름다운 고향의 모습

내가 바라는 손님은 고달픈 몸으로
화자가 기다리는 대상(광복) 시련과 고난을 겪은 모습
청포를 입고 찾아온다고 했으니,
빛깔이 푸른 도포
···→ 4연: 청포를 입고 올 손님을 기다림

내 그를 맞아, 이 포도를 따 먹으면

두 손을 흠뻑 적셔도 좋으련.
자기희생적인 태도(정성)
···→ 5연: 손님을 맞이한 후의 기쁨을 상상함

아이야 우리 식탁엔 은쟁반에
손님을 대접하려는 정성
하이얀 모시 수건을 마련해 두렴.
시각적 심상
···→ 6연: 손님을 맞이할 준비를 함

작품 정리

갈래	자유시, 서정시	성격	상징적, 감각적
주제	풍요롭고 평화로운 세계에 대한 소망(조국 광복 염원)		
특징	• 푸른색과 흰색의 선명한 색채 대비를 통해 주제를 형상화함 • 각 연을 모두 2행으로 배열하여 안정감을 부여함		

한눈에 콕콕

◎ 시적 화자의 상황과 정서

상황	정서
• 풍요롭고 평화로운 고향에 대한 기억이 있음 • 손님이 오기를 간절하게 기다리고 있음 • 손님을 맞이하기 위해 정성을 다해 준비함	손님이 올 것이라는 희망과 확신

◎ 색채 대비

푸른색(희망, 동경)	흰색(순수, 정성)
청포도, 하늘, 푸른 바다, 청포	흰 돛단배, 은쟁반, 하이얀 모시 수건

표현법

의인법, 직유법, 설의법, 반어법, 역설법은 반드시 기억해야 합니다.

TIP 의인법, 직유법은 시에서 자주 등장하는 표현법이에요.

TIP '변화'의 표현법 역시 자주 등장하는 개념이에요. 특히 반어법과 역설법을 구분하여 기억하세요.

1. 비유   어떤 현상이나 사물을 다른 현상이나 사물에 빗대어 설명하는 방법

의인법	사람이 아닌 것을 사람처럼 표현함 예 돌담에 속삭이는 햇발　　　　　　　　　　　　　　　　－ 김영랑, 「돌담에 속삭이는 햇발」 －
활유법	생명이 없는 것을 생명이 있는 것처럼 표현함 예 꼬리를 감추며 달리는 기차
직유법	'～처럼, ～같이, ～인 듯' 등을 사용하여 직접적으로 비유함 예 밥티처럼 따스한 별　　　　　　　　　　　　　　　　　　　　－ 도종환, 「어떤 마을」 －
은유법	'A=B', 'A는 B이다'의 형식으로 표현함 예 내 마음은 호수요　　　　　　　　　　　　　　　　　　　　　　－ 김동명, 「내 마음은」 －
대유법	사물의 부분적인 특성으로 전체를 대신 나타냄 예 펜(지식, 문화)은 칼(무력)보다 강하다

2. 변화   문장 구조에 다양한 변화를 주는 방법

대구법	비슷하거나 동일한 문장 구조를 짝을 맞춰 늘어놓음 예 산은 높고 물은 깊다.
도치법	문장 또는 단어를 일반적인 순서와 다르게 배치함 예 나는 아직 기둘리고 있을 테요 찬란한 슬픔의 봄을　　　－ 김영랑, 「모란이 피기까지는」 －
설의법	일부러 의문의 형식으로 표현하여 변화를 줌 예 그 얼마나 아름다운 모습인가.
반어법	참뜻과는 반대되는 말로 표현함 예 먼 훗날 당신이 찾으시면 / 그때에 내 말이 '잊었노라.'　　　　－ 김소월, 「먼 후일」 －
역설법	겉으로는 모순된 것처럼 보이지만 그 안에 진리를 담고 있는 표현 방법 예 모두 똑같이 못나서 실은 아무도 못나지 않았다.　　　　　　－ 조향미, 「못난 사과」 －

3. 강조   단어, 문장 등을 반복하거나 과장하는 등의 표현으로 말하고자 하는 바를 강조하는 방법

반복법	단어, 어구, 문장을 반복하여 강조함 예 산에는 꽃 피네, 꽃이 피네.　　　　　　　　　　　　　　　　－ 김소월, 「산유화」 －
과장법	실제보다 크거나 작게 표현함 예 어머니 은혜는 산같이 높다.
영탄법	감탄사를 사용하여 고조된 감정을 표현함 예 사랑하던 그 사람이여!　　　　　　　　　　　　　　　　　　　－ 김소월, 「초혼」 －
점층법	문장의 뜻을 점점 강하게, 크게 표현함 예 신록은 먼저 나의 눈을 씻고, 나의 머리를 씻고, 나의 가슴을 씻고, ～ 　　　　　　　　　　　　　　　　　　　　　　　　　　　　　－ 이양하, 「신록예찬」 －

김소월,
「먼 후일」

먼 훗날 당신이 찾으시면 (가정)
　　　　그리움의 대상
그때에 내 말이 '잊었노라.'
　　　　당신을 잊었다고 대답하겠다는 의미(반어법)

당신이 속으로 나무라면
　　　　잊었다는 '나'의 말에 대한 '당신'의 질책
'무척 그리다가 잊었노라.'
　　　　　　반어법

그래도 당신이 나무라면

'믿기지 않아서 잊었노라.'
당신이 돌아올 것이라고 믿어지지 않아서

오늘도 어제도 아니 잊고
'나'는 줄곧 당신을 잊지 않고 그리워함
먼 훗날 그때에 '잊었노라.'

작품 정리

갈래	자유시, 서정시	성격	서정적, 애상적, 민요적
주제	떠난 임을 잊지 못하는 애틋함과 임에 대한 그리움		
특징	• 전통적 율격(3음보)을 사용함 • 미래의 상황을 가정하여 화자의 정서를 드러냄 • 반어적 표현의 반복과 변형을 통해 시상을 전개함		

한눈에 콕콕

○ 시적 화자의 상황과 태도

상황	태도
사랑하는 당신과 이별하고 먼 훗날 당신이 자신을 찾아올 상황을 가정함	잊었다고 하였으나 사실은 당신을 잊지 못함

○ 반어적 표현

표면적 의미	이면적 의미
당신을 잊었다.	당신을 잊을 수 없다.

'잊었노라.'
마음에 품고 있는 의미를 반대로 표현하여 '당신'을 잊을 수 없다는 애틋하고 간절한 심정을 강조함

○ 운율 형성 요소

• 동일한 문장 구조 및 시어를 반복하여 운율을 형성함
• 전통적 율격(3음보)을 통해 운율을 형성함

김소월, 「진달래꽃」

+ 산화공덕(散花功德)
부처가 지나가는 길에 꽃을
뿌려 그 발길을 영화롭게 함

나 보기가 역겨워
　　　　마음에 거슬려
가실 때에는
　　이별의 상황 가정
말없이 고이 보내 드리우리다.
애원이나 원망 없이

□ : 반복을 통한 운율 형성

⋯› 이별의 정한(기)

영변에 약산
실제 지명을 사용 – 향토적, 토속적 분위기
진달래꽃
시적 화자의 분신, 사랑의 표상, 한의 표상
아름 따다 가실 길에 뿌리우리다.
　　　　　산화공덕의 전통 계승

⋯› 임에 대한 사랑과 축복(승)

수미상관

가시는 걸음 걸음

놓인 그 꽃을
임에 대한 '나'의 희생적 사랑
사뿐히 즈려밟고 가시옵소서.
　　　역설적 표현

⋯› 자기희생을 통한 사랑의 표현(전)

+ 애이불비(哀而不悲)
슬프지만 겉으로는 슬픔을
나타내지 아니함

나 보기가 역겨워

가실 때에는

죽어도 아니 눈물 흘리우리다.
애이불비의 태도, 반어법, 도치법

⋯› 슬픔의 초극과 승화(결)

작품 정리

갈래	자유시, 서정시	성격	전통적, 애상적, 민요적
주제	이별의 정한(情恨)		
특징	• 7·5조, 3음보의 민요적 율격을 사용함 • 반어적 표현으로 정서를 제시함 • 부드럽고 간절한 어조를 띰		

한눈에 콕콕

◐ '진달래꽃'의 상징적 의미

• 시적 화자의 분신　　　　• 임을 향한 화자의 사랑과 정성　　　　• 한(恨)의 표상

◐ 음악성을 드러내는 요소

• 7·5조, 3음보의 민요적 율격　　　　　　　• 1연과 4연의 수미상관
• 시행의 규칙적인 배열(1행 2음보, 2행 1음보, 3행 3음보)　　• 종결형 어미 '~우리다'의 반복에 의한 각운

◐ 반어적 표현

> '죽어도 아니 눈물 흘리우리다.'

• 표면적 의미: 떠나는 임을 축복하며 눈물을 흘리지 않겠다는 다짐
• 이면적 의미: 임이 떠나지 않기를 바라는 속마음

이형기,
「낙화(落花)」

「가야 할 때가 언제인가를

분명히 알고 가는 이의
「　」: 이별의 시기를 알고 가는 이
뒷모습은 얼마나 아름다운가.　　　　　　　　　　　　　　　　⋯ 1연: 이별의 아름다움
성숙한 이미지　　　　　설의법

봄 한철

「격정을 인내한
「　」: 의인법
나의 사랑」은 지고 있다.　　□: 원관념 – 꽃　　　　　　　　⋯ 2연: 이별의 순간

분분한 낙화…….

결별이 이룩하는 축복에 싸여
　　　　　　역설법
지금은 가야 할 때.　　　　　　　　　　　　　　　　　　⋯ 3연: 이별이 주는 축복

무성한 녹음과 그리고

머지않아 열매 맺는
　　　　　'낙화'의 결과
가을을 향하여
성숙해지는 시간
나의 청춘은 꽃답게 죽는다.　　　　　　　　　　　　　　⋯ 4연: 내적 성숙을 위한 이별
이별(낙화)은 내적인 성숙(열매)을 위한 희생임

헤어지자.

섬세한 손길을 흔들며
　　　꽃잎이 떨어지는 모습(의인법)
하롱하롱 꽃잎이 지는 어느 날　　　　　　　　　　　　　⋯ 5연: 이별의 아름다움
　　의태어

나의 사랑, 나의 결별,
　　　　　　낙화
샘터에 물 고이듯 성숙하는
　　　　　직유법
내 영혼의 슬픈 눈.　　　　　　　　　　　　　　　　　⋯ 6연: 이별을 통한 영혼의 성숙
이별의 아픔을 통해 영혼이 서서히 성숙함

작품 정리

갈래	자유시, 서정시	성격	사색적, 성찰적
주제	이별을 통한 영혼의 성숙		
특징	• 인간의 삶을 자연 현상과 연관 지어 시상을 전개함 • 자연 현상을 통해 얻은 깨달음을 역설적인 표현을 사용하여 전달함		

○ 비유적 의미

자연 현상	인간의 삶
꽃이 핌	사랑
꽃이 짐	이별
열매를 맺음	영혼의 성숙, 내면적 성장

○ 역설적 표현

결별(꽃이 짐)		축복(열매를 맺음)
슬픔, 고통스러움	↔	기쁨, 행복함

↓

'결별이 이룩하는 축복'
이별은 슬프고 고통스러운 것이지만 이별을 통해 영혼의 성숙을 이룰 수 있음

키워드 14

정서와 태도

시험에 자주 등장하는 '태도' 관련 어휘입니다. 각각의 어휘가 어떤 의미를 지니는지 파악하세요.

1. 정서   시적 대상이나 시적 상황에 대해 시적 화자가 느끼는 감정과 생각

2. 태도   어떤 사물이나 상황을 대하는 시적 화자의 자세나 마음가짐

지향	어떤 목표를 향해 나아가고자 함	비판	대상이 지닌 부당함을 밝힘
예찬	대상에 대해 감탄하며 찬양함	회의	대상에 대해 의심을 품음
낙관	상황이나 대상을 희망적으로 바라봄	도피	상황에 맞서지 않고 피함
풍류	멋스럽고 풍치 있는 태도	냉소	쌀쌀한 태도로 비웃음
성찰	자신의 마음을 반성하고 되돌아봄	조소	비웃음
관조	대상과 거리를 두고 담담하게 바라봄	자조	자기 자신을 비웃음
승화	한 단계 높이 발전함	체념	부정적 현실에서 희망을 단념함
탈속	속세를 벗어나서 살고자 함	저항	어떤 힘이나 조건에 굽히지 않고 버팀
달관	걱정 등에서 벗어나 얽매이지 않음	수용	상황을 받아들임

키워드 15

윤동주, 「서시」

죽는 날까지 하늘을 우러러
　　　　윤리적 판단의 절대적 기준
한 점 부끄럼이 없기를,
　　　순수한 삶에 대한 강한 의지
잎새에 이는 바람에도
　　　　　부끄러움을 느끼게 하는 요소
나는 괴로워했다. (과거)
이상과 현실 사이의 갈등
별을 노래하는 마음으로
시적 화자가 추구하는 순수, 양심, 희망
모든 죽어 가는 것을 사랑해야지
　　　생명이 있는 모든 것
그리고 나한테 주어진 길을
　　　　　　　부끄러움 없는 삶

걸어가야겠다. ^(미래)
시적 화자의 의지

오늘 밤에도 별이 바람에 스치운다. ^(현재)
일제 강점하의 고난과 시련

작품 정리

갈래	자유시, 서정시	성격	성찰적, 의지적, 상징적
주제	부끄러움이 없는 순수한 삶을 소망함		
특징	• 대조적 심상을 통해 주제를 강조함 • '과거 → 미래 → 현재'의 순서로 시상을 전개함		

한눈에 콕콕

○ 시어의 상징적 의미

하늘	삶의 절대적이고 숭고한 기준	
잎새	작은 갈등에도 흔들리는 나약한 존재	
별	희망, 이상적 삶, 시적 화자가 추구하고자 하는 순수함	
바람	1연 3행	내면적 갈등, 시적 화자에게 부끄러움을 느끼게 하는 요소
	2연	이상을 지키기 어렵게 하는 현실적 시련
밤	암담한 현실, 일제 강점하의 상황	

○ 대조적 심상

하늘, 별		바람, 밤
이상(밝음)	⬌	현실(어둠)

키워드 16

**윤동주,
「새로운 길」**

내를 건너서 숲으로

고개를 넘어서 마을로

⋯→ 1연: 어려움을 이겨 내고 평화로운 곳으로 나아감

어제도 가고 오늘도 갈
쉬지 않고 나아가려는 시적 화자의 의지적 태도
나의 길 새로운 길
인생(삶)을 상징

⋯→ 2연: 언제나 걸어가는 길을 새롭게 바라봄

「민들레가 피고 까치가 날고
「 」: 살아가면서 만나는 다양한 존재들
아가씨가 지나고 바람이 일고」

수미상관
(의미 강조, 안정감, 운율 형성, 여운)

⋯→ 3연: 길에서 만나는 존재들

나의 길은 언제나 새로운 길
언제나 새로운 마음으로 살아가려는 시적 화자의 태도
오늘도…… 내일도……

⋯→ 4연: 앞으로도 새로운 마음으로 길을 걸어갈 것을 다짐함

내를 건너서 숲으로

고개를 넘어서 마을로

⋯→ 5연: 어려움을 이겨 내고 평화로운 곳으로 나아감

작품 정리

갈래	자유시, 서정시	성격	상징적, 의지적
주제	언제나 새로운 마음으로 인생(삶)을 살아가고자 하는 의지		
특징	• 상징적 소재를 사용하여 시적 화자의 삶의 자세를 표현함 • 3연을 중심으로 1·5연과 2·4연이 각각 의미상 대칭을 이룸		

한눈에 콕콕

○ **시적 화자의 상황과 태도**

상황	태도
• 숲과 마을을 향해 걸어가고 있음 • 길을 걸어가며 다양한 존재를 만남	➡ 늘 새로운 마음으로 끊임없이 길을 걸어가겠다고 다짐함

○ **'길'의 상징적 의미와 효과**

의미	효과
인생, 삶	➡ 인생이라는 추상적 개념을 '길'이라는 구체적인 사물로 나타내어 머릿속에서 쉽게 떠올릴 수 있게 함

키워드 17

**이상국,
「봄나무」**

나무는 몸이 아팠다
　　　의인법
눈보라에 상처를 입은 곳이나
　　나무의 몸이 아픈 자리 ①
빗방울들에게 얻어맞았던 곳들이
　　나무의 몸이 아픈 자리 ②
오래전부터 근지러웠다

⋯→ 1~4행: 몸이 아팠던 나무

땅속 깊은 곳을 오르내리며

「겨우내 몸을 덥히던 물이
「 」: 나무를 아프게 한 원인 ①
이제는 갑갑하다고

한사코 나가고 싶어 하거나」

살을 에는 바람과 외로움을 견디며
　　겨울에 나무가 견뎌 낸 시련
「봄이 오면 정말 좋은 일이 있을 거라고
　　　시련 속에서도 희망을 잃지 않음
스스로에게 했던 말들이

그를 못 견디게 들볶았기 때문이다」「 」: 나무를 아프게 한 원인 ②
의인법

⋯→ 5~12행: 나무가 아픔을 느끼게 된 원인

그런 마음의 헌데 자리가 아플 때마다

그는 하나씩 이파리를 피웠다
의인법
⋯→ 13~14행: 상처와 아픔을 견디며 이파리를 피워 낸 나무

작품 정리

갈래	자유시, 서정시	성격	의지적, 교훈적
주제	시련을 견디며 가치 있는 것을 추구하는 삶의 자세		
특징	• 나무의 모습을 의인화하여 표현함 • 몸이 아픈 나무의 상황과 나무를 아프게 한 원인, 아플 때마다 나무가 한 일을 나타냄		

한눈에 콕콕

◑ '나무'의 상황

나무의 상황	• 몸이 아팠음 • 눈보라에 상처를 입은 곳, 빗방울들에게 얻어맞았던 곳들이 근지러웠음
몸이 아픈 원인	• 겨우내 몸을 덥히던 물이 나가고 싶어 했음 • 봄이 오면 좋은 일이 있을 거라고 했던 말들이 스스로를 들볶았음
나무가 한 일	마음의 헌데 자리가 아플 때마다 이파리를 피웠음

◑ 화자가 추구하는 삶의 자세

• 시련 속에서도 인내하며 가치 있는 것을 추구하는 삶의 자세
• 고통과 어려움을 견디며 희망을 갖는 삶의 자세

키워드 18

신경림, 「동해 바다-후포 에서」

친구가 원수보다 더 미워지는 날이 많다.

티끌만 한 잘못이 맷방석만 하게

동산만 하게 커 보이는 때가 많다.
점층법(티끌 → 맷방석 → 동산)

그래서 세상이 어지러울수록

남에게는 엄격해지고 내게는 너그러워지나 보다.

돌처럼 잘아지고 굳어지나 보다.   ▢: 직유법
남에게 너그럽지 못한 존재

멀리 동해 바다를 내려다보며 생각한다.
너그러움, 이해심, 관대함, 포용력을 가진 존재
널따란 바다처럼 너그러워질 수는 없을까

깊고 짙푸른 바다처럼.

감싸고 끌어안고 받아들일 수는 없을까
포용적인 삶에 대한 소망

스스로는 억센 파도로 다스리면서.
엄격한 자기반성, 자기 절제
제 몸은 맵고 모진 매로 채찍질하면서.

작품 정리

갈래	자유시, 서정시	성격	성찰적, 사색적, 교훈적
주제	바다처럼 너그럽게 살고 싶은 소망		
특징	• 자연물을 통해 삶의 깨달음을 얻음 • 비유적 표현과 일상적 시어를 통해 주제를 드러냄		

한눈에 콕콕

○ 시상 전개

1연	스스로에게는 관대하고 남에게는 엄격했던 자신에 대한 반성
2연	스스로에게는 엄격하고 남에게는 너그러운 마음을 갖기를 바람

○ 시어의 의미

돌	동해 바다
• 현재의 '나' • 남에게는 엄격하고 나에게는 너그러운 존재	• 시적 화자가 바라는 '나' • 남에게는 너그럽고 나에게는 엄격한 존재

키워드 19

안도현,
「우리가 눈발이 라면」

우리가 눈발이라면
가정
허공에서 쭈빗쭈빗 흩날리는
의태어
진눈깨비는 되지 말자 □: 청유형 어미(설득력을 높이고, 의지를 강조함)
불행을 주는 존재
세상이 바람 불고 춥고 어둡다 해도
시적 화자의 현실 인식(삭막함, 고통스러움)
사람이 사는 마을

가장 낮은 곳으로
어렵고 소외된 사람들이 사는 곳
따뜻한 함박눈이 되어 내리자
위로, 기쁨, 행복을 주는 존재
우리가 눈발이라면

잠 못 든 이의 창문가에서는
현실의 어려움 때문에 고통받고 괴로워하는 사람
편지가 되고
희망, 위로
그이의 깊고 붉은 상처 위에 돋는
절망적 현실의 고통
새살이 되자
희망, 위로

작품 정리

갈래	자유시, 서정시	성격	참여적, 상징적, 의지적
주제	이웃과 더불어 따뜻한 삶을 살고 싶은 소망		
특징	상징적 표현을 통해 어려운 이웃에 대한 따뜻한 마음을 나타냄		

한눈에 콕콕

○ 시어의 의미

함박눈, 편지, 새살		진눈깨비, 바람
행복, 기쁨, 희망, 위로(긍정적 의미)	대비	불행, 슬픔, 절망, 고통(부정적 의미)

○ 시적 화자의 현실 인식과 삶의 태도

현실 인식		삶의 태도
삭막하고 살아가기 힘든 고달픈 세상	➡	어려운 이웃에게 위로와 희망을 주자.

---

02 ▶ 고전 시가

키워드 01

향가

2015 개정 교육과정에 새롭게 포함된 갈래입니다. 특징을 잘 기억해 두세요.

+ 향찰
한자의 음과 뜻을 빌려 우리 말을 표기하는 방식 중 하나

키워드 02

월명사, 「제망매가 (祭亡妹歌)」

1. 향가의 이해

① 신라 시대에 생겨나 고려 시대까지 향유되었던 우리 고유의 시가
② 향찰로 기록됨
③ 승려, 화랑 등이 주된 작자층이었음
④ 4구체(4줄), 8구체(8줄), 10구체(10줄)의 형식으로 구분됨
⑤ 10구체 향가는 '기(4구)−서(4구)−결(2구)'의 3단 구성으로 이루어짐
⑥ 결구의 첫 부분을 감탄사로 시작하며, 말하는 이의 정서를 집약하면서 시상을 마무리함

생사(生死) 길은

예 있으매 머뭇거리고,
이승   죽음에 대한 화자의 두려움

「나는 간다는 말도   「 」: 세상을 떠난 누이에 대한 안타까움을 드러냄
    누이의 말

몯다 이르고 어찌 갑니까.」

어느 가을 이른 바람에
        누이가 젊은 나이에 죽음

이에 저에 떨어질 잎처럼,
            죽은 누이

한 가지에 나고
같은 부모에게서 태어났음을 비유

가는 곳 모르온저.
    삶의 허무함과 무상함

아아, 미타찰(彌陀刹)에서 만날 나
감탄사 극락세계 화자
도(道) 닦아 기다리겠노라.
종교적 힘으로 슬픔을 극복하고자 하는 화자의 의지

작품 정리

갈래	10구체 향가	성격	애상적, 불교적
주제	죽은 누이를 추모하고 누이의 죽음에 대한 슬픔을 종교적으로 극복함		
특징	• 비유적 표현을 활용하여 서정성을 높임 • 불교의 윤회 사상을 바탕으로 죽은 누이와의 재회에 대한 소망을 드러냄		

한눈에 콕콕

○ 「제망매가」의 배경 설화

신라 시대의 고승인 월명사가 죽은 누이를 추모하기 위해 제사를 지낼 때였다. 월명사가 이 노래를 지어 불렀더니, 갑자기 회오리바람이 일어났다. 그러자 신기하게도 저승 가는 길에 여비로 쓰라고 관 속에 넣어 두었던 종이돈이 극락세계가 있다고 알려진 서쪽으로 날아갔다고 한다.

○ 누이의 죽음에 대한 화자의 태도

1~8구	누이의 죽음에 대한 안타까움과 슬픔, 삶에 대한 무상감·허망함
9~10구	종교적 신념으로 슬픔을 극복하고 재회를 기약함

○ 시어의 의미

이른 바람	누이가 젊은 나이에 죽었음을 의미함
떨어질 잎	죽은 누이를 의미함
한 가지	화자와 누이가 같은 부모에게서 태어났음을 의미함

키워드 03

시조

시조는 고전 시가의 대표적인 갈래입니다. 시조의 특징과 구성을 파악하세요.

1. 시조의 이해

① 고려 말부터 발달해 온 우리 고유의 정형시
② 3·4조 또는 4·4조의 4음보, 3장 6구 45자 내외의 기본형을 갖추고 있음
③ 종장의 첫 음보는 3음절로 고정됨

> [초장] 오백 년 / 도읍지를 / 필마로 / 도라드니 (4음보)
>   3   4   3   4
>   1구   2구
>
> [중장] 산천은 / 의구하되 / 인걸은 / 간 듸 업다. (4음보)
>   3   4   3   4
>   3구   4구
>
> [종장] 어즈버 / 태평연월이 / 꿈이런가 / 하노라. (4음보)
>   3   5   4   3
>   5구   6구
>
> – 길재, 「오백 년 도읍지를」 –

2. 시조의 종류

평시조	3장 6구 45자 내외의 간결한 형식
연시조	평시조가 여러 수 이어진 형식
사설시조	평시조에서 두 구 이상 길어진 형식

키워드 04

(가) 정몽주 어머니, 「까마귀 싸우는 골에」

(나) 이직, 「까마귀 검다 하고」

가 까마귀 싸우는 골에 백로야 가지 마라.
　　　간신(부정적)　　　　충신(긍정적)
성난 까마귀 흰빛을 시샘할세라.
　　　　　　백로가 몸을 더럽힐까 걱정함
청강(淸江)에 기껏 씻은 몸을 더럽힐까 하노라.
　　　　　까마귀와 어울리지 말아야 하는 이유

나 까마귀 검다 하고 백로야 웃지 마라.
　　긍정적　　　　　부정적
겉이 검은들 속조차 검을쏘냐.

겉 희고 속 검은 것은 너뿐인가 하노라.
　　　백로의 겉과 속이 다름을 비판함

작품 정리

가 「까마귀 싸우는 골에」

갈래	평시조	성격	교훈적, 경계적
주제	나쁜 무리와 어울리는 것에 대한 경계		
특징	• 대조적 소재를 통해 주제를 우회적으로 표현함 • 대상을 의인화하여 시적 화자의 정서와 주제를 드러냄		

나 「까마귀 검다 하고」

갈래	평시조	성격	교훈적, 풍자적
주제	겉과 속이 다름을 비판		
특징	• 대조적 소재를 통해 주제를 우회적으로 표현함 • 대상을 의인화하여 시적 화자의 정서와 주제를 드러냄		

한눈에 콕콕

「까마귀 싸우는 골에」의 창작 배경

고려 말, 이성계는 고려 왕조를 무너뜨리고 새로운 왕조를 일으키려 하고 있었다. 이성계 일파는 정몽주를 자신들의 편으로 끌어들이려고 하였는데, 이때 정몽주의 어머니가 아들에게 이성계 일파와 어울리지 말라며 이 작품을 지었다고 한다.

「까마귀 검다 하고」의 창작 배경

이 작품의 지은이인 이직은 고려 말에서 조선 초에 걸쳐 활동한 문신으로, 이성계를 도와 조선의 개국 공신이 되었다. 이직은 고려의 신하였지만 새 왕조에 가담하여 높은 벼슬까지 지냈고, 고려의 충신이라 자처하는 사람들이 그를 변절자라 말하기도 하였다. 이에 이직은 이 작품을 지어서 답했다고 한다.

시어의 상징적 의미

구분	「까마귀 싸우는 골에」	「까마귀 검다 하고」
까마귀	자신의 이익을 위해 싸우거나 남을 헐뜯는 이기적인 인물	겉모습과 달리 깨끗한 양심을 지닌 인물
백로	세상의 더러움에 물들지 않는 결백한 인물	올바른 척하지만 양심은 바르지 못한 인물

사랑과 연군

(가) 정철,
「내 마음 베어 내어」

(나) 왕방연,
「천만리 머나먼 길에」

가
임이 확인할 수 있는 구체적인 대상
내 마음 베어 내어 저 달을 만들고자
임에 대한 그리움, 변함없는 사랑과 충성(추상적인 개념)
구만 리 먼 하늘에 번듯이 걸려 있어   연군지정, 우국지정
임이 있는 곳
고운 임 계신 곳에 가 비추어나 보리라
사랑하는 임 또는 임금

나
천만리 머나먼 길에 고운 임 여의옵고
임과 이별한 슬픔을 극대화함   영월에 남겨진 어린 '단종'
내 마음 둘 데 없어 냇가에 앉았으니
임과 이별하여 슬픔, 안타까움, 상실감을 느낌
저 물도 내 안 같아서 울어 밤길 예놋다
감정 이입의 대상   '물'의 의인화
(임금과 이별한 시적 화자의
비통하고 애절한 심정)

작품 정리

가 「내 마음 베어 내어」

갈래	평시조	성격	애상적, 연군가
주제	임에 대한 그리움, 변함없는 사랑과 충성		
특징	• '마음'이라는 추상적인 개념을 '달'이라는 구체적인 대상으로 형상화함 • 임(임금)을 그리워하는 마음을 우회적으로 표현함		

나 「천만리 머나먼 길에」

갈래	평시조	성격	애상적, 감상적
주제	임금(유배된 단종)과 이별한 슬픔		
특징	• 우리말을 사용하여 임금과 이별한 비통함, 슬픔을 애절하게 표현함 • 시적 화자의 슬픔을 '천만리'라는 수량화된 표현을 통해 극대화하여 드러냄		

한눈에 콕콕

「내 마음 베어 내어」의 시상 전개

초장	임을 향한 마음을 베어 내어 달을 만들고 싶음
중장	먼 하늘에 걸리고 싶음
종장	임이 계신 곳을 비추고 싶음

○ 「내 마음 베어 내어」의 의미 구조

시적 화자	➡ 임에 대한 시적 화자의 그리움 (추상적인 개념)	달 (그리움)	➡ 임이 계신 곳을 비춤 (구체적인 대상)	고운 임

○ 「천만리 머나먼 길에」가 창작된 사회·문화적 배경

창작 배경	• 단종이 숙부인 수양 대군(세조)에게 왕위를 빼앗김 • 단종이 복위를 꾀하다 실패한 사건으로 인해 영월로 귀양을 가게 됨 • 단종을 영월까지 호송하였던 작가가 안타까운 마음을 담아 시조를 지음

○ 「천만리 머나먼 길에」에서 주요 시어의 의미

천만리	• '고운 임'과의 거리를 수량화함 • 임과 이별한 슬픔에 따른 심리적 거리감을 극대화함
물(냇물)	• 시적 화자의 감정이 이입된 자연물 • 임과 이별한 시적 화자의 슬픈 마음을 나타냄

키워드 06

사설시조

(가) 작자 미상, 「두꺼비 파리를 물고」

(나) 작자 미상, 「개를 여남은이나 기르되」

가 두꺼비 파리를 물고 두엄 위에 치달아 앉아
<small>힘없는 존재 / 파리를 괴롭히는 존재 / 위세를 부리는 모습</small>

건넛산 바라보니 백송골이 떠 있거늘 가슴이 끔찍하여 풀쩍 뛰어 내닫다가 두엄 아래 자빠졌구나.
<small>두꺼비가 두려워하는 존재 / 매우 겁을 먹고 / 우스꽝스럽게 넘어진 모습</small>

마침 날랜 나였기 망정이지 피멍 들 뻔하였도다.
<small>두꺼비가 수모를 당하고도 잘난 체를 함(허장성세)</small>

나 개를 여남은이나 기르되 요 개같이 얄미우랴
<small>열이 조금 넘는 수 / 얄밉다(설의법)</small>

「미운 임 오면은 꼬리를 홰홰 치며 치뛰락 내리뛰락 반겨서 내닫고 고운 임 오면은 뒷발을 버둥버둥 무르락 나락 캉캉 짖어서 돌아가게 하느냐」
<small>「 」: 개의 행동(개가 얄미운 까닭) / 의태어 / 뛰어올랐다 내리뛰었다 / 의태어 / 물러났다 나아갔다 의성어</small>

쉰밥이 그릇그릇 난들 너 먹일 줄이 있으랴
<small>쉰밥이 있어도 먹이지 않을 것임(설의법)</small>

작품 정리

가 「두꺼비 파리를 물고」

갈래	사설시조	성격	풍자적, 해학적
주제	약자에게는 강하고, 강자 앞에서는 비굴한 양반 계층을 풍자함		
특징	의인법을 사용하여 두꺼비의 행동을 풍자함		

나 「개를 여남은이나 기르되」

갈래	사설시조	성격	해학적, 사실적
주제	임을 그리워하고 기다리는 마음		
특징	• 기다려도 오지 않는 임에 대한 원망을 개에게 전가하여 웃음을 자아냄 • 의성어와 의태어를 활용하여 개의 행동을 사실적이고 해학적으로 표현함		

한눈에 콕콕

○「두꺼비 파리를 물고」의 현대어 풀이

두꺼비가 파리를 물고 두엄 위에 뛰어올라 앉아

건너편 산을 바라보니 흰 송골매가 떠 있기에 가슴이 섬뜩하여 펄쩍 뛰어 내닫다가 두엄 아래 자빠졌구나.

다행히 날랜 나였기에 망정이지 하마터면 멍들 뻔했구나.

○「두꺼비 파리를 물고」에서 소재의 상징적 의미

백송골		두꺼비		파리
중앙 관리, 외세	← 두려워함	탐관오리, 양반층	→ 횡포	힘없는 백성

○「개를 여남은이나 기르되」의 시상 전개

초장	많은 개 중 유독 얄미운 개
중장	미운 임은 반기고 고운 임은 쫓아 버리는 개
종장	개에 대한 원망

○「개를 여남은이나 기르되」의 의미 구조

개	→	미운 임을 반김	→	오지 않는 임에 대한 원망을 고운 임을 쫓아 버리는 개에 전가하여 개를 원망함
	→	고운 임을 쫓아냄		

키워드 07

윤선도, 「오우가(五友歌)」

내 벗이 몇인고 하니 수석(水石)과 송죽(松竹)이라.
　　　　　　　　물, 바위　　소나무, 대나무

동산에 달 오르니 그 더욱 반갑구나.

두어라, 이 다섯밖에 또 더하여 무엇하리.　　　　　　→ 1수: '다섯 벗(수, 석, 송, 죽, 월)' 소개
물, 바위, 소나무, 대나무, 달 다섯 벗만 있으면 다른 것이 없어도 만족함

구름 빛이 깨끗타 하나 검기를 자주 한다.

바람 소리 맑다 하나 그칠 때가 많구나.　　　　　　○: 가변성 ↔ □: 영원성
　　　　　　　　　　　　　　　　　　　　　　　　　　대조
깨끗고 그칠 적 없기는 물뿐인가 하노라.
　　　　　　　　　　　　　　　　　　　　　　　　　→ 2수: 물의 영원성 예찬

꽃은 무슨 일로 피면서 쉬이 지고

풀은 어이하여 푸르는 듯 누렇게 되니　　　　　　○: 순간성 ↔ □: 불변성
　　　　　　　　　　　　　　　　　　　　　　　　　　대조
아마도 변치 아니하기는 바위뿐인가 하노라.
　　　　　　　　　　　　　　　　　　　　　　　　　→ 3수: 바위의 불변성 예찬

「더우면 꽃 피고 추우면 잎 지거늘
「 」: 대부분의 나무가 추우면 잎이 떨어지는 것과 대조적
솔아 너는 어찌 눈서리를 모르느냐.」
　　소나무　의인법　　　　　고난, 시련
땅 깊이 뿌리 곧은 줄을 그로 하여 아노라.
　　　　소나무의 지조와 절개

→ 4수: 소나무의 절개 예찬

나무도 아닌 것이 풀도 아닌 것이

곧기는 누가 시켰으며 속은 어찌 비었는고.
　　　　　　　곧고 겸허함
저렇게 사철에 푸르니 그를 좋아하노라.
　　　　　대나무(의인법)

→ 5수: 대나무의 지조 예찬

작은 것이 높이 떠서 만물을 다 비추니

밤중에 밝은 빛이 너만 한 게 또 있느냐.
　　　　　　달(의인법)
보고도 말 아니하니 내 벗인가 하노라.
　　과묵함

→ 6수: 달의 광명 예찬

작품 정리

갈래	연시조		성격	예찬적, 자연 친화적
주제	다섯 자연물의 덕에 대한 예찬			
특징	• 다른 대상과의 대조를 통해 지향하는 바를 드러냄 • 자연물이 지닌 특성을 유교적인 이념에 빗대어 예찬함			

한눈에 콕콕

◉ **시상 전개**

1수	다섯 벗 소개	
2수	영원한 물	
3수	변하지 않는 바위	
4수	추운 계절에도 변치 않는 소나무	→ 자연에 대한 예찬
5수	곧고 겸허한 대나무	
6수	광명하고 과묵한 달	

◉ **시어의 대조적 의미**

긍정적 가치			부정적 가치	
물	영원성	⇔	구름, 바람	가변성
바위	불변성		꽃, 풀	순간성
솔	불변성, 강직함		꽃, 잎	외부의 영향에 약함

현대 소설

키워드 01

소설의 특성

소설은 인물, 사건, 배경을 중심으로 내용의 흐름을 파악하는 것이 중요합니다.

TIP 소설은 인물이 등장하고, 그들의 갈등을 중심으로 사건이 일어나면서 주제가 작품 속에 구현돼요.

TIP 작품 속 사회·문화적 상황을 파악하면 작품을 이해하는 데 도움이 돼요.

1. 소설 현실 세계에 있음직한 일을 작가가 상상하여 그럴듯하게 꾸며 쓴 이야기

2. 소설의 특징

허구성	작가의 상상력을 통하여 가공된 허구의 이야기, 즉 픽션임
개연성	꾸며 낸 이야기이기는 하지만, 현실에서 실제 일어날 수 있는 사건이나 존재할 만한 인물을 그림
진실성	허구를 통하여 인생의 참된 모습과 진실을 표현함
서사성	일정한 시간의 흐름에 따라 이야기가 전개됨
예술성	문체와 구성 등을 통해 예술적인 아름다움을 드러냄

3. 소설의 3요소

주제	작가가 전달하고자 하는 중심 생각
구성	주제를 효과적으로 구현하기 위해 소설 속의 사건들을 인과 관계에 따라 배열한 이야기의 짜임새
문체	문장을 통해 드러나는 작가의 독특한 개성

4. 소설 구성의 3요소

인물	소설 속에서 사건을 이끌어 가는 주체
사건	일정한 배경을 두고 인물들이 벌이는 갈등과 행동 양상
배경	사건이 일어나는 구체적인 시간과 장소

키워드 02

**현진건,
「운수 좋은 날」**

  새침하게 흐린 품이 눈이 올 듯하더니, 눈은 아니 오고 얼다가 만 비가 추적추적 내리는 날이었다. 이날이야말로 동소문 안에서 인력거꾼 노릇을 하는 김 첨지에게는 오래간만에도 닥친 운수 좋은 날이었다. 문안에(거기도 문밖은 아니지만) 들어간답시는 앞집 마마님을 전찻길까지 모셔다 드린 것을 비롯하여 행여나 손님이 있을까 하고 정류장에서 어정어정하며, 내리는 사람 하나하나에게 거의 비는 듯한 눈결을 보내고 있다가, 마침내 교원인 듯한 양복쟁이를 동광 학교까지 태워다 주기로 되었다.

  첫 번에 삼십 전, 둘째 번에 오십 전—아침 댓바람에 그리 흉치 않은 일이었다. 그야말로 재수가 옴 붙어서 근 열흘 동안 돈 구경도 못한 김 첨지는 십 전짜리 백통화 서 푼, 또는 다섯 푼이 찰깍하고 손바닥에 떨어질 제 거의 눈물을 흘릴 만큼 기뻤었다. 더구나 이날 이때에 이 팔십 전이라는 돈이 그에게 얼마나 유용한지 몰랐다. 컬컬한 목에 모주 한 잔도 적실 수 있거니와, 그보다도 앓는 아내에게 설렁탕 한 그릇도 사다 줄 수 있음이다.

[중략]

  그의 아내가 기침으로 쿨룩거리기는 벌써 달포가 넘었다. 조밥도 굶기를 먹다시피 하는 형편이니 물론 약 한 첩 써 본 일이 없다. 구태여 쓰려면 못 쓸 바도 아니로되, 그는 병이란 놈에게 약을 주어 보내면 재미를 붙여서 자꾸 온다는 자기의 신조에 어디까지 충실하였다.

따라서 의사에게 보인 적이 없으니 무슨 병인지는 알 수 없으나, 반듯이 누워 가지고 일어나기는 새로에 모로도 못 눕는 걸 보면 중증은 중증인 듯, 병이 이대도록 심해지기는 열흘 전에 조밥을 먹고 체한 때문이다. 그때도 김 첨지가 오래간만에 돈을 얻어서 좁쌀 한 되와 십 전짜리 나무 한 단을 사다 주었더니, 김 첨지의 말에 의지하면, 그 오라질 년이 천방지축으로 냄비에 대고 끓였다. 마음은 급하고 불길은 달지 않아, 채 익지도 않은 것을 그 오라질 년이 숟가락은 고만두고 손으로 움켜서 두 뺨에 주먹 덩이 같은 혹이 불거지도록 누가 빼앗을 듯이 처박질 하더니만 그날 저녁부터 가슴이 땅긴다, 배가 켕긴다고 눈을 홉뜨고 지랄병을 하였다.

중략 부분의 줄거리 김 첨지는 행운이 계속되자 불길한 예감이 들어 귀가를 망설인다. 선술집에서 친구 치삼이와 술을 마시면서 김 첨지는 불안감으로 횡설수설한다. 설렁탕을 사 들고 집으로 돌아온 김 첨지는 아내의 죽음을 확인한다.

이러다가 누운 이의 흰창이 검은창을 덮은, 위로 치뜬 눈을 알아보자마자,
"이 눈깔! 이 눈깔! 왜 나를 바루 보지 못하고 천정만 바라보느냐, 응?"
하는 말끝엔 목이 메었다. 그러자 산 사람의 눈에서 떨어진 닭똥 같은 눈물이 죽은 이의 뻣뻣한 얼굴을 어룽어룽 적시었다. 문득 김 첨지는 미친 듯이 제 얼굴을 죽은 이의 얼굴에 비비대며 중얼거렸다.
"설렁탕을 사다 놓았는데 왜 먹지를 못하니? 왜 먹지를 못하니……? 괴상하게도 오늘은 운수가 좋더니만……."

작품 정리

갈래	단편 소설, 사실주의 소설	성격	현실적, 풍자적
배경	일제 강점기, 서울	시점	전지적 작가 시점
주제	일제 강점기 하층민의 비참한 삶		
특징	• 비속어를 구사하여 구체성과 현실감을 확보함 • 일제 강점기의 고통받는 하층민의 삶을 사실적으로 드러냄 • 극적인 반전(상황적 반어)을 통해 작품의 비극성을 극대화함 • '비 오는 날'이라는 배경을 통해 작품 전체의 분위기와 비극적 결말을 드러냄		

한눈에 콕콕

◘ **당시의 사회상을 나타내는 단어**

인력거꾼, 첨지, 전찻길, 동광 학교, 전

◘ **'운수 좋은 날'의 반어적 의미**

표면적 의미	인력거 손님이 많아 돈을 많이 번 날	→	표면적 의미와 심층적 의미의 괴리가 하층민의 비극적 삶과 결말의 비극성을 더욱 부각시킴
심층적 의미	가난 때문에 아내가 죽은 날		

◘ **등장인물**

김 첨지	가난한 인력거꾼으로, 하층민을 대표하는 인물
아내	김 첨지의 병든 아내로, 굶주린 채 죽음을 맞이함
치삼이	김 첨지의 친구로, 김 첨지의 처지를 이해하고 위로함

**황순원,
「소나기」**

가   다음 날은 좀 늦게 개울가로 나왔다.

이날은 소녀가 징검다리 한가운데 앉아 세수를 하고 있었다. 분홍 스웨터 소매를 걷어 올린 팔과 목덜미가 마냥 희었다.

한참 세수를 하고 나더니, 이번에는 물속을 빤히 들여다본다. 얼굴이라도 비추어 보는 것이리라. 갑자기 물을 움켜 낸다. 고기 새끼라도 지나가는 듯. 소녀는 소년이 개울둑에 앉아 있는 걸 아는지 모르는지, 그냥 날쌔게 물만 움켜 낸다. 그러나 번번이 허탕이다. 그대로 재미있는 양, 자꾸 물만 움킨다. 어제처럼 개울을 건너는 사람이 있어야 길을 비킬 모양이다.

그러다가 소녀가 물속에서 무엇을 하나 집어낸다. 하얀 조약돌이었다. 그러고는 벌떡 일어나 팔짝팔짝 징검다리를 뛰어 건너간다. 다 건너가더니만 홱 이리로 돌아서며,

"이 바보."

조약돌이 날아왔다.

소년은 저도 모르게 벌떡 일어섰다.

단발머리를 나풀거리며 소녀가 막 달린다. 갈밭 사잇길로 들어섰다. 뒤에는 청량한 가을 햇살 아래 빛나는 갈꽃뿐.

나   "너희, 예서 뭣들 하느냐?"

농부 하나가 억새풀 사이로 올라왔다.

송아지 등에서 뛰어내렸다. 어린 송아지를 타서 허리가 상하면 어쩌느냐고 꾸지람을 들을 것만 같다.

그런데 나룻이 긴 농부는 소녀 편을 한 번 훑어보고는 그저 송아지 고삐를 풀어내면서,

"어서들 집으루 가거라. 소나기가 올라."

참, 먹장구름 한 장이 머리 위에 와 있다. 갑자기 사면이 소란스러워진 것 같다. 바람이 우수수 소리를 내며 지나간다. 삽시간에 주위가 보랏빛으로 변했다.

산을 내려오는데, 떡갈나무 잎에서 빗방울 듣는 소리가 난다. 굵은 빗방울이었다. 목덜미가 선뜻선뜻했다. 그러자 대번에 눈앞을 가로막는 빗줄기.

비안개 속에 원두막이 보였다. 그리로 가 비를 그을 수밖에.

그러나 원두막은 기둥이 기울고 지붕도 갈래갈래 찢어져 있었다. 그런대로 비가 덜 새는 곳을 가려 소녀를 들어서게 했다. 소녀는 입술이 파랗게 질려 있었다. 어깨를 자꾸 떨었다.

무명 겹저고리를 벗어 소녀의 어깨를 싸 주었다. 소녀는 비에 젖은 눈을 들어 한 번 쳐다보았을 뿐, 소년이 하는 대로 잠자코 있었다. 그러면서 안고 온 꽃묶음 속에서 가지가 꺾이고 꽃이 일그러진 송이를 골라 발밑에 버린다.

다   그다음 날은 소녀의 모습이 뵈지 않았다. 다음 날도, 다음 날도. 매일같이 개울가로 달려와 봐도 뵈지 않았다. 학교에서 쉬는 시간에 운동장을 살피기도 했다. 남몰래 5학년 여자 반을 엿보기도 했다. 그러나 뵈지 않았다. 그날도 소년은 주머니 속 흰 조약돌만 만지작거리며 개울가로 나왔다.

그랬더니 이쪽 개울둑에 소녀가 앉아 있는 게 아닌가. 소년은 가슴부터 두근거렸다.

"그동안 앓았다."

알아보게 소녀의 얼굴이 해쓱해져 있었다.

"그날, 소나기 맞은 것 땜에?"

소녀가 가만히 고개를 끄덕이었다.

"인제 다 났냐?"

"아직두……."

"그럼 누워 있어야지."

"너무 갑갑해서 나왔다. …… 그날 참 재밌었어. …… 근데 그날 어디서 이런 물이 들었는지 잘 지지 않는다."

소녀가 분홍 스웨터 앞자락을 내려다본다. 거기에 검붉은 진흙물 같은 게 들어 있었다.

소녀가 가만히 보조개를 떠올리며,

"이게 무슨 물 같니?"

소년은 스웨터 앞자락만 바라다보고 있었다.

"내, 생각해 냈다. 그날, 도랑 건널 때 내가 업힌 일이 있지? 그때, 네 등에서 옮은 물이다."

소년은 얼굴이 확 달아오름을 느꼈다.

갈림길에서 소녀는,

"저, 오늘 아침에 우리 집에서 대추를 땄다. 낼 제사 지낼려구……."

대추 한 줌을 내어 준다.

라 개울물은 날로 여물어 갔다.

소년은 갈림길에서 아래쪽으로 가 보았다. 갈밭머리에서 바라보는 서당골 마을은 쪽빛 하늘 아래 한결 가까워 보였다. 어른들 말이, 내일 소녀네가 양평읍으로 이사 간다는 것이었다. 거기 가서는 조그마한 가겟방을 보게 되리라는 것이었다. 소년은 저도 모르게 주머니 속 호두알을 만지작거리며, 한 손으로는 수없이 갈꽃을 휘어 꺾고 있었다.

그날 밤, 소년은 자리에 누워서도 같은 생각뿐이었다. 내일 소녀네가 이사하는 걸 가 보나 어쩌나. 그러다가 까무룩 잠이 들었는가 하는데.

"허, 참, 세상일두……."

마을 갔던 아버지가 언제 돌아왔는지,

"윤 초시네 맥두 말이 아니여. 그 많던 전답을 다 팔아 버리구, 대대로 살아오던 집마저 남의 손에 넘기더니, 또 악상까지 당하는 걸 보면……."

[중략]

"글쎄 말이지. 이번 앤 꽤 여러 날 앓는 걸 약두 변변히 못 써 봤다더군. 지금 같애서는 윤 초시네두 대가 끊긴 셈이지. 그런데 참, 이번 계집애는 어린 것이 여간 잔망스럽지가 않어. 글쎄 죽기 전에 이런 말을 했다지 않어? 자기가 죽거든 자기 입던 옷을 꼭 그대루 입혀서 묻어 달라구……."

갈래	단편 소설	성격	서정적, 향토적
배경	가을, 농촌	시점	3인칭 관찰자 시점 (부분적으로 전지적 작가 시점)
주제	소년과 소녀의 순수한 사랑		
특징	• 소설의 배경인 가을 농촌의 모습을 감각적으로 묘사함 • 등장인물들의 심리가 주로 행동을 통해 간접적으로 드러남 • 등장인물들 사이에 뚜렷한 갈등이 나타나지 않음 • 간결한 문체가 돋보임		

○ '소나기'의 역할과 의미

• 위기감을 조성함
• 소년과 소녀의 사이를 가깝게 만듦
• 소년과 소녀의 짧은 사랑을 상징함
• 소녀의 비극적 운명(죽음)의 원인이 됨

○ 주요 소재의 의미

조약돌	• 소년을 향한 소녀의 관심 • 소녀를 향한 소년의 관심과 그리움
분홍 스웨터	• 소년을 계속 기억하고 싶어 하는 소녀의 마음 • 소년과 소녀의 맑고 순수한 사랑의 추억
대추	• 소년에게 주는 소녀의 이별 선물 • 소년을 위하는 소녀의 마음
호두	소녀를 위하는 소년의 마음

키워드 04

**윤흥길
「기억 속의 들꽃」**

　　먼저, 쫓기는 사람들의 무리가 드문드문 마을에 나타나기 시작했다. 그리고 곧이어 포성이 울렸다. 돌산을 뚫느라고 멀리서 터뜨리는 남포의 소리처럼 은은한 포성이 울릴 때마다 집 안의 기둥이나 서까래가 울고 흙벽이 떨었다. 포성과 포성의 사이사이를 뚫고 피란민의 행렬이 줄지어 밀어닥쳤고, 마을에서 잠시 머물며 노독을 푸는 동안에 그들은 옷가지나 금붙이 따위 물건을 식량하고 바꾸었다. 바꿀 만한 물건이 없는 사람들은 동냥을 하거나 훔치기도 했다.

[중략]

"아가, 너 요런 것 어디서 났냐?"

　　옷고름의 실밥을 뜯어 그 속에 얼른 금반지를 넣고 웅숭깊은 저 밑바닥까지 확실히 닿도록 두어 번 흔들고 나서 어머니는 서울 아이한테 물었다. 놀랍게도 어머니의 목소리는 서울 아이의 그것보다 훨씬 더 간드러지게 들렸다.

　　"땅바닥에서 주웠어요. 숙부네가 떠난 담에 그 자리에 가 봤더니 글쎄 요게 떨어져 있잖아요."

녀석이 이젠 아주 의기양양한 태도로 당당하게 대답했다. 그 말을 어머니는 별로 귀담아 듣는 기색이 아니었다. 어머니는 연신 싱글벙글 웃어 가며 녀석의 잔등을 요란스레 토닥거리고 쓰다듬어 주는 것이었다.

"아가, 요 담번에 또 요런 것 생기거들랑 다른 누구 말고 꼬옥 이 아줌니한테 가져와야 된다. 알었냐?"

"네, 꼭 그렇게 하겠어요."

다음에 다시 금반지를 줍기로 무슨 예정이라도 되어 있는 듯이 녀석의 입에서는 대답이 무척 시원스럽게 나왔다.

"어서어서 방 안으로 들어가자. 에린것이 천 리 타관서 부모 잃고 식구 놓치고 얼매나 배고푸고 속이 짜겠냐."

이런 곡절 끝에 명선이는 우리 집에서 살게 되었다. 마지막으로 마을에 남게 된 유일한 피란민이었다.

[중략]

갈수록 밥 얻어먹는 설움이 심해지자, 하루는 또 명선이가 금반지 하나를 슬그머니 내밀어 왔다. 먼젓번 것보다 약간 굵어 보였다. 찬찬히 살피고 나더니 어머니는 한 돈 하고도 반짜리라고 조심스럽게 감정을 내렸다.

"길에서 주웠다니까요."

어머니의 다그침에 명선이는 천연덕스럽게 대꾸했다.

"거참 요상도 허다. 따른 사람은 눈을 까뒤집어도 안 뵈는 노다지가 어째 니 눈에만 유독 들어온다냐?"

그러나 어머니는 명선이가 지껄이는 말을 하나도 믿으려 하지 않았다. 명선이가 처음 금반지를 주워 왔을 때처럼 흥분하거나 즐거워하는 기색도 아니었다. 명선이의 얼굴을 유심히 들여다보는 어머니의 눈엔 크고 작은 의심들이 호박처럼 올망졸망 매달려 있었다.

그날 밤에 아버지는 명선이를 안방으로 불러 아랫목에 앉혀 놓고, 밤늦도록 타일러도 보고 으름장도 놓아 보았다. 하지만 명선이의 대답은 한결같았다.

"거짓말이 아니라구요. 참말이라구요. 길에서 놀다가……."

"너 이놈, 바른대로 대지 못허까!"

아버지의 호통 소리에 명선이는 비죽비죽 울기 시작했다. 우는 명선이를 아버지는 또 부드러운 말로 달래기 시작했다.

"말은 안 혔어도 너를 친자식 진배없이 생각혀 왔다. 너 같은 어린것이 그런 물건을 갖고 있으면은 덜 좋은 법이다. 이 아저씨가 잘 맡어 놨다가 후제 크면 줄 테니께 어따 숨겼는지 바른대로 대거라."

아무리 달래고 타일러도 소용이 없자, 아버지는 마침내 화를 버럭 내면서 명선이의 몸뚱이를 뒤지려 했다. 아버지의 손이 옷에 닿기 전에 명선이는 미꾸라지같이 안방을 빠져나가 자취를 감추어 버렸다. 그리고 그날 밤 끝내 우리 집에 돌아오지 않았다.

중략 부분의 줄거리 반지의 출처를 묻는 추궁을 피해 집을 나간 명선이가 여자임이 밝혀진다.

어느 날, 나는 명선이하고 단둘이서만 다리에 간 일이 있었다. 그때도 그 애는 나한테 시합을 걸어왔다. 나는 남자로서의 위신을 걸고 명선이의 비아냥거림 앞에서 최선의 노력을 다해 봤으나, 결국 강바닥에 깔린 뽕나무밭이 갑자기 거대한 팽이가 되어 어찔어찔 맴도는 걸 보고 뒤로 물러서지 않을 수 없었다. 이제 명선이한테서 겁쟁이라고 꼼짝없이 수모를 당할 차례였다.

"야아, 저게 무슨 꽃이지?"

그런데 그 애는 놀림 대신 갑자기 뚱딴지같은 소리를 질렀다. 말 타듯이 철근 뭉치에 올라앉아서 그 애가 손가락으로 가리키는 곳을 내려다보았다. 거대한 교각 바로 위, 무너져 내리다 만 콘크리트 더미에 이전에 보이지 않던 꽃송이 하나가 피어 있었다. 바람을 타고 온 꽃씨 한 알이 교각 위에 두껍게 쌓인 먼지 속에 어느새 뿌리를 내린 모양이었다.

"꽃 이름이 뭔지 아니?"

난생처음 보는 듯한, 해바라기를 축소해 놓은 모양의 동전만 한 들꽃이었다.

"쥐바라숭꽃……."

나는 간신히 대답했다. 시골에서 볼 수 있는 거라면 명선이는 내가 뭐든지 다 알고 있다고 믿는 눈치였다. 쥐바라숭이란 이 세상엔 없는 꽃 이름이었다. 엉겁결에 어떻게 그런 이름을 지어낼 수 있었는지 나 자신도 어리벙벙할 지경이었다.

"쥐바라숭꽃…… 이름처럼 정말 이쁜 꽃이구나. 참 앙증맞게두 생겼다."

또 한바탕 위험한 곡예 끝에 그 애는 기어코 그 쥐바라숭꽃을 꺾어 올려 손에 들고는 냄새를 맡아 보다가 손바닥 사이에 넣어 대궁을 비벼서 양산처럼 팽글팽글 돌리다가 끝내는 머리에 꽂는 것이었다. 다시 이쪽으로 건너오려는데, 이때 바람이 휙 불어 명선이의 치맛자락이 훌렁 들리면서 머리에서 꽃이 떨어졌다. 나는 해바라기 모양의 그 작고 노란 쥐바라숭꽃 한 송이가 바람에 날려, 싯누런 흙탕물이 도도히 흐르는 강심을 향해 바람개비처럼 맴돌며 떨어져 내리는 모양을 아찔한 현기증으로 지켜보고 있었다.

중략 부분의 줄거리 끊어진 다리 근처에서 놀던 명선이가 비행기 폭음에 놀라 다리 아래로 떨어진다.

지옥의 가장귀를 타고 앉아 잠시 숨을 고른 다음 바로 되돌아 나오려는데, 이때 이상한 물건이 얼핏 시야에 들어왔다. 낚싯바늘 모양으로 꼬부라진 철근의 끝자락에다 끈으로 친친 동여맨 자그만 헝겊 주머니였다. 명선이가 들꽃을 꺾던 때보다 더 위태로운 동작으로 나는 주머니를 어렵게 손에 넣었다. 가슴을 잡죄는 긴장 때문에 주머니를 열어 보는 내 손이 무섭게 경풍을 일으키고 있었다.

그리고 그 주머니 속에서 말갛게 빛을 발하는 동그라미 몇 개를 보는 순간, 나는 손에 든 물건을 송두리째 강물에 떨어뜨리고 말았다.

작품 정리

갈래	단편 소설	성격	회상적, 비극적
배경	6·25 전쟁 중, 만경강 근처의 어느 시골 마을	시점	1인칭 관찰자 시점
주제	전쟁의 비극성과 인간성 상실		
특징	• 과거 회상의 형식을 취하면서 어린아이의 시선을 통해 전쟁의 비극성과 비인간성을 드러냄 • 사투리와 비속어를 사용하여 향토성과 사실성을 높임 • 상징적 제목으로 주인공 명선이의 비극적 삶의 모습을 나타냄		

주요 소재의 의미

금반지	• 사건 전개의 중심 소재 • 어른들의 탐욕을 드러내는 소재 • 명선이가 어른들의 환심을 사는 수단, 생존 수단
개패 (본문 수록 ×)	• 부잣집 딸인 명선이의 신분을 밝혀 주는 물건 • '나'의 부모님이 명선이의 소유권을 주장하는 계기
끊어진 만경강 다리	• 전쟁의 비극성과 처참함을 드러내는 소재 • 명선이가 금반지를 숨긴 장소이자 죽게 된 장소
들꽃 (쥐바라숭꽃)	• 전쟁 중에 홀로 살아온 명선이의 모습 • 꽃을 보고 좋아하는 명선이의 순수한 면모 • 척박한 환경에서도 살아남은 강인한 생명력

인물의 갈등

명선이		부모님
금반지를 빼앗기지 않으려고 함	⟷ 외적 갈등	금반지를 모두 차지하려고 함

명선이의 죽음의 의미

비행기 공습으로 부모님을 잃은 명선이가 비행기 폭음에 놀라 다리에서 떨어져 죽음	➡	전쟁의 비극

키워드 05

서술자와 시점

서술자의 시점을 이해하고
작품에 적용해 봅니다.

TIP 서술자가 작품 안에
등장하면 '1인칭', 작품 밖에
위치하면 '3인칭'이에요. 중
등 과정에서 배우는 소설의
대부분은 1인칭 시점이거나
전지적 작가 시점이에요.

1. 서술자 소설에서 이야기를 전달해 주는 허구적 인물

2. 시점 사건을 바라보는 서술자의 시각이나 관점

서술자		서술자의 위치		특징
'나' 등장 (작품 속)	1인칭	주인공 (심리 관여)	1인칭 주인공 시점	• '나'=주인공=서술자 • 주인공인 '나'가 자신의 이야기를 하는 방식 • 주인공의 내면세계를 그리는 데 효과적임
		부수적 (심리 관여 ×)	1인칭 관찰자 시점	• '나'=관찰자=서술자 • 보조 인물인 '나'가 주인공을 관찰하는 입장에 서 이야기하는 방식 • '나'의 눈에 비친 외부 세계만을 다룸
'나' 등장 × (작품 밖)	3인칭	전지적 (심리 관여)	전지적 작가 시점	• 서술자=신적인 존재 • 작가가 신의 입장에서 인물의 말과 행동은 물 론 심리 변화까지도 파악하여 이야기하는 방식 • 작가가 자신의 사상을 직접 드러냄
		관찰자 (심리 관여 ×)	3인칭 관찰자 시점	• 서술자=관찰자 • 서술자가 관찰자의 입장에서 인물의 말과 행 동을 관찰하여 이야기하는 방식 • 서술자의 태도가 객관적임

주요섭, 「사랑손님과 어머니」

아저씨가 사랑방에 와 계신 지 벌써 여러 밤을 잔 뒤입니다. 아마 한 달이나 되었지요. 나는 거의 매일 아저씨 방에 놀러 갔습니다. 어머니는 나더러 그렇게 가서 귀찮게 굴면 못 쓴다고 가끔 꾸지람을 하시지만, 정말인즉 나는 조금도 아저씨에게 귀찮게 굴지는 않았습니다. 도리어 아저씨가 나에게 귀찮게 굴었지요.

"옥희 눈은 아버지를 닮았다. 고 고운 코는 아마 어머니를 닮았지, 고 입하고! 응, 그러냐, 안 그러냐? 어머니도 옥희처럼 곱지, 응? ……."

이렇게 여러 가지로 물을 적도 있었습니다. 그래서 나는

"아저씨, 입때 우리 엄마 못 봤어요?"

하고 물었더니, 아저씨는 잠잠합니다. 그래 나는

"우리 엄마 보러 들어갈까?"

하면서 아저씨 소매를 잡아당겼더니, 아저씨는 펄쩍 뛰면서,

"아니, 아니, 안 돼. 난 지금 분주해서."

하면서 나를 잡아끌었습니다. 그러나 정말로는 무슨 그리 분주하지도 않은 모양이었어요. 그러기에 나더러 가란 말도 않고, 그냥 나를 붙들고 앉아서 머리도 쓰다듬어 주고 뺨에 입도 맞추고 하면서,

"요 저고리 누가 해 주지? …… 밤에 엄마하고 한자리에서 자니?"

하는 등 쓸데없는 말을 자꾸만 물었지요!

그러나 웬일인지 나를 그렇게도 귀애(貴愛)해 주던 아저씨도, 아랫방에 외삼촌이 들어오면 갑자기 태도가 달라지지요. 이것저것 묻지도 않고 나를 꼭 껴안지도 않고, 점잖게 앉아서 그림책이나 보여 주고 그러지요. 아마 아저씨가 우리 외삼촌을 무서워하나 봐요.

[중략]

어떤 일요일 날, 그렇지요, 그것은 유치원 방학(放學)하고 난 그 이튿날이었어요. 그날 어머니는 갑자기 머리가 아프시다고 예배당에를 그만두었습니다. 사랑에서는 아저씨도 어디 나가고 외삼촌도 나가고 집에는 어머니와 나와 단둘이 있었는데, 머리가 아프다고 누워 계시던 어머니가 갑자기 나를 부르시더니,

"옥희야, 너 아빠가 보고 싶니?"

하고 물으십니다.

"응, 우리도 아빠 하나 있으면."

나는 혀를 까불고 어리광을 좀 부려 가면서 대답을 했습니다. 한참 동안을 어머니는 아무 말씀도 아니 하시고 천장만 바라보시더니,

"옥희야, 옥희 아버지는 옥희가 세상에 나오기도 전에 돌아가셨단다. 옥희도 아빠가 없는 건 아니지. 그저 일찍 돌아가셨지. 옥희가 이제 아버지를 새로 또 가지면 세상이 욕을 한단다. 옥희는 아직 철이 없어서 모르지만 세상이 욕을 한단다. 사람들이 욕을 해. '옥희 어머니는 화냥년이다.' 이러고 세상이 욕을 해. '옥희 아버지는 죽었는데 옥희는 아버지가 또 하나 생겼대. 참 망측도 하지.' 이러고 세상이 욕을 한단다. 그리되면 옥희는 언제나 손가락질 받고, 옥희는 커도 시집도 훌륭한 데 못 가고, 옥희가 공부를 해서 훌륭하게 돼도, '에, 그까짓 화냥년의 딸.'이라고 남들이 욕을 한단다."

이렇게 어머니는 혼잣말하시듯 드문드문 말씀하셨습니다.

작품 정리

갈래	단편 소설	성격	서정적, 낭만적
배경	1930년대, 시골의 작은 마을	시점	1인칭 관찰자 시점
주제	사랑과 보수적 윤리관 사이에서 갈등하는 어머니와 사랑손님의 사랑과 이별		
특징	• 시간의 흐름에 따라 이야기가 전개됨 • 어린아이를 서술자로 내세워 친밀감을 주고 사랑손님과 어머니의 사랑을 아름답게 그려 냄		

한눈에 콕콕

◎ 어린아이의 관점으로 내용을 전달하는 것의 효과와 한계

효과	• 상황을 제대로 이해하지 못하는 어린아이의 천진난만한 말투가 독자들의 웃음을 자아냄 • 자칫 통속적일 수 있는 어른들의 사랑 이야기를 순수하고 아름답게 느껴지게 함 • 서술자가 어려서 알 수 없는 내용을 독자가 상상하며 읽는 즐거움을 줌
한계	• 서술자의 눈에 비친 세계만을 다룰 수 있음 • 서술의 폭이 제한되며, 등장인물의 심리를 직접적으로 알 수 없음 • 상황을 제대로 파악하지 못한 채로 사건과 인물의 심리를 전달함

◎ 전체 작품에 등장하는 소재의 의미

달걀	• '나'와 '아저씨'가 친해지는 계기가 됨 • '아저씨'에 대한 '어머니'의 관심과 애정을 나타냄
풍금	• '아버지'에 대한 '어머니'의 그리움을 드러냄 • '아저씨'에 대한 '어머니'의 심리적 갈등을 표현함
꽃	'아저씨'에 대한 '어머니'의 사랑을 나타냄
하얀 종이	'어머니'에 대한 '아저씨'의 사랑을 나타냄
하얀 손수건	• '아저씨'의 마음을 거절하는 '어머니'의 결심이 담김 • '아저씨'와 '어머니'의 이별을 상징함

◎ '어머니'의 말에 담긴 당시의 시대상

여성의 재혼을 좋지 않게 보는 전통적·봉건적·유교적 사회 분위기

김유정, 「동백꽃」

앞부분의 줄거리 '나'는 나무를 하러 가기 위해 집을 나서려다가, 점순이가 '나'의 집 수탉과 점순이네 수탉을 두고 닭싸움을 붙이고 있는 것을 본다. 놀란 '나'는 황급히 가서 닭들을 떼어 놓는다. '나'는 요즘 점순이가 자꾸 '나'를 괴롭히는 이유를 알지 못한다.

　나흘 전 감자 쪼간만 하더라도 나는 저에게 조금도 잘못한 것은 없다. 계집애가 나물을 캐러 가면 갔지 남 울타리 엮는 데 쌩이질을 하는 것은 다 뭐냐. 그것도 발소리를 죽여 가지고 등 뒤로 살며시 와서

"애! 너 혼자만 일하니?"

하고 긴치 않은 수작을 하는 것이다. 어제까지도 저와 나는 이야기도 잘 않고 서로 만나도 본척만척하고 이렇게 점잖게 지내던 터이련만 오늘로 갑작스레 대견해졌음은 웬일인가. 황차 망아지만 한 계집애가 남 일하는 놈 보고…….

"그럼 혼자 하지 떼루 하디?"

내가 이렇게 내배알는 소리를 하니까

"너 일하기 좋니?"

또는

"한여름이나 되거든 하지 벌써 울타리를 하니?"

잔소리를 두루 늘어놓다가 남이 들을까 봐 손으로 입을 틀어막고는 그 속에서 깔깔댄다. 별로 우스울 것도 없는데 날씨가 풀리더니 이놈의 계집애가 미쳤나 하고 의심하였다.

게다가 조금 뒤에는 즈 집께를 할금할금 돌아다보더니 행주치마의 속으로 꼈던 바른손을 뽑아서 나의 턱 밑으로 불쑥 내미는 것이다. 언제 구웠는지 아직도 더운 김이 홱 끼치는 굵은 감자 세 개가 손에 뿌듯이 쥐였다.

"느 집엔 이거 없지?"

하고 생색 있는 큰소리를 하고는 제가 준 것을 남이 알면은 큰일 날 테니 여기서 얼른 먹어 버리란다. 그리고 또 하는 소리가

"너 봄 감자가 맛있단다."

"난 감자 안 먹는다, 니나 먹어라."

나는 고개도 돌리지 않고 일하던 손으로 그 감자를 도로 어깨 너머로 쑥 밀어 버렸다.

[중략]

눈물을 흘리고 간 그담 날 저녁나절이었다. 나무를 한 짐 잔뜩 지고 산을 내려오려니까 어디서 닭이 죽는 소리를 친다. 이거 뉘 집에서 닭을 잡나 하고 점순네 울 뒤로 돌아오다가 나는 고만 두 눈이 뚱그레졌다. 점순이가 즈 집 봉당에 홀로 걸터앉았는데, 아 이게 치마 앞에다 우리 씨암탉을 꼭 붙들어 놓고는

"이놈의 닭! 죽어라, 죽어라."

요렇게 암팡스레 패 주는 것이 아닌가. 그것도 대가리나 치면 모른다마는 아주 알도 못 낳으라고 그 볼기짝께를 주먹으로 콕콕 쥐어박는 것이다. 나는 눈에 쌍심지가 오르고 사지가 부르르 떨렸으나 사방을 한 번 휘돌아보고야 그제서 점순이 집에 아무도 없음을 알았다. 잡은 참 지게막대기를 들어 울타리의 중턱을 후려치며

"이놈의 계집애! 남의 닭 알 못 낳으라구 그러니?"

하고 소리를 빽 질렀다. 그러나 점순이는 조금도 놀라는 기색이 없고 그대로 의젓이 앉아서 제 닭 가지고 하듯이 또 죽어라, 죽어라 하고 패는 것이다.

이걸 보면 내가 산에서 내려올 때를 겨냥해 가지고 미리부터 닭을 잡아 가지고 있다가 너 보란 듯이 내 앞에 쥐지르고 있음이 확실하다.

중략 부분의 줄거리 점순이가 닭싸움을 붙이며 '나'의 수탉을 괴롭히자, '나'는 '나'의 수탉에게 고추장 물을 먹여 닭싸움을 시키지만 점순이네 닭에게 진다. 점순이는 '나'가 없는 사이 또다시 닭싸움을 시키고, 그 모습을 본 '나'는 점순이네 닭을 때려 죽인다.

그러고나서 가만히 생각을 하니 분하기도 하고 무안도 스럽고, 또 한편 일을 저질렀으니 인젠 땅이 떨어지고 집도 내쫓기고 해야 될는지 모른다.

나는 비슬비슬 일어나며 소맷자락으로 눈을 가리고는 얼김에 엉하고 울음을 놓았다. 그러다 점순이가 앞으로 다가와서

"그럼, 너 이담부턴 안 그럴 테냐?"

하고 물을 때에야 비로소 살길을 찾은 듯싶었다. 나는 눈물을 우선 씻고 뭘 안 그러는지 명색도 모르건만

"그래!"

하고 무턱대고 대답하였다.

"요담부터 또 그래 봐라, 내 자꾸 못살게 굴 테니."

"그래그래, 인젠 안 그럴 테야!"

"닭 죽은 건 염려 마라. 내 안 이를 테니."

그리고 뭣에 떠다밀렸는지 나의 어깨를 짚은 채 그대로 픽 쓰러진다. 그 바람에 나의 몸뚱이도 겹쳐서 쓰러지며 한창 피어 퍼드러진 노란 동백꽃 속으로 폭 파묻혀 버렸다.

알싸한 그리고 향긋한 그 냄새에 나는 땅이 꺼지는 듯이 온 정신이 고만 아찔하였다.

작품 정리

갈래	단편 소설	성격	서정적, 향토적, 해학적
배경	1930년대 봄, 강원도 산골 마을	시점	1인칭 주인공 시점
주제	산골 마을 남녀의 순박한 사랑		
특징	• '닭싸움'을 중심으로 한 사건의 흐름을 역순행적 구성으로 표현함 • 순박하고 어수룩한 '나'를 서술자로 설정하여 해학성을 높임 • 산골 마을을 배경으로 서정적이고 향토적인 분위기를 드러냄 • 비속어와 사투리를 사용하여 생동감을 주고 토속적인 분위기를 형성함		

한눈에 콕콕

◑ 갈등 양상

원인	점순이가 '나'에게 호감이 있어 건넨 감자를 '나'가 받지 않고 거절함

↓

진행	점순이가 '나'의 닭을 괴롭히자, '나'는 닭에게 고추장을 먹여 이기려고 함

↓

해결	점순이는 '나'가 닭을 죽인 사실을 이르지 않겠다고 하고, '나'와 동백꽃 속으로 쓰러짐

◑ 소재의 상징

감자	• '나'에 대한 점순이의 마음이 담긴 소재 • '나'와 점순이의 갈등이 시작되는 원인이 되는 소재
닭싸움	• '나'와 점순이의 갈등이 심화되는 매개체 • '나'와 점순이가 갈등을 해소하는 실마리가 되는 소재
동백꽃	• 작품의 서정성을 높이는 소재 • 산골 마을 남녀의 순박한 사랑이라는 작품의 주제를 극적으로 부각하는 소재

갈등

최근 시험에는 등장인물들의 갈등이 두드러지는 장면이 자주 출제되고 있습니다.

1. 갈등 인물의 내적인 갈등 혹은 인물 간에 어떤 정서나 의견이 서로 얽혀 있는 것으로, 사건 전개에 필연성을 부여함

2. 갈등의 종류

내적 갈등		한 인물의 마음속에서 일어나는 갈등
외적 갈등	개념	인물과 인물을 둘러싼 환경 속에서 일어나는 갈등
	종류	• 개인과 개인: 인물과 인물 사이에 일어나는 갈등 • 개인과 사회: 개인이 살아가면서 겪는 사회 윤리나 제도와의 갈등 • 개인과 운명: 개인의 삶이 어쩔 수 없는 운명에 의하여 좌우되는 데서 오는 갈등

최일남, 「노새 두 마리」

그 골목은 몹시도 가팔랐다. 아버지는 그 골목에 들어서기만 하면 미리 저만치 앞에서부터 마차를 세게 몰아 가지고는 그 힘으로 하여 단숨에 올라가곤 했다. 그러나 이 작전이 매번 성공하는 것은 아니고, 더러는 마차가 언덕의 중간쯤에서 더 올라가지를 못하고 주춤거릴 때도 있었다. 그러면 아버지는 이마에 심줄을 잔뜩 돋우며,

"이랴 이랴!"

하면서 노새의 잔등을 손에 휘감고 있는 긴 고삐 줄로 세 번 네 번 후려쳤다. 노새는 그럴 때마다 뒷다리를 바득바득 바둥거리며 안간힘을 쓰는 듯했으나 그쯤 되면 마차가 슬슬 아래쪽으로 미끄러져 내리기는 할망정 조금씩이라도 올라가는 일은 드물었다.

물론 마차에 연탄을 많이 실었을 때와 적게 실었을 때에도 차이는 있었다. 적게 실었을 때는 그깟 것 달랑달랑 단숨에 오르기도 했지만, 그런 때는 드물고 대개는 짐을 가득가득 싣고 다녔다.

[중략]

우리 동네는 변두리였으므로 얼마 전까지도 모두 그날그날 벌어먹고 사는 사람들이 많아 연탄 배달도 일거리가 그리 많지 않았다. 기껏해야 구멍가게에서 두서너 장을 사서는 새끼줄에 대롱대롱 매달고 가는 게 고작이었다. 그랬는데 이삼 년 전부터 아직도 많은 빈터에 집터가 다져지고, 하나둘 문화 주택이 들어서더니 이제는 제법 그럴듯한 동네꼴이 잡혀 갔다. 원래부터 있던 허름한 집들과 새로 생긴 집들과는 골목 하나를 경계로 하여 금을 긋듯 나누어져 있었는데, 먼 데서 보면 제법 그럴싸한 동네로 보였다. 일단 들어와 보면 지저분한 헌 동네가 이웃에 널려 있지만, 그냥 먼발치로만 보면 2층 슬래브 집들에 가려 닥지닥지 붙은 판잣집 등속이 보이지 않았으므로 서울의 변두리에 흔한 여느 신흥 부락으로만 보였다.

동네가 이렇게 바뀌자 그것을 가장 좋아한 사람 중의 하나가 아버지였다. 아까 말한 대로 그전에는 동네 사람들이 연탄을 두서너 장, 많아야 이삼십 장씩만 사 가는 터여서 아버지의 일거리가 적고, 따라서 이곳에서 이삼 킬로나 떨어진 딴 동네까지 배달을 가야 했는데 동네에 새 집이 들어서면서부터는 그렇게 먼 걸음을 하지 않아도 되었기 때문이다. 그런 집에서 연탄을 한번 들여놓았다 하면 몇 달씩 때니까 자주 주문을 하지 않아서 아버지의 일감이 이 동네에서 끝나는 것만은 아니고, 여전히 타 동네까지 노새 마차를 몰기는 했지만 그전보다는 자주 먼 곳까지 가지 않아도 된 것만은 사실이었다.

중략 부분의 줄거리 아버지의 연탄 배달 마차가 언덕에서 미끄러지면서 노새가 달아난다. 노새가 소동을 벌이다 달아난 꿈을 꾼 '나'는 아버지와 함께 노새를 찾으러 다닌다. 우연히 들어간 동물원에서 '나'는 얼룩말을 바라보는 아버지가 노새와 닮았다고 생각한다.

동물원을 나왔을 때 이미 거리는 밤이었다. 이번엔 집 쪽으로 걸었다. 그럴 수밖에 우리는 더 갈 데가 없었던 것이다.

우리 동네가 저만치 보였을 때 아버지는 바로 눈앞에 있는 대폿집에서 발을 멈추었다. 힐끗 나를 돌아보고 나서 다짜고짜 나를 술집으로 끌고 들어갔다. 이런 일도 전에는 없던 일이었다. 술집 안에는 사람들이 가득 차서 왁왁 떠들어 대고 있었다. 돼지고기를 굽는 냄새, 찌개 냄새, 김치 냄새가 집 안에 가득했다. 사람들은 우리를 의아스러운 눈초리로 쳐다보았으나 이내 시선을 거두고 자기들의 얘기 속으로 다시 들어갔다. 나는 들어가자마자 그 냄새를 힘껏 들이마셨다. 쓰러질 것 같았다. 아버지는 소주 한 병과 안주를 시키더니 안주는 내 쪽으로 밀어 주고 술만 거푸 마셔 댔다. 아버지는 술이 약한 편이어서 저러다가 어쩌나 하고 걱정이 되었다.

"아버지, 고만 드세요. 몸에 해로워요."

"으응."

대답하면서도 아버지는 술잔을 놓지 않았다. 얼마나 지났을까. 안주를 계속 주워 먹었으므로 어느 정도 시장기를 면한 나는 비로소 아버지를 쳐다보았다.

"이제부터 내가 노새다. 이제부터 내가 노새가 되어야지 별수 있니? 그놈이 도망쳤으니까 이제 내가 노새가 되는 거지."

기분 좋게 취한 듯한 아버지는 놀라는 나를 보고 히힝 한 번 웃었다. 나는 어쩐지 그런 아버지가 무섭지만은 않았다. 그러면 형들이나 나는 노새 새끼고, 어머니는 암노새고, 할머니는 어미 노새가 되는 것일까? 나도 아버지를 따라 히히힝 웃었다. 어른들은 이래서 술집에 오는 모양이었다. 나는 안주만 집어 먹었는데도 술 취한 사람마냥 턱없이 즐거웠다. 노새 가족……. 노새 가족은 우리 말고는 이 세상에 또 없을 것이다.

그러나 그러한 생각은 아버지와 내가 집에 당도했을 때 무참히 깨어지고 말았다. 우리를 본 어머니가 허둥지둥 달려 나와 매달렸다.

"이걸 어쩌우, 글쎄 경찰서에서 당신을 오래요. 그놈의 노새가 사람을 다치고 가게 물건들을 박살을 냈대요. 이걸 어쩌지."

"노새는 찾았대?"

"찾고나 그러면 괜찮게요? 노새는 간데온데없고 사람들만 다치고 하니까, 누구네 노새가 그랬는지 수소문 끝에 우리 집으로 순경이 찾아왔지 뭐유."

오늘 낮에 지서에서 나온 사람이 우리 노새가 튀는 바람에 많은 피해를 입었으니 도로 무슨 법이라나 하는 법으로 아버지를 잡아넣어야겠다고 이르고 갔다는 것이었다. 아버지는 술이 확 깨는 듯 그 자리에 선 채 한동안 눈만 데룩데룩 굴리고 서 있더니 힝 하고 코를 풀었다. 그러고는 아무 말 없이 스적스적 문밖으로 걸어 나갔다. 나는 '아버지' 하고 따랐으나 아버지는 돌아보지도 않고 어두운 골목길을 나가고 있었다. 나는 그 순간 또 한 마리의 노새가 집을 나가는 것 같은 착각을 일으켰다. 그러고는 무엇인가가 뒤통수를 때리는 것을 느꼈다. 아, 우리 같은 노새는 어차피 이렇게 비행기가 붕붕거리고, 헬리콥터가 앵앵거리고, 자동차가 빵빵거리고, 자전거가 쌩쌩거리는 대처에서는 발붙이기 어려운 것인가 하는 생각이 들었다. 언젠가 남편이 택시 운전사인 칠수 어머니가 하던 말, '최소한도 자동차는 굴려야지 지금이 어느 땐데 노새를 부려.' 했다는 말이 생각났다.

그러나 그것은 잠깐 동안이고 나는 금방 아버지를 쫓았다. 또 한 마리의 노새를 찾아 캄캄한 골목길을 마구 뛰었다.

갈래	단편 소설	성격	비극적, 사실적
배경	1970년대 겨울, 도시 변두리 동네	시점	1인칭 관찰자 시점
주제	급변하는 시대 상황에 적응하지 못하는 도시 빈민의 고단한 삶		
특징	• 어린아이인 '나'의 시선으로 아버지의 삶을 객관화하여 보여 줌 • '노새'라는 소재를 통해 대도시에 적응하지 못한 아버지의 삶을 상징적으로 보여 줌		

한눈에 콕콕

◑ 작품에 반영된 당시의 삶

노새가 끄는 마차로 연탄을 배달함	➡	1970년대 도시 변두리 동네
• 이삼 년 전부터 문화 주택이 들어섬 • 슬래브 집과 판잣집이 섞여 있음	➡	기존 동네와 새 동네 사이의 경제 수준 및 문화 차이가 존재함

◑ 소재의 의미

노새		비행기, 헬리콥터, 자동차, 자전거
변화에 적응하지 못하는 존재	⬌	산업화, 도시화로 인한 변화

◑ '노새 두 마리'의 의미

우리 집 노새	아버지
• 외모가 유사함 • 시대의 변화에 뒤처짐 • 연탄을 나르는 힘든 일을 함	

⬇

시대의 변화에 적응하지 못하고 힘겨운 삶을 살아감

키워드 10

박완서,
「자전거 도둑」

앞부분의 줄거리 돈을 벌기 위해 시골에서 도시로 온 열여섯 살 수남이는 청계천 세운 상가 전기용품 도매상의 점원이다. 어느 날, 수남이는 수금하러 갔다가 세워 둔 자전거가 바람에 넘어져 젊은 신사의 차에 흠을 내게 된다. 신사는 수리비로 오천 원을 배상하라며 자전거를 묶어 둔다. 수남이는 구경꾼들의 부추김에 신사에게 돈을 지불하지 않고 자물쇠가 채워진 자전거를 들고 가게로 도망쳐 온다. 주인 영감은 자물쇠를 깨뜨리며 잘했다고 칭찬한다.

낮에 내가 한 짓은 옳은 짓이었을까? 옳을 것도 없지만 나쁠 것은 또 뭔가. 자가용까지 있는 주제에 나 같은 아이에게 오천 원을 우려내려고 그렇게 간악하게 굴던 신사를 그 정도 골려 준 것이 뭐가 나쁜가? 그런데도 왜 무섭고 떨렸던가. 그때의 내 꼴이 어땠으면, 주인 영감님까지 "네놈 꼴이 꼭 도둑놈 꼴이다."라고 하였을까.

그럼 내가 한 짓은 도둑질이었단 말인가. 그럼 나는 도둑질을 하면서 그렇게 기쁨을 느꼈더란 말인가.

수남이는 몸을 부르르 떨면서 낮에 자전거를 갖고 달리면서 맛본 공포와 함께 그 까닭 모를 쾌감을 회상한다. 마치 참았던 오줌을 내깔길 때처럼 무거운 억압이 갑자기 풀리면서 전신이 날아갈 듯이 가벼워지는 그 상쾌한 해방감이었다. 한 번 맛보면 도저히 잊혀질 것

같지 않은 그 짙은 쾌감, 아아, 도둑질하면서도 나는 죄책감보다는 쾌감을 더 짙게 느꼈던 것이다.

혹시 내 핏속에 도둑놈의 피가 흐르고 있기 때문이 아닐까. 순간 수남이는 방바닥에서 송곳이라도 치솟은 듯이 후다닥 일어서서 안절부절못하고 좁은 방 안을 헤맸다.

수남이의 눈앞에는 수갑을 차고, 순경들에게 끌려와 도둑질 흉내를 그대로 내 보이던 형의 얼굴이 환히 떠오른다. 그리고 서울 가서 무슨 짓을 하든지 도둑질만은 하지 말라고 신신당부하던 아버지의 얼굴도 떠오른다.

[중략]

"무슨 짓을 하든지 그저 도둑질은 하지 말아라, 알았쟈."

그런데 수남이는 도둑질을 하고 만 것이다. 하지만 수남이는 스스로 그것은 결코 도둑질이 아니었다고 변명을 한다.

그런데 왜 그때, 그렇게 떨리고 무서우면서도 짜릿하니 기분이 좋았던 것인가? 문제는 그때의 그 쾌감이었다. 자기 내부에 도사린 부도덕성이었다. 오늘 한 짓이 도둑질이 아닐지 모르지만 앞으로 도둑질을 할지도 모르겠다는 생각이 들었다. 형의 일이 자기와 정녕 무관한 일이 아니란 생각이 들었다.

소년은 아버지가 그리웠다. 도덕적으로 자기를 견제해 줄 어른이 그리웠다. 주인 영감님은 자기가 한 짓을 나무라기는커녕 손해 안 난 것만 좋아서 "오늘 운 텄다."라고 좋아하지 않았던가.

수남이는 짐을 꾸렸다.

'아아, 내일도 바람이 불었으면. 바람이 물결치는 보리밭을 보았으면……'

마침내 결심을 굳힌 수남이의 얼굴은 누런 똥빛이 말끔히 가시고, 소년다운 청순함으로 빛났다.

작품 정리

갈래	단편 소설, 성장 소설	성격	교훈적, 비판적
배경	1970년대, 청계천 세운 상가	시점	전지적 작가 시점
주제	물질적 이익만을 추구하는 현대인의 부도덕성에 대한 비판, 도덕성과 양심 회복의 필요성		
특징	• 인물들의 심리와 성격이 섬세하게 드러남 • 순진한 소년의 시각에서 어른들의 부도덕성을 서술함 • 도덕적으로 대립되는 인물을 제시하여 도덕성과 양심 회복의 필요성을 부각함		

한눈에 콕콕

○ 1970년대 오천 원의 가치

1970년대에 오천 원은 공장 노동자 한 달 월급의 약 1/3에 해당하는 금액이었다. 당시에는 오천 원으로 쌀 한 가마니, 짜장면 12그릇, 라면 100개 등을 살 수 있었다.

○ 수남이의 외적 갈등과 해결

수남이와 신사의 외적 갈등
수남이에게 차 수리비를 받아 내려는 신사 ↔ 주인 영감의 돈을 지키려는 수남이

↓

해결
수남이가 자전거를 들고 도망침

○ 수남이의 내적 갈등 해소 과정

자신의 부도덕성을 깨달음

↓

도덕적으로 자기를 견제해 줄 어른이 필요하다고 생각함

↓

서울을 떠나 고향으로 돌아갈 결심을 함

↓

물질적 이익만을 추구하는 현대인을 비판하고, 도덕성과 양심 회복의 필요성이라는 주제를 부각함

04 ▶ 고전 소설

키워드 01

고전 소설의 특징

현대 소설과 비교하여 고전 소설의 일반적인 특징을 학습하세요.

TIP 고전 소설은 대부분 전지적 작가 시점이에요.

1. **고전 소설** 일반적으로 갑오개혁 이전까지 지어진 소설을 현대 소설과 구분하여 부르는 말

2. **특징**

시점	전지적 작가 시점	소설 속에서 인물의 행동과 태도는 물론 생각까지 자세하게 알 수 있음
인물	전형적, 평면적	한 계층을 대표하고(전형적), 성격이 변하지 않는(평면적) 인물이 등장함 **예** 효녀를 대표하는 「심청전」의 심청
사건	우연적, 비현실적	사건의 전개가 필연적이지 않고 주로 우연한 계기에서 이루어지며, 현실에서 일어나기 어려운 전기적 사건이 자주 일어남 **예** 심청이 '용궁'이라는 비현실적 공간에서 하루를 지내고 다시 인간 세상으로 돌아오는 「심청전」
문체	운문체, 문어체	말의 가락이 느껴지는 운문체가 주로 나타나고, 일상생활에서는 잘 쓰이지 않는 문어체를 사용해 이야기를 전개함 **예** 아가 아가 ∨ 내 딸이야! ∨ 아들 겸 ∨ 내 딸이야! ∨ 금을 준들 ∨ 너를 사랴?(운율이 있음)
구성	일대기적, 순차적	주인공의 출생부터 죽음에 이르기까지 시간의 흐름에 따라 사건이 전개됨 **예** 조웅의 출생에서부터 영웅이 되기까지의 일대기를 그린 「조웅전」
주제	권선징악	주인공이 원하는 것을 얻는 행복한 결말로 끝맺으며, 착한 사람은 복을 받고 나쁜 사람은 벌을 받는다는 교훈적인 주제를 전달함 **예** 탐관오리는 벌을 받고, 춘향은 이몽룡과 행복하게 살게 되는 「춘향전」

작자 미상, 「토끼전」

앞부분의 줄거리 어느 날, 북해 용왕은 병이 들었는데, 우연히 토끼의 간이 특효약임을 안다. 용왕은 별주부(자라)를 보내 토끼를 잡아 오라고 하고, 별주부는 토끼를 꼬드겨 수궁으로 데려간다. 용왕은 토끼의 배를 갈라 간을 꺼내라고 명령한다.

토끼는 절망감에 빠져들었다. 그러다가 다시 생각하되,

'옛말에 이르기를 호랑이 굴에 들어가도 정신만 차리면 산다고 하였으니, 어찌 죽기만 생각하고 살아날 방책을 헤아리지 아니하리오?'

하더니 문득 한 묘한 꾀를 생각해 냈다. 토끼가 다시 여쭈었다.

"제가 비록 간을 들이고 낼 수 있으나, 그 또한 정해진 때가 있사옵니다. 매달 초하루부터 보름까지는 뱃속에 넣어 해와 달의 정기를 받아 천지의 기운을 온전히 간직하고, 보름부터 그믐까지는 배에서 꺼내 옥처럼 깨끗한 계곡물에 씻어 소나무와 대나무가 우거진 깨끗한 바위틈에 아무도 모르게 감추어 둔답니다. 그렇기에 제 간을 두고 세상 사람들이 모두 영약이라고 하는 것이지요. 별주부를 만난 때는 곧 오월 하순이었습니다. 만일 별주부가 용왕님의 병환이 이렇듯 위급함을 미리 말하였더라면 며칠 기다렸다 간을 가져왔을 것이니, 이는 모두 미련한 별주부의 탓이로소이다."

대개 수궁은 육지의 사정에 밝지 못한 까닭에 용왕은 토끼의 말을 묵묵히 듣고 있다가 속으로 헤아리되,

'만일 저 말과 같을진대, 배를 갈라 간이 없으면 애써 잡은 토끼만 죽일 따름이요, 다시 누구에게 간을 얻을 수 있으리오? 차라리 살살 달래어 육지에 나가 간을 가져오게 함이 옳도다.'

하고, 좌우에 명하여 토끼의 결박을 풀고 자리를 마련해 편히 앉도록 하였다. 토끼가 자리에 앉아 황공함을 이기지 못하거늘, 용왕이 가로되,

"토 선생은 과인의 무례함을 너무 탓하지 마시게."

하고, 옥으로 만든 술잔에 귀한 술을 가득 부어 권하며 재삼 위로하니, 토끼가 공손히 받아 마신 후 황송함을 아뢰었다. 그때, 한 신하가 문득 앞으로 나와 아뢰었다.

"신이 듣자오니 토끼는 본디 간사한 짐승이라 하옵니다. 바라옵건대 토끼의 간사한 말을 곧이듣지 마시고 바삐 간을 내어 옥체를 보중하옵소서."

모두 바라보니, 간언을 잘하는 자가사리였다. 하지만 토끼의 말을 곧이듣게 된 용왕은 기꺼워하지 않으며 말하였다.

"토 선생은 산중의 점잖은 선비인데, 어찌 거짓말로 과인을 속이겠는가? 경은 부질없는 말을 내지 말고 물러가 있으라."

결국 자가사리가 분함을 못 이기고 하릴없이 물러났다.

[중략]

잔치를 마친 후, 용왕이 곁에 선 신하에게 명하여 토끼를 모셔다가 편히 쉬도록 하였다. 토끼가 따라 들어가 보니 영롱한 빛을 발하는 병풍과 진주로 엮은 주렴이 사방에 드리워져 있었고, 저녁 식사를 받고 보니 인간 세상에서는 듣지도 보지도 못하던 진수성찬이었다. 그러나 토끼는 마치 바늘방석에 앉은 듯 불안하기만 했다. '내 비록 잠시 속임수로 용왕을 속였지만, 여기에 오래 머무를 수는 없겠지.' 하는 생각에 밤새 잠을 이루지 못하고, 이튿날 용왕을 뵙고 아뢰었다.

"용왕님의 병환이 심상치 않은 지 이미 오래되었습니다. 하루라도 빨리 육지에 나가 간을 가져오고자 하오니, 바라옵건대 저의 작은 정성을 굽어 살피옵소서."

용왕은 크게 기뻐하며 즉시 별주부를 불러들였다.

"그대는 수고를 아끼지 말고, 다시 토 선생과 함께 인간 세상에 나갔다 오라."

하니, 별주부는 하는 수 없이 머리를 조아려 명을 받들었다.

　그리하여 토끼는 다시 별주부의 등에 올라앉아 너른 바닷물을 건너 육지에 이르렀다. 별주부가 토끼를 내려놓으니, 토끼는 기쁨에 겨워 노래하되,

　"이는 진실로 그물을 벗어난 새요, 함정에서 도망 나온 범이로다. 만일, 나의 묘한 꾀가 아니었더라면, 어찌 고향 산천을 다시 볼 수 있었으리오?"

하며 사방으로 팔짝팔짝 뛰놀았다. 별주부가 토끼의 이런 모습을 보고 말하였다.

　"우리가 갈 길이 바쁘니, 그대는 속히 돌아갈 일을 생각하라."

　토끼가 큰 소리로 웃으며,

　"미련한 별주부야, 뱃속에 든 간을 어이 들이고 낼 수 있겠느냐? 이는 잠시 나의 묘한 꾀로 미련하고 어리석은 너희 용왕과 수국 신하들을 속인 말이로다. 또, 너희 용왕이 병든 것이 나와 무슨 관계가 있다는 말이냐?"

하고는 소나무 우거진 숲 속으로 자취를 감추어 버렸다. 이때, 별주부는 토끼가 간 곳을 바라보며 길게 탄식하여 가로되,

　"충성이 부족한 탓에 간특한 토끼에게 속아 빈손으로 돌아가게 되었으니 무슨 면목으로 우리 용왕과 신하들을 대하리오? 차라리 이곳에서 죽는 것만 같지 못하도다."

하고 토끼에게 속은 사연을 적어 바위에 붙이고, 머리를 바위에 부딪쳐 죽었다.

작품 정리

갈래	판소리계 소설, 풍자 소설, 우화 소설	성격	풍자적, 우화적, 해학적
배경	뚜렷하지 않은 시간, 육지와 수궁	시점	전지적 작가 시점
주제	• 위기 상황에서의 지혜로운 대처 • 헛된 욕심에 대한 경계 • 임금에 대한 충성심		
특징	• 동물을 의인화하여 인간 사회를 풍자하는 우화적 수법을 사용함 • 창작 당시의 사회적 배경을 바탕으로 민중의 비판 의식이 반영됨		

한눈에 콕콕

○ 인물이 상징하는 계층과 작품의 주제

구분	성격	상징하는 계층	주제
토끼	• 허욕이 강함 • 지혜를 지니고 있음	피지배층(백성)	• 헛된 욕심에 대한 경계(분수에 맞는 삶 강조) • 위기를 극복하는 지혜
별주부	임금에 대한 충성심을 지니고 있음	지배층(관리)	임금에 대한 충성심
용왕	• 이기적임 • 어리석고 무능함	지배층	• 헛된 욕심에 대한 경계 • 이기적인 지배층에 대한 비판과 풍자

○ 「토끼전」의 형성과 전승 과정

설화		판소리		고전 소설		신소설
구토 설화	→	수궁가	→	토끼전	→	토의 간

박지원,
「양반전」

양반이란 사족을 높여 부르는 말이다. 강원도 정선 고을에 한 양반이 살고 있었다. 그는 성품이 어질고 글 읽기를 좋아하여 군수가 새로 부임해 올 때면 그 집을 찾아와서 인사를 드렸다.

그런데 이 양반은 집이 가난하여 관아의 곡식을 타다 먹은 것이 쌓여서 천 석에 이르렀다. 강원도 감사가 그 고을을 둘러보다가 정선에 들러 관곡 장부를 조사하고 크게 노하였다.

"어떤 놈의 양반이 군량에 쓸 곡식을 이렇게 축냈단 말이냐?"

하고, 곧 명해서 그 양반을 잡아 가두게 하였다. 군수는 그 양반이 가난해서 갚을 힘이 없는 것을 딱하게 여기고 차마 가두지 못하였지만 무슨 도리가 없었다. 양반 역시 밤낮 울기만 한 채 해결할 방법을 찾지 못하였다. 그 부인이 역정을 냈다.

"당신은 평생 글 읽기만 좋아하더니 관곡을 갚는 데는 아무런 도움이 안 되는군요. 쯧쯧. 양반, 양반이란 것이 한 푼어치도 안 되는 것이구려."

그 마을에 사는 한 부자가 가족들과 의논하기를,

"양반은 아무리 가난해도 늘 귀하게 대접받고 나는 아무리 부자라도 항상 천하지 않느냐. 말도 못하고, 양반만 보면 굽신굽신 두려워해야 하고, 엉금엉금 기어가서 코를 땅에 대고 무릎으로 기는 등 우리는 늘 이런 수모를 받는단 말이다. 이제 동네의 한 양반이 가난해서 타 먹은 관곡을 갚지 못하고 아주 난처한 판이니 그 형편이 도저히 양반을 지키지 못할 것이다. 내가 장차 그의 양반을 사서 가져 보겠다."

부자는 곧 양반을 찾아가 자기가 대신 관곡을 갚아 주겠다고 청하였다. 양반은 크게 기뻐하며 승낙하였다. 그래서 부자는 즉시 곡식을 관가에 실어 가서 양반의 환자를 갚았다.

[중략]

군수는 감탄해서 말하였다.

"군자로구나 부자여! 양반이로구나 부자여! 부자이면서도 재물에 인색함이 없으니 의로운 일이요, 남의 어려움을 도와주니 어진 일이요, 비천한 것을 싫어하고 귀한 것을 아끼니 지혜로운 일이다. 이야말로 진짜 양반이로구나. 그러나 사사로이 팔고 사더라도 증서를 해 두지 않으면 소송의 꼬투리가 될 수 있다. 내가 너와 약속을 해서 고을 사람들을 증인을 삼고 증서를 만들 것이니 마땅히 거기에 서명할 것이다."

그리고 군수는 돌아가서 고을 안의 양반 및 농사꾼, 공장, 장사치까지 모두 불러 관아에 모았다. 부자는 오른편 높직한 자리에 서고, 양반은 공형의 아래에 섰다.

그리고 증서를 만들었다.

[중략]

부자는 호장이 증서를 읽는 것을 쭉 듣고 한참 멍하니 있다가 말하였다.

"양반이라는 게 이것뿐입니까? 저는 양반이 신선 같다고 들었는데 정말 이렇다면 너무 재미가 없는걸요. 원하옵건대 제게 이익이 있도록 문서를 바꾸어 주옵소서."

그래서 문서를 다시 작성하였다.

하늘이 백성을 낳을 때 백성을 넷으로 구분하였다. 네 가지 백성 가운데 가장 높은 것이 선비이니 이것이 곧 양반이다. 양반의 이익은 막대하니 농사도 짓지 않고 장사도 하지 않고 글을 하면 크게는 문과 급제요, 작게는 진사가 되는 것이다. 문과의 홍패는 길이 두 자 남짓한 것이지만 백 가지 물건이 구비되어 있어 그야말로 돈 자루다. 진사가 나이 서른에 처음 관직에 나가더라도 오히려 이름 있는 음관이 되고, 잘되면 남행으로 큰 고을을 맡게 되어, 귀밑이 양산 바람에 희어지고, 종들이 '예' 하는 소리에 배가 커지며, 방에는 기생이 귀고리로 치장하고, 뜰의 곡식에는 학이 깃든다.
　궁한 양반이 시골에 묻혀 있어도 강제로 이웃의 소를 끌어다 먼저 자기 땅을 갈고 마을의 일꾼을 잡아다 자기 논의 김을 맨들 누가 감히 나를 괄시하랴. 너희들 코에 잿물을 들어붓고 머리끄덩이를 회회 돌리고 수염을 낚아채더라도 누구 감히 원망하지 못할 것이다.

　부자는 증서를 중지시키고 혀를 내두르며,
　"그만두시오, 그만두오. 맹랑하구먼. 나를 장차 도둑놈으로 만들 작정인가."
하고 머리를 흔들고 가 버렸다.

작품 정리

갈래	한문 소설, 풍자 소설	성격	풍자적, 비판적
배경	조선 후기, 강원도 정선군	시점	전지적 작가 시점
주제	양반들의 비생산성, 특권 의식에 대한 비판과 풍자		
특징	• 조선 후기의 사회상을 잘 반영함 • 몰락하는 양반들의 위선적인 생활 모습을 비판하고 풍자함		

한눈에 콕콕

◐ 1차 매매 증서의 내용을 통해 비판하는 양반의 모습

1차 매매 증서의 내용	양반으로서 지켜야 할 의무와 규범, 생활 태도
비판하고자 하는 양반의 모습	• 현실적으로 무능하고 비생산적임 • 공허한 관념, 체면과 형식을 중시함

◐ 이 작품의 주제 의식

"나를 장차 도둑놈으로 만들 작정인가."
부당한 특권을 남용해 백성을 수탈하고 이득을 취하는 양반층을 '도둑놈'이라는 표현으로 비판하고 풍자함

◐ 이 작품에 나타난 조선 후기 사회의 모습

평민 부자가 양반 신분을 삼	➡	부유해진 평민층이 등장함
양반이 신분을 팔아 환자를 갚음	➡	경제적으로 몰락하는 양반이 생김
군수가 양반 매매 증서를 만들어 주려 함	➡	돈으로 신분을 사고파는 것이 가능하게 됨 → 신분제가 점차 붕괴되고 있음

키워드 04

작자 미상, 「흥부전」

앞부분의 줄거리 전라도 운봉과 경상도 함양 땅 어름에 형제가 살았다. 형 놀부는 온갖 나쁜 짓을 일삼았고, 동생 흥부는 형과 달리 마음이 착하고 행실이 남달랐다. 부모님이 돌아가시자 놀부는 괜히 생트집을 잡아 불호령을 내리며 흥부를 쫓아냈다. 부모님의 유산을 한 푼도 받지 못한 채 내쫓긴 흥부는 어렵게 생계를 꾸려 간다.

그래도 집이라고 멍석자리 거적문에 지푸라기를 이불 삼아 춘하추동 사시절을 지낼 적에, 따로 먹고살 도리가 없으니 무엇이 되었든 손에 잡히는 대로 품을 팔아서 끼니를 이었다.

흥부가 품을 파는데 상하 전답 김매고, 전세 대동 방아 찧기, 보부상단 삯짐 지고, 초상 난 집 부고 전하기, 묵은 집에 토담 쌓고, 새집에 땅 돋우고, 대장간 풀무 불기, 십 리 길 가마 메고, 오 푼 받고 말편자 걸기, 두 푼 받고 똥재 치고, 닷 냥 받고 송장 치기. 생전 못 해 보던 일로 이렇듯 벌기는 버는데 하루 품을 팔면 네댓새씩 앓고 나니 생계가 막막했다. 할 수 없이 흥부 아내가 또 품을 파는데, 오뉴월 밭매기와 구시월에 김장하기, 한 말 받고 벼 훑기와 물레질 베 짜기며, 빨래질 헌 옷 깁기, 혼인 장례 궂은일 하기, 채소밭에 오줌 주기, 갖은 길쌈과 장 달이기, 물방아 쌀 까불기, 보리 갈 때 거름 놓기, 못자리 때 잡풀 뜯기. 아기 낳고 첫 국밥을 손수 지어 먹은 뒤에 몸조리 대신하여 절구질로 땀을 내고. 한시 반때도 놀지 않고 이렇듯 품을 파는데도 사는 것이 죽는 것만 못할 지경이었다.

[중략]

"어따 이놈 흥부 놈아! 하늘이 사람 낼 때 제각기 정한 분수가 있어서 잘난 놈은 부자 되고 못난 놈은 가난한데 내가 이리 잘사는 게 네 복을 뺏었느냐? 누구한테 떼쓰자고 이 흉년에 곡식을 달라느냐? 목멘 소리 내어 눈물방울이나 찍어 내면 네 잔꾀에 내가 속을 줄 알고! 어림 반 푼어치도 없다. 쌀 한 말이나 주자 한들 대청 큰 뒤주에 가득가득 들었으니 네놈 주자고 뒤주 헐며, 벼 한 말을 주자 한들 곳간 노적가리 태산같이 쌓였는데 네놈 주자고 노적가리를 헌단 말이냐? 돈냥을 주자 한들 궤짝에 가득가득 들었으니 네놈 주자고 돈 꾸러미를 헐며, 싸라기나 주자 한들 황계 백계 수백 마리가 밥 달라고 꼬꼬 우니 네놈 주자고 닭 굶기며, 지게미나 쌀겨나 양단간에 주자 한들 우리 안에 돼지 떼가 꿀꿀 대니 네놈 주자고 돼지 굶기며, 식은 밥이나 주자 한들 새끼 낳은 암캐들이 컹컹 짖고 내 달으니 네놈 주자고 개를 굶긴단 말이냐?"

놀부는 말을 마치자마자 몽둥이를 들어 메더니 좁은 골에 벼락 치듯 후닥닥 뚝딱 동생을 두드려 패기 시작했다.

"아이고!"

"이 급살 맞아 죽을 놈아, 어째 나를 못살게 왔느냐!"

후닥닥!

"아이고!"

흥부가 도망을 하려 한들 대문을 닫아걸어 놓은 터라 날지도 뛰지도 못하고 그저 퍽퍽 맞을 뿐이었다.

뒷부분의 줄거리 흥부네 집 처마에 제비 한 쌍이 새끼를 낳아 기르는데, 구렁이를 피하려다 새끼 한 마리가 떨어져 다리가 부러진다. 흥부는 다친 제비를 정성껏 치료해 준다. 그 인연으로 제비가 흥부에게 박씨를 물어다 주고 그것이 잘 자라 큰 박이 된다. 흥부가 박을 타자 그 속에서 재물이 나와 흥부는 큰 부자가 된다. 이 소식을 들은 놀부는 부자가 되고 싶은 마음에 제비 다리를 일부러 부러뜨려서 치료해 준다. 놀부도 박씨를 얻어 박을 키웠지만, 박을 타서 오히려 벌을 받고 재산을 모두 빼앗긴다. 흥부는 형을 위로하고 재산을 나누어 주며 우애롭게 지낸다.

키워드 05

작자 미상,
「춘향전」

앞부분의 줄거리 남원 부사의 아들 몽룡이 단옷날 광한루에 나갔다가 기생 월매의 딸 춘향이 그네를 타는 모습을 보고 춘향에게 반한다. 몽룡은 춘향의 집으로 찾아가 춘향과 부부의 연을 맺고, 행복한 나날을 보낸다. 그러던 어느 날, 몽룡은 남원 부사 임기가 끝난 아버지를 따라 한양으로 가게 되어 춘향에게 이별을 고한다. 그 후 남원 부사로 새로 부임한 변학도가 춘향에게 수청을 강요하고, 춘향이 이를 거절하자 춘향을 옥에 가둔다. 한편 한양에서 장원급제한 몽룡은 암행어사의 신분으로 남원에 와서 변학도의 횡포를 모두 듣게 된다.

"암행어사 출두야!"

역졸들이 일시에 외치는 소리에 강산이 무너지고 천지가 뒤집히는 듯하니 산천초목인들 금수인들 아니 떨겠는가.

[중략]

"어, 추워라. 문 들어온다 바람 닫아라. 물 마르다 목 들여라."

관청색은 상을 잃고 문짝을 이고 내달으니 서리, 역졸 달려들어 후다닥 딱 친다.

"애고, 나 죽네."

이때 암행어사 분부하되,

"이 고을은 대감께서 계시던 곳이다. 소란을 금하고 객사로 옮기라."

관아를 한차례 정리하고 동헌에 올라앉은 후에,

"본관은 봉고파직하라."

"본관은 봉고파직이오."

동서남북 문밖에 봉고파직이라는 암행어사의 명이 나붙었다. 절차에 따라 옥의 형리를 불러 분부하되,

"옥에 간힌 죄인들을 다 올리라."

호령하니 죄인을 올리거늘 다 각각 죄를 물은 후에 죄 없는 자들을 풀어 줄 때,

"저 계집은 무엇인고?"

형리가 아뢴다.

"기생 월매의 딸인데 관가에서 포악을 떤 죄로 옥중에 있사옵니다."

"무슨 죄인고?"

"본관 사또를 모시라고 불렀더니 절개를 지킨다면서 사또 명을 거역하고 사또 앞에서 악을 쓴 춘향이로소이다."

어사또 분부하되,

"너만 한 년이 수절한다고 나라의 관리를 욕보였으니 살기를 바랄 것이냐. 죽어 마땅할 것이나 기회를 한 번 더 주마. 내 수청도 거역할 테냐?"

이 어사는 춘향의 마음을 떠보려고 짐짓 한번 다그쳐 보는 것인데, 춘향은 어이가 없고 기가 콱 막힌다.

"내려오는 사또마다 빠짐없이 명관이로구나! 어사또 들으시오. 층층이 높은 절벽 높은 바위가 바람이 분들 무너지며, 푸른 솔 푸른 대가 눈이 온들 변하리까. 그런 분부 마옵시고 어서 빨리 죽여 주오."

하면서 무슨 생각이 났는지 황급히 이리저리 두리번거리며 향단이를 찾는다.

"향단아, 서방님 혹시 어디 계신가 살펴보아라. 어젯밤 오셨을 때 천만당부했는데 어디를 가셨는지, 나 죽는 줄도 모르시는가? 어서 찾아보아라."

어사또 다시 분부하되,

"얼굴을 들어 나를 보아라."

하시기에 춘향이 천천히 고개를 들어 대 위를 살펴보니, 거지로 왔던 낭군이 어사또로 뚜렷이 앉아 있었다. 순간, 춘향은 깜짝 놀라 눈을 질끈 감았다가 떴다.

"나를 알아보겠느냐? 네가 찾는 서방이 바로 여기 있느니라."

어사또는 즉시 춘향의 몸을 묶은 오라를 풀고 동헌 위로 모시라고 명을 내렸다. 몸이 풀린 춘향은 웃음 반 울음 반으로,

"얼씨구나 좋을씨고, 어사 낭군 좋을씨고. 남원읍에 가을 들어 낙엽처럼 질 줄 알았더니 객사에 봄이 들어 봄바람에 핀 오얏꽃이 날 살리네. 꿈이냐 생시냐? 꿈이 깰까 염려로다."

한참 이렇게 즐길 적에 뒤늦게 달려온 춘향 모도 입이 찢어져라 벙글벙글 웃으며 어깨춤을 추고, 구경 왔던 남원 고을 백성들도 얼씨구 덩실 춤을 추었다. 어사또는 춘향의 손을 잡고 놓을 줄을 모르고 쌓였던 사연의 실타래는 끝날 줄을 몰랐으니, 그 한없이 즐거운 일을 어찌 일일이 말로 하겠는가.

작품 정리

갈래	판소리계 소설	성격	해학적, 풍자적
배경	조선 후기, 전라도 남원	시점	전지적 작가 시점
주제	남녀 간의 사랑, 탐관오리에 대한 응징		
특징	• 판소리의 영향으로 운문체와 산문체가 함께 나타남 • 서술자가 작품에 개입하여 인물과 사건에 대한 자기 생각과 판단을 직접 드러냄(편집자적 논평) • 서민과 양반의 언어가 섞여 나타남 • 의성어·의태어의 사용으로 현장감과 사실성을 획득함		

◉ '춘향'의 말에 담긴 상징적 의미

바람, 눈		높은 절벽과 바위, 푸른 솔과 대
'춘향'에게 닥친 시련(변사또의 수청 요구)		'춘향'의 지조와 절개

시련이 닥쳐도 '몽룡'에 대한 지조와 절개를 지키겠다는 '춘향'의 의지가 상징적 표현을 통해 드러남

◉ 이 작품의 주제 의식

표면적	이면적
• 신분을 초월한 사랑 • 유교적 정절 관념의 고취	• 신분 제약에서 벗어난 인간적 해방 • 탐관오리의 횡포에 대한 민중의 저항

키워드 06

작자 미상, 「박씨전」

앞부분의 줄거리 조선 인조 때 장안에 사는 이 상공이 뒤늦게 아들을 얻었다. 그의 아들 시백은 어려서부터 총명하고 비범하였다. 시백은 이 상공이 금강산에 사는 박 처사의 청혼을 받아들여 박 처사의 딸과 혼인하지만, 신부가 천하의 박색임을 알고 박씨를 멀리한다. 이에 박씨는 후원에 피화당을 짓고 홀로 지내며 여러 가지 신이한 일들을 드러내 보인다. 시기가 되어 박씨가 허물을 벗고 절세가인으로 변하자 시백이 크게 기뻐하며 이후로는 박씨와 화목하게 지낸다. 세월이 지나 북방 오랑캐가 조선을 침략하여 장안으로 몰아치자 임금 일행은 겨우 도성을 빠져나와 남한산성으로 도망치고, 박씨는 계화를 시켜 피화당을 침범한 용율대를 물리친다.

박씨가 계화를 시켜 용골대에게 소리쳤다.

"무지한 오랑캐 놈들아! 내 말을 들어라. 조선의 운수가 사나워 은혜도 모르는 너희에게 패배를 당했지만, 왕비는 데려가지 못할 것이다. 만일 그런 뜻을 둔다면 내 너희들을 몰살시킬 것이니 당장 왕비를 모셔 오너라."

하지만 골대는 오히려 코웃음을 날렸다.

"참으로 가소롭구나. 우리는 이미 조선 왕의 항서를 받았다. 데려가고 안 데려가고는 우리 뜻에 달린 일이니, 그런 말은 입 밖에 내지도 마라."

오히려 욕설만 무수히 퍼붓고 듣지 않자 계화가 다시 소리쳤다.

"너희의 뜻이 진실로 그러하다면 이제 내 재주를 한 번 더 보여 주겠다."

계화가 주문을 외자 문득 공중에서 두 줄기 무지개가 일어나며 모진 비가 천지를 뒤덮을 듯 쏟아졌다. 뒤이어 얼음이 얼고 그 위로는 흰 눈이 날리니, 오랑캐 군사들의 말발굽이 땅에 붙어 한 걸음도 옮기지 못하게 되었다.

그제야 골대는 사태가 예사롭지 않음을 깨달았다.

"당초 우리 왕비께서 분부하시기를 장안에 신인(神人)이 있을 것이니 이시백의 후원을 범치 말라 하셨는데, 과연 그것이 틀린 말이 아니었구나. 지금이라도 부인에게 빌어 무사히 돌아가는 편이 낫겠다."

골대가 갑옷을 벗고 창칼을 버린 뒤 무릎을 꿇고 애걸하였다.

"소장이 천하를 두루 다니다 조선까지 나왔지만, 지금까지 무릎을 꿇은 적은 한 번도 없었습니다. 이제 부인 앞에 무릎을 꿇어 비나이다. 부인의 명대로 왕비는 모셔 가지 않을 것이니, 부디 길을 열어 무사히 돌아가게 해 주십시오."

무수히 애원하자 그제야 박씨가 발을 걷고 나왔다.

"원래는 너희들의 씨도 남기지 않고 모두 죽이려 했었다. 하지만 내 사람 목숨 죽이는 것을 좋아하지 않기에 용서하는 것이니, 네 말대로 왕비는 모셔 가지 말아라. 너희들이 부득이 세자와 대군을 모셔 간다면 그 또한 하늘의 뜻이기에 거역하지 못하겠구나. 부디 조심하여 모셔 가라. 그렇게 하지 않으면 신장과 갑옷 입은 군사를 몰아 너희들을 다 죽인 뒤, 너희 국왕을 사로잡아 분함을 풀고 무죄한 백성까지 남기지 않을 것이다. 나는 앉아 있어도 모든 일을 알 수 있다. 부디 내 말을 명심하여라."

오랑캐 병사들은 황급히 머리를 조아리고 골대는 다시 애원을 했다.

"말씀드리기 황송하오나 소장 아우의 머리를 내주시면, 부인의 태산 같은 은혜를 잊지 않을 것이옵니다."

하지만 박씨는 고개를 저었다.

작품 정리

갈래	역사 소설, 영웅 소설	성격	전기적, 역사적
배경	조선 시대(병자호란 전후), 한양	시점	전지적 작가 시점
주제	청나라에 대한 허구적 복수, 박씨 부인의 영웅적 기상과 재주		
특징	• 역사상 패배한 전쟁을 허구적으로나마 승리로 바꾸어 패배감을 극복하도록 표현함 • 여성 영웅을 통해 남성 중심 사회를 살던 여성 독자들에게 위안을 줌		

한눈에 콕콕

○ 「박씨전」에 반영된 역사적 사실과 작품의 표현 방식

역사적 사실	「박씨전」의 표현 방식
청나라 군대가 쳐들어오자 조선은 제대로 저항조차 하지 못하고 패하였으며, '인조'가 '청 태종'에게 군신의 예를 갖추어 항복함	'인조'가 항복을 하였으나 '박씨 부인'이 비범한 능력을 발휘하여 청나라 군대를 물리침

⬇

소설 속 상황을 역사적 사실과 다르게 설정한 것은 전쟁의 패배감을 극복하고 민족적 자존심을 회복하기 위함임

○ 여성 주인공의 의의

박씨 부인	남성에게 보호받는 여성이 아닌 남성보다 우월한 능력을 지닌 존재

⬇

• 억눌렸던 여성들을 대리 만족시킴
• 나라를 지키지 못한 남성들을 간접적으로 질타함

키워드 07

허균,
「홍길동전」

길동이 점점 자라 여덟 살이 되자, 총명하기가 보통이 넘어 하나를 들으면 백 가지를 알 정도였다. 그래서 공(公)은 길동을 더욱 귀여워하면서도 길동의 출생이 천하여, 길동이 '아버지'나 '형' 하고 부를 때마다 즉시 꾸짖어 그렇게 부르지 못하게 하였다. 길동은 열 살이 넘도록 감히 호부호형(呼父呼兄)하지 못하고 종들로부터 천대받는 것을 뼈에 사무치도록

한탄하면서 마음 둘 바를 몰랐다. 어느 가을 9월 보름께가 되자, 달빛이 밝게 비치고 맑은 바람이 쓸쓸하게 불어와 사람의 마음을 울적하게 하였다. 길동은 서당에서 글을 읽다가 문득 책상을 밀치고 탄식하기를,

"대장부가 세상에 나서 공맹(孔孟)을 본받지 못할 바에야, 차라리 병법(兵法)이라도 익혀, 대장인(大將印)을 허리춤에 비스듬히 차고 동정서벌하여 나라에 큰 공을 세우고 이름을 오래도록 빛내는 것이 장부의 통쾌한 일이 아니겠는가! 나는 어찌하여 이 한 몸 적막하여, 아버지와 형이 있는데도 아버지를 '아버지'라 부르지 못하고, 형을 '형'이라고 부르지 못하니, 심장이 터질지라. 이 어찌 통탄할 일이 아니겠는가!"

하고, 뜰에 내려와 검술을 익히고 있었다. 그때 마침, 공이 또한 달빛을 구경하다가, 길동이 서성거리는 것을 보고 즉시 불러 물었다.

"너는 무슨 흥이 있어서 밤이 깊도록 잠을 자지 않느냐?"

길동이 공경하는 자세로 대답하였다.

"소인(小人)이 마침 달빛을 즐기는 중입니다. 그런데 만물이 생겨날 때부터 오직 사람이 귀한 존재인 줄 아옵니다. 그러나 소인에게는 귀함이 없사오니 어찌 사람이라 하겠습니까?"

공은 그 말의 뜻을 짐작은 했지만, 일부러 책망하며 말하였다.

"너 그게 무슨 말이냐?"

길동이 절하고 말씀드리기를

"소인이 평생 서러워하는 바는, 소인이 대감의 정기(精氣)를 받아 당당한 남자로 태어났고, 또 낳아서 길러 주신 어버이의 은혜를 입었는데도 아버지를 '아버지'라 못 하옵고 형을 '형'이라 못 하오니, 어찌 사람이라 하겠습니까?"

하고, 눈물을 흘리며 적삼을 적셨다.

작품 정리

갈래	한글 소설, 영웅 소설	성격	비판적, 전기적
배경	조선 시대, 조선과 율도국	시점	전지적 작가 시점
주제	사회 모순 비판과 이상 세계 건설		
특징	• 영웅의 일대기 구조로 구성됨 • 당시 사회의 모순을 비판하고 있으나 근본적인 해결책을 제시하지는 못함		

한눈에 콕콕

○ **개인과 사회의 갈등**

홍길동		사회 제도
• 서자로 태어남 • 호부호형을 원함 • 입신양명을 하고자 함	⟷	출생이 천한 사람은 호부호형을 하지 못하고, 과거에도 응시할 수 없음

○ **작품의 배경이 되는 당시의 사회·문화적 상황**

길동은 뛰어난 능력을 지녔으나 서자로 태어나 호부호형, 입신양명을 못함	⟹	• 신분에 대한 차별이 존재함 • 개인의 능력보다는 신분이 중요함
홍 판서에게는 길동의 어머니뿐만 아니라 첩이 또 있음	⟹	양반가에서는 본처 외에 첩을 여러 명 둘 수 있었음

수필

키워드 01

수필

소설과 비교하여 수필의 특징을 기억하세요.

TIP 허구적인 이야기인 '소설'과 달리 '수필'은 글쓴이의 경험을 바탕으로 쓴 사실적인 글이에요.

1. 수필 자신의 경험을 바탕으로 얻은 생각이나 느낌을 일정한 형식이나 내용에 제한을 받지 않고 자유롭게 표현한 산문 문학

2. 수필의 특징

주관적, 고백적	글쓴이 자신의 실제 체험과 그 과정에서 얻은 깨달음을 고백적, 주관적으로 드러냄
1인칭의 문학	'나'로 서술되며, 수필 속의 '나'는 글쓴이 자신임
개성적	글쓴이의 경험, 생각, 문체 등에서 개성이 잘 드러남
자유로운 형식	일정한 형식의 제약을 받지 않고 비교적 자유롭게 쓴 글임
비전문적	전문성이 필요하지 않은, 누구나 쓸 수 있는 대중적인 글임
신변잡기적	일상생활에서 보고, 듣고, 느낀 모든 것이 글의 소재가 될 수 있음

3. 수필에 나타나는 글쓴이의 태도

깨달음	• 대상을 보고 깨닫게 된 삶의 교훈을 서술함 • 일상생활 및 자연을 대상으로 함
비판	• 대상의 부정적 면을 드러내어 밝힘 • 대상은 사회의 모순일 경우가 많음
예찬	훌륭한 것, 좋은 것, 아름다운 것을 존경하고 찬양함
성찰	• 반성하고 살핌 • 글쓴이 자신의 삶이나 자신이 속한 사회를 대상으로 하는 경우가 많음

키워드 02

장영희, 「괜찮아」

어머니는 내가 집에서 책만 읽는 것을 싫어하셨다. 그래서 방과 후 골목길에 아이들이 모일 때쯤이면 어머니는 대문 앞 계단에 작은 방석을 깔고 나를 거기에 앉히셨다. 아이들이 노는 것을 구경이라도 하라는 뜻이었다. 딱히 놀이 기구가 없던 그때 친구들은 대부분 술래잡기, 사방치기, 공기놀이, 고무줄 등을 하고 놀았지만, 나는 공기놀이 외에는 어떤 놀이에도 참여할 수 없었다. 하지만 골목 안 친구들은 나를 위해 꼭 무언가 역할을 만들어 주었다. 고무줄이나 달리기를 하면 내게 심판을 시키거나 신발주머니와 책가방을 맡겼다. 뿐인가? 술래잡기를 할 때에는 한곳에 앉아 있는 내가 답답할까 봐, 미리 내게 어디에 숨을지를 말해 주고 숨는 친구도 있었다.

우리 집은 골목 안에서 중앙이 아니라 구석 쪽이었지만 내가 앉아 있는 계단 앞이 친구들의 놀이 무대였다. 놀이에 참여하지 못해도 나는 전혀 소외감이나 박탈감을 느끼지 않았다. 아니, 지금 생각하면 내가 소외감을 느낄까 봐 친구들이 배려를 해 준 것이었다. 그 골목길에서의 일이다. 초등학교 1학년 때였던 것 같다. 하루는 우리 반이 좀 일찍 끝나서 나는 혼자 집 앞에 앉아 있었다. 그런데 그때 마침 깨엿 장수가 골목길을 지나고 있었다. 그 아저씨는 가위만 쩔렁이며 내 앞을 지나더니 다시 돌아와 내게 깨엿 두 개를 내밀었다. 순간 그 아저씨와 내 눈이 마주쳤다. 아저씨는 아무 말도 하지 않고 아주 잠깐 미소를 지어 보이며 말했다.

"괜찮아."

무엇이 괜찮다는 것인지는 몰랐다. 돈 없이 깨엿을 공짜로 받아도 괜찮다는 것인지, 아니면 목발을 짚고 살아도 괜찮다는 것인지…….

하지만 그건 중요하지 않다. 중요한 건 내가 그날 마음을 정했다는 것이다. 이 세상은 그런대로 살 만한 곳이라고. 좋은 사람들이 있고, 선의와 사랑이 있고, '괜찮아.'라는 말처럼 용서와 너그러움이 있는 곳이라고 믿기 시작했다는 것이다.

[중략]

시각 장애인이면서 사업가로 유명한 미국의 톰 설리번은 자기의 인생을 바꾼 말은 딱 세 단어, "Want to play(함께 놀래)?"라고 했다. 어릴 적 시력을 잃고 절망과 좌절감에 빠져 고립된 생활을 할 때 옆집에 새로 이사 온 아이가 그렇게 말했다고 한다. 그 말이야말로 자기가 다시 세상 밖으로 나올 수 있었던 계기가 되었다는 것이다.

어린아이의 마음은 스펀지같이 무엇이든 흡수한다. 그리고 어느 순간에 마음을 정해 버린다. 기준은 '함께'이다. 세상이 친구가 되어 함께하리라는 약속을 할 때 힘들지만 세상은 그런대로 살 만한 곳이라 여기게 되고, 함께하리라는 약속이 없으면 세상은 너무 무서운 곳이라 여기게 된다. 새삼 생각해 보면 내가 이 세상에 정붙이게 하여 준 것은 바로 그 옛날 나와 함께하기를 거절하지 않았던 골목길 친구들이다.

작품 정리

갈래	경수필	성격	교훈적, 고백적, 성찰적
주제	어릴 적 들었던 '괜찮아'라는 말의 의미와 가치		
특징	• 자기의 경험으로부터 가치와 의미를 이끌어 냄 • 일화를 나열하는 방식으로 글을 전개함		

한눈에 콕콕

○ "괜찮아."라는 말에 담긴 의미

• 마음으로 일으켜 주는 부축의 말
• 다시 시작할 수 있다는 희망의 말
• '지금은 아파도 슬퍼하지 말라.'라는 나눔의 말
• '그만하면 참 잘했다.'라고 용기를 북돋아 주는 말
• '너라면 뭐든지 다 눈감아 주겠다.'라는 용서의 말
• '무슨 일이 있어도 나는 네 편이니 넌 절대 외롭지 않다.'라는 격려의 말

키워드 03

정진권, 「막내의 야구 방망이」

막내의 담임 선생님은 마흔 남짓한 남자분이신데 무슨 깊은 병환으로 입원을 하셔서 한두어 달 학교를 쉬시게 되었다. 그렇게 되자 학교에서는 막내의 반 아이들을 이 반 저 반으로 나누어 붙였다. 그러니까 막내의 반은 하루아침에 해체되고 반 아이들은 뿔뿔이 헤어지게 된 것이다.

그런데 배치해 주는 대로 가 보니 그 반 아이들의 괄시가 말이 아니었다. 그런 괄시를 받을 때마다 옛날의 자기 반이 그리웠다. 선생님을 졸졸 따라 소풍 가던 일, 운동회에서 다른 반 아이들과 당당하게 겨루던 일, 이런저런 자기 반의 아름다운 역사가 안타깝게 명멸하는 것이다. 때로는 편찮으신 선생님이 너무 보고 싶어서 길도 잘 모르는 병원도 찾아갔다. 그러는 동안에 아이들은 선생님이 다 나으셔서 오실 때까지 우리 기죽지 말자 하며 서로서로 격려하게 되었고, 이런 기운이 팽배해지자 이른바 간부였던 아이들은 자기네의 사명을 깨닫게 되었다. 그래서 몇 아이들이 우리 집에 모였던 것이고, 그 기죽지 않을 방법으로 채택된 것이 야구 대회를 주최하여 우승을 차지하는 것이었다. 연습은 참으로 피나는 것이었다. 배 속에서 쪼르륵거리는 소리가 나도 누구 하나 배고프다는 말을 하지 않았다. 연습이 끝나면 또 작전 계획을 세우고 검토했다. 그러노라면 어느새 하늘에 푸른 별이 떴다.

그리하여 마침내 결승전에 진출했다. 이 반 저 반으로 헤어진 반 아이들은 예선부터 한 사람 빠짐없이 응원에 나섰다. 그 응원의 외침은 차라리 처절한 것이었다. 그러나 열광의 도가니처럼 들끓던 결승전에서 그만 패하고 만 것이다.

"아빠, 우린 해야 돼. 다음번엔 우승해야 돼. 선생님이 다 나으실 때까지 우린 누구 하나도 기죽을 수 없어."

막내는 이야기를 마치면서 이렇게 말했다. 나는 아무 말도 하지 못했다. 무슨 망국민의 독립운동사라도 읽는 것처럼 감동 비슷한 것이 가슴에 꽉 차 오는 것 같았다. 학교라는 데는 단순히 국어, 수학이나 가르치는 데가 아니구나 하는 생각도 들었다.

이튿날 밤 나는 늦게 돌아오는 막내의 방망이를 미더운 마음으로 소중하게 받아 주었다. 그때도 막내와 그 애의 친구 애들의 초롱초롱한 눈 같은 맑고 푸른 별이 두어 개 하늘에 떠 있었다. 나는 그때처럼 맑고 푸른 별을 일찍이 본 일이 없다.

작품 정리

갈래	경수필		성격	긍정적, 희망적
주제	야구 시합을 통해 단결심을 배우는 아이들의 순수한 마음			
특징	• '야구 방망이'와 '야구 방망이를 받아 주는 나의 행위', '맑고 푸른 별'에 상징성이 담겨 있음 • 야구 시합을 통해 단결심을 배우는 아이들의 착하고 순수한 마음과 이것을 이해하고 받아 주는 아버지의 모습이 따뜻하게 그려짐			

한눈에 콕콕

○ **'야구 방망이'의 역할과 상징적 의미**

역할	• '야구 방망이'를 사 준 뒤로 집에 늦게 오기 시작하는 막내에 대한 '나'의 오해를 불러일으키는 매개체 • 막내네 반 아이들이 단합하게 하는 매개체로, 부자간의 갈등이 해소되었음을 보여 줌
상징적 의미	• 막내의 노력 • 막내네 반 아이들의 단결심 • 막내네 반 아이들의 자존심

**최재천,
「과학자의 서재」**

그렇게 빈둥거리다 발견한 것이 백과사전이었다. 사실 나는 노는 데는 도가 텄지만 타고 난 독서광은 아니었다. 책이 읽고 싶어 여기저기 찾아다니지도 않았을뿐더러 당시는 교과 서 외에 읽을 만한 책도 그다지 없었다.

마루에 앉아 바깥 거리를 바라보다가 그것도 시시해져 방 안에 드러누워 뒹굴고 있는데 그 백과사전이 눈에 띄었다. 아마 초등학교 4학년쯤이었을 것이다. 그 책이 언제 어떻게 해서 책꽂이에 꽂히게 되었는지는 알 수 없다.

우연히 백과사전을 펼쳐 본 나는 그때부터 틈만 나면 그 책을 끼고 살았다. 어느 쪽을 펼 쳐도 읽을거리가 그득했다. 몰랐던 사실을 알게 되는 재미가 생각지도 못한 즐거움을 선사 했고, 총천연색 사진까지 실려 있어 더욱 흥미진진했다. 내가 자주 본 분야는 동물에 대한 것이었는데 사진을 통해 처음 본 신기한 동물들이 나의 호기심을 마구 자극했다.

백과사전의 장점은 처음부터 차근차근 읽을 필요 없이 아무 쪽이나 펼쳐도 재미있게 읽 을 수 있다는 것이다. 그날그날 마음 내키는 대로 펼친 쪽을 읽다 보면 마당 가득 노을빛이 물들곤 했다. 그 백과사전이 거의 너덜너덜해지도록 읽었던 것 같다. 그러다가 백과사전을 밀치고 나를 사로잡은 책이 등장했다. 바로 세계 동화 전집이었다.

[중략]

이 세계 동화 전집은 중학교에 진학하여 새로운 소설을 접하기 전까지 나의 세계였다. 수없이 읽고 또 읽었다. 그 이야기들의 주인공이 되어 많은 경험을 하면서 생각 주머니를 키워 갔다. 세계 동화 전집을 만나기 전의 나와 만난 후의 나는 달라졌다. 간단히 말하면 그전까지 없었던 사유의 세계가 만들어지고, 상상력의 범위가 넓어졌다고 할까?

동화 전집을 읽기 전에는 집에서든 시골에 가서든 밤늦게까지 무조건 뛰어놀기만 했다. 특히 시골에 가면 고삐 풀린 망아지처럼 안 다니는 곳이 없을 정도로 천방지축 쏘다니며 놀았다. 벌레도 잡고 물고기도 잡으며 눈만 뜨면 싸돌아다니느라 방학이 끝나면 온통 새까 맣게 타 있곤 했다. 생각하기보다는 마냥 몸으로 논 것이다.

그런데 세계 동화 전집을 읽고 난 후에는 세상과 자연을 대하는 태도부터 달라졌고, 당 연히 행동에도 변화가 생겼다. 학교생활을 할 때는 물론이고, 뛰놀 곳 천지인 시골에서도 혼자 가만히 있는 시간을 스스로 만들기 시작했다. 산을 올라가 무덤 앞에 앉아 한참 생각 에 잠기기도 하고, 작은 공책을 들고 가서 무언가를 쓰기도 했다. 소 풀을 먹이러 나가서도 소는 대충 묶어 놓고 냇가에 앉아 냇물이 흘러가는 모습을 물끄러미 바라보곤 했다.

이 모든 게 어머니가 사 주신 세계 동화 전집의 영향이었다. 초등학교 고학년이 되면 모 두 성장의 시기를 겪게 마련인데, 나는 동화 덕분에 다른 아이들보다 성숙해지면서 나만의 특별한 색깔을 만들어 간 것 같다. 또래들보다 생각의 폭이 넓어지고 깊이가 깊어진 것도, 창의적으로 사고할 수 있는 밑바탕과 시인을 꿈꾸는 감성이 만들어진 것도 그 책들 덕분이 었다.

작품 정리

갈래	경수필	성격	개성적, 주관적, 고백적
주제	읽기의 가치와 중요성		
특징	• 다양한 읽기 경험을 소개함 • 읽기의 가치와 중요성이 잘 드러남 • 읽기 경험이 자신의 삶에 미친 영향을 시간 순서대로 소개함		

○ **글쓴이의 읽기 경험이 삶에 준 영향**

읽은 책	글쓴이의 삶에 준 영향
백과사전	• 몰랐던 사실을 알게 되는 재미를 느낌 • 처음 본 내용들이 호기심을 자극함
세계 동화 전집	• 세상과 자연을 대하는 태도와 행동에 변화가 생김 • 생각의 폭이 넓어지고 깊이가 깊어짐 • 창의적으로 사고할 수 있는 밑바탕이 만들어짐 • 시인을 꿈꾸는 감성이 만들어짐

키워드 05

나희덕, 「실수」

실수라면 나 역시 일가견이 있는 사람이다. 언젠가 비구니들이 사는 암자에서 하룻밤을 묵은 적이 있다. 다음 날 아침 부스스해진 머리를 정돈하려고 하는데, 빗이 마땅히 눈에 띄지 않았다. 원래 여행할 때 빗이나 화장품을 찬찬히 챙겨 가지고 다니는 성격이 아닌 데다 그날은 아예 가방조차 가지고 있지 않았다. 그러던 중에 마침 노스님 한 분이 나오시기에 나는 아무 생각도 없이 이렇게 여쭈었다.

"스님, 빗 좀 빌릴 수 있을까요?"

스님은 갑자기 당황한 얼굴로 나를 바라보셨다. 그제야 파르라니 깎은 스님의 머리가 유난히 빛을 내며 내 눈에 들어왔다. 나는 거기가 비구니들만 사는 곳이라는 사실을 깜박 잊고 엉뚱한 주문을 한 것이었다. 본의 아니게 노스님을 놀린 것처럼 되어 버려서 어쩔 줄 모르고 서 있는 나에게, 스님은 웃으시면서 저쪽 구석에 가방이 하나 있을 텐데 그 속에 빗이 있을지 모른다고 하셨다.

방 한구석에 놓인 체크무늬 여행 가방을 찾아 막 열려고 하다 보니 그 가방 위에는 먼지가 소복하게 쌓여 있었다. 적어도 오륙 년은 손을 대지 않은 것처럼 보이는 그 가방은 아마도 누군가 산으로 들어오면서 챙겨 들고 온 세속의 짐이었음에 틀림없었다. 가방 속에는 과연 허름한 옷가지들과 빗이 한 개 들어 있었다.

나는 그 빗으로 머리를 빗으면서 자꾸만 웃음이 나오는 걸 참을 수가 없었다. 절에서 빗을 찾은 나의 엉뚱함도 우물가에서 숭늉 찾는 격이려니와, 빗이라는 말 한마디에 그토록 당황하고 어리둥절해하는 노스님의 표정이 자꾸 생각나서였다. 그러나 그 순간 나는 보았다. 시간을 거슬러 올라가 검은 머리칼이 있던, 빗을 썼던 그 까마득한 시절을 더듬고 있는 그분의 눈빛을. 이십 년 또는 삼십 년, 마치 물길을 거슬러 올라가는 연어 떼처럼 참으로 오랜 시간이 그 눈빛 위로 스쳐 지나가는 듯했다. 그 순식간에 이루어진 회상의 끄트머리에는 그리움인지 무상함인지 모를 묘한 미소가 반짝하고 빛났다. 나의 실수 한마디가 산사(山寺)의 생활에 익숙해져 있던 그분의 잠든 시간을 흔들어 깨운 셈이니, 그걸로 작은 보시는 한 셈이라고 오히려 스스로를 위로해 보기까지 했다.

이처럼 악의가 섞이지 않은 실수는 봐줄 만한 구석이 있다. 그래서인지 내가 번번이 저지르는 실수는 나를 곤경에 빠뜨리거나 어떤 관계를 불화로 이끌기보다는 의외의 수확이나 즐거움을 가져다줄 때가 많았다. 겉으로는 비교적 차분하고 꼼꼼해 보이는 인상이어서 나에게 긴장을 하던 상대방도 이내 나의 모자란 구석을 발견하고는 긴장을 푸는 때가 많았다. 또 실수로 인해 웃음을 터뜨리다 보면 어색한 분위기가 가시고 초면에 쉽게 마음을 트게 되기도 했다. 그렇다고 이런 효과 때문에 상습적으로 실수를 반복하는 것은 아니지만, 한번 어디에 정신을 집중하면 나머지 일에 대해서 거의 백지상태가 되는 버릇은 쉽사리 고쳐지지 않는다. 특히 풀리지 않는 글을 붙잡고 있거나 어떤 생각거리에 매달려 있는 동안 내가 생활에서 저지르는 사소한 실수들은 내 스스로도 어처구니가 없을 지경이다.

그러면 실수의 '어처구니없음'은 어디서 오는 것일까. 원래 어처구니란 엄청나게 큰 사람이나 큰 물건을 가리키는 뜻에서 비롯되었는데, 그것이 부정어와 함께 굳어지면서 어이없다는 뜻으로 쓰이게 되었다. 크다는 뜻 자체는 약화되고 그것이 크든 작든 우리가 가지고 있는 상상이나 상식을 벗어난 경우를 지칭하게 된 것이다. 그러니 상상에 빠지기 좋아하고 상식으로부터 자유로워지려는 사람에게 어처구니없는 실수가 그림자처럼 따라다니는 것은 아주 자연스러운 일이다.

결국 실수는 삶과 정신의 여백에 해당한다. 그 여백마저 없다면 이 각박한 세상에서 어떻게 숨을 돌리며 살 수 있겠는가. 그리고 발 빠르게 돌아가는 세상에 어떻게 휩쓸려 가지 않고 남아 있을 수 있겠는가. 어쩌면 사람을 키우는 것은 능력이 아니라 실수의 힘일지도 모른다.

작품 정리

갈래	경수필	성격	교훈적, 자기 고백적
주제	삶과 정신에 여유를 주는 실수의 가치		
특징	• 부정적인 인식의 대상을 새로운 시각에서 바라봄 • 일화를 통해 독자의 관심과 흥미를 유발함 • 비유와 묘사, 속담과 관용 표현을 사용하여 문장의 의미를 풍부하게 함		

한눈에 콕콕

○ 실수에 관한 글쓴이의 경험과 생각

경험	• 스님에게 빗을 빌려 달라고 하는 실수를 함 • 산사의 생활에 익숙해져 있던 스님의 잠든 과거의 시간을 흔들어 깨움

↓

생각	악의가 섞이지 않은 실수는 삶에 의외의 수확이나 즐거움을 가져다줌

키워드 06

성석제, 「맛있는 책, 일생의 보약」

사방이 산으로 둘러싸인 곳에서 태어나 아침에 눈을 떠서 저녁에 감을 때까지 늘 산을 보아야 하는 곳에서 중학교 1학년까지를 보내고 2학년 봄, 서울의 남쪽 관악산이 올려다보이는 중학교에 전학을 했다. 담임 선생님은 미술 선생님이었는데 특별 활동 시간으로 산악반을 맡고 있기도 했다. 매주 화요일 6교시, 일주일에 단 한 시간 활동하는 그 '특별'한 '활동'은 내 취향과는 아무런 상관없이 시간 내내 산과 학교 사이를 뛰어 오가는 산악반으로 정해졌다.

3학년이 되면서 비로소 내가 좋아하는 특별 활동을 선택할 기회가 왔다. 나는 산악반의 경험에 비추어, 되도록 몸을 많이 움직이지 않는 특별 활동반을 점찍었는데 그게 바로 도서반이었다. 도서반 담당 선생님은 특별 활동의 첫날, 도서반이 할 일을 아주 짧고 쉽게 설명해 주었다.

"여러분 곁에는 책이 있다. 그 책 중에서 자기 마음에 드는 책을 골라서 읽고 수업이 끝나는 종소리가 울리면 가면 된다."

그리고 선생님 본인이 마음에 드는 책을 골라서 자리를 잡고 읽는 것으로 시범을 보여 주었다. 나는 책을 고르러 가는 아이들의 뒤를 따라가서 한자로 제목이 씌어 있어서 아이들이 거의 손을 대지 않는 책 가운데 하나를 꺼내 들었다.

그 책은《한국 고전 문학 전집》같은 묵직한 제목 아래 편집된 수십 권의 연속물 가운데 한 권이었다. 반드시 읽어야 한다는 것을 강조하는 고전 대부분이 그렇듯 책 표지는 사람의 손을 거의 거치지 않아서 깨끗했다. 지은이는 '박지원', 내가 처음으로 펴 든 대목은 〈허생전〉이었다.

나이가 두 자리 숫자가 되면서 무협지에 빠지기 시작해서 전학 오기 전 국내에 출간된 대부분의 무협지를 읽었다고 생각하고 있던 내게, 한문 문장을 번역한 예스러운 문체는 별 거부감이 없었다. 내용 역시 익숙했다. '허생'이라는 인물이 깊고 고요한 곳에 숨어 있으면서 실력을 쌓은 뒤에 일단 세상에 나갈 일이 생기자 한바탕 멋지게 세상을 뒤흔들어 놓고는 다시 제자리로 돌아온다. 무협지에서도 흔히 볼 수 있는 방식이었다.

〈허생전〉 다음에는 〈호질〉, 〈양반전〉도 있었다. 책이 꽤 두꺼웠으니 박지원의 저작 가운데 상당 부분이 책에 들어 있었을 것이다. 그런데 그 책 속의 주인공들은 내가 읽었던 수많은 무협지의 주인공과는 달라도 많이 달랐다. 무협지를 읽고 나면 주인공 이름 말고는 기억에 남는 게 없는데, 박지원의 소설은 주인공이 다음에 어떻게 되었을지 궁금해지고 내가 주인공이라면 어떻게 했을지 자꾸만 생각하게 만들었다. 한두 번 씹으면 단맛이 다 빠져 버리는 무협지와는 달리 그 책의 내용은 읽을수록 새로운 맛이 우러나왔다. 보석처럼 단단하고 품위 있는 문장은 아름답기까지 했다. 책을 읽으면서 내 정신세계가 무슨 보약을 먹은 듯이 한층 더 넓어지고 수준이 높아지는 듯한 느낌이 들었다. 일주일에 단 한 시간, 도서관에서 단 한 권의 책을 거듭 펴서 읽었을 뿐인데도.

중학교 3학년 1학기 특별 활동 시간에 나는 몇백 년 전 글을 쓴 사람의 숨결이 글을 다리로 하여 내게로 건너와 느껴지는 경험을 처음 해 보았다. 무엇보다 중요한 것은 그것이 무척 재미있었다는 것이다. 읽으면 내 피와 살이 되는 고전, 맛있는 고전, 내가 재미를 들인 최초의 고전이 우리의 조상이 쓴 것이라는 데에서 나오는 뿌듯함까지 맛볼 수 있었다.

3학년 2학기가 되었을 때 특별 활동 시간은 없어졌다. 내가 1학기의 특별 활동 시간에 읽은 것은 박지원의 책이 전부였다. 하지만 내가 지금 소설을 쓰고 있는 것은 바로 그 책 때문이라고 생각한다. 특별하지 않은 특별 활동 시간에 읽은 아주 특별한 그 책이 내 일생을 바꾸었다.

누구에게나 그런 일이 일어날 수 있다. 모르고 지나갈 수도 있다. 어떤 책을 계기로 인간의 지극한 정신문화, 그 높고 그윽한 세계에 닿고 그의 일원이 되는 것은 겪어 보지 못한 사람은 알 수 없는 행복을 안겨 준다. 이 세상에 인간으로 나서 인간으로 살면서 인간다운 삶을 살고 드높은 가치를 추구하는 길을 책이 보여 준다. 책은 지구상에서 인간이라는 종(種)만이 알고 있는, 진정한 인간으로 나아가는 통로이다. 그래서 사람들은 말하는지도 모른다. 책 속에 길이 있다고.

작품 정리

갈래	경수필	성격	교훈적, 회상적
주제	읽기의 가치와 중요성		
특징	• 중학생 때 책을 읽은 경험을 회상하며 읽기의 가치를 드러냄 • 무협지와 비교하여 고전의 매력을 드러냄		

◐ 고전과 무협지의 비교

공통점	차이점
• 한문 문장을 번역한 예스러운 문체 • 인물의 행적과 사건 전개 방식	• 주인공의 이름만 기억에 남는 무협지와 달리 고전은 주인공과 관련하여 계속 생각하게 만듦 • 한두 번 읽으면 단맛이 빠져 버리는 무협지와 달리 고전은 읽을수록 새로운 맛이 우러나옴

◐ 읽기 경험이 글쓴이의 삶에 준 영향

읽기 경험		글쓴이의 삶에 준 영향
중학교 3학년 때 도서반에서 아이들이 거의 손을 대지 않는 박지원의 책을 읽음	➡	• 읽기의 가치와 중요성을 깨달음 • 소설가의 길을 걷게 됨

◐ 책 읽기의 가치

책 속에 길이 있음	➡	• 인간의 지극한 정신문화, 그 높고 그윽한 세계에 닿을 수 있음 • 인간다운 삶을 살고 드높은 가치를 추구하는 길을 보여 줌 • 진정한 인간으로 나아가는 통로가 됨

키워드 07

고전 수필(설)

시험의 난도를 높이기 위해 출제될 가능성이 높은 갈래입니다.

개념	어떠한 사건이나 사물의 이치를 풀이한 뒤, 그것에 대한 자신의 의견을 덧붙인 글
특징	• 글이 주로 2단으로 구성됨 • '사실(경험) + 의견(주장)'의 순서로 이루어짐 • 개인적 체험을 보편화하여 구성함 • 표현이 비유적·우의적이며, 내용이 교훈적임 • 오늘날의 중수필과 비슷함

키워드 08

이규보, 「이옥설」

행랑채가 퇴락하여 지탱할 수 없게끔 된 것이 세 칸이었다. 나는 마지못하여 이를 모두 수리하였다. 그런데 그중의 두 칸은 비가 샌 지 오래되었으나, 나는 그것을 알면서도 이럴까 저럴까 망설이다가 손을 대지 않았던 것이고, 나머지 한 칸은 처음 비가 샐 때 서둘러 기와를 갈았던 것이다. 이번에 수리하려고 보니 비가 샌 지 오래된 것은 그 서까래, 추녀, 기둥, 들보가 모두 썩어서 못 쓰게 된 까닭으로 수리비가 엄청나게 들었고, 한 번밖에 비가 새지 않았던 한 칸의 재목들은 온전하여 다시 쓸 수 있었기 때문에 그 비용이 많이 들지 않았다.

나는 이에 느낀 것이 있었다. 사람의 경우도 마찬가지라는 사실을. 잘못을 알고서도 바로 고치지 않으면 곧 그 자신이 나쁘게 되는 것이 마치 나무가 썩어서 못 쓰게 되는 것과 같다. 잘못을 알고 고치기를 꺼리지 않으면 해(害)를 받지 않고 다시 착한 사람이 될 수 있으니, 저 집의 재목처럼 말끔하게 다시 쓸 수 있는 것이다.

그뿐만 아니라 나라의 정치도 이와 같다. 백성을 좀먹는 무리들을 내버려 두었다가는 백성들이 도탄에 빠지고 나라가 위태롭게 된다. 그런 뒤에 급히 바로잡으려 해도 이미 썩어 버린 재목처럼 때는 늦은 것이다. 어찌 삼가지 않겠는가?

작품 정리

갈래	고전 수필	성격	경험적, 비판적, 유추적, 교훈적
주제	잘못을 알고 그것을 고쳐 나가는 자세의 중요성		
특징	• '집 – 사람 – 정치'를 연관 지어 논지를 확대함 • 경험한 내용을 먼저 제시하고 그에 대한 의견(주장)을 덧붙이는 방식으로 내용을 전개함 • 체험을 통해 깨달은 점을 다른 상황에 적용하여 해석하는 유추의 방식을 활용함		

한눈에 콕콕

○ 글쓴이의 경험과 깨달음

경험		퇴락한 행랑채를 수리함
		↓
깨달음	사람	• 자신의 잘못을 알고도 고치지 않으면 점점 더 나빠짐 • 잘못을 알고 바로 고치면 다시 착한 사람이 될 수 있음
	정치	• 백성을 좀먹는 무리를 내버려 두면 나라가 위태로워짐 • 늦기 전에 잘못을 바로잡아야 정치가 올바르게 됨
		↓
결론		잘못이 생기면 더 나빠지기 전에 바로잡아야 함

06 희곡 및 시나리오

키워드 01

희곡

시나리오와 비교하여 희곡의 특징을 기억하세요.

TIP 희곡은 무대 상연을 전제로 하는 글이기 때문에 제약이 있다는 사실을 기억하세요.

1. 개념   무대 상연을 전제로 한 연극의 대본

2. 특징

무대 상연을 전제로 한 문학	시간, 공간, 인물 수에 제약이 있음
행동과 대사의 문학	배우의 행동과 대사를 통해 사건이 진행되고 주제가 형상화됨
갈등의 문학	인물 간의 갈등과 해소 과정을 주된 내용으로 함
현재 진행형의 문학	관객의 눈앞에서 현재 벌어지고 있는 사건으로 표현함

3. 구성 요소

해설		막이 오르기 전후에 시공간적 배경, 등장인물, 무대 장치 등을 설명함
지시문		등장인물의 행동이나 말투, 음향 효과나 무대 장치 등을 지시하고 설명함
대사	개념	등장인물이 하는 말로, 인물의 성격을 드러내고 사건을 진행시킴
	종류	• 대화: 인물과 인물이 서로 주고받는 대사 • 독백: 인물이 상대역 없이 혼자서 소리를 내어 하는 대사 • 방백: 관객에게는 들리고 상대역에게는 들리지 않는 것으로 약속된 대사

이강백, 「들판에서」

측량 기사, 퇴장한다. 번개가 치고 천둥이 울리면서 비가 쏟아진다.

형과 아우, 비를 맞으며 벽을 지킨다. 긴장한 모습으로 경계하면서 벽 앞을 오고 간다. 그러나 차츰차츰 걸음이 느려지더니, 벽을 사이에 두고 멈추어 선다.

형: 어쩌다가 이런 꼴이 된 걸까! 아름답던 들판은 거의 다 **빼앗기고**, 나 혼자 벽 앞에 있어.
아우: 내가 왜 이렇게 됐지? 비를 맞으며 벽을 지키고 있다니…….
형: 요란한 천둥소리! 부모님께서 날 꾸짖는 거야!
아우: 빗물이 눈물처럼 느껴져!

형과 아우, 탄식하면서 나누어진 들판을 바라본다.

형: 아아, 이 들판의 풍경은 내 마음속의 풍경이야. 옹졸한 내 마음이 벽을 만들었고, 의심 많은 내 마음이 전망대를 만들었어. 측량 기사는 내 마음속을 훤히 알고 있었지. 내가 들고 있는 이 총마저도 그렇잖아. 동생에 대한 내 마음의 불안함을 알고, 그는 마치 나 자신의 분신처럼 내가 바라는 것만을 가져다줬던 거야.
아우: 난 이 들판을 나눠 가지면 행복할 줄 알았어. 형님과 공동 소유가 아닌, 반절이나마 내 땅을 가지기를 바랐지. 그래서 측량 기사가 하자는 대로 했던 거야. 하지만, 나에게 남은 건 벽과 총뿐, 그는 나를 철저히 이용만 했어.
형: 처음엔 실습이라고 했지. 그러나 실습이 아니었어……. 그런데 지금은 동생을 죽이고 싶어! 벽 너머에서 마구 총까지 쏘아 대는 동생이 미워서……. 하지만, 동생을 죽인다고 내 마음이 편해질까? 아냐, 더 괴로울 거야. (총구를 자신의 머리에 겨눈다.) 차라리 내가 죽는 게 낫겠어!
아우: 이젠 늦었어. 너무 늦은 거야! 벽이 생겼던 바로 그때, 내가 형님께 잘못했다고 말해야 했어. 하지만, 인제 형님은 내 말이라면 믿지 않을 테고, 나 역시 형님 말을 믿지 못해. (고개를 숙이고 흐느껴 운다.) 이래서는 안 돼, 안 되는데 하면서도……. 어쩔 수가 없어.
형: 들판에는 아직도 민들레꽃이 피어 있군! (총을 내려놓고 허리를 숙여 발밑의 민들레꽃을 바라본다.) 우리가 언제나 다정히 지내기로 맹세했던 이 꽃…….
아우: 형님과 내가 믿을 수 있는 건 무엇일까? 그것이 단 하나라도 남아 있다면 좋을 텐데…….그렇구나, 민들레꽃이 남아 있어!
    (총을 내던지고, 민들레꽃을 꺾어 든다.) 이 꽃을 보니까 그 시절이 그립다. 형님과 함께 행복하게 지냈던 시절이 그리워…….

[중략]

아우: 형님, 내 말 들려요?
형: 들린다, 들려! 너도 내 말 들리냐?
아우: 들려요!
형: 우리, 벽을 허물기로 하자!
아우: 네, 그래요. 우리 함께 빨리 허물어요!

무대 조명, 서서히 꺼진다. 다만, 무대 뒤쪽의 들판 풍경을 그린 걸개그림만이 환하게 밝다. 막이 내린다.

갈래	희곡	성격	상징적, 우의적, 교훈적
주제	형제가 마음의 벽을 허물고 우애를 회복함(남북 분단의 현실과 그 극복 의지)		
특징	• 날씨의 변화와 사건의 전개 과정 사이에 밀접한 연관이 있음 • 간결하고 압축적인 대사와 상징적인 소재를 사용함 • 형제간의 갈등과 화해 과정을 통해 남북 분단의 현실과 극복 의지를 상징적으로 나타냄		

한눈에 콕콕

○ **소재의 상징적 의미**

말뚝과 밧줄 (제시문에는 없음)	'형'과 '아우' 사이를 갈라놓아 형제간 갈등을 불러일으키는 계기를 만드는 소재로, 형제의 대립과 갈등을 상징
벽	'측량 기사'의 교묘한 술책과 형제의 갈등으로 인해 설치된 것으로, 남북의 대립으로 인해 설치된 휴전선을 상징
전망대	상대를 감시하기 위한 도구로, 형제간의 의심과 불신을 상징
총	형제간의 갈등을 극단적으로 몰아가는 소재로, 대립과 긴장·갈등의 정점을 상징
민들레꽃	• 형제간의 우애의 증표 • 형제가 우애를 회복하게 하는 매개물(갈등 해결의 실마리) • 화해와 동질성 회복을 상징

○ **형제의 갈등**

형		동생
형이니까 동생에게 늘 이겨야 한다는 권위적이고 독선적인 사고방식을 가짐	⟷	동생이라서 항상 형에게 지기만 했다는 피해의식이 있음

↓

'측량 기사'는 이러한 형제의 마음을 이용하여 형제간의 갈등을 표면화하고 심화시킴

키워드 03

김정숙, 「오아시스 세탁소 습격사건」

앞부분의 줄거리 '강태국'은 2대째 내려오는 오아시스 세탁소의 주인으로, 세탁소 일을 정리하고 세탁 편의점을 하자는 아내 '장민숙'의 잔소리에도 꿋꿋하게 세탁소를 지켜 내고 있다. '강태국'은 자신이 하는 일이 사람의 마음을 세탁하는 일이라는 신념으로 자신의 직업에 자부심을 느끼고 있기 때문이다. 그러던 어느 날, 할머니의 가족인 '안유식'과 '허영분', '안경우', '안미숙'이 세탁소로 다짜고짜 쳐들어와 할머니의 간병인이 맡긴 것을 내놓으라며 난동을 부린다.

가 강태국이 두꺼비집 옆에 서 있다. 놀라는 사람들. 놀라는 강태국.

강태국: 대영아!
강대영: (머리를 부여잡고 운다.) 아빠!
강태국: (아내에게) 다, 당신 미쳤어?
장민숙: 미쳤, 아야, 또 혀 깨물었다!

나 강태국: 이게 사람의 형상이야? 뭐야! 뭐에 미쳐서 들뛰다가 지 형상도 잊어버리는 거냐고.(손에 든 옷 보따리를 흔들어 보이며) 이것 때문에 그래? 1998년 9월 김순임?
장민숙: (감격에) 여보!
강대영: 엄마, 아빠가 찾았다!

다 안경우: 날 줘요. (엄마에게 응석 부리는 것처럼) 나 부도난단 말이야!

허영분: (거만하게 포기하듯이) 아저씨, 여기요, 50프로 줄 테니까 이리 줘요!

안미숙: (뾰족하게) 내 거는 안 돼!

허영분: 내 거가 어딨어? 결혼할 때 집 사 줬으면 됐지!

안미숙: 나만 사 줬어? 오빠들은?

안유식: (소리친다.) 시끄러! (위협적으로) 죽고 싶지 않으면 내놔!

사람들: (따라서) 어서 내놔!

강태국: 당신들이 사람이야? 어머님 임종은 지키고 온 거야?

사람들: 아니!

라 강태국: 안 돼, 할머니 갖다줘야 돼. 왠지 알어? 이건 사람 것이거든. 당신들이 사람이
면 주겠는데, 당신들은 형상만 사람이지 사람이 아니야. 당신 같은 짐승들에게 사람
의 것을 줄 순 없어. (나선다.)

안유식: 에이! (달려든다.)

강태국: (도망치며) 안 돼!

사람들, 강태국을 향해 서로 밀치고 잡아당기고 뿌리치며 간다. 세탁기로 밀리는 강태국.

강태국, 재빨리 옷을 세탁기에 넣는다. 사람들 서로 먼저 차지하려고 세탁기로 몰려 들어간
다. 강태국이 얼른 세탁기 문을 채운다. 놀라는 사람들, 세탁기를 두드린다.

강태국, 버튼 앞에 손을 내밀고 망설인다. 사람들 더욱 세차게 세탁기 문을 두드린다. 강태국,
버튼에 올려놓은 손을 부르르 떨다가 강하게 누른다. 음악이 폭발하듯 시작되고 굉음을 내고 돌
아가는 세탁기. 무대 가득 거품이 넘쳐 난다. 빨래 되는 사람들의 고통스러운 얼굴이 유리에 부
딪혔다 사라지고, 부딪혔다 사라지고……

마 강태국이 주머니에서 글씨가 빽빽이 적힌 눈물 고름을 꺼내어 들고 무릎을 꿇고 앉는다.

강태국: (눈물 고름을 받쳐 들고) 할머니, 비밀은 지켜 드렸지요? 그 많은 재산, 이 자식
사업 밑천, 저 자식 공부 뒷바라지에 찢기고 잘려 나가도, 자식들은 부모 재산이 화
수분인 줄 알아서, 이 자식이 죽는 소리로 빼돌리고, 저 자식이 앓는 소리로 빼돌려,
할머니를 거지를 만들어 놓았어도 불효자식들 원망은커녕 형제간에 의 상할까 걱정
하시어 끝내는 혼자만 아시고 아무 말씀 안 하신 할머니의 마음, 이제 마음 놓고 가
셔서 할아버지 만나서 다 이르세요. 그럼 안녕히 가세요! 우리 아버지 보시면 꿈에라
도 한번 들러 가시라고 전해 주세요. (눈물 고름을 태워 드린다.)

음악 높아지며, 할머니의 혼백처럼 눈부시게 하얀 치마저고리가 공중으로 올라간다. 세탁기
속의 사람들도 빨래집게에 걸려 죽 걸린다.

강태국: (바라보고) 깨끗하다! 빨래 끝! (크게 웃는다.) 하하하.

작품 정리

갈래	희곡	성격	현실 비판적, 풍자적, 교훈적
주제	이기적이고 탐욕스러운 인간에 대한 풍자 및 순수한 인간성에 대한 지향		

특징	• 인물들의 행동을 과장하여 웃음을 유발함
	• 비현실적인 문학 장치로 갈등이 해결되는 과정을 보여 줌

한눈에 콕콕

◉ 대조적인 인물

강태국		강태국 외의 인물들
• 할머니의 재산에 욕심내지 않고 묵묵히 자신의 일을 함 • 순수한 인물	⬅️ 갈등 ➡️	• 할머니의 재산을 찾기 위해 세탁소에 잠입함 • 탐욕스럽고 비인간적인 인물

◉ 제목 '오아시스 세탁소'의 의미

오아시스		오아시스 세탁소
사람이 살기 어려운 사막에서 샘이 솟고 풀과 나무가 자라는 곳	➡️	물질 만능주의가 팽배한 세상에서 탐욕스러운 사람들의 마음을 깨끗하고 순수하게 만들어 주는 공간

키워드 04

시나리오

희곡보다 시나리오의 출제 비중이 더 높습니다. 시나리오의 특징과 구성 요소를 잘 기억하세요.

1. 개념   스크린에서의 상영을 전제로 한 영화(드라마) 대본

2. 특징

① 화면에 의해 표현되므로 촬영을 고려해야 하며, 특수한 시나리오 용어가 사용됨
② 대사와 행동으로 인물의 특성과 사건의 진행을 표현함
③ 장면의 변화가 자유롭고 시공간적 배경이나 등장인물 수의 제약이 거의 없음
④ 직접적인 심리 묘사가 어렵고 장면과 대상에 의해 간접적으로 묘사됨

3. 시나리오의 구성 요소

장면 표시	• 사건의 배경이 되는 장면의 설정이나 장면 번호 • 'S#'으로 표시함
해설	시나리오의 첫머리에 등장인물, 때와 장소, 배경 등을 설명해 놓은 부분
대사	• 인물의 성격을 드러내고 사건을 진행시킴 • 갈등 관계를 나타내고 작품의 주제를 구현함
지시문	인물의 표정이나 동작, 카메라 위치, 필름 편집 기술 등을 지시함

TIP 희곡의 단위는 '막과 장', 시나리오의 단위는 '장면'이에요. 이러한 단위는 두 갈래를 구분하는 중요한 기준이 돼요.

한 문제 더 맞히는 개념 노트   희곡과 시나리오의 차이점

구분	희곡	시나리오
목적	연극 상연	영화 상영
단위	막과 장	장면
제약	시공간적 배경, 인물 수에 제약이 있음	비교적 제약이 적음
형태	상연으로 소멸됨	필름으로 보존됨

**황순원 원작/
염일호 각본,
「소나기」**

S#83 개울가

흰 조약돌만 만지작거리며 오던 소년, 멈칫 서서 마른침을 삼킨다.

핼쑥한 얼굴로 나무 아래 앉아 돌을 쌓고 있는 소녀.

소년: (반가우면서도 어색하고 부끄러운 듯) 학교에 왜 안 나왔니?

소녀: 좀 아팠어.

소년: 그날, 소나기 맞아서?

소녀: (가만히 고개를 끄덕인다.)

소년: 인제 다 나은 거야?

소녀: (기침하며) 아직…….

소년: 그럼 누워 있어야지.

소녀: 하두 답답해서 나왔어. (다시 기침한다.)

소년: (걱정스럽게 본다.)

소녀: 괜찮대두. 참, 그날 재밌었어. 근데 그날 어디서 이런 물이 들었는지 잘 지지 않는다.

분홍 스웨터 앞자락에 물든 검붉은 진흙물.

소녀: (가만히 웃으며) 무슨 물 같니?

소년: (보기만 하며) …….

소녀: 그날, 도랑을 건너면서 내가 업힌 일이 있지? 그때, 네 등에서 옮은 물이다.

소년, 부끄러워 고개를 돌리는데, 소녀, 손수건에 싼 것을 건넨다. 곱게 싼 꽃무늬 손수건에서 나오는 대추.

소녀: 먹어 봐. 우리 증조할아버지가 심으신 거래.

소년: 알이 크네. (먹어 본다.)

소녀: …… 우리 이사 갈 거 같애.

소년: (맛있게 먹다 멈춘다.)

소녀: 난 이사 가는 거 정말 싫은데…….

소년: 어디루? 어디루 가는데?

소녀: (고개를 젓다 엷게 미소를 지으며) 또 비 왔음 좋겠다. 전엔 비 오는 게 싫었는데 이제 비가 좋아졌거든.

소년: 나두…….

소녀: (웃는다.)

조약돌 하나를 소년에게 건네는 소녀. 소년은 소녀의 뜻을 알고 소녀가 내려놓은 조약돌 옆에 나란히 돌을 놓는다.

소녀: 무슨 소원 빌었어?

소년: 응? 아…… 아무것도…….

소녀: 난 빌었는데.

소년: (눈으로 묻듯 바라본다.)

소녀: (비밀이라는 듯 웃는다.)

S#95 소년의 집

자리에 누워 소녀 걱정으로 이리저리 뒤척이다 잠이 든 소년, 비몽사몽간 눈을 떴다 감는다.
옷 갈아입는 아버지를 돕고 있는 엄마. 벽 쪽으로 등 돌리고 누워 있는 소년.

엄마: 윤 초시 그 어른한테 증손이라곤 걔 하나뿐이었죠?
아버지: 그렇지, 사내애 둘 있던 건 어려서 잃고······.
엄마: 어쩌면 그렇게 자식 복이 없을까? 완전히 대가 끊긴 셈이네.
소년: (눈을 반짝 뜬다.)
아버지: (소리) 그러게나 말이야. 이젠 증손녀까지 죽어 가슴에 묻어야 하니······.
소년: (불안정하게 돌아가는 눈동자.)
엄마: (소리) 양평댁한테 들었는데 계집애가 여간 잔망스럽지 않더라구요.
아버지: (소리, 조심스럽지 않다는 듯) 허, 참······.
엄마: (소리) 자기가 죽거든 입던 옷을 꼭 그대로 입혀서 묻어 달랬다니 하는 말이에요.
소년: (숨이 제대로 쉬어지지 않는다.)

S#98 개울가

와르르 무너지는 돌탑.
저만큼 떨어져 나가는 하얀 조약돌.
소년은 화가 난 사람처럼 흩어진 돌들을 개울에 집어 던진다.

소년: 다······ 거짓말이야! 다! 다······ 거짓말이라구! 다 거······ 짓말이야······.

무릎을 모아 고개를 박은 채 서럽게 우는 소년.
원경으로 잡아 커다란 나무 아래 아주 작고 외롭게 보이는 소년.

S#106 개울가

하얗게 쌓인 눈 위로 나타나는 검정 고무신. 징검다리를 건너간다.
뽀드득. 소년이 지날 때마다 돌다리엔 선명하게 발자국이 찍힌다.
징검다리 중간, 소녀가 앉았던 그 자리에 앉는 소년.
소년, 벙어리장갑에서 손을 빼면 하얀 조약돌도 함께 나온다.
얼음장처럼 차가운 개울에 손을 담그고 소녀가 했던 대로 따라 해 본다.
소년의 손에서 물방울이 떨어질 때마다 징검다리에 쌓인 눈이 사라락 녹아내린다.
그 자리에 조약돌을 가만히 내려놓는 소년.
눈꽃이 핀 나무 아래 두루미 한 마리 날아든다.
놀라서 일어서는 바람에 소년의 발에 밀려 개울로 떨어지는 조약돌.
다급히 조약돌을 꺼내려다 물속에 그대로 둔 채 동그마니 앉아 있는 소년의 뒷모습 길게 보이며 끝.

갈래	드라마 대본	성격	서정적, 향토적
배경	가을~겨울, 농촌		
주제	소년과 소녀의 순수한 사랑		
특징	• 원작에 없는 다양한 인물과 사건이 추가됨 • 소녀의 죽음 이후의 이야기가 그려짐		

한눈에 쏙쏙

◉ 원작과 재구성된 작품의 비교

구분	원작	재구성된 작품
갈래	소설	드라마 대본
인물	• 소년과 소녀를 중심으로 하여 이야기가 전개됨 • 소년의 부모님이 등장하나 비중이 매우 작음 • 윤 초시는 언급만 됨	• 소년과 소녀 외에 다양한 인물이 등장함(장 씨, 봉순, 양평댁 등) • 원작에서보다 소년 부모님의 비중이 커짐 • 윤 초시와 소녀의 관계를 자세히 다룸
사건	소년이 소녀의 죽음을 아는 것으로 소설이 끝남	• 소년이 소녀의 죽음을 안 이후의 장면이 추가됨 • 윤 초시 집이 장 씨에게 넘어가는 장면, 소년이 소녀의 병을 낫게 하려고 애쓰는 장면 등이 추가됨
배경	• 계절적 배경: 가을 • 공간적 배경: 개울가, 산, 소년의 집 등	• 계절적 배경: 가을~겨울 • 공간적 배경: 읍내 의원, 학교, 찻집 등 원작에 나오지 않는 다양한 공간적 배경이 추가됨

Ⅱ 비문학

👍 **원포인트 공부법** 설명하는 글과 설득하는 글의 특징을 이해하고, 다양한 설명 방법 및 서술상 특징을 중점적으로 파악하세요.

키워드 01

설명하는 글

정보 전달을 목적으로 하는 설명하는 글은 지문의 내용을 정확하게 파악하는 것이 중요합니다.

1. 구성

처음(머리말)	• 글을 쓰게 된 동기를 밝히고 설명할 대상을 소개함 • 읽는 이의 관심을 유도함
중간(본문)	여러 가지 설명 방법을 활용하여 대상을 구체적으로 설명함
끝(맺음말)	본문 내용을 요약·정리함

2. 특성

객관성	자신의 주관적인 생각을 배제하고 객관적으로 설명함
사실성	정확한 지식을 사실에 근거하여 전달함
평이성	이해하기 쉽게 간결하고 쉬운 문장으로 표현함
명료성	뜻이 분명하게 전달되도록 문장을 간결하게 작성함
체계성	3단 구성으로 짜임새 있게 체계적으로 정리하여 표현함

3. 읽기 방법

① 제시된 내용이 믿을 만한 것인지 판단하며 읽음
② 설명 대상 및 글의 짜임을 파악하며 읽음
③ 정확한 사실에 근거한 객관적인 내용인지 판단하며 읽음
④ 각 문단의 중심 내용을 바탕으로 글의 주제를 파악하며 읽음
⑤ 글에 쓰인 여러 가지 설명 방법과 서술상 특징을 파악하며 읽음

키워드 02

설명 방법

다양한 설명 방법을 암기하고 지문에 적용해 보면서 이해하세요.

정의	대상이나 용어의 뜻을 밝혀서 설명함 예 지문(指紋)은 손가락 끝마디 안쪽에 있는 살갗의 무늬 또는 그것이 남긴 흔적이다.
예시	구체적인 예를 들어 설명함 예 까치의 먹이는 다양하다. 까치는 곤충을 비롯하여 달팽이, 지렁이, 쥐, 과일, 나무, 감자 등 다양한 것을 먹는다.
비교	둘 이상의 대상을 견주어 공통점을 중심으로 설명함 예 숟가락과 젓가락은 모두 밥을 먹을 때 쓰는 도구이다.

대조	둘 이상의 대상을 견주어 차이점을 중심으로 설명함 **예** 감기가 시기를 타지 않는 것과 달리 독감은 유행하는 시기가 정해져 있다.
분류	대상을 일정한 기준에 따라 나누거나 묶어서 설명함 **예** 시는 형식적 규칙을 따랐느냐의 여부에 따라 정형시, 자유시, 산문시로 나뉜다.
분석	어떤 대상을 구성 요소나 부분으로 나누어 설명함 **예** 꽃은 꽃잎, 꽃받침, 수술, 암술 등으로 이루어져 있다.
인과	원인과 결과에 따라 설명함 **예** 어제 비를 맞아서 감기에 걸렸다.
과정	어떤 일이 되어 가는 차례나 순서에 따라 설명함 **예** 라면을 끓이는 방법은 물을 냄비에 넣고 끓인 후 라면과 스프를 넣는 것이다.
인용	다른 사람의 말이나 글을 끌어와 설명함 **예** "시간은 금이다."라는 말이 있다.
묘사	어떤 사물을 그림을 그리듯이 생생하게 표현하여 설명함 **예** 내 짝꿍은 얼굴이 달걀형이고 귀가 크고 곱슬머리이다.
서사	시간의 흐름에 따라 설명함 **예** 나는 아침을 먹고, 등교해서 공부를 하다가 친구와 함께 점심을 먹고 남은 점심 시간에 산책을 한다.

키워드 03

설득하는 글

설명하는 글과 비교하여 설득하는 글의 특징을 이해하고, 글쓴이의 주장을 파악하는 것이 중요합니다.

1. 구성

서론	• 문제 제기 부분 • 독자의 흥미와 관심을 유발함 • 글을 쓰게 된 동기나 목적을 밝힘
본론	• 글의 중심 부분 • 논리적으로 주장과 근거를 전개함 • 서론이나 결론보다 많은 부분을 차지함
결론	• 주장을 요약·정리하거나 강조함 • 앞으로의 전망과 과제를 제시함

2. 특성

주장의 독창성	주장하는 내용이 글쓴이의 독창적인 생각이어야 함
용어의 정확성	분명하고 정확한 용어(사전적, 지시적)를 사용해야 함
근거의 타당성	주장에 대한 근거가 타당하고 합리적이어야 함
내용의 논리성	주장하는 과정이 논리 정연해야 함
의견의 주관성	글을 쓰는 사람의 주장이나 의견 등이 드러남
출처의 신뢰성	정보의 출처가 분명하고, 신뢰할 수 있어야 함

3. 읽기 방법

① 글의 내용을 사실과 의견으로 나누어 비판적으로 읽음
② 주장을 뒷받침하는 근거가 타당한지 판단해 가며 읽음
③ 각 문단에서 주장하는 바를 파악한 후, 이를 정리하여 글 전체의 내용을 파악하며 읽음

한 문제 더 맞히는 개념 노트   설명하는 글과 설득하는 글

구분		설명하는 글	설득하는 글
공통점		논리적이고 체계적임	
차이점	목적	정보 전달	주장과 설득
	성격	객관적, 사실적	주관적, 설득적
	구성	처음(머리말) – 중간(본문) – 끝(맺음말)	서론 – 본론 – 결론
	읽는 방법	• 지식과 정보를 이해함 • 내용의 정확성, 객관성을 판단함	• 글쓴이의 주장을 파악함 • 근거의 타당성, 논리성을 파악함

키워드 04

논증

2015 개정 교육과정에 새롭게 포함된 개념입니다. 논증 방식의 종류를 잘 구분하세요.

1. 개념

① 여러 근거를 들어 자신의 주장이 참임을 증명하는 방법
② 주장과 근거 사이의 관계를 뜻하기도 함
③ 하나 이상의 명제(참과 거짓을 판단할 수 있는 논리적 판단 내용과 주장)로부터 주장을 펼치는 방식을 뜻하기도 함

2. 논증 방식의 종류

귀납	구체적인 사실에서 일반적인 원리나 사실을 이끌어 내는 논증 방법 예 나비는 알을 낳는다. 매미도 알을 낳는다. 나비와 매미는 곤충이다. → 따라서 곤충은 알을 낳는다.
연역	일반적인 원리나 법칙에서 구체적인 사실을 이끌어 내는 논증 방법 예 모든 인간은 죽는다. 소크라테스는 인간이다. → 그러므로 소크라테스는 죽는다.
유추	두 대상이 여러 면에서 비슷하다는 것을 근거로 하여 다른 속성도 유사할 것이라고 추론하는 논증 방법 예 일란성 쌍둥이는 동일한 유전자를 가지지만 외모와 성격이 똑같지는 않다. 복제 인간은 복제 대상과 동일한 유전자를 가진다. → 그러므로 복제 인간과 복제 대상은 외모와 성격이 똑같지 않을 것이다.

듣기·말하기·쓰기

🖐 **원포인트 공부법** 자주 출제되는 문제 유형 및 개념을 중심으로 학습하세요.

01 ▶ **듣기·말하기**

키워드 01

목적과 상황에 맞는 말하기

1. 목적에 맞는 말하기

정보 중심 말하기	객관적 지식과 정보를 전달하는 말하기
관계 중심 말하기	친밀함을 표현하거나 관계를 유지하기 위한 말하기
직설적 말하기	자신의 생각을 직접적으로 드러내는 말하기
우회적 말하기	말하고자 하는 바를 간접적으로 표현하는 말하기
문제 해결 지향적 말하기	문제의 원인을 분석하고 문제 해결에 필요한 정보를 제공하는 말하기
공감적 말하기	상대의 처지와 심정을 이해하고 공감하는 말하기

2. 상황에 맞는 말하기

부탁·요청	상대방에게 어떤 일이나 행동을 청하여 도움을 받고자 하는 말하기
거절	상대방의 부탁이나 요청을 받아들이지 않고 물리치는 말하기
사과	자기의 잘못을 인정하고 상대방에게 용서를 구하는 말하기
감사	상대방에게 고마운 마음을 전하는 말하기
위로	따뜻한 말이나 행동으로 괴로움을 덜어 주거나 슬픔을 달래 주려는 의도를 가지는 말하기
명령	다른 사람에게 지시하여 무엇을 하게 하는 말하기
초대	어떤 모임에 참가해 줄 것을 청하는 말하기
친교	친밀하게 지내고 싶은 마음을 드러내는 말하기

키워드 02

토의

토의에 참여하는 사람들의 역할을 구분하여 기억하세요.

1. 토의의 정의

개념	공동의 문제를 해결하기 위해 여러 사람이 의견이나 생각을 주고받는 협력적인 말하기
목적	문제에 대한 최선의 해결 방안을 찾는 것

2. 참여자의 역할

사회자	• 토의 주제와 순서 안내 • 토의 참가자의 발언 내용 정리, 토의 진행 • 토의 전체 내용 요약 및 마무리
토의 참가자 (토의자)	• 토의 주제와 관련된 자료 수집 • 자신의 의견 정리 • 타당한 근거를 들어 자신의 의견 제시

3. 유의점

① 다른 사람의 말을 귀 기울여 들어야 함
② 최선의 해결 방안을 찾도록 노력해야 함
③ 다른 사람이 말할 때 끼어들지 않아야 함
④ 자신의 생각과 다른 의견도 열린 자세로 수용해야 함
⑤ 다른 사람의 감정을 상하게 하는 말을 하지 말아야 함

키워드 03

토론

1. 토론의 정의

개념	논제에 대해 찬성과 반대로 나누어 각각 자기 측 주장의 타당함을 내세워 상대방을 설득하기 위한 말하기
목적	서로 다른 생각을 가지고 있는 사람들이 자신의 주장이 옳음을 내세워 상대방을 설득하는 것

2. 토론 용어

논제	토론의 주제
쟁점	찬성 측의 입장과 반대 측의 입장이 나뉘는 부분
논거	주장을 뒷받침하는 근거

3. 참여자의 역할

사회자	• 논제를 제시하고, 토론의 시작과 끝을 알림 • 발언 기회를 공정하게 부여함 • 토론자의 발언 내용을 요약·정리함
토론자	• 주장할 바를 정하고, 주장을 뒷받침할 다양한 근거를 마련함 • 논제에 대해 찬성과 반대의 입장을 정해 자신의 입장을 밝힘
청중	토론의 흐름을 이해하면서 그 과정과 결과를 합리적으로 평가함

4. 유의점

① 쟁점에 대한 주장을 명확하게 드러내야 함
② 주장에는 적절하고 타당한 근거가 뒷받침되어야 함
③ 상대방에 대한 예의를 지키며 정해진 규칙을 준수해야 함
④ 발언 순서와 시간을 준수하며, 사회자의 진행을 존중해야 함

키워드 04

면담

1. 면담의 정의

개념	특정 인물이나 주제와 관계있는 정보를 수집하기 위하여 면담자와 면담 대상자가 주고받는 말하기
목적	정보 수집, 상담, 평가, 설득 등

2. 면담의 과정

면담 준비하기		• 면담의 목적을 설정함 • 면담 목적에 맞는 면담 대상자를 찾음 • 면담 대상자에 관한 기본 정보를 미리 조사함
면담 질문 마련하기		• 면담 목적과 대상에 맞는 질문을 마련함 • 적절한 후속 질문을 마련함
면담하기	시작	• 간단하게 인사한 후, 면담의 목적과 질문의 내용을 안내함 • 녹음과 사진 촬영을 할 때는 사전에 양해를 구하고, 가벼운 질문으로 편안한 분위기를 조성함
	진행	• 면담 대상자에게 면담의 목적에 맞는 질문을 하고 답변을 경청하며 내용을 기록함 예 직업과 관련하여 면담을 하는 경우의 질문: 직무 소개, 직업 선택 동기, 직업 준비 경로, 직업 관련 목표 등
	마무리	면담의 성과를 확인하고 면담 대상자에게 감사의 인사를 하며 마무리함
면담 내용 정리하기		• 면담하면서 기록한 자료를 모음 • 면담 목적에 맞게 내용을 정리함

3. 유의점

① 면담 대상자가 편안하게 말할 수 있는 분위기를 만듦
② 면담 주제에 관해 철저하게 사전 준비함
③ 면담 대상자에 관한 선입견이나 편견을 버림
④ 면담자는 겸손한 자세로 자기소개를 먼저 하고 면담하는 까닭과 목적을 분명히 밝힘
⑤ 밝은 표정으로 상대와 눈을 맞추면서 확실하고 분명하게, 구체적으로 질문함
⑥ 면담 대상자의 말을 경청함

---

02 ▶ **쓰기**

키워드 01

글쓰기의 단계

내용 조직하기, 고쳐쓰기 단계와 연관된 문제가 자주 출제되고 있습니다. 특히 고쳐쓰기 관련 문제는 오답 체크가 중요합니다.

계획하기	글의 주제, 글을 쓰는 목적, 예상 독자를 고려하여 구체적으로 계획하기

↓

내용 생성 및 선정하기	• 글을 쓰기 위해 글의 화제와 관련되는 다양한 생각 떠올리기 • 책, 잡지, 신문, 인터넷 등 다양한 자료에서 글의 내용으로 삼을 수 있는 자료 수집하기 • 아이디어 구체화·일반화하기 • 수집한 내용 중 글에 담을 내용 선정하기

↓

내용 조직하기	선정한 내용을 주제가 잘 드러나도록 짜임새 있게 조직하기

↓

표현하기	• 조직한 내용을 글로 표현하기 • 문장과 문단이 글의 주제와 긴밀하게 연결되도록 표현하기

↓

고쳐쓰기	글의 주제가 분명하게 드러나는지, 주제와 어울리지 않는 문장이나 문단은 없는지, 맞춤법에 어긋난 단어나 올바르지 않은 문장은 없는지 등을 점검하고 고쳐쓰기

키워드 02

통일성과 응집성

통일성	글 전체가 하나의 주제를 향하여 모이도록 하는 것(주제와 관련 없는 문장 삭제)
응집성	글의 문장들이 지시어, 연결어 등의 여러 가지 언어적 장치에 의해 긴밀하게 연결되도록 하는 것(글의 흐름에 따른 지시어와 연결어가 자연스러워야 함)

한 문제 더 맞히는 개념 노트 응집성을 높이기 위한 접속 표현

나열	그리고
첨가	게다가, 더욱이, 또한 등
대립	그러나, 하지만, 그렇지만 등
인과	따라서, 그래서, 그러므로 등
전환	그런데, 한편 등

키워드 03

글쓰기 윤리

개념	글을 쓰는 과정에서 글쓴이가 준수해야 할 윤리 규범
내용	• 활용한 자료의 출처를 명확히 밝힘 • 다른 사람이 생산한 자료를 표절하지 않고 올바르게 인용함 • 연구 결과를 과장하거나 왜곡하지 않고 사실에 근거하여 기술함 • 인터넷 등에 허위 내용 및 악성 댓글을 유포하지 않음

키워드 04

매체에 따른 글쓰기 특성

각 매체에 따른 글쓰기 특성과 유의점을 기억하세요. 글쓰기 윤리와 관련한 문제가 출제되기도 합니다.

종류	특성	유의점
문자 메시지	의사소통이 신속하게 이루어지지만, 한 번에 보낼 수 있는 분량에 제한이 있음	상대방을 배려하여 간결하고 정확한 표현으로 작성하여야 함
온라인 대화	여러 사람이 모여 다양한 주제에 대하여 동시에 대화할 수 있어 의견 교환이 신속하게 이루어짐	상대방에게 정확한 의미를 전달하기 위해 바른 표현을 사용하려는 노력이 필요함
블로그	자신의 관심사에 따라 자유롭게 칼럼, 일기, 취재 기사 등을 올리는 웹 사이트로, 개인적인 공간인 동시에 공개된 공간임	• 글을 올릴 때 충분히 검토하여야 함 • 게시물을 이용할 때는 글쓴이의 허락을 구하여야 함
전자 우편	시간적으로 여유롭게 글을 쓸 수 있고, 글의 길이에 제한이 없음. 또한 같은 내용을 동시에 여러 사람에게 보내거나 받은 내용을 다른 사람에게 쉽게 전달할 수 있음	제목을 적어야 하고, 상대방의 전자 우편 주소를 정확하게 입력하여야 함
인터넷 게시판 댓글	인터넷에 게시된 글에 대해 짧게 답하여 올리는 글로, 글쓴이 또는 댓글을 쓴 다른 사람들과 의견을 공유하며 소통할 수 있음	은어나 비속어를 사용하지 않도록 함

IV 문법

🖒 **원포인트 공부법** 국어의 단위별 관련 개념을 정확히 이해하고 기억해야 합니다. 특히 '품사'와 '문장 성분'은 반드시 암기하세요.

키워드 01

국어의 단위

국어의 단위에 따라 관련 개념을 학습하면 문법을 더 쉽게 이해할 수 있습니다.

음운	말의 뜻을 구별해 주는 소리의 가장 작은 단위(자음, 모음, 소리의 길이)
음절	하나의 종합된 음의 느낌을 주는 말소리의 단위(소리마디)
형태소	뜻을 가진 말의 가장 작은 단위(실질/형식, 자립/의존)
단어	뜻을 가지고 있으며 자립할 수 있는 말의 단위
어절	띄어쓰기의 단위
구	둘 이상의 어절이 모여 하나의 단어와 동등한 기능을 수행하는 단위
절	'주어–서술어'의 구조를 갖추고 있지만 독립적이지 않고 문장 안에 포함되어 문장 성분으로 기능하는 단위
문장	주어와 서술어를 갖추고 완결된 생각을 표현하는 단위

키워드 02

언어의 특성

꾸준히 출제되고 있는 개념입니다. 특히 자의성, 사회성, 역사성에 주목하세요.

기호성	언어는 뜻(내용)과 음성·문자(형식)가 결합하여 이루어지는 기호 체계임 예 '사람이 걸터앉는 데 쓰는 기구'라는 뜻은 문자 '의자'와 말소리 [의자]로 표현함
자의성	언어의 내용과 형식의 결합은 꼭 그렇게 결합해야 하는 이유(필연성)가 없고 자의적이기 때문에 언어마다 내용과 형식의 결합 관계가 다름 예 언어마다 동물 '개'를 표현하는 형식이 다름[개(한국) – dog(미국) – hund(독일)]
사회성	언어는 같은 언어를 사용하는 사회 구성원들 사이의 약속이므로 개인이 마음대로 바꿀 수 없음 예 "김치가 맛있다."라는 내용을 전달할 때, 혼자서 "떡이 맛있다."라고 표현한다면 다른 사람들이 내용을 정확하게 이해할 수 없음
역사성	언어는 시간의 흐름에 따라 바뀌며, 오랜 시간에 걸쳐 '생성, 소멸, 변화'의 과정을 거침 예 '어여쁘다'는 15세기에는 '불쌍하다'는 뜻이었지만, 오늘날에는 '예쁘다'라는 뜻임
규칙성	언어에는 단어나 구절·문장을 만들 때 적용되는 일정한 규칙이 있음 예 마신다 영희가 물을.(×) → 영희가 물을 마신다.(○)
창조성	제한된 말과 글을 가지고 새로운 단어나 문장을 무한히 만들 수 있음 예 나는 밥을 먹는다. / 나는 과자를 먹는다. / 나는 고기를 먹는다.

키워드 03

음운 체계

자음과 모음을 구분하는 기준에 주목하여 음운 체계를 학습하세요!

✚ 발음 기관 단면도

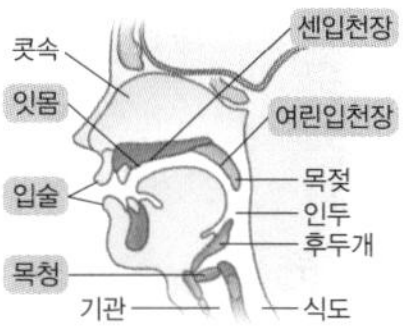
콧속
잇몸
입술
목청
기관
센입천장
여린입천장
목젖
인두
후두개
식도

국어

1. 음운의 개념 말의 뜻을 구별해 주는 소리의 가장 작은 단위

2. 자음(19개) 소리를 낼 때 공기의 흐름이 발음 기관에서 장애를 받으면서 나오는 소리

소리 내는 방법 \ 소리 나는 위치		입술소리	잇몸소리	센입천장 소리	여린입천장 소리	목청소리
파열음	예사소리	ㅂ	ㄷ		ㄱ	
	된소리	ㅃ	ㄸ		ㄲ	
	거센소리	ㅍ	ㅌ		ㅋ	
파찰음	예사소리			ㅈ		
	된소리			ㅉ		
	거센소리			ㅊ		
마찰음	예사소리		ㅅ			ㅎ
	된소리		ㅆ			
비음		ㅁ	ㄴ		ㅇ	
유음			ㄹ			

한 문제 더 맞히는 개념 노트 **자음의 분류**

• 소리 나는 위치에 따른 분류

입술소리(순음)	두 입술 사이에서 나는 소리 예 ㅁ, ㅂ, ㅃ, ㅍ
잇몸소리(치조음)	혀끝이 윗잇몸에 닿아서 나는 소리 예 ㄴ, ㄹ, ㄷ, ㄸ, ㅌ, ㅅ, ㅆ
센입천장소리(경구개음)	혓바닥과 센입천장 사이에서 나는 소리 예 ㅈ, ㅉ, ㅊ
여린입천장소리(연구개음)	혀의 뒷부분과 여린입천장 사이에서 나는 소리 예 ㄱ, ㄲ, ㅋ, ㅇ
목청소리(후음)	목청 사이에서 나는 소리 예 ㅎ

• 소리 내는 방법에 따른 분류

파열음	공기의 흐름을 막았다가 터뜨리면서 내는 소리 예 ㄱ, ㄲ, ㅋ, ㄷ, ㄸ, ㅌ, ㅂ, ㅃ, ㅍ
파찰음	공기의 흐름을 막았다가 서서히 터뜨리면서 마찰을 일으켜 내는 소리 예 ㅈ, ㅉ, ㅊ
마찰음	공기의 흐름을 입안이나 목청이 좁혀진 사이로 내보내며 마찰을 일으켜 내는 소리 예 ㅅ, ㅆ, ㅎ
비음	입안의 통로를 막고 코로 공기를 내보내면서 내는 소리 예 ㅁ, ㄴ, ㅇ
유음	혀끝을 잇몸에 가볍게 대었다가 떼거나, 혀끝을 잇몸에 댄 채 공기를 양옆으로 흘려보내면서 내는 소리 예 ㄹ

• 소리의 세기에 따른 분류

예사소리(평음)	발음 기관이 긴장되는 정도가 낮은 소리(평범하고 부드러운 느낌) 예 ㄱ, ㄷ, ㅂ, ㅅ, ㅈ
된소리(경음)	발음 기관의 근육을 긴장시켜서 내는 소리(강하고 단단한 느낌) 예 ㄲ, ㄸ, ㅃ, ㅆ, ㅉ
거센소리(격음)	숨이 거세게 터져 나오며 나는 소리(크고 거친 느낌) 예 ㅋ, ㅌ, ㅍ, ㅊ

3. 모음(21개) 소리를 낼 때 공기의 흐름이 발음 기관에서 장애를 받지 않고 순조롭게 나오는 소리

① 단모음(10개): 소리를 내는 도중에 입술 모양이나 혀의 위치가 달라지지 않는 모음

혀의 최고점 위치 / 입술 모양 / 혀의 높이	전설 모음		후설 모음	
	평순 모음	원순 모음	평순 모음	원순 모음
고모음	ㅣ	ㅟ	ㅡ	ㅜ
중모음	ㅔ	ㅚ	ㅓ	ㅗ
저모음	ㅐ		ㅏ	

한 문제 더 맞히는 개념 노트   **단모음의 분류**

• 혀의 위치에 따른 분류

전설 모음	혀의 최고점 위치가 앞쪽에 있을 때 발음되는 모음 예 ㅣ, ㅔ, ㅐ, ㅟ, ㅚ
후설 모음	혀의 최고점 위치가 뒤쪽에 있을 때 발음되는 모음 예 ㅡ, ㅓ, ㅏ, ㅜ, ㅗ

• 입술의 모양에 따른 분류

평순 모음	입술을 평평하게 하고 발음하는 모음 예 ㅣ, ㅔ, ㅐ, ㅡ, ㅓ, ㅏ
원순 모음	입술을 동그랗게 모아 발음하는 모음 예 ㅟ, ㅚ, ㅜ, ㅗ

• 혀의 높이에 따른 분류

고모음	입이 조금 벌어지고 혀의 높이가 높을 때 발음하는 모음 예 ㅣ, ㅡ, ㅟ, ㅜ
중모음	입이 조금 더 벌어지고 혀의 높이가 중간일 때 발음하는 모음 예 ㅔ, ㅓ, ㅚ, ㅗ
저모음	입이 가장 크게 벌어지고 혀의 높이가 낮을 때 발음하는 모음 예 ㅐ, ㅏ

② 이중 모음(11개): 소리를 내는 도중에 입술 모양이나 혀의 위치가 달라지는 모음

혀의 위치가 'ㅣ' 자리에서 시작되는 모음	ㅑ, ㅕ, ㅛ, ㅠ, ㅒ, ㅖ
혀의 위치가 'ㅗ/ㅜ' 자리에서 시작되는 모음	ㅘ, ㅙ, ㅝ, ㅞ
혀의 위치가 'ㅡ' 자리에서 시작되는 모음	ㅢ

키워드 04

소리의 길이

구분	짧게 발음하는 경우	길게 발음하는 경우
눈	사람의 눈	하늘에서 내리는 눈
밤	해가 져서 어두운 동안	밤나무의 열매
말	동물, 부피의 단위	언어
벌	처벌	꿀벌
발	사람의 발	가림막의 용도로 쓰는 발
솔	소나무	먼지를 떠는 기구
병	그릇	질병

품사

품사와 문장 성분은 문법의 기본 개념입니다. 반드시 암기하세요.

TIP '이다'는 조사이지만 형태가 변화하므로 예외적으로 가변어에 속해요.

TIP 어절을 분리한 후 조사를 분리하면 품사를 쉽게 분석할 수 있어요.

1. 품사의 분류

형태	기능	품사	의미
불변어 (형태가 변하지 않음)	체언	명사	사람이나 사물 등의 이름을 나타냄
		대명사	사람이나 사물 등의 이름을 대신하여 쓰임
		수사	수량이나 순서를 가리킴
	수식언	관형사	체언을 꾸며 주는 역할을 함
		부사	주로 용언이나 문장을 꾸며 주는 역할을 함
	독립언	감탄사	느낌·놀람·부름·대답 등을 나타냄
	관계언	조사	주로 체언의 뒤에 붙어서 다른 말과의 관계를 표시하거나 특별한 의미를 더해줌
가변어 (형태가 변함)	용언	동사	사람이나 사물의 움직임을 나타냄
		형용사	사람이나 사물의 상태나 성질을 나타냄

2. 품사의 분석

문장	하늘이 푸르다.		
단어	하늘	이	푸르다
품사	명사	조사	형용사

3. 품사별 특성

① 체언: 문장에서 주어·목적어·보어 등으로 쓰일 수 있으며, 관형어의 꾸밈을 받을 수 있고, 뒤에 조사를 취할 수 있음
② 수식언: 문장에서 다른 말을 꾸며 주는 역할을 함
③ 독립언: 다른 문장 성분과 문법적인 관계를 맺지 않고 독립성을 가짐
④ 관계언: 다른 단어(주로 체언)의 뒤에 붙어서 문법적 관계를 표시하거나 특별한 의미를 더해 주는 기능을 함
⑤ 용언: 문장에서 주로 서술어로 쓰이며, 주어의 움직임·상태·성질을 설명하는 역할을 함

어휘의 분류

고유어	예로부터 쓰인 순수한 우리말 예 하늘, 구름, 먹다, 무지개
한자어	한자를 바탕으로 만들어진 말 예 감기(感氣), 학교(學校)
외래어	다른 나라에서 들어온 말이지만 우리말처럼 쓰이는 말 예 텔레비전, 커피, 빵, 콜라
전문어	전문 분야에서 그 분야의 일을 효과적으로 수행하기 위하여 사용하는 말 예 CPR(의학 용어), 풋 옵션(경제 용어)
은어	특정 집단 안에서 비밀을 유지하기 위해 다른 집단의 사람들이 이해할 수 없게 만든 말 예 심(산삼), 수족관(PC방)

유행어	비교적 짧은 어느 한 시기에 걸쳐 널리 쓰이는 말 예 얼짱·몸짱(외모 지상주의 사회), 이태백(고용이 불안정한 사회)
비속어	일반적인 표현에 비해 천박하고 저속한 느낌을 주는 말 예 쪽팔리다(창피하다)
새말	새로운 사물이나 개념을 표현하기 위해 새로 생겨난 말 예 댓글, 생얼, 악플러
금기어 및 완곡어	• 금기어: 두렵거나 불쾌한 느낌을 주어 입 밖에 내기를 꺼리는 말 • 완곡어: 금기어를 피하여 불쾌감이 덜하도록 부드러운 말로 대체한 말 예 마마(천연두), 화장실(변소), 돌아가시다(죽다)

관용 표현	관용어	둘 이상의 낱말이 결합하여 특별한 의미로 사용되는 말로, 관습적으로 굳어진 말 예 눈에 밟히다, 손이 크다, 발이 넓다
	속담	예로부터 내려온 우리 생활 속 지혜를 간결하면서도 맛깔스럽게 표현해 낸 말 예 우물 안 개구리

방 언	지역	지리적으로 격리되어 지역에 따라 달라진 말 예 아버지 – 아바이, 아방, 아배
	사회	연령, 성별, 직업 등 사회적 요인에 따라 달라진 말 예 어머, 어쩜(여성은 남성에 비해 감탄사나 부사를 많이 사용), 수라(임금의 밥상)

키워드 07

**어휘의
의미 관계**

유의 관계	말소리는 다르지만 단어의 의미가 서로 비슷한 관계 예 걱정 – 근심/비슷하다 – 흡사하다
반의 관계	단어의 의미가 서로 짝을 이루어 대립하는 관계 예 여자 – 남자/출석 – 결석/웃다 – 울다
상하 관계	두 단어 중 한쪽이 의미상 다른 쪽을 포함하거나 다른 쪽에 포함되는 관계 예 예술(상의어) – 문학(하의어)/문학(상의어) – 시·소설(하의어)
다의 관계	• 둘 이상의 뜻을 가진 단어의 관계 • 중심적 의미와 하나 이상의 주변적 의미를 가짐 예 손(신체/일손/사람의 힘이나 노력·기술)
동음이의 관계	소리는 같으나 의미가 서로 다른 단어의 관계 예 배(과일/신체/선박)

키워드 08

문장 성분

문장 성분은 품사와 더불어
문법 학습의 핵심 개념입니다.

TIP 문장을 분석할 때는
띄어쓰기 단위인 '어절'로 나
눈 뒤 '서술어 → 주어' 순으
로 문장 성분을 찾아보세요.

주성분	주어	• '누가, 무엇이'에 해당하는 것으로, 문장에서 동작, 상태, 성질의 주체가 됨 • 체언에 주격 조사 '이/가, 께서'가 붙어 만들어짐 예 영수가 밥을 먹었다.
	서술어	• '어찌하다, 어떠하다, 무엇이다'에 해당하는 것 • 주어의 동작이나 상태, 성질을 풀이하는 기능을 함 • 동사, 형용사를 활용하거나 '체언+이다(서술격 조사)'의 형태로 나타남 예 채은이는 동생이 생긴 것을 알았다.

	목적어	• '누구를, 무엇을'에 해당하는 것으로, 서술어의 동작 대상이 됨 • '체언+을/를(목적격 조사)'의 형태로 나타남 🐾 나는 <u>당근을</u> 좋아한다.
	보어	• 주어와 목적어 외에 서술어가 요구하는 필수적인 성분 • 서술어 '되다, 아니다' 앞에 위치하여 뜻을 보충함 • 보격 조사 '이/가'가 붙어 만들어짐 🐾 쌀이 <u>밥이</u> 되었다.
부속 성분	관형어	• 체언을 꾸며 주는 성분 • 관형사, '체언+의(관형격 조사)' 등의 형태로 나타남 🐾 그곳은 <u>평화로운</u> 마을이었다.
	부사어	• 주로 서술어를 꾸며 주는 성분 • 다른 부사어·관형어·문장 전체를 꾸미거나, 문장이나 단어를 이어 줌 • 부사, '체언+에/에게/(으)로(부사격 조사)' 등의 형태로 나타남 🐾 <u>매우</u> 맛있는 식사를 하였다. / 공을 <u>나에게</u> 주렴.
독립 성분	독립어	• 문장의 다른 성분과 직접적인 관련 없이 독립적 의미를 지닌 성분 • 부름, 감탄, 놀람, 응답 등에 해당함 • 감탄사, '체언+아/야(호격 조사)'의 형태로 나타남 🐾 <u>어머나,</u> 라디오가 고장 났네!

키워드 09

문장의 짜임

문장의 짜임을 파악할 때에는 서술어가 중요합니다.

TIP 기본형 '∼다'로 만들 수 있는 서술어의 수에 주목하여 문장의 짜임을 파악하세요.

1. 홑문장 주어와 서술어의 관계가 한 번 나타나는 문장

🐾 우리는 시험에 <u>합격했다.</u>

2. 겹문장 주어와 서술어의 관계가 두 번 이상 나타나는 문장

① 이어진문장: (주어+서술어)+연결 어미+(주어+서술어)

대등하게 이어진문장 (-고, -며, -나, -지만 등)	• 이어진 홑문장들의 의미 관계가 대등한 문장 • 나열, 대조, 선택 등의 의미 관계를 지님 🐾 인생은 <u>짧고,</u> 예술은 <u>길다.</u>
종속적으로 이어진문장 (-서, -면, -니까, -려고 등)	• 이어진 홑문장들의 의미 관계가 독립적이지 못하고 종속적인 문장 • 원인, 조건, 목적, 의도 등의 의미 관계를 지님 🐾 비가 <u>와서</u> 길이 <u>미끄럽다.</u>

② 안은문장: 주어+(주어+서술어)+서술어

명사절을 안은문장 (-(으)ㅁ/-기+조사)	• 절 전체가 명사처럼 쓰임 • 주로 주어, 목적어, 보어, 부사어 등의 기능을 함 🐾 나는 <u>서영이가 우승하기를</u> 바랐다.
관형절을 안은문장 (-(으)ㄴ/-는/-던, (으)ㄹ)	절 전체가 관형어의 기능을 함 🐾 <u>유진이가 가장 좋아하는</u> 동물은 강아지이다.
부사절을 안은문장 (-게/-이/-도록, 듯(이))	절 전체가 부사어의 기능을 함 🐾 지수가 <u>엄마의 허락도 없이</u> 영화를 보러 갔다.
인용절을 안은문장 (" "라고/-고)	다른 사람의 말을 인용한 것이 절의 형식으로 나타남 🐾 나는 놀라서 "<u>무슨 일이야?</u>"라고 물었다.
서술절을 안은문장 (주어+[주어+서술어])	절 전체가 서술어의 기능을 함 🐾 코끼리는 <u>코가 길다.</u>

올바른 발음

2015 개정 교육과정에 수록된 표준 발음법 규정입니다. 각 규정의 의미를 정확하게 이해하고 관련 예시와 함께 기억하세요.

TIP '음운 변동'과 관련하여 표준 발음법을 기억하세요.

제4항	'ㅏ, ㅐ, ㅓ, ㅔ, ㅗ, ㅚ, ㅜ, ㅟ, ㅡ, ㅣ'는 단모음으로 발음한다. [붙임] 'ㅚ, ㅟ'는 이중 모음으로 발음할 수 있다. **예** 금괴[금괴/금궤], 외개[외:가/웨:가]
제5항	'ㅑ, ㅒ, ㅕ, ㅖ, ㅘ, ㅙ, ㅛ, ㅝ, ㅞ, ㅠ, ㅢ'는 이중 모음으로 발음한다. **예** 의사[의사]
	다만 1. 용언의 활용형에 나타나는 '져, 쪄, 쳐'는 [저, 쩌, 처]로 발음한다. **예** 가지어 → 가져[가저], 다치어 → 다쳐[다처]
	다만 2. '예, 례' 이외의 'ㅖ'는 [ㅔ]로도 발음한다. **예** 시계[시계/시게]
	다만 3. 자음을 첫소리로 가지고 있는 음절의 'ㅢ'는 [ㅣ]로 발음한다. **예** 희망[히망], 무늬[무니]
	다만 4. 단어의 첫음절 이외의 '의'는 [ㅣ]로, 조사 '의'는 [ㅔ]로 발음함도 허용한다. **예** 주의[주의/주이], 우리의[우리의/우리에]
제8항	받침소리로는 'ㄱ, ㄴ, ㄷ, ㄹ, ㅁ, ㅂ, ㅇ'의 7개 자음만 발음한다. **예** 밥[밥]
제9항	받침 'ㄲ, ㅋ', 'ㅅ, ㅆ, ㅈ, ㅊ, ㅌ', 'ㅍ'은 어말 또는 자음 앞에서 각각 대표음 [ㄱ, ㄷ, ㅂ]으로 발음한다. **예** 닦대[닥따], 키윽[키윽], 옷[옫], 낫[낟], 꽃[꼳], 솥[솓], 숲[숩]
제10항	겹받침 'ㄳ', 'ㄵ', 'ㄼ, ㄽ, ㄾ', 'ㅄ'은 어말 또는 자음 앞에서 각각 [ㄱ, ㄴ, ㄹ, ㅂ]으로 발음한다. **예** 넋[넉], 앉다[안따], 넓다[널따], 외곬[외골], 핥다[할따], 없다[업:따]
	다만, '밟–'은 자음 앞에서 [밥]으로 발음하고, '넓–'은 다음과 같은 경우에 [넙]으로 발음한다. **예** 밟다[밥:따], 넓–죽하다[넙쭈카다], 넓–둥글다[넙뚱글다]
제11항	겹받침 'ㄺ, ㄻ, ㄿ'은 어말 또는 자음 앞에서 각각 [ㄱ, ㅁ, ㅂ]으로 발음한다. **예** 닭[닥], 삶[삼:], 읊다[읍따]
	다만, 용언의 어간 말음 'ㄺ'은 'ㄱ' 앞에서 [ㄹ]로 발음한다. **예** 맑게[말께], 묽고[물꼬]

제12항	받침 'ㅎ'의 발음은 다음과 같다.
	1. 'ㅎ(ㄶ, ㅀ)' 뒤에 'ㄱ, ㄷ, ㅈ'이 결합되는 경우에는, 뒤 음절 첫소리와 합쳐서 [ㅋ, ㅌ, ㅊ]으로 발음한다. **예** 놓고[노코], 않던[안턴], 닳지[달치]
	2. 'ㅎ(ㄶ, ㅀ)' 뒤에 'ㅅ'이 결합되는 경우에는, 'ㅅ'을 [ㅆ]으로 발음한다.
	  예 닿소[다:쏘], 많소[만:쏘], 싫소[실쏘]
	3. 'ㅎ' 뒤에 'ㄴ'이 결합되는 경우에는, [ㄴ]으로 발음한다.
	  예 놓는[논는], 쌓네[싼네]
	4. 'ㅎ(ㄶ, ㅀ)' 뒤에 모음으로 시작된 어미나 접미사가 결합되는 경우에는, 'ㅎ'을 발음하지 않는다. **예** 쌓이다[싸이다], 낳은[나은], 않은[아는], 싫어도[시러도]

제13항	홑받침이나 쌍받침이 모음으로 시작된 조사나 어미, 접미사와 결합되는 경우에는, 제 음가대로 뒤 음절 첫소리로 옮겨 발음한다. **예** 옷이[오시], 꽃을[꼬츨], 쫓아[쪼차], 밭에[바테]
제14항	겹받침이 모음으로 시작된 조사나 어미, 접미사와 결합되는 경우에는, 뒤엣것만을 뒤 음절 첫소리로 옮겨 발음한다(이 경우, 'ㅅ'은 된소리로 발음함). **예** 넋이[넉씨], 앉아[안자], 닭을[달글], 젊어[절머], 값을[갑쓸]
제15항	받침 뒤에 모음 'ㅏ, ㅓ, ㅗ, ㅜ, ㅟ' 들로 시작되는 실질 형태소가 연결되는 경우에는, 대표음으로 바꾸어서 뒤 음절 첫소리로 옮겨 발음한다. **예** 밭 아래[바다래], 겉옷[거돋], 헛웃음[허두슴], 꽃 위[꼬뒤]

올바른 표기

2015 개정 교육과정에 수록된 '표기' 관련 어휘입니다. 혼동하기 쉬운 어휘를 구분하여 기억하고, 올바른 표현을 암기하세요.

➕ 되 VS 돼

한글 맞춤법 제35항[붙임 2] 'ㅚ' 뒤에 '-어, -었-'이 어울려 '돼, 됐'으로 될 적에도 준대로 적는다.

TIP '되=하, 돼=해'로 바꾸어 보면 '되'와 '돼'를 쉽게 구분할 수 있어요. 또한 문장 끝은 무조건 '돼'라는 것도 기억하세요.

국어

1. 혼동하기 쉬운 표현

되–	'되어'로 풀 수 없는 말 **예** 이건 네가 하면 <u>되잖아</u>.
돼–	'되어'로 풀 수 있는 말 **예** 쓰레기를 버리면 안 <u>돼요</u>.
낫다	병이나 상처 등이 고쳐져 본래대로 되다. **예** 감기가 어서 <u>낫기</u>를 바랍니다.
낳다	배 속의 아이, 새끼, 알을 몸 밖으로 내놓다. **예** 소가 송아지를 <u>낳다</u>.
부치다	• 편지나 물건 따위를 일정한 수단이나 방법을 써서 상대에게로 보내다. **예** 짐을 외국으로 <u>부치다</u>. • 프라이팬 따위에 기름을 바르고 음식을 익혀서 만들다. **예** 전을 <u>부치다</u>.
붙이다	• 맞닿아 떨어지지 않게 하다. **예** 상처에 반창고를 <u>붙이다</u>. • 불을 일으켜 타게 하다. **예** 케이크 위의 초에 불을 <u>붙이다</u>.
마치다	어떤 일이나 과정, 절차 따위가 끝나다. **예** 공부를 <u>마치다</u>.
맞히다	문제에 대해 답을 틀리지 않게 하다. **예** 정답을 <u>맞히다</u>.
반드시	틀림없이 꼭 **예** 약속을 <u>반드시</u> 지켜라.
반듯이	비뚤어지거나 기울거나 굽지 아니하고 바르게 **예** 자세를 <u>반듯이</u> 하다.
안	'아니'를 줄여서 쓴 말 **예** 아침을 <u>안</u> 먹었다.
않	'아니하'를 줄여서 쓴 말 **예** 일이 생각만큼 쉽지 <u>않다</u>.
너머	높이나 경계로 가로막은 사물의 저쪽. 또는 그 공간(공간이나 위치) **예** 고개 <u>너머</u> 마을이 있다.
넘어	'높은 부분의 위를 지나가다.'를 뜻하는 '넘다'의 활용형(동작) **예** 도둑은 담을 <u>넘어</u> 들어왔다.

2. 틀리기 쉬운 맞춤법

올바른 표현	틀린 표현	올바른 표현	틀린 표현
설렘	설레임	간편케	간편게
바람	바램	익숙지	익숙치
깍두기	깍뚜기	금세	금새
씁쓸하다	씁슬하다	오랜만에	오랫만에
책이에요	책이예요	육개장	육계장
(눈에) 띄다	띠다	떡볶이	떡볶기
(문을) 잠가	잠궈	김치찌개	김치찌게
며칠	몇일	어이없다	어의없다
(그러면) 어떡해	(그러면) 어떻게	맞춤	마춤
왠지	웬지	일찍이	일찌기
웬일	왠일	설거지	설겆이
(김치를) 담가	담궈	희한하다	희안하다

남북한의 언어

1. 남한의 표준어와 북한의 문화어

남한의 표준어	• 교양 있는 사람들이 두루 쓰는 현대 서울말 • 한자어와 외래어의 사용이 많아 고유어가 위축되고 있음
북한의 문화어	• 평양말을 기준으로 하여 고유한 민족어를 바탕으로 이루어지고 발전한 언어 • 평양말을 중심으로 하여 노동자 계층에서 쓰는 말 • 한자어와 외래어를 고유어로 바꾸어 사용하여 이해하기 쉽고 고유어를 보존하는 데 이바지하나, 국제적 의사소통이 어렵다는 단점이 있음

2. 표준어와 문화어의 차이

표준어	문화어
두음 법칙을 인정함 예 노동, 양심	두음 법칙을 인정하지 않음 예 로동, 량심
사잇소리를 표기함 예 촛불, 바닷가	사잇소리를 표기하지 않음 예 초불, 바다가
자음 동화를 인정함 예 심리[심니]	자음 동화를 인정하지 않음 예 심리[심리]
의존 명사를 띄어 씀 예 걷는 분, 좋은 것	의존 명사를 붙여 쓰는 경우가 많음 예 걷는분, 좋은것
본용언과 보조 용언을 띄어 씀 예 모르고 있다.	본용언에 보조 용언을 붙여 쓰는 경우가 많음 예 모르고있다.
고유 명사와 호칭을 띄어 씀 예 김좌진 장군	고유 명사와 호칭을 붙여 씀 예 김좌진장군
외래어를 그대로 사용하는 경우가 많음 예 골키퍼, 잼, 출입문	대체로 외래어를 우리말로 바꾸어 사용함 예 문지기, 단졸임, 나들문
부드럽게 말하는 경향이 있음	단어나 어절을 끊어서 명확하게 말하는 경향이 있음

훈민정음 창제 원리

1. 훈민정음의 창제 배경

① 훈민정음 창제 이전의 언어생활: 우리말을 적을 수 있는 고유의 문자가 없어 한자를 사용하여 우리말을 표기함. 백성들이 한자를 몰라서 언어생활에 어려움을 겪음

② 세종 대왕의 훈민정음 창제: 1443년 세종 대왕이 자주정신, 애민 정신, 실용 정신을 담아 우리 고유의 문자인 '훈민정음'을 창제함

2. 훈민정음 자음(초성)의 창제 원리

① 상형: 발음 기관의 모양을 본떠 기본자 'ㄱ, ㄴ, ㅁ, ㅅ, ㅇ'을 만듦

ㄱ(어금닛소리)	혀뿌리가 목구멍을 막는 모양을 본뜸
ㄴ(혓소리)	혀끝이 윗잇몸에 붙는 모양을 본뜸
ㅁ(입술소리)	입술의 모양을 본뜸
ㅅ(잇소리)	이의 모양을 본뜸
ㅇ(목구멍소리)	목구멍의 모양을 본뜸

② 가획: 소리가 거세지면 기본자에 획을 더하여 'ㅋ, ㄷ, ㅌ, ㅂ, ㅍ, ㅈ, ㅊ, ㆆ, ㅎ'을 만듦

기본자	ㄱ	ㄴ	ㅁ	ㅅ	ㅇ
가획자	ㅋ	ㄷ	ㅂ	ㅈ	ㆆ
		ㅌ	ㅍ	ㅊ	ㅎ

③ 이체: 기본자의 형태를 변형하여 'ㆁ, ㅿ, ㄹ'을 만듦

> **한 문제 더 맞히는 개념 노트** **병서와 연서**
>
> 초성 17자에는 속하지 않으나 다양한 소리를 적기 위해 기존의 글자를 합하여 쓰는 방법
>
> | 병서(가로) | 각자 병서 | 같은 자음을 나란히 씀 **예** ㄲ, ㄸ, ㅃ, ㅆ, ㅉ |
> |---|---|---|
> | | 합용 병서 | 다른 자음을 나란히 씀 **예** ㅺ, ㅼ, ㅆ, ㅲ, ㅄ, ㅴ, ㅵ, ㅶ, ㅷ 등 |
> | 연서(세로) | | 세로로 나란히 씀 **예** ㅸ, ㆄ, ㅹ, ㅱ |

3. 훈민정음 모음(중성)의 창제 원리

① 상형: '하늘, 땅, 사람'의 모양을 본떠 기본자를 만듦

`(아래 아)	• 하늘[天]의 둥근 모양을 본뜸 • 발음할 때 혀가 오그라들고 소리가 깊음
―	• 땅[地]의 평평한 모양을 본뜸 • 발음할 때 혀가 조금 오그라들고 소리는 깊지도 얕지도 않음
ㅣ	• 사람[人]이 바로 선 모양을 본뜸 • 발음할 때 혀가 오그라들지 않고 소리는 얕음

TIP 자음과 모음의 기본자는 모두 '상형'의 원리에 의해서 만들어졌어요.

② 합성: 기본자를 서로 합하여 초출자를 만들고, 초출자에 ' · '를 한 번 더 결합해 재출자를 만듦

초출자	ㅗ(· + ―), ㅏ(ㅣ + ·), ㅜ(― + ·), ㅓ(· + ㅣ)
재출자	ㅛ(ㅗ + ·), ㅑ(ㅏ + ·), ㅠ(ㅜ + ·), ㅕ(ㅓ + ·)

01 다음 대화를 바탕으로 글을 쓰기 위한 계획표를 작성할 때 채울 수 없는 항목은?

> 수한: 이번 국어 수행 평가는 친구들에게 '전통 속에 숨어 있는 조상들의 지혜'를 소개하는 글을 쓰는 거잖아. 너는 주제를 무엇으로 정할 거야?
> 현준: 아직 고민 중인데 한옥에 대해서 쓰는 건 어떨까?
> 수한: 그건 친구들에게 설명하기 어려울 것 같은데, 좀 쉬운 주제는 없을까?
> 현준: 그러면 한복에 대해 써 볼까? 가정 시간에 한복에 대해 배웠잖아. 한복은 불편한 옷이라고만 생각했는데 과학적이고 실용적인 옷이라고 해서 의외였거든.
> 수한: 그거 좋은 생각이네. 배웠던 내용이니 너무 어렵지도 않고 친구들도 흥미로워할 것 같아.
> 현준: 그럼 '한복에 숨어 있는 조상들의 지혜'에 대해 쓰면 되겠다. 그리고 이번 수행 평가는 누리집에 올리는 거였지? 인터넷 누리집의 특성을 활용하라고 하셨으니 그 방법도 고민해 봐야겠어.

① 글의 목적　　　　② 글의 주제
③ 전달 매체　　　　④ 자료 조사 방법

02 다음 대화의 밑줄 친 '괜찮아.'에 대한 설명으로 가장 적절한 것은?

> 채원: 발표회 때 만족할 만큼 노래를 잘 부르지 못했어. 내 실력이 아직 많이 부족한가 봐.
> 경아: <u>괜찮아.</u> 다음에 더 잘할 수 있을 거야.

① 채원의 상황과 처지를 배려하지 못한 말이다.
② 경아가 채원의 의도를 파악하지 못하고 대답한 말이다.
③ 경아가 아랫사람인 채원을 격려하는 상황임을 알 수 있는 말이다.
④ 열심히 노력했지만 결과가 좋지 않은 친구를 위로하는 말이다.

03 토의에 대한 설명으로 적절하지 <u>않은</u> 것은?

① 참여자에는 사회자, 토의자, 청중이 있다.
② 토의자는 토의 전에 토의 주제에 대해 자신의 의견을 정리한다.
③ 사회자는 논제를 알려 주고, 토의 절차에 따라 토의를 진행한다.
④ 청중은 토의자의 의견을 듣는 도중 의견이 다를 경우 바로 반박한다.

04 밑줄 친 단어의 역할로 가장 적절한 것은?

> • <u>옛</u> 건물에 관광객이 많다.
> • 비가 오지 않아서 나무가 <u>바짝</u> 말랐다.

① 다른 단어를 꾸며 주는 역할을 한다.
② 단어들 사이의 관계를 나타내는 역할을 한다.
③ 앞말에 특별한 의미를 더해 주는 역할을 한다.
④ 문장에서 주어의 움직임을 나타내는 역할을 한다.

05 다음 글자를 만든 원리로 알맞은 것은?

> ㄲ, ㄸ, ㅃ, ㅆ, ㅉ

① 자연의 모양을 본떠서 만들었다.
② 자음 기본자에 획을 더해 만들었다.
③ 발음 기관의 모양을 본떠서 만들었다.
④ 같은 글자를 가로로 나란히 쓴 것이다.

06 밑줄 친 부분의 예로 적절하지 <u>않은</u> 것은?

> 문장에서 주어와 서술어의 관계가 한 번만 나타나는 문장을 <u>홑문장</u>이라고 하며, 주어와 서술어의 관계가 두 번 이상 나타나는 문장을 <u>겹문장</u>이라고 한다.

① 코끼리는 코가 길다.
② 새 옷이 무척 예쁘다.
③ 비가 소리 없이 내린다.
④ 인생은 짧고 예술은 길다.

07 다음은 표준 발음법 규정 중 'ㄺ' 발음의 예외 규정이다. 이를 참고하여 밑줄 친 부분을 바르게 발음한 것은?

> **제11항**
> 다만, 용언의 어간 말음 'ㄺ'은 'ㄱ' 앞에서 [ㄹ]로 발음한다.

① 그 책을 <u>읽고</u>[일꼬] 놀아라.
② 불빛이 너무 <u>밝지</u>[발찌] 않니?
③ 물감을 <u>묽게</u>[묵께] 섞어 주세요.
④ 농장에서 <u>닭과</u>[달꽈] 오리를 기르고 있다.

08 다음 밑줄 친 고유어의 의미에 대응하는 한자어의 연결이 적절하지 <u>않은</u> 것은?

① 공부할 <u>마음</u>이 없다. – 의사(意思)
② 하찮은 일에 <u>마음</u>을 쓰다. – 신경(神經)
③ 여기 있으면 <u>마음</u>이 편하다. – 기분(氣分)
④ <u>마음</u>이 어진 사람을 사귀어야 한다. – 호감(好感)

09 다음 밑줄 친 말 중 관용 표현에 해당하지 <u>않는</u> 것은?

① 선생님 말씀에 <u>귀 기울이며</u> 열심히 공부하고 있다.
② 어제 늦게까지 시험 공부를 하느라 <u>파김치가 되었다.</u>
③ 혼자 고민하지 말고 <u>머리를 맞대어</u> 좋은 방법을 찾아보자.
④ 할머니 댁까지 두 시간이 남았다니, 아직 <u>갈 길이 멀구나.</u>

[10~12] 다음 글을 읽고 물음에 답하시오.

> 친구가 원수보다 더 미워지는 날이 많다.
> 티끌만 한 잘못이 맷방석만 하게
> 동산만 하게 커 보이는 때가 많다.
> 그래서 세상이 어지러울수록
> 남에게는 엄격해지고 내게는 너그러워지나 보다.
> 돌처럼 잘아지고 굳어지나 보다.
>
> 멀리 동해 바다를 내려다보며 생각한다.
> 널따란 바다처럼 너그러워질 수는 없을까
> 깊고 짙푸른 바다처럼.
> 감싸고 끌어안고 받아들일 수는 없을까
> 스스로는 억센 파도로 다스리면서.
> 제 몸은 맵고 모진 매로 채찍질하면서.
>
> – 신경림, 「동해 바다 – 후포에서」 –

10 윗글에 대한 설명으로 적절하지 <u>않은</u> 것은?

① 자기반성적인 어조가 드러나 있다.
② 대조를 통해 주제를 강조하고 있다.
③ 앞으로의 바람을 독백조로 드러내고 있다.
④ 과거 시제를 나타내는 표현으로 시상을 전개하고 있다.

11 윗글에 드러난 화자의 정서나 태도로 가장 적절한 것은?

① 분노와 저항
② 후회와 반성
③ 긍지와 자부심
④ 기쁨과 만족감

12 화자가 반성하는 자신의 모습은?

① 타인의 잘못에 너무 관대한 것
② 스스로를 객관적으로만 보려 한 것
③ 남의 잘못에 대해 옹졸하게 굴었던 것
④ 자신의 실수를 인정하려 하지 않고 외면한 것

[13~15] 다음 글을 읽고 물음에 답하시오.

> 앞부분의 줄거리 남원 부사의 아들 몽룡이 단옷날 광한루에 나갔다가 기생 월매의 딸 춘향이 그네를 타는 모습을 보고 춘향에게 반한다. 몽룡은 춘향의 집으로 찾아가 춘향과 부부의 연을 맺고, 행복한 나날을 보낸다. 그러던 어느 날, 몽룡은 남원 부사 임기가 끝난 아버지를 따라 한양으로 가게 되어 춘향에게 이별을 고한다. 그 후 남원 부사로 새로 부임한 변학도가 춘향에게 수청을 강요하고, 춘향이 이를 거절하자 춘향을 옥에 가둔다. 한편 한양에서 장원급제한 몽룡은 암행어사의 신분으로 남원에 와서, 변학도의 횡포를 모두 듣게 된다.

이튿날 날이 밝자 조회를 끝내고 이웃 읍의 수령들이 남원으로 몰려들었다. 운봉·구례·곡성·순창·진안·장수의 원님들이 아랫사람들을 거느리고 차례로 잔치 마당으로 들어왔다. 왼편에 행수 군관, 오른편에 명을 전하는 사령, 한가운데 본관 사또는 주인이 되어 하인 불러 분부하되,

"관청색 불러 다과상 올려라. 육고자 불러 큰 소 잡고, 예방 불러 악공 대령하라. 승발 불러 차일 대령하라. 사령 불러 잡인을 금하라."

이렇듯 요란한 가운데 깃발들이 휘날리고, 삼현 육각 음악 소리 공중에 떠 있고, 초록 저고리에 붉은 치마를 입은 기생들이 하얀 손을 높이 들어 춤을 춘다.

"지화자, 두둥실, 좋다."

하는 소리에 어사또 마음이 심란하다. 화를 누르고 한번 놀려 줄 심산으로 어슬렁어슬렁 잔치판으로 걸어 들어갔다.

"여봐라, 사령들아. 너희 사또께 여쭈어라. 먼 데 있는 걸 인이 마침 잔치를 만났으니 고기하고 술이나 좀 얻어먹자고 여쭈어라."

사령 하나가 뛰어나와 등을 밀쳐 낸다.

"어느 양반인데 이리 시끄럽소. 사또께서 거지는 들이지도 말라고 했으니 말도 내지 말고 나가시오."

운봉 수령이 그 거동을 지켜보다가 무슨 짐작이 있었는지 변 사또에게 청했다.

"저 걸인이 옷차림은 남루하나 양반의 후예인 듯하니 저 끝자리에 앉히고 술이나 한잔 먹여 보내는 것이 어떻겠소?"

"운봉 생각대로 하지요마는……."

마지못해 입맛을 다시며 허락을 한다. 어사또 속으로,

'오냐, 도적질은 내가 하마. 오랏줄은 네가 져라.'

되뇌이며 주먹을 꽉 쥐고 있는데 운봉 수령이 사령을 부른다.

"저 양반 드시라고 해라."

어사또 들어가 단정히 앉아 좌우를 살펴보니 마루 위의 모든 수령이 다과상을 앞에 놓고 진양조 느린 가락을 즐기는데, 어사또 상을 보니 어찌 아니 통분하랴. 귀퉁이가 떨어진 개다리소반에 닥나무 젓가락, 콩나물에 깍두기, 막걸리 한 사발이 놓였구나. 상을 발로 탁 차 던지며 운봉의 갈비를 슬쩍 집어 들고,

"갈비 한 대 먹읍시다."

"다리도 잡수시오."

하고 운봉이 하는 말이,

"이런 잔치에 풍류로만 놀아서는 맛이 적으니 운자를 따라 시 한 수씩 지어 보면 어떻겠소?"

"그 말이 옳다."

다들 찬성을 했다. 운봉이 먼저 운을 낼 때 '높을 고(高)' 자, '기름 고(膏)' 자 두 자를 내놓고 차례로 운을 달아 시를 지었다. 앞사람이 끝나면 뒷사람이 받아 시를 지을 때 어사또 끼어들어 하는 말이,

"이 걸인도 어려서 글을 좀 읽었는데, 좋은 잔치를 맞아 술과 안주를 포식하고 그냥 가기가 염치가 아니니 한 수 하겠소이다."

운봉이 반갑게 듣고 붓과 벼루를 내주니, 백성들의 사정과 본관 사또의 정체를 생각하여 시 한 편을 써 내려갔다.

> 금 술잔의 좋은 술은 수많은 사람의 피요
> 옥쟁반의 좋은 안주는 만백성의 기름이라
> 촛농이 떨어질 때 백성들은 눈물도 떨어지고
> 노랫소리 높은 곳에 원망의 소리도 높구나

이렇게 시를 지어 보이니 술에 취한 변 사또는 무슨 뜻인지도 모르지만, 글을 받아 본 운봉은 속으로,

'아뿔싸! 일 났다.'

가슴이 철렁 내려앉았다.

– 작자 미상, 「춘향전」 –

13 윗글에 대한 설명으로 적절하지 <u>않은</u> 것은?

① 서술자는 작품 내부에 존재한다.
② 당시 사회적 상황이 반영되어 있다.
③ 해학과 풍자를 통해 재미를 유발한다.
④ 대화와 행동을 중심으로 사건이 전개된다.

14 윗글의 인물에 대한 설명으로 적절하지 <u>않은</u> 것은?

① 운봉은 상황을 빠르게 파악한다.
② 춘향은 몽룡에 대한 지조를 지키고자 한다.
③ 본관 사또는 원칙을 중시하는 청렴한 관료이다.
④ 어사또는 자신의 정체를 숨기기 위해 걸인 행세를 하고 있다.

15 어사또의 한시에 대한 설명으로 적절하지 <u>않은</u> 것은?

① 반어법을 통해 이 작품의 주제를 형상화하고 있다.
② 본관 사또에 대한 비판 의식이 담겨 있다.
③ 생일잔치에 사용된 술과 안주를 백성들의 피와 기름에 비유하였다.
④ 본관 사또의 사치스러운 생일잔치와 백성들의 고통스러운 삶을 대비하고 있다.

[16~18] 다음 글을 읽고 물음에 답하시오.

나흘 전 ⓐ감자 쪼간만 하더라도 나는 저에게 조금도 잘못한 것은 없다.

계집애가 나물을 캐러 가면 갔지 남 울타리 엮는 데 쌩이질을 하는 것은 다 뭐냐. 그것도 발소리를 죽여 가지고 등 뒤로 살며시 와서

"얘! 너 혼자만 일하니?"

하고 긴치 않은 수작을 하는 것이다. 어제까지도 저와 나는 이야기도 잘 않고 서로 만나도 본척만척하고 이렇게 점잖게 지내던 터이련만 오늘로 갑작스레 대견해졌음은 웬일인가. 황차 망아지만 한 계집애가 남 일하는 놈 보고…….

"그럼 혼자 하지 떼루 하디?"

내가 이렇게 내뱉은 소리를 하니까

"너 일하기 좋니?"

또는

"한여름이나 되거던 하지 벌써 울타리를 하니?"

잔소리를 두루 늘어놓다가 남이 들을까 봐 손으로 입을 틀어막고는 그 속에서 깔깔댄다. 별로 우스울 것도 없는데 날씨가 풀리더니 이놈의 계집애가 미쳤나 하고 의심하였다.

게다가 조금 뒤에는 즈 집께를 할금할금 돌아다보더니 행주치마의 속으로 꼈던 바른손을 뽑아서 나의 턱 밑으로 불쑥 내미는 것이다. 언제 구웠는지 아직도 더운 김이 홱 끼치는 굵은 감자 세 개가 손에 뿌듯이 쥐었다.

"느 집엔 이거 없지?"

하고 생색 있는 큰소리를 하고는 제가 준 것을 남이 알면 큰일 날 테니 여기서 얼른 먹어 버리란다. 그리고 또 하는 소리가

"너 봄 감자가 맛있단다."

"난 감자 안 먹는다. 니나 먹어라."

나는 고개도 돌리지 않고 일하던 손으로 그 감자를 도로 어깨 너머로 쑥 밀어 버렸다.

[A] ┌─ 그랬더니 그래도 가는 기색이 없고, 그뿐만 아니라 쌔근쌔근하고 심상치 않게 숨소리가 점점 거칠어진다. 이건 또 뭐야 싶어서 그때에야 비로소 돌아다보니 나는 참으로 놀랐다. 우리가 이 동리에 들어온 것은 근 삼 년째 되어 오지만 여지껏 가무잡잡한 점순이의 얼굴이 이렇게까지 홍당무처럼 새빨개진 법이 없었다. 게다 눈에 독을 올리고 한참 나를 요렇게 쏘아보더니 나중에는 눈물까지 어리는 것이 아니냐. 그리고 바구니를 다시 집어 들더니 이를 꼭 악물고는 엎어질 듯 자빠질 듯 논둑으로 횡하니 달아 └─ 나는 것이다.

― 김유정, 「동백꽃」―

16 윗글의 서술자를 '나'로 설정하여 얻을 수 있는 효과를 바르게 묶은 것은?

> ㉠ 사건을 객관적으로 전달한다.
> ㉡ 순수하고 순박한 느낌이 든다.
> ㉢ 점순이의 속마음을 자세히 알 수 있다.
> ㉣ '나'의 생각과 심리를 구체적으로 알 수 있다.

① ㉠, ㉡   ② ㉠, ㉢
③ ㉡, ㉢   ④ ㉡, ㉣

17 ⓐ가 의미하는 바로 가장 적절한 것은?

① '나'에 대한 '점순이'의 질투
② '점순이'에 대한 '나'의 사랑
③ '나'를 향한 '점순이'의 애정
④ '점순이'를 향한 '나'의 관심

18 점순이가 [A]처럼 행동한 이유로 가장 적절한 것은?

① 자신의 애정이 거절당했다고 생각해서
② 자신과 '나'의 우정이 변할까 봐 두려워서
③ 자신과 '나'의 사이가 좋아졌다고 생각해서
④ 감자를 먹어 본 적이 없는 '나'에게 실망해서

[19~22] 다음 글을 읽고 물음에 답하시오.

> 초등학교 시절 개학을 앞둔 날이면 누구나 한 번쯤 벼락치기를 해 본 경험이 있을 것이다. 가장 미루기 쉬운 과제는 물론 일기이다. ㉠하루하루 미루다 보면 어느새 한 달이 되고 만다. 개학하기 며칠 전부터 한 달 동안의 날씨며 하루의 일과를 떠올려 ㉡한 달 치 일기를 그야말로 거침없이 해치운다.

시험을 앞둔 학생도 마찬가지이다. 시험을 치를 때마다 벼락치기를 한다. 시험 보는 날 아침, 너 나 할 것 없이 학생들 모두 학구열이 넘친다. 이때만큼은 ㉢평상시와 달리 필기 내용이 한눈에 들어오는 것은 물론, ㉣잘 외워지지 않던 어려운 수학 공식이며 영어 단어도 술술 외워진다. 이처럼 우리는 시험 직전에 공부가 훨씬 잘된다는 것을 경험으로 알고 있다. 도대체 벼락치기의 힘은 어디서 나오는 것일까?

벼락치기의 비밀을 풀어 보기 위해 마감이 생명이라는 한 신문사를 찾아가 원고 마감 때 기자의 뇌에 어떤 변화가 일어나는지 알아보았다. 우선 기자의 머리에 호르몬과 뇌파의 변화를 포착할 수 있는 스트레스 측정기를 부착했다. 이때 주목해서 관찰한 것은 교감 신경계이다. 교감 신경계가 활성화됐다는 것은 스트레스를 많이 받고 있다는 것인데 시간이 흐를수록 기자의 교감 신경 활성도가 크게 증가했다. 평상시보다 배가 넘는 수치를 기록한 것이다. 이는 스트레스를 받은 뇌가 긴장해 깨어 있다는 것을 의미한다.

전문가들은 이를 '마감 증후군(Deadline syndrome)'이라고 표현한다. 글을 쓰거나 시험을 보는 경우, 막판에 몰리면 스트레스가 오히려 인지 기능을 더 좋게 해 준다는 것이다. 스트레스로 인해 눈이 커지거나 근육의 힘이 세지거나 집중력이 생기는 것이다.

결국 벼락치기의 원동력은 스트레스로 인한 일종의 각성 효과이다. '마감'이라는 스트레스가 뇌의 활용을 높이는 것이다. 우리가 스트레스를 받으면 뇌의 시상 하부에서 신호를 보낸다. 시상 하부에서 보낸 신호는 교감 신경을 따라 부신으로 전해지는데, 이때 부신에서 호르몬이 분비된다. 바로 아드레날린과 코르티솔이다. 이들 호르몬이 분비되면 심장 박동이 빨라지고 혈압이 높아질 뿐 아니라 에너지원인 포도당이 만들어진다. 또한 뇌가 깨어 있는 상태가 되어 고도의 집중력이 생긴다.

— 한국 방송 공사 과학 카페 제작 팀, 「벼락치기의 두 얼굴」 —

19 윗글에 대한 설명으로 가장 적절한 것은?

① 현상의 원인을 과학적으로 설명하고 있다.
② 주관적인 입장에서 현상을 평가하고 있다.
③ 자료의 출처를 밝히면서 신뢰성을 높이고 있다.
④ 다양한 입장을 통합하여 새로운 주장을 전개하고 있다.

20 윗글에 대한 이해로 적절하지 <u>않은</u> 것은?

① 스트레스가 꼭 부정적이라고만 할 수는 없다.
② 시험 직전에 공부가 잘되는 것은 마감 증후군 때문이다.
③ 근육의 힘이 세지고 집중력이 생기는 것은 동일한 이유 때문일 수 있다.
④ 시험 당일에 수학 공식이나 영어 단어가 잘 외워지는 것은 교감 신경이 활성화되지 않았기 때문이다.

21 ㉠~㉢ 중 문맥상 내용이 <u>다른</u> 하나는?

① ㉠   ② ㉡
③ ㉢   ④ ㉣

22 윗글을 통해 알 수 있는 '스트레스'의 영향으로 적절하지 <u>않은</u> 것은?

① 에너지원인 지방이 만들어진다.
② 뇌의 각성으로 집중력을 발휘한다.
③ 뇌의 시상 하부에서 신호를 전달한다.
④ 심장 박동이 빨라지고 혈압이 상승한다.

[23~25] 다음 글을 읽고 물음에 답하시오.

가 옛사람들은 시계를 그다지 많이 쓰지 않았다. 반면, 달력은 아주 요긴하게 쓰였다. 무엇보다 달력은 농부들이 언제 씨를 뿌리고 물길을 내야 하는지를 가늠하는 데 사용됐다. 그렇다면 시계는 언제부터 많이 쓰이게 된 것일까?

나 20세기 초만 해도 시계는 아주 귀한 물건이었다. 시계 하나가 기와집 한 채 값의 절반이었다고 한다. 대부분의 사람은 시계 보는 방법도 몰랐다. 사실 시계는 조선 시대에 이미 이 땅에 들어왔다. 그러나 우리 조상들에게 시계는 장식품에 지나지 않았다. 대부분의 사람이 시계에 별 관심이 없었다. 왜냐고? 별 필요가 없었기 때문이다. 대부분은 '동창(東窓)이 밝아 올 때' 깨어나 농사일을 시작하고 해 떨어지면 일 그치는 식으로 살았다.

다 조상들은 시계에는 별 관심이 없었지만 달력에는 매우 큰 관심을 가졌다. 약속 시간에 한두 시간 일찍 오거나 늦는 것은 별문제가 안 되었다. 그러나 달력에 적힌 절기(節氣)를 놓쳤다가는 그동안의 농사가 헛일로 돌아갈 터였다. 우리 조상들은 해의 움직임에 따라 정해진 절기에 맞춰 계절의 변화에 대비하며 한 해 농사를 지었다.

라 그러나 시계는 점차 달력을 이기기 시작했다. 공업이 발달하면서 시계가 중요해졌다. 농사일은 욕심대로 되지 않는다. 아무리 기후가 좋고 열심히 땅을 가꾸었다 해도, 수확하는 작물의 양은 어느 정도를 넘을 수 없다. 곡식과 열매는 대부분 일 년에 한 번만 거둘 수 있기 때문이다. 하지만 공업은 다르다. 공장을 돌리는 데 계절이 큰 문제가 되지 않는다. 여름이건 겨울이건 공장은 언제나 돌아간다. 시간은 정말 돈이 되었다. 공장을 한 시간 더 돌리고 덜 돌리는 데에 따라 생산량이 엄청나게 차이 나기 때문이다. 사람들은 점점 더 시간에 민감해졌다. 도시 곳곳에는 시계가 높다랗게 걸린 탑이 등장했다.

마 자연의 리듬을 잊은 인간에 대한 자연의 복수는 무섭다. 쇠고기 생산량을 증가시키려고 인위적으로 늘린 소 떼는 사막의 면적을 크게 늘려 놓았다. '철 없는 과일'을 만들기 위해 석유나 석탄은 더 빨리 사라지고 있다. 사탕수수나 커피나무를 기르려고 밀림을 없애 버린 탓에 지구는 점점 더워진다. 지구가 더워지면서 홍수나 가뭄도 잦아졌다. 이 모두는 자연의 질서에 따라 살면 겪지 않을 위협들이다.

바 하늘을 살피는 마음은 자연을 살피는 마음이다. 자연의 계절, 철을 아는 인간은 무리를 하지 않는다. 그래서 세상을 온전하게 한다. 하지만 철을 모르는 인간은 욕심껏 제 멋대로 살며 세상을 어지럽게 한다. 지금 인류에게 필요한 것은 '자연을 살피는 마음'이다. '시간은 돈'이라며 째깍거리는 시계는 우리 마음을 조급하게 한다. 그러나 우리는 멈추어 서서 조급한 마음을 가라앉히고, 자연의 리듬을 담고 있는 달력의 의미를 곰곰이 곱씹어 봐야 한다.

– 안광복, 「시계는 어떻게 달력을 이겼을까?」 –

23 윗글의 표현 방법으로 가장 적절한 것은?

① 권위 있는 사람의 말을 인용하고 있다.
② 연구 자료를 근거로 신뢰성을 높이고 있다.
③ 질문을 통해 독자의 호기심을 자극하고 있다.
④ 대상을 여러 부분으로 나누어 설명하고 있다.

24 윗글의 내용과 일치하지 <u>않는</u> 것은?

① 공장은 계절과 큰 상관없이 언제든지 가동할 수 있다.

② 오늘날 석유나 석탄을 사용하여 계절과 상관없이 과일을 생산하고 있다.

③ 쇠고기 생산량을 증가시키기 위해 늘린 소 떼가 사막화에 영향을 끼쳤다.

④ 커피를 생산하려고 밀림이 있던 자리에 심은 커피나무는 지구 온난화의 속도를 늦추었다.

25 글쓴이가 걱정하고 있는 문제로 가장 적절한 것은?

① 인간이 자연의 질서를 거스르고 있다.

② 경제적으로 빈부 차이가 심해지고 있다.

③ 조상들의 삶에 관한 연구가 아직 부족하다.

④ 사회적 약속을 지키지 않는 사람이 늘어나고 있다.

정답과 해설 335쪽

01 다음 설명에 해당하는 담화의 유형은?

> 어떤 논제에 대해 서로 입장이 대립하는 사람들이 논리적이고 타당한 근거를 들어 상대방을 설득하는 말하기

① 강연　　　　　② 협상
③ 토론　　　　　④ 발표

02 다음 중 어법에 맞지 않는 문장은?

① 병이 씻은 듯이 나았다.
② 김장 배추를 많이 절인다.
③ 나라를 위해 목숨을 바쳤다.
④ 누나는 편지 봉투에 우표를 부쳤다.

03 다음 글과 관련한 언어의 특성은?

> 한국어의 '꽃[꼳]'과 영어의 'flower[플라워]', 일본어의 'はな[하나]'는 모두 같은 대상을 의미하는 말이다.

① 역사성　　　　② 사회성
③ 자의성　　　　④ 창조성

04 다음 밑줄 친 내용에 해당하는 단어의 예로 적절하지 않은 것은?

> 말소리는 다르지만 의미가 서로 비슷한 단어들의 관계를 <u>유의 관계</u>라 한다. 이러한 관계에 있는 단어들을 유의어라 한다.

① 오누이 : 남매　　② 키 : 신장
③ 빛깔 : 색깔　　　④ 소년 : 소녀

05 다음 표준 발음법 규정을 적용한 예로 적절하지 않은 것은?

> **표준 발음법**
> 제5항 'ㅑ, ㅒ, ㅕ, ㅖ, ㅘ, ㅙ, ㅛ, ㅝ, ㅞ, ㅠ, ㅢ'는 이중 모음으로 발음한다.
> 　다만 1. 용언의 활용형에 나타나는 '져, 쪄, 쳐'는 [저, 쩌, 처]로 발음한다. ----------㉠
> 　다만 2. '예, 례' 이외의 'ㅖ'는 [ㅔ]로도 발음한다. --------------------------------㉡
> 　다만 3. 자음을 첫소리로 가지고 있는 음절의 'ㅢ'는 [ㅣ]로 발음한다. ----------------㉢
> 　다만 4. 단어의 첫음절 이외의 '의'는 [ㅣ]로, 조사 '의'는 [ㅔ]로 발음함도 허용한다. ----㉣

① ㉠ 가져[가져]　　② ㉡ 지혜[지헤]
③ ㉢ 무늬[무니]　　④ ㉣ 우리의[우리에]

06 어휘의 체계와 그에 따른 예를 바르게 연결한 것은?

	어휘의 체계	예
①	고유어	강아지, 비빔밥, 종이
②	고유어	빵, 오빠, 무지개
③	한자어	연필, 교실, 달걀
④	외래어	체크, 티슈, 백일장

07 공감적 대화 방법으로 적절하지 <u>않은</u> 것은?

① 상대방을 존중하고 이해하는 태도로 대화를 나눈다.
② 대화를 할 때에는 상대방의 말을 선입견이나 편견 없이 받아들인다.
③ 다른 사람과 대화를 나눌 때에는 자신의 흥미와 관심을 중심으로 대화를 주도한다.
④ 상대방의 말을 들을 때에는 상대방과 눈을 맞추거나 고개를 끄덕이는 등 적절한 반응을 보인다.

08 밑줄 친 ㉠에 해당하는 어휘의 유형은?

> 아버지: 이번에는 어인마니를 중심으로 7명으로 꾸렸다네.
> 아버지 친구: 허허, 천둥마니도 있겠구먼.
> 아버지: 그나저나 번번이 데펭이가 말썽이네.
> 아버지 친구: 이번에는 꼭 소망 보자고.
> 딸: 소망? 소망을 어떻게 봐요? 천둥마니? 아, 너무 답답해요.
> 아버지: ㉠우리끼리 쓰는 말이다. 우리 심마니들이 사용하는 말로…….

① 은어　　　　　　② 고유어
③ 비속어　　　　　④ 한자어

[09~11] 다음 글을 읽고 물음에 답하시오.

> 높은 가지를 흔드는 매미 소리에 묻혀
> ㉠내 울음 아직은 노래 아니다.
>
> 차가운 바닥 위에 토하는 울음,
> 풀잎 없고 이슬 한 방울 내리지 않는
> 지하도 콘크리트 벽 좁은 틈에서
> 숨 막힐 듯, 그러나 ㉡나 여기 살아 있다
> 귀뚜르르 뚜르르 보내는 타전 소리가
> 누구의 마음 하나 울릴 수 있을까.
>
> 지금은 ㉢매미 떼가 하늘을 찌르는 시절
> 그 소리 걷히고 맑은 가을이
> 어린 풀숲 위에 내려와 뒤척이기도 하고
> 계단을 타고 이 땅 밑까지 내려오는 날
> 발길에 눌려 우는 ㉣내 울음도
> 누군가의 가슴에 실려 가는 노래일 수 있을까.
>
> – 나희덕, 「귀뚜라미」 –

09 윗글에 관한 설명으로 적절하지 <u>않은</u> 것은?

① 의인화를 사용하여 독자들에게 친근감을 주고 있다.
② 각 연의 행수를 같게 하여 통일성을 형성하고 있다.
③ 의문문의 형식을 사용하여 시적 의미를 강조하고 있다.
④ 다른 대상과 대조하여 화자의 처지를 드러내고 있다.

10 다음 중 시적 화자를 의미하는 단어가 <u>아닌</u> 것은?

① ㉠　　　　　　② ㉡
③ ㉢　　　　　　④ ㉣

11 윗글의 화자에 대한 설명으로 적절하지 <u>않은</u> 것은?

① 매우 힘들고 어려운 상황에 처해 있다.
② 여름날 바닥에서 울음을 토해 내고 있다.
③ 지하도 콘크리트 벽 좁은 틈에 살고 있다.
④ 현재 자신의 처지를 비관하며 크게 절망하고 있다.

[12~13] 다음 글을 읽고 물음에 답하시오.

허생은 남산 아래 묵적골에 살았다. 남산 밑 골짜기로 곧장 가면 우물 위쪽에 해묵은 은행나무가 한 그루 서 있고, 사립문 하나가 그 은행나무 쪽으로 늘 열려 있다. 집이라고 해 봐야 비바람에 다 쓰러져 가는 초가집, 그 집이 바로 허생의 집이었다.

허생은 집에 비가 새고 바람이 드는 것도 아랑곳하지 않고 글 읽기만 좋아하였다. 그래서 아내가 삯바느질을 해서 그날그날 겨우 입에 풀칠을 하는 처지였다.

어느 날 허생의 아내가 배고픈 것을 참다못해 훌쩍훌쩍 울며 푸념을 하였다.

"당신은 평생 과거도 보러 가지 않으면서 대체 글은 읽어 뭘 하시렵니까?"

그러나 허생은 아무렇지도 않게 껄껄 웃으며 말하였다.

"내가 아직 글이 서툴러 그렇소."

"그럼 공장이 노릇도 못 한단 말입니까?"

"배우지 않은 공장이 노릇을 어떻게 한단 말이오?"

"그러면 장사치 노릇이라도 하시지요."

"가진 밑천이 없는데 장사치 노릇을 어떻게 한단 말이오?"

그러자 아내가 왈칵 역정을 내었다.

"당신은 밤낮 글만 읽더니, 겨우 '어떻게 한단 말이오.' 소리만 배웠나 보구려. 공장이 노릇도 못 한다, 장사치 노릇도 못 한다, ㉠그럼 하다못해 도둑질이라도 해야 할 것 아니오?"

허생이 이 말을 듣고 책장을 덮어 치우고 벌떡 일어났다.

"아깝구나! 내가 애초에 글을 읽기 시작할 때 꼭 십 년을 채우려 했는데, 이제 겨우 칠 년밖에 안 되었으니 어쩔거나!"

— 박지원, 「허생전」 —

12 윗글에서 알 수 있는 사회적 상황으로 적절하지 **않은** 것은?

① 과거 제도를 통해 인재를 등용하였다.
② 양반 중심의 신분 제도가 흔들리고 있었다.
③ 신분에 따라 빈부의 격차가 뚜렷하게 나타났다.
④ 현실적으로 경제 능력이 없는 양반이 존재했다.

13 허생의 아내가 ㉠과 같이 말한 의도로 가장 적절한 것은?

① 도둑질을 하면 어떤 어려운 일도 할 수 있다.
② 도둑질을 해서라도 가족을 먹여 살려야 한다.
③ 양반의 허례허식보다 도둑질이 더 가치 있다.
④ 양반과 도둑이 결코 다르지 않음을 알아야 한다.

[14~16] 다음 글을 읽고 물음에 답하시오.

어머니와 나는 한 번도 훈이가 대통령이나 장군이나 재벌이나 판검사나 그런 게 되기를 바란 적이 없다. 정직하게 벌어먹을 수 있는 기술을 가르쳐 대기업에 붙여, 공일날 카메라 메고 야외에 나갈 만큼의 사람 사는 낙을 누릴 수 있기를 바랐을 뿐이다. 그런데 그나마도 쉽게 되어 주지를 않았다. 취직 시험도 하도 여러 번 치르니, 보러 가기도 보러 가라기도 점점 서로 미안하게 되었다. 이 년 가까이를 이렇게 지겹게 보내던 훈이 어느 날 나에게 해외 취업의 길을 뚫을 수 있을 것 같으니 교제비로 돈을 좀 달라는 당돌한 요구를 해 왔다.

"뭐라고, 해외 취업? 그럼 외국에 나가 살겠단 말이지? 그건 안 된다."

"왜요 고모, 쩨쩨하게 돈이 아까워서? 아니면 고모가 영영 할머니를 떠맡게 될까 봐 겁나서?"

훈이는 두 개의 간략한 질문을 거침없이 당당하게 했다. 마치 이 두 가지 이유 외에 딴 이유란 있을 수도 없다는 말투였다. 나는 뭣에 얻어맞은 듯이 아연했다.

글쎄 어떻게 설명할 수 있을 것인가. 그 녀석이 꼭 이 땅에서, 내 눈앞에서 잘 살아 주었으면 하는 내 간절한 소망의 참뜻을, 지랄같이 무책임한 전쟁이 만들어 놓은 고아인 저 녀석을, 온 정성을 다해 남부럽지 않게 키운 게 결코 내 어머니를 떠맡기고자 함이 아니었음을 어떻게 납득시킬 수 있담.

[A]

제가 잘되고 잘사는 것으로, 다만 그것만으로 나는 내가 겪은 더럽고 잔인한 전쟁에 대해 통쾌한 복수를 할 수 있고 그때 받은 깊숙한 상처의 치유를 확인받을 수 있다는 걸 어떻게 저 녀석에게 알릴 수 있을 것인가.

나는 그 녀석을 똑바로 바라보았다. 그 녀석도 나를 똑바로 바라보았다. 시선이 강하게 부딪쳤으나 나는 단절감을 느꼈다. 문득 이 녀석 치다꺼리에 구역질 같은 걸 느꼈으나 가까스로 평정을 가장했다.

"해외 취업은 당분간 보류하렴. 할머니 때문이든 돈 때문이든 그건 네 마음대로 생각해도 좋다. 그리고 취직 문젠데, 너무 고지식하게 정문만 뚫으려고 했던 것 같아. 방법을 좀 바꾸어서 뒷문으로 통하는 길을 알아봐야겠다. 돈이 좀 들더라도……."

"흥, 돈 때문은 아니다 그 말을 하고 싶은 거죠?"

녀석이 나를 노골적으로 미워하며 대들었다. 나는 대꾸도 하지 않았다. 어머니는 곁에서 내가 늘그막에 이렇게 천덕꾸러기가 될 줄은 몰랐다면서 훌쩍였다.

㉠취직 운동이란 게 막상 부딪쳐 보니 할 노릇이 아니었다. 우리를 위해 발 벗고 나서서 애써 줄 유력한 친척이나 친구가 있는 것도 아니니, 그저 좀 잘산다는 동창을 찾아가 남편을 통해 부탁을 좀 하려면 단박 아니꼽게 나오기가 일쑤였다. 토목과 출신만 아니더라도 어떻게 해 보겠는데 요새 워낙 건설 업계가 전반적인 불황이라 어쩌고 하면서 마치 제가 이 나라 건설 업계를 손아귀에 쥔 듯이 허풍과 엄살을 겸해서 떠는 사람도 있는가 하면 선뜻 이력서나 가져와 보라는 곳도 있긴 있었다. 감지덕지 이력서 가져가 봤댔자 별게 아니었다. 이력서 시큰둥하게 밀어 넣고는 기다려 보라니 기다릴 수밖에 없지만 가타부타 무슨 뒷소식이 있어얄 텐데 그저 감감무소식인 데야 다시 어떻게 빌붙어 볼 도리가 없었다.

― 박완서, 「카메라와 워커」―

14 윗글에 대한 이해로 적절하지 <u>않은</u> 것은?

① '어머니'는 훈이가 재벌이나 판검사가 되기를 바라지 않았다.
② '훈이'는 '나'에게 해외 취업을 위한 비용을 달라고 요청하였다.
③ '나'는 '훈이'의 태도에 단절감을 느끼면서도 평정심을 잃지 않았다.
④ '나'는 '훈이'의 취직을 성사시키기 위해 여러 노력을 기울이고자 했다.

15 [A]의 서술상 특징에 대한 설명으로 가장 적절한 것은?

① 다양한 인물의 경험을 삽화 형식으로 나열하고 있다.
② 독백적 어조로 '나'의 내면 심리를 효과적으로 드러내고 있다.
③ 비현실적 배경을 제시하여 신비로운 분위기를 보여주고 있다.
④ 빈번한 장면 전환을 통해 인물들 사이의 긴장감을 고조하고 있다.

16 ㉠에 대한 설명으로 적절하지 <u>않은</u> 것은?

① '나'는 '취직 운동'이 결코 만만한 일이 아니라는 점을 몸소 체감하게 되었다.
② '훈이'는 시험을 통해 '취직 운동'에 여러 차례 도전하였으나 번번이 실패하였다.
③ '훈이'는 국내에서의 '취직 운동'에 성공하지 못하고 해외 취업에 눈을 돌리게 되었다.
④ '어머니'는 유력한 친척을 통해 '훈이'의 '취직 운동'에 적극적 태도로 가담하게 되었다.

[17~19] 다음 글을 읽고 물음에 답하시오.

가 중국 신장의 요구르트, 스페인 랑하론의 하몬, 우리나라 구례 양동 마을의 된장. ⊙이 음식들의 공통점은 무엇일까? 이것들은 모두 발효 식품으로, 세계의 장수 마을을 다룬 어느 방송에서 각 마을의 장수 비결로 꼽은 음식들이다.

나 발효 식품은 건강식품으로 널리 알려져 있다. 또한 다양한 발효 식품이 특유의 맛과 향으로 사람들의 입맛을 사로잡고 있다. 앞에서 소개한 요구르트, 하몬, 된장을 비롯하여 달콤하고 고소한 향으로 우리를 유혹하는 빵, 빵과 환상의 궁합을 자랑하는 치즈 등을 그 예로 들 수 있다. 이렇게 몸에도 좋고 맛도 좋은 식품을 만들어 내는 발효란 무엇일까? 그리고 발효 식품은 왜 건강에 좋을까? 먼저 발효의 개념을 알아보고, 우리나라의 전통 발효 식품을 중심으로 발효 식품의 우수성을 자세히 알아보자.

다 발효란 곰팡이나 효모와 같은 미생물이 탄수화물, 단백질 등을 분해하는 과정을 말한다. 미생물이 유기물에 작용하여 물질의 성질을 바꾸어 놓는다는 점에서 발효는 부패와 비슷하다. 하지만 발효는 우리에게 유용한 물질을 만드는 반면에, 부패는 우리에게 해로운 물질을 만들어 낸다는 점에서 차이가 있다. 그래서 발효된 물질은 사람이 안전하게 먹을 수 있지만, 부패한 물질은 식중독을 일으킬 수 있어서 함부로 먹을 수 없다.

라 그렇다면, 발효를 거쳐 만들어지는 전통 음식에는 무엇이 있을까? 가장 대표적인 전통 음식으로 김치를 꼽을 수 있다. 김치는 채소를 오랫동안 저장해 놓고 먹기 위해 조상들이 생각해 낸 음식이다. 김치는 우리가 채소의 영양분을 계절에 상관없이 섭취할 수 있도록 해 주고, 발효 과정에서 더해진 좋은 성분으로 우리의 건강을 지키는 데도 도움을 준다.

마 김치 발효의 주역은 젖산균이다. 채소를 묽은 농도의 소금에 절이면 효소 작용이 일어나면서 당분과 아미노산이 생기고, 이를 먹이로 삼아 여러 미생물이 성장하면서 발효가 시작된다. 이때 김치 발효에 가장 중요한 역할을 하는 젖산균도 함께 성장하고 증식한다. 젖산균은 포도당을 분해하면서 젖산을 만들어 낸다. ⓒ젖산은 약한 산성 물질이어서 유해균이 증식하는 것을 억제하고, 김치가 잘 썩지 않게 한다. 그 덕분에 우리는 김치를 오래 두고 먹을 수 있다.

– 진소영, 「지혜가 담긴 음식, 발효 식품」 –

17 ⊙에 대한 대답으로 적절하지 <u>않은</u> 것은?

① 발효 식품에 해당한다.
② 특유의 맛과 향이 있다.
③ 건강에 좋은 음식들이다.
④ 우리나라의 전통 식품이다.

18 윗글의 내용과 일치하지 <u>않는</u> 것은?

① 빵과 치즈도 발효 식품에 속한다.
② 김치가 발효될수록 젖산균의 양이 늘어난다.
③ 젖산균은 아미노산을 분해하여 젖산을 만든다.
④ 발효 식품은 인간이 오래 살 수 있도록 돕는다.

19 ⓒ에 사용된 설명 방식으로 알맞은 것은?

① 비교 　　　　② 대조
③ 인과 　　　　④ 정의

〈허생전〉 다음에는 〈호질〉, 〈양반전〉도 있었다. 책이 꽤 두꺼웠으니 박지원의 저작 가운데 상당 부분이 책에 들어 있었을 것이다. 그런데 그 책 속의 주인공들은 내가 읽었던 수많은 무협지의 주인공과는 달라도 많이 달랐다. 무협지를 읽고 나면 주인공 이름 말고는 기억에 남는 게 없는데, 박지원의 소설은 주인공이 다음에 어떻게 되었을지 궁금해지고 내가 주인공이라면 어떻게 했을지 자꾸만 생각하게 만들었다. 한두 번 씹으면 단맛이 다 빠져 버리는 무협지와는 달리 그 책의 내용은 읽을수록 새로운 맛이 우러나왔다. 보석처럼 단단하고 품위 있는 문장은 아름답기까지 했다. 책을 읽으면서 내 정신세계가 무슨 보약을 먹은 듯이 한층 더 넓어지고 수준이 높아지는 듯한 느낌이 들었다. 일주일에 단 한 시간, 도서관에서 단 한 권의 책을 거듭 펴서 읽었을 뿐인데도.

중학교 3학년 1학기 특별 활동 시간에 나는 몇백 년 전 글을 쓴 사람의 숨결이 글을 다리로 하여 내게로 건너와 느껴지는 경험을 처음 해 보았다. 무엇보다 중요한 것은 그것이 무척 재미있었다는 것이다. 읽으면 내 피와 살이 되는 고전, 맛있는 고전, 내가 재미를 들인 최초의 고전이 우리의 조상이 쓴 것이라는 데에서 나오는 뿌듯함까지 맛볼 수 있었다.

3학년 2학기가 되었을 때 특별 활동 시간은 없어졌다. 내가 1학기의 특별 활동 시간에 읽은 것은 박지원의 책이 전부였다. 하지만 내가 지금 소설을 쓰고 있는 것은 바로 그 책 때문이라고 생각한다. 특별하지 않은 특별 활동 시간에 읽은 아주 특별한 그 책이 내 일생을 바꾸었다.

누구에게나 그런 일이 일어날 수 있다. 모르고 지나갈 수도 있다. 어떤 책을 계기로 인간의 지극한 정신문화, 그 높고 그윽한 세계에 닿고 그의 일원이 되는 것은 겪어 보지 못한 사람은 알 수 없는 행복을 안겨 준다. 이 세상에 인간으로 나서 인간으로 살면서 인간다운 삶을 살고 드높은 가치를 추구하는 길을 책이 보여 준다. 책은 지구상에서 인간이라는 종(種)만이 알고 있는, 진정한 인간으로 나아가는 통로이다. 그래서 사람들은 말하는지도 모른다. ㉠책 속에 길이 있다고.

– 성석제, 「맛있는 책, 일생의 보약」 –

20 글쓴이가 자신의 경험을 통해 말한 독서의 중요성으로 가장 적절한 것은?

① 학교생활을 하는 데 도움이 된다.
② 책이 사람의 인생을 바꿀 수 있다.
③ 학교에서 배우지 못하는 것을 배울 수 있다.
④ 책을 통해 올바른 인간관계를 형성할 수 있다.

21 글쓴이가 윗글을 통해 전달하고자 하는 바로 가장 적절한 것은?

① 독서의 가치와 의의
② 올바른 독서의 방법
③ 독서를 생활화하는 방법
④ 박지원의 소설이 갖는 특징

22 ㉠에 대한 설명으로 가장 적절한 것은?

① 독서의 가치를 다양하게 제시하고 있다.
② 독서의 가치를 독자가 찾도록 하고 있다.
③ 독자들에게 질문을 던지는 형식을 취하고 있다.
④ 독서에 대한 자신의 생각을 압축적으로 제시하고 있다.

[23~25] 다음 글을 읽고 물음에 답하시오.

겨울만 되면 정전기가 ㉠기승을 부린다. 자동차 문의 손잡이를 잡을 때 찌릿하기도 하고, 스웨터를 벗을 때 '찌지직' 소리와 함께 머리가 폭탄 맞은 것처럼 변하기도 한다. 심지어 친구의 손을 잡을 때 정전기가 튀어 깜짝 놀라는 경우도 있다. 우리를 깜짝 놀라게 하는 정전기. 도대체 이런 정전기는 왜 생기는 것일까?

정전기란 전하가 정지 상태로 있어 그 분포가 시간적으로 변화하지 않는 전기 및 그로 인한 전기 현상을 말한다. 쉽게 설명하면 흐르지 않고 그냥 머물러 있는 전기라고 해서 "움직이지 아니하여 조용하다."는 뜻을 가진 한자 '정(靜)'을 써 정전기라고 부르는 것이다. 우리가 실생활에서 쓰는 전기가 흐르는 물이라면, 정전기는 높은 곳에 고여 있는 물이다. 정전기의 전압은 수만 볼트(V)에 달하지만, 우리가 실생활에서 쓰는 전기와는 다르게 전류가 거의 없어 위험하지는 않다. 어마어마하게 높은 곳에 고여 있는 물이지만 떨어지는 것은 한두 방울뿐이라 별 피해가 없다고나 할까.

정전기가 생기는 것은 마찰 때문이다. 물질의 기본적 구성 단위인 원자는 원자핵과 전자로 이루어져 있다. 전자는 작고 가벼워서 마찰을 통해 다른 물체로 쉽게 이동하기도 한다. 생활하면서 주변의 물체와 접촉하면 마찰이 일어나기 마련인데, 그때마다 우리 몸과 물체가 전자를 주고받으며 몸과 물체에 조금씩 전기가 저장된다. ⓒ한도 이상의 전기가 쌓였을 때 전기가 잘 통하는 물체에 닿으면 그동안 쌓였던 전기가 순식간에 불꽃을 튀기며 이동하면서 정전기가 발생하는 것이다.

그런데 정전기로 고생하는 정도는 사람마다 다르다. 우리 주변에는 정전기로 유별나게 고생하는 사람이 꼭 있다. 다른 사람이 만졌을 때에는 괜찮았는데 이들이 만지면 어김없이 튀는 정전기. 왜 정전기로 고생하는 정도가 사람마다 다른 것일까?

정전기가 언제 잘 생기는지를 보면 답을 알 수 있다. 우선 정전기는 건조할 때 잘 생긴다. 습도가 높으면 공기 중의 수분이 전하가 흘러갈 수 있는 ⓒ도체 역할을 하여 정전기가 수시로 ⓔ방전된다. 따라서 습도가 높으면 정전기도 잘 생기지 않는다. 여름보다 겨울에 정전기가 기승을 부리는 것은 이런 까닭에서이다.

– 김정훈, 「정전기가 겨울로 간 까닭은?」 –

23 위와 같은 글의 특징으로 가장 적절한 것은?

① 글쓴이가 경험한 사실을 개성적으로 표현한다.
② 예상되는 문제점을 중심으로 해결책을 제시한다.
③ 다른 글에 대한 평가를 중심으로 내용을 전개한다.
④ 말하고자 하는 대상에 대한 정보를 객관적으로 전달한다.

24 윗글의 내용과 일치하는 것은?

① 전자는 크기가 크고 무거운 편이다.
② 겨울에는 정전기가 잘 발생하지 않는다.
③ 정전기가 발생할 때 전하는 정지 상태이다.
④ 우리 몸과 물체는 마찰이 일어날 때마다 전자를 주고받는 것은 아니다.

25 ㉠~㉣의 뜻풀이로 적절하지 않은 것은?

① ㉠: 뜻밖에 얻은 승리
② ㉡: 일정한 정도. 또는 한정된 정도
③ ㉢: 열 또는 전기의 전도율이 비교적 큰 물체를 통틀어 이르는 말
④ ㉣: 전지나 축전기 또는 전기를 띤 물체에서 전기가 외부로 흘러나오다.

SPEED 정답 체크

01 ③	02 ④	03 ③	04 ④	05 ①	06 ①
07 ③	08 ①	09 ②	10 ③	11 ④	12 ③
13 ②	14 ③	15 ②	16 ④	17 ④	18 ③
19 ③	20 ②	21 ①	22 ④	23 ④	24 ③
25 ①					

Ñ 가지 젤 중요한 개념

1 시

시적 화자	시 속에서 말하는 사람으로, 시인이 자신의 생각과 감정을 전달하기 위해 설정한 대리인
시적 대상	시적 화자가 노래하는 대상
시적 상황	시에서 화자가 처해 있는 상황, 즉 화자의 형편이나 처지·환경
운율	시에서 느껴지는 말의 가락으로, 보통 어떤 요소가 규칙적으로 반복될 때 형성됨
심상	시각적 심상, 청각적 심상, 후각적 심상, 미각적 심상, 촉각적 심상, 공감각적 심상
표현법	의인법	사람이 아닌 것을 사람처럼 표현함
	직유법	'~처럼, ~같이, ~인 듯' 등을 사용하여 직접적으로 비유함
	설의법	일부러 의문의 형식으로 표현하여 변화를 줌
	반어법	참뜻과는 반대되는 말로 표현함
	역설법	겉으로는 모순된 것처럼 보이지만 그 안에 진리를 담고 있는 표현 방법

선생님's 조언 심상과 표현법은 매회 출제되는 빈출 개념이에요. 작품에 적용하여 꾸준히 반복 학습하세요.

2 소설

허구성	소설은 작가의 상상력을 통하여 가공된 허구의 이야기, 즉 픽션임
서술자	• 소설에서 이야기를 전달해 주는 허구적 인물 • 1인칭은 서술자가 작품 속에 등장하고, 3인칭은 서술자가 작품 속에 등장하지 않음
갈등	내적 갈등	한 인물의 마음속에서 일어나는 갈등
	외적 갈등	인물과 인물을 둘러싼 환경 속에서 일어나는 갈등

3 희곡 및 시나리오

구분	희곡	시나리오
목적	연극 상연	영화 상영
단위	막과 장	장면
제약	시공간적 배경, 인물 수에 제약이 있음	비교적 제약이 적음
형태	상연으로 소멸됨	필름으로 보존됨

4 설명하는 글과 설득하는 글

구분		설명하는 글	설득하는 글
공통점		논리적이고 체계적임	
차이점	목적	정보 전달	주장과 설득
	성격	객관적, 사실적	주관적, 설득적
	구성	처음(머리말) – 중간(본문) – 끝(맺음말)	서론 – 본론 – 결론
	읽는 방법	• 지식과 정보를 이해함 • 내용의 정확성, 객관성을 판단함	• 글쓴이의 주장을 파악함 • 근거의 타당성, 논리성을 파악함

5 글쓰기 과정

계획하기	글의 주제, 글을 쓰는 목적, 예상 독자를 고려하여 계획하기
내용 생성 및 선정하기	• 글의 화제와 관련되는 다양한 생각 떠올리기 • 수집한 내용 중 글에 담을 내용 선정하기
내용 조직하기	선정한 내용을 주제가 잘 드러나도록 조직하기
표현하기	조직한 내용을 글로 표현하기
고쳐쓰기	글의 주제가 분명하게 드러나는지, 주제와 어울리지 않는 문장이나 문단은 없는지, 맞춤법에 어긋난 단어나 올바르지 않은 문장은 없는지 점검하고 고쳐쓰기

선생님's 조언 글쓰기 과정 중 '고쳐쓰기'는 문법 지식과 함께 학습하면서 오답 체크하는 것이 중요해요.

6 품사

형태	기능	품사	의미
불변어 (형태가 변하지 않음)	체언 (주어, 목적어, 보어의 역할)	명사	사람이나 사물 등의 이름을 나타냄
		대명사	사람이나 사물 등의 이름을 대신함
		수사	수량이나 순서를 가리킴
	수식언 (다른 말을 꾸며 주는 역할)	관형사	체언을 꾸며 주는 역할을 함
		부사	주로 용언을 꾸며 주는 역할을 함
	독립언 (다른 말과 관계 없이 독립적)	감탄사	느낌·놀람·부름·대답 등을 나타냄
	관계언 (문법적 관계, 뜻을 더해 줌)	조사	주로 체언의 뒤에 붙어서 다른 말과의 관계를 표시하거나 특별한 의미를 더해줌 ('이다'는 예외)
가변어 (형태가 변함)	용언 (주어를 풀이, 서술어 역할)	동사	사람이나 사물의 움직임을 나타냄
		형용사	사람이나 사물의 상태나 성질을 나타냄

7 문장 성분

주성분	주어	• '누가, 무엇이'에 해당하는 것으로, 문장에서 동작, 상태, 성질의 주체 • 체언+이/가, 께서(주격 조사)
	서술어	• '어찌하다, 어떠하다, 무엇이다'에 해당하는 것으로, 주어의 동작이나 상태, 성질을 풀이함 • 동사, 형용사 또는 체언+이다(서술격 조사)
	목적어	• '누구를, 무엇을'에 해당하며, 서술어의 동작 대상 • 체언+을/를(목적격 조사)
	보어	• 주어와 목적어 외에 서술어가 요구하는 필수 성분으로, 서술어 '되다, 아니다' 앞에서 뜻을 보충함 • 보격 조사 '이/가'가 붙어 만들어짐
부속 성분	관형어	• 체언을 꾸며 주는 성분 • 관형사, 체언+의(관형격 조사) 등
	부사어	• 서술어·부사어·관형어·문장 전체를 꾸미거나 문장·단어를 이어 줌 • 부사, 체언+에/에게/(으)로(부사격 조사) 등
독립 성분	독립어	• 다른 성분과 직접적인 관련 없이 독립적 의미 • 부름, 감탄, 놀람, 응답 등 • 감탄사, 체언+아/야(호격 조사)

8 문장의 짜임

홑문장		주어와 서술어의 관계가 한 번 나타나는 문장
겹문장	개념	주어와 서술어의 관계가 두 번 이상 나타나는 문장
	이어진문장	대등하게 이어진문장
		종속적으로 이어진문장
	안은문장	명사절을 안은문장
		관형절을 안은문장
		부사절을 안은문장
		인용절을 안은문장
		서술절을 안은문장

9 올바른 발음

제5항	'ㅑ, ㅒ, ㅕ, ㅖ, ㅘ, ㅙ, ㅛ, ㅝ, ㅞ, ㅠ, ㅢ'는 이중 모음으로 발음한다.
	다만 1. 용언의 활용형에 나타나는 '져, 쪄, 쳐'는 [저, 쩌, 처]로 발음한다.
	다만 2. '예, 례' 이외의 'ㅖ'는 [ㅔ]로도 발음한다.
	다만 3. 자음을 첫소리로 가지고 있는 음절의 'ㅢ'는 [ㅣ]로 발음한다.

	다만 4. 단어의 첫음절 이외의 '의'는 [ㅣ]로, 조사 '의'는 [ㅔ]로 발음함도 허용한다.
제10항	겹받침 'ㄳ', 'ㄵ', 'ㄼ, ㄽ, ㄾ', 'ㅄ'은 어말 또는 자음 앞에서 각각 [ㄱ, ㄴ, ㄹ, ㅂ]으로 발음한다.
	다만, '밟-'은 자음 앞에서 [밥]으로 발음하고, '넓-'은 다음과 같은 경우에 [넙]으로 발음한다. 예 넓 - 죽하다[넙쭈카다], 넓 - 둥글대[넙뚱글대]
제11항	겹받침 'ㄺ, ㄻ, ㄿ'은 어말 또는 자음 앞에서 각각 [ㄱ, ㅁ, ㅂ]으로 발음한다.
	다만, 용언의 어간 말음 'ㄺ'은 'ㄱ' 앞에서 [ㄹ]로 발음한다.
제14항	겹받침이 모음으로 시작된 조사나 어미, 접미사와 결합되는 경우에는, 뒤엣것만을 뒤 음절 첫소리로 옮겨 발음한다(이 경우, 'ㅅ'은 된소리로 발음함).
제15항	받침 뒤에 모음 'ㅏ, ㅓ, ㅗ, ㅜ, ㅟ'들로 시작되는 실질 형태소가 연결되는 경우에는, 대표음으로 바꾸어서 뒤 음절 첫소리로 옮겨 발음한다.

선생님's 조언 음운 변동과 연계하여 학습하면 더욱 좋아요.

10 훈민정음 창제 원리

■ 자음(초성)의 창제 원리

상형	발음 기관의 모양을 본떠 기본자 'ㄱ, ㄴ, ㅁ, ㅅ, ㅇ'을 만듦	ㄱ(어금닛소리)	혀뿌리가 목구멍을 막는 모양을 본뜸
		ㄴ(혓소리)	혀끝이 윗잇몸에 붙는 모양을 본뜸
		ㅁ(입술소리)	입술의 모양을 본뜸
		ㅅ(잇소리)	이의 모양을 본뜸
		ㅇ(목구멍소리)	목구멍의 모양을 본뜸
가획	소리가 거세지면 기본자에 획을 더하여 'ㅋ, ㄷ, ㅌ, ㅂ, ㅍ, ㅈ, ㅊ, ㆆ, ㅎ'을 만듦		
이체	기본자의 형태를 변형하여 'ㆁ, ㅿ, ㄹ'을 만듦		

■ 모음(중성)의 창제 원리

상형	'하늘, 땅, 사람'의 모양을 본떠 기본자 'ㆍ, ㅡ, ㅣ'를 만듦	ㆍ (아래 아)	• 하늘[天]의 둥근 모양을 본뜸 • 발음할 때 혀가 오그라들고 소리가 깊음
		ㅡ	• 땅[地]의 평평한 모양을 본뜸 • 발음할 때 혀가 조금 오그라들고 소리는 깊지도 얕지도 않음
		ㅣ	• 사람[人]이 바로 선 모양을 본뜸 • 발음할 때 혀가 오그라들지 않고 소리는 얕음
합성	기본자+기본자	초출자	ㅗ, ㅏ, ㅜ, ㅓ
	초출자+'ㆍ'	재출자	ㅛ, ㅑ, ㅠ, ㅕ

인생에 새로운 시도가 없다면 결코 실패하지 않습니다.
단 한 번도 실패하지 않은 인생은
결코 새롭게 시도해 보지 않았기 때문입니다.

- 조정민, 『인생은 선물이다』, 두란노

2교시

수학

기출문제 3개년 빅데이터

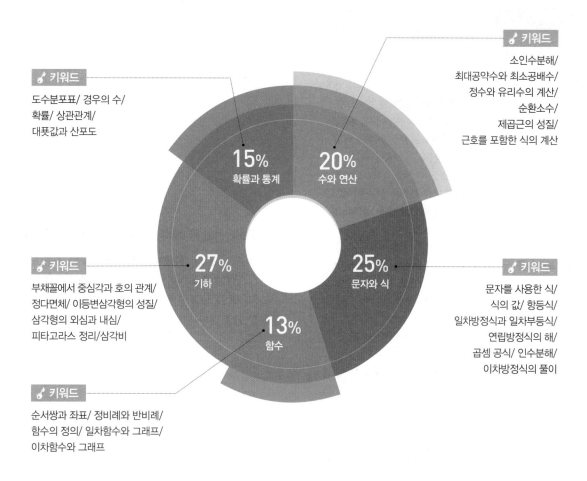

🔑 키워드

소인수분해/
최대공약수와 최소공배수/
정수와 유리수의 계산/
순환소수/
제곱근의 성질/
근호를 포함한 식의 계산

🔑 키워드

도수분포표/ 경우의 수/
확률/ 상관관계/
대푯값과 산포도

🔑 키워드

부채꼴에서 중심각과 호의 관계/
정다면체/ 이등변삼각형의 성질/
삼각형의 외심과 내심/
피타고라스 정리/삼각비

🔑 키워드

문자를 사용한 식/
식의 값/ 항등식/
일차방정식과 일차부등식/
연립방정식의 해/
곱셈 공식/ 인수분해/
이차방정식의 풀이

🔑 키워드

순서쌍과 좌표/ 정비례와 반비례/
함수의 정의/ 일차함수와 그래프/
이차함수와 그래프

15% 확률과 통계

20% 수와 연산

27% 기하

25% 문자와 식

13% 함수

💬 선생님의 한마디

수학은 기초부터 탄탄히 정확한 개념을 확립하고 공식의 이해 및 적용능력을 키운다면 충분히 좋은 결과를 얻을 수 있습니다. 단원별 주요 공식은 꼭 암기하고, 여러 번 풀어보면서 계산의 정확도를 높이는 연습이 꼭 필요합니다. 자신감을 갖고 도전하길 바랍니다.

I 수와 연산

👍 **원포인트 공부법** 이번 단원의 가장 기본이 되는 정수, 유리수, 유한소수, 무한소수, 순환소수와 같은 용어의 뜻을 알고, 계산에 적용해 봅시다.

---

01 **자연수의 성질**

키워드 01

소수와 합성수

➕ 약수

• 정의: 한 수로 어떤 수를 나눌 때 나누어떨어지게 하는 수
• 약수를 구할 때는 나누었을 때 나머지가 0이 되는 수만 구해야 함
• 1은 모든 자연수의 약수

1. 소수
① 1보다 큰 자연수 중 1과 자기 자신만을 약수로 가지는 수
② 모든 소수의 약수는 2개임 ➡ 약수가 2개인 수
③ 소수 중 짝수는 2뿐임
　　例 2, 3, 5, 7, 11, 13, …

2. 합성수
① 1보다 큰 자연수 중 소수가 아닌 수
② 합성수의 약수는 3개 이상임 ➡ 약수가 3개 이상인 수
　　例 4, 6, 8, 9, 10, 12, …

3. 1은 소수도 아니고 합성수도 아님 ➡ 약수가 1개인 수

키워드 02

거듭제곱

➕ 거듭제곱의 표현

$\underset{3번}{\underline{2\times2\times2}}=2^{③}$

$\underset{4번}{\underline{5\times5\times5\times5}}=5^{④}$

$\underset{2번}{\underline{2\times2}}\times\underset{3번}{\underline{3\times3\times3}}=2^{②}\times3^{③}$

1. 거듭제곱 같은 수나 문자를 여러 번 곱한 것을 간단히 나타낸 것
$$(곱하는 수)^{곱하는 횟수}=(밑)^{지수}$$
$$a\times a\times a=a^3 \quad \text{← } a를 3번 곱한 것$$
　例 $2\times2=2^2,\ 5\times5\times5=5^3,\ a\times a\times a\times a=a^4$

2^4 에서 위첨자 4는 지수, 아래는 밑

2. 밑 거듭하여 곱한 수

3. 지수 거듭하여 곱한 횟수
　例 5^3에서 5는 밑, 3은 지수이다.

4. 거듭제곱 읽는 방법
$a^2,\ a^3,\ a^4,\ \cdots$을 a의 거듭제곱이라 하고 a^2은 a의 제곱, a^3은 a의 세제곱, a^4은 a의 네제곱이라고 읽음

쓰기	$\underset{2번}{\underline{2\times2}}=2^2$	$\underset{3번}{\underline{2\times2\times2}}=2^3$	$\underset{4번}{\underline{2\times2\times2\times2}}=2^4$
읽기	2의 제곱	2의 세제곱	2의 네제곱

주의 $2\times2\times2=2^3,\ 2+2+2=2\times3$

참고 • 1의 거듭제곱은 항상 1이다. 즉, $1=1^2=1^3=\cdots$
　　　• 2^1은 간단히 2로 나타낸다.

소인수분해

- 빈출유형입니다.
- 소인수분해는 기초 개념이므로 반드시 학습해야 합니다.

＋
$a=b \times c$일 때, b와 c는 a의 인수(단, a, b, c는 자연수)
예 $12=2^2 \times 3$에서 2와 3은 12의 약수 또는 인수

＋ 소인수분해한 결과를 쓰는 방법
- 작은 소인수부터 차례로 씀
- 같은 소인수의 곱은 거듭제곱으로 나타냄

1. 소인수 인수 중에서 소수인 것(소인수분해했을 때, 밑이 되는 수)

예 · $75=3 \times 5^2$ ➡ 75의 소인수는 3, 5
　　　↑소인수
· 12의 약수인 1, 2, 3, 4, 6, 12 중에서 소수인 2, 3을 '소인수'라 한다.

2. 소인수분해 1보다 큰 자연수를 그 수의 소인수들만의 곱으로 나타내는 것

예 12의 소인수분해 ➡ $12=2^2 \times 3$

3. 소인수분해하는 방법

[방법 1]
$$36=2 \times 18$$
$$=2 \times 2 \times 9$$
$$=2 \times 2 \times 3 \times 3$$
$$=2^2 \times 3^2$$

[방법 2]
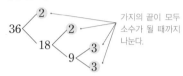
가지의 끝이 모두 소수가 될 때까지 나눈다.

[방법 3]
소수로 나눈다.
```
2)36
2)18
3) 9
   3
```
∴ $36=2^2 \times 3^2$ ── 몫이 소수가 되면 끝난다.

① 나누어떨어지게 하는 소수 중 작은 수부터 차례로 나누기
② 몫이 소수가 될 때까지 나누고, 나눈 소수들과 마지막 몫을 곱으로 나타내기
③ 이때 같은 소인수가 있으면 거듭제곱으로 나타내기

소인수분해를 이용한 약수 구하기

＋
a, b는 서로 다른 소수이고, l, m은 자연수일 때,
· a^l의 약수의 개수
　➡ $(l+1)$
· $a^l \times b^m$의 약수의 개수
　➡ $(l+1) \times (m+1)$

자연수 A가 $A=a^m \times b^n$(a, b는 서로 다른 소수, m, n은 자연수)으로 소인수분해될 때

1. A의 약수 a^m의 약수와 b^n의 약수를 곱해서 구함
➡ (a^m의 약수) $\times$ (b^n의 약수)
　└ $1, a, a^2, \cdots, a^m$　└ $1, b, b^2, \cdots, b^n$

2. A의 약수의 개수 $(m+1) \times (n+1)$
　　　　　└ 소인수의 지수에 각각 1을 더한다.

예 12를 소인수분해하면 $12=2^2 \times 3$이므로 다음 표에서

×	1	2	2^2
1	$1 \times 1=$**1**	$1 \times 2=$**2**	$1 \times 2^2=$**4**
3	$3 \times 1=$**3**	$3 \times 2=$**6**	$3 \times 2^2=$**12**

➡ 12의 약수는 1, 2, 3, 4, 6, 12
➡ 12의 약수의 개수는 $(2+1) \times (1+1)=3 \times 2=6$

참고 자연수 $A=a^l \times b^m \times c^n$ (a, b, c는 서로 다른 소수, l, m, n은 자연수)에 대하여
· A의 약수: (a^l의 약수) $\times$ (b^m의 약수) $\times$ (c^n의 약수)
· A의 약수의 개수: $(l+1) \times (m+1) \times (n+1)$

최대공약수

1. 공약수와 최대공약수

① 공약수: 2개 이상의 자연수에서 공통인 약수

> 예 4의 약수: 1, 2, 4
> 6의 약수: 1, 2, 3, 6
> ➡ 4, 6의 공약수: 1, 2

② 최대공약수: 공약수 중에서 가장 큰 수

> 예 4, 6의 최대공약수: 2

③ 서로소: 최대공약수가 1인 두 자연수

2. 최대공약수 구하는 방법

[방법 1] 소인수분해 이용하기
① 각 수를 소인수분해함
② 공통인 소인수를 모두 곱함. 이때 지수가 같으면 그대로, 다르면 작은 것을 택하여 곱함

$$\begin{array}{l} 24=2^3 \times 3 \\ \underline{60=2^2 \times 3 \times 5} \\ (최대공약수)=2^2 \times 3 \quad =12 \end{array}$$

[방법 2] 나눗셈 이용하기
① 1이 아닌 공약수로 각 수를 나눔
② 몫이 서로소가 될 때까지 계속 나눔
③ 나누어 준 공약수를 모두 곱함

$$\begin{array}{r} 2)\underline{24 \quad 60} \\ 2)\underline{12 \quad 30} \\ 3)\underline{6 \quad 15} \\ 2 \quad 5 \longrightarrow 서로소 \end{array}$$

(최대공약수)$=2 \times 2 \times 3=12$

+
[방법 2]는 초등에서 배운 최대공약수 구하는 방법과 같고, 이때 소수로만 나누는 것이 아니라 소수가 아닌 공약수로 나누어도 됨

$$\begin{array}{r} 6)\underline{6 \quad 18} \\ 1 \quad 3 \end{array}$$

최소공배수

1. 공배수와 최소공배수

① 공배수: 2개 이상의 자연수에서 공통인 배수

> 예 4의 배수: 4, 8, 12, 16, 20, 24, …
> 6의 배수: 6, 12, 18, 24, …
> ➡ 4와 6의 공배수: 12, 24, …

② 최소공배수: 공배수 중에서 가장 작은 수

> 예 4, 6의 최소공배수: 12

③ 두 수의 공배수는 두 수의 최소공배수의 배수와 같음

2. 최소공배수 구하는 방법

[방법 1] 소인수분해 이용하기
① 각 수를 소인수분해함
② 공통인 소인수와 공통이 아닌 소인수를 모두 곱함. 이때 지수가 같으면 그대로, 다르면 큰 것을 택하여 곱함

$$\begin{array}{l} 12=2^2 \times 3 \\ \underline{30=2 \times 3 \times 5} \\ (최소공배수)=2^2 \times 3 \times 5=60 \end{array}$$

[방법 2] 나눗셈 이용하기
① 1이 아닌 공약수로 각 수를 나눔
② 몫이 서로소가 될 때까지 계속 나눔
③ 나누어 준 공약수와 몫을 모두 곱함

$$\begin{array}{r} 2)\underline{12 \quad 30} \\ 3)\underline{6 \quad 15} \\ 2 \quad 5 \end{array}$$

(최소공배수)$=2 \times 3 \times 2 \times 5=60$

+ 최대공약수와 최소공배수의 관계
두 자연수 A, B의 최대공약수를 G, 최소공배수를 L이라 할 때, $A=a \times G$, $B=b \times G$(a, b는 서로소)이면 다음이 성립함

$$\begin{array}{r} G)\underline{A \quad B} \\ a \quad b \\ 서로소 \end{array}$$

① $L=a \times b \times G$
② $A \times B=G \times L$

키워드 01

정수

음의 정수를 찾는 문제가 출제되었습니다.

+
0은 양수도 음수도 아님

1. **정수** 양의 정수, 0, 음의 정수를 통틀어 정수라고 함
   ① 양의 정수: 자연수에 양의 부호(+)가 붙은 수
   ② 음의 정수: 자연수에 음의 부호(−)가 붙은 수

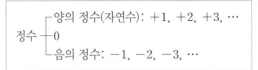

정수 ┬ 양의 정수(자연수): +1, +2, +3, ···
    ├ 0
    └ 음의 정수: −1, −2, −3, ···

2. **정수와 수직선**
   한 직선 위에 기준이 되는 점 0을 원점으로 하고, 오른쪽에는 양의 정수를, 왼쪽에는 음의 정수를 대응시켜 만든 직선

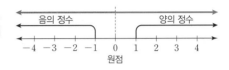

키워드 02

유리수

정수가 아닌 유리수를 묻는 문제가 출제되었습니다.

1. **유리수** 양의 유리수, 0, 음의 유리수를 통틀어 유리수라고 함
   ① 양의 유리수: 분모, 분자가 자연수인 분수에 양의 부호 (+)를 붙인 수
   ② 음의 유리수: 분모, 분자가 자연수인 분수에 음의 부호 (−)를 붙인 수

2. **유리수의 분류**

유리수 ┬ 정수 ┬ 양의 정수(자연수): +1, +2, +3, ···
      │   ├ 0
      │   └ 음의 정수: −1, −2, −3, ···
      └ 정수가 아닌 유리수: $-\dfrac{1}{2}$, $+\dfrac{1}{3}$, -0.1, $+2.7$, ···

키워드 03

절댓값

절댓값이 가장 큰 수를 묻는 문제가 출제되었습니다.

+ 절댓값의 성질
- $a>0$이면 $|a|=a$
- $a=0$이면 $|a|=0$
- $a<0$이면 $|a|=-a$

1. **절댓값** 수직선 위에서 원점으로부터 어떤 수에 대응하는 점까지의 거리
   ① 정수 a의 절댓값은 절댓값 a라고 읽음 **기호** $|a|$
   ② 절댓값이 가장 작은 수는 0임
   ③ 절댓값이 $a(a>0)$인 수는 $+a$, $-a$의 2개임
   예 절댓값이 3인 수 ➡ $+3$, -3

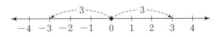

2. **부등호 >, <, ≥, ≤를 사용하여 나타낸 수의 대소 관계**

$x>a$	$x<a$	$x \geq a$	$x \leq a$
• x는 a 초과이다. • x는 a보다 크다.	• x는 a 미만이다. • x는 a보다 작다.	• x는 a 이상이다. • x는 a보다 크거나 같다. • x는 a보다 작지 않다.	• x는 a 이하이다. • x는 a보다 작거나 같다. • x는 a보다 크지 않다.

수의 대소 관계

수의 대소 관계는 빈출 유형
입니다.

① 양수는 음수보다 큼 ➡ (음수)<(양수) **예** $-2<+1$
② 양수는 0보다 크고, 음수는 0보다 작음 ➡ (음수)$<0<$(양수) **예** $-3<0, 0<+2$
③ 양수끼리는 절댓값이 큰 수가 큼 **예** $+2<+5$
④ 음수끼리는 절댓값이 큰 수가 작음 **예** $-3<-1$

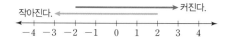

작아진다. ←—————→ 커진다.

$$-4 \quad -3 \quad -2 \quad -1 \quad 0 \quad 1 \quad 2 \quad 3 \quad 4$$

유리수의 덧셈과 뺄셈

+

뺄셈에서는 교환법칙과 결
합법칙이 성립하지 않음

1. 유리수의 덧셈

① 부호가 같을 때: 두 수의 절댓값의 합에 두 수의 공통인 부호를 붙임

공통인 부호

$$(-4)+(-7)=-(4+7)=-11$$

절댓값의 합

② 부호가 다를 때: 두 수의 절댓값의 차에 절댓값이 큰 수의 부호를 붙임

절댓값이 큰 수의 부호

$$(+5)+(-9)=-(9-5)=-4$$

절댓값의 차

2. 덧셈의 계산 법칙

① 덧셈의 교환법칙: $a+b=b+a$

예 $(+2)+(+3)=(+3)+(+2)=+5$

② 덧셈의 결합법칙: $(a+b)+c=a+(b+c)$

예 $\{(+3)+(+2)\}+(+1)=(+3)+\{(+2)+(+1)\}=+6$

3. 유리수의 뺄셈

빼는 수의 부호를 바꾸어 덧셈으로 고쳐서 계산

뺄셈은 덧셈으로   뺄셈은 덧셈으로

$$(-4)-(-3)=(-4)+(+3)=-1, \quad (-4)-(+3)=(-4)+(-3)=-7$$

빼는 수의 부호를 바꾼다.   빼는 수의 부호를 바꾼다.

유리수의 곱셈

1. 유리수의 곱셈

① 부호가 같을 때: 두 수의 절댓값의 곱에 양의 부호 $+$를 붙임

예 $(+2)\times(+3)=+6, (-2)\times(-3)=+6$

② 부호가 다를 때: 두 수의 절댓값의 곱에 음의 부호 $-$를 붙임

예 $(+2)\times(-3)=-6, (-2)\times(+3)=-6$

③ 어떤 수와 0의 곱은 항상 0임

+ 곱셈의 부호 결정
- $(+)\times(+)=(+)$
- $(-)\times(-)=(+)$
- $(+)\times(-)=(-)$
- $(-)\times(+)=(-)$

2. 곱셈의 계산 법칙
세 수 a, b, c에 대하여

① 곱셈의 교환법칙
$$a\times b=b\times a$$
예 $(+2)\times(-3)=-6$, $(-3)\times(+2)=-6$

② 곱셈의 결합법칙
$$(a\times b)\times c=a\times(b\times c)$$
예 $(+5)\times(-3)\times(+4)$
$=(+5)\times(+4)\times(-3)$ ┐교환법칙
$=\{(+5)\times(+4)\}\times(-3)$ ┘결합법칙
$=(+20)\times(-3)=-60$

③ 곱셈의 분배법칙
$$\overset{\frown}{a\times(b+c)}=a\times b+a\times c$$
$$\overset{\frown}{(a+b)\times c}=a\times c+b\times c$$
예 12×101
$=12\times(100+1)$
$=12\times100+12\times1$
$=1200+12=1212$

키워드 07

세 수 이상의 유리수의 곱셈

+ -1의 거듭제곱
➡ $\begin{cases}(-1)^{짝수}=+1\\(-1)^{홀수}=-1\end{cases}$
음수의 거듭제곱을 계산할 때에는 부호를 먼저 결정한 다음, 절댓값의 거듭제곱에 결정된 부호를 붙여도 됨

1. 세 수 이상의 곱셈 순서
① 부호 정하기
➡ 곱해진 음수가 $\begin{cases}짝수\ 개 ➡ +\\홀수\ 개 ➡ -\end{cases}$

② 각 수의 절댓값의 곱에 ①에서 결정된 부호 붙이기
예 $(-3)\times(+5)\times(-2)=+(3\times5\times2)=+30$
$\left(-\dfrac{1}{7}\right)\times\left(-\dfrac{7}{2}\right)\times\left(-\dfrac{1}{5}\right)=-\left(\dfrac{1}{7}\times\dfrac{7}{2}\times\dfrac{1}{5}\right)=-\dfrac{1}{10}$

2. 거듭제곱의 계산
① 양수의 거듭제곱의 부호는 항상 $+$임
② 음수의 거듭제곱의 부호는 지수에 의하여 결정됨
➡ 지수가 $\begin{cases}짝수 ➡ +\\홀수 ➡ -\end{cases}$
예 $(-5)^2=+(5\times5)=+25$, $(-2)^3=-(2\times2\times2)=-8$

키워드 08

유리수의 나눗셈

+ 나눗셈의 부호 결정
- $(+)\div(+)=(+)$
- $(-)\div(-)=(+)$
- $(+)\div(-)=(-)$
- $(-)\div(+)=(-)$

1. 유리수의 나눗셈
① 부호가 같을 때: 두 수의 절댓값의 나눗셈의 몫에 양의 부호($+$)를 붙임
예 $(+6)\div(+3)=+(6\div3)=+2$, $(-6)\div(-3)=+(6\div3)=+2$
② 부호가 다를 때: 두 수의 절댓값의 나눗셈의 몫에 음의 부호($-$)를 붙임
예 $(+6)\div(-3)=-(6\div3)=-2$, $(-6)\div(+3)=-(6\div3)=-2$
③ 어떤 수를 0으로 나누는 것은 생각하지 않음

+ 역수 구하는 방법
① 부호는 그대로 두기
② 분수는 분자와 분모를 바꾸기
이때
• 소수는 분수로 고쳐서 구함
• 정수는 분모가 1인 분수로 생각하여 구함
• 대분수는 가분수로 고쳐서 구함

2. 역수를 이용한 수의 나눗셈

① 역수$\left(\dfrac{\triangle}{\bigcirc}$의 역수 $\rightarrow \dfrac{\bigcirc}{\triangle}\right)$: 두 수의 곱이 1이 될 때, 한 수를 다른 수의 역수라 함

예 수	$\dfrac{3}{4}$	-3	2.1	$-1\dfrac{2}{3}$
역수	$\dfrac{4}{3}$	$-\dfrac{1}{3}$	$\dfrac{10}{21}$	$-\dfrac{3}{5}$

② 역수를 이용한 나눗셈: 나누는 수를 역수로 바꾼 뒤, 나눗셈을 곱셈으로 고쳐서 계산함
→ 나눗셈에서의 부호는 곱셈에서의 부호와 같다.

$$a \div \dfrac{c}{b} = a \times \dfrac{b}{c} \ (\text{이때 부호는 바뀌지 않음})$$

예 $(+3) \div \left(-\dfrac{3}{5}\right) = (+3) \times \left(-\dfrac{5}{3}\right) = -5$

역수

주의 ① 0의 역수는 없다.
② 역수를 구할 때 부호는 바뀌지 않음에 주의한다.

예제

Q1 다음을 계산하여라.

(1) $(-16) \div (-4)$

(2) $(+14) \div \left(-\dfrac{7}{2}\right)$

정답 Q1 (1) $+4$ (2) -4

해석 Q1 (1) $(-16) \div (-4) = (-16) \times \left(-\dfrac{1}{4}\right) = +\left(16 \times \dfrac{1}{4}\right) = +4$

(2) $(+14) \div \left(-\dfrac{7}{2}\right) = (+14) \times \left(-\dfrac{2}{7}\right) = -\left(14 \times \dfrac{2}{7}\right) = -4$

키워드 09

유리수의 혼합 계산

+ 곱셈과 나눗셈의 관계
$a \times b = c$이면
$a = c \div b, \ b = c \div a$

1. 곱셈, 나눗셈의 혼합 계산
① 거듭제곱이 있으면 거듭제곱을 먼저 계산하기
② 나눗셈은 역수를 이용하여 곱셈으로 고쳐서 계산하기
③ 부호를 결정하고 각 수의 절댓값의 곱에 결정된 부호 붙이기

예 $(+2) \div \left(-\dfrac{2}{5}\right) \times (-3) = (+2) \times \left(-\dfrac{5}{2}\right) \times (-3) = +\left(2 \times \dfrac{5}{2} \times 3\right) = +15$

주의 나눗셈에서는 교환법칙과 결합법칙이 성립하지 않는다.

2. 덧셈, 뺄셈, 곱셈, 나눗셈의 혼합 계산
① 소수는 분수로 고치기
② 거듭제곱이 있으면 거듭제곱을 먼저 계산하기
③ 괄호가 있으면 괄호 안을 먼저 계산하기
　이때 소괄호 ( ) → 중괄호 { } 의 순서로 계산하기
④ 곱셈과 나눗셈 계산하기
⑤ 덧셈과 뺄셈을 계산하기

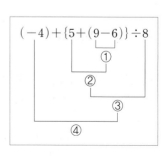

키워드 01

유리수와 소수

+ 소수의 분류

· 유한소수: 0.8, 1.245,
 −3.76
· 무한소수: 0.333333···,
 −1.376542···

1. **유리수** 분수 $\dfrac{a}{b}$ (a, b는 정수, $b \neq 0$) 꼴로 나타낼 수 있는 수
   └ 분모는 0이 될 수 없다.

2. **소수의 분류**
   ① 유한소수: 소수점 아래의 0이 아닌 숫자가 유한개인 소수
   ② 무한소수: 소수점 아래의 0이 아닌 숫자가 무한히 계속되는 소수

   이해가 쏙쏙

   분수, 소수는 수를 표현하는 방법의 이름이고, 정수나 유리수는 수의 종류의 이름이다. 따라서 수 체계에서 '분수'나
   '소수' 대신 '정수가 아닌 유리수'라고 해야 한다.

키워드 02

유한소수

유한소수로 나타낼 수 없는
수를 찾는 문제가 출제되었
습니다.

**+ '소인수가 2 또는 5뿐이
다.'의 의미**

· 소인수가 2만 있는 경우
· 소인수가 5만 있는 경우
· 소인수가 2와 5만 있는 경우

1. **유한소수의 분수 표현**
   ① 모든 유한소수는 분모가 10의 거듭제곱 꼴인 분수로 나타낼 수 있음
   ② 유한소수를 기약분수로 나타내면 분모의 소인수는 2 또는 5뿐임

   예 $0.5 = \dfrac{5}{10} = \dfrac{1}{2}$, $4.08 = \dfrac{408}{100} = \dfrac{102}{25} = \dfrac{102}{5^2}$

2. **유한소수와 무한소수의 판별**
   분수를 기약분수로 나타낸 후, 그 분모를 소인수분해했을 때
   ① 분모의 소인수가 2 또는 5뿐이면 그 분수는 유한소수로 나타낼 수 있음
   ② 분모의 소인수 중에서 2 또는 5 이외의 소인수가 있으면 그 분수는 유한소수로 나타낼 수 없
   고 무한소수로 나타내어짐

   예 $\dfrac{6}{8}$은 분모의 소인수가 2뿐이므로 유한소수로 나타낼 수 있다. ➡ $\dfrac{6}{8} = \dfrac{3}{4} = \dfrac{3}{2^2} = 0.75$

   $\dfrac{10}{24}$은 분모의 소인수 중에서 2 또는 5 이외에 3이 있으므로 유한소수로 나타낼 수 없다.

   ➡ $\dfrac{10}{24} = \dfrac{5}{12} = \dfrac{5}{2^2 \times 3} = 0.41666\cdots$

키워드 03

순환소수

순환소수의 순환마디를 묻
는 문제가 출제되었습니다.

1. **순환소수**
   ① 순환소수: 무한소수 중에서 소수점 아래의 어떤 자리에서부터 일정한 숫자의 배열이 한없이
   되풀이되는 소수
   예 $0.333333\cdots$, $3.542542\cdots$ 등
   ② 순환마디: 순환소수의 소수점 아래에서 숫자의 배열이 일정하게 되풀이되는 한 부분
   ③ 순환소수의 표현: 순환마디의 양 끝의 숫자 위에 점을 찍어서 나타냄
   예 · $0.333\cdots$의 순환마디는 3 ➡ $0.\dot{3}$
   · $3.542542\cdots$의 순환마디는 542 ➡ $3.\dot{5}4\dot{2}$

- 유한소수와 순환소수는 모두 유리수이다.
- 정수가 아닌 유리수는 유한소수 또는 무한소수로 나타낼 수 있다.

예제

Q1 다음을 순환마디에 점을 찍어 간단히 나타내어라.

(1) $0.222\cdots$ (2) $1.323232\cdots$ (3) $0.3141414\cdots$

정답 Q1 (1) $0.\dot{2}$ (2) $1.\dot{3}\dot{2}$ (3) $0.3\dot{1}\dot{4}$

해석 Q1 (1) 순환마디가 2이므로 $0.\dot{2}$ (2) 순환마디가 32이므로 $1.\dot{3}\dot{2}$ (3) 순환마디가 14이므로 $0.3\dot{1}\dot{4}$

키워드 04

순환소수를 분수로 나타내기

➕ 순환소수를 분수로 나타내는 방법

- $0.\dot{a} = \dfrac{a}{9}$
- $0.\dot{a}\dot{b} = \dfrac{ab}{99}$
- $0.a\dot{b} = \dfrac{ab-a}{90}$
- $0.\dot{a}b\dot{c} = \dfrac{abc-a}{900}$
- $0.a\dot{b}\dot{c} = \dfrac{abc-a}{990}$
- $a.b\dot{c}\dot{d} = \dfrac{abcd-ab}{990}$

[방법 1] 10의 거듭제곱 이용하기

① 주어진 순환소수를 x로 놓음

② 양변에 10의 거듭제곱을 곱하여 소수점 아래의 부분이 같은 두 순환소수를 만듦

③ ②의 두 식을 변끼리 빼서 x의 값을 구함

> **예** 순환소수 $0.\dot{1}\dot{2}$를 x라 하면 $x=0.121212\cdots$
>
> $\begin{array}{r} 100x=12.121212\cdots \\ -)x=0.121212\cdots \\ \hline 99x=12 \end{array}$ ➡ $x=\dfrac{12}{99}$

[방법 2] 공식 이용하기

① 분모: 순환마디의 숫자의 개수만큼 9를 쓰고, 그 뒤에 소수점 아래 순환하지 않는 숫자의 개수만큼 0을 씀

② 분자: (순환마디를 포함한 전체의 수)−(순환하지 않는 부분의 수)

$$0.\dot{9}8\dot{7} = \frac{987}{999}$$

전체의 수 / 순환마디의 숫자 3개

$$7.6\dot{5}43\dot{2} = \frac{765432-765}{99900}$$

전체의 수 / 순환하지 않는 수 / 순환마디의 숫자 3개 / 소수점 아래 순환하지 않는 숫자 2개

> **예** • $x=0.\dot{8}$이라 하면 $x=0.888\cdots$
>
> $\begin{array}{r} 10x=8.888\cdots \\ -)x=0.888\cdots \\ \hline 9x=8 \end{array}$ $\therefore x=\dfrac{8}{9}$
>
> • $x=2.0\dot{4}$라 하면 $x=2.040404\cdots$
>
> $\begin{array}{r} 100x=204.040404\cdots \\ -)x=2.040404\cdots \\ \hline 99x=202 \end{array}$ $\therefore x=\dfrac{202}{99}$

04 제곱근과 실수

키워드 01

제곱근의 표현

+ 제곱근의 개수

• 0의 제곱근은 0으로 1개임

• 음수의 제곱근은 없음

+ 제곱근의 의미

• 9의 제곱근 ➡ 3, −3

• 제곱근 9 ➡ $\sqrt{9}$ ➡ 3

---

1. 제곱근의 뜻 어떤 수 x를 제곱하여 a가 될 때, x를 a의 제곱근이라고 함

$x^2 = a$ ➡ x는 a의 제곱근

예 $2^2 = 4$, $(-2)^2 = 4$이므로 4의 제곱근은 2, −2이다.

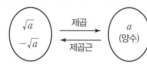

2. 제곱근의 표현

① 근호($\sqrt{}$)를 사용하여 제곱근을 표현

$\sqrt{a}$ ➡ 루트 a, 제곱근 a로 읽음

② 양수 a의 제곱근은 양수와 음수의 2개가 있고, 그 절댓값은 서로 같음

➡ $x^2 = a$이면 $x = \sqrt{a}$ 또는 $x = -\sqrt{a}$

㉠ a의 양의 제곱근 ➡ $\sqrt{a}$ (루트 a)

㉡ a의 음의 제곱근 ➡ $-\sqrt{a}$ (마이너스 루트 a)

㉢ $\sqrt{a}$와 $-\sqrt{a}$를 동시에 표현 ➡ $\pm\sqrt{a}$ (플러스 마이너스 루트 a)

③ 근호 안의 수가 어떤 수의 제곱이면 근호를 사용하지 않고 나타낼 수 있음

이해가 쏙쏙

a의 제곱근과 제곱근 a의 비교(단, $a > 0$)

구분	a의 제곱근	제곱근 a(루트 a)
뜻	제곱하여 a가 되는 수	a의 양의 제곱근
표현	$\sqrt{a}$, $-\sqrt{a}$	$\sqrt{a}$
개수	2개	1개

키워드 02

제곱근의 성질

+
a의 부호에 관계없이 $\sqrt{a^2}$은 항상 음이 아닌 값임

---

1. 제곱근의 성질

$a > 0$일 때

① a의 제곱근 $\sqrt{a}$와 $-\sqrt{a}$는 제곱하면 a가 됨

$(\sqrt{a})^2 = a$, $(-\sqrt{a})^2 = a$

예 $\sqrt{3}$, $-\sqrt{3}$은 3의 제곱근이므로 $(\sqrt{3})^2 = 3$, $(-\sqrt{3})^2 = 3$

② 근호 안의 수가 어떤 수의 제곱이면 근호를 없앨 수 있음

$\sqrt{a^2} = a$, $\sqrt{(-a)^2} = a$

예 $3^2 = 9$, $(-3)^2 = 9$이고 9의 양의 제곱근은 3이므로 $\sqrt{3^2} = \sqrt{9} = 3$, $\sqrt{(-3)^2} = \sqrt{9} = 3$

2. $\sqrt{A^2}$의 성질

제곱근의 성질에 의해 모든 수 A에 대하여

$$\sqrt{A^2}=|A|=\begin{cases} A\geq0일\ 때, & A \\ A<0일\ 때, & -A \end{cases}$$ ─음이 아닌 값, 즉 0 또는 양수

예 • $A=2$일 때
$\sqrt{A^2}=\sqrt{2^2}=2=A$
부호 그대로

• $A=-2$일 때
$\sqrt{A^2}=\sqrt{(-2)^2}=2=-(-2)=-A$
부호 반대로

3. 제곱근과 제곱수의 관계

① 제곱수: $1(=1^2)$, $4(=2^2)$, $9(=3^2)$, $16(=4^2)$, …과 같이 자연수의 제곱인 수

② 근호 안의 수가 제곱수이면 근호를 없애고 자연수로 나타낼 수 있음

예 $\sqrt{1}=\sqrt{1^2}=1$, $\sqrt{4}=\sqrt{2^2}=2$, $\sqrt{9}=\sqrt{3^2}=3$, …

참고 모든 자연수는 근호를 사용하여 $\sqrt{(제곱수)}$ 꼴로 나타낼 수 있다.

$$\boxed{\sqrt{(제곱수)}=\sqrt{(자연수)^2}=(자연수)}$$

③ 제곱수의 성질: 제곱수를 소인수분해하면 소인수의 지수가 모두 짝수임
└─ (자연수)² 꼴로 고칠 수 있다.

키워드 03

제곱근의
대소 관계

$a>0$, $b>0$일 때

① $a<b$이면 $\sqrt{a}<\sqrt{b}$

예 $2<3$이면 $\sqrt{2}<\sqrt{3}$

② $\sqrt{a}<\sqrt{b}$이면 $a<b$

예 $\sqrt{2}<\sqrt{3}$이면 $2<3$

③ $\sqrt{a}<\sqrt{b}$이면 $-\sqrt{a}>-\sqrt{b}$

예 $\sqrt{2}<\sqrt{3}$이면 $-\sqrt{2}>-\sqrt{3}$

참고

넓이: a, $\sqrt{a}$
넓이: b, $\sqrt{b}$

• 정사각형의 넓이가 넓을수록 그 한 변의 길이도 길다.
➡ $a<b$이면 $\sqrt{a}<\sqrt{b}$
• 정사각형의 한 변의 길이가 길수록 그 넓이도 넓다.
➡ $\sqrt{a}<\sqrt{b}$이면 $a<b$

키워드 04

무리수와 실수

✚
일반적으로 '수'라 하면 실수를 의미

1. 무리수 소수로 나타낼 때 순환소수가 아닌 무한소수가 되는 수. 즉, 유리수가 아닌 수

예 • 분수로 나타낼 수 없는 수: $1.234561972\cdots$, π(파이)
• 근호를 벗길 수 없는 수: $\sqrt{2}$, $\sqrt{3}$

2. 실수 유리수와 무리수를 통틀어 실수라 함

3. 실수의 분류

$$실수\begin{cases} 유리수\begin{cases} 정수\begin{cases} 양의\ 정수:\ 1,\ 2,\ 3,\ \cdots \\ 0 \\ 음의\ 정수:\ -1,\ -2,\ \cdots \end{cases} \\ 정수가\ 아닌\ 유리수:\ \dfrac{1}{3},\ 0.5,\ 1.2,\ \cdots \end{cases} \\ 무리수:\ 2.31425\cdots,\ \sqrt{3},\ \pi,\ -\sqrt{5},\ \cdots \end{cases}$$
└ 순환소수가 아닌 무한소수

실수와 수직선

+ 피타고라스 정리 간단 설명
직각삼각형에서 직각을 낀 두 변의 길이가 a, b이면 빗변의 길이는 $\sqrt{a^2+b^2}$

· $c=\sqrt{a^2+b^2}$

· $x=\sqrt{1^2+1^2}=\sqrt{2}$

· $y=\sqrt{2^2+1^2}=\sqrt{5}$

1. 실수와 수직선

① 수직선은 유리수와 무리수, 즉 실수에 대응하는 점들로 완전히 메울 수 있음(실수의 연속성)

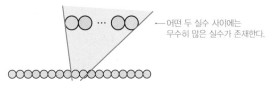

—어떤 두 실수 사이에는 무수히 많은 실수가 존재한다.

② 모든 실수에 수직선 위의 점이 하나씩 대응하고, 수직선 위의 모든 점에 실수가 하나씩 대응함

③ 서로 다른 두 실수 사이에는 무수히 많은 실수가 있음

2. 무리수를 수직선 위에 나타내기
수직선 위의 직사각형의 대각선을 반지름으로 하는 원을 그리면 무리수를 수직선 위에 나타낼 수 있음

이해가 쏙쏙

무리수 $\sqrt{2}$와 $-\sqrt{2}$를 수직선 위에 나타내기
① 수직선 위에 한 변의 길이가 1인 정사각형을 그림
└(대각선의 길이)$=\sqrt{1^2+1^2}=\sqrt{2}$
② 원점 O를 중심으로 하고 $\overline{OA}$를 반지름으로 하는 원이 수직선과 만나는 점을 각각 P, Q라 할 때,
오른쪽에 있는 점 P에 대응하는 수 ➡ $0+\sqrt{2}=\sqrt{2}$ —(기준점)+$\sqrt{2}$
왼쪽에 있는 점 Q에 대응하는 수 ➡ $0-\sqrt{2}=-\sqrt{2}$ —(기준점)−$\sqrt{2}$

기준점

실수의 대소 관계

+
$a>0$, $b>0$일 때,
· $a>b$이면 $\sqrt{a}>\sqrt{b}$
· $\sqrt{a}>\sqrt{b}$이면 $a>b$
· $a>b$이면 $-\sqrt{a}<-\sqrt{b}$

실수의 대소 관계 실수의 대소를 비교할 때에는 다음 세 가지 방법 중 하나를 이용함

[방법 1] 두 수의 차 이용하기 ➡ $a-b$의 값의 부호를 확인
a, b가 실수일 때

① $a-b>0$이면 $a>b$	② $a-b=0$이면 $a=b$	③ $a-b<0$이면 $a<b$
$2+\sqrt{5}$, 3의 대소 관계	5, $\sqrt{25}$의 대소 관계	$1+\sqrt{2}$, $2+\sqrt{2}$의 대소 관계
$2+\sqrt{5}-3$	$5-\sqrt{25}=\sqrt{25}-\sqrt{25}$	$1+\sqrt{2}-(2+\sqrt{2})$
$=-1+\sqrt{5}$	$=0$	$=1+\sqrt{2}-2-\sqrt{2}$
$=-\sqrt{1}+\sqrt{5}>0$	$\therefore 5=\sqrt{25}$	$=-1<0$
$\therefore 2+\sqrt{5}>3$		$\therefore 1+\sqrt{2}<2+\sqrt{2}$

[방법 2] 부등식의 성질 이용하기 ➡ a, b에 같은 수를 더하거나 빼어 간단히 한 후 비교
└$a>b$이면 $a+c>b+c$, $a-c>b-c$
· 3, $\sqrt{5}+1$의 대소 관계

$3 \bigcirc \sqrt{5}+1 \xrightarrow{\text{양변에 }-1} 2<\sqrt{5} \quad \therefore 3<\sqrt{5}+1$

[방법 3] 제곱근의 값 이용하기 ➡ 제곱근의 대략적인 값을 구해서 비교
· $\sqrt{3}+2$, 4의 대소 관계

$1<\sqrt{3}<2$이므로 $\sqrt{3}=1.\times\times\times \Longrightarrow \sqrt{3}+2=3.\times\times\times$이므로 $\sqrt{3}+2<4$

**무리수의
정수부분과
소수부분**

무리수 $\sqrt{a}$가 $n \leq \sqrt{a} < n+1$($n \geq 0$인 정수)일 때
① 정수부분: n
② 소수부분: $\sqrt{a}-n$($0 \leq \sqrt{a}-n < 1$)
　　예 $\sqrt{7}$은 '$\sqrt{4}(=2) < \sqrt{7} < \sqrt{9}(=3)$'이므로 $\sqrt{7}=2.\times\times\times$
　　　　정수부분: 2, 소수부분: $\sqrt{7}-2$

05 　근호를 포함한 식의 계산

키워드 01

제곱근의 곱셈

＋ 제곱근의 계산

1. 제곱근의 곱셈　근호 밖의 수끼리, 근호 안의 수끼리 곱함
　$a>0$, $b>0$이고 m, n이 유리수일 때
　① $\sqrt{a} \times \sqrt{b} = \sqrt{a}\sqrt{b} = \sqrt{ab}$
　　예 $\sqrt{2} \times \sqrt{5} = \sqrt{2}\sqrt{5} = \sqrt{2 \times 5} = \sqrt{10}$

　② $m\sqrt{a} \times n\sqrt{b} = mn\sqrt{ab}$
　　예 $3\sqrt{2} \times 2\sqrt{5} = (3 \times 2)\sqrt{2 \times 5} = 6\sqrt{10}$
　　　　$2\sqrt{3} \times 4 = (2 \times 4)\sqrt{3} = 8\sqrt{3}$

2. 제곱근의 곱셈에서 근호가 있는 식의 변형
　$a>0$, $b>0$일 때
　① $\sqrt{a^2 b} = \sqrt{a^2}\sqrt{b} = a\sqrt{b}$
　　예 $\sqrt{12} = \sqrt{2^2 \times 3} = \sqrt{2^2}\sqrt{3} = 2\sqrt{3}$

　② $a\sqrt{b} = \sqrt{a^2}\sqrt{b} = \sqrt{a^2 b}$
　　예 $2\sqrt{3} = \sqrt{2^2}\sqrt{3} = \sqrt{2^2 \times 3} = \sqrt{12}$

키워드 02

제곱근의 나눗셈

1. 제곱근의 나눗셈　나눗셈은 역수의 곱셈으로 고쳐서 계산할 수도 있음
　$a>0$, $b>0$이고 m, $n(n \neq 0)$이 유리수일 때
　① $\sqrt{a} \div \sqrt{b} = \dfrac{\sqrt{a}}{\sqrt{b}} = \sqrt{\dfrac{a}{b}}$
　　예 $\sqrt{15} \div \sqrt{3} = \dfrac{\sqrt{15}}{\sqrt{3}} = \sqrt{\dfrac{15}{3}} = \sqrt{5}$

　② $m\sqrt{a} \div n\sqrt{b} = \dfrac{m\sqrt{a}}{n\sqrt{b}} = \dfrac{m}{n}\sqrt{\dfrac{a}{b}}$
　　예 $4\sqrt{15} \div 2\sqrt{3} = \dfrac{4\sqrt{15}}{2\sqrt{3}} = \dfrac{4}{2}\sqrt{\dfrac{15}{3}} = 2\sqrt{5}$

2. 제곱근의 나눗셈에서 근호가 있는 식의 변형
　$a>0$, $b>0$일 때, $\sqrt{\dfrac{a}{b^2}} = \dfrac{\sqrt{a}}{\sqrt{b^2}} = \dfrac{\sqrt{a}}{b}$
　예 $\sqrt{\dfrac{3}{4}} = \sqrt{\dfrac{3}{2^2}} = \dfrac{\sqrt{3}}{\sqrt{2^2}} = \dfrac{\sqrt{3}}{2}$

키워드 03

분모의 유리화

1. 분모의 유리화　분모에 근호가 있을 때 분모, 분자에 0이 아닌 같은 수를 각각 곱하여 분
　　모를 유리수로 고치는 것

2. 분모를 유리화하는 방법

① $\dfrac{a}{\sqrt{b}}=\dfrac{a\times\sqrt{b}}{\sqrt{b}\times\sqrt{b}}=\dfrac{a\sqrt{b}}{b}$ (단, $b>0$)

　　예 $\dfrac{1}{\sqrt{3}}=\dfrac{1\times\sqrt{3}}{\sqrt{3}\times\sqrt{3}}=\dfrac{\sqrt{3}}{3}$

② $\dfrac{\sqrt{a}}{\sqrt{b}}=\dfrac{\sqrt{a}\times\sqrt{b}}{\sqrt{b}\times\sqrt{b}}=\dfrac{\sqrt{ab}}{b}$ (단, $a>0$, $b>0$)

　　예 $\dfrac{\sqrt{3}}{\sqrt{2}}=\dfrac{\sqrt{3}\times\sqrt{2}}{\sqrt{2}\times\sqrt{2}}=\dfrac{\sqrt{6}}{2}$

키워드 04

제곱근의 덧셈과 뺄셈

뺄셈과 덧셈 문제가 출제되
었습니다.

+

제곱근의 덧셈, 뺄셈은 다항
식의 덧셈, 뺄셈과 비슷함
• 다항식의 덧셈
→ $2x+3x=5x$
• 제곱근의 덧셈
→ $2\sqrt{2}+3\sqrt{2}=5\sqrt{2}$

제곱근의 덧셈과 뺄셈은 근호 안의 수가 같은 것끼리 모아서 계산함
$a>0$이고 m, n이 유리수일 때
① 제곱근의 덧셈
　$m\sqrt{a}+n\sqrt{a}=(m+n)\sqrt{a}$　　예 $2\sqrt{3}+5\sqrt{3}=(2+5)\sqrt{3}=7\sqrt{3}$
② 제곱근의 뺄셈
　$m\sqrt{a}-n\sqrt{a}=(m-n)\sqrt{a}$　　예 $7\sqrt{5}-3\sqrt{5}=(7-3)\sqrt{5}=4\sqrt{5}$

이해가 쏙쏙

오른쪽 그림과 같이 세로의 길이가 같은 두 직사각형의 넓
이의 합은 $2\sqrt{3}+5\sqrt{3}=(2+5)\sqrt{3}=7\sqrt{3}$임을 알 수 있다.
이를 이용하면 근호 안의 수가 같을 때, 제곱근끼리 더하고 빼
는 것이 가능하다는 것을 알 수 있다.

키워드 05

근호를 포함한 복잡한 식의 계산

**+ 근호를 포함한 복잡한
식의 계산 순서**

괄호 풀기

↓

근호 안을 간단히 하기

↓

분모의 유리화

↓

곱셈, 나눗셈 계산하기

↓

덧셈, 뺄셈 계산하기

1. 근호를 포함한 복잡한 식의 계산

① 근호를 포함한 식의 분배법칙
　$a>0$, $b>0$, $c>0$일 때
　㉠ $\sqrt{a}(\sqrt{b}\pm\sqrt{c})=\sqrt{a}\sqrt{b}\pm\sqrt{a}\sqrt{c}=\sqrt{ab}\pm\sqrt{ac}$
　　예 $\sqrt{2}(\sqrt{3}+\sqrt{5})=\sqrt{2}\sqrt{3}+\sqrt{2}\sqrt{5}=\sqrt{6}+\sqrt{10}$
　㉡ $(\sqrt{a}\pm\sqrt{b})\sqrt{c}=\sqrt{a}\sqrt{c}\pm\sqrt{b}\sqrt{c}=\sqrt{ac}\pm\sqrt{bc}$
　　예 $(\sqrt{2}+\sqrt{3})\sqrt{5}=\sqrt{2}\sqrt{5}+\sqrt{3}\sqrt{5}=\sqrt{10}+\sqrt{15}$

② 분배법칙을 이용한 분모의 유리화
　$a>0$, $b>0$, $c>0$일 때
　$\dfrac{\sqrt{a}+\sqrt{b}}{\sqrt{c}}=\dfrac{(\sqrt{a}+\sqrt{b})\times\sqrt{c}}{\sqrt{c}\times\sqrt{c}}=\dfrac{\sqrt{ac}+\sqrt{bc}}{c}$　예 $\dfrac{\sqrt{2}+\sqrt{3}}{\sqrt{3}}=\dfrac{(\sqrt{2}+\sqrt{3})\times\sqrt{3}}{\sqrt{3}\times\sqrt{3}}=\dfrac{\sqrt{6}+3}{3}$

2. 근호를 포함한 복잡한 식의 계산

① 괄호가 있으면 분배법칙을 이용하여 전개하기
② 근호 안에 제곱인 인수가 있으면 근호 밖으로 꺼내기
③ 분모에 근호가 있으면 분모를 유리화하기
④ 곱셈과 나눗셈을 먼저 한 후 덧셈과 뺄셈 계산하기

　예 $\sqrt{2}(2-\sqrt{8})+10\div\sqrt{2}$
　　　　　　　　　　　　　분배법칙을 이용.
　$=2\sqrt{2}-\sqrt{16}+\dfrac{10}{\sqrt{2}}$　÷(수)는 ×(역수)로 바꾸어 계산

　$=2\sqrt{2}-4+\dfrac{10}{\sqrt{2}}$　제곱인 인수는 근호 밖으로

　$=2\sqrt{2}-4+\dfrac{10\times\sqrt{2}}{\sqrt{2}\times\sqrt{2}}$　분모의 유리화

　$=2\sqrt{2}-4+5\sqrt{2}$　근호 안의 수가 같은 것끼리 모아서 계산

　$=7\sqrt{2}-4$

문자와 식

원포인트 공부법 곱셈 공식, 인수분해 공식을 반드시 외워 두어야 합니다. 이 공식을 알아야 뒤에 나오는 이차방정식, 연립방정식 문제를 쉽게 풀 수 있습니다.

---

01 문자와 식

키워드 01

문자를 사용한 식의 표현

문장을 주고 문자를 사용하여 바르게 나타낸 식을 찾는 문제가 출제되었습니다.

1. 문자의 사용 문자를 사용하면 수량 사이의 관계를 간단한 식으로 나타낼 수 있음

2. 문자를 사용하여 식 세우기
① 문제의 뜻을 파악하여 규칙 발견하기
② 문자를 사용하여 ①의 규칙에 맞도록 식 세우기

> **예** 1000원짜리 아이스크림 x개의 가격
> ➡ 1개의 가격: (1000×1)원
> 2개의 가격: (1000×2)원
> ⋮ ⋮
> x개의 가격: $(1000 \times x)$원 ➡ 식을 세울 때, 반드시 단위를 쓴다.

> **이해가 쏙쏙**
>
> - $a\% = \dfrac{a}{100}$ a할$= \dfrac{a}{10}$
> - (물건의 가격)=(물건 1개의 가격)×(물건의 개수)   · (거스름 돈)=(지불한 금액)−(물건의 금액)
> - ($a\%$ 할인된 가격)=(정가)$-\dfrac{a}{100}\times$(정가)   · (거리)=(속력)×(시간)

키워드 02

문자를 사용한 식 간단히 나타내기

1. 곱셈 기호의 생략
① (수)×(문자), (문자)×(문자)에서는 곱셈 기호(×)를 생략함 **예** $5 \times a = 5a$
② 수는 문자 앞에 씀 **예** $x \times 3 = 3x$
③ 2개 이상의 문자의 곱은 알파벳 순서로 씀 **예** $b \times a \times d = abd$
④ $1 \times$(문자), $(-1) \times$(문자)에서는 1을 생략함 **예** $1 \times x = x$, $(-1) \times a = -a$
⑤ 같은 문자의 곱은 거듭제곱으로 나타냄 **예** $x \times x \times x \times x \times x = x^4$, $2 \times a \times a \times b \times b \times b = 2a^2b^3$
⑥ (수)×(괄호), (문자)×(괄호)에서는 곱셈 기호(×)를 생략하고, 곱해지는 수를 괄호 앞에 씀
　　예 $(x+3) \times 2 = 2(x+3)$, $a \times (x+y) = a(x+y)$

2. 나눗셈 기호의 생략
① 나눗셈 기호(÷)를 생략하고 분수 꼴로 나타냄 **예** $a \div 2 = \dfrac{a}{2}$
② 나눗셈을 역수의 곱셈으로 고친 후 곱셈 기호(×)를 생략함 **예** $b \div 3 = b \times \dfrac{1}{3} = \dfrac{1}{3}b$

1. **대입** 문자를 포함한 식에서 문자 대신 수로 바꾸어 넣는 것

2. **식의 값** 문자를 사용한 식에서 문자에 수를 대입하여 계산한 값

3. **식의 값을 구하는 방법**
   ① 주어진 식에서 생략된 곱셈 기호($\times$)를 다시 씀
   ② 문자에 주어진 수를 대입하여 계산함

   예 $x=3$일 때 $50x$의 값을 구하면
   $$50x=50\times 3=150$$
   식의 값
   $x=3$을 대입

   주의 문자에 음수를 대입할 때에는 괄호를 사용한다.

1. **단항식과 다항식**
   ① **항**: 수, 문자, 수와 문자, 문자와 문자의 곱으로 이루어진 식
   ② **계수**: 수와 문자의 곱으로 된 항에서 수 부분
   ③ **상수항**: 수로만 이루어진 항
   ④ **단항식**: 한 개의 항으로 이루어진 식
   ⑤ **다항식**: 한 개 또는 두 개 이상의 항의 합으로 이루어진 식

   예 다항식 $x-5y+1$에 대하여
   • 항: x, $-5y$, 1 　　　• 상수항: 1
   • x의 계수: 1 　　　• y의 계수: -5

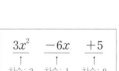

2. **일차식**
   ① **차수**: 문자를 포함한 항에서 문자가 곱해진 개수

   예 $2x$의 차수: 1, $3x^2$의 차수: 2, y^3의 차수: 3

   ② **다항식의 차수**: 다항식에서 차수가 가장 큰 항의 차수

   예 $4x^2-3x+1$의 차수: 2, $x-3y$의 차수: 1

   ③ **일차식**: 차수가 1인 다항식

   예 $2x$, $3x-2$, $-x+2y$ 등

1. **(단항식)$\times$(수)** 수끼리의 곱을 문자 앞에 씀

   예 $3x\times 4=3\times x\times 4=3\times 4\times x=12x$

2. **(단항식)$\div$(수)** 나누는 수의 역수를 곱하여 계산

   예 $4x\div 2=4x\times\dfrac{1}{2}=4\times x\times\dfrac{1}{2}=4\times\dfrac{1}{2}\times x=2x$

1. **(수)$\times$(일차식)** 분배법칙을 이용하여 일차식의 각 항에 수를 곱하여 계산

   예 $3\times(3x-2)=3\times 3x-3\times 2=9x-6$

2. **(일차식)$\div$(수)** 분배법칙을 이용하여 나누는 수의 역수를 일차식의 각 항에 곱하여 계산

   예 $(6x-10)\div 2=(6x-10)\times\dfrac{1}{2}=6x\times\dfrac{1}{2}-10\times\dfrac{1}{2}=3x-5$

일차식의 덧셈과 뺄셈

+ 분배법칙의 이용

① 동류항을 계산할 때 이용
하는 분배법칙
 • $ax+bx=(a+b)x$
 • $ax-bx=(a-b)x$

② 일차식을 계산할 때 이용
하는 분배법칙
 • $(ax+b)\times c=acx+bc$
 • $(ax+b)\div c=\dfrac{a}{c}x+\dfrac{b}{c}$

1. 동류항 문자와 차수가 각각 같은 항

예 $2x$와 $7x$, a^2과 $3a^2$, -3과 5

주의 • 상수항끼리는 모두 동류항이다.
 • 문자와 차수 중 어느 하나라도 다르면 동류항이 아니다.

$$\underbrace{2x}_{} \underbrace{-3}_{} \underbrace{+x}_{} \underbrace{+7}_{}$$

2. 동류항의 덧셈과 뺄셈 동류항이 있는 다항식은 동류항끼리 모으고 분배법칙을 이용하여 간단히 정리

예 $4x+3-2x-6$ ⎱ 동류항끼리 모으기
$=4x-2x+3-6$ ⎰ 동류항끼리 계산하기
$=(4-2)x+(3-6)$
$=2x-3$

3. 일차식의 덧셈과 뺄셈

① 괄호가 있으면 분배법칙을 이용하여 먼저 괄호를 풀어서 정리
② 동류항끼리 모아서 계산
③ 차수가 큰 항부터 차례로 정리

> **이해가 쏙쏙**
>
> • 괄호 앞에 +가 있으면 괄호 안의 부호를 그대로 쓴다.
> $A+(B-C)=A+B-C$
> • 괄호 앞에 −가 있으면 괄호 안의 부호를 반대로 쓴다.
> $A-(B-C)=A-B+C$

4. 분수 꼴인 일차식의 덧셈과 뺄셈 분모의 최소공배수로 통분한 후 동류항끼리 모아서 계산

> **이해가 쏙쏙**
>
> $\dfrac{x+1}{2}+\dfrac{2x-1}{3}$ ⎱ 분모 통분하기
> $=\dfrac{3(x+1)+2(2x-1)}{6}$
> $=\dfrac{3x+3+4x-2}{6}$ ⎱ 괄호 풀기
> $=\dfrac{7x+1}{6}$ ⎱ 동류항끼리 계산하기

예제

Q1 다음을 계산하여라.

(1) $(x-7)+3(x+2)$ 　　　　(2) $\dfrac{3x+1}{2}+\dfrac{x-5}{3}$

정답 Q1 (1) $4x-1$ (2) $\dfrac{11}{6}x-\dfrac{7}{6}$

해석 Q1 (1) $(x-7)+3(x+2)=x-7+3x+6=4x-1$

(2) $\dfrac{3x+1}{2}+\dfrac{x-5}{3}=\dfrac{3(3x+1)+2(x-5)}{6}=\dfrac{9x+3+2x-10}{6}=\dfrac{11x-7}{6}=\dfrac{11}{6}x-\dfrac{7}{6}$

02 ▶ 일차방정식

키워드 01

등식

＋ 등식의 참, 거짓
등식에서 등호가 성립할 때 참, 성립하지 않을 때 거짓 이라 함

＋ 등식의 성질에서 주의할 점
- $a=b$이면 $ac=bc$이지만 $ac=bc$라고 해서 반드시 $a=b$인 것은 아님
  예 $a=2$, $b=5$, $c=0$이면 $ac=bc=0$이지만 $a\neq b$
- '$a=b$이면 $\dfrac{a}{c}=\dfrac{b}{c}$이다.'에서 $c\neq0$이라는 조건은 반드시 있어야 함

1. 등식 등호(＝)를 사용하여 수나 식이 서로 같음을 나타낸 식
  ① **좌변**: 등식에서 등호의 왼쪽 부분
  ② **우변**: 등식에서 등호의 오른쪽 부분
  ③ **양변**: 좌변과 우변을 통틀어 양변이라 함

  주의 $3x-7=15$, $4x+x=5x$는 등식이지만
  $2x+1$(일차식), $9x+1<10x-2$(부등호를 사용한 식) 등은 식에 등호가 없으므로 등식이 아니다.

2. 등식의 성질 등식의 양변에 같은 수를 더하거나 빼거나 곱하거나 나누어도 등식은 성립함 (단, 0으로 나누는 것은 제외)
  $a=b$이면
  ① $a+c=b+c$　　　　　② $a-c=b-c$
  ③ $ac=bc$　　　　　　④ $\dfrac{a}{c}=\dfrac{b}{c}$(단, $c\neq0$)

  예 ・$x-3=5$ ─<u>등식의 성질(1)</u>→ $x-3+3=5+3$　∴ $x=8$
  　　　　　　　　양변에 3을 더한다.
  　　　・$x+3=5$ ─<u>등식의 성질(2)</u>→ $x+3-3=5-3$　∴ $x=2$
  　　　　　　　　양변에서 3을 뺀다.
  　　　・$\dfrac{x}{3}=6$ ─<u>등식의 성질(3)</u>→ $\dfrac{x}{3}\times3=6\times3$　∴ $x=18$
  　　　　　　　　양변에 3을 곱한다.
  　　　・$3x=6$ ─<u>등식의 성질(4)</u>→ $3x\div3=6\div3$　∴ $x=2$
  　　　　　　　　양변을 3으로 나눈다.

3. 등식의 성질을 이용한 방정식의 풀이 등식의 성질을 이용하여 주어진 방정식을 '$x=(수)$' 꼴로 바꾸어 해를 구함

  예 $2x-5=11$
  　　$2x-5+5=11+5$ ┐ 양변에 5를 더한다.
  　　$2x=16$ ┐
  　　$\dfrac{2x}{2}=\dfrac{16}{2}$ ┘ 양변을 2로 나눈다.
  　　$\therefore x=8$

키워드 02

방정식과 항등식

＋
어떤 등식이 항등식임을 확인하기 위하여 모든 수를 대입할 수는 없으므로 주어진 등식이 항등식인지 알아보려면 미지수의 값에 관계없이 (좌변)=(우변)인지 또는 $0\cdot x=0$ 꼴이 되는지를 확인함

1. 방정식 x(미지수)의 값에 따라 참이 되기도 하고, 거짓이 되기도 하는 등식
  예 $x+1=4$
  ① **해(근)**: 방정식을 참이 되게 하는 미지수의 값
  ② **방정식을 푼다**: 방정식의 해(근)를 구하는 것

2. 항등식 x(미지수)에 어떤 값을 대입해도 항상 참인 등식
  예 $x+1=x+1$ 또는 $x-x=1-1$
  ➡ $0\cdot x=0$ 꼴이 되는 식

3. 항등식이 되기 위한 조건 $ax+b=cx+d$가 x에 대한 항등식이면　$a=c$, $b=d$

수
학

일차방정식의 풀이

일차방정식의 해를 구하는 문제가 출제되었습니다.

+

이항은 문자나 숫자를 등호 (=)의 반대쪽으로 넘기는 것이며, 이항을 하면 그 항의 부호가 바뀜

예 $x+3=17$
$\downarrow$ 이항
$x=17-3$

+

양변에 수를 곱할 때는 모든 항에 빠짐없이 곱해야 함

예 $0.2x-0.7=1$의 양변에 10을 곱하면
- $2x-0.7=1(\times)$
- $2x-7=1(\times)$
- $2x-7=10(\bigcirc)$

1. 이항과 일차방정식

① 이항: 등식의 성질을 이용하여 등식의 한 변에 있는 항의 부호를 바꾸어 다른 변으로 옮기는 것

$\bigcirc$ $+a$를 이항하면 ➡ $-a$

$\bigcirc$ $-a$를 이항하면 ➡ $+a$

$x-1=3$
$\downarrow$ 이항
$x=3+1$

② 일차방정식: 방정식에서 우변의 모든 항을 좌변으로 이항하여 정리하였을 때 $\underbrace{(x\text{에 대한 일차식})=0}_{ax+b=0(a\neq0)}$ 꼴이 되는 방정식을 x에 대한 일차방정식이라 함

예 $x-2=0,\ 3x+5=0,\ \frac{1}{2}x-\frac{2}{3}=0$

2. 일차방정식의 풀이

① 괄호가 있으면 괄호를 풀고 정리하기

② 계수에 분수나 소수가 있으면 양변에 알맞은 수를 곱하여 계수를 정수로 만들기

③ 미지수 x를 포함하는 항은 좌변으로, 상수항은 우변으로 이항하기

④ 양변을 간단히 하여 $ax=b$ 꼴로 만들기(단, $a\neq0$)

⑤ 양변을 x의 계수로 나누기 ➡ $x=(\text{수})$ 꼴로 만듦

예 $2(x+1)=-x-4$ ⎤ 괄호를 푼다.
$2x+2=-x-4$ ⎤ x항은 좌변으로, 상수항은 우변으로 이항한다.
$2x+x=-4-2$ ⎤ $ax=b$ 꼴로 만든다.
$3x=-6$ ⎤ 양변을 3으로 나눈다.
$\therefore x=-2$

3. 복잡한 일차방정식의 풀이

① 계수가 소수인 경우: 양변에 10, 100, 1000, …을 곱하여 계수를 모두 정수로 고친 후 풀기

예 $0.2x+0.3=1$ $\xrightarrow{\text{양변에 10을 곱한다.}}$ $2x+3=10$

② 계수가 분수인 경우: 양변에 분모의 최소공배수를 곱하여 계수를 모두 정수로 고친 후 풀기

예 $\frac{1}{2}x+\frac{1}{3}=\frac{1}{6}$ $\xrightarrow{\text{양변에 6을 곱한다.}}$ $3x+2=1$

③ 괄호가 있는 경우: 분배법칙을 이용하여 괄호를 먼저 풀어서 식 정리하기

예 $2(x+1)=x+3$ $\xrightarrow{\text{괄호를 푼다.}}$ $2x+2=x+3$

예제

Q1 다음 일차방정식을 풀어라.

(1) $3(x+2)=-6$　　　　　　　　　(2) $5(x+1)=2(x+4)$

정답 Q1 (1) $x=-4$ (2) $x=1$

해석 Q1 (1) 좌변을 정리하면 $3x+6=-6,\ 3x=-6+(-6),\ 3x=-12$　　$\therefore x=-4$

(2) 좌변과 우변을 정리하면 $5x+5=2x+8,\ 5x-2x=8-5,\ 3x=3$　　$\therefore x=1$

키워드 04

일차방정식의 활용

1. 일차방정식의 활용 문제 풀이

① 미지수 정하기: 문제의 뜻을 파악하고, 구하는 값을 미지수 x로 놓기
② 방정식 세우기: 문제의 뜻에 알맞은 방정식 세우기
③ 방정식 풀기: 방정식을 풀어 해 구하기
④ 확인하기: 구한 해가 문제의 뜻에 맞는지 확인하기

예 어떤 수의 4배에 5를 더한 수는 어떤 수에서 1을 빼고 3을 곱한 것과 같을 때, 어떤 수를 구해 보자.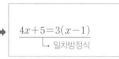
　　　　　　　　①　　　　　　　　　　　　　　　②

| 미지수 정하기 | 어떤 수를 x로 놓는다. |

방정식 세우기
① $4x+5$
② $3(x-1)$
→ $4x+5=3(x-1)$ └ 일차방정식

방정식 풀기
$4x+5=3x-3 \quad \therefore x=-8$
따라서 어떤 수는 -8이다.

확인하기
①에서 $4 \times (-8)+5=-27$, ②에서 $3 \times (-8-1)=-27$이므로 구한 해는 문제의 뜻에 맞는다.

---

03 식의 계산

키워드 01

지수법칙

지수법칙을 활용하는 문제가 출제되었습니다.

셋 이상의 지수에 대해서도 지수법칙은 성립
l, m, n이 자연수일 때
· $a^l \times a^m \times a^n = a^{l+m+n}$
· $\{(a^l)^m\}^n = a^{lmn}$

l, m, n이 자연수일 때
$(a^m b^n)^l = a^{ml} b^{nl}$,
$\left(\dfrac{a^m}{b^n}\right)^l = \dfrac{a^{ml}}{b^{nl}}$ (단, $b \neq 0$)

1. 지수의 합
m, n이 자연수일 때, $\underline{a^m \times a^n = a^{m+n}}$
　　　　　　　　　　　　　└ 지수끼리 더한다.
예 $a^2 \times a^4 = a^{2+4} = a^6$
참고 a는 a^1으로 생각한다. 즉 $a \times a^2 = a^{1+2} = a^3$

2. 지수의 곱
m, n이 자연수일 때, $\underline{(a^m)^n = a^{mn}}$
　　　　　　　　　　　└ 지수끼리 곱한다.
예 $(a^4)^2 = a^{4 \times 2} = a^8$
참고 $(a^m)^n = (a^n)^m$

3. 지수의 차
$a \neq 0$이고, m, n이 자연수일 때
① $m > n$이면 $\underline{a^m \div a^n = a^{m-n}}$
② $m = n$이면 $a^m \div a^n = 1$ └ 지수끼리 뺀다.
③ $m < n$이면 $a^m \div a^n = \dfrac{1}{a^{n-m}}$

예 · $a^7 \div a^2 = a^{7-2} = a^5$
　 · $a^3 \div a^3 = 1$
　 · $a^2 \div a^7 = \dfrac{1}{a^{7-2}} = \dfrac{1}{a^5}$

4. 지수의 분배

m이 자연수일 때

① $(ab)^m = a^m b^m$

② $\left(\dfrac{a}{b}\right)^m = \dfrac{a^m}{b^m}$ (단, $b \neq 0$)

    예 · $(ab)^2 = a^2 b^2$

        · $\left(\dfrac{a}{b}\right)^3 = \dfrac{a^3}{b^3}$

    참고 $a > 0$일 때, $(-a)^m = \{(-1) \times a\}^m = (-1)^m a^m$이므로

$$(-a)^m = \begin{cases} a^m & (m \text{이 짝수}) \\ -a^m & (m \text{이 홀수}) \end{cases}$$

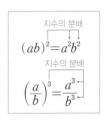

키워드 02

단항식의 곱셈과 나눗셈

단항식의 곱셈 문제가 출제되었습니다.

➕ 단항식의 나눗셈

① 역수를 구할 때, 부호를 바꾸지 않도록 주의!

  $-\dfrac{1}{2}a = -\dfrac{a}{2}$의 역수는

  $-\dfrac{2}{a}$이고, 이때 부호는 그대로임

② 다음의 경우에는 [방법 2]를 이용하는 것이 편리함

  • 나누는 식이 분수 꼴인 경우

  ➡ $A \div \dfrac{C}{B} = A \times \dfrac{B}{C}$

    $= \dfrac{AB}{C}$

  • 나눗셈이 2개 이상인 경우

  ➡ $A \div B \div C$

    $= A \times \dfrac{1}{B} \times \dfrac{1}{C}$

    $= \dfrac{A}{BC}$

1. 단항식의 곱셈

① 계수는 계수끼리, 문자는 문자끼리 곱하여 계산

② 같은 문자끼리의 곱셈은 지수법칙을 이용하여 간단히 함

    예 $3ab \times 2b = (3 \times 2) \times (ab \times b) = 6ab^2$

2. 단항식의 나눗셈

[방법 1] 분수 꼴로 바꾸어 계수는 계수끼리, 문자는 문자끼리 계산

$$\Rightarrow A \div B = \dfrac{A}{B}$$

    예 $12a^2b \div 6a = \dfrac{12a^2b}{6a} = 2ab$

[방법 2] 역수를 이용하여 나눗셈을 곱셈으로 바꾸어 계수는 계수끼리, 문자는 문자끼리 계산

$$\Rightarrow A \div B = A \times \dfrac{1}{B} = \dfrac{A}{B}$$

    예 $12a^2b \div 6a = 12a^2b \times \dfrac{1}{6a} = 2ab$

3. 단항식의 곱셈과 나눗셈의 혼합 계산

① 괄호가 있는 거듭제곱은 지수법칙을 이용하여 괄호를 먼저 풀어서 식을 정리하기

② 나눗셈은 역수를 이용하여 곱셈으로 바꾸거나 분수 꼴로 바꾸어 계산하기

③ 계수는 계수끼리, 문자는 문자끼리 계산하기

다항식의 계산

1. 다항식의 덧셈과 뺄셈 분배법칙을 이용하여 괄호를 풀고, 동류항끼리 모아서 계산

2. 이차식의 덧셈과 뺄셈

① 이차식: 다항식에서 차수가 가장 큰 항의 차수가 2인 다항식

예 $3x^2$, $4y^2 - y + 3$, $-x^2 + 4$

② 이차식의 덧셈과 뺄셈: 분배법칙을 이용하여 괄호를 풀고, 동류항끼리 모아서 계산

3. 단항식과 다항식의 곱셈과 나눗셈

① 단항식과 다항식의 곱셈: 분배법칙을 이용하여 단항식을 다항식의 각 항에 곱함

② 전개: 분배법칙을 이용하여 하나의 다항식으로 나타내는 것

$$\overset{\text{전개}}{\overset{\frown}{4a(3a + 2b)}} = \underset{\text{전개식}}{\underline{12a^2 + 8ab}}$$

③ 다항식과 단항식의 나눗셈

[방법 1] 분수 꼴로 바꾸어 계산

➡ $(A + B) \div C = \dfrac{A + B}{C} = \dfrac{A}{C} + \dfrac{B}{C}$ → 다항식의 각 항을 단항식으로 나눈다.

[방법 2] 나눗셈을 곱셈으로 바꾸어 분배법칙을 이용하여 계산

➡ $(A + B) \div C = (A + B) \times \dfrac{1}{C} = A \times \dfrac{1}{C} + B \times \dfrac{1}{C} = \dfrac{A}{C} + \dfrac{B}{C}$

4. 단항식과 다항식의 혼합 계산

① 거듭제곱이 있으면 거듭제곱을 먼저 계산하기

② 괄호는 소괄호 ( ) → 중괄호 { } → 대괄호 [ ]의 순서로 계산하기

③ 분배법칙을 이용하여 곱셈과 나눗셈 계산하기

④ 동류항끼리 덧셈과 뺄셈 계산하기

---

04 ▶ 부등식

부등식의 뜻과 표현

문장을 부등식으로 표현하는 문제가 출제되었습니다.

➕ 부등식

부등호
↓
$2x - 1 < 3$
좌변 우변
└─┬─┘
양변

1. 부등식 부등호 <, >, ≤, ≥를 사용하여 수 또는 식의 대소 관계를 나타낸 식

예 $3 > -1$, $x \le 2$, $x + 5 < -3$, $3x - 2 \ge x - 4$

2. 부등식의 표현

$a > b$	$a < b$	$a \ge b$	$a \le b$
• a는 b보다 크다. • a는 b 초과이다.	• a는 b보다 작다. • a는 b 미만이다.	• a는 b보다 크거나 같다. • a는 b보다 작지 않다. • a는 b 이상이다.	• a는 b보다 작거나 같다. • a는 b보다 크지 않다. • a는 b 이하이다.

참고 $a \ge b$는 '$a > b$ 또는 $a = b$', $a \le b$는 '$a < b$ 또는 $a = b$' 임을 의미한다.

3. 부등식의 해 부등식을 참이 되게 하는 미지수의 값

4. 부등식을 푼다 부등식의 해 전체를 구하는 것

키워드 02

부등식의 성질

+

$a<b$일 때,
- $a+2<b+2$
- $a-2<b-2$
- $2a<2b$
- $\dfrac{a}{2}<\dfrac{b}{2}$
- $-2a>-2b$
- $\dfrac{a}{-2}>\dfrac{b}{-2}$

① 부등식의 양변에 같은 수를 더하거나 양변에서 같은 수를 빼어도 부등호의 방향은 바뀌지 않음
➡ $a<b$일 때, $a+c<b+c$, $a-c<b-c$
예 $a<b$이면 $a+5<b+5$, $a-5<b-5$

② 부등식의 양변에 같은 양수를 곱하거나 양변을 같은 양수로 나누어도 부등호의 방향은 바뀌지 않음
➡ $a<b$, $c>0$이면 $ac<bc$, $\dfrac{a}{c}<\dfrac{b}{c}$
예 $a<b$이면 $5a<5b$, $\dfrac{a}{5}<\dfrac{b}{5}$

③ 부등식의 양변에 같은 음수를 곱하거나 양변을 같은 음수로 나누면 부등호의 방향은 바뀜
➡ $a<b$, $c<0$이면 $ac>bc$, $\dfrac{a}{c}>\dfrac{b}{c}$
예 $a<b$이면 $-5a>-5b$, $-\dfrac{a}{5}>-\dfrac{b}{5}$

키워드 03

일차부등식

일차부등식의 해를 수직선 위에 바르게 나타낸 것을 찾는 문제가 출제되었습니다.

> 이항할 때, 부등호의 방향은 바뀌지 않는다.

1. 일차부등식 부등식에서 우변에 있는 모든 항을 좌변으로 이항하여 정리한 식이
(일차식)<0, (일차식)>0, (일차식)≤0, (일차식)≥0 중 어느 하나의 꼴로 나타나는 부등식
예 $x>0$, $3a<-1$, $\dfrac{1}{2}x+5\geq0$ ➡ 일차부등식이다.
$x^2+2x-1<0$, $5>0$ ➡ 일차부등식이 아니다.

2. 일차부등식의 해 일차부등식의 해는 이항과 부등식의 성질을 이용하여 주어진 부등식을
$x<$(수), $x>$(수), $x\leq$(수), $x\geq$(수) 중 어느 하나의 꼴로 고쳐서 구함

3. 부등식의 해를 수직선 위에 나타내기

① $x<a$ ② $x>a$  ③ $x\leq a$ 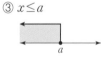 ④ $x\geq a$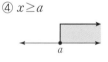

참고 ●에 대응하는 수는 부등식의 해에 포함되고, ○에 대응하는 수는 부등식의 해에 포함되지 않는다.

키워드 04

일차부등식의 풀이

1. 일차부등식의 풀이
① 미지수 x를 포함하는 항은 좌변으로, 상수항은 우변으로 이항하기
② 양변을 정리하여 $ax<b$, $ax>b$, $ax\leq b$, $ax\geq b(a\neq0)$ 중 어느 하나의 꼴로 고치기
③ 양변을 x의 계수 a로 나누기

2. 복잡한 일차부등식의 풀이
① 괄호가 있는 경우: 분배법칙을 이용하여 괄호를 풀고, 동류항끼리 정리한 후 풀기
② 계수가 분수인 경우: 양변에 분모의 최소공배수를 곱하여 계수를 정수로 바꾼 후 풀기

③ 계수가 소수인 경우: 양변에 10의 거듭제곱$(10,\ 100,\ 1000,\ \cdots)$을 곱하여 계수를 정수로 바꾼 후 풀기

> **참고** 계수에 분수와 소수가 함께 있으면 소수를 분수로 바꾼 후, 양변에 분모의 최소공배수를 곱하여 계수를 정수로 바꾼 후 푼다.

> **주의** 부등식의 양변에 수를 곱할 때에는 모든 항에 빠짐없이 곱해야 한다.

+ 방정식과 같이 부등식에서도 한 변에 있는 항의 부호를 바꾸어 다른 변으로 이항할 수 있음

$4x-8<2x$
↓이항
$4x-8-2x<0$

키워드 05

일차부등식의 활용

+ 수에 대한 문제

• 연속하는 두 정수: x, $x+1$(또는 $x-1$, x)로 놓음
• 연속하는 세 정수: $x-1$, x, $x+1$(또는 x, $x+1$, $x+2$)로 놓음
• 연속하는 두 짝수(홀수): x, $x+2$(또는 $x-2$, x)로 놓음
• 차가 a인 두 수: x, $x-a$ 또는 x, $x+a$로 놓음

1. 일차부등식의 활용 문제 풀이
① 미지수 정하기: 문제의 뜻을 파악하고, 구하려고 하는 것을 미지수 x로 놓기
② 부등식 세우기: x를 이용하여 주어진 조건에 맞는 부등식 세우기
③ 부등식 풀기: 부등식을 풀어 x의 값의 범위 구하기
④ 확인하기: 구한 해가 문제의 뜻에 맞는지 확인하기

> **예** 연속하는 세 자연수의 합이 21보다 클 때, 이와 같은 수 중에서 가장 작은 세 자연수를 구해 보자.
> ➡ 연속하는 세 자연수를 $x-1$, x, $x+1$이라 하면 $(x-1)+x+(x+1)>21$, $3x>21$
> $\therefore\ x>7$
> 이때 x는 자연수이므로 구하는 세 자연수는 7, 8, 9

2. 일차부등식의 활용 문제

가격, 개수에 대한 문제	(물건의 총 가격)=(한 개당 가격)×(물건의 개수)
예금액에 대한 문제	(총 예금액)=(현재 예금액)+(매달 예금액)×(개월 수) **예** 현재 통장에 10만 원이 예금되어 있고, 매달 3만 원씩 5개월 동안 예금한 총 예금액은 $10+3\times5=25$(만 원)
거리, 속력, 시간에 대한 문제	(거리)=(속력)×(시간), (속력)=$\dfrac{(거리)}{(시간)}$, (시간)=$\dfrac{(거리)}{(속력)}$

---

05 ▶ 연립방정식

키워드 01

연립방정식과 그 해

+
두 미지수 x, y에 대한 일차방정식은 모든 항을 좌변으로 이항하여 정리하면 (x, y에 대한 일차식)=0 꼴이 됨

1. 미지수가 2개인 일차방정식
① 미지수가 2개이고, 차수가 모두 1인 방정식
② $ax+by+c=0$(a, b, c는 상수, $a\neq0$, $b\neq0$)과 같이 나타낼 수 있음

2. 미지수가 2개인 연립일차방정식 (연립방정식)
① 미지수가 2개인 두 일차방정식을 한 쌍으로 묶어 놓은 것

> **예** $\begin{cases} x+y=7 \\ x+3y=11 \end{cases}$

② 연립방정식에서 두 일차방정식을 모두 만족시키는 x, y의 값 또는 그 순서쌍 $(x,\ y)$를 연립방정식의 해(근)라고 함
③ 두 일차방정식을 그래프로 나타낼 때, 두 직선의 교점의 좌표가 연립방정식의 해가 됨

키워드 02

대입을 이용한 연립방정식의 풀이

1. **대입법** 한 일차방정식을 다른 일차방정식에 대입하여 해를 구하는 방법

2. **대입을 이용한 연립방정식의 풀이**
   ① 두 일차방정식 중 한 일차방정식을 한 미지수에 대한 식으로 나타내기
   ② ①의 식을 다른 일차방정식에 대입하여 방정식 풀기
   ③ ②에서 구한 해를 ①의 식에 대입하여 다른 미지수의 값 구하기

   예 연립방정식 $\begin{cases} x+y=1 & \cdots ⊙ \\ 2x+y=0 & \cdots ⓛ \end{cases}$ 을 대입을 이용하여 풀어 보자.

   ⊙에서 y를 x에 대한 식으로 나타내면
   $y=1-x \quad \cdots ⓒ$
   ⓒ을 ⓛ에 대입하면 $2x+(1-x)=0$
   $\therefore x=-1$
   $x=-1$을 ⓒ에 대입하면 $y=1-(-1)=2$
   따라서 연립방정식의 해는 $x=-1, y=2$이다.

키워드 03

두 식의 합 또는 차를 이용한 연립방정식의 풀이

＋소거
연립방정식에서 2개의 미지수 x, y 중 어느 하나를 등식의 성질을 이용하여 없애는 것

1. **가감법** 두 일차방정식을 변끼리 더하거나 빼서 해를 구하는 방법

2. **두 식의 합 또는 차를 이용한 연립방정식의 풀이**
   ① 적당한 수를 곱하여 없애려는 미지수의 계수의 절댓값을 같게 만들기
   ⊙ 소거할 미지수의 계수의 절댓값이 같을 때의 풀이

   • 부호가 같은 경우: 변끼리 뺌

   $\begin{cases} 2x+y=1 & \cdots ⊙ \\ 3x+y=2 & \cdots ⓛ \end{cases}$

   y의 부호가 같으므로 ⓛ에서 ⊙을 빼면
   $$\begin{array}{r} 3x+y=2 \\ -)\ 2x+y=1 \\ \hline x\quad\ =1 \end{array}$$
   $x=1$을 $2x+y=1$(⊙)에 대입하면
   $2\times1+y=1 \quad \therefore y=-1$
   따라서 연립방정식의 해는
   $x=1, y=-1$ 또는 $(1, -1)$

   • 부호가 다른 경우: 변끼리 더함

   $\begin{cases} 3x+2y=7 & \cdots ⊙ \\ x-2y=-3 & \cdots ⓛ \end{cases}$

   $2y$와 $-2y$의 부호가 다르므로 ⊙과 ⓛ을 더하면
   $$\begin{array}{r} 3x+2y=7 \\ +)\ x-2y=-3 \\ \hline 4x\quad\ =4 \end{array} \Rightarrow \therefore x=1$$
   $x=1$을 $3x+2y=7$(⊙)에 대입하면
   $3\times1+2y=7 \quad \therefore y=2$
   따라서 연립방정식의 해는
   $x=1, y=2$ 또는 $(1, 2)$

   ⓛ 소거할 미지수의 계수의 절댓값이 다를 때: 소거할 계수의 절댓값이 같도록 만들어서 풂

   ⊙에 2를 곱한 것에서 ⓛ을 뺀다.

   $\begin{cases} x+y=7 & \cdots ⊙ \\ 2x+4y=24 & \cdots ⓛ \end{cases} \Rightarrow \begin{array}{r} 2x+2y=14 \\ -)\ 2x+4y=24 \\ \hline -2y=-10 \end{array} \Rightarrow \therefore y=5$

   $y=5$를 $x+y=7$(⊙)에 대입하여 풀면 $x=2$
   따라서 연립방정식의 해는 $x=2, y=5$ 또는 $(2, 5)$

   ② ①의 두 식을 변끼리 더하거나 빼서 한 미지수를 소거한 후, 방정식을 풀기
   ③ ②에서 구한 해를 한 일차방정식에 대입하여 다른 미지수의 값을 구하기

복잡한 연립방정식의 풀이

1. 괄호가 있는 경우 분배법칙을 이용하여 괄호를 풀고, 동류항끼리 정리한 후 풀이

예 $\begin{cases} 3x-2(x-y)=2 \\ 6(x-y)-3x=-5 \end{cases}$ $\xrightarrow{\text{괄호를 풀고}}$ $\begin{cases} 3x-2x+2y=2 \\ 6x-6y-3x=-5 \end{cases}$ $\xrightarrow{\text{동류항끼리 정리}}$ $\begin{cases} x+2y=2 \\ 3x-6y=-5 \end{cases}$

2. 계수가 분수인 경우 양변에 분모의 최소공배수를 곱하여 계수를 정수로 고친 후 풀이

예 $\begin{cases} \dfrac{x}{3}+\dfrac{y}{2}=1 \\ \dfrac{x}{4}+\dfrac{y}{3}=\dfrac{5}{6} \end{cases}$ $\begin{array}{c} \xrightarrow{\substack{\text{양변에 분모의 최소공배수} \\ \text{6을 곱하면}}} \\ \xrightarrow{\substack{\text{양변에 분모의 최소공배수} \\ \text{12를 곱하면}}} \end{array}$ $\begin{cases} 2x+3y=6 \\ 3x+4y=10 \end{cases}$

3. 계수가 소수인 경우 양변에 10의 거듭제곱($10, 100, 1000, \cdots$)을 곱하여 계수를 정수로 고친 후 풀이

예 $\begin{cases} 0.2x-0.1y=0.4 \\ 2.1x-1.3y=9.2 \end{cases}$ $\xrightarrow{\text{양변에 10을 곱하면}}$ $\begin{cases} 2x-y=4 \\ 21x-13y=92 \end{cases}$

4. $A=B=C$ 꼴의 방정식의 풀이 다음의 세 경우 중 하나로 고쳐서 풀이

$\begin{cases} A=B \\ A=C \end{cases}$ 또는 $\begin{cases} A=B \\ B=C \end{cases}$ 또는 $\begin{cases} A=C \\ B=C \end{cases}$

예 $2x+3y=3x-2y=3$은 다음 세 연립방정식 중 하나를 선택하여 푼다.

$\begin{cases} 2x+3y=3x-2y \\ 2x+3y=3 \end{cases}$ 또는 $\begin{cases} 2x+3y=3x-2y \\ 3x-2y=3 \end{cases}$ 또는 $\begin{cases} 2x+3y=3 \\ 3x-2y=3 \end{cases}$

해가 특수한 연립방정식의 풀이

연립방정식 $\begin{cases} ax+by=c \\ a'x+b'y=c' \end{cases}$ 에서 x, y의 계수 중 하나를 같게 만들 때

두 일차방정식이 일치하는 경우	x, y의 계수는 각각 같고 상수항만 다른 경우
$\dfrac{a}{a'}=\dfrac{b}{b'}=\dfrac{c}{c'}$ ➡ 해가 무수히 많다.	$\dfrac{a}{a'}=\dfrac{b}{b'}\neq\dfrac{c}{c'}$ ➡ 해가 없다.

연립방정식의 활용

1. 가격, 개수에 대한 문제
① (물건의 총 가격)=(한 개당 가격)×(물건의 개수)
② (거스름 돈)=(지불한 금액)−(물건 값)

2. 나이에 대한 문제
현재의 나이가 x살일 때,
① a년 전의 나이: $(x-a)$살
② a년 후의 나이: $(x+a)$살

3. 수에 대한 문제
십의 자리의 숫자가 x, 일의 자리의 숫자가 y인 두 자리의 자연수
① 처음 수: $10x+y$
② 십의 자리의 숫자와 일의 자리의 숫자를 바꾼 수: $10y+x$

+
십의 자리의 숫자가 x, 일의 자리의 숫자가 y인 두 자리의 자연수를 xy라고 쓰지 않도록 주의해야 함

① 분배법칙을 이용하여 식을 전개
② 동류항이 있으면 동류항끼리 모아서 간단히 정리

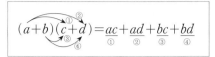

이해가 쏙쏙

도형의 넓이를 이용한 다항식과 다항식의 곱셈

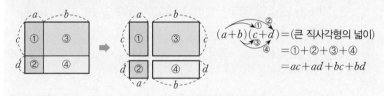

+
곱셈 공식을 다음과 같이 전개하지 않도록 주의!
· $(a+b)^2 \neq a^2+b^2$
· $(a-b)^2 \neq a^2-b^2$

+ 서로 같은 완전제곱식
· $(a+b)^2=(-a-b)^2$
· $(a-b)^2=(-a+b)^2$

1. $(a+b)^2=a^2+2ab+b^2$, $(a-b)^2=a^2-2ab+b^2$

2. $(a+b)(a-b)=a^2-b^2$

3. x의 계수가 1인 두 일차식의 곱 $(x+a)(x+b)=x^2+(a+b)x+ab$

4. x의 계수가 1이 아닌 두 일차식의 곱 $(ax+b)(cx+d)=acx^2+(ad+bc)x+bd$

예 $(2x+1)(3x+2)=(2\times3)x^2+(2\times2+1\times3)x+1\times2=6x^2+7x+2$

이해가 쏙쏙

도형의 넓이를 이용한 곱셈 공식

① $(a+b)^2$
=(큰 정사각형의 넓이)
=①+②+③+④
=$a^2+ab+ab+b^2$
=$a^2+2ab+b^2$

$(a-b)^2$
=(색칠한 정사각형의 넓이)
=a^2-①-②-③
=$a^2-b(a-b)-b(a-b)-b^2$
=$a^2-2ab+b^2$

② $(a+b)(a-b)$=(색칠한 직사각형의 넓이)
=①+②=①+③
=a^2-④
=a^2-b^2

③ $(x+a)(x+b)$
=(큰 직사각형의 넓이)
=①+②+③+④
=$x^2+ax+bx+ab$
=$x^2+(a+b)x+ab$

④ $(ax+b)(cx+d)$
=(큰 직사각형의 넓이)
=①+②+③+④
=$acx^2+bcx+adx+bd$
=$acx^2+(ad+bc)x+bd$

키워드 03

곱셈 공식의 변형

① $a^2+b^2=(a+b)^2-2ab$
② $a^2+b^2=(a-b)^2+2ab$
③ $(a+b)^2=(a-b)^2+4ab$
④ $(a-b)^2=(a+b)^2-4ab$
⑤ $a^2+\dfrac{1}{a^2}=\left(a+\dfrac{1}{a}\right)^2-2$
⑥ $a^2+\dfrac{1}{a^2}=\left(a-\dfrac{1}{a}\right)^2+2$
⑦ $\left(a+\dfrac{1}{a}\right)^2=\left(a-\dfrac{1}{a}\right)^2+4$
⑧ $\left(a-\dfrac{1}{a}\right)^2=\left(a+\dfrac{1}{a}\right)^2-4$

키워드 04

곱셈 공식을 이용한 수의 계산

1. **수의 제곱의 계산** 곱셈 공식 $(a+b)^2=a^2+2ab+b^2$ 또는 $(a-b)^2=a^2-2ab+b^2$을 이용하여 계산

   예 $103^2=(100+3)^2=100^2+2\times100\times3+3^2=10609$

2. **두 수의 곱의 계산** 곱셈 공식 $(a+b)(a-b)=a^2-b^2$ 또는 $(x+a)(x+b)=x^2+(a+b)x+ab$ 를 이용하여 계산

   예 $102\times98=(100+2)(100-2)=100^2-2^2=9996$

키워드 05

곱셈 공식을 이용한 제곱근의 계산

1. **근호를 포함한 식의 계산** 곱셈 공식을 이용하여 다항식의 곱셈처럼 계산할 수 있음(단, $a>0$, $b>0$)
   ① $(\sqrt{a}+\sqrt{b})^2=a+2\sqrt{ab}+b$
   ② $(\sqrt{a}-\sqrt{b})^2=a-2\sqrt{ab}+b$
   ③ $(\sqrt{a}+\sqrt{b})(\sqrt{a}-\sqrt{b})=a-b$
   예 $(\sqrt{3}+1)(\sqrt{3}+2)=(\sqrt{3})^2+(1+2)\sqrt{3}+1\times2=3+3\sqrt{3}+2=5+3\sqrt{3}$

2. **분모의 유리화** 곱셈 공식 $(a+b)(a-b)=a^2-b^2$을 이용하여 분모를 유리화함
   $$\frac{A}{\sqrt{a}+\sqrt{b}}=\frac{A(\sqrt{a}-\sqrt{b})}{(\sqrt{a}+\sqrt{b})(\sqrt{a}-\sqrt{b})}=\frac{A(\sqrt{a}-\sqrt{b})}{a-b}\ (단, a>0, b>0, a\neq b)$$
   예 $\dfrac{1}{\sqrt{3}+\sqrt{2}}=\dfrac{\sqrt{3}-\sqrt{2}}{(\sqrt{3}+\sqrt{2})(\sqrt{3}-\sqrt{2})}=\dfrac{\sqrt{3}-\sqrt{2}}{3-2}=\sqrt{3}-\sqrt{2}$

키워드 06

인수분해

➕ 소인수분해와 인수분해
• 소인수분해: 자연수를 소수의 곱으로 분해
예 $6=1\times6=1\times2\times3$
→ 약수: 1, 2, 3, 6
• 인수분해: 다항식을 인수의 곱으로 분해
예 $am+bm=m(a+b)$
→ 인수: 1, m, $a+b$, $m(a+b)$

1. **인수** 하나의 다항식을 두 개 이상의 다항식의 곱으로 나타낼 때, 각각의 식을 처음 식의 인수라 함

2. **인수분해** 하나의 다항식을 두 개 이상의 인수의 곱으로 나타내는 것을 인수분해한다고 함

3. **공통의 인수를 이용한 인수분해**
   ① 공통인 인수: 다항식의 각 항에 공통으로 들어 있는 인수
   ② 공통인 인수로 묶기: 각 항의 공통인 인수를 찾아 괄호 밖으로 묶어 내어 인수분해
   $$ma+mb=m(a+b),\ ma-mb=m(a-b)$$
   └─ 공통인 인수

   예 $x^2+x=x(x+1),\ 2ma+4mb+6mc=2m(a+2b+3c)$

완전제곱식

+

$a^2+2ab+b^2$
$=a^2+ab+ab+b^2$
$=a(a+b)+b(a+b)$
$=(a+b)^2$

+

$a^2-2ab+b^2$
$=a^2-ab-ab+b^2$
$=a(a-b)-b(a-b)$
$=(a-b)^2$

1. 완전제곱식 다항식의 제곱으로 이루어진 식 또는 이 식에 수를 곱한 식

> **예** $-3(5x-1)^2,\ 2(a-3b)^2,\ (3x-2y)^2,\ (x+1)^2,\ (a+b+c)^2,\ \cdots$

2. 완전제곱식을 이용한 인수분해

$$a^2+2ab+b^2=(a+b)^2,\quad a^2-2ab+b^2=(a-b)^2$$

곱의 2배 　　　　　　　 곱의 2배

> **예** $x^2+14x+49=(x+7)^2,\ 4x^2-20xy+25y^2=(2x-5y)^2$
> $2x^2-16x+32=2(x^2-8x+16)=2(x-4)^2$

인수분해 공식

인수분해가 바르게 된 것을
찾는 문제가 출제되었습니다.

+ 도형의 넓이를 이용한
인수분해

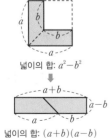

넓이의 합: a^2-b^2

넓이의 합: $(a+b)(a-b)$

1. 제곱의 차를 이용한 인수분해

$$\underset{\text{제곱의 차}}{a^2-b^2}=\underset{\text{합}}{(a+b)}\underset{\text{차}}{(a-b)}$$

> **예** $9x^2-64=(3x)^2-8^2=(3x+8)(3x-8)$

2. x^2의 계수가 1인 이차식의 인수분해

$$x^2+\underset{\text{두 수의 합}}{(a+b)}x+\underset{\text{두 수의 곱}}{ab}=(x+a)(x+b)$$

> **이해가 쏙쏙**
>
> $x^2+(a+b)x+ab$를 인수분해하는 방법
> ① 곱하여 상수항이 되는 두 정수를 찾는다.
> ② ①에서 두 수의 합이 x의 계수가 되는 두 정수 a, b를 찾는다.
> ③ $(x+a)(x+b)$ 꼴로 나타낸다.
>
> > **예** x^2+7x-8을 인수분해하여 보자.
> > ① 곱이 -8인 두 정수를 모두 찾는다.
> > ② ①에서 합이 7인 두 정수는 -1, 8이다.
> > ③ $x^2+7x-8=(x-1)(x+8)$
>
> | 곱이 -8인 두 정수 | | 합 |
> | --- | --- | --- |
> | 1 | -8 | -7 |
> | -1 | 8 | 7 |
> | 2 | -4 | -2 |
> | -2 | 4 | 2 |

3. x^2의 계수가 1이 아닌 이차식의 인수분해

$$acx^2+(ad+bc)x+bd=(ax+b)(cx+d)$$

$acx^2+(ad+bc)x+bd$를 인수분해하는 방법

① 곱하여 x^2의 계수가 되는 두 정수 a, c를 세로로 나열한다.

② 곱하여 상수항이 되는 두 정수 b, d를 세로로 나열한다.

③ 대각선 방향으로 곱하여 더한 값이 x의 계수가 되는 것을 찾는다.

④ $(ax+b)(cx+d)$ 꼴로 나타낸다.

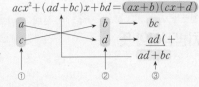

예 $6x^2-4x-2=(2x-2)(3x+1)$

$$\begin{array}{ll} 2 & \searrow\; -2 \to -6 \\ 3 & \nearrow\; 1 \to \underline{2}\,(+ \\ & \qquad\qquad -4 \end{array}$$

$3x^2-x-2=(x-1)(3x+2)$

$$\begin{array}{ll} 1 & \searrow\; -1 \to -3 \\ 3 & \nearrow\; 2 \to \underline{2}\,(+ \\ & \qquad\qquad -1 \end{array}$$

키워드 09

**인수분해
공식을 이용한
수의 계산**

복잡한 수의 계산을 할 때, 인수분해 공식을 이용하면 편리함

공통인 인수로 묶은 후 계산하기	$ma+mb=m(a+b)$ **예** $16\times25-16\times15$ $\qquad=16\times(25-15)=16\times10=160$
완전제곱식 이용하기	$a^2+2ab+b^2=(a+b)^2$ $a^2-2ab+b^2=(a-b)^2$ **예** $98^2+2\times98\times2+2^2$ $\qquad=(98+2)^2=100^2=10000$
제곱의 차 이용하기	$a^2-b^2=(a+b)(a-b)$ **예** $97^2-3^2=(97+3)(97-3)$ $\qquad=100\times94=9400$

키워드 10

**인수분해
공식을 이용한
식의 값**

식의 값을 구할 때, 주어진 식을 인수분해한 후 대입하여 계산하면 편리함

예 $x=13$일 때, x^2-6x+9의 값을 구하면

$x^2-6x+9=(x-3)^2=(13-3)^2=10^2=100$

인수분해 $\quad$ $x=13$을 대입

07 이차방정식

이차방정식의 뜻

① 등식의 우변의 모든 항을 좌변으로 이항하여 정리하였을 때 (x에 대한 이차식)$=0$ 꼴이 되는 방정식을 x에 대한 이차방정식이라 함

예 $x^2=2x+3 \Rightarrow x^2-2x-3=0 \Rightarrow$ 이차방정식
$x^2+2x=x^2+x+3 \Rightarrow x-3=0 \Rightarrow$ 이차방정식이 아니다. ── 일차방정식
$x^2+2x+3 \Rightarrow$ 이차방정식이 아니다. ── 이차식

② 일반적으로 x에 대한 이차방정식은 $ax^2+bx+c=0$ (a, b, c는 상수, $\underline{a\neq0}$) 꼴로 나타낼 수 있음
└─→ (이차항의 계수)$\neq0$

이차방정식의 해

이차방정식의 해를 구하는 문제가 출제되었습니다.

1. 이차방정식의 해(근) 이차방정식을 참이 되게 하는 미지수 x의 값

$x=p$가 이차방정식 $ax^2+bx+c=0$의 해(근)이다. $\Longleftrightarrow$ $x=p$를 $ax^2+bx+c=0$에 대입하면 등식이 성립한다.

2. '이차방정식을 푼다'의 의미 이차방정식의 해를 모두 구하는 것

인수분해를 이용한 이차방정식의 풀이

+
「$A=0$ 또는 $B=0$」은 다음 세 가지 중 하나가 성립한다는 뜻임
① $A=0$이고 $B=0$
② $A=0$이고 $B\neq0$
③ $A\neq0$이고 $B=0$

1. $AB=0$의 성질
① 두 수 또는 두 식 A, B에 대하여 $A=0$ 또는 $B=0$이면 $AB=0$이 성립함
역으로 $\underline{AB=0}$이면 $\underline{A=0}$ 또는 $\underline{B=0}$이 성립함 ─ 둘 중 적어도 하나가 0이면 그 곱은 0이다.
└─→ 곱이 0이면 둘 중 적어도 하나는 0이다.
② $AB=0$의 성질을 이용하면 $AB=0$ 꼴의 이차방정식의 해를 구할 수 있음

예 $\underbrace{(x+1)}_{A}\underbrace{(x+2)}_{B}=0$이면 $x+1=0$ 또는 $x+2=0$ $\therefore x=-1$ 또는 $x=-2$

2. 인수분해를 이용한 이차방정식의 풀이 이차방정식을 (일차식)$\times$(일차식)$=0$ 꼴로 변형한 후 $AB=0$의 성질을 이용하여 풀기
① 이차방정식을 $ax^2+bx+c=0$ 꼴로 정리하기
② 좌변을 인수분해하기
③ $AB=0$의 성질을 이용하기
④ 해를 구하기

예 이차방정식 $x^2+3x=-2$에서
$x^2+3x+2=0$ ⎫ 인수분해
$(x+1)(x+2)=0$ ⎬
$x+1=0$ 또는 $x+2=0$ ⎭ $AB=0$의 성질 이용
$\therefore x=-1$ 또는 $x=-2$

3. 이차방정식의 중근 이차방정식의 두 해(근)가 중복되어 서로 같을 때, 이 해(근)를 주어진 이차방정식의 중근이라 함

예 이차방정식 $x^2-2x+1=0$의 좌변을 인수분해하면 $(x-1)^2=0$이므로
$\underbrace{(x-1)(x-1)}_{중복}=0$에서 $x-1=0$ $\therefore x=1$(중근)

키워드 04

완전제곱식을 이용한 이차방정식의 풀이

+

이차방정식
$ax^2+bx+c=0$을 풀 때
• 좌변이 인수분해되면 인수분해를 이용
• 좌변이 인수분해되지 않으면 완전제곱식을 이용

1. 제곱근을 이용한 이차방정식의 풀이

① 이차방정식 $x^2=q(q\geq0)$의 해

$$x^2=q \implies x=\pm\sqrt{q} \longrightarrow x는\ q의\ 제곱근$$

예 $x^2-3=0$에서 $x^2=3$ ∴ $x=\pm\sqrt{3}$

② 이차방정식 $(x-p)^2=q(q\geq0)$의 해

$$(x-p)^2=q \implies \underline{x-p=\pm\sqrt{q}} \quad ∴\ x=p\pm\sqrt{q}$$
$$\qquad\qquad\qquad\qquad {}^{\longrightarrow x-p는\ q의\ 제곱근}$$

예 $(x-1)^2=2$에서 $x-1=\pm\sqrt{2}$ ∴ $x=1\pm\sqrt{2}$

> **이해가 쏙쏙**
>
> $(x-p)^2=q$ 꼴의 이차방정식이 해를 가질 조건
> ① $q>0$이면 서로 다른 두 근을 갖는다. ➡ $x=p\pm\sqrt{q}$
> ② $q=0$이면 (완전제곱식)$=0$의 형태가 되므로 중근을 갖는다. ➡ $x=p$
> ③ $q<0$이면 해는 없다. → 제곱하여 음수가 되는 실수는 없다.
>
> 참고 $q>0$ 또는 $q=0$인 경우에 $(x-p)^2=q$의 해가 존재하므로 이차방정식 $(x-p)^2=q$가 해를 가질 조건은 $q\geq0$
> 이다.

③ 이차방정식 $ax^2=q(q>0,\ a\neq0)$의 해

$$ax^2=q \implies x^2=\frac{q}{a} \quad ∴\ x=\pm\sqrt{\frac{q}{a}}$$

2. 완전제곱식을 이용한 이차방정식의 풀이
이차방정식을 $(x-p)^2=q(q\geq0)$ 꼴로 변형한 후 제곱근을 이용하여 풀이

3. 완전제곱식을 이용한 이차방정식의 풀이 순서

① 이차항의 계수로 양변을 나누기
② 상수항을 우변으로 이항하기
③ 양변에 $\left(\dfrac{일차항의\ 계수}{2}\right)^2$을 더하기
④ $(x-p)^2=q$ 꼴로 바꾸기
⑤ 제곱근을 이용하여 해를 구하기

예 이차방정식 $2x^2-4x-10=0$에서 $\left.\begin{array}{l}\end{array}\right\}$ 양변을 2로 나눈다.
$x^2-2x-5=0$
$x^2-2x=5$
$x^2-2x+1=5+1 \longrightarrow \left(\dfrac{-2}{2}\right)^2=1$
$(x-1)^2=6$
$x-1=\pm\sqrt{6}$
∴ $x=1\pm\sqrt{6}$

키워드 05

이차방정식의 근의 공식

① 이차방정식 $ax^2+bx+c=0(a\neq0)$의 근은

$$x=\frac{-b\pm\sqrt{b^2-4ac}}{2a}(단,\ b^2-4ac\geq0)$$

예 $x^2-3x-5=0$에서 $a=1,\ b=-3,\ c=-5$이므로

$$x=\frac{3\pm\sqrt{(-3)^2-4\times1\times(-5)}}{2\times1}=\frac{3\pm\sqrt{29}}{2}$$

② 일차항의 계수가 짝수인 이차방정식 $ax^2+2b'x+c=0(a\neq0)$의 근은

$$x=\frac{-b'\pm\sqrt{b'^2-ac}}{a}(단,\ b'^2-ac\geq0)$$

예 $x^2+2x-7=0$에서 $a=1,\ b'=1,\ c=-7$이므로

$$x=-1\pm\sqrt{1^2-1\times(-7)}=-1\pm\sqrt{8}=-1\pm2\sqrt{2}$$

**복잡한
이차방정식의
풀이**

1. 복잡한 이차방정식의 풀이 계수가 분수 또는 소수이면 양변에 적당한 수를 곱하여 계수를 가장 간단한 정수로 만든 후 $ax^2+bx+c=0$ 꼴로 정리

① 계수가 분수일 때: 양변에 분모의 최소공배수를 곱함

② 계수가 소수일 때: 양변에 10의 거듭제곱을 곱함

참고 상수항도 계수로 본다.

2. 괄호가 있을 때 괄호를 풀어 $ax^2+bx+c=0$ 꼴로 정리

→ 인수분해 또는 근의 공식을 이용하여 해를 구한다.

**이차방정식
구하기**

① 두 근이 α, β이고 x^2의 계수가 a인 이차방정식

➡ $a(x-\alpha)(x-\beta)=0$ $\xrightarrow{\text{전개}}$ $a\{x^2-(\alpha+\beta)x+\alpha\beta\}=0$

두 근의 합   두 근의 곱

예 두 근이 1, 2이고 x^2의 계수가 3인 이차방정식은 $3(x-1)(x-2)=0$ ∴ $3x^2-9x+6=0$

② 중근이 k이고 x^2의 계수가 a인 이차방정식

➡ $a(x-k)^2=0$

예 중근이 1이고 x^2의 계수가 2인 이차방정식은 $2(x-1)^2=0$ ∴ $2x^2-4x+2=0$

**이차방정식의
근의 개수**

이차방정식 $ax^2+bx+c=0$의 근의 개수는 b^2-4ac의 부호에 따라 결정됨

① $b^2-4ac>0$이면 서로 다른 두 근을 가짐 ➡ 근이 2개

② $b^2-4ac=0$이면 중근을 가짐 ➡ 근이 1개

근을 가질 조건: $b^2-4ac \geq 0$

③ $b^2-4ac<0$이면 근이 없음 ➡ 근이 0개 → 근호 안에는 음수가 올 수 없다.

예 $x^2-8x+13=0$에서 $(-8)^2-4\times1\times13=12>0$ (근이 2개)

$4x^2-12x+9=0$에서 $(-12)^2-4\times4\times9=0$ (근이 1개)

$x^2+2x+6=0$에서 $2^2-4\times1\times6=-20<0$ (근이 0개)

**이차방정식의
활용**

둘레의 길이가 30 cm이고 넓이가 54 cm²인 직사각형의 가로의 길이를 구하는 순서

① 미지수 정하기: 구하려는 것을 미지수 x로 놓음

가로의 길이를 x cm라 하면 $2\times\{$(가로의 길이)$+$(세로의 길이)$\}=30$이므로 세로의 길이는 $(15-x)$ cm

② 방정식 세우기: 문제의 뜻에 맞게 이차방정식을 세움

직사각형의 넓이가 54 cm²이므로

$x(15-x)=54$ ∴ $x^2-15x+54=0$

③ 방정식 풀기: 이차방정식을 풀이 함

이 이차방정식을 풀면

$(x-6)(x-9)=0$ ∴ $x=6$ 또는 $x=9$

④ 조건에 맞는 답 정하기: 구한 해 중에서 문제의 조건에 맞는 것을 정함

따라서 가로의 길이가 6cm이면 세로의 길이는 9cm이고, 가로의 길이가 9cm이면 세로의 길이는 6cm

III 함수

🖐 **원포인트 공부법** 일차함수의 식 구하기, 이차함수의 그래프 해석하기는 빈출 주제입니다. 단순히 공식을 외우기보다 그림과 공식을 같이 놓고 이해하며 암기해 보세요.

---

01 좌표평면과 그래프

키워드 01

순서쌍과 좌표

좌표평면 위에 있는 점의 좌표를 구하는 문제가 출제되었습니다.

+
순서쌍은 두 수의 순서를 나타내는 것이므로 두 수의 순서를 바꾸면 안됨. (a, b)와 (b, a)는 서로 다름.

1. 수직선 위의 점의 좌표
① 수직선 위의 한 점에 대응하는 수를 그 점의 좌표라 함
② a가 점 P의 좌표일 때 ➡ **기호** $P(a)$

예 $A(-2), B(0), C(3)$

수직선 위의 세 점 A, B, C에 대응하는 수는 각각 $-2, 0, 3$이고, 기호로 나타내면 $A(-2), B(0), C(3)$이다.

2. 좌표평면
두 수직선을 점 O에서 서로 수직으로 만나게 할 때
① x축: 가로의 수직선
② y축: 세로의 수직선
③ **좌표축**: x축과 y축을 통틀어 좌표축이라 함
④ **원점**: 두 좌표축이 만나는 점
⑤ **좌표평면**: 좌표축이 정해져 있는 평면

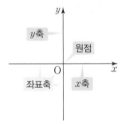

3. 좌표평면 위의 점의 좌표
① **순서쌍**: 두 수의 순서를 정하여 짝 지어 나타낸 것
② 좌표평면 위의 한 점 P에서 x축, y축에 각각 내린 수선과 x축, y축이 만나는 점에 대응하는 수를 각각 a, b라 할 때, 순서쌍 (a, b)를 점 P의 좌표라고 함 ➡ **기호** $P(a, b)$
이때 a를 점 P의 x좌표, b를 점 P의 y좌표라 함

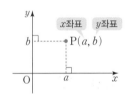

키워드 02

사분면

사분면 좌표축은 좌표평면을 네 부분으로 나누고, 이들 네 부분을 각각 제1사분면, 제2사분면, 제3사분면, 제4사분면이라 함

주의 좌표축 위의 점은 어느 사분면에도 속하지 않는다.

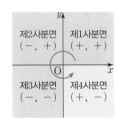

그래프의 뜻과 표현

1. **변수** 변하는 값을 나타내는 문자

2. **그래프**
   ① 두 변수 x와 y 사이의 관계를 만족시키는 순서쌍 $(x,\ y)$를 좌표평면 위에 나타낸 것을 이 관계의 그래프라 함
   ② 그래프는 변수의 값에 따라 점, 직선, 곡선 등으로 나타남

   참고 두 변수 x, y의 순서쌍 (x, y)를 좌표로 하는 점을 좌표평면 위에 나타내면 오른쪽 그림과 같다.

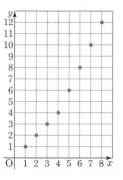

x	1	2	3	4	5	6	7	8
y	1	2	3	4	6	8	10	12

상황을 그래프로 나타내기

각 상황에 알맞은 그래프를 나타내면 다음과 같음

① 속력을 올렸다 내렸다를 반복하면서 뛰고 있다.	② 속력을 올리며 뛰다가 일정하게 속력을 유지하며 뛰고 있다.	③ 속력을 올리며 뛰다가 도중에 속력을 내려 뛴 후 멈추었다.

그래프의 해석

➕ 시간-거리 그래프의 해석

• 시간에 따라 이동 거리가 일정하게 증가함

• 시간에 따라 이동 거리가 서서히 증가하다 멈춤

① 두 변수 사이의 관계를 좌표평면 위에 그래프로 나타내면 두 변수의 변화 관계를 알아보기 쉬움

예

• 다음 그래프는 자동차의 속력을 시간에 따라 나타낸 것이고, 표는 속력의 변화를 해석한 것이다.

그래프의 모양	╱	──	╲
속력	증가한다.	변화 없다.	감소한다.

• 다음 그래프는 시계 방향으로 운행하는 대관람차가 운행을 시작한 후 시간과 대관람차 한 칸의 지면으로부터 높이 사이의 관계를 나타낸 것이고, 표는 높이의 변화를 해석한 것이다.

그래프의 양	╱	╲	⋯
높이	증가한다.	감소한다.	⋯

• 시간에 따라 이동 거리가 급격하게 증가함

• 시간에 따라 이동 거리가 변하지 않음

② 그래프는 다음과 같이 증가, 감소, 주기적 변화를 파악하는 데 유용함

상황	그래프	그래프의 해석
어떤 운동으로 1분에 소모되는 열량이 5kcal일 때, 이 운동을 x분 동안 하여 소모되는 열량은 $y$kcal		시간이 일정하게 증가할 때, 소모되는 열량도 일정하게 증가함
용량이 100L인 물탱크에서 일정하게 물이 흘러나올 때, x분 후에 물탱크에 남은 물의 양은 yL		물이 일정하게 흘러나오므로 물탱크에 남은 물의 양은 일정하게 감소함
놀이터에서 그네가 일정하게 움직이고 있을 때, x초 후 지면으로부터의 그네의 높이는 ym		그네가 일정하게 움직일 때, 그네의 높이는 일정하게 높아졌다가 낮아지는 것을 반복함

키워드 06

정비례

+

y가 x에 정비례할 때, $\dfrac{y}{x}$의 값은 일정함

즉, $y=ax(a\neq0)$에서

$\dfrac{y}{x}=a$(일정)

+

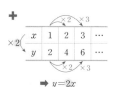

➡ $y=2x$

➡ $\dfrac{y}{x}=\dfrac{2}{1}=\dfrac{4}{2}=\dfrac{6}{3}=\cdots$

$=2$(일정)

1. **정비례** 두 변수 x, y에서 x의 값이 2배, 3배, 4배, …로 변함에 따라 y의 값도 2배, 3배, 4배, …로 변하는 관계가 있을 때, y는 x에 정비례한다고 함

2. y가 x에 정비례하면 x와 y 사이의 관계는 $y=ax(a\neq0)$로 나타낼 수 있음

이해가 쏙쏙

시속 30 km로 자전거가 달린 시간을 x시간, 달린 거리를 y km라 할 때, x와 y 사이의 관계를 표로 나타내면 다음과 같다.

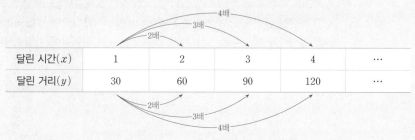

달린 시간(x)	1	2	3	4	…
달린 거리(y)	30	60	90	120	…

① 위의 표에서 x의 값이 2배, 3배, 4배, …로 변함에 따라 y의 값도 2배, 3배, 4배, …로 변하므로 y는 x에 정비례한다.

② x와 y 사이의 관계를 식으로 나타내면 $y=30x$이다.

예 주연이는 1000mL의 수액을 맞는데 2분 동안 10mL가 투여되었다. 투여 시간을 x분, 투여량을 ymL라고 할 때, y는 x에 정비례한다고 한다. 물음에 답하여라.

① x와 y 사이의 관계식을 구하여라.

➡ y가 x에 정비례하므로 $y=ax(a\neq0)$이다. 이 식에 $x=2$, $y=10$을 대입하면 $10=2a$ ∴ $a=5$
따라서 x와 y 사이의 관계식은 $y=5x$이다.

② 수액이 모두 투여될 때까지 걸리는 시간을 구하여라.

➡ $y=5x$에 $y=1000$을 대입하면 $1000=5x$이다. 이 식의 양변을 5로 나누면 $x=200$
따라서 수액이 모두 투여될 때까지 걸리는 시간은 200분이다.

정비례 관계 $y=ax(a≠0)$의 그래프

+
$y=ax(a≠0)$의 그래프는 a의 값에 관계없이 항상 점 $(1, a)$를 지남

1. 정비례 관계를 나타내는 식 $y=2x$

x	-3	-2	-1	0	1	2	3
y	-6	-4	-2	0	2	4	6

➡ 순서쌍: $(-3, -6), (-2, -4), (-1, -2), (0, 0), (1, 2), (2, 4), (3, 6)$
➡ x의 값의 범위에 따라 정비례 관계 $y=2x$의 그래프를 그리면 다음과 같음

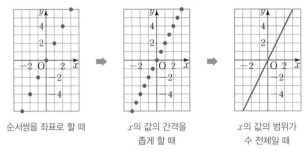

| 순서쌍을 좌표로 할 때 | x의 값의 간격을 좁게 할 때 | x의 값의 범위가 수 전체일 때 |

➡ x의 값의 범위가 수 전체일 때, 정비례 관계 $y=ax(a≠0)$의 그래프는 원점을 지나는 직선임

2. 정비례 관계 $y=ax(a≠0)$의 그래프의 성질

구	$a>0$일 때	$a<0$일 때
그래프		
그래프의 모양	오른쪽 위로 향하는 직선	오른쪽 아래로 향하는 직선
지나는 사분면	제1사분면, 제3사분면	제2사분면, 제4사분면
증가·감소 상태	x의 값이 커지면 y의 값도 커짐	x의 값이 커지면 y의 값은 작아짐

① 특별한 말이 없으면 정비례 관계 $y=ax(a≠0)$에서 x의 값의 범위는 수 전체로 생각함
② 정비례 관계 $y=ax(a≠0)$의 그래프는 a의 절댓값이 커질수록 y축에 가까워지고, a의 절댓값이 작아질수록 x축에 가까워짐

반비례

+
y가 x에 반비례할 때, xy의 값은 일정함
즉, $y=\dfrac{a}{x}(a≠0)$에서
$xy=a$(일정)

1. **반비례** 두 변수 x, y에서 x의 값이 2배, 3배, 4배, …로 변함에 따라 y의 값은 $\dfrac{1}{2}$배, $\dfrac{1}{3}$배, $\dfrac{1}{4}$배, …로 변하는 관계가 있을 때, y는 x에 반비례한다고 함

2. y가 x에 반비례하면 x와 y 사이의 관계는 $y=\dfrac{a}{x}(a≠0)$로 나타낼 수 있음

거리가 24 km인 길을 자전거를 타고 일정한 속력으로 달릴 때 자전거의 속력을 x km/h, 달린 시간을 y시간이라 하자. 이때 x와 y 사이의 관계를 표로 나타내면 다음과 같다.

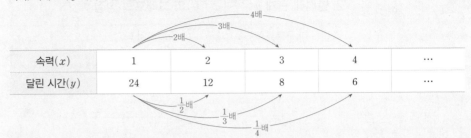

속력(x)	1	2	3	4	…
달린 시간(y)	24	12	8	6	…

① 위의 표에서 x의 값이 2배, 3배, 4배, …로 변함에 따라 y의 값은 $\frac{1}{2}$배, $\frac{1}{3}$배, $\frac{1}{4}$배, …로 변하므로 y는 x에 반비례한다.

② x와 y 사이의 관계를 식으로 나타내면 $y=\frac{24}{x}$이다.

예 같은 온도에서 기체의 부피 y cm³는 압력 x기압에 반비례한다. 어떤 기체의 부피가 20 cm³일 때, 압력은 4기압이다. 물음에 답하여라.
① x와 y 사이의 관계식을 구하여라.

➡ y가 x에 반비례하므로 $y=\frac{a}{x}(a\neq0)$이다. 이 식에 $x=4$, $y=20$을 대입하면 $20=\frac{a}{4}$ ∴ $a=80$

따라서 x와 y 사이의 관계식은 $y=\frac{80}{x}$이다.

② 이 기체의 부피가 16 cm³일 때, 압력을 구하여라.

➡ $y=\frac{80}{x}$에 $y=16$을 대입하면 $16=\frac{80}{x}$ ∴ $x=5$

따라서 이 기체의 부피가 16 cm³일 때 압력은 5기압이다.

키워드 09

반비례 관계 $y=\dfrac{a}{x}(a\neq0)$의 그래프

1. 반비례 관계를 나타내는 식 $y=\dfrac{6}{x}$

x	-6	-3	-2	-1	1	2	3	6
y	-1	-2	-3	-6	6	3	2	1

➡ 순서쌍: $(-6, -1)$, $(-3, -2)$, $(-2, -3)$, $(-1, -6)$, $(1, 6)$, $(2, 3)$, $(3, 2)$, $(6, 1)$

➡ x의 값의 범위에 따라 반비례 관계 $y=\dfrac{6}{x}$의 그래프를 그리면 다음과 같음

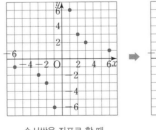

순서쌍을 좌표로 할 때

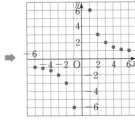

x의 값의 간격을 좁게 할 때

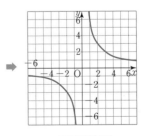

x의 값의 범위가 0이 아닌 수 전체일 때

➡ x의 값의 범위가 0이 아닌 수 전체일 때, 반비례 관계 $y=\dfrac{a}{x}(a\neq0)$의 그래프는 좌표축에 점점 가까워지면서 한없이 뻗어 나가는 한 쌍의 매끄러운 곡선임

2. 반비례 관계 $y=\dfrac{a}{x}(a\neq0)$의 그래프의 성질

구분	$a>0$일 때	$a<0$일 때
그래프		
지나는 사분면	제1사분면, 제3사분면	제2사분면, 제4사분면
증가·감소 상태	각 사분면에서 x의 값이 커지면 y의 값은 작아짐	각 사분면에서 x의 값이 커지면 y의 값도 커짐

① 특별한 말이 없으면 반비례 관계 $y=\dfrac{a}{x}(a\neq0)$에서 x의 값의 범위는 0이 아닌 수 전체로 생각함

② 반비례 관계 $y=\dfrac{a}{x}(a\neq0)$의 그래프는 a의 절댓값이 커질수록 원점에서 멀어짐

예제

Q1 다음 제시된 반비례 관계 $y=-\dfrac{10}{x}$의 그래프에 대한 설명으로 옳은 것을 모두 고르면?

> ㉠ 원점을 지나는 직선이다.
> ㉡ 제2사분면과 제4사분면을 지난다.
> ㉢ x의 값이 2배, 3배, 4배, …가 되면 y의 값은 $-\dfrac{1}{2}$배, $-\dfrac{1}{3}$배, $-\dfrac{1}{4}$배, …가 된다.
> ㉣ $y=-\dfrac{5}{x}$의 그래프보다 원점에서 더 멀리 떨어져 있다.

정답 Q1 ㉡, ㉣

해석 Q1 ㉠ 좌표축에 점점 가까워지면서 한없이 뻗어 나가는 한 쌍의 매끄러운 곡선이다.
　　　㉢ x의 값이 2배, 3배, 4배, …가 되면 y의 값은 $\dfrac{1}{2}$배, $\dfrac{1}{3}$배, $\dfrac{1}{4}$배, …가 된다.

키워드 10

정비례 관계와 반비례 관계의 활용

1. 그래프 위의 점
　① 정비례 관계 $y=ax(a\neq0)$의 그래프
　　점 (m, n)이 정비례 관계 $y=ax(a\neq0)$의 그래프 위의 점일 때
　　㉠ $y=ax$에 $x=m$, $y=n$의 값을 대입하면 등식이 성립함
　　㉡ 정비례 관계 $y=ax$의 그래프가 점 (m, n)을 지남

② 반비례 관계 $y=\dfrac{a}{x}(a\neq0)$의 그래프

점 (m, n)이 반비례 관계 $y=\dfrac{a}{x}(a\neq0)$의 그래프 위의 점일 때

㉠ $y=\dfrac{a}{x}$에 $x=m$, $y=n$의 값을 대입하면 등식이 성립함

㉡ 반비례 관계 $y=\dfrac{a}{x}$의 그래프가 점 (m, n)을 지남

2. 그래프가 나타내는 식
① 그래프가 원점을 지나는 직선 ➡ $y=ax(a\neq0)$로 놓음
② 그래프가 좌표축에 가까워지면서 한없이 뻗어 나가는 한 쌍의 매끄러운 곡선

➡ $y=\dfrac{a}{x}(a\neq0)$로 놓음

이해가 쏙쏙

① 그래프가 나타내는 식 (1)
그래프가 원점을 지나는 직선이고, 점 $(2, 6)$을 지난다.
➡ $y=ax(a\neq0)$로 놓고 $x=2$, $y=6$을 대입하면
$6=2a$, $a=3$
∴ $y=3x$

② 그래프가 나타내는 식 (2)
그래프가 좌표축에 가까워지면서 한없이 뻗어 나가는 한 쌍의 매끄러운 곡선이고, 점 $(5, 2)$를 지난다.
➡ $y=\dfrac{a}{x}(a\neq0)$로 놓고 $x=5$, $y=2$를 대입하면
$2=\dfrac{a}{5}$, $a=10$
∴ $y=\dfrac{10}{x}$

---

02 일차함수와 그래프

키워드 01

함수

+
x의 값 하나에 y의 값이 정해지지 않거나 두 개 이상 정해지면 y는 x의 함수가 아님

1. 함수
두 변수 x, y에 대하여 x의 값이 변함에 따라 y의 값이 하나씩 정해지는 대응 관계가 있을 때, y를 x의 함수라 함

참고 변수와 달리 일정한 값을 나타내는 수나 문자를 상수라 한다.

2. 대표적인 함수의 예
① 두 변수 x, y가 정비례 관계인
경우 ➡ $y=ax(a\neq0)$ 꼴

예 $y=2x$

x	1	2	3	⋯
y	2	4	6	⋯

2배, 3배

② 두 변수 x, y가 반비례 관계인
경우 ➡ $y=\dfrac{a}{x}(a\neq0)$ 꼴

예 $y=\dfrac{30}{x}$

x	1	2	3	⋯
y	30	15	10	⋯

2배, 3배 / $\dfrac{1}{2}$배, $\dfrac{1}{3}$배

③ 두 변수 x, y가
$y=(x$에 대한 일차식)인 경우
➡ $y=ax+b(a\neq0)$ 꼴

예 $y=x+3$

x	1	2	3	⋯
y	4	5	6	⋯

함숫값

함숫값을 구하는 문제가 출제되었습니다.

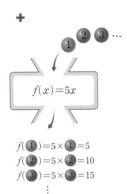

$f(\text{①})=5\times\text{①}=5$
$f(\text{②})=5\times\text{②}=10$
$f(\text{③})=5\times\text{③}=15$
$\vdots$

1. **함수의 기호 표현** y가 x에 대한 함수일 때 ➡ 기호 $y=f(x)$

2. **함숫값** 함수 $y=f(x)$에서 x의 값에 따라 하나씩 정해지는 y의 값, 즉 $f(x)$를 x에서의 함숫값이라 함

   예 함수 $f(x)=2x$에 대하여 _{x 대신 -1을 대입}
   $x=-1$일 때의 함숫값 ➡ $f(-1)=2\times(-1)=-2$
   $x=3$일 때의 함숫값 ➡ $f(3)=2\times3=6$
   _{x 대신 3을 대입}

   참고 함수 $y=f(x)$에 대하여
   $f(a)$ ➡ $x=a$일 때, y의 값
   ➡ $x=a$일 때의 함숫값
   ➡ $f(x)$에 x 대신 a를 대입하여 얻은 값

일차함수

일차함수의 그래프는 직선이고, 서로 다른 두 점을 지나는 직선은 오직 하나뿐이므로 일차함수 $y=ax+b$의 그래프 위의 서로 다른 두 점을 알면 그 그래프를 그릴 수 있음

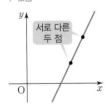

서로 다른 두 점

1. **일차함수의 뜻** 함수 $y=f(x)$에서 y가 x에 대한 일차식 $y=ax+b$ (a, b는 상수, $a\neq0$)로 나타내어질 때, 이 함수를 x에 대한 일차함수라 함

   예 $y=3x$, $y=-2x+1$, $y=-\dfrac{1}{2}x+3$은 일차함수이다.

   $y=5$, $y=\dfrac{2}{x}$, $y=-4x^2+1$은 일차함수가 아니다.

   참고 $y=\dfrac{1}{x}$과 같이 x가 분모에 있거나, $y=x^2+3$과 같이 x^2의 차수가 2이면 일차함수가 아니다.

2. **일차함수 $y=ax+b$의 그래프**
   ① 일차함수 $y=2x+3$에서 x의 값에 따라 정해지는 y의 값을 구하여 표로 나타내면

x	$\cdots$	-3	-2	-1	0	1	2	3	$\cdots$
y	$\cdots$	-3	-1	1	3	5	7	9	$\cdots$

   ㉠ 순서쌍: $\cdots$, $(-3,-3)$, $(-2,-1)$, $(-1,1)$, $(0,3)$, $(1,5)$, $(2,7)$, $(3,9)$, $\cdots$
   ㉡ 순서쌍을 좌표로 하여 좌표평면 위에 점을 찍은 후 선으로 연결하면 일차함수 $y=2x+3$의 그래프는 오른쪽 그림과 같음
   ② 일차함수 $y=ax+b$에서 x의 값이 주어지지 않았을 때에는 x의 값을 수 전체로 생각함

   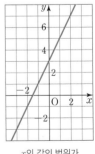

   x의 값의 범위가 수 전체일 때

키워드 04

**일차함수
그래프의
평행이동**

1. **평행이동** 한 도형을 일정한 방향으로 일정한 거리만큼 옮기는 것

2. **일차함수 $y=ax+b$의 그래프**
   일차함수 $y=ax$의 그래프를 y축의 방향으로 b만큼 평행이동한 직선

   $$y=ax \xrightarrow[b\text{만큼 평행이동}]{y\text{축의 방향으로}} y=ax+b$$

   예 $y=2x \xrightarrow[5\text{만큼 평행이동}]{y\text{축의 방향으로}} y=2x+5$

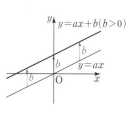

키워드 05

**일차함수
그래프의
x절편, y절편**

1. x**절편**
   ① 일차함수의 그래프가 x축과 만나는 점의 x좌표
   ② $y=0$일 때의 x의 값

2. y**절편**
   ① 일차함수의 그래프가 y축과 만나는 점의 y좌표
   ② $x=0$일 때의 y의 값

3. 일차함수 $y=ax+b(a\neq0)$의 그래프에서 x절편은 $-\dfrac{b}{a}$이고, y절편은 b임

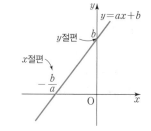

키워드 06

**일차함수
그래프의 기울기**

+

수직 거리

수평 거리

1. **일차함수 $y=ax+b(a\neq0)$의 그래프의 기울기**
   일차함수 $y=ax+b$에서 x의 값의 증가량에 대한 y의 값의 증가량의 비율은 항상 일정하며, 그 비율은 x의 계수 a와 같음
   이때 이 증가량의 비율 a를 일차함수 $y=ax+b$의 그래프의 기울기라 함

   $$(\text{기울기})=\dfrac{(y\text{의 값의 증가량})}{(x\text{의 값의 증가량})}=a$$

   예 일차함수 $y=2x+3$의 그래프의 기울기를 구해 보자.

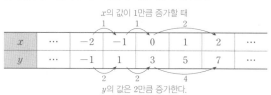

x의 값이 1만큼 증가할 때

x	$\cdots$	-2	-1	0	1	2	$\cdots$
y	$\cdots$	-1	1	3	5	7	$\cdots$

y의 값은 2만큼 증가한다.

➡ $(\text{기울기})=\dfrac{(y\text{의 값의 증가량})}{(x\text{의 값의 증가량})}=\dfrac{2}{1}=\dfrac{4}{2}=\cdots=2$

─ -1에서 1까지 2만큼 증가
─ -2에서 -1까지 1만큼 증가

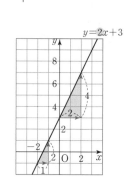

2. 두 점 (a, b), (c, d)를 지나는 일차함수의 그래프의 기울기

$$(\text{기울기}) = \frac{d-b}{c-a} = \frac{b-d}{a-c}$$

3. 기울기와 y절편을 이용하여 그래프 그리기
　① 점 $(0, y$절편$)$을 좌표평면 위에 나타내기
　② 기울기를 이용하여 다른 한 점을 찾기
　③ 두 점을 직선으로 연결하기

키워드 07

일차함수 $y=ax+b$ $(a \neq 0)$의 그래프 그리기

① 평행이동을 이용	② 두 점을 이용
㉠ 일차함수 $y=ax$의 그래프 그리기 ㉡ 점 $(0, b)$를 지나면서 ㉠의 그래프와 평행한 직선 그리기 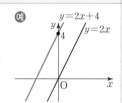	일차함수의 식을 만족시키는 두 점의 좌표를 찾아 두 점을 좌표평면 위에 나타낸 후, 직선으로 연결 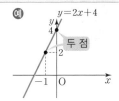

③ x절편과 y절편을 이용	④ 기울기와 y절편을 이용
㉠ x절편과 y절편을 각각 구하기 ㉡ 두 점 $(x$절편$, 0)$, $(0, y$절편$)$을 좌표평면 위에 나타낸 후, 직선으로 연결하기 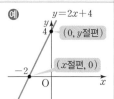	㉠ 점 $(0, y$절편$)$을 좌표평면 위에 나타내기 ㉡ 기울기를 이용하여 다른 한 점을 찾아 두 점을 직선으로 연결하기 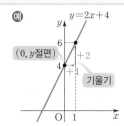

키워드 08

일차함수 $y=ax+b$ $(a \neq 0)$의 그래프의 성질

➕ 일차함수 $y=ax+b$의 그래프에서 b의 부호는 y절편의 부호와 같고, $b=0$이면 그래프는 원점을 지나는 직선임

일차함수 $y=ax+b(a \neq 0)$의 그래프의 기울기 a의 부호와 y절편 b의 부호를 알면 그래프를 그릴 수 있음

1. **기울기 a의 부호**　그래프의 모양 결정
　① $a>0$일 때: x의 값이 증가하면 y의 값도 증가한다.
　　➡ 오른쪽 위로 향하는 직선
　② $a<0$일 때: x의 값이 증가하면 y의 값은 감소한다.
　　➡ 오른쪽 아래로 향하는 직선

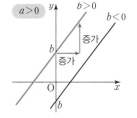
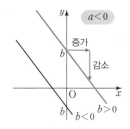

2. **y절편 b의 부호**　그래프가 y축과 만나는 부분 결정
　① $b>0$일 때: y절편이 양수 ➡ y축과 양의 부분에서 만남
　② $b<0$일 때: y절편이 음수 ➡ y축과 음의 부분에서 만남

3. a, b의 부호에 따른 그래프의 모양

① $a>0$, $b>0$

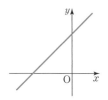

② $a>0$, $b<0$

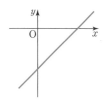

③ $a<0$, $b>0$

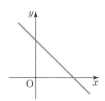

④ $a<0$, $b<0$

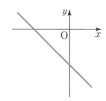

키워드 09

일차함수 그래프의 평행과 일치

두 일차함수의 그래프가 평행할 때 미지수를 구하는 문제가 출제되었습니다.

① 기울기가 같은 두 일차함수의 그래프는 서로 평행하거나 일치함
　㉠ 기울기가 같고 y절편이 다르면 두 그래프는 서로 평행함
　㉡ 기울기가 같고 y절편도 같으면 두 그래프는 일치함
② 서로 평행한 두 일차함수의 그래프의 기울기는 서로 같음

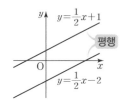

키워드 10

일차함수의 식 구하기

일차함수의 식을 구하는 문제가 출제된 것과 같이 앞으로도 출제될 확률이 매우 높은 주제입니다.

+
일차함수의 그래프의 기울기는 다음과 같은 경우에도 구할 수 있음
① x의 값의 증가량에 대한 y의 값의 증가량이 주어진 경우
② 평행한 직선이 주어진 경우

1. 기울기와 y절편을 알 때

기울기가 a이고, y절편이 b인 직선을 그래프로 하는 일차함수의 식은
$y=ax+b$

예 기울기가 3이고, y절편이 2인 직선을 그래프로 하는 일차함수의 식은 $y=3x+2$이다.

$$y=ax+b$$
기울기　y절편

2. 기울기와 한 점의 좌표를 알 때

기울기가 a이고 점 (x_1, y_1)을 지나는 직선을 그래프로 하는 일차함수의 식 구하는 방법
① 일차함수의 식을 $y=ax+b$로 놓기
② $y=ax+b$에 $x=x_1$, $y=y_1$을 대입하여 b의 값 구하기

예 기울기가 5이고, 점 $(0, 2)$를 지나는 직선을 그래프로 하는 일차함수의 식을 구하면
직선 $y=5x+b$가 점 $(0, 2)$를 지나므로 $x=0$, $y=2$를 대입하면 $b=2$ ∴ $y=5x+2$

3. 서로 다른 두 점의 좌표를 알 때

서로 다른 두 점 (x_1, y_1), (x_2, y_2)를 지나는 직선을 그래프로 하는 일차함수의 식 구하는 방법
① 두 점을 이용하여 기울기 a 구하기

➡ $a=\dfrac{y_2-y_1}{x_2-x_1}=\dfrac{y_1-y_2}{x_1-x_2}$ (단, $x_1 \neq x_2$)

② 일차함수의 식을 $y=ax+b$로 놓기

③ 한 점의 좌표를 대입하여 y절편인 b의 값을 구하기

　例 두 점 $(-2, 2)$, $(2, 8)$을 지나는 직선을 그래프로 하는 일차함수의 식을 구하면

　　(기울기)$=\dfrac{8-2}{2-(-2)}=\dfrac{6}{4}=\dfrac{3}{2}$

　　직선 $y=\dfrac{3}{2}x+b$가 점 $(-2, 2)$를 지나므로 $x=-2$, $y=2$를 대입하면

　　$2=\dfrac{3}{2}\times(-2)+b$, $b=5$　　$\therefore y=\dfrac{3}{2}x+5$

4. x절편과 y절편을 알 때

x절편이 m, y절편이 n인 직선을 그래프로 하는 일차함수의 식 구하는 방법

① 두 점 $(m, 0)$, $(0, n)$을 지나는 그래프의 기울기 a를 구하기

　➡ $a=\dfrac{n-0}{0-m}=-\dfrac{n}{m}$ ──(기울기)$=-\dfrac{(y절편)}{(x절편)}$

② y절편이 n이므로 일차함수의 식은 $y=-\dfrac{n}{m}x+n$

　例 두 점 $(9, 0)$, $(0, 9)$를 지나는 직선을 그래프로 하는 일차함수의 식을 구하면
　　그래프가 두 점 $(9, 0)$, $(0, 9)$를 지나므로

　　(기울기)$=\dfrac{9-0}{0-9}=-1$

　　이때 y절편이 9이므로 $y=-x+9$

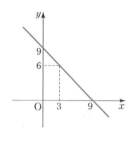

키워드 11

일차함수의 활용

➕ 변수 x, y를 정하는 방법
주어진 두 변량에서 먼저 변하는 것을 x로 놓고, 그에 따라 변하는 것을 y로 정함

일차함수의 활용 문제의 풀이

① 변수 정하기: 두 변수 x, y 정하기

② 일차함수의 식 구하기: 두 변수 x와 y 사이의 관계를 일차함수 $y=ax+b$로 나타내기

③ 함숫값 찾기: 일차함수의 식이나 그래프를 이용하여 필요한 값을 구하기

④ 확인하기: 구한 값이 주어진 문제의 조건에 맞는지 확인하기

　例 물통에 40L의 물이 들어 있다. 이 물통에 1분마다 15L씩 물을 더 넣을 때, 6분 후에 물통에 들어 있는 물의 양을 구해 보자.

　　변수 정하기　　x분 후의 물의 양을 yL라 하자.

　　일차함수의 식 구하기　　처음 물의 양이 40L이고, 1분마다 15L씩 물을 더 넣으므로
　　　　$y=40+15x$　└y절편은 40　└기울기는 15　└물의 양이 증가하므로 기울기는 양수

　　함숫값 구하기　　6분 후의 물의 양은 $x=6$일 때 y의 값이므로
　　　　$y=40+15\times6=130$
　　　　따라서 6분 후에 들어 있는 물의 양은 130 L이다.

　　확인하기　　더 넣은 물의 양은 $130-40=90$(L)이고, 1분마다 15L씩 늘어나므로 $90\div15=6$(분)이다.

키워드 12

일차함수와 일차방정식

1. 일차함수와 일차방정식
① **미지수가 2개인 일차방정식의 그래프**: 미지수가 2개인 일차방정식의 해의 순서쌍 (x, y)를 좌표평면 위에 모두 나타낸 것
② **직선의 방정식**: x, y의 값의 범위가 수 전체일 때, 일차방정식 $ax+by+c=0$(a, b, c는 상수, $a \neq 0$, $b \neq 0$)을 직선의 방정식이라 함

2. 일차방정식과 일차함수의 그래프
일차방정식 $ax+by+c=0$(a, b, c는 상수, $a \neq 0$, $b \neq 0$)의 그래프는 일차함수 $y=-\dfrac{a}{b}x-\dfrac{c}{b}$의 그래프와 같음

예 • 일차방정식 $2x-y-3=0$의 그래프   • 일차함수 $y=2x-3$의 그래프

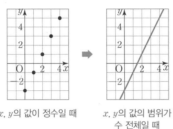 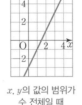 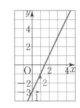

x, y의 값이 정수일 때 x, y의 값의 범위가
수 전체일 때

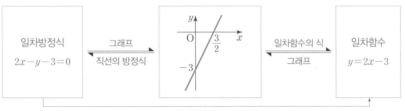

| 일차방정식 $2x-y-3=0$ | 그래프 → 직선의 방정식 | | 일차함수의 식 ← 그래프 | 일차함수 $y=2x-3$ |

y를 x에 대한 식으로 나타낸다.

키워드 13

좌표축에 평행한 직선의 그래프

1. 방정식 $x=p$(p는 상수)
점 $(p, 0)$을 지나고, y축에 평행한 직선

예 $x=2$의 그래프

2. 방정식 $y=q$(q는 상수)
점 $(0, q)$를 지나고, x축에 평행한 직선

예 $y=4$의 그래프

연립방정식의 해와 일차함수의 그래프

＋ 연립방정식
$\begin{cases} ax+by+c=0 \\ a'x+b'y+c'=0 \end{cases}$ 의 해의
개수

- 한 쌍의 해를 가짐
  $\Rightarrow \dfrac{a}{a'} \neq \dfrac{b}{b'}$
- 해가 없음
  $\Rightarrow \dfrac{a}{a'} = \dfrac{b}{b'} \neq \dfrac{c}{c'}$
- 해가 무수히 많음
  $\Rightarrow \dfrac{a}{a'} = \dfrac{b}{b'} = \dfrac{c}{c'}$

1. 연립방정식의 해와 일차함수의 그래프

연립방정식 $\begin{cases} ax+by+c=0 \\ a'x+b'y+c'=0 \end{cases}$ 의 해가 $x=p$, $y=q$이면 두 일차함수

$y = -\dfrac{a}{b}x - \dfrac{c}{b}$, $y = -\dfrac{a'}{b'}x - \dfrac{c'}{b'}$ 의 그래프의 교점의 좌표는 (p, q)

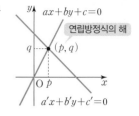

2. 연립방정식의 해의 개수와 두 그래프의 위치 관계

연립방정식 $\begin{cases} ax+by+c=0 \\ a'x+b'y+c'=0 \end{cases}$ 의 해의 개수는 두 일차방정식의 그래프의 교점의 개수와 같음

두 일차방정식의 그래프의 위치 관계			
	한 점	평행	일치
연립방정식의 해	한 쌍의 해를 가짐	해가 없음	해가 무수히 많음
기울기와 y절편	기울기가 다름	기울기는 같고, y절편은 다름	기울기와 y절편이 각각 같음

---

03 ▶ 이차함수

이차함수

＋
$a \neq 0$일 때
- ax^2+bx+c
  $\Rightarrow x$에 대한 이차식
- $ax^2+bx+c=0$
  $\Rightarrow x$에 대한 이차방정식
- $y=ax^2+bx+c$
  $\Rightarrow x$에 대한 이차함수

＋
이차함수 $y=x^2$, $y=-x^2$의 그래프에서
- 축의 방정식: $x=0(y$축$)$
- 꼭짓점의 좌표: $(0, 0)$

1. 이차함수의 뜻
함수 $y=f(x)$에서 y가 x에 관한 이차식 $y=ax^2+bx+c$ (a, b, c는 상수, $a \neq 0$)로 나타내어질 때, 이 함수 $y=f(x)$를 이차함수라 함

⑩ 함수 $y=x^2$, $y=x^2+1$, $y=\dfrac{1}{2}x^2-2x+4$는 y가 x에 대한 이차식이므로 이차함수이다.

2. 이차함수 $y=x^2$의 그래프의 성질
① 원점 $(0, 0)$을 지나고 아래로 볼록한 곡선임
② y축에 대칭임
③ $x<0$일 때, x의 값이 증가하면 y의 값은 감소함
   $x>0$일 때, x의 값이 증가하면 y의 값도 증가함
④ 원점을 제외한 모든 부분은 x축보다 위쪽에 있음
⑤ 이차함수 $y=-x^2$의 그래프와 x축에 대하여 서로 대칭임

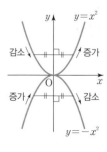

3. 포물선
이차함수 $y=x^2$, $y=-x^2$의 그래프와 같은 모양의 곡선
① 축: 포물선은 선대칭도형으로 그 대칭축을 포물선의 축이라 함
② 꼭짓점: 포물선과 축과의 교점

이차함수 $y=ax^2(a\neq0)$ 의 그래프

➕ 포물선

① 원점 $(0, 0)$을 꼭짓점으로 하는 포물선임
② y축에 대칭이다. ➡ 축의 방정식: $x=0(y$축$)$
③ a의 부호에 따라 그래프의 모양이 달라짐

  ㉠ $a>0$ ➡ 아래로 볼록 (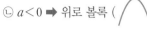)

  ㉡ $a<0$ ➡ 위로 볼록 (　)

④ a의 절댓값이 클수록 그래프의 폭이 좁아짐
⑤ 두 이차함수 $y=ax^2$과 $y=-ax^2$의 그래프는 x축에 대하여 서로 대칭임

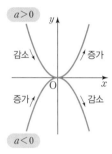

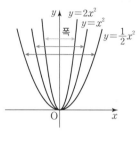

이차함수 $y=ax^2+q$ $(a\neq0)$의 그래프

이차함수의 그래프를 해석하는 문제와 그래프의 특징을 묻는 문제가 출제되었습니다.

➕

이차함수 $y=ax^2+q$의 그래프는
① $q>0$이면 $y=ax^2$의 그래프를 y축의 양의 방향(위쪽)으로 평행이동
② $q<0$이면 $y=ax^2$의 그래프를 y축의 음의 방향(아래쪽)으로 평행이동

이차함수 $y=ax^2$의 그래프를 y축의 방향으로 q만큼 평행이동한 것
① 꼭짓점의 좌표: $(0, q)$
② 축의 방정식: $x=0(y$축$)$

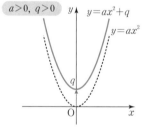

예 이차함수 $y=x^2+3$의 그래프는 오른쪽 그림과 같이 $y=x^2$의 그래프를 y축의 방향으로 3만큼 평행이동한 것과 같다.
즉, 이차함수 $y=x^2+3$의 그래프는 직선 $x=0$을 축으로 하고, 점 $(0, 3)$을 꼭짓점으로 하는 아래로 볼록한 포물선이다.

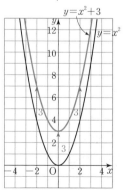

이차함수 $y=a(x-p)^2$ $(a\neq0)$의 그래프

+ 이차함수 $y=a(x-p)^2$ 의 그래프

① $p>0$이면 $y=ax^2$의 그 래프를 x축의 양의 방향 (오른쪽)으로 평행이동

② $p<0$이면 $y=ax^2$의 그 래프를 x축의 음의 방향 (왼쪽)으로 평행이동

•

이차함수 $y=ax^2$의 그래프를 x축의 방향으로 p만큼 평행이동 한 것

① 꼭짓점의 좌표: $(p,\,0)$

② 축의 방정식: $x=p$

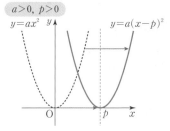

예 이차함수 $y=(x-2)^2$의 그래프는 오른쪽 그림과 같이 $y=x^2$의 그래프를 x축의 방 향으로 2만큼 평행이동한 것과 같다.

즉, 이차함수 $y=(x-2)^2$의 그래프는 직선 $x=2$를 축으로 하고, 점 $(2,\,0)$을 꼭짓 점으로 하는 아래로 볼록한 포물선이다.

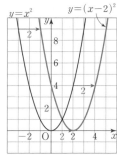

이차함수 $y=a(x-p)^2+q$ $(a\neq0)$의 그래프

이차함수 $y=a(x-p)^2+q$ 의 그래프의 특징을 묻는 문 제가 출제되었습니다.

•

이차함수 $y=ax^2$의 그래프를 x축의 방향으로 p만큼, y축의 방향으로 q만큼 평행이동한 것

① 꼭짓점의 좌표: $(p,\,q)$

② 축의 방정식: $x=p$

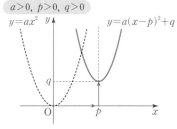

예 이차함수 $y=(x-3)^2+2$의 그래프는 오른쪽 그림과 같이 $y=x^2$의 그래프를 x축 의 방향으로 3만큼 평행이동한 후, y축의 방향으로 2만큼 평행이동한 것과 같다.

즉, 이차함수 $y=(x-3)^2+2$의 그래프는 직선 $x=3$을 축으로 하고, 점 $(3,\,2)$를 꼭짓점으로 하는 아래로 볼록한 포물선이다.

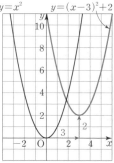

이차함수 그래프의 평행이동

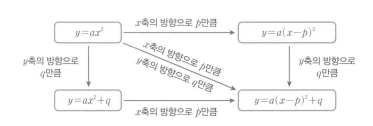

키워드 07

이차함수 $y=a(x-p)^2+q$ $(a\neq0)$의 그래프에서 a, p, q의 부호

1. a의 부호   그래프의 모양에 따라 결정됨

① 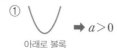 ➡ $a>0$
아래로 볼록

②  ➡ $a<0$
위로 볼록

2. p, q의 부호   꼭짓점의 위치에 따라 결정됨
① 꼭짓점이 제1사분면 위에 있으면 ➡ $p>0, q>0$
② 꼭짓점이 제2사분면 위에 있으면 ➡ $p<0, q>0$
③ 꼭짓점이 제3사분면 위에 있으면 ➡ $p<0, q<0$
④ 꼭짓점이 제4사분면 위에 있으면 ➡ $p>0, q<0$

키워드 08

이차함수 $y=ax^2+bx+c$ $(a\neq0)$의 그래프

① 그래프 그리기: 이차함수 $y=ax^2+bx+c$의 그래프는 $y=a(x-p)^2+q$ 꼴로 고친 후 그래프를 그림

이해가 쏙쏙

$y=ax^2+bx+c$

$=a\left(x^2+\dfrac{b}{a}x\right)+c$ ⟩상수항을 제외하고 x^2의 계수로 이차항과 일차항을 묶는다.

$=a\left\{x^2+\dfrac{b}{a}x+\left(\dfrac{b}{2a}\right)^2-\left(\dfrac{b}{2a}\right)^2\right\}+c$ ⟩괄호 안에 $\left(\dfrac{x의\ 계수}{2}\right)^2$을 더하고 뺀다.

$=a\left\{x^2+\dfrac{b}{a}x+\left(\dfrac{b}{2a}\right)^2\right\}-\dfrac{b^2}{4a}+c$ ⟩완전제곱식을 만들 부분을 제외한 수를 괄호 밖으로 뺀다.

$=a\left(x+\dfrac{b}{2a}\right)^2-\dfrac{b^2-4ac}{4a}$ ⟩$y=$(완전제곱식)+(상수) 꼴로 정리한다.

② 꼭짓점의 좌표: $\left(-\dfrac{b}{2a}, -\dfrac{b^2-4ac}{4a}\right)$

③ 축의 방정식: $x=-\dfrac{b}{2a}$

④ y축과의 교점의 좌표: $(0, c)$

예 $y=-x^2+6x-7=-(x^2-6x+9-9)-7=-(x^2-6x+9)+9-7=-(x-3)^2+2$

키워드 09

이차함수 $y=ax^2+bx+c$ $(a\neq0)$의 그래프와 x축, y축과의 교점

1. x축과의 교점의 x좌표 $y=0$일 때의 x의 값

2. y축과의 교점의 y좌표 $x=0$일 때의 y의 값

예 $y=x^2-2x-3$에
① $y=0$을 대입하면
$x^2-2x-3=0, (x+1)(x-3)=0$
$\therefore x=-1$ 또는 $x=3$
➡ x축과의 교점의 좌표: $(-1, 0), (3, 0)$
② $x=0$을 대입하면
$y=0^2-2\times0-3=-3$
➡ y축과의 교점의 좌표: $(0, -3)$

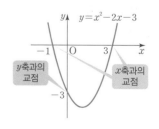

이차함수의 식 구하기

1. 꼭짓점의 좌표 (p, q)와 그래프 위의 다른 한 점의 좌표가 주어질 때

① 이차함수의 식을 $y=a(x-p)^2+q$로 놓음

② 이 식에 다른 한 점의 좌표를 대입하여 상수 a의 값을 구함

> **예** 꼭짓점의 좌표가 $(2, 3)$이고 점 $(1, 0)$을 지나는 포물선을 그래프로 하는 이차함수의 식 구하기
> ➡ 꼭짓점의 좌표가 $(2, 3)$이므로 구하는 이차함수의 식을 $y=a(x-2)^2+3$으로 놓는다.
> $x=1, y=0$을 이 식에 대입하면 $a=-3$
> $\therefore y=-3(x-2)^2+3=-3x^2+12x-9$

2. 축의 방정식 $x=p$와 그래프 위의 서로 다른 두 점의 좌표가 주어질 때

① 이차함수의 식을 $y=a(x-p)^2+q$로 놓음

② 이 식에 두 점의 좌표를 각각 대입하여 상수 a, q의 값을 각각 구함

> **예** 축의 방정식이 $x=1$이고 두 점 $(-1, 8)$, $(2, -1)$을 지나는 포물선을 그래프로 하는 이차함수의 식 구하기
> ➡ 축의 방정식이 $x=1$이므로 구하는 이차함수의 식을 $y=a(x-1)^2+q$로 놓는다.
> $x=-1, y=8$을 이 식에 대입하면 $4a+q=8$ $\cdots$ ㉠
> $x=2, y=-1$을 대입하면 $a+q=-1$ $\cdots$ ㉡
> ㉠, ㉡을 연립하여 풀면 $a=3, q=-4$
> $\therefore y=3(x-1)^2-4=3x^2-6x-1$

3. 꼭짓점이 아닌 세 점의 좌표가 주어질 때

① 이차함수의 식을 $y=ax^2+bx+c$로 놓음

② 이 식에 세 점의 좌표를 각각 대입하여 상수 a, b, c의 값을 각각 구함

> **예** 세 점 $(6, -5)$, $(5, 0)$, $(2, 3)$을 지나는 포물선을 그래프로 하는 이차함수의 식 구하기
> ➡ 구하는 이차함수의 식을 $y=ax^2+bx+c$로 놓는다.
> $x=6, y=-5$를 이 식에 대입하면 $-5=36a+6b+c$ $\cdots$ ㉠
> $x=5, y=0$을 대입하면 $0=25a+5b+c$ $\cdots$ ㉡
> $x=2, y=3$을 대입하면 $3=4a+2b+c$ $\cdots$ ㉢
> ㉠, ㉡, ㉢을 연립하여 풀면 $a=-1, b=6, c=-5$
> $\therefore y=-x^2+6x-5=-(x-3)^2+4$

4. x축과의 두 교점 $(m, 0)$, $(n, 0)$과 그래프 위의 다른 한 점의 좌표가 주어질 때

① 이차함수의 식을 $y=a(x-m)(x-n)$으로 놓음

② 이 식에 다른 한 점의 좌표를 대입하여 상수 a의 값을 구함

> **예** x축과 두 점 $(-2, 0)$, $(3, 0)$에서 만나고 점 $(1, 12)$를 지나는 포물선을 그래프로 하는 이차함수의 식 구하기
> ➡ x축과의 두 교점의 좌표가 $(-2, 0)$, $(3, 0)$이므로 이차함수의 식을 $y=a(x+2)(x-3)$으로 놓는다.
> $x=1, y=12$를 이 식에 대입하면
> $12=-6a$ $\therefore a=-2$
> $\therefore y=-2(x+2)(x-3)=-2x^2+2x+12$

이차함수의 활용

① 문제에서 제시된 변수 사이의 관계 파악하기

② 조건에 따라 두 변수 x, y 정하기

③ x와 y사이의 관계식을 세우고, x의 값의 범위 정하기

④ 식을 정리하거나 그래프를 이용하여 답 구하기

⑤ 구한 답이 문제의 조건에 맞는지 확인하기

> **예** 지면으로부터 초속 50m로 똑바로 위로 쏘아 올린 물체의 x초 후의 높이를 ym라 하면 x, y 사이에는
> $y=-5x^2+50x$인 관계가 성립한다. 이 물체가 다시 지면에 떨어지는 것은 쏘아 올린지 몇 초 후인지 구하려면
> $y=-5x^2+50x$에서 $y=0$일 때이므로 $0=-5x^2+50x$, $x(x-10)=0$ $\therefore x=10(\because x>0)$

IV 기하

🔖 **원포인트 공부법** 동위각과 엇각, 피타고라스 정리, 원과 직선은 시험에서 반드시 출제되는 핵심 내용입니다. 함수 단원과 마찬가지로 그림을 보면서 그 원리를 이해하는 것이 중요합니다.

01 기본 도형

키워드 01

점, 선, 면

➕
점, 선, 면은 도형을 이루는 기본 요소임

➕ **직선, 반직선, 선분**
• 직선: 양쪽으로 끝없이 늘인 곧은 선
• 반직선: 한 점에서 한쪽으로 끝없이 늘인 곧은 선
• 선분: 두 점을 곧게 이은 선

➕
반직선 AB ➡ $\overrightarrow{AB}$
반직선 BA ➡ $\overrightarrow{BA}$
이므로 $\overrightarrow{AB} \neq \overrightarrow{BA}$

1. 교점과 교선
① 교점: 선과 선 또는 선과 면이 만날 때, 그들의 공통 부분인 점
② 교선: 면과 면이 만날 때, 두 면의 공통 부분인 선

2. 직선, 선분, 반직선
① 직선 AB($\overleftrightarrow{AB}$): 서로 다른 두 점 A, B를 지나 양쪽으로 한없이 뻗은 선

② 반직선 AB($\overrightarrow{AB}$): 직선 AB 위의 점 A에서 시작하여 점 B쪽으로 뻗은 부분

③ 선분 AB($\overline{AB}$): 직선 AB 위의 점 A에서 점 B까지의 부분

3. 두 점 사이의 거리
① 두 점 A, B 사이의 거리: 두 점 A, B를 잇는 선 중에서 길이가 가장 짧은 선분 AB의 길이

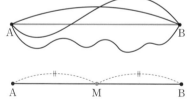

② 선분 AB의 중점: 선분 AB 위의 점 M에 대하여 $\overline{AM} = \overline{MB}$일 때, 점 M을 선분 AB의 중점이라 함
➡ $\overline{AM} = \overline{MB} = \dfrac{1}{2}\overline{AB}$

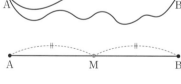

키워드 02

각

1. 각 AOB 한 점 O에서 시작하는 두 반직선 OA와 OB로 이루어진 도형

기호 ∠AOB, ∠BOA, ∠O, ∠a

각의 꼭짓점은 항상 가운데에 쓴다.

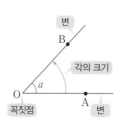

2. 각 AOB의 크기 ∠AOB에서 점 O를 중심으로 반직선 OA가 반직선 OB까지 회전한 양

참고 ∠AOB는 각 AOB를 나타내기도 하고, 각 AOB의 크기를 나타내기도 한다.

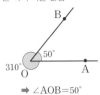

+

∠AOB는 보통 크기가 작은 쪽의 각을 말함

➡ ∠AOB=50°

3. 각의 분류

① **평각**(180°): 각의 두 변이 한 직선을 이루는 각

② **직각**(90°): 평각의 크기의 $\frac{1}{2}$인 각

③ **예각**: 크기가 0°보다 크고 90°보다 작은 각

④ **둔각**: 크기가 90°보다 크고 180°보다 작은 각

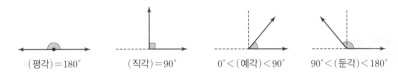

(평각)=180°   (직각)=90°   0°<(예각)<90°   90°<(둔각)<180°

(키워드 03)

맞꼭지각

+

두 직선이 한 점에서 만나면 두 쌍의 맞꼭지각이 생김

1. **교각** 두 직선이 한 점에서 만날 때 생기는 네 개의 각
➡ ∠a, ∠b, ∠c, ∠d

2. **맞꼭지각** 교각 중 서로 마주 보는 두 각
➡ ∠a와 ∠c, ∠b와 ∠d

3. **맞꼭지각의 성질** 맞꼭지각의 크기는 서로 같음
➡ ∠a=∠c, ∠b=∠d

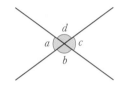

(키워드 04)

직교와 수선

1. **직교** 두 직선 AB와 CD의 교각이 직각일 때, 이 두 직선은 서로 수직이다 또는 직교한다고 함
[기호] $\overleftrightarrow{AB} \perp \overleftrightarrow{CD}$

2. **수직과 수선** 두 직선이 서로 수직일 때, 한 직선은 다른 직선의 수선임
[참고] $\overleftrightarrow{AB} \perp \overleftrightarrow{CD}$일 때, $\overleftrightarrow{AB}$의 수선은 $\overleftrightarrow{CD}$이고, $\overleftrightarrow{CD}$의 수선은 $\overleftrightarrow{AB}$이다.

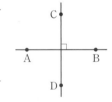

3. **수직이등분선** 선분 AB의 중점 M을 지나고 선분 AB에 수직인 직선 l을 선분 AB의 수직이등분선이라고 함
➡ $l \perp \overline{AB}$, $\overline{AM}=\overline{BM}$

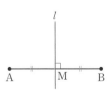

4. **수선의 발** 직선 l 위에 있지 않은 점 P에서 직선 l에 수선을 그었을 때, 이 수선과 직선 l의 교점 H를 점 P에서 직선 l에 내린 수선의 발이라고 함

5. **점과 직선 사이의 거리** 직선 l 위에 있지 않은 점 P와 직선 l 사이의 거리는 점 P에서 직선 l에 내린 수선의 발 H까지의 거리임. 즉, $\overline{PH}$의 길이를 점 P와 직선 l 사이의 거리라고 함

수선의 발   점 P와 직선 l 사이의 거리

키워드 05

평면에서의 위치 관계

1. 평면에서 점과 직선의 위치 관계
오른쪽 그림에서
① 점 A는 직선 l 위에 있음
② 점 B는 직선 l 위에 있지 않음

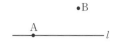

2. 평면에서 두 직선의 위치 관계

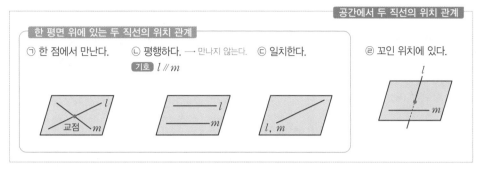

한 평면 위에 있는 두 직선의 위치 관계
㉠ 한 점에서 만난다. ㉡ 평행하다. — 만나지 않는다. ㉢ 일치한다.
기호 $l \parallel m$

공간에서 두 직선의 위치 관계
㉣ 꼬인 위치에 있다.

① ㉡과 같이 한 평면 위에 있는 두 직선 l, m이 만나지 않을 때, 두 직선 l, m은 서로 평행하다고 함 기호 $l \parallel m$
   이때 평행한 두 직선을 평행선이라고 함
② ㉣과 같이 공간에서 두 직선이 만나지도 않고 평행하지도 않을 때, 두 직선은 꼬인 위치에 있다고 함 — 두 직선은 한 평면 위에 있지 않다.

이해가 쏙쏙

다음과 같은 경우에 하나의 평면이 정해진다.
① 한 직선 위에 있지 않은 서로 다른 세 점이 주어질 때
② 한 직선과 그 직선 위에 있지 않은 한 점이 주어질 때
③ 한 점에서 만나는 두 직선이 주어질 때
④ 서로 평행한 두 직선이 주어질 때

① ②  ③ 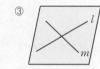 ④

키워드 06

공간에서의 위치 관계

공간에서 직선 l과 평면 P가 수직으로 만나고 그 교점이 O일 때,
· 직선 l: 평면 P의 수선
· 점 O: 수선의 발

1. 공간에서 직선과 평면의 위치 관계
① 한 점에서 만남 ② 평행함 — 만나지 않는다. ③ 직선이 평면에 포함됨
기호 $l \parallel P$

2. 직선과 평면의 수직
직선 l이 평면 P와 한 점 H에서 만나고 직선 l이 점 H를 지나는 평면 P 위의 모든 직선에 수직일 때, 직선 l과 평면 P는 서로 수직이다 또는 직교한다고 함
기호 $l \perp P$

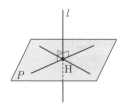

3. 공간에서 두 평면의 위치 관계

① 한 직선에서 만남   ② 평행함 ── 만나지 않는다.   ③ 일치함

 기호 $P /\!/ Q$

4. 두 평면의 수직

평면 P가 평면 Q에 수직인 직선 l을 포함할 때, 평면 P와 평면 Q는 서로 수직이다 또는 직교한다고 함 기호 $P \perp Q$

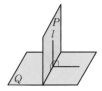

키워드 07

동위각과 엇각

동위각을 찾는 문제가 출제되었습니다.

1. 동위각과 엇각

두 직선 l, m이 다른 한 직선 n과 만나서 생기는 8개의 각 중에서
① 동위각: 같은 위치에 있는 각
➡ $\angle a$와 $\angle e$, $\angle b$와 $\angle f$, $\angle c$와 $\angle g$, $\angle d$와 $\angle h$
② 엇각: 엇갈린 위치에 있는 각
➡ $\angle b$와 $\angle h$, $\angle c$와 $\angle e$

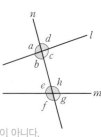

참고 서로 다른 두 직선과 다른 한 직선이 만나면 네 쌍의 동위각, 두 쌍의 엇각이 생긴다.

주의 엇각은 두 직선 l, m 사이에 있는 각이므로 위의 그림에서 $\angle a$와 $\angle g$, $\angle d$와 $\angle f$는 엇각이 아니다.

키워드 08

평행선의 성질

1. 평행선 한 평면 위에서 만나지 않는 두 직선 l, m

2. 평행선의 성질

① 평행한 두 직선은 만나지 않음
② 서로 다른 두 직선이 다른 한 직선과 만날 때
    ㉠ 두 직선이 평행하면 동위각의 크기는 서로 같음 ➡ $l /\!/ m$이면 $\angle a = \angle b$
    ㉡ 두 직선이 평행하면 엇각의 크기는 서로 같음
       ➡ $l /\!/ m$이면 $\angle c = \angle d$

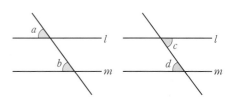

키워드 09

두 직선이 평행할 조건

서로 다른 두 직선이 다른 한 직선과 만날 때
① 동위각의 크기가 같으면 두 직선은 평행함
     ➡ $\angle a = \angle b$이면 $l /\!/ m$
② 엇각의 크기가 같으면 두 직선은 평행함
     ➡ $\angle c = \angle d$이면 $l /\!/ m$

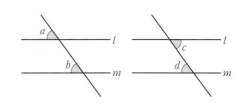

평행선이 꺾인 선과 만날 때에는 꺾인 점을 지나면서 주어진 평행선과 평행하도록 직선을 긋고 엇각과 동위각의 성질을 이용하여 각을 구한다.

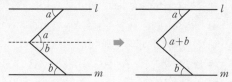

02 작도와 합동

작도

1. **작도** 눈금 없는 자와 컴퍼스만을 사용하여 도형을 그리는 것

2. **눈금 없는 자** 두 점을 연결하여 선분을 긋거나 선분을 연장하는 데 사용함

3. **컴퍼스** 원을 그리거나 선분의 길이를 재어 옮기는 데 사용함

여러 가지 작도

+
작도할 때, 자를 사용하여 길이를 재거나 각도기를 사용하여 각의 크기를 재지 않도록 함

1. **길이가 같은 선분의 작도** 선분 AB와 길이가 같은 선분 PQ를 작도하는 방법

① 눈금 없는 자를 사용하여 직선 l을 긋고, 그 위에 한 점 P를 잡기
② 컴퍼스를 사용하여 $\overline{AB}$의 길이 재기
③ 점 P를 중심으로 하고 반지름의 길이가 $\overline{AB}$인 원을 그려 직선 l과의 교점을 Q라 하면 $\overline{PQ}=\overline{AB}$임

2. **크기가 같은 각의 작도** ∠XOY와 크기가 같고 $\overrightarrow{PQ}$를 한 변으로 하는 ∠DPC를 작도하는 방법

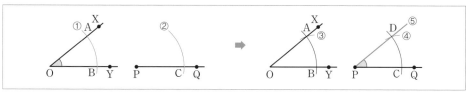

① 점 O를 중심으로 하는 원을 그려 $\overrightarrow{OX}$, $\overrightarrow{OY}$와의 교점을 각각 A, B로 놓기
② 점 P를 중심으로 하고 반지름의 길이가 $\overline{OA}$인 원을 그려 $\overrightarrow{PQ}$와의 교점을 C로 놓기
③ 컴퍼스를 사용하여 $\overline{AB}$의 길이 재기
④ 점 C를 중심으로 하고 반지름의 길이가 $\overline{AB}$인 원을 그려 ②에서 그린 원과의 교점을 D로 놓기
⑤ 두 점 P와 D를 지나는 $\overrightarrow{PD}$를 그으면 ∠DPC＝∠XOY임

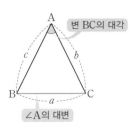

키워드 03

대변과 대각

① 삼각형 ABC: 세 점 A, B, C를 꼭짓점으로 하는 삼각형

기호 $\triangle ABC$

② 대변과 대각
  ㉠ 대변: 한 각과 마주 보는 변
    ➡ ∠A의 대변: $\overline{BC}$, ∠B의 대변: $\overline{AC}$, ∠C의 대변: $\overline{AB}$
  ㉡ 대각: 한 변과 마주 보는 각
    ➡ $\overline{BC}$의 대각: ∠A, $\overline{AC}$의 대각: ∠B, $\overline{AB}$의 대각: ∠C

참고 $\triangle ABC$에서 ∠A, ∠B, ∠C의 대변의 길이를 각각 a, b, c로 나타내기도 한다.

키워드 04

삼각형의 변의 길이

① 삼각형에서 두 변의 길이의 차는 나머지 한 변의 길이보다 작음

예 $a > b > c$일 때, $b+c > a$, $a-b < c$

② 삼각형에서 한 변의 길이는 나머지 두 변의 길이의 합보다 작음
  ➡ (한 변의 길이) < (나머지 두 변의 길이의 합)

참고 세 변의 길이가 주어질 때, 삼각형을 만들 수 있는 조건 ➡ (가장 긴 변의 길이) < (나머지 두 변의 길이의 합)

키워드 05

삼각형의 작도

다음과 같을 때 삼각형을 하나로 작도할 수 있음

① 세 변의 길이가 주어질 때	
② 두 변의 길이와 그 끼인각의 크기가 주어질 때	
③ 한 변의 길이와 그 양 끝 각의 크기가 주어질 때	

키워드 06

삼각형이 하나로 정해지는 경우

다음과 같을 때 삼각형의 모양과 크기는 하나로 정해짐
① 세 변의 길이가 주어질 때
② 두 변의 길이와 그 끼인각의 크기가 주어질 때
③ 한 변의 길이와 그 양 끝 각의 크기가 주어질 때

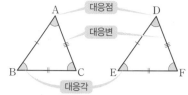

키워드 07

도형의 합동

╋ =와 ≡의 차이

① △ABC=△DEF
· △ABC와 △DEF의 넓이가 같음을 뜻함(모양은 달라도 상관 없음)

② △ABC≡△DEF
· △ABC와 △DEF는 합동임을 뜻함
· 합동인 두 도형은 완전히 포개어지므로 △ABC와 △DEF의 모양과 넓이가 각각 서로 같음

1. **합동** 어떤 한 도형을 다른 도형에 포개었을 때 완전히 겹쳐지면 이 두 도형은 서로 합동이라 함
△ABC와 △DEF가 서로 합동일 때, 이것을 기호 ≡를 사용하여 △ABC≡△DEF와 같이 나타냄

2. **대응** 합동인 두 도형을 포개었을 때 완전히 겹쳐지는 꼭짓점과 꼭짓점, 변과 변, 각과 각은 각각 서로 대응한다고 함
　예 △ABC와 △DEF가 합동일 때
　　① 대응점: 점 A와 점 D, 점 B와 점 E, 점 C와 점 F
　　② 대응변: AB와 DE, BC와 EF, CA와 FD
　　③ 대응각: ∠A와 ∠D, ∠B와 ∠E, ∠C와 ∠F

3. **합동인 도형의 성질**
두 도형이 서로 합동이면
　① 대응변의 길이가 같음
　② 대응각의 크기가 같음

키워드 08

삼각형의 합동 조건

╋
삼각형이 하나로 정해지는 경우와 삼각형의 합동 조건은 같은 경우임

두 삼각형 ABC와 DEF는 다음의 각 경우에 서로 합동임
① 대응하는 세 변의 길이가 각각 같을 때
　(SSS 합동)
　➡ $\overline{AB}=\overline{DE}$, $\overline{BC}=\overline{EF}$, $\overline{CA}=\overline{FD}$

② 대응하는 두 변의 길이가 각각 같고, 그 끼인각의 크기가 같을 때 (SAS 합동)
　➡ $\overline{AB}=\overline{DE}$, $\overline{BC}=\overline{EF}$, ∠B=∠E

③ 대응하는 한 변의 길이가 같고, 그 양 끝 각의 크기가 각각 같을 때 (ASA 합동)
　➡ $\overline{BC}=\overline{EF}$, ∠B=∠E, ∠C=∠F

---

03 ▶ **평면도형의 성질**

키워드 01

다각형

1. **다각형** 3개 이상의 선분으로만 둘러싸인 평면도형
　➡ 변이 3개, 4개, ⋯, n개인 다각형을 각각 삼각형, 사각형, ⋯, n각형이라 함
　① 변: 다각형의 각 선분
　② 꼭짓점: 변과 변의 교점

+

다각형의 한 꼭짓점에서
(내각의 크기)+(외각의 크
기)=180°임

2. **내각** 다각형에서 이웃하는 두 변으로 이루어진 내부의 각

3. **외각** 다각형의 각 꼭짓점에서 한 변과 그 변에 이웃한 변의 연장선이 이루는 각

참고 한 꼭짓점에서의 외각은 2개이지만 서로 맞꼭지각으로 그 크기가 같으므로 하나만 생각한다.

키워드 02
정다각형

모든 변의 길이가 같고 모든 내각의 크기가 같은 다각형
➡ 변이 3개, 4개, ⋯, n개인 정다각형을 각각 정삼각형, 정사각형, ⋯, 정n각형이라고 함

정삼각형 　　　　 정사각형 　　　　 정오각형

주의 • 변의 길이가 모두 같아도 내각의 크기가 다르면 정다각형이 아니다. 예 마름모
　　 • 내각의 크기가 모두 같아도 변의 길이가 다르면 정다각형이 아니다. 예 직사각형

키워드 03
다각형의 대각선

1. **대각선** 다각형에서 이웃하지 않는 두 꼭짓점을 이은 선분

2. **대각선의 개수**
　① n각형의 한 꼭짓점에서 그을 수 있는 대각선의 개수: $n-3$(단, $n≥4$)

　② n각형의 대각선의 개수: $\dfrac{n(n-3)}{2}$ (단, $n≥4$)

꼭짓점의 개수 ┐ ┌ 한 꼭짓점에서 그을 수 있는 대각선의 개수
└ 한 대각선을 두 번씩 세었으므로 2로 나눈다.

키워드 04
삼각형의 내각과 외각

1. 삼각형의 세 내각의 크기의 합은 180°임
　➡ △ABC에서 ∠A+∠B+∠C=180°

2. **삼각형의 내각과 외각 사이의 관계** 삼각형의 한 외각의 크기
는 그와 이웃하지 않는 두 내각의 크기의 합과 같음
　➡ △ABC에서 ∠ACD=∠A+∠B
　∠C의 외각의 크기┘　　└∠ACD와 이웃하지 않는 두 내각의 크기의 합

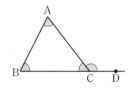

이해가 쏙쏙

△ABC의 꼭짓점 C에서 $\overline{BA} /\!/ \overline{CE}$가 되도록 반직선 CE를 그으면
∠A=∠ACE(엇각), ∠B=∠ECD(동위각)
① ∠A+∠B+∠C=∠ACE+∠ECD+∠C=180°
② ∠ACD=∠ACE+∠ECD=∠A+∠B

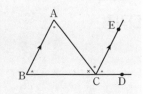

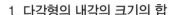

다각형의 내각과 외각의 크기의 합

+

n각형의 내각의 크기의 합은 나누어진 삼각형의 내각의 크기의 총합과 같음

1. 다각형의 내각의 크기의 합

① n각형의 한 꼭짓점에서 대각선을 모두 그었을 때 생기는 삼각형의 개수: $n-2$

② n각형의 내각의 크기의 합: $\underline{180°} \times \underline{(n-2)}$

  └ 삼각형의 내각의 크기의 합   └ 한 꼭짓점에서 대각선을 모두 그었을 때 생기는 삼각형의 개수

예 육각형의 한 꼭짓점에서 대각선을 모두 그었을 때 생기는 삼각형의 개수는 $6-2=4$이므로 육각형의 내각의 크기의 합은 $180° \times (6-2) = 180° \times 4 = 720°$

2. 다각형의 외각의 크기의 합 n각형의 외각의 크기의 합은 변의 개수 n에 관계없이 항상 $360°$임

이해가 쏙쏙

n각형의 한 꼭짓점에서의 내각과 외각의 크기의 합은 $180°$이고,
n각형의 꼭짓점은 n개이므로
(내각의 크기의 합)+(외각의 크기의 합)$=180° \times n$
즉, (외각의 크기의 합)$=180° \times n-$(내각의 크기의 합)
$\qquad\qquad\qquad\qquad\quad =180° \times n-180° \times (n-2)$
$\qquad\qquad\qquad\qquad\quad =180° \times 2=360°$
따라서 n각형의 외각의 크기의 합은 항상 $360°$이다.

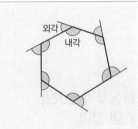

외각
내각

정다각형의 한 내각과 한 외각의 크기

+

정다각형이 아닌 경우에는 공식을 사용하여 한 내각의 크기와 한 외각의 크기를 구할 수 없음

정다각형은 모든 내각의 크기와 모든 외각의 크기가 각각 같으므로

1. 정n각형의 한 내각의 크기 $\dfrac{180° \times (n-2)}{n}$ ← 정n각형의 내각의 크기의 합
  ← 꼭짓점의 개수

2. 정n각형의 한 외각의 크기 $\dfrac{360°}{n}$ ← 정n각형의 외각의 크기의 합
  ← 꼭짓점의 개수

예 (정오각형의 한 내각의 크기)$=\dfrac{180° \times (5-2)}{5}=108°$

(정오각형의 한 외각의 크기)$=\dfrac{360°}{5}=72°$

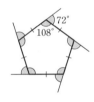

원과 부채꼴

+

원의 중심을 지나는 현은 그 원의 지름이고, 지름은 길이가 가장 긴 현임

1. 원 O   평면 위의 한 점 O에서 일정한 거리에 있는 모든 점으로 이루어진 도형임. 이때 점 O는 원의 중심이고, 점 O와 원 위의 한 점을 이은 선분이 원 O의 반지름임

2. 호 AB   원주 위의 두 점 A, B를 양 끝 점으로 하는 원주의 일부분
기호 $\overset{\frown}{AB}$

호
A   B
원의 중심
O
반지름
C

참고 일반적으로 $\overset{\frown}{AB}$는 길이가 짧은 쪽의 호를 나타낸다. 길이가 긴 쪽의 호를 나타낼 때는 호 위에 한 점 C를 잡아 $\overset{\frown}{ACB}$로 나타낸다.

3. **현 AB** 원주 위의 두 점 A, B를 이은 선분

4. **할선** 직선 CD와 같이 원 O와 두 점에서 만나는 직선

5. **부채꼴 AOB** 원 O에서 두 반지름 OA, OB와 호 AB로 이루어진 도형

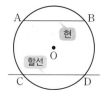

6. **중심각** 부채꼴에서 두 반지름이 이루는 각, 즉 ∠AOB를 부채꼴 AOB의 중심각 또는 호 AB에 대한 중심각이라 함

7. **활꼴** 현과 호로 이루어진 도형, 즉 현 CD와 호 CD로 이루어진 도형

키워드 08

중심각의 크기와 호의 길이, 부채꼴의 넓이

＋
한 원 또는 합동인 두 원에서
· 길이가 같은 호에 대한 중심각의 크기는 같음
· 넓이가 같은 부채꼴의 중심각의 크기는 같음

1. 중심각의 크기와 호의 길이

한 원 또는 합동인 두 원에서
① 크기가 같은 중심각에 대한 호의 길이는 같음
  ➡ ∠AOB=∠COD이면 $\overparen{AB}=\overparen{CD}$
② 길이가 같은 호에 대한 중심각의 크기는 같음
③ 호의 길이는 중심각의 크기에 정비례함

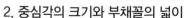

2. 중심각의 크기와 부채꼴의 넓이

① 크기가 같은 중심각에 대한 부채꼴의 넓이는 같음
  ➡ ∠AOB=∠COD이면 (부채꼴 AOB의 넓이)=(부채꼴 COD의 넓이)
② 넓이가 같은 부채꼴의 중심각의 크기는 같음
③ 부채꼴의 넓이는 중심각의 크기에 정비례함

이해가 쏙쏙

한 원에서 중심각의 크기가 2배, 3배, 4배, …가 되면 호의 길이와 부채꼴의 넓이도 각각 2배, 3배, 4배, …가 되므로 호의 길이와 부채꼴의 넓이는 각각 중심각의 크기에 정비례한다.

키워드 09

중심각의 크기와 현의 길이

한 원 또는 합동인 두 원에서
① 크기가 같은 중심각에 대한 현의 길이는 같음
  ➡ ∠AOB=∠COD이면 $\overline{AB}=\overline{CD}$
② 현의 길이는 중심각의 크기에 정비례하지 않음

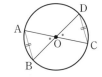

이해가 쏙쏙

오른쪽 그림에서 ∠AOC=2∠AOB이지만
$\overline{AC}<\overline{AB}+\overline{BC}=2\overline{AB}$
즉, 중심각의 크기가 2배가 되어도 현의 길이는 <u>2배가 되지 않는다.</u>
                                              └ 2배보다 작다.

키워드 10

원의 둘레의 길이와 넓이

1. 원주율 원의 지름의 길이에 대한 원의 둘레의 길이의 비

기호 π → '파이'라고 읽는다.

$$(\text{원주율}) = \frac{(\text{원의 둘레의 길이})}{(\text{원의 지름의 길이})} = \pi$$

2. 원의 둘레의 길이와 넓이

반지름의 길이가 r인 원의 둘레의 길이를 l, 넓이를 S라 하면

① $l = 2\pi r$　　　　　② $S = \pi r^2$

키워드 11

부채꼴의 호의 길이와 넓이

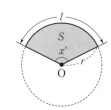

1. 부채꼴의 호의 길이와 넓이

반지름의 길이가 r, 중심각의 크기가 $x°$인 부채꼴의 호의 길이를 l, 넓이를 S라 하면

① $l = 2\pi r \times \dfrac{x}{360}$　　　② $S = \pi r^2 \times \dfrac{x}{360}$

이해가 쏙쏙

반지름의 길이가 r, 중심각의 크기가 $x°$인 부채꼴의 호의 길이를 l, 넓이를 S라 하면
① 부채꼴의 호의 길이는 중심각의 크기에 정비례하므로
　(호의 길이) : (원의 둘레의 길이)$= x° : 360°$에서
　$l : 2\pi r = x : 360$, $l \times 360 = 2\pi r \times x$
　$\therefore l = 2\pi r \times \dfrac{x}{360}$
② 부채꼴의 넓이는 중심각의 크기에 정비례하므로
　(부채꼴의 넓이) : (원의 넓이)$= x° : 360°$에서
　$S : \pi r^2 = x : 360$, $S \times 360 = \pi r^2 \times x$
　$\therefore S = \pi r^2 \times \dfrac{x}{360}$

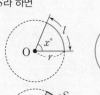

＋
부채꼴의 중심각의 크기를 $x°$라 하면
$$S = \pi r^2 \times \frac{x}{360}$$
$$= \frac{1}{2} r \times \left(2\pi r \times \frac{x}{360} \right)$$
$$= \frac{1}{2} r \times l = \frac{1}{2} rl$$

2. 부채꼴의 호의 길이와 넓이 사이의 관계

반지름의 길이가 r, 호의 길이가 l인 부채꼴의 넓이를 S라 하면

$$S = \frac{1}{2} rl$$

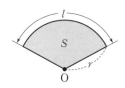

04 입체도형의 성질

키워드 01

다면체

＋
면이 4개 이상 있어야 다면체가 되고, 면의 개수가 가장 적은 다면체는 사면체임

1. 다면체 다각형인 면으로만 둘러싸인 입체도형

➡ 면이 4개, 5개, 6개, …인 다면체를 각각 사면체, 오면체, 육면체, … 라고 함

① **면**: 다면체를 둘러싸고 있는 다각형
② **모서리**: 다면체의 면을 이루는 다각형의 변
③ **꼭짓점**: 다면체의 면을 이루는 다각형의 꼭짓점

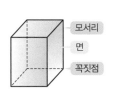

2. **각뿔대** 각뿔을 밑면에 평행한 평면으로 자를 때 생기는 두
입체도형 중 각뿔이 아닌 쪽의 다면체

참고 각뿔대의 밑면은 다각형이고 옆면은 모두 사다리꼴이다.

3. **다면체의 종류** 각기둥, 각뿔, 각뿔대 등

다면체	n각기둥	n각뿔	n각뿔대
밑면의 모양	n각형	n각형	n각형
밑면의 개수	2	1	2
옆면의 모양	직사각형	삼각형	사다리꼴
면의 개수	$n+2$	$n+1$	$n+2$

키워드 02

정다면체

1. 다음 두 조건을 모두 만족시키는 다면체를 정다면체라고 함
   ① 모든 면이 합동인 정다각형으로 이루어짐 ⌐ 두 조건 중 어느 한 가지만을 만족시키는 것은
   ② 한 꼭짓점에 모인 면의 개수가 같음 ⌐ 정다면체가 아니다.

2. **정다면체의 종류** 정사면체, 정육면체, 정팔면체, 정십이면체, 정이십면체의 5가지뿐임

구분	정사면체	정육면체	정팔면체	정십이면체	정이십면체
겨냥도					
면의 모양	정삼각형	정사각형	정삼각형	정오각형	정삼각형
한 꼭짓점에 모인 면의 개수	3	3	4	3	5
면의 개수	4	6	8	12	20
꼭짓점의 개수	4	8	6	20	12
모서리의 개수	6	12	12	30	30

참고 정다면체가 5가지뿐인 이유

정다면체는 입체도형이므로 ➡ ① 한 꼭짓점에서 3개 이상의 면이 만나야 하고
② 한 꼭짓점에 모인 각의 크기의 합이 360°보다 작아야 한다.

이해가 쏙쏙

① 정사면체

② 정육면체

③ 정팔면체

④ 정십이면체

⑤ 정이십면체

회전체

+
• 구: 반원의 지름을 축으로 하여 회전시킨 입체도형
• 구의 회전축: 구의 중심을 지나는 모든 직선

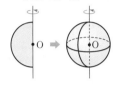

1. **회전체** 평면도형을 한 직선을 축으로 하여 1회전 시킬 때 만들어지는 입체도형
   ① 회전축: 회전시킬 때 축으로 사용한 직선
   ② 모선: 회전시킬 때 옆면을 만드는 선분

2. **원뿔대** 원뿔을 밑면에 평행한 평면으로 자를 때 생기는 두 입체도형 중 원뿔이 아닌 쪽의 입체도형

3. **회전체의 종류** 원기둥, 원뿔, 원뿔대, 구 등

구분	원기둥	원뿔	원뿔대	구
겨냥도				
회전시키기 전의 평면도형	직사각형	직각삼각형	두 각이 직각인 사다리꼴	반원

주의 회전체는 다면체가 아니다.

회전체의 성질

직선을 축으로 하여 1회전 시킬 때 생기는 입체도형을 묻는 문제가 출제되었습니다.

+
• 구를 만드는 것은 곡선이므로 구에서는 모선을 생각할 수 없음
• 구는 회전축이 무수히 많음

① 회전체를 회전축에 수직인 평면으로 자를 때 생기는 단면은 항상 원임→ 크기는 다를 수 있다.

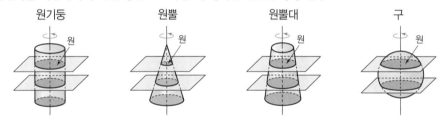

② 회전체를 회전축을 포함하는 평면으로 자를 때 생기는 단면은 모두 합동이고 회전축을 대칭축으로 하는 선대칭도형임

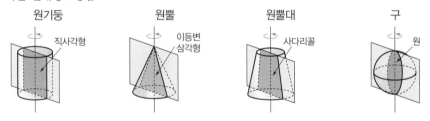

회전체의 전개도

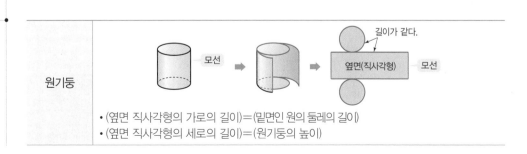

• (옆면 직사각형의 가로의 길이)=(밑면인 원의 둘레의 길이)
• (옆면 직사각형의 세로의 길이)=(원기둥의 높이)

원뿔	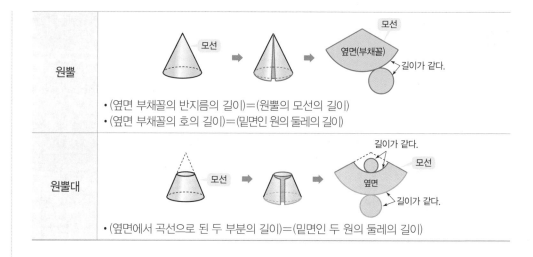
	• (옆면 부채꼴의 반지름의 길이)=(원뿔의 모선의 길이) • (옆면 부채꼴의 호의 길이)=(밑면인 원의 둘레의 길이)
원뿔대	
	• (옆면에서 곡선으로 된 두 부분의 길이)=(밑면인 두 원의 둘레의 길이)

키워드 06

기둥의 겉넓이

+

원기둥의 전개도에서 옆면
은 직사각형이므로
(옆면의 가로의 길이)
=(밑면의 둘레의 길이)
(옆면의 세로의 길이)
=(원기둥의 높이)
➡ (원기둥의 옆넓이)
 =(밑면의 둘레의 길이)
 ×(원기둥의 높이)

1. 각기둥의 겉넓이 (밑넓이)×2+(옆넓이)

주의 기둥은 밑면이 2개 있으므로 겉넓이를 구할 때 밑넓이의 2배를
해야 한다.

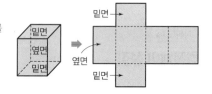

2. 원기둥의 겉넓이

밑면의 반지름의 길이가 r, 높이가 h인 원기둥의 겉
넓이를 S라 하면
$$S=(\text{밑넓이})\times2+(\text{옆넓이})$$
$$=\pi r^2\times2+2\pi r\times h$$
$$=2\pi r^2+2\pi rh$$

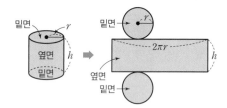

1. 각기둥의 부피

밑넓이가 S, 높이가 h인 각기둥의 부피를 V라 하면
$$V=(\text{밑넓이})\times(\text{높이})$$
$$=Sh$$

2. 원기둥의 부피

밑면의 반지름의 길이가 r, 높이가 h인 원기둥의 부피를 V라 하면
$$V=(\text{밑넓이})\times(\text{높이})$$
$$=\pi r^2\times h=\pi r^2h$$

뿔의 겉넓이

1. 각뿔의 겉넓이 (밑넓이)+(옆넓이)

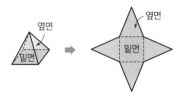

2. 원뿔의 겉넓이
밑면의 반지름의 길이가 r, 모선의 길이가 l인 원뿔의 겉넓이를 S라 하면
$S=$(밑넓이)+(옆넓이)
$$=\pi r^2+\frac{1}{2}\times l\times 2\pi r=\pi r^2+\pi rl$$

뿔의 부피

+
원뿔의 전개도에서 옆면은
부채꼴이므로
• (옆면의 호의 길이)
  =(밑면의 둘레의 길이)
• (옆면의 반지름의 길이)
  =(원뿔의 모선의 길이)

1. 각뿔의 부피
밑넓이가 S, 높이가 h인 각뿔의 부피를 V라 하면
$$V=\frac{1}{3}\times(\text{밑넓이})\times(\text{높이})=\frac{1}{3}Sh$$
$\underset{\frac{1}{3}\times(\text{기둥의 부피})}{}$

2. 원뿔의 부피
밑면의 반지름의 길이가 r, 높이가 h인 원뿔의 부피를 V라 하면
$$V=\frac{1}{3}\times(\text{밑넓이})\times(\text{높이})=\frac{1}{3}\times\pi r^2\times h=\frac{1}{3}\pi r^2h$$

이해가 쏙쏙

뿔 모양의 그릇에 물을 가득 채운 다음 밑면이 합동이고 높이가 같은 기둥 모양의 그릇에 부으면 물의 높이는 기둥 높이의 $\frac{1}{3}$이 된다. 즉, (뿔의 부피)$=\frac{1}{3}\times$(기둥의 부피)

구의 겉넓이와 부피

반지름의 길이가 r인 구의 겉넓이를 S, 부피를 V라 하면

1. 구의 겉넓이 $S=4\pi r^2$ → 반지름의 길이가 r인 원의 넓이의 4배

2. 구의 부피 $V=\frac{4}{3}\pi r^3$

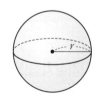

이해가 쏙쏙

구가 꼭 맞게 들어가는 원기둥 모양의 그릇에 물을 가득 채우고 구를 넣었다 꺼내면 남아 있는 물의 높이는 원기둥 높이의 $\frac{1}{3}$이 된다. 즉, 빠져 나간 물의 양이 구의 부피와 같으므로 구의 반지름의 길이를 r라 하면 구의 부피 V는

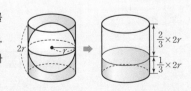

$$V=\frac{2}{3}\times(\text{원기둥의 부피})$$ → 원기둥의 밑면의 반지름의 길이는 r
원기둥의 높이는 $2r$
$$=\frac{2}{3}\times\pi r^2\times 2r=\frac{4}{3}\pi r^3$$

수
학

삼각형과 사각형의 성질

키워드 01

이등변삼각형

이등변삼각형의 성질을 이용하여 변의 길이를 구하는 문제가 출제되었습니다.

✛
정삼각형은 세 변의 길이가 같으므로 이등변삼각형이기도 함

✛
이등변삼각형에서 다음은 모두 일치함
(꼭지각의 이등분선)
＝(밑변의 수직이등분선)
＝(꼭짓점과 밑변의 중점을 이은 선분)
＝(꼭짓점에서 밑변에 내린 수선)

1. **이등변삼각형** 두 변의 길이가 같은 삼각형
   ➡ △ABC에서 $\overline{AB}=\overline{AC}$
   ① **꼭지각**: 길이가 서로 같은 두 변이 만나 이루는 각 ➡ ∠A
   ② **밑변**: 꼭지각이 마주 보는 변 ➡ $\overline{BC}$
   ③ **밑각**: 밑변의 양 끝 각 ➡ ∠B, ∠C

2. **이등변삼각형의 성질**
   ① 이등변삼각형의 두 밑각의 크기는 같음
      ➡ △ABC에서 $\overline{AB}=\overline{AC}$이면 ∠B=∠C
   ② 이등변삼각형의 꼭지각의 이등분선은 밑변을 수직이등분함
      ➡ △ABC에서 $\overline{AB}=\overline{AC}$, ∠BAD=∠CAD이면
      $\overline{BD}=\overline{CD}$, $\overline{AD}\perp\overline{BC}$

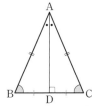

3. **이등변삼각형이 되는 조건** 두 내각의 크기가 같은 삼각형
   ➡ △ABC에서 ∠B=∠C이면 $\overline{AB}=\overline{AC}$

이해가 쏙쏙

∠B=∠C인 삼각형 ABC에서
∠A의 이등분선과 $\overline{BC}$의 교점을 D라 하면
△ABD와 △ACD에서
∠B=∠C, ∠BAD=∠CAD ······ ㉠
이때 삼각형의 세 내각의 크기의 합이 180°이므로
∠ADB=∠ADC ······ ㉡
$\overline{AD}$는 공통 ······ ㉢
㉠, ㉡, ㉢에 의하여 △ABD≡△ACD (ASA 합동)
∴ $\overline{AB}=\overline{AC}$

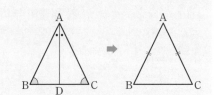

키워드 02

직각삼각형의 합동

✛
두 직각삼각형에서 한 예각의 크기가 같으면 다른 한 예각의 크기도 서로 같게 됨

1. **직각삼각형의 합동 조건**
   두 직각삼각형 ABC와 DEF는 다음의 각 경우에 서로 합동이다.
   ① 빗변의 길이와 한 예각의 크기가 각각 같을 때 (RHA 합동)
      ➡ ∠C=∠F=90°, $\overline{AB}=\overline{DE}$, ∠A=∠D이면
         △ABC≡△DEF (RHA 합동)

이해가 쏙쏙

△ABC와 △DEF에서
∠C=∠F, ∠A=∠D이므로
∠B=90°-∠A=90°-∠D=∠E
또, $\overline{AB}=\overline{DE}$이므로 △ABC≡△DEF (ASA 합동)

② 빗변의 길이와 다른 한 변의 길이가 각각 같을 때
(RHS 합동)
➡ ∠C＝∠F＝90˚, AB=DE, AC=DF이면
△ABC≡△DEF (RHS 합동)

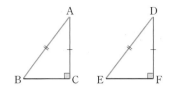

이해가 쏙쏙

AB=DE, AC=DF인 두 직각삼각형 △ABC와 △DEF에서 길이가
같은 두 변 AC와 DF가 서로 겹치도록 놓으면
∠ACB＋∠ACE＝90˚＋90˚＝180˚
이므로 세 점 B, C, E는 한 직선 위에 있다.
이때 △ABE는 AB=AE인 이등변삼각형이므로
∠B＝∠E   ······ ㉠
∠C＝∠F＝90˚   ······ ㉡
AB=DE   ······ ㉢
㉠, ㉡, ㉢에 의하여 △ABC≡△DEF (RHA 합동)

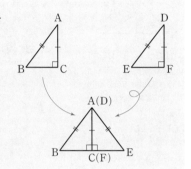

키워드 03

각의 이등분선의 성질

① 각의 이등분선 위의 한 점에서 그 각을 이루는 두 변까지의 거리는 같음
➡ ∠AOP＝∠BOP이면 PC=PD

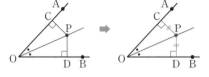

② 각의 두 변으로부터 같은 거리에 있는 점은 그 각의 이등분선 위에 있음
➡ PC=PD이면 ∠AOP＝∠BOP

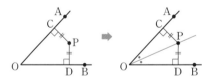

예제

Q1 다음은 '각의 두 변으로부터 같은 거리에 있는 점은 그 각의 이등분선 위에 있다.'를 설명하는 과정이다. ☐ 안에 알맞은 것을 써넣어라.

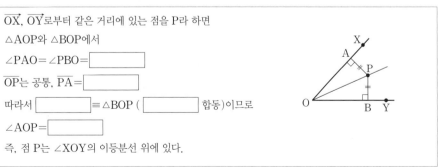

OX, OY로부터 같은 거리에 있는 점을 P라 하면
△AOP와 △BOP에서
∠PAO＝∠PBO＝☐
OP는 공통, PA=☐
따라서 ☐≡△BOP (☐ 합동)이므로
∠AOP＝☐
즉, 점 P는 ∠XOY의 이등분선 위에 있다.

정답 Q1 90˚, PB, △AOP, RHS, ∠BOP

삼각형의 외심

+ 삼각형의 외심

△ABC의 외심을 O라 하고, 점 O에서 변 AC에 내린 수선의 발을 F라고 하면 두 직각삼각형 AFO와 CFO에서
∠OFA=∠OFC=90°, $\overline{OA}=\overline{OC}$, $\overline{OF}$는 공통이므로 △AFO≡△CFO

1. 외접원과 외심 △ABC의 세 꼭짓점이 모두 원 O 위에 있을 때, 원 O는 △ABC에 외접한다고 함. 이때 원 O를 △ABC의 외접원이라 하고, 외접원의 중심 O를 △ABC의 외심이라고 함

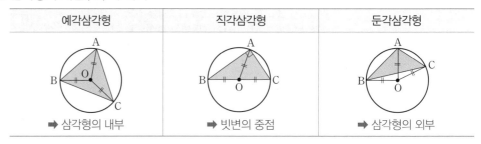

2. 삼각형의 외심의 성질
① 삼각형의 세 변의 수직이등분선은 한 점(외심)에서 만남
② 삼각형의 외심에서 세 꼭짓점에 이르는 거리는 모두 같음
➡ $\overline{OA}=\overline{OB}=\overline{OC}$ (외접원의 반지름의 길이)

3. 삼각형의 외심(O)의 위치

예각삼각형	직각삼각형	둔각삼각형
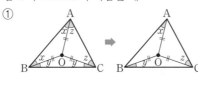	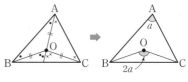	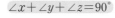
➡ 삼각형의 내부	➡ 빗변의 중점	➡ 삼각형의 외부

4. 삼각형의 외심의 활용
점 O가 △ABC의 외심일 때

①

②

$\angle x + \angle y + \angle z = 90°$ $\angle BOC = 2\angle A$

삼각형의 내심

+

한 원이 다각형의 모든 변에 접할 때, 이 원은 다각형에 내접한다고 하고, 이 원을 내접원이라 함. 이때 다각형을 외접다각형이라고 함

1. 삼각형의 내심
① 원의 접선과 접점: 직선이 원과 한 점에서 만날 때, 직선이 원에 접한다고 함. 이때 원에 접하는 직선을 원의 접선이라 하고, 접선이 원과 만나는 점을 접점이라고 함

└ 원의 접선은 접점을 지나는 반지름과 수직이다.

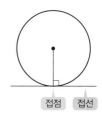

접점   접선

② 내접원과 내심: 원 I가 △ABC의 세 변에 모두 접할 때, 원 I는 △ABC에 내접한다고 함. 이때 원 I를 △ABC의 내접원이라 하고, 내접원의 중심 I를 △ABC의 내심이라고 함

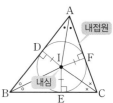

2. 삼각형의 내심의 성질 ── 모든 삼각형의 내심은 삼각형의 내부에 있다.
① 삼각형의 세 내각의 이등분선은 한 점(내심)에서 만남
② 삼각형의 내심에서 세 변에 이르는 거리는 모두 같음
➡ $\overline{ID}=\overline{IE}=\overline{IF}$ (내접원의 반지름의 길이)

3. 삼각형의 내심의 활용 (1)

점 I가 △ABC의 내심일 때

①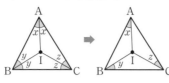

$$\angle x + \angle y + \angle z = 90°$$

②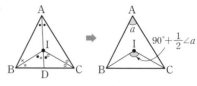

$$\angle BIC = 90° + \frac{1}{2}\angle A$$

4. 삼각형의 내심의 활용 (2)

① 내접원의 반지름의 길이와 삼각형의 넓이: △ABC에서 세 변의 길이가 각각 a, b, c이고 내접원의 반지름의 길이가 r일 때

$$\triangle ABC = \frac{1}{2}r(a+b+c)$$

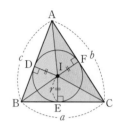

② 접선의 길이: △ABC의 내접원 I가 $\overline{AB}$, $\overline{BC}$, $\overline{CA}$와 접하는 점을 각각 D, E, F라 하면 $\overline{AD}=\overline{AF}$, $\overline{BD}=\overline{BE}$, $\overline{CE}=\overline{CF}$임

➡ △IAD≡△IAF (RHA 합동)이므로 $\overline{AD}=\overline{AF}$
△IBD≡△IBE (RHA 합동)이므로 $\overline{BD}=\overline{BE}$
△ICE≡△ICF (RHA 합동)이므로 $\overline{CE}=\overline{CF}$

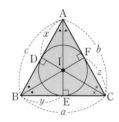

【 키워드 06 】

평행사변형

평행사변형의 성질을 이용하여 변의 길이와 각의 크기를 구하는 문제가 출제되었습니다.

＋

사각형 ABCD는 □ABCD로 나타냄

1. 정의 두 쌍의 대변이 각각 평행한 사각형

➡ $\overline{AB} \, /\!/ \, \overline{CD}$, $\overline{AD} \, /\!/ \, \overline{BC}$

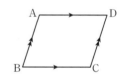

2. 성질

① 두 쌍의 대변의 길이는 각각 서로 같음
② 두 쌍의 대각의 크기는 각각 서로 같음
③ 두 대각선은 서로 다른 것을 이등분함

평행사변형의 두 대각선은 각각의 중점에서 만나요.

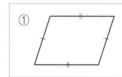 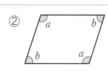 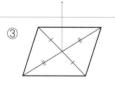

참고 평행사변형에서 두 쌍의 대변이 각각 서로 평행하므로 이웃하는 두 내각의 크기의 합은 $180°$이다.
➡ $\angle a + \angle b = 180°$

【 키워드 07 】

평행사변형이 되는 조건

□ABCD가 다음의 어느 한 조건을 만족시키면 평행사변형임 (단, 점 O는 두 대각선의 교점이다.)

① 두 쌍의 대변이 각각 서로 평행함
➡ $\overline{AB} \, /\!/ \, \overline{CD}$, $\overline{AD} \, /\!/ \, \overline{BC}$

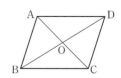

② 두 쌍의 대변의 길이가 각각 서로 같음
→ $\overline{AB}=\overline{CD}$, $\overline{AD}=\overline{BC}$

③ 두 쌍의 대각의 크기가 각각 서로 같음
→ $\angle A=\angle C$, $\angle B=\angle D$

④ 두 대각선이 서로 다른 것을 이등분함
→ $\overline{OA}=\overline{OC}$, $\overline{OB}=\overline{OD}$

⑤ 한 쌍의 대변이 서로 평행하고, 그 길이가 서로 같음
→ $\overline{AB}\,/\!/\,\overline{CD}$, $\overline{AB}=\overline{CD}$
└─ 또는 $\overline{AD}\,/\!/\,\overline{BC}$, $\overline{AD}=\overline{BC}$

평행사변형이 되는 조건 ⑤에서 반드시 평행한 대변의 길이가 서로 같아야 평행사변형이 됨에 주의
예를 들어 $\overline{AD}\,/\!/\,\overline{BC}$, $\overline{AB}=\overline{CD}$이어도 다음 그림과 같이 평행사변형이 되지 않음

키워드 08

평행사변형과 넓이

① 평행사변형 ABCD에서 점 O가 두 대각선의 교점일 때

㉠ $\triangle ABC=\triangle BCD=\triangle CDA=\triangle DAB=\dfrac{1}{2}\square ABCD$

㉡ $\triangle ABO=\triangle BCO=\triangle CDO=\triangle DAO=\dfrac{1}{4}\square ABCD$

② 평행사변형 ABCD의 내부의 임의의 한 점 P에 대하여

$\triangle PAB+\triangle PCD=\triangle PDA+\triangle PBC=\dfrac{1}{2}\square ABCD$

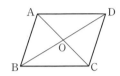

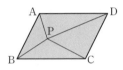

키워드 09

직사각형

1. **정의** 네 내각의 크기가 모두 같은 사각형
→ $\angle A=\angle B=\angle C=\angle D$

2. **성질** 두 대각선은 길이가 서로 같고, 서로 다른 것을 이등분함
→ $\overline{AC}=\overline{BD}$, $\overline{AO}=\overline{BO}=\overline{CO}=\overline{DO}$

직사각형은 두 쌍의 대각의 크기가 각각 서로 같으므로 평행사변형이기도 함

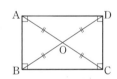

3. **평행사변형이 직사각형이 되는 조건**
다음 중 어느 한 조건만 만족시켜도 평행사변형이 직사각형이 됨
① 한 내각이 직각이다. → $\angle A=90°$ ─── ∠A=90°이면 평행사변형의 성질에 의하여
② 두 대각선의 길이가 서로 같다. → $\overline{AC}=\overline{BD}$ ∠A=∠B=∠C=∠D=90°이다.

키워드 10

마름모

1. **정의** 네 변의 길이가 모두 같은 사각형
→ $\overline{AB}=\overline{BC}=\overline{CD}=\overline{DA}$

2. **성질** 두 대각선은 서로 다른 것을 수직이등분함
→ $\overline{AC}\perp\overline{BD}$, $\overline{AO}=\overline{CO}$, $\overline{BO}=\overline{DO}$

마름모는 두 쌍의 대변의 길이가 각각 서로 같으므로 평행사변형이기도 함

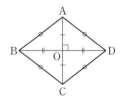

3. **평행사변형이 마름모가 되는 조건**
다음 중 어느 한 조건만 만족시켜도 평행사변형이 마름모가 됨
① 이웃하는 두 변의 길이가 서로 같음 → $\overline{AB}=\overline{BC}$ ── $\overline{AB}=\overline{BC}$이면 평행사변형의 성질에
② 두 대각선이 서로 수직임 → $\overline{AC}\perp\overline{BD}$ 의하여 $\overline{AB}=\overline{BC}=\overline{CD}=\overline{DA}$이다.

키워드 11

정사각형

+

정사각형은 네 변의 길이가 모두 같으므로 마름모이기도 하고, 네 내각의 크기가 모두 같으므로 직사각형이기도 함

1. **정의**   네 변의 길이가 모두 같고, 네 내각의 크기가 모두 같은 사각형
   ➡ $\overline{AB}=\overline{BC}=\overline{CD}=\overline{DA}$, $\angle A=\angle B=\angle C=\angle D$

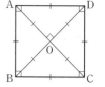

2. **성질**   두 대각선은 길이가 서로 같고, 서로 다른 것을 수직이등분함
   └ 직사각형의 성질   └ 마름모의 성질
   ➡ $\overline{AC}=\overline{BD}$, $\overline{AO}=\overline{BO}=\overline{CO}=\overline{DO}$, $\overline{AC}\perp\overline{BD}$

3. **직사각형이 정사각형이 되는 조건**
   ① 이웃하는 두 변의 길이가 서로 같음 ➡ $\overline{AB}=\overline{BC}$
   ② 두 대각선이 서로 수직임 ➡ $\overline{AC}\perp\overline{BD}$

4. **마름모가 정사각형이 되는 조건**
   ① 한 내각이 직각임 ➡ $\angle A=90°$
   ② 두 대각선의 길이가 서로 같음 ➡ $\overline{AC}=\overline{BD}$

키워드 12

등변사다리꼴

1. **정의**   아랫변의 양 끝각의 크기가 서로 같은 사다리꼴
   ➡ $\overline{AD}/\!/\overline{BC}$, $\angle B=\angle C$

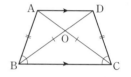

2. **성질**
   ① 평행하지 않은 한 쌍의 대변의 길이가 서로 같음 ➡ $\overline{AB}=\overline{CD}$
   ② 두 대각선의 길이가 서로 같음 ➡ $\overline{AC}=\overline{BD}$

키워드 13

여러 가지 사각형 사이의 관계

1. **여러 가지 사각형 사이의 관계**

   ① 한 쌍의 대변이 서로 평행함
   ② 다른 한 쌍의 대변 역시 서로 평행함
   ③ 한 내각이 직각이거나 두 대각선의 길이가 서로 같음
   ④ 이웃하는 두 변의 길이가 서로 같거나 두 대각선이 서로 수직임

2. **여러 가지 사각형의 대각선의 성질**
   ① **평행사변형**: 두 대각선은 서로 다른 것을 이등분함
   ② **직사각형**: 두 대각선은 길이가 서로 같고, 서로 다른 것을 이등분함
   ③ **마름모**: 두 대각선은 서로 다른 것을 수직이등분함
   ④ **정사각형**: 두 대각선은 길이가 서로 같고, 서로 다른 것을 수직이등분함
   ⑤ **등변사다리꼴**: 두 대각선은 길이가 서로 같음

평행선과 삼각형의 넓이

① 두 평행선 사이에 있고, 밑변의 길이가 같은 두 삼각형의 넓이는 같음
➡ $l /\!/ m$이면 △ABC=△DBC

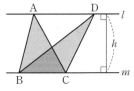

② 높이가 같은 두 삼각형의 넓이의 비는 두 삼각형의 밑변의 길이의 비와 같음
➡ △ABC : △ACD=$\overline{BC}$: $\overline{CD}$

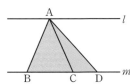

---

06 도형의 닮음과 피타고라스 정리

도형의 닮음

+
합동인 두 도형은 닮음이고, 이때 두 도형의 닮음비는 1 : 1임

+ 항상 닮음인 도형
두 원, 변의 개수가 같은 두 정다각형, 꼭지각의 크기가 같은 두 이등변삼각형, 한 각의 크기가 같은 두 마름모, 중심각의 크기가 같은 두 부채꼴 등

1. **닮음** 한 도형을 일정한 비율로 확대 또는 축소한 도형이 다른 도형과 합동일 때, 두 도형은 서로 닮음인 관계에 있다고 함

△ABC∽△DEF
대응점의 순서를 맞추어 쓴다.

2. **닮은 도형** 서로 닮음인 관계에 있는 두 도형

이해가 쏙쏙

△ABC의 각 변의 길이를 2배 하여 △ABC를 2배로 확대하면 △DEF와 합동이 되므로 △ABC와 △DEF는 서로 닮은 도형이다.
이때 서로 닮은 두 삼각형 ABC와 DEF에서 점 A와 점 D, 점 B와 점 E, 점 C와 점 F를 각각 대응점, $\overline{AB}$와 $\overline{DE}$, $\overline{BC}$와 $\overline{EF}$, $\overline{CA}$와 $\overline{FD}$를 각각 대응변, ∠A와 ∠D, ∠B와 ∠E, ∠C와 ∠F를 각각 대응각이라고 한다.

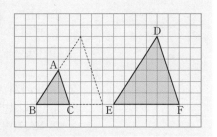

3. **닮음의 기호** △ABC와 △DEF가 서로 닮은 도형일 때, 기호를 사용하여 △ABC∽△DEF로 나타냄

키워드 02

평면도형에서의 닮음의 성질

닮음의 성질을 이용해 변의 길이를 구하는 문제와 제시된 삼각형과 합동인 삼각형을 찾는 문제가 출제되었습니다.

서로 닮은 두 평면도형에서
① 대응변의 길이의 비는 일정함
  ➡ $\overline{AB} : \overline{A'B'} = \overline{BC} : \overline{B'C'}$
      $= \overline{CA} : \overline{C'A'} = 1 : 2$
② 대응각의 크기는 각각 같음
  ➡ $\angle A = \angle A'$, $\angle B = \angle B'$, $\angle C = \angle C'$
③ 닮음비: 닮은 두 평면도형에서 대응변의 길이의 비

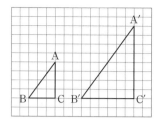

　㉾ 오른쪽 그림에서 $\triangle ABC \backsim \triangle DEF$일 때
　　① $\overline{AB} : \overline{DE} = \overline{BC} : \overline{EF} = \overline{CA} : \overline{FD} = 2 : 3$
　　② $\angle A = \angle D$, $\angle B = \angle E$, $\angle C = \angle F$

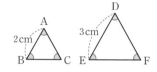

키워드 03

입체도형에서의 닮음의 성질

서로 닮은 두 입체도형에서
① 대응하는 모서리의 길이의 비는 일정함
  ➡ $\overline{AB} : \overline{A'B'} = \overline{BC} : \overline{B'C'} = \overline{BF} : \overline{B'F'} = \cdots = 1 : 2$
② 대응하는 면은 서로 닮은 도형임
  ➡ $\square ABCD \backsim \square A'B'C'D'$,
      $\square ABFE \backsim \square A'B'F'E'$, $\cdots$
③ 닮음비: 닮은 두 입체도형에서 대응하는 모서리의 길이의 비

참고 항상 닮음인 입체도형: 면의 개수가 같은 두 정다면체, 두 구

　㉾ 오른쪽 그림에서 두 사면체가 서로 닮은 도형이고 $\overline{AB}$에 대응하는 모서리가 $\overline{A'B'}$일 때
　　① $\overline{AB} : \overline{A'B'} = \overline{AC} : \overline{A'C'} = \overline{AD} : \overline{A'D'}$
　　　$= \overline{BC} : \overline{B'C'} = \overline{BD} : \overline{B'D'}$
　　　$= \overline{CD} : \overline{C'D'} = 2 : 3$
　　② $\triangle ABC \backsim \triangle A'B'C'$, $\triangle ACD \backsim \triangle A'C'D'$,
　　　$\triangle ABD \backsim \triangle A'B'D'$, $\triangle BCD \backsim \triangle B'C'D'$

키워드 04

닮은 두 입체도형의 겉넓이의 비와 부피의 비

＋

서로 닮은 두 입체도형의 닮음비가 $m : n$일 때, 대응하는 두 면의 넓이의 비는 모두 $m^2 : n^2$
즉, 밑넓이의 비, 옆넓이의 비는 $m^2 : n^2$

닮은 두 입체도형의 겉넓이의 비와 부피의 비
닮은 도형의 부피의 비는 닮음비의 세제곱과 같음
서로 닮은 두 입체도형의 닮음비가 $m : n$이면
① 겉넓이의 비는 $m^2 : n^2$
② 부피의 비는 $m^3 : n^3$

　㉾ 오른쪽 그림의 두 직육면체 ㉠, ㉡은 서로 닮은 도형이고, 그 닮음비는 $2 : 3$이다.
　　이때 ㉠과 ㉡의 부피는 각각
　　(㉠의 부피)$= 4 \times 2 \times 6 = 48 (cm^3)$,
　　(㉡의 부피)$= 6 \times 3 \times 9 = 162 (cm^3)$
　　이므로 ㉠과 ㉡의 부피의 비는
　　(㉠의 부피) : (㉡의 부피)$= 48 : 162 = 8 : 27 = 2^3 : 3^3$
　　이다. 즉, 닮음비가 $2 : 3$인 두 직육면체 ㉠, ㉡의 부피의 비는 $2^3 : 3^3$임을 알 수 있다.

㉠

㉡

삼각형의 닮음 조건

+ 합동과 닮음

① 두 삼각형의 합동 조건
  • 완전히 포개짐
  • 대응변의 길이가 각각 같고, 대응각의 크기가 각각 같음
  • SSS 합동, SAS 합동, ASA 합동

② 두 삼각형의 닮음 조건
  • 확대하거나 축소해서 완전히 포개짐
  • 대응변의 길이의 비가 일정하고, 대응각의 크기가 각각 같음
  • SSS 닮음, SAS 닮음, AA 닮음

두 삼각형이 다음 조건 중 어느 하나를 만족시키면 서로 닮은 도형임

1. SSS 닮음 세 쌍의 대응변의 길이의 비가 일정함
  ➡ $\underline{a : a' = b : b' = c : c'}$
  └ 닮음비

2. SAS 닮음 두 쌍의 대응변의 길이의 비가 일정하고, 그 끼인각의 크기가 서로 같음
  ➡ $\underline{a : a' = c : c'}$, $\angle B = \angle B'$
  └ 닮음비

3. AA 닮음 두 쌍의 대응각의 크기가 각각 서로 같음
  ➡ $\angle B = \angle B'$, $\angle C = \angle C'$

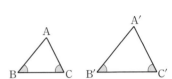

직각삼각형의 닮음

+
한 예각의 크기가 같은 두 직각삼각형은 AA 닮음임

+
직각삼각형 ABC의 넓이에서
$\frac{1}{2} \times \overline{AB} \times \overline{AC}$
$= \frac{1}{2} \times \overline{BC} \times \overline{AH}$
∴ $\overline{AB} \times \overline{AC} = \overline{BC} \times \overline{AH}$

$\angle A = 90°$인 직각삼각형 ABC에서 $\overline{AH} \perp \overline{BC}$일 때

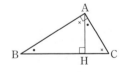

1. 닮음인 직각삼각형
  △ABC∽△HBA∽△HAC (AA 닮음)

2. 직각삼각형의 닮음
  ① △ABC∽△HBA에서 $\overline{AB} : \overline{HB} = \overline{BC} : \overline{BA}$
    ∴ $\overline{AB}^2 = \overline{BH} \times \overline{BC}$
  ② △ABC∽△HAC에서 $\overline{BC} : \overline{AC} = \overline{AC} : \overline{HC}$
    ∴ $\overline{AC}^2 = \overline{CH} \times \overline{CB}$
  ③ △HBA∽△HAC에서 $\overline{BH} : \overline{AH} = \overline{AH} : \overline{CH}$
    ∴ $\overline{AH}^2 = \overline{HB} \times \overline{HC}$

삼각형에서 평행선과 선분의 길이의 비

① △ABC에서 변 BC에 평행한 직선이 두 변 AB, AC 또는 그 연장선과 만나는 점을 각각 D, E 라고 할 때, $\overline{AB} : \overline{AD} = \overline{AC} : \overline{AE} = \overline{BC} : \overline{DE}$임

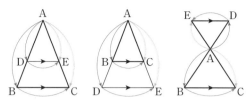

이해가 쏙쏙

△ABC와 △ADE에서
∠B=∠ADE (동위각), ∠A는 공통
∴ △ABC∽△ADE (AA 닮음)
➡ $\overline{AB} : \overline{AD} = \overline{AC} : \overline{AE} = \overline{BC} : \overline{DE}$

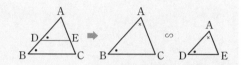

② △ABC에서 변 BC에 평행한 직선이 두 변 AB, AC 또는 그 연장선과 만나는 점을 각각 D, E 라고 할 때, $\overline{AD} : \overline{DB} = \overline{AE} : \overline{EC}$임

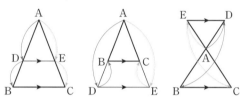

이해가 쏙쏙

오른쪽 그림과 같이 점 E에서 $\overline{BD}$에 평행한 $\overline{EF}$를 그으면
△ADE와 △EFC에서
∠A=∠FEC (동위각), ∠AED=∠C (동위각)
∴ △ADE∽△EFC (AA 닮음)
➡ $\overline{AD} : \overline{DB} = \overline{AE} : \overline{EC}$
└ $\overline{EF} = \overline{DB}$

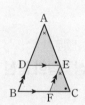

삼각형의 내각과 외각의 이등분선

1. 삼각형의 내각의 이등분선의 성질
　△ABC에서 $\overline{AD}$가 ∠A의 이등분선이면
　$\overline{AB} : \overline{AC} = \overline{BD} : \overline{CD}$
　└ ∠BAD=∠CAD

2. 삼각형의 외각의 이등분선의 성질
　△ABC에서 $\overline{AD}$가 ∠A의 외각의 이등분선이면
　$\overline{AB} : \overline{AC} = \overline{BD} : \overline{CD}$
　└ ∠CAD=∠EAD

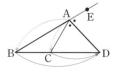

키워드 09

평행선 사이의 선분의 길이의 비

세 개 이상의 평행선이 다른 두 직선과 만나서 생기는 선분의 길이의 비는 같음
➡ $l \parallel m \parallel n$이면 $a:b=a':b'$ 또는 $a:a'=b:b'$

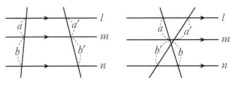

키워드 10

삼각형의 두 변의 중점을 연결한 선분의 성질

① $\triangle ABC$에서 $\overline{AM}=\overline{MB}$, $\overline{AN}=\overline{NC}$이면
$\overline{MN} \parallel \overline{BC}$, $\overline{MN}=\dfrac{1}{2}\overline{BC}$

② $\triangle ABC$에서 $\overline{AM}=\overline{MB}$, $\overline{MN} \parallel \overline{BC}$이면
$\overline{AN}=\overline{NC}$

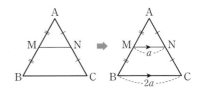

키워드 11

삼각형의 중선

1. **중선** 삼각형에서 한 꼭짓점과 그 대변의 중점을 이은 선분

2. **삼각형의 중선의 성질**
삼각형의 한 중선은 그 삼각형의 넓이를 이등분함

➡ $\triangle ABD = \triangle ACD = \dfrac{1}{2}\triangle ABC$

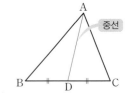

키워드 12

삼각형의 무게중심

1. **무게중심** 삼각형의 세 중선의 교점

2. **삼각형의 무게중심의 성질**
① 삼각형의 세 중선은 한 점(무게중심)에서 만남
② 삼각형의 무게중심은 세 중선의 길이를 꼭짓점으로부터
각각 2 : 1로 나눔
➡ $\triangle ABC$의 무게중심을 G라 하면
$\overline{AG}:\overline{GD}=\overline{BG}:\overline{GE}=\overline{CG}:\overline{GF}=2:1$

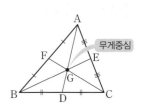

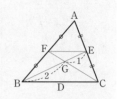

삼각형의 무게중심의 성질
△ABC에서 두 중선 BE, CF의 교점을 G라고 하면 △ABC와 △AFE에서
$\overline{AB}:\overline{AF}=\overline{AC}:\overline{AE}=2:1$
∠A는 공통
∴ △ABC∽△AFE (SAS 닮음)
이때 ∠ABC=∠AFE이므로 $\overline{BC}/\!/\overline{FE}$,
$\overline{BC}:\overline{FE}=2:1$
따라서 △GBC∽△GEF이고, 두 삼각형의 닮음비가 2 : 1이므로
$\overline{BG}:\overline{GE}=2:1$

3. 삼각형의 무게중심과 넓이

① 삼각형의 세 중선에 의해 삼각형의 넓이는 6등분 됨

➡ △GAF=△GBF=△GBD=△GCD

$=△GCE=△GAE=\dfrac{1}{6}△ABC$

② 삼각형의 무게중심과 세 꼭짓점을 이어서 생기는 세 삼각형의 넓이는 같음

➡ $△GAB=△GBC=△GCA=\dfrac{1}{3}△ABC$

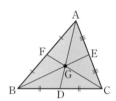

키워드 13

피타고라스 정리

직각삼각형 ABC에서 직각을 낀 두 변의 길이를 각각 a, b라 하고 빗변의 길이를 c라 하면 $a^2+b^2=c^2$ —— 직각을 낀 두 변의 길이의 제곱의 합은 빗변의 길이의 제곱과 같다.

피타고라스 정리 $a^2+b^2=c^2$를 만족하는 세 자연수 a, b, c를 피타고라스의 수라 한다. 피타고라스의 수를 (a, b, c)로 나타내면 다음과 같은 수들이 있다.

$(3, 4, 5)$, $(5, 12, 13)$, $(6, 8, 10)$, $(7, 24, 25)$, $(8, 15, 17)$, ⋯

키워드 14

피타고라스 정리 의 설명

피타고라스 정리를 활용해 넓이를 구하는 문제가 출제되었습니다.

① 다음은 한 눈금의 길이가 1인 모눈종이 위에 ∠C=90°인 세 종류의 직각삼각형 ABC에 대하여 세 변을 각각 한 변으로 하는 정사각형 P, Q, R를 그린 것임

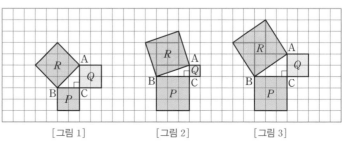

[그림 1]　　　　[그림 2]　　　　[그림 3]

+ 피타고라스 정리를 연속적으로 이용하는 문제

$\overline{OA_2}$ ➡ $\overline{OA_3}$ ➡ $\overline{OA_4}$ ➡
…의 순서대로 빗변의 길이를 구하면
$\overline{OA_2}=\sqrt{2}\,a$
$\overline{OA_3}=\sqrt{3}\,a$
$\overline{OA_4}=2a$
⋮

정사각형 P, Q, R의 넓이를 각각 구하여 표로 나타내면 다음과 같음

구분	P의 넓이	Q의 넓이	R의 넓이
[그림 1]	4	4	8
[그림 2]	9	1	10
[그림 3]	9	4	13

➡ (P의 넓이)+(Q의 넓이)=(R의 넓이)

예 오른쪽 그림은 ∠C=90°인 직각삼각형 ABC의 각 변을 한 변으로 하는 세 정사각형을 그린 것이다. 두 정사각형의 넓이가 각각 100 cm²와 64 cm²일 때, $\overline{AC}$를 한 변으로 하는 정사각형의 넓이를 구하여라.

➡ $\overline{BC}^2+\overline{AC}^2=\overline{AB}^2$이므로
$64+\overline{AC}^2=100$
∴ $\overline{AC}^2=36$ cm²

따라서 $\overline{AC}$를 한 변으로 하는 정사각형의 넓이는 36 cm²이다.

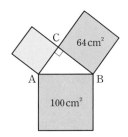

② 아래의 그림과 같이 ∠C=90°인 직각삼각형 ABC에서 $\overline{BC}=a$, $\overline{AC}=b$, $\overline{AB}=c$라고 할 때, 세 변의 길이를 각각 a배, b배, c배 하여 닮은 삼각형 세 개를 만든 후(닮음비가 각각 $1:a$, $1:b$, $1:c$인 직각삼각형 3개를 만든다.) 세 직각삼각형을 길이가 bc인 변끼리, ac인 변끼리 맞붙이면 직사각형이 됨. 이때 직사각형의 대변의 길이는 서로 같으므로 $a^2+b^2=c^2$이 성립함을 알 수 있음

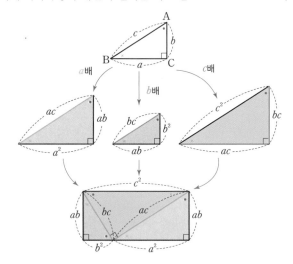

③ 오른쪽 그림에서 사각형 ABCD와 사각형 IJKL은 한 변의 길이가 $a+b$인 정사각형임

⊙ 각 정사각형 안에 있는 직각삼각형 4개는 두 변의 길이가 a, b이고, 그 끼인각의 크기가 90°인 삼각형이므로 서로 합동임

⊙ 사각형 ABCD와 사각형 IJKL에서 각각 합동인 직각삼각형 4개를 뺀 부분의 넓이는 서로 같으므로

□EFGH=□MJNQ+□PQOL

➡ $c^2 = a^2 + b^2$

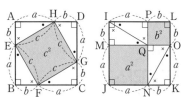

키워드 15

직각삼각형이 될 조건

직각삼각형이 될 조건을 이용하여 변의 길이를 구하는 문제가 출제되었습니다.

세 변의 길이가 각각 a, b, c인 ABC에서 $a^2+b^2=c^2$이면 이 삼각형은 빗변의 길이가 c인 직각삼각형임

└→ c는 가장 긴 변의 길이

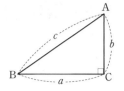

예 · 세 변의 길이가 각각 9cm, 40cm, 41cm인 삼각형에서 $9^2+40^2=41^2$이므로 이 삼각형은 빗변의 길이가 41cm인 직각삼각형이다.
· 세 변의 길이가 각각 3cm, 4.5cm, 5cm인 삼각형에서 $3^2+(4.5)^2\neq5^2$이므로 이 삼각형은 직각삼각형이 아니다.

키워드 16

직각삼각형의 세 반원에서 피타고라스 정리의 활용

+ 피타고라스 정리의 활용 (1)

$P+Q$
$=\dfrac{1}{2}\times\pi\times\left(\dfrac{c}{2}\right)^2$
$\qquad+\dfrac{1}{2}\times\pi\times\left(\dfrac{b}{2}\right)^2$
$=\dfrac{1}{8}\pi(b^2+c^2)=\dfrac{1}{8}\pi a^2$
$R=\dfrac{1}{2}\times\pi\times\left(\dfrac{a}{2}\right)^2=\dfrac{1}{8}\pi a^2$
$\therefore R=P+Q$

+ 피타고라스 정리의 활용 (2)

➡ $S_1+S_2=\triangle\text{ABC}$
$\qquad\quad=\dfrac{1}{2}bc$

① 직각삼각형 ABC에서 직각을 낀 두 변을 각각 지름으로 하는 반원의 넓이를 P, Q라 하고 빗변을 지름으로 하는 반원의 넓이를 R라 할 때
➡ $R=P+Q$

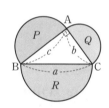

② 직각삼각형 ABC의 세 변을 각각 지름으로 하는 반원에서
➡ (색칠한 부분의 넓이) $=\triangle\text{ABC}=\dfrac{1}{2}bc$

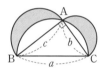

이해가 쏙쏙

∠A=90°인 직각삼각형 ABC에서 $\overline{\text{AB}}$, $\overline{\text{AC}}$, $\overline{\text{BC}}$를 지름으로 하는 반원의 넓이를 각각 P, Q, R라 하면 $R=P+Q$이므로

(색칠한 부분의 넓이)$=P+Q+\triangle\text{ABC}-R=R+\triangle\text{ABC}-R=\triangle\text{ABC}$

예제

Q1 오른쪽 그림과 같이 ∠A=90°인 직각삼각형 ABC에서 직각을 낀 두 변을 각각 지름으로 하는 반원을 그렸다. $\overline{\text{BC}}=10$cm일 때, 두 반원의 넓이의 합 $P+Q$를 구하여라.

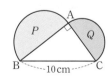

정답 Q1 $\dfrac{25}{2}\pi\text{cm}^2$

해석 Q1 $P+Q$는 $\overline{\text{BC}}$를 지름으로 하는 반원의 넓이와 같으므로 $\dfrac{1}{2}\times\pi\times5^2=\dfrac{25}{2}\pi(\text{cm}^2)$

삼각비의 정의

아래의 직각삼각형 ABC, AB′C′, AB″C″, …은 ∠A가 공통이므로 모두 닮은 도형임.

닮은 도형에서 대응변의 길이의 비는 일정하므로 다음이 성립함

$$\frac{(높이)}{(빗변의 길이)} = \frac{\overline{BC}}{\overline{AB}} = \frac{\overline{B'C'}}{\overline{AB'}} = \frac{\overline{B''C''}}{\overline{AB''}} = \cdots$$

$$\frac{(밑변의 길이)}{(빗변의 길이)} = \frac{\overline{AC}}{\overline{AB}} = \frac{\overline{AC'}}{\overline{AB'}} = \frac{\overline{AC''}}{\overline{AB''}} = \cdots$$

$$\frac{(높이)}{(밑변의 길이)} = \frac{\overline{BC}}{\overline{AC}} = \frac{\overline{B'C'}}{\overline{AC'}} = \frac{\overline{B''C''}}{\overline{AC''}} = \cdots$$

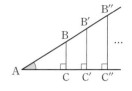

일반적으로 ∠C=90°인 직각삼각형 ABC에서 ∠A의 크기가 정해지면 직

각삼각형의 크기에 관계없이 두 변의 길이의 비 $\frac{\overline{BC}}{\overline{AB}}$, $\frac{\overline{AC}}{\overline{AB}}$, $\frac{\overline{BC}}{\overline{AC}}$의 값은

항상 일정함

따라서 삼각비란 직각삼각형에서 두 변의 길이의 비임

∠A의 삼각비

+
삼각비를 구할 때는 기준각의 대변을 직각삼각형의 높이로 생각함

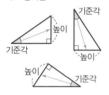

① $\sin A = \dfrac{\overline{BC}}{\overline{AC}} = \dfrac{(높이)}{(빗변의 길이)} = \dfrac{a}{b}$

② $\cos A = \dfrac{\overline{AB}}{\overline{AC}} = \dfrac{(밑변의 길이)}{(빗변의 길이)} = \dfrac{c}{b}$

③ $\tan A = \dfrac{\overline{BC}}{\overline{AB}} = \dfrac{(높이)}{(밑변의 길이)} = \dfrac{a}{c}$

이때 $\sin A$, $\cos A$, $\tan A$를 통틀어 ∠A의 삼각비라 함

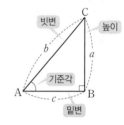

삼각비의 값 구하기

삼각비의 값을 구하는 문제가 출제되었습니다.

1. 기준각의 위치가 다른 직각삼각형에서 삼각비의 값 구하기

다음 그림의 직각삼각형 ABC에서 ∠C의 삼각비를 구해 보면

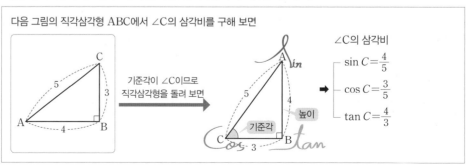

기준각이 ∠C이므로 직각삼각형을 돌려 보면

∠C의 삼각비
$\sin C = \dfrac{4}{5}$
$\cos C = \dfrac{3}{5}$
$\tan C = \dfrac{4}{3}$

2. 직각삼각형의 두 변의 길이를 알 때 삼각비의 값 구하기

직각삼각형 ABC에서 $\overline{AB}=3$, $\overline{BC}=6$일 때, ∠A의 삼각비를 구해 보면

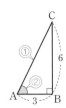

① 피타고라스 정리 이용하기
$\overline{AB}=3$, $\overline{BC}=6$이므로
피타고라스 정리에 의하여
$$\overline{AC}=\sqrt{3^2+6^2}$$
$$=\sqrt{45}=3\sqrt{5}$$

② 삼각비의 값 구하기
$$\sin A=\frac{\overline{BC}}{\overline{AC}}=\frac{6}{3\sqrt{5}}=\frac{2\sqrt{5}}{5}$$
$$\cos A=\frac{\overline{AB}}{\overline{AC}}=\frac{3}{3\sqrt{5}}=\frac{\sqrt{5}}{5}$$
$$\tan A=\frac{\overline{BC}}{\overline{AB}}=\frac{6}{3}=2$$

키워드 04

특수한 삼각비 $(30°, 45°, 60°)$ 의 값

➕ 삼각비의 값 암기법

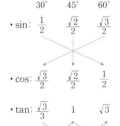

삼각비 ＼ A	30°	45°	60°	
$\sin A$	$\dfrac{1}{2}$	$\dfrac{\sqrt{2}}{2}$	$\dfrac{\sqrt{3}}{2}$	커진다.
$\cos A$	$\dfrac{\sqrt{3}}{2}$	$\dfrac{\sqrt{2}}{2}$	$\dfrac{1}{2}$	작아진다.
$\tan A$	$\dfrac{\sqrt{3}}{3}$	1	$\sqrt{3}$	

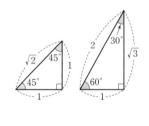

이해가 쏙쏙

① 45°의 삼각비의 값
오른쪽 그림과 같이 한 변의 길이가 1인 정사각형의 대각선의 길이는
$\sqrt{1^2+1^2}=\sqrt{2}$이므로 직각삼각형 ABC에서
$$\sin 45°=\frac{1}{\sqrt{2}}=\frac{\sqrt{2}}{2}, \cos 45°=\frac{1}{\sqrt{2}}=\frac{\sqrt{2}}{2}, \tan 45°=\frac{1}{1}=1$$

② 30°, 60°의 삼각비의 값
오른쪽 그림과 같이 한 변의 길이가 2인 정삼각형의 높이는
$\sqrt{2^2-1^2}=\sqrt{3}$이므로 직각삼각형 ABC에서
$$\sin 30°=\frac{1}{2}, \cos 30°=\frac{\sqrt{3}}{2}, \tan 30°=\frac{1}{\sqrt{3}}=\frac{\sqrt{3}}{3}$$
$$\sin 60°=\frac{\sqrt{3}}{2}, \cos 60°=\frac{1}{2}, \tan 60°=\frac{\sqrt{3}}{1}=\sqrt{3}$$

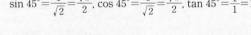
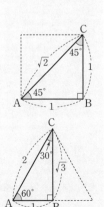

예각의 삼각비의 값

점 O를 중심으로 하고 반지름의 길이가 1인 사분원을 그렸을 때, 임의의 예각 x에 대한 삼각비의 값은 다음과 같음

① $\sin x = \dfrac{\overline{AB}}{\overline{OA}} = \dfrac{\overline{AB}}{1} = \overline{AB}$

② $\cos x = \dfrac{\overline{OB}}{\overline{OA}} = \dfrac{\overline{OB}}{1} = \overline{OB}$

③ $\tan x = \dfrac{\overline{DC}}{\overline{OD}} = \dfrac{\overline{DC}}{1} = \overline{DC}$

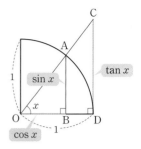

0°, 90°의 삼각비의 값

1. 0°, 90°의 삼각비의 값
① $\sin 0° = 0$, $\sin 90° = 1$
② $\cos 0° = 1$, $\cos 90° = 0$
③ $\tan 0° = 0$, $\tan 90°$의 값은 정할 수 없음

2. 각의 크기에 따른 삼각비의 값의 대소 관계
$0° \leq x \leq 90°$인 범위에서 x의 크기가 증가하면
① $\sin x$의 값은 0에서 1까지 증가함
② $\cos x$의 값은 1에서 0까지 감소함
③ $\tan x$의 값은 0에서 한없이 증가함

이해가 쏙쏙

① a의 크기가 0°에 가까워지면 $\overline{AB}$와 $\overline{CD}$는 0에 가까워지고, $\overline{OB}$는 1에 가까워진다.

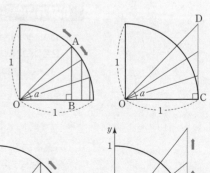

② $a°$의 크기가 90°에 가까워지면 $\overline{AB}$는 1에 가까워지고, $\overline{OA}$는 0에 가까워진다. 그러나 $a°$의 크기가 90°에 가까워지면 $\overline{CD}$는 한없이 길어지므로 $\tan 90°$의 값은 정할 수 없다.

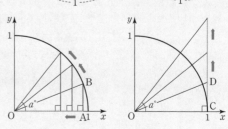

키워드 07

삼각비를 이용하여 길이 구하기

직각삼각형 ABC에서 ∠A의 크기와 c의 값을 알 때

$\sin A = \dfrac{\overline{BC}}{c}$이므로 $\overline{BC} = c\sin A$

$\cos A = \dfrac{\overline{AC}}{c}$이므로 $\overline{AC} = c\cos A$

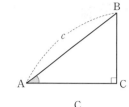

예 $\overline{CB} = 6\sin 30° = 6 \times \dfrac{1}{2} = 3$

$\overline{AB} = 6\cos 30° = 6 \times \dfrac{\sqrt{3}}{2} = 3\sqrt{3}$

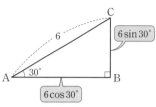

키워드 08

삼각비를 이용하여 넓이 구하기

△ABC에서 두 변의 길이 b, c와 그 끼인각 ∠A의 크기를 알 때, △ABC의 넓이 S는 다음과 같음

① ∠A가 예각인 경우

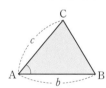

$$S = \dfrac{1}{2}bc\sin A$$

② ∠A가 둔각인 경우

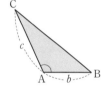

$$S = \dfrac{1}{2}bc\sin(180° - A)$$

예제

Q1 다음 △ABC의 넓이를 구하여라.

(1)
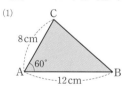

(2)
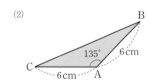

정답 Q1 (1) $24\sqrt{3}$ cm² (2) $9\sqrt{2}$ cm²

해석 Q1 (1) ∠A는 예각이므로 △ABC의 넓이 S는

$$S = \dfrac{1}{2} \times \overline{AB} \times \overline{AC} \times \sin 60°$$

$$= \dfrac{1}{2} \times 12 \times 8 \times \dfrac{\sqrt{3}}{2} = 24\sqrt{3} \ (\text{cm}^2)$$

(2) ∠A는 둔각이므로 △ABC의 넓이 S는

$$S = \dfrac{1}{2} \times \overline{AB} \times \overline{AC} \times \sin(180° - 135°)$$

$$= \dfrac{1}{2} \times 6 \times 6 \times \dfrac{\sqrt{2}}{2} = 9\sqrt{2} \ (\text{cm}^2)$$

키워드 01

원의 현

1. 원의 중심각의 크기와 호, 현의 길이 사이의 관계

① 한 원에서 크기가 같은 두 중심각에 대한 호의 길이와 현의 길이는 같음

② 한 원에서 길이가 같은 두 현에 대한 중심각의 크기는 같음

➡ $\angle AOB = \angle COD$이면 $\overline{AB} = \overline{CD}$, $\overparen{AB} = \overparen{CD}$

2. 현의 수직이등분선

① 원의 중심에서 현에 내린 수선은 그 현을 이등분함

➡ $\overline{OH} \perp \overline{AB}$이면 $\overline{AH} = \overline{BH}$

② 현의 수직이등분선은 그 원의 중심을 지남

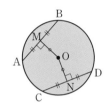

3. 현의 길이

① 한 원에서 원의 중심으로부터 같은 거리에 있는 두 현의 길이는 같음

➡ $\overline{OM} = \overline{ON}$이면 $\overline{AB} = \overline{CD}$

② 한 원에서 길이가 같은 두 현은 원의 중심으로부터 같은 거리에 있음

➡ $\overline{AB} = \overline{CD}$이면 $\overline{OM} = \overline{ON}$

이해가 쏙쏙

① 원의 중심에서 세 변까지의 거리가 같은 삼각형

➡ $\overline{AB} = \overline{BC} = \overline{CA}$이므로 $\triangle ABC$는 정삼각형

➡ $\angle A = \angle B = \angle C = 60°$

② 현의 길이와 삼각형

➡ $\triangle ABC$의 외접원 O에서 $\overline{OM} = \overline{ON}$이면 $\overline{AB} = \overline{AC}$이므로 $\triangle ABC$는 이등변삼각형임

➡ $\angle B = \angle C$

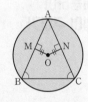

키워드 02

원의 접선

원의 접선의 성질을 이용해 변의 길이를 구하는 문제가 출제되었습니다.

1. 원의 접선의 길이

① 원 O 밖의 한 점 P에서 원 O에 그을 수 있는 접선은 2개임

② 점 P에서 원 O의 접점까지의 거리를 점 P에서 원 O에 그은 접선의 길이라고 함

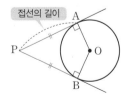

2. 원의 접선의 성질 원 O 밖의 한 점 P에서 그 원에 그은 두 접선의 길이는 서로 같음

➡ $\overline{PA} = \overline{PB}$

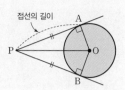

$\overrightarrow{\mathrm{PA}}$, $\overrightarrow{\mathrm{PB}}$가 원 O의 접선일 때, $\triangle \mathrm{PAO}$와 $\triangle \mathrm{PBO}$에서 $\angle \mathrm{PAO} = \angle \mathrm{PBO} = 90°$
$\overline{\mathrm{PO}}$는 공통, $\overline{\mathrm{OA}} = \overline{\mathrm{OB}}$(반지름)이므로 $\triangle \mathrm{PAO} \equiv \triangle \mathrm{PBO}$(RHS 합동)
$\therefore \overline{\mathrm{PA}} = \overline{\mathrm{PB}}$

키워드 03

삼각형의 내접원

1. 삼각형의 내접원
반지름의 길이가 r인 원 O가 $\triangle \mathrm{ABC}$에 내접하고 세 점 D, E, F가 접점일 때
① $\overline{\mathrm{AD}} = \overline{\mathrm{AF}}$, $\overline{\mathrm{BD}} = \overline{\mathrm{BE}}$, $\overline{\mathrm{CE}} = \overline{\mathrm{CF}}$
② $\triangle \mathrm{ABC}$의 둘레의 길이 $= a + b + c = 2(x + y + z)$

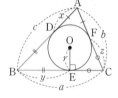

이해가 쏙쏙

$a = y + z$, $b = x + z$, $c = x + y$이므로
($\triangle \mathrm{ABC}$의 둘레의 길이) $= a + b + c = (y + z) + (x + z) + (x + y) = 2(x + y + z)$

③ ($\triangle \mathrm{ABC}$의 넓이) $= \dfrac{1}{2} r(a + b + c) = r(x + y + z)$

이해가 쏙쏙

$\triangle \mathrm{ABC} = \triangle \mathrm{OAB} + \triangle \mathrm{OBC} + \triangle \mathrm{OCA} = \dfrac{1}{2} cr + \dfrac{1}{2} ar + \dfrac{1}{2} br = \dfrac{1}{2} r\underbrace{(a + b + c)}$ ┌ $\triangle \mathrm{ABC}$의 둘레의 길이

키워드 04

외접다각형의 성질

1. 외접사각형의 성질
① 원에 외접하는 사각형의 두 쌍의 대변의 길이의 합은 서로 같음
➡ $\overline{\mathrm{AB}} + \overline{\mathrm{CD}} = \overline{\mathrm{AD}} + \overline{\mathrm{BC}}$
② 두 쌍의 대변의 길이의 합이 같은 사각형은 원에 외접함

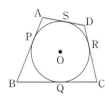

2. 외접삼각형의 성질

원 밖의 한 점에서 그 원에 그은 두 접선의 길이는 같으므로

① $\overline{AF}=\overline{AE}$, $\overline{BF}=\overline{BD}$, $\overline{CD}=\overline{CE}$

② $\overline{AF}+\overline{BD}+\overline{CE}=\dfrac{1}{2}\,(\overline{AB}+\overline{BC}+\overline{CA})$

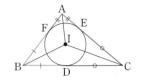

키워드 **05**

원주각과 중심 각의 크기

원주각과 중심각의 크기를 활용하는 문제가 출제되었 습니다.

원 O에서 $\overparen{AB}$가 정해지면 그 호에 대한 중심각 ∠AOB는 하나로 정해지지만, 원주각 ∠APB는 점 P의 위치에 따라 무수히 많음

1. **원주각** 원 O에서 호 AB 위에 있지 않은 원 위의 한 점 P에 대하여 ∠APB를 호 AB에 대한 원주각이라고 함

2. 원에서 한 호에 대한 원주각의 크기는 그 호에 대한 중심각의 크기의 $\dfrac{1}{2}$임

   ➡ $\angle APB=\dfrac{1}{2}\angle AOB$

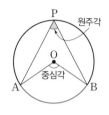

이해가 쏙쏙

① 원의 중심 O가 △APB의 한 변 위에 있는 경우	② 원의 중심 O가 △APB의 내부에 있는 경우	③ 원의 중심 O가 △APB의 외부에 있는 경우
		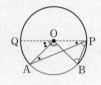
∠OPA=∠OAP이므로 ∠AOB =∠OPA+∠OAP =2∠OPA=2∠APB ∴ ∠APB=$\dfrac{1}{2}$∠AOB	∠APB =∠APQ+∠BPQ =$\dfrac{1}{2}$(∠AOQ+∠BOQ) =$\dfrac{1}{2}$∠AOB	∠APB =∠QPB−∠QPA =$\dfrac{1}{2}$(∠QOB−∠QOA) =$\dfrac{1}{2}$∠AOB

3. 원에서 한 호에 대한 원주각의 크기는 모두 같음

   ➡ ∠APB=∠AQB=∠ARB

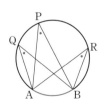

4. 반원에 대한 원주각의 크기는 90°임

   ➡ $\overline{AB}$가 원 O의 지름이면

   $\angle APB=\dfrac{1}{2}\times180°=90°$

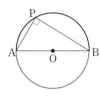

이해가 쏙쏙

① (원주각의 크기)$=\dfrac{1}{2}\times$(중심각의 크기)   ② (중심각의 크기)$=2\times$(원주각의 크기)

키워드 06

원주각의 크기와 호의 길이

원주각과 호의 길이의 관계를 이용해 각의 크기를 구하는 문제가 출제되었습니다.

한 원 또는 합동인 두 원에서
① 길이가 같은 호에 대한 원주각의 크기는 서로 같음
→ $\overparen{AB}=\overparen{CD}$이면 $\angle APB=\angle CQD$
② 크기가 같은 원주각에 대한 호의 길이는 서로 같음
→ $\angle APB=\angle CQD$이면 $\overparen{AB}=\overparen{CD}$
③ 호의 길이는 그 호에 대한 원주각의 크기에 정비례함

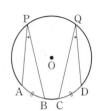

키워드 07

원의 접선과 현이 이루는 각

원의 접선과 그 접점을 지나는 현이 이루는 각의 크기는 그 각의 내부에 있는 호에 대한 원주각의 크기와 같음
즉, $\angle BAT=\angle BCA$
① $\angle BAT$가 직각인 경우
$\overline{AB}$가 원 O의 지름이므로 $\angle BCA$는 반원에 대한 원주각임
즉, $\angle BCA=90°$임. 따라서 $\angle BAT=\angle BCA$임

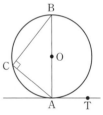

② $\angle BAT$가 예각인 경우
오른쪽 그림과 같이 지름 AD와 선분 CD를 그으면
$\angle DAT=\angle DCA=90°$이므로
$\angle BAT=90°-\angle BAD$,
$\angle BCA=90°-\angle BCD$임
그런데 $\angle BAD$와 $\angle BCD$는 모두 $\overparen{BD}$에 대한 원주각이므로
$\angle BAD=\angle BCD$임. 따라서 $\angle BAT=\angle BCA$임

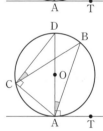

예제

Q1 다음 그림에서 직선 AT가 원 O의 접선이고 점 A가 접점일 때, $\angle x$의 크기를 구하여라.

(1)
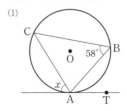

(2)
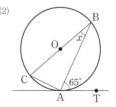

정답 Q1 (1) 58° (2) 25°

해석 Q1 (1) $\angle ABC=\angle x=58°$
(2) $\angle ACB=\angle BAT=65°$, $\angle BAC=90°$
$\therefore \angle x=180°-(90°+65°)=25°$

확률과 통계

🔔 **원포인트 공부법** 덧셈·뺄셈만 할 줄 안다면 도수분포표의 빈칸을 채우는 문제는 쉽게 풀 수 있습니다. 경우의 수는 일어날 수 있는 모든 상황을 숫자로 세어 본다고 생각하면 문제를 쉽게 풀 수 있을 것입니다.

01 ▶ 자료의 정리와 해석

키워드 01

줄기와 잎 그림

줄기와 잎 그림과 관련된 문제가 시험에 출제되었습니다.

➕
변량이 두 자리의 자연수이면 십의 자리 숫자는 줄기, 일의 자리의 숫자는 잎으로 함

1. 줄기와 잎 그림
① 변량: 점수, 키, 몸무게 등의 자료를 수량으로 나타낸 것
② 줄기와 잎 그림: 줄기와 잎을 이용하여 자료를 나타낸 그림

2. 줄기와 잎 그림을 그리는 순서
① 주어진 자료에서 가장 작은 변량과 가장 큰 변량 찾기
② 변량을 줄기와 잎으로 구분하기
③ 세로선을 긋고, 세로선의 왼쪽에 줄기를 작은 수부터 크기순으로 세로로 쓰기
④ 세로선의 오른쪽에 각 줄기에 해당하는 잎을 작은 값에서부터 차례로 가로로 쓰기

주의 줄기는 중복되는 수를 한 번만 쓰고, 잎은 중복되는 수를 모두 쓴다.

예 〈자료〉 (단위: 점)

| 70 | 83 | 92 | 74 | 87 |
| 78 | 74 | 80 | 95 | 79 |

➡ 〈줄기와 잎 그림〉 (7|0은 70점)

줄기	잎
7	0 4 4 8 9
8	0 3 7
9	2 5

세로선

키워드 02

도수분포표

도수분포표 문제는 시험에 자주 출제됩니다.

➕
도수분포표를 보면 계급, 계급의 크기, 도수의 총합을 한눈에 볼 수 있음

1. 도수분포표
① 계급: 변량을 일정한 간격으로 나눈 구간
② 계급의 크기: 구간의 너비 ┗ 구간의 간격

참고 계급값: 각 계급의 가운데 값, 즉 각 계급의 중앙값

$$(계급값) = \frac{(계급의 양 끝 값의 합)}{2}$$

③ 도수: 각 계급에 속하는 자료의 수
④ 도수분포표: 변량을 몇 개의 계급으로 나누고 각 계급의 도수를 조사하여 나타낸 표

주의 계급, 계급의 크기, 계급값, 도수는 항상 단위를 포함하여 쓴다.

2. 도수분포표를 만드는 순서
① 주어진 자료에서 가장 작은 변량과 가장 큰 변량 찾기
② ①의 두 변량이 포함되는 구간을 일정한 간격으로 나누어 계급 정하기
③ 각 계급에 속하는 변량의 개수를 세어 계급의 도수 구하기

예 〈자료〉 (단위: 점)

| 70 | 83 | 92 | 74 | 87 |
| 78 | 74 | 80 | 95 | 79 |

➡ 〈도수분포표〉

수학 성적(점)	학생 수(명)
70이상 ~ 80미만	5
80 ~ 90	3
90 ~ 100	2
합계	10

키워드 03

히스토그램

+ 히스토그램과 막대그래프의 차이
히스토그램은 변량이 연속하는 값을 갖고, 막대그래프는 변량이 연속하지 않음

+
히스토그램의 각 직사각형의 가로의 길이는 일정하므로 직사각형의 넓이는 세로의 길이, 즉 계급의 도수에 정비례함

1. 히스토그램 가로축에는 계급을, 세로축에는 도수를 차례로 표시하여 도수분포표를 직사각형 모양으로 나타낸 그래프

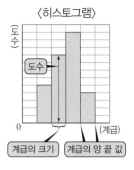
〈히스토그램〉

도수 / 도수 / 계급의 크기 / 계급의 양 끝 값 / 0 / (계급)

2. 히스토그램을 그리는 순서
① 가로축에 각 계급의 양 끝 값을 차례로 써넣기
② 세로축에 도수를 차례로 써넣기
③ 각 계급의 크기를 가로로 하고, 그 계급의 도수를 세로로 하는 직사각형을 차례로 그리기

3. 히스토그램의 특징
① 자료의 전체적인 분포 상태를 한눈에 쉽게 알아볼 수 있음
② 각 직사각형의 넓이는 각 계급의 도수에 정비례함
③ (히스토그램의 직사각형의 넓이의 합)
  = {(각 계급의 크기)×(그 계급의 도수)}의 총합
  = (계급의 크기)×(도수의 총합)　┐ 각 직사각형의 넓이

참고 (직사각형의 가로의 길이)=(계급의 크기), (직사각형의 세로의 길이)=(도수),
(직사각형의 개수)=(계급의 개수)

키워드 04

도수분포다각형

+
히스토그램의 각 직사각형의 중점의 좌표는 (계급값, 도수)임. 이 점들을 차례대로 선분으로 연결하면 히스토그램을 그리지 않고 도수분포다각형을 그릴 수 있음

1. 도수분포다각형 히스토그램에서 각 직사각형의 윗변의 중앙에 점을 찍어 차례로 선분으로 연결하고, 양 끝에 도수가 0인 계급을 하나씩 추가하여 그 중앙의 점과 선분으로 연결하여 만든 그래프

(명) 15 / 10 / 5 / 0 / 135 140 145 150 155 160 165 170(cm) / 히스토그램 / 도수분포다각형

2. 도수분포다각형을 그리는 순서
① 히스토그램에서 각 직사각형의 윗변의 중앙에 점 찍기
② 양 끝에 도수가 0이고, 크기가 같은 계급이 하나씩 더 있는 것으로 생각하고 그 중앙에 점 찍기
③ ①, ②에서 찍은 점을 차례로 선분으로 연결하기

주의 도수분포다각형에서 계급의 개수를 셀 때, 양 끝의 도수가 0인 계급은 세지 않는다.

참고 도수분포다각형의 각 직사각형의 윗변의 중앙에 있는 점의 좌표는 (계급값, 도수)이므로 히스토그램을 그리지 않고 도수분포표를 보고 바로 그릴 수도 있다.

3. 도수분포다각형의 특징
① 자료의 전체적인 분포 상태를 연속적으로 관찰할 수 있음
② 두 개 이상의 자료의 분포 상태를 동시에 나타내어 비교하는 데 편리함
③ (도수분포다각형과 가로축으로 둘러싸인 부분의 넓이)
  = (히스토그램의 직사각형의 넓이의 합)

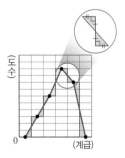

도수 / 0 / (계급)

상대도수

+

(상대도수)×100 %=(백분율)

+

(도수의 총합)

$=\dfrac{(\text{그 계급의 도수})}{(\text{어떤 계급의 상대도수})}$

+

(어떤 계급의 도수)
=(도수의 총합)
×(그 계급의 상대도수)

1. 상대도수 도수의 총합에 대한 각 계급의 도수의 비율

$$(\text{어떤 계급의 상대도수})=\dfrac{(\text{그 계급의 도수})}{(\text{전체 도수})}$$

2. 상대도수의 분포표 각 계급의 상대도수를 나타낸 표

예 학생 40명의 몸무게에 대한 상대도수

몸무게(kg)	학생 수(명)	상대도수
$40^{\text{이상}} \sim 45^{\text{미만}}$	4	$\dfrac{4}{40}=0.1$
$45 \quad \sim 50$	12	$\dfrac{12}{40}=0.3$
$50 \quad \sim 55$	2	$\dfrac{2}{40}=0.05$
$55 \quad \sim 60$	8	$\dfrac{8}{40}=0.2$
$60 \quad \sim 65$	14	$\dfrac{14}{40}=0.35$
합계	40	1

3. 상대도수의 특징
① 상대도수의 총합은 항상 1임
② 각 계급의 상대도수는 그 계급의 도수에 정비례함
③ 도수의 총합이 다른 두 집단의 분포 상태를 비교할 때 편리함

상대도수의 분포를 나타낸 그래프

+

상대도수의 분포를 나타낸
그래프에서
(그래프와 가로축으로 둘러
싸인 부분의 넓이)
=(계급의 크기)
×(상대도수의 총합)
=(계급의 크기)×1
=(계급의 크기)

1. 상대도수의 분포를 나타낸 그래프 상대도수의 분포표를
히스토그램이나 도수분포다각형 모양으로 나타낸 그래프

2. 상대도수의 분포를 나타낸 그래프를 그리는 순서
① 가로축에는 각 계급의 양 끝 값을 차례대로 써넣기
② 세로축에는 상대도수를 차례대로 써넣기
③ 히스토그램이나 도수분포다각형을 그릴 때와 같은 방법으로
그리기

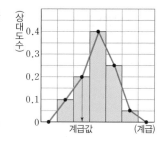

예제

Q1 다음 그림은 어느 동아리 학생 50명의 하루 평균 스마
트폰 사용 시간에 대한 상대도수의 분포를 나타낸 그
래프이다. 물음에 답하여라.
(1) 상대도수가 가장 큰 계급을 구하여라.
(2) 도수가 가장 작은 계급을 구하여라.
(3) 스마트폰 사용 시간이 60분 이상 120분 미만인 학생은
전체의 몇 %인지 구하여라.
(4) 스마트폰 사용 시간이 100분 이상인 학생 수를 구하여라.

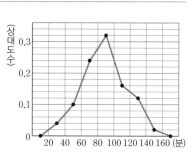

정답 Q1 (1) 80분 이상 100분 미만 (2) 140분 이상 160분 미만 (3) 72% (4) 15명

02 경우의 수와 확률

경우의 수

주사위와 관련된 경우의 수를 구하는 문제가 출제되었습니다.

1. 사건 같은 조건에서 반복할 수 있는 실험이나 관찰의 결과

2. 경우의 수 사건이 일어나는 가짓수

실험·관찰	한 개의 주사위를 던진다.	
사건	홀수의 눈이 나온다.	3의 배수의 눈이 나온다.
경우	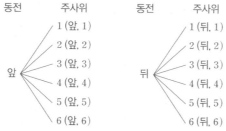	
경우의 수	3	2

참고 경우의 수를 구할 때는 모든 경우를 빠짐없이 구해야 하므로 복잡한 경우의 수를 구할 때는 나뭇가지 모양의 그림(수형도)이나 표를 이용한다.

사건 A 또는 사건 B가 일어나는 경우의 수

두 사건 A, B가 동시에 일어나지 않을 때, 사건 A가 일어나는 경우의 수가 m이고, 사건 B가 일어나는 경우의 수가 n이면 (사건 A 또는 사건 B가 일어나는 경우의 수)$=m+n$
└ 일반적으로 '또는', '~이거나'와 같은 표현이 있으면 경우의 수의 합을 이용한다.

예 한 개의 주사위를 던질 때
 • 3 이하의 눈이 나오는 경우 ➡ 1, 2, 3의 3가지
 • 6 이상의 눈이 나오는 경우 ➡ 6의 1가지
 • 3 이하 또는 6 이상의 눈이 나오는 경우의 수 ➡ 3+1=4
   └ 동시에 일어날 수 없다.

참고 '두 사건 A, B가 동시에 일어나지 않는다.'는 것은 사건 A가 일어나면 사건 B가 일어날 수 없고, 사건 B가 일어나면 사건 A가 일어날 수 없다는 뜻이다.

사건 A와 사건 B가 동시에 일어나는 경우의 수

사건 A가 일어나는 경우의 수가 m이고, 그 각각의 경우에 대하여 사건 B가 일어나는 경우의 수가 n이면 (사건 A와 사건 B가 동시에 일어나는 경우의 수)$=m×n$
└ 일반적으로 '~와', '동시에', '~이고'와 같은 표현이 있으면 경우의 수의 곱을 이용한다.

예 동전 1개와 주사위 1개를 동시에 던질 때

동전 주사위
앞 ─ 1 (앞, 1)
   ─ 2 (앞, 2)
   ─ 3 (앞, 3)
   ─ 4 (앞, 4)
   ─ 5 (앞, 5)
   ─ 6 (앞, 6)

동전 주사위
뒤 ─ 1 (뒤, 1)
   ─ 2 (뒤, 2)
   ─ 3 (뒤, 3)
   ─ 4 (뒤, 4)
   ─ 5 (뒤, 5)
   ─ 6 (뒤, 6)

따라서 구하는 경우의 수는 $2×6=12$
 • 동전 한 개를 던질 때 나오는 경우 ➡ 앞면, 뒷면의 2가지
 • 주사위 한 개를 던질 때 나오는 경우 ➡ 1, 2, 3, 4, 5, 6의 6가지
 • 동전과 주사위를 동시에 던질 때, 일어나는 모든 경우의 수 ➡ $2×6=12$

예제

Q1 매표소에서 산 정상 사이에는 길이 3가지, 산 정상에서 폭포 사이에는 길이 4가지 있을 때, 매표소에서 산 정상을 거쳐 폭포까지 내려오는 모든 경우의 수를 구하여라. (단, 한 번 지나간 곳은 다시 지나가지 않는다.)

산 정상

매표소   폭포

정답 Q1 12

해석 Q1 매표소에서 산 정상 사이에는 길이 3가지, 산 정상에서 폭포 사이에는 길이 4가지이므로 매표소에서 산 정상을 거쳐 폭포까지 내려오는 경우의 수는 $3 \times 4 = 12$

키워드 04

여러 가지 경우의 수

1. 한 줄로 세우는 경우의 수

① n명을 한 줄로 세우는 경우의 수: $n \times (n-1) \times (n-2) \times \cdots \times 3 \times 2 \times 1$

② n명 중에서 2명을 뽑아 한 줄로 세우는 경우의 수: $n \times (n-1)$

③ n명 중에서 3명을 뽑아 한 줄로 세우는 경우의 수: $n \times (n-1) \times (n-2)$

> **예** • 3명을 한 줄로 세우는 경우의 수: $3 \times 2 \times 1 = 6$
> • 4명 중에서 2명을 뽑아 한 줄로 세우는 경우의 수: $4 \times 3 = 12$
> • 4명 중에서 3명을 뽑아 한 줄로 세우는 경우의 수: $4 \times 3 \times 2 = 24$

2. 한 줄로 세울 때, 이웃하여 세우는 경우의 수를 구하는 방법

① 이웃하는 것을 하나로 묶어서 한 줄로 세우는 경우의 수 구하기

② 묶음 안에서 자리를 바꾸는 경우의 수 구하기
   └ 묶음 안에서 한 줄로 세우는 경우의 수

③ ①에서 구한 경우의 수와 ②에서 구한 경우의 수 곱하기

3. 정수를 만드는 경우의 수

서로 다른 한 자리의 숫자가 각각 하나씩 적힌 n장의 카드 중에서

① 0을 포함하지 않는 경우

   ㉠ 2장을 뽑아 만들 수 있는 두 자리 정수의 개수: $n \times (n-1)$

   ㉡ 3장을 뽑아 만들 수 있는 세 자리 정수의 개수: $n \times (n-1) \times (n-2)$

② 0을 포함하는 경우

   ㉠ 2장을 뽑아 만들 수 있는 두 자리 정수의 개수: $(n-1) \times (n-1)$
      └ 정수의 맨 앞자리에는 0이 올 수 없으므로 0을 제외한 $(n-1)$가지이다.

   ㉡ 3장을 뽑아 만들 수 있는 세 자리 정수의 개수: $(n-1) \times (n-1) \times (n-2)$

➕ 0이 포함될 때 두 자리의 정수를 만드는 경우의 수

$$\underbrace{(n-1)}_{\substack{\uparrow \\ 0을\ 제외한 \\ (n-1)장\ 중\ 1 \\ 장을\ 뽑는\ 경우 \\ 의\ 수}} \times \underbrace{(n-1)}_{\substack{\uparrow \\ (n-1)장\ 중\ 1 \\ 장을\ 뽑고\ 남은 \\ (n-2)장과\ 0 \\ 을\ 포함하여 \\ (n-1)장\ 중\ 1 \\ 장을\ 뽑는\ 경우 \\ 의\ 수}}$$

4. 대표를 뽑는 경우의 수

① 뽑는 순서가 있는 경우

   ㉠ n명 중에서 반장, 부반장을 뽑는 경우의 수: $n \times (n-1)$

      예 4명 중에서 반장, 부반장을 뽑는 경우의 수 ➡ $4 \times 3 = 12$

   ㉡ n명 중에서 반장, 부반장, 총무를 뽑는 경우의 수: $n \times (n-1) \times (n-2)$

② 뽑는 순서가 상관 없는 경우

    ㉠ n명 중에서 2명의 대표를 뽑는 경우의 수: $\dfrac{n \times (n-1)}{2}$

        예 4명 중에서 대표 2명을 뽑는 경우의 수 ➡ $\dfrac{4 \times 3}{2} = 6$

    ㉡ n명 중에서 3명의 대표를 뽑는 경우의 수: $\dfrac{n \times (n-1) \times (n-2)}{3 \times 2 \times 1}$

키워드 05
확률

1. **확률** 같은 조건에서 실험이나 관찰을 여러 번 반복할 때, 어떤 사건이 일어나는 상대도수가 일정한 값에 가까워지면 이 일정한 값을 그 사건이 일어날 확률이라고 함

2. **사건 A가 일어날 확률**

어떤 실험이나 관찰에서 각 경우가 일어날 가능성이 같을 때, 일어나는 모든 경우의 수를 n, 사건 A가 일어나는 경우의 수를 a라 하면 사건 A가 일어날 확률 p는

$$p = \dfrac{(\text{사건 } A\text{가 일어나는 경우의 수})}{(\text{일어나는 모든 경우의 수})} = \dfrac{a}{n}$$

예 한 개의 주사위를 던질 때, 홀수의 눈이 나올 확률은

$$\dfrac{(\text{홀수의 눈이 나오는 경우의 수})}{(\text{일어나는 모든 경우의 수})} = \dfrac{3}{6} = \dfrac{1}{2}$$

참고 • 경우의 수를 이용하여 확률을 구할 때는 각 사건이 일어날 가능성이 모두 같다고 생각한다.
      • 확률은 보통 영어 단어 probability(확률)의 첫 글자 p로 나타낸다

키워드 06
확률의 성질

• $p=0$ ➡ 가능성 0 %, 절대로 일어나지 않는 사건의 확률
• $p=1$ ➡ 가능성 100 %, 반드시 일어나는 사건의 확률

① 어떤 사건이 일어날 확률을 p라 하면 $0 \le p \le 1$
② 반드시 일어날 사건의 확률은 1

    예 흰 공 5개가 들어 있는 주머니에서 한 개의 공을 꺼낼 때, 그 공이 흰 공일 확률은 1

③ 절대로 일어날 수 없는 사건의 확률은 0

    예 흰 공 5개가 들어 있는 주머니에서 한 개의 공을 꺼낼 때, 그 공이 검은 공일 확률은 0

④ 사건 A가 일어날 확률이 p이면 사건 A가 일어나지 않을 확률은 $1-p$

    예 주사위 한 개를 던질 때 짝수가 나올 확률은 $\dfrac{1}{2}$이므로 홀수가 나올 확률은

$$1 - (\text{짝수가 나올 확률}) = 1 - \dfrac{1}{2} = \dfrac{1}{2}$$

키워드 07
어떤 사건이 일어나지 않을 확률

사건 A가 일어날 확률을 p라 하면 (사건 A가 일어나지 않을 확률)$=1-p$

예 한 개의 주사위를 던질 때 4의 눈이 나올 확률이 $\dfrac{1}{6}$이므로 4의 눈이 나오지 않을 확률은

$$1 - (\text{4의 눈이 나올 확률}) = 1 - \dfrac{1}{6} = \dfrac{5}{6}$$

참고 • 사건 A가 일어날 확률을 p, 사건 A가 일어나지 않을 확률을 q라 하면
    ➡ $p+q=1$
    • '적어도 ~일 확률'은 어떤 사건이 일어나지 않을 확률을 이용하여 구하면 편리하다.
    ➡ (적어도 하나는 A일 확률)$=1-$(모두 A가 아닐 확률)

확률의 계산

+

두 사건에 대하여 '또는', '~이거나' 등의 표현이 있으면 두 확률을 더함

+

서로 영향을 끼치지 않는 두 사건에 대하여 '동시에', '그리고', '~와', '~하고 나서' 등의 표현이 있으면 두 확률을 곱함

1. 사건 A 또는 사건 B가 일어날 확률

두 사건 A, B가 동시에 일어나지 않을 때 사건 A가 일어날 확률을 p, 사건 B가 일어날 확률을 q라 하면 (사건 A 또는 사건 B가 일어날 확률)$=p+q$

예 주사위 2개를 동시에 던질 때 나온 눈의 수의 합이 3 또는 8이 될 확률 구하기
➡ 일어날 수 있는 모든 경우의 수는 $6 \times 6 = 36$(가지)
눈의 수의 합이 3인 경우는 $(1, 2)$, $(2, 1)$로 2(가지)
눈의 수의 합이 8인 경우는 $(2, 6)$, $(3, 5)$, $(4, 4)$, $(5, 3)$, $(6, 2)$로 5(가지)
따라서 눈의 수의 합이 3 또는 8이 될 확률은 $\dfrac{2}{36} + \dfrac{5}{36} = \dfrac{7}{36}$

2. 사건 A와 사건 B가 동시에 일어날 확률

두 사건 A, B가 서로 영향을 끼치지 않을 때 사건 A가 일어날 확률을 p, 사건 B가 일어날 확률을 q라 하면 (사건 A와 사건 B가 동시에 일어날 확률)$=p \times q$

참고 '사건 A와 사건 B가 동시에 일어난다.'는 것은 반드시 같은 시간에 두 사건 A, B가 일어난다는 것이 아니라 사건 A가 일어나는 각각의 경우에 대하여 사건 B가 일어난다는 것을 의미한다.

예 동전 한 개와 주사위 한 개를 동시에 던질 때, 동전의 앞면과 주사위의 짝수의 눈이 나올 확률 구하기
➡ 동전의 앞면이 나올 확률: $\dfrac{1}{2}$, 주사위의 짝수의 눈이 나올 확률: $\dfrac{1}{2}$
따라서 구하는 확률은 $\dfrac{1}{2} \times \dfrac{1}{2} = \dfrac{1}{4}$

여러 가지 확률

1. 연속하여 뽑는 경우의 확률

① 꺼낸 것을 다시 넣고 연속하여 뽑는 경우의 확률
➡ 처음에 뽑을 때와 나중에 뽑을 때의 조건이 같음
(처음에 뽑을 때의 전체 개수)=(나중에 뽑을 때의 전체 개수) → 처음에 일어난 사건이 나중에 일어나는 사건에 영향을 주지 않는다.

② 꺼낸 것을 다시 넣지 않고 연속하여 뽑는 경우의 확률
➡ 처음에 뽑을 때와 나중에 뽑을 때의 조건이 다름
(처음에 뽑을 때의 전체 개수)$\neq$(나중에 뽑을 때의 전체 개수) → 처음에 일어난 사건이 나중에 일어나는 사건에 영향을 준다.

예 모양과 크기가 같은 흰 공 3개, 검은 공 2개가 들어 있는 주머니에서 연속하여 2개의 공을 꺼낼 때, 2개 모두 흰 공일 확률은

① 꺼낸 공을 다시 넣는 경우 ➡ $\dfrac{3}{5} \times \dfrac{3}{5} = \dfrac{9}{25}$

② 꺼낸 공을 다시 넣지 않는 경우 ➡ $\dfrac{3}{5} \times \dfrac{2}{4} = \dfrac{3}{10}$

2. 도형에서의 확률

일어날 수 있는 모든 경우의 수는 도형 전체의 넓이로, 어떤 사건이 일어나는 경우의 수는 도형에서 해당하는 부분의 넓이로 생각하여 확률을 구함

➡ (도형에서의 확률)$=\dfrac{(\text{사건에 해당하는 부분의 넓이})}{(\text{도형 전체의 넓이})}$

예 오른쪽 그림과 같이 4등분된 원판에 화살을 쏠 때

① 1이 적힌 부분을 맞힐 확률 ➡ $\dfrac{1}{4}$

② 홀수가 적힌 부분을 맞힐 확률 ➡ $\dfrac{2}{4} = \dfrac{1}{2}$

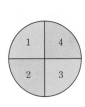

03 대푯값과 산포도

키워드 01

대푯값

① 개념: 자료 전체의 특징을 대표적인 하나의 수로 나타낸 값
② 대푯값에는 평균, 중앙값, 최빈값 등이 있으며 평균을 주로 사용함

키워드 02

평균, 중앙값, 최빈값

중앙값을 구하는 문제와 최빈값을 구하는 문제가 출제되었습니다.

1. 평균   변량의 총합을 변량의 개수로 나눈 값

$$\text{(평균)} = \frac{\text{(변량)의 총합}}{\text{(변량)의 개수}}$$

2. 중앙값

① 변량을 작은 값부터 크기순으로 나열하였을 때, 한가운데 있는 값
② n개의 변량을 작은 값부터 크기순으로 나열하였을 때,

㉠ n이 홀수이면 $\frac{n+1}{2}$번째 변량이 중앙값 → 중앙에 있는 변량

㉡ n이 짝수이면 $\frac{n}{2}$번째와 $\left(\frac{n}{2}+1\right)$번째 변량의 평균이 중앙값 → 한가운데 있는 두 변량의 평균

> **예** · 자료가 5, 4, 5, 7, 6, 9, 10, 9, 9일 때, 이 자료를 작은 값부터 크기순으로 나열하면 4, 5, 5, 6, 7, 9, 9, 9, 10
> 이때 자료의 개수는 9이므로 중앙값은 $\frac{9+1}{2}=5$번째 자료의 값인 7이다.
>
> · 자료가 12, 5, 9, 8, 6, 3일 때, 이 자료를 작은 값부터 크기순으로 나열하면 3, 5, 6, 8, 9, 12
> 이때 자료의 개수는 6이므로 중앙값은 $\frac{6}{2}=3$번째와 $\frac{6}{2}+1=4$번째 자료의 값인 6과 8의 평균인 $\frac{6+8}{2}=7$

3. 최빈값

① 자료에서 가장 많이 나타나는 값, 즉 도수가 가장 큰 값
② 자료에서 도수가 가장 큰 값이 한 개 이상 있으면 그 값이 모두 최빈값임

> **예** 자료 '5, 8, 7, 2, 7, 9, 8'에서 7과 8이 각각 두 번씩 가장 많이 나타나므로, 이 자료의 최빈값은 7과 8이다.

이해가 쏙쏙

① 평균
　자료 중에 극단적인 변량이 있는 경우에는 자료 전체의 특징을 잘 반영하지 못한다.
② 중앙값
　자료 중에 극단적인 변량이 있는 경우에는 평균에 비해 자료 전체의 특징을 더 잘 나타낼 수 있다.
③ 최빈값
　· 자료가 문자나 기호인 경우에도 사용할 수 있다.
　· 변량의 개수가 적은 경우에는 자료 전체의 특징을 잘 나타내지 못할 수도 있다.

산포도

① 변량들이 흩어져 있는 정도를 하나의 수로 나타낸 값
② 변량들이 대푯값으로부터 멀리 떨어져 있으면 산포도가 크고, 대푯값 주위에 모여 있으면 산포도가 작음
③ 산포도에는 분산, 표준편차 등이 있음

편차

1. 각 변량에서 평균을 뺀 값을 그 변량의 편차라 함
   ➡ (편차)＝(변량)－(평균) → 빼는 순서에 주의한다.

2. **편차의 성질**
   ① 편차의 총합은 항상 0임
   ② 변량이 평균보다 크면 편차는 양수, 변량이 평균보다 작으면 편차는 음수임
   ③ 편차의 절댓값이 클수록 변량은 평균에서 멀리 떨어져 있고, 절댓값이 작을수록 변량은 평균 가까이에 있음

   예 다음은 학생 6명의 운동 시간에 대한 편차를 나타낸 것이다. 이때 x의 값을 구하여라.

학생	A	B	C	D	E	F
편차(시간)	-3	4	2	1	x	-2

   편차의 총합은 항상 0이므로 $-3+4+2+1+x-2=0$ $\therefore x=-2$

분산과 표준편차

✚ 분산(표준편차) 구하는 순서

평균
↓
편차
↓
(편차)²의 총합
↓
분산
↓
표준편차

1. **분산** 각 편차의 제곱의 총합을 변량의 개수로 나눈 값, 즉 편차의 제곱의 평균
   ➡ $(\text{분산})=\dfrac{(\text{편차})^2\text{의 총합}}{(\text{변량})\text{의 개수}}$

2. **표준편차**
   ① 분산의 음이 아닌 제곱근
      ➡ $(\text{표준편차})=\sqrt{(\text{분산})}$
   ② 분산과 표준편차가 작을수록 자료의 분포 상태가 고름
      예 변량 4, 7, 10의 분산과 표준편차를 각각 구하면
      ① 평균 구하기: $(\text{평균})=\dfrac{4+7+10}{3}=7 \longrightarrow (\text{평균})=\dfrac{(\text{변량})\text{의 총합}}{(\text{변량})\text{의 개수}}$
      ② 각 변량의 편차 구하기: $-3, 0, 3 \longrightarrow (\text{편차})=(\text{변량})-(\text{평균})$
      ③ (편차)²의 총합 구하기: $(-3)^2+0^2+3^2=18$
      ④ 분산 구하기: $(\text{분산})=\dfrac{18}{3}=6 \longrightarrow (\text{분산})=\dfrac{(\text{편차})^2\text{의 총합}}{(\text{변량})\text{의 개수}}$
      ⑤ 표준편차 구하기: $(\text{표준편차})=\sqrt{6}$

04 상관관계

산점도

✚ 산점도

두 변량 x, y 사이의 관계를 알아보기 위하여 순서쌍 (x, y)를 좌표로 하는 점을 좌표평면 위에 나타낸 그래프

예 야구 선수 10명의 이번 시즌 홈런과 도루의 수가 다음과 같을 때, 홈런을 x개, 도루를 y개라 하고 산점도로 나타내면 다음과 같다.

선수	A	B	C	D	E	F	G	H	I	J
홈런(개)	15	10	8	9	11	13	12	16	13	9
도루(개)	8	12	13	12	9	10	15	13	16	11

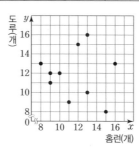

상관관계

✚
양 또는 음의 상관관계가 있는 산점도에서 점들이 한 직선에 가까이 분포되어 있을수록 '상관관계가 강하다'고 하고, 흩어져 있을수록 '상관관계가 약하다'고 함

1. 산점도의 두 변량 x와 y 중 한쪽이 증가함에 따라 다른 한쪽이 대체로 증가 또는 감소할 때, x와 y 사이에 상관관계가 있다고 함

2. 상관관계의 종류

① 양의 상관관계	② 음의 상관관계
두 변량 x와 y 중 한쪽이 증가할 때 다른 한쪽도 대체로 증가하는 관계	두 변량 x와 y 중 한쪽이 증가할 때 다른 한쪽은 대체로 감소하는 관계

약해진다   [양의 상관관계]   강해진다   약해진다   [음의 상관관계]   강해진다

③ 상관관계가 없다.
    x와 y 중 한쪽이 증가할 때 다른 한쪽이 대체로 증가하거나 감소하는지 분명하지 않은 관계

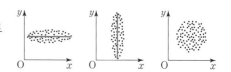

정답과 해설 337쪽

01 24를 소인수분해하면 $2^a \times 3$이다. a의 값은?

① 1 ② 2

③ 3 ④ 4

02 다음 중 절댓값이 가장 큰 수는?

① -4 ② 0

③ -7 ④ 5

03 일차방정식 $5(x-1)=3x-1$의 해는?

① $x=1$ ② $x=2$

③ $x=3$ ④ $x=4$

04 다음 중 제2사분면 위의 점은?

① $(-9,\, 2)$ ② $(0,\, 12)$

③ $(5,\, -6)$ ④ $(8,\, 3)$

05 모든 면의 모양이 정삼각형이고, 한 꼭짓점에 모이는 면의 개수가 5개인 정다면체는?

① 정사면체 ② 정팔면체

③ 정십이면체 ④ 정이십면체

06 순환소수 $3.653653\cdots$을 바르게 나타낸 것은?

① $3.\dot{6}5$
② $3.6\dot{5}\dot{3}$
③ $3.\dot{6}5\dot{3}$
④ $3.6\dot{5}3\dot{6}$

07 오른쪽 표는 어느 학급 학생들의 가족 수를 조사하여 나타낸 도수분포표이다. 이 학생들 중 가족 수가 8명 이상인 학생의 수는?

가족 수(명)	학생 수(명)
$2^{이상} \sim 4^{미만}$	4
4 ~ 6	12
6 ~ 8	3
8 ~ 10	1
합계	20

① 1명
② 3명
③ 4명
④ 12명

08 오른쪽 그림과 같은 △ABC에서 ∠x의 크기는?

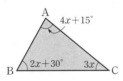

① $10°$
② $15°$
③ $20°$
④ $25°$

09 다음 직사각형의 대각선의 길이는?

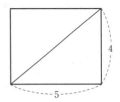

① 3
② $\sqrt{14}$
③ $\sqrt{35}$
④ $\sqrt{41}$

10 오른쪽 그림은 일차함수 $y=\dfrac{4}{3}x+a$의 그래프이다. a의 값은?

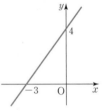

① 1
② 2
③ 3
④ 4

11 오른쪽 그림과 같은 평행사변형 ABCD에서 $\overline{CD}=10$cm, ∠D$=80°$일 때 x, y의 값은?

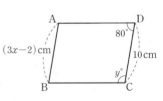

① $x=2$, $y=80$
② $x=2$, $y=100$
③ $x=4$, $y=80$
④ $x=4$, $y=100$

12 A, B 두 개의 주사위를 동시에 던질 때, 나오는 눈의 수의 합이 6 또는 7이 되는 경우의 수는?

① 11가지   ② 12가지
③ 13가지   ④ 14가지

13 오른쪽 그림과 같은 △ABC에서 $\overline{AD}$는 ∠A의 이등분선이고 $\overline{BD}$=3cm, ∠B=∠C일 때, $\overline{BC}$의 길이는?

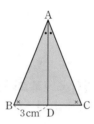

① 5cm   ② $\frac{11}{2}$cm

③ 6cm   ④ $\frac{13}{2}$cm

14 다음 그림에서 △ABC∽△DEF일 때, 옳은 것은?

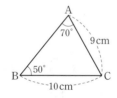

① $\overline{AB}$=12cm
② $\overline{EF}$=5cm
③ $\overline{BC} : \overline{EF}$=3 : 1
④ ∠E=70°

15 $2^2 \times 32 = 2^{\square}$일 때, □ 안에 알맞은 수는?

① 5   ② 6
③ 7   ④ 8

16 다음 자료의 중앙값은?

3   1   6   4   7   26   10

① 5   ② 5.5
③ 6   ④ 7

17 이차함수 $y=4(x+2)^2$의 그래프에 대한 다음 설명 중 옳은 것은?

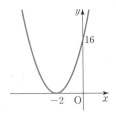

① 꼭짓점의 좌표는 $(2, 0)$이다.

② $x<-2$일 때, x의 값이 증가하면 y의 값도 증가한다.

③ 위로 볼록한 포물선이다.

④ x축과 오직 한 점에서 만난다.

18 오른쪽 그림과 같은 직각삼각형 ABC에서 $\tan A$의 값은?

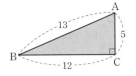

① $\dfrac{13}{5}$

② $\dfrac{12}{5}$

③ $\dfrac{13}{12}$

④ $\dfrac{5}{12}$

19 다음 그림에서 $\angle x$의 크기는?

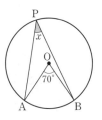

① $35°$

② $40°$

③ $135°$

④ $140°$

20 다음 보기 중에서 두 변량 사이의 산점도가 대체로 오른쪽 그림과 같은 모양이 되는 것으로 가장 적절한 것을 고르면?

① 어떤 물건의 가격과 판매량

② 여름철 기온과 냉방비

③ 신발 크기와 그 신발의 가격

④ 자동차의 이동 거리와 사용한 기름의 양

정답과 해설 339쪽

01 다음은 두 수 40, 60을 소인수분해하여 최대공약수를 구하는 과정이다. ㉠에 알맞은 수는?

$$40 = 2^3 \times \quad 5$$
$$60 = 2^2 \times 3 \times 5$$
$$\overline{\qquad ㉠ \qquad \times 5}$$

① 2^2 ② 2^3
③ 2^4 ④ 2^5

02 주어진 좌표평면 위의 네 점 A, B, C, D의 좌표를 나타낸 것으로 옳지 <u>않은</u> 것은?

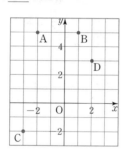

① $A(-2, 5)$ ② $B(1, 5)$
③ $C(-3, 2)$ ④ $D(2, 3)$

03 $a=2, b=-1$일 때, $-a+3b$의 값을 구하면?

① -5 ② -1
③ 1 ④ 5

04 다음은 어느 반 남학생 13명이 1분 동안 윗몸일으키기를 한 횟수를 측정하여 줄기와 잎 그림으로 나타낸 것이다. 윗몸일으키기 횟수가 21개 이상인 학생의 수는?

줄기	잎
0	5 6 7
1	1 5 8 8 8
2	1 2 2 6
3	2

① 4 ② 5
③ 6 ④ 7

05 주어진 그림의 원 O에서 $\overset{\frown}{AB}=9$cm, $\overset{\frown}{CD}=15$cm일 때, x의 값은?

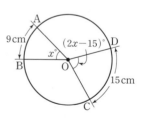

① 35 ② 40
③ 45 ④ 50

06 다음은 찬희가 집에서 학교까지 갈 때, 시간에 따른 이동 거리를 나타낸 그래프이다. 찬희가 출발한 후 6분 동안 이동한 거리는?

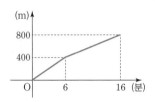

① 400 m   ② 500 m
③ 600 m   ④ 800 m

07 오른쪽 그림의 직육면체에서 면 ABCD와 평행한 모서리의 개수는?

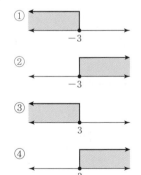

① 3개
② 4개
③ 5개
④ 6개

08 $x-1 \leq 3x+5$의 해를 수직선 위에 바르게 나타낸 것은?

①
![-3]

②
![-3]

③
![3]

④
![3]

09 다음 중 일차함수 $y=-2x+3$의 그래프 위의 점이 아닌 것은?

① $(-2, 7)$ ② $\left(-\dfrac{1}{2}, 2\right)$

③ $\left(-\dfrac{1}{4}, \dfrac{7}{2}\right)$ ④ $\left(\dfrac{5}{2}, -2\right)$

10 한 개의 주사위를 던질 때, 소수의 눈이 나올 확률은?

① $\dfrac{1}{6}$ ② $\dfrac{1}{5}$

③ $\dfrac{1}{3}$ ④ $\dfrac{1}{2}$

11 주어진 그림에서 $\triangle ABC$는 $\overline{AB}=\overline{AC}$인 이등변삼각형이고 $\overline{AD}$는 $\overline{BC}$의 수직이등분선일 때, $\angle B$의 크기는?

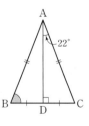

① $68°$ ② $70°$
③ $73°$ ④ $75°$

12 1에서 10까지의 숫자가 각각 적힌 10장의 카드 중에서 한 장을 뽑을 때, 12의 약수가 나올 확률은?

① $\dfrac{1}{5}$

② $\dfrac{1}{2}$

③ $\dfrac{3}{5}$

④ $\dfrac{2}{3}$

13 주어진 그림과 같이 밑면의 가로의 길이가 각각 3cm, 5cm인 두 직육면체 A, B는 서로 닮음이다. 직육면체 A의 겉넓이가 90cm²일 때, 직육면체 B의 겉넓이는?

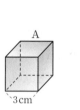

① 210cm²

② 240cm²

③ 250cm²

④ 270cm²

14 $5\sqrt{2} \times \sqrt{2}$를 간단히 하면?

① $\sqrt{2}$

② $5\sqrt{4}$

③ 5

④ 10

15 이차방정식 $x^2 + x - 30 = 0$의 한 근이 $x = 5$일 때, 다른 한 근은?

① $x = -5$

② $x = -6$

③ $x = 6$

④ $x = 3$

16 그림은 직각삼각형 ABC의 세 변을 각각 한 변으로 하는 세 정사각형을 그린 것이다. □ADEB의 넓이는 9cm²이고, □ACHI의 넓이가 16cm²일 때, □BFGC의 넓이를 구하면?

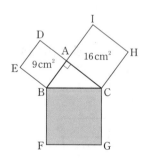

① 25cm²

② 36cm²

③ 40cm²

④ 44cm²

17 이차함수 $y=ax^2$의 그래프가 주어진 그림과 같을 때, 상수 a의 값은?

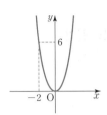

① $\dfrac{3}{2}$

② $\dfrac{4}{9}$

③ $\dfrac{1}{3}$

④ $\dfrac{2}{3}$

18 다음 표는 수현이네 학교의 응원복을 만들기 위해 이 학교 학생 200명을 대상으로 좋아하는 색을 조사하였다. 좋아하는 색의 최빈값은?

구분	주황	노랑	남색	초록	빨강	보라	파랑	합계
학생 수(명)	35	43	11	10	54	23	24	200

① 빨강

② 초록

③ 보라

④ 주황

19 주어진 그림의 직각삼각형 ABC에서 $\cos A$의 값은?

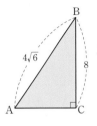

① $\dfrac{8}{4\sqrt{3}}$

② $\dfrac{8}{\sqrt{3}}$

③ $\dfrac{1}{\sqrt{3}}$

④ 4

20 오른쪽 산점도는 중학교 학생 15명의 좌우 시력을 조사하여 나타낸 것이다. 왼쪽 눈의 시력이 오른쪽 눈의 시력보다 좋은 학생의 비율은?

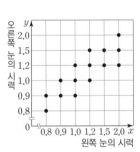

① $\dfrac{1}{3}$

② $\dfrac{2}{3}$

③ $\dfrac{1}{5}$

④ $\dfrac{2}{5}$

수학

성적에 날개를 달아주는

N가지 젤 중요한 개념

1 소인수분해

소수로 나눈다.

$$2\,)\,60$$
$$2\,)\,30$$
$$3\,)\,15$$
$$5 \leftarrow \text{몫이 소수가 되면 끝난다.}$$

➡ 소인수분해한 결과

같은 소인수의 곱은 거듭제곱으로!

$$60 = 2 \times 2 \times 3 \times 5 = 2^2 \times 3 \times 5$$

60의 소인수: 2, 3, 5

2 최대공약수와 최소공배수

① 최대공약수 구하는 방법(소인수분해 이용하기)

$$18 = 2 \times 3^2$$
$$42 = 2 \times 3 \times 7$$
$$\text{(최대공약수)} = 2 \times 3 = 6$$

지수가 같으면 그대로 / 지수가 다르면 작은 것

② 최소공배수 구하는 방법(소인수분해 이용하기)

$$36 = 2^2 \times 3^2$$
$$60 = 2^2 \times 3 \times 5$$
$$\text{(최소공배수)} = 2^2 \times 3^2 \times 5 = 180$$

지수가 다르면 큰 것

3 절댓값과 수의 대소 관계

① 양수끼리는 절댓값이 큰 수가 크다. 예 $+2 < +5$
② 음수끼리는 절댓값이 큰 수가 작다. 예 $-3 < -1$

절댓값이 커진다. | 절댓값이 커진다.

$$-3 \qquad 0 \qquad +3$$

원점

4 유한소수와 무한소수의 판별

분수를 기약분수로 나타낸 후 그 분모를 소인수분해했을 때
① 분모의 소인수가 2나 5뿐이면 그 분수는 유한소수로 나타낼 수 있다.
② 분모의 소인수 중에 2나 5 이외의 소인수가 있으면 그 분수는 유한소수로 나타낼 수 없고 무한소수로 나타내어진다.

5 일차방정식의 풀이

① 미지수 x를 포함하는 항은 좌변으로, 상수항은 우변으로 이항한다.
② 양변을 간단히 하여 $ax = b$ 꼴로 만든다.(단, $a \neq 0$)
③ 양변을 x의 계수로 나눈다. ➡ $x = (\text{수})$ 꼴로 만든다.

선생님's 조언 괄호가 있으면 괄호를 풀고 정리해요. 계수에 분수나 소수가 있으면 양변에 알맞은 수를 곱하여 계수를 정수로 만들어요.

6 일차부등식의 풀이

① 미지수 x를 포함하는 항은 좌변으로, 상수항은 우변으로 이항한다.
② 양변을 정리하여 $ax < b$, $ax > b$, $ax \leq b$, $ax \geq b\,(a \neq 0)$ 중 어느 하나의 꼴로 고친다.
③ 양변을 x의 계수 a로 나눈다.

7 곱셈 공식

① $(a+b)^2 = a^2 + 2ab + b^2$, $(a-b)^2 = a^2 - 2ab + b^2$
② $(a+b)(a-b) = a^2 - b^2$
③ $(x+a)(x+b) = x^2 + (a+b)x + ab$
④ $a^2 + b^2 = (a \pm b)^2 \mp 2ab$ (복호동순)

8 인수분해 공식

① $a^2 + 2ab + b^2 = (a+b)^2$, $a^2 - 2ab + b^2 = (a-b)^2$
② $a^2 - b^2 = (a+b)(a-b)$
③ $x^2 + (a+b)x + ab = (x+a)(x+b)$

9 인수분해를 이용한 이차방정식의 풀이

① 이차방정식을 $ax^2 + bx + c = 0$ 꼴로 정리한다.
② 좌변을 인수분해한다.
③ $AB = 0$의 성질을 이용한다.
④ 해를 구한다.

10 이차방정식의 근의 공식

x에 대한 이차방정식 $ax^2 + bx + c = 0\,(a \neq 0)$의 근은

$$x = \frac{-b \pm \sqrt{b^2 - 4ac}}{2a} \quad (\text{단, } b^2 - 4ac \geq 0)$$

11 순서쌍

A(①, ②) ➡ A(3, 3)

x좌표 / y좌표

B(③, ④) ➡ B(-2, -5)

x좌표 / y좌표

12 일차함수와 그래프

① 일차함수 $y=ax+b(a\neq0)$의 그래프는 일차함수 $y=ax$의 그래프를 y축의 방향으로 b만큼 평행이동한 직선

$$y=ax \xrightarrow[b만큼\ 평행이동]{y축의\ 방향으로} y=ax+b$$

② 일차함수 $y=ax+b(a\neq0)$의 그래프의 기울기

$$(기울기)=\frac{(y의\ 값의\ 증가량)}{(x의\ 값의\ 증가량)}=a$$

13 이차함수 $y=a(x-p)^2+q$의 그래프

① 이차함수 $y=a(x-p)^2+q$의 그래프는 이차함수 $y=ax^2$의 그래프를 x축의 방향으로 p만큼, y축의 방향으로 q만큼 평행이동한 것이다.
② 꼭짓점의 좌표: (p, q)
③ 축의 방정식: $x=p$

14 동위각과 엇각

두 직선 l, m이 다른 한 직선 n과 만나서 생기는 8개의 각 중에서
① 동위각: 같은 위치에 있는 각
➡ $\angle a$와 $\angle e$, $\angle b$와 $\angle f$, $\angle c$와 $\angle g$, $\angle d$와 $\angle h$
② 엇각: 엇갈린 위치에 있는 각
➡ $\angle b$와 $\angle h$, $\angle c$와 $\angle e$

15 정다각형

모든 변의 길이가 같고 모든 내각의 크기가 같은 다각형
예 정삼각형, 정사각형, 정오각형, …

16 원과 부채꼴

① 원 O: 평면 위의 한 점 O에서 일정한 거리에 있는 모든 점으로 이루어진 도형
② 부채꼴 AOB: 원 O에서 두 반지름 OA, OB와 호 AB로 이루어진 도형

17 대푯값

자료의 중심적인 경향이나 특징을 대표적으로 나타내는 값을 그 자료의 대푯값이라고 한다.
(1) 중앙값: 자료의 변량을 작은 값부터 순서대로 나열할 때, 중앙에 위치하는 값
  ① 변량의 개수가 홀수이면 가운데 위치하는 값을 중앙값으로 한다.
  ② 변량의 개수가 짝수이면 가운데 위치하는 두 값의 평균을 중앙값으로 한다.
(2) 최빈값: 자료의 변량 중에서 가장 많이 나타나는 값
  예 자료 '피자, 치킨, 떡볶이, 치킨'의 최빈값은 치킨이다.

18 경우의 수와 확률

① 사건 A가 일어나는 경우의 수가 m, 사건 B가 일어나는 경우의 수가 n이면 두 사건 A, B가 동시에 일어나지 않을 때,
  ㉠ (사건 A 또는 사건 B가 일어나는 경우의 수)$=m+n$
  ㉡ (사건 A와 사건 B가 동시에 일어나는 경우의 수)$=m\times n$
② 어떤 실험이나 관찰에서 각 경우가 일어날 가능성이 같을 때, 일어나는 모든 경우의 수를 n, 사건 A가 일어나는 경우의 수를 a라 하면 사건 A가 일어날 확률 p는

$$p=\frac{(사건\ A가\ 일어나는\ 경우의\ 수)}{(일어나는\ 모든\ 경우의\ 수)}=\frac{a}{n}$$

19 산점도와 상관관계

(1) 산점도: 어떤 자료에서 두 변량 x와 y에 대하여 순서쌍 (x, y)를 좌표평면 위에 점으로 나타낸 그래프
(2) 상관관계
  ① 양의 상관관계: 두 변량 x와 y에 대하여 x의 값이 커짐에 따라 y의 값도 대체로 커지는 관계

  ② 음의 상관관계: 두 변량 x와 y에 대하여 x의 값이 커짐에 따라 y의 값이 대체로 작아지는 관계

  ③ 두 변량 x와 y에 대하여 x의 값이 커짐에 따라 y의 값이 커지는지 또는 작아지는지 그 관계가 분명하지 않은 경우에, 두 변량 사이에는 '상관관계가 없다'고 한다.

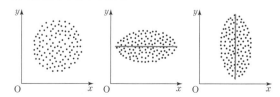

하고 싶은 일에는
방법이 보이고

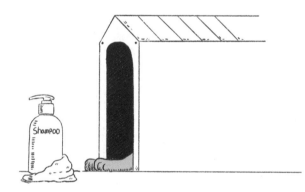

하기 싫은 일에는
핑계가 보인다.

− 필리핀 격언

3교시

영어

기출문제 3개년 빅데이터

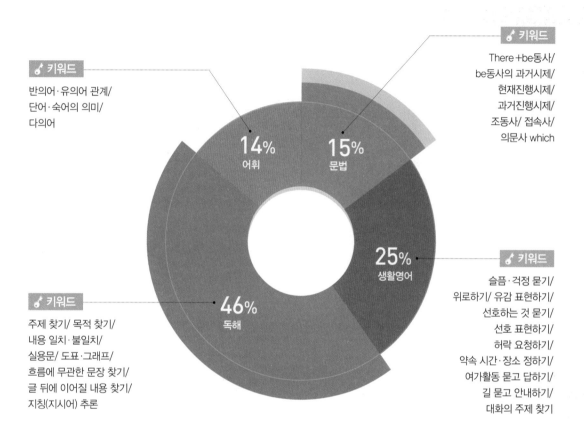

🔑 **키워드**

반의어·유의어 관계/
단어·숙어의 의미/
다의어

🔑 **키워드**

There +be동사/
be동사의 과거시제/
현재진행시제/
과거진행시제/
조동사/ 접속사/
의문사 which

14%
어휘

15%
문법

🔑 **키워드**

주제 찾기/ 목적 찾기/
내용 일치·불일치/
실용문/ 도표·그래프/
흐름에 무관한 문장 찾기/
글 뒤에 이어질 내용 찾기/
지칭(지시어) 추론

46%
독해

25%
생활영어

🔑 **키워드**

슬픔·걱정 묻기/
위로하기/ 유감 표현하기/
선호하는 것 묻기/
선호 표현하기/
허락 요청하기/
약속 시간·장소 정하기/
여가활동 묻고 답하기/
길 묻고 안내하기/
대화의 주제 찾기

💬 **선생님의 한마디**

중졸 검정고시 영어시험에는 생활영어와 독해 문제가 지배적으로 많이 출제됩니다. 그러므로 생활영어 대화문과 독해 지문 속 단어와 숙어는 반드시 암기해야 합니다. 가장 기초적인 문법 역시 꼭 정리해두세요. 필수적인 단어, 숙어 그리고 문법을 암기하는 일이 시험 대비에 무엇보다 효과적입니다. 또한, 검정고시 문제는 유사한 유형이 반복돼 출제됩니다. 최소한 5개년, 2024년부터 2020년까지의 기출문제를 꼭 풀어보기를 강력하게 추천합니다.

I 문법

👍 **원포인트 공부법** 가장 기본이 되는 문장의 형식부터 여러 문법 개념들을 익혀 봅니다.

---

01 ▶ 문장

키워드 01

품사

- 단어가 문장에서 어떤 역할을 하느냐에 따라 품사가 결정됩니다.
- 품사는 영문법의 가장 기초적인 개념이니 확실히 익혀 두세요.

1. 품사 단어를 문법적 기능에 따라서 분류한 가장 큰 단위

2. 8품사

명사	사람·동물·사물·장소의 이름을 나타내는 단어
대명사	명사를 대신하는 단어
동사	사람·사물의 움직임이나 상태를 나타내는 단어
형용사	명사나 대명사를 수식하거나 보어 역할을 하는 단어
부사	동사·형용사·부사 또는 문장 전체를 수식하는 단어
접속사	단어와 단어, 구와 구, 절과 절을 연결해 주는 단어
전치사	명사나 대명사 앞에 쓰이는 단어
감탄사	감정·감탄을 나타내는 단어

키워드 02

문장의 구성요소

문장은 대문자로 시작하고 문장 부호로 마무리합니다.

주어	'누가' 또는 '무엇이'에 해당하는 말로 주로 문장의 앞에 나와서 문장을 이끌어 감
동사	'~이다' 또는 '~하다'에 해당하는 말로 주어의 동작이나 상태를 나타냄
목적어	'누구를' 또는 '무엇을'에 해당하는 말로 주어가 하는 동작의 대상이 됨
보어	주어나 목적어를 보충 설명하는 말
수식어	문장의 기본 요소들을 꾸며 주는 말

한 문제 더 맞히는 개념 노트 **문장의 4요소**

문장의 4요소는 주어·동사·목적어·보어이며, 수식어는 필수 요소가 아니고 선택사항이다.

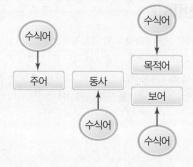

문장의 형식

- 문장의 형식은 동사의 종류에 따라 달라질 수 있습니다.
- 하나의 동사가 여러 형식을 만들어 낼 수 있으므로 주의 깊게 공부하세요.

1형식	주어 + 동사
2형식	주어 + 동사 + 주격 보어
3형식	주어 + 동사 + 목적어
4형식	주어 + 동사 + 간접목적어(~에게) + 직접목적어(~을/를)
5형식	주어 + 동사 + 목적어 + 목적격 보어

1. 1형식(주어 + 동사)

① 주어와 동사만으로 문장이 성립됨
- Birds **sing**. 새들이 노래한다.

② 보통 장소나 시간을 나타내는 수식어와 같이 쓰임

2. 2형식(주어 + 동사 + 주격 보어)

① 주어와 동사 다음에 주어를 보충 설명해 주는 보어가 반드시 나와야 문장이 성립됨

② 대표적인 2형식 동사

상태동사	be동사
변화동사	become, get, go 등
감각동사	look(~하게 보이다), sound(~하게 들리다), smell(~한 냄새가 나다), taste(~한 맛이 나다), feel(~하게 느끼다) 등

- I **am** a student. 나는 학생이다.
- The food **went** bad. 그 음식은 상했다.
- You **look** happy today. 너는 오늘 행복하게 보인다.
- The music **sounded** wonderful. 그 음악은 근사하게 들렸다.
- This coffee **smells** good. 이 커피는 좋은 냄새가 난다.
- This candy **tastes** sweet. 이 사탕은 달콤한 맛이 난다.
- I **feel** tired. 나는 피곤함을 느낀다.

3. 3형식(주어 + 동사 + 목적어)

① 주어와 동사, 목적어로 문장이 성립됨
- I **like you**. 나는 너를 좋아한다.

② 3형식에 나오는 동사는 뒤에 목적어가 와야 하는 타동사임

+ 타동사
목적어가 필요한 동사

4. 4형식(주어 + 동사 + 간접목적어 + 직접목적어)

① 4형식 동사는 수여동사라고도 부르며 give, bring, send, show, teach, tell, buy, make, cook, ask 등의 동사가 있음. '~에게'(간접목적어)와 '~을/를'(직접목적어)에 해당하는 두 개의 목적어를 가짐

② 4형식 문장을 3형식 문장으로 만드는 방법

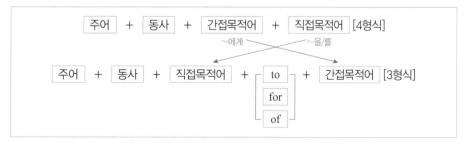

to를 취하는 동사	give, bring, send, show, teach, tell 등 • He gave me the gold ring. 그는 나에게 금반지를 주었다. → He gave the gold ring to me.
for를 취하는 동사	buy, make, cook 등 • She bought me a bike. 그녀는 나에게 자전거를 사 주었다. → She bought a bike for me.
of를 취하는 동사	ask 등 • He asked me a question. 그는 나에게 질문을 했다. → He asked a question of me.

TIP for는 '(특별히) ~을 위해서'의 의미를 가져요.

5. 5형식(주어 + 동사 + 목적어 + 목적격 보어)

① 주어와 동사, 목적어 다음에 목적어의 성질이나 상태를 보충 설명해 주는 목적격 보어가 옴
② 목적격 보어 자리에는 동사에 따라 명사(구), 형용사(구), to부정사, 동사원형 등이 올 수 있음
③ 목적격 보어의 형태

TIP 목적격 보어로 형용사 대신 부사를 쓰지 않도록 주의하세요.

✚ 사역동사
주어가 목적어에게 어떤 동작을 하게 시키는 동사

✚ 지각동사
보고, 듣고, 느끼는 감각을 나타내는 동사
예 see(보다), watch(지켜보다), hear(듣다), listen to(경청하다), feel(느끼다)

명사·대명사	목적어=목적격 보어 관계가 성립함 • You call it love. 너는 그것을 사랑이라고 부른다.
형용사	목적어의 상태를 설명 • The movie made everyone sad. 그 영화는 모든 사람들을 슬프게 했다.
to부정사	목적어의 상태나 동작을 설명 • I expect her to be on time. 나는 그녀가 제시간에 오기를 기대한다.
동사원형	사역동사(let, make, have)일 때, 목적격 보어는 동사원형 형태임 • He let me drive his car. 그는 내가 그의 자동차를 운전하는 것을 허락했다. • She made me clean my room. 그녀는 나에게 내 방을 청소하라고 시켰다. • I had him play outside. 나는 그를 밖에서 놀게 했다.

동사원형
or
현재분사
(-ing)
	지각동사가 5형식 문장에서 쓰일 때, 목적어와 목적격 보어가 능동 관계이면 목적격 보어 자리에 동사원형과 현재분사가 올 수 있음. 이때 현재분사는 진행의 의미를 강조함
	• She heard the baby cry suddenly. 그녀는 아기가 갑자기 우는 것을 들었다.
	• Did you feel the house shake just now?
	  너는 집이 지금 막 흔들린 것을 느꼈니?
	• I saw the boy come into the store.
	  나는 그 소년이 가게 안으로 들어오는 것을 보았다.
	• I saw the boy coming into the store. (동작의 진행 강조)
	  나는 그 소년이 가게 안으로 들어오고 있는 것을 보았다.

한 문제 더 맞히는 개념 노트 5형식 문장에서 목적격 보어가 to부정사인 경우	
advise + 목적어 + to부정사	~에게 …하라고 충고하다
allow + 목적어 + to부정사	~에게 …하도록 허락하다
ask + 목적어 + to부정사	~에게 … 해 달라고 부탁하다
expect + 목적어 + to부정사	~가 …하리라고 기대(예상)하다
tell + 목적어 + to부정사	~에게 …하라고 말하다
want + 목적어 + to부정사	~가 …하기를 원하다

키워드 04

문장의 종류

- 의문문을 이끄는 의문사는 출제 가능성이 매우 높은 개념으로, 대화의 빈칸에 들어갈 가장 적절한 의문사를 묻는 문제가 자주 출제되고 있습니다.
- 다양한 문장의 형태를 어떤 공식으로 만드는지 알아야 해요.

TIP Don't 대신 Never를 쓰면 더 강한 금지의 의미가 됩니다.

TIP 부정 관사 an은 뒤에 나오는 단어의 발음이 [a, e, i, o, u]일 때 쓰여요.
예 an hour (○)
　　an mp3 (○)

TIP 명령문에 please를 쓰면 좀 더 공손한 표현이 됩니다.

1. 문장의 종류

평서문	• 어떤 사실이나 상황을 서술할 때 사용 • 긍정문: 「주어 + be동사 ~.」, 「주어 + 일반동사 ~.」 • 부정문: 「주어 + be동사 + not ~.」 　　　　　「주어 + do(es)n't/didn't + 일반동사 ~.」
의문문	• 궁금한 내용에 대해 질문할 때 사용 • 의문사가 있는 의문문: 「의문사 + be동사 + 주어 + 동사원형 ~?」 　　　　　　　　　　　　　「의문사 + do(es)/did + 주어 + 동사원형 ~?」 　　　　　　　　　　　　　「의문사 + 조동사 + 주어 + 동사원형 ~?」 • 의문사가 없는 의문문: 「Be동사 + 주어 ~?」 　　　　　　　　　　　　　「Do(es)/Did + 주어 + 동사원형 ~?」 　　　　　　　　　　　　　「조동사 + 주어 + 동사원형 ~?」 • 선택의문문: or를 사용하여 선택의 대상을 묻는 의문문으로, 대답은 Yes/No로 하지 않고 한쪽을 선택하여 말함
명령문	• 상대방에게 명령하거나 지시할 때 사용 • 명령문에서 You는 생략되어 있으며, 부정 명령문의 경우 동사원형 앞에 Don't나 Never를 붙임
제안문	• 권유나 제안을 할 때 사용 • 「Let's + 동사원형 ~.」(~하자.), 「Let's not + 동사원형 ~.」(~하지 말자.) 「Shall we + 동사원형 ~?」(~할래?), 「Why don't we + 동사원형 ~?」(~하는 게 어때?) 「How[What] about + -ing ~?」(~하는 게 어때?)
감탄문	• 기쁨·슬픔·놀라움 등을 표현할 때 사용 • 「What(+ a/an) + 형용사 + 명사 + (주어 + 동사)!」 • 「How + 형용사/부사 + (주어 + 동사)!」

- **Wash** your hands. 손을 씻어라.
- **Be** careful. 조심해라.
- **Don't**[**Never**] open your book. 절대로 책을 펴지 마라.
- **Please be** quiet(= **Be** quiet, please). 조용히 해주세요.
- **Let's go** on a picnic. 소풍 가자.
  = **Shall we go/Why don't we go/How[What] about going** on a picnic? 소풍 갈래?
- **Let's not play** here. 여기에서 놀지 말자.
- He is a very smart student. 그는 정말 똑똑한 학생이다.
  → **What a smart student he is!** 그는 정말 똑똑한 학생이구나!
- The train goes really fast. 기차는 정말 빨리 간다.
  → **How fast the train goes!** 기차가 정말 빨리 가는구나!

2. 의문사의 쓰임

who	'누구, 누가'의 뜻이며, 사람을 가리켜 누구인지 물을 때 사용함
when	'언제'의 뜻이며, 날짜·요일·시각 등을 물을 때 사용함
where	'어디에'의 뜻이며, 장소·위치를 물을 때 사용함
what	'무엇을'의 뜻이며, 가리키는 대상이 무엇인지 물을 때 사용함
how	'어떻게'의 뜻이며, 상태·방법 등을 물을 때 사용함
why	'왜'의 뜻이며, 이유를 물을 때 사용함. 대답은 주로 Because를 사용함

- **Who** is that boy? 저 소년은 누구니?
  - He is my son. 그는 나의 아들이야.
- **When** is your birthday? 너의 생일이 언제니?
  - It's July 1st. 7월 1일이야.
- **Where** does she live? 그녀는 어디에 사니?
  - She lives in Busan. 그녀는 부산에 살아.
- **What** do you want? 너는 무엇을 원하니?
  - I want some flowers. 나는 꽃을 좀 원해.
- **How** do you go to school? 너는 어떻게 학교에 가니?
  - I go to school by bus. 나는 버스를 타고 학교에 가.
- **Why** was he late? 그는 왜 늦었니?
  - Because he got up late. 늦게 일어났기 때문이야.

키워드 05

다양한 의문문

- 「How + 형용사/부사 ~?」 구문과 부가의문문은 의문문 중에서도 특히 자주 출제됩니다.
- 대화의 시제와 수에 따라 달라지는 표현들을 구별하세요.

➕ 빈도/횟수를 나타내는 표현

- always(항상)
- usually(보통)
- often(종종)
- sometimes(때때로)
- never(결코 ~ 아닌)
- once(한 번)
- twice(두 번)
- three times(세 번)
- once a day(하루에 한 번)
- once a week(일주일에 한 번)

1. **How + 형용사/부사 ~?** '얼마나 ~하니?'의 뜻으로, 정도를 물어볼 때 사용

How old	얼마나 나이 든/오래 된
How tall	얼마나 키가 큰/높은
How long	얼마나 긴/오랫동안
How far	얼마나 먼
How often	얼마나 자주
How many + 복수명사	(수가) 얼마나 많은/많이
How much + 단수명사	(양이) 얼마나 많은/많이

- **How old** are you? 너는 몇 살이니?
  - I'm 10 years old. 나는 10살이야.
- **How old** is your school? 너의 학교는 얼마나 오래 됐니?
  - It's About seventy years old. 대략 70년 됐어.
- **How tall** are you? 너는 키가 몇이니?
  - I'm 170 centimeters tall. 170cm야.
- **How tall** is Seokgatop? 석가탑은 얼마나 높니?
  - It's 8.2 meters high. 8.2미터야.
- **How long** is this river? 이 강은 얼마나 기니?
  - (It's) Twenty kilometers (long). 20킬로미터야.
- **How long** did you stay in Spain? 스페인에 얼마나 오래 머물렀니?
  - I stayed for two weeks. 2주 동안 머물렀어.
- **How far** is your school from here? 여기서 너의 학교까지는 거리가 얼마나 머니?
  - It's about three kilometers from here. 여기서 3킬로미터 정도야.
- **How often** do you exercise? 얼마나 자주 운동하니?
  - I exercise once a week. 나는 일주일에 한 번 운동해.
- **How many students** are there in your class? 너희 반에 학생이 몇 명 있니?
  - There are 20 students in my class. 우리 반에는 20명의 학생이 있어.
- **How much juice** do you want? 얼마나 많은 주스가 필요하니?
  - I want two glasses of juice. 주스 두 잔이 필요해.

＋ 부가의문문 만들기

• 주문장이 긍정이면 부가되는 의문문을 부정의문으로, 주문장이 부정이면 부가되는 의문문을 긍정의문으로 표현

• 시제는 주문장과 일치시킴

• 어순은 「동사 + 주어?」

• be동사, 조동사는 그대로 사용

• 일반동사는 시제에 맞춰 **do/does/did**를 사용

• 주어는 대명사를 사용

2. 부가의문문 서술문 끝에 단축형 의문문을 붙여서 동의를 구하거나 자신이 알고 있는 내용을 확인할 때 사용

• You are hungry, **aren't you**? 너 배고프지, 그렇지 않니?

• He was not rich, **was he**? 그는 부자가 아니었어, 그렇지?

• Sam can play the viola, **can't he**? Sam은 비올라를 연주할 수 있어, 그렇지 않니?

• Yumi can't swim, **can she**? Yumi는 수영을 할 수 없어, 그렇지?

• They like pizza, **don't they**? 그들은 피자를 좋아해, 그렇지 않니?

• She doesn't live in Canada, **does she**? 그녀는 캐나다에 살지 않아, 그렇지?

• Open the window, **will you**? 창문 좀 열어라, 알겠지? └→ 명령문의 주어는 you이므로 will you?나 won't you를 사용함

• Let's join the soccer team, **shall we**? 축구팀에 가입하자, 그럴 거지? └→ 제안문의 경우 긍정이나 부정에 관계 없이 사용 가능함

3. 선택의문문 or를 사용하여 선택의 대상을 묻는 의문문으로, 둘 중 하나를 선택해야 하기 때문에 Yes/No로 대답하지 않음

• **Which** do you want, apples **or** oranges? 너는 어느 것을 원하니, 사과 아니면 오렌지?

－ I want oranges. 나는 오렌지를 원해.

02 ▶ 시제

키워드 01

be동사 현재시제

• 빈칸에 들어갈 말로 가장 적절한 것을 고르는 형태로, 인칭과 수에 맞는 **be동사 현재시제**를 묻는 문제가 자주 출제되고 있습니다.

• be동사 현재시제 의문문 문제는 출제 가능성이 크므로, 의문문의 올바른 형태와 그에 맞는 대답을 잘 숙지해야 합니다.

1. 인칭대명사와 be동사

구분	단수			복수		
	주어	be동사	줄임말	주어	be동사	줄임말
1인칭	I	am	I'm	We		We're
2인칭	You	are	You're	You		You're
3인칭	He	is	He's	They	are	They're
	She		She's			
	It		It's			

2. be동사의 현재시제 긍정문 「주어 + be동사 ~.」의 형태로, be동사의 현재형에는 am, is, are가 있고 주어의 인칭이나 수에 따라 달라짐

• I **am**(= I'm) a dentist. 나는 치과의사이다.

• He **is**(= He's) my uncle. 그는 나의 삼촌이다.

• We **are** (= We're) friends. 우리는 친구들이다.

3. be동사 현재시제 부정문 「주어 + be동사 + not ~.」의 형태임

주어	부정형	줄임말
I	am not	I'm not
You	are not	You're not(=You aren't)
He/She/It	is not	He's not/She's not/It's not (=He isn't/She isn't/It isn't)
We/You/They	are not	We're not/You're not/ They're not (=We aren't/You aren't/They aren't)

＋ am not

am not은 amn't로 축약하여 쓰지 않음

- I **am not**(= I'm not) a dentist. 나는 치과의사가 아니다.
- He **is not**(= He's not/He isn't) my uncle. 그는 나의 삼촌이 아니다.
- We **are not**(= We're not/We aren't) friends. 우리는 친구들이 아니다.

4. be동사 현재시제의 Yes/No **의문문** 「Be동사 + 주어 ~?」의 형태로 be동사를 맨 앞으로 보내고 문장 마지막에 물음표를 붙이며, 대답은 긍정일 때 「Yes, 주어 + be동사.」, 부정일 때 「No, 주어+ be동사 + not.」으로 함

- **Are you** a dentist? 너는 치과의사니?
  - Yes, I **am**. 응, 그래. / No, I'**m not**. 아니, 그렇지 않아.
- **Is he** your uncle? 그는 너의 삼촌이니?
  - Yes, he **is**. 응, 그래. / No, he **isn't**. 아니, 그렇지 않아.
- **Are you** friends? 너희는 친구들이니?
  - Yes, we **are**. 응, 그래. / No, we **aren't**. 아니, 그렇지 않아.

키워드 02

There + be동사

There 뒤에 들어갈 be동사의 적절한 형태를 묻는 문제가 자주 출제됩니다.

1. There 구문 '~이 있다'라는 뜻으로 해석하며, 뒤에 단수명사가 오는지 복수명사가 오는지에 따라 be동사의 수의 형태를 일치시켜야 함

긍정문	「There + be동사 ~.」
부정문	「There + be동사 + not ~.」
의문문	「Be동사 + there ~?」 긍정 대답은 「Yes, there + be동사.」, 부정 대답은 「No, there + be동사 + not.」

- **There is a book** on the desk. 책상 위에 책이 한 권 있다.
- **There are two books** on the desk. 책상 위에 책이 두 권 있다.
- **There isn't a mirror** in his room. 그의 방에는 거울이 없다.
- **There aren't many trees** in the park. 그 공원에는 나무가 많이 없다.
- **Is there a cat** in the picture? 그림에 고양이가 한 마리 있니?
  - Yes, **there is**. 응, 있어. / No, **there isn't**. 아니, 없어.
- **Are there two balls** in the box? 상자 안에 공이 두 개 있니?
  - Yes, **there are**. 응, 있어. / No, **there aren't**. 아니, 없어.

2. there의 쓰임
① 장소를 나타내는 부사: '그곳에, 거기에'라고 해석
  - We went **there**. 우리는 그곳에 갔다.
② 「There + be동사」에 쓰인 there는 해석하지 않음
  - **There is** a chair in front of the desk. 책상 앞에 의자 한 개가 있다.

키워드 03

일반동사 현재시제

- 일반동사 현재시제에서는 의문문을 완성하기 위해 빈칸에 들어갈 단어를 고르는 문제가 자주 출제됩니다.
- 의문문에 알맞은 답을 완성하는 방법도 주의 깊게 공부하세요.

1. 일반동사의 현재형 현재형은 주어가 3인칭 단수인 경우를 제외하고, 동사원형을 그대로 씀
- I **read** books every day. 나는 매일 책을 읽는다.

2. 일반동사의 3인칭 단수 현재형

대부분의 동사	동사원형 + -s 예 eats, comes, likes, loves, plays, runs, sings
「자음 + o, -s, -ss, -ch, -sh, -x」로 끝나는 동사	동사원형 + -es 예 do → does, go → goes, miss → misses, pass → passes, teach → teaches, finish → finishes, fix → fixes
「자음 + y」로 끝나는 동사	y를 i로 고치고 + -es 예 cry → cries, fly → flies, study → studies
불규칙 동사	예 have → has

- She **wants** a new computer. 그녀는 새 컴퓨터를 원한다.
- He **finishes** work at six o'clock. 그는 여섯 시 정각에 일을 마친다.
- She **studies** hard. 그녀는 열심히 공부한다.
- He **has** a nice smile. 그는 멋진 미소를 가지고 있다.

➕ 일반동사
be동사와 조동사 이외의 동사. 주어의 행동이나 움직임을 나타내는 말

3. 일반동사 현재시제 부정문 조동사 do나 does의 부정형을 활용하여 만듦. 주어가 1인칭 혹은 2인칭이거나 복수일 때는 「I/You/We/They + do not[don't] + 동사원형 ~.」, 주어가 3인칭 단수일 때는 「He/She/It + does not[doesn't] + 동사원형 ~.」
- I **don't like** fish. 나는 생선을 좋아하지 않는다.
- She **doesn't eat** chicken. 그녀는 닭고기를 먹지 않는다.

4. 일반동사 현재시제의 Yes/No 의문문 조동사 do나 does를 문장 맨 앞으로 위치시켜 만듦. 주어가 1인칭 혹은 2인칭이거나 복수일 때는 「Do + 주어 + 동사원형 ~?」, 주어가 3인칭 단수일 때는 「Does + 주어 + 동사원형 ~?」 대답은 긍정일 때 「Yes, 주어 + do[does].」, 부정일 때 「No, 주어 + don't[doesn't].」
- **Do** you **have** a car? 너는 차를 가지고 있니?
  - Yes, I **do**. 응, 그래. / No, I **don't**. 아니, 그렇지 않아.
- **Does** he **watch** TV every day? 그는 매일 TV를 보니?
  - Yes, he **does**. 응, 그래. / No, he **doesn't**. 아니, 그렇지 않아.

키워드 04

be동사 과거시제

주어의 인칭과 수에 맞는 be동사 과거형 찾기가 자주 출제됩니다.

1. be동사의 형태

be동사 현재형	be동사 과거형
am, is	was
are	were

- I **was** happy yesterday. 나는 어제 행복했다.
- She **was** rich before. 그녀는 전에 부유했다.
- They **were** in New York last month. 그들은 지난 달에 뉴욕에 있었다.

+ 「be동사 과거형 + not」의 축약형

• was not → wasn't
• were not → weren't

+ 과거시제와 함께 주로 쓰이는 표현

yesterday(어제), last(지난), ago(전에), before(전에)

2. be동사 과거시제 부정문 「주어 + was/were + not ~.」

• I **was not**[wasn't] sad yesterday. 나는 어제 슬프지 않았다.
• She **was not**[wasn't] poor. 그녀는 가난하지 않았다.
• We **were not**[weren't] at home. 우리는 집에 있지 않았다.

3. be동사 과거시제의 Yes/No 의문문 「Was/Were + 주어 ~?」의 형태이며 대답은 긍정일 때 「Yes, 주어 + was/were.」, 부정일 때 「No, 주어 + wasn't/weren't.」

• **Was it** rainy yesterday? 어제 비가 왔니?
  – Yes, it **was**. 응, 그랬어. / No, it **wasn't**. 아니, 안 그랬어.
• **Were they** in the library? 그들은 도서관에 있었니?
  – Yes, they **were**. 응, 그랬어. / No, they **weren't**. 아니, 안 그랬어.

키워드 05

일반동사 과거시제

대화의 빈칸에 들어갈 알맞은 일반동사 과거시제 동사를 고르거나 의문문의 형태를 완성하는 문제가 자주 출제됩니다.

TIP read의 현재형은 [ri:d]로 발음하고, 과거형은 [red]로 발음해요.

1. 일반동사의 과거형

규칙 변화	대부분의 동사	동사원형 + -ed 예 helped, listened, opened, played, talked, visited, wanted
	-e로 끝나는 동사	동사원형 + -d 예 arrived, danced, hoped, invited, liked, lived, loved, moved
	「자음 + y」로 끝나는 동사	y를 i로 고치고 + -ed 예 cry → cried, fly → flied, study → studied, try → tried
	「단모음 + 단자음」으로 끝나는 동사	마지막 자음을 한 번 더 쓰고 + -ed 예 drop → dropped, skip → skipped, stop → stopped
불규칙 변화	현재형과 과거형이 같은 동사	예 cut → cut, hit → hit, put → put, read → read
	모양이 완전히 바뀌는 동사	예 come → came, eat → ate, give → gave, go → went, meet → met, run → ran, say → said, see → saw

• I **listened** to music. 나는 음악을 들었다.
• They **danced**. 그들은 춤을 췄다.
• She **studied** English hard. 그녀는 영어를 열심히 공부했다.
• He **dropped** his pen. 그는 그의 펜을 떨어뜨렸다.
• Jason **put** on his shirt. Jason은 그의 셔츠를 입었다.
• We **went** to the zoo. 우리는 동물원에 갔다.

+ did

do, does의 과거형은 did 하나임

2. 일반동사 과거시제 부정문 「주어 + did not[didn't] + 동사원형 ~.」의 형태

• I **didn't** listen to music. 나는 음악을 듣지 않았다.
• They **didn't** dance. 그들은 춤을 추지 않았다.
• She **didn't** study English hard. 그녀는 영어를 열심히 공부하지 않았다.

3. 일반동사 과거시제의 Yes/No 의문문 「Did + 주어 + 동사원형 ~?」의 형태이며 대답은 긍정일 때 「Yes, 주어 + did.」, 부정일 때 「No, 주어 + didn't.」

• **Did** he **go** to the park last weekend? 그는 지난 주말에 공원에 갔니?
  – Yes, he **did**. 응, 그랬어. / No, he **didn't**. 아니, 그러지 않았어.

키워드 06

현재진행시제

- 그림 속 인물의 행동에 가장 적절한 현재진행시제 표현을 고르는 문제가 출제됩니다.
- 대화에서 B의 답에 맞는 A의 질문(What을 이용한 현재진행시제 의문문)을 고르는 문제도 주요 출제 유형입니다.

1. **현재진행형** 「am/are/is + 동사원형 + -ing ~.」의 형태로 현재 진행 중인 동작을 나타낼 때 쓰이며 '~하고 있다, ~하고 있는 중이다'라고 해석함

2. **진행형 만들기**

대부분의 동사	동사원형 + -ing 예 buy → buying, call → calling, eat → eating, go → going
-e로 끝나는 동사	e를 빼고 + -ing 예 come → coming, have → having, make → making
「단모음 + 단자음」으로 끝나는 동사	마지막 자음을 한 번 더 쓰고 + -ing 예 cut → cutting, get → getting, put → putting
-ie로 끝나는 동사	-ie를 y로 고치고 + -ing 예 die → dying, lie → lying, tie → tying

3. **현재진행시제의 쓰임**

긍정문	「주어 + be동사의 현재형(am/are/is) + 동사원형 + -ing ~.」
부정문	「주어 + be동사의 현재형(am/are/is) + not + 동사원형 + -ing ~.」
Yes/No 의문문	「Be동사의 현재형(Am/Are/Is) + 주어 + 동사원형 + -ing ~?」 긍정 대답은 「Yes, 주어 + be동사.」 부정 대답은 「No, 주어 + be동사 + not.」

- I **am playing** the violin. 나는 바이올린을 연주하고 있는 중이다.
- He **is playing** baseball. 그는 야구를 하고 있는 중이다.
- They **are doing** their homework. 그들은 숙제하고 있는 중이다.
- I **am not playing** the violin. 나는 바이올린을 연주하고 있지 않다.
- He **is not playing** baseball. 그는 야구를 하고 있지 않다.
- They **are not doing** their homework. 그들은 숙제하고 있지 않다.
- **Are** you **playing** the violin? 너는 바이올린을 연주하고 있는 중이니?
- **Is** he **playing** baseball? 그는 야구를 하고 있는 중이니?
- **Are** they **doing** their homework? 그들은 숙제하고 있는 중이니?

4. **현재진행시제의 What 의문문** 「What + be동사 + 주어 + 동사원형 + -ing ~?」
   - **What are** you **doing**? 너는 무엇을 하고 있니?
     - **I'm doing** my homework. 나는 숙제를 하고 있어.

키워드 07

과거진행시제

주어의 인칭과 수에 맞는 과거진행시제 표현을 찾는 문제가 출제됩니다.

1. **과거진행형** '~하는 중이었다'라는 뜻으로 과거의 특정한 때에 진행 중이었던 동작을 표현하며 주로 과거 시점을 나타내는 부사(구) 또는 when절과 함께 쓰임

2. 과거진행시제의 쓰임

긍정문	「주어 + be동사 과거형(was/were) + 동사원형 + -ing ~.」
부정문	「주어 + be동사 과거형(was/were) + not + 동사원형 + -ing ~.」
Yes/No 의문문	「Be동사 과거형(Was/Were) + 주어 + 동사원형 + -ing ~?」 긍정 대답은 「Yes, 주어 + be동사 과거형(was/were).」 부정 대답은 「No, 주어 + be동사 과거형(was/were) + not.」

- She **was taking** a shower. 그녀는 샤워를 하고 있던 중이었다.
- They **were crossing** the road. 그들은 길을 건너던 중이었다.
- She **was not taking** a shower. 그녀는 샤워를 하고 있지 않았다.
- They **were not crossing** the road. 그들은 길을 건너고 있지 않았다.
- **Was** she **taking** a shower? 그녀는 샤워를 하던 중이었니?
- **Were** they **crossing** the road? 그들은 길을 건너던 중이었니?

키워드 08

조동사 will

대화의 빈칸에 들어갈 미래 시제의 알맞은 형태를 고르는 문제가 자주 출제됩니다.

미래에 일어날 동작이나 상태를 예측하거나, 미리 계획되어 있거나 예정된 일을 나타냄

긍정문	의미	~할/일 것이다, ~하겠다
	형태	「주어 + will + 동사원형 ~.」
부정문	의미	~하지 않을 것이다
	형태	「주어 + will not[won't] + 동사원형 ~.」
Yes/No 의문문	의미	~할 것이니?
	형태	「Will + 주어 + 동사원형 ~?」 긍정 대답은 「Yes, 주어 + will.」, 부정 대답은 「No, 주어 + won't.」

➕ 미래시제와 함께 주로 쓰이는 표현
tomorrow(내일), next(다음), later(나중에)

- I **will be** a vet in the future. 나는 미래에 수의사가 될 것이다.
- We **will not eat** pizza for lunch. 우리는 점심으로 피자를 먹지 않을 것이다.
- **Will** he **play** baseball this weekend? 그는 이번 주말에 야구를 할 예정이니?
  - Yes, he **will**. 응, 그럴 거야. / No, he **won't**. 아니, 그러지 않을 거야.

키워드 09

be going to

be going to를 사용한 의문문에 대한 대답에 알맞은 동사를 찾는 문제가 출제됩니다.

TIP be going to는 조동사 will을 대신하여 사용됩니다.

미래에 대한 예상을 나타냄

긍정문	의미	~할 것이다, ~할 예정이다
	형태	「주어 + be동사(am/is/are) going to + 동사원형 ~.」
부정문	의미	~하지 않을 것이다
	형태	「주어 + be동사(am/is/are) not going to + 동사원형 ~.」
Yes/No 의문문	의미	~할 것이니?, ~할 예정이니?
	형태	「Be동사(Am/Is/Are) + 주어 + going to + 동사원형 ~?」 긍정 대답은 「Yes, 주어 + be동사.」, 부정 대답은 「No, 주어 + be동사 + not.」

- I **am going to watch** TV. 나는 텔레비전을 볼 것이다.
- He **is not going to read** this book. 그는 이 책을 읽지 않을 것이다.
- **Are** you **going to invite** your friends? 너는 너의 친구들을 초대할 거니?
  - Yes, I **am**. 응, 할 거야. / No, **I'm not**. 아니, 안 할 거야.

현재완료

• 현재완료시제 의문문을 완성하기 위해 대화의 빈 칸에 들어갈 알맞은 형태를 고르는 문제가 자주 출제됩니다.
• 현재완료시제 의문문에 대한 알맞은 대답을 고르는 문제도 자주 출제됩니다.

1. 현재완료 과거 어느 시점에 시작된 동작 및 상태를 현재와 관련지어 말하는 것으로 경험·계속·완료·결과의 의미를 나타냄

긍정문	「주어 + have/has + 과거분사 ~.」
부정문	「주어 + have/has + not + 과거분사 ~.」
Yes/No 의문문	「Have/Has + 주어 + 과거분사 ~?」 긍정 대답은 「Yes, 주어 + have/has.」, 부정 대답은 「No, 주어 + haven't/hasn't.」

2. 현재완료의 용법

경험	• '~해본 적이 있다'의 의미로 과거부터 현재까지의 경험을 나타낼 때 씀 • ever(~ 이전에), never(결코 ~않다), before(전에), once(한 번), twice(두 번) 등과 함께 쓰임 −I have seen him once. 나는 그를 한 번 본 적이 있다. −She has never visited Spain. 그녀는 결코 스페인을 방문한 적이 없다. −Have you ever played golf? 너는 골프를 쳐 봤니?
계속	• '(계속) ~해왔다'의 의미로 과거의 어느 시점부터 현재까지 어떤 일이나 상태가 계속되고 있음을 나타냄 • for(~ 동안), since(~ 이후) 등과 함께 쓰임 −I have worked here for ten years. 나는 10년 동안 여기에서 계속 일해 왔다. −It has rained since last night. 어젯밤부터 비가 오고 있다.
완료	• '지금 막[이미] ~했다'의 의미로 어떤 동작이 지금 막 또는 이미/벌써 끝났음을 나타냄 • now(지금), just(방금), already(이미, 벌써), yet(아직) 등과 함께 쓰임 −He has just arrived in New York. 그는 뉴욕에 막 도착했다.
결과	• '~해서 (그 결과) 지금 ~하다'의 의미로 과거에 한 행동의 결과가 현재까지 영향을 미침을 나타냄 −I have lost my watch. 나는 시계를 잃어버렸다. (현재 시계가 없음)

TIP for 뒤에는 기간, since 뒤에는 시점이 옵니다.

3. 과거 vs. 현재완료
① 과거: 과거의 상황만을 나타내며 현재와는 어떤 연관성도 없음
② 현재완료: 과거에 일어난 일이 현재까지 연결되어 영향을 미침
  • I **met** her yesterday. 나는 그녀를 어제 만났다. [과거]
  • I **have met** her twice. 나는 그녀를 두 번 만난 적이 있다. [현재완료]

➕ 과거의 특정한 시점을 나타내는 부사(구)인 yesterday, ~ ago, last ~ 등과 의문사 when은 현재완료와 함께 쓰일 수 없음

4. have been to vs. have gone to

have been to	'~에 가 본 적이 있다'의 의미로, 경험에 대해 말할 때 쓰임 • She has been to Mexico. 그녀는 멕시코에 가 본 적이 있다.
have gone to	'~에 가서 지금 여기에 없다'의 의미로, 1인칭이나 2인칭 주어에 사용할 수 없음 • She has gone to Mexico. 그녀는 멕시코에 갔다. (현재 멕시코에 가서 여기에 없는 상태)

키워드 01

조동사의 쓰임

+ 조동사

동사에 풍부한 의미를 더하도록 도와주는 말로, 가능·허락·추측·의무 등 말하는 사람의 심리적인 태도 등을 나타냄

1. 조동사의 특징

① 주어의 인칭과 수에 따라 모양이 변하지 않음
- She **can play** the guitar. (○) 그녀는 기타를 연주할 수 있다.
- She cans play the guitar. (×)

② 조동사 뒤에는 항상 동사원형을 씀
- He **can ride** a bike. (○) 그는 자전거를 탈 수 있다.
- He can rides a bike. (×)

③ 두 개의 조동사를 연속으로 쓸 수 없음. 두 가지 조동사 의미를 모두 표현하려면 둘 중 하나는 조동사를 대신하는 말로 씀
- She **will be able to** come soon. (○) 그녀는 곧 올 수 있을 것이다.
- She will can come soon. (×)

2. 조동사가 있는 문장

긍정문	「주어 + 조동사 + 동사원형 ~.」
부정문	「주어 + 조동사 + not + 동사원형 ~.」
Yes/No 의문문	「조동사 + 주어 + 동사원형 ~?」

키워드 02

조동사 can

대화의 빈칸에 들어갈 can의 알맞은 형태 또는 의문문에서 can으로 묻고 답하는 문제가 자주 출제됩니다.

가능/능력	'~할 수 있다'의 의미로 be able to와 바꿔 쓸 수 있음. can은 다른 조동사와 연달아 쓸 수 없지만, be able to는 will, may 등과 함께 쓸 수 있음
허락	'~해도 좋다'의 의미

- She **can**(= **is able to**) **answer** the question. 그녀는 그 질문에 대답할 수 있다. [가능/능력]
- I **can not**(= **can't/am not able to**) **drive** a car. 나는 자동차를 운전할 수 없다. [가능/능력]
- **Can you play** the violin? 너는 바이올린을 연주할 수 있니? [가능/능력]
  - Yes, I **can**. 응, 할 수 있어. / No, I **can't**. 아니, 할 수 없어.
- You **can use** my pen. 너는 내 펜을 사용해도 좋다. [허락]

키워드 03

조동사 may

may로 물었을 때 may로 답하는 문제가 출제됩니다.

+ 허락의 may

허락의 의미로 쓰인 may는 can으로 바꿔쓸 수 있음

허락	'~해도 좋다'라는 의미로 허락을 나타냄
추측	'~일지도 모른다'의 의미로 약한 추측을 나타냄

- You **may park** here. 너는 여기에 주차해도 좋다. [허락]
  = You **can park** here.
- **May I sit** here? 여기 앉아도 되니? [허락]
  - Yes, you **may**. 응, 그래도 돼. / No, you **may not**. 아니, 그러면 안 돼.
- He **may be** sick. 그는 아플지도 모른다. [추측]
- It **may not rain** tomorrow. 내일 비가 오지 않을지도 모른다. [추측]

키워드 04

조동사 must

must의 의미를 구별하는 문제가 출제됩니다.

+ must vs should

must는 강제성이 강하며, should는 반드시 해야 하는 것은 아니지만 되도록 하는 것이 좋겠다는 의미로 충고나 조언을 할 때 씀

1. must

의무	'(반드시) ~해야 한다'라는 의미로 의무를 나타냄
추측	'~임에 틀림없다'라는 의미로 강한 추측을 나타냄

- We **must go** now. 우리는 지금 가야만 한다. [의무]
- He **must be** tired. 그는 피곤함에 틀림없다. [추측]

2. must의 부정문

금지	'~해서는 안 된다'의 의미로 강한 금지를 나타냄

- We **must not swim** here. 우리는 여기에서 수영해서는 안 된다. [금지]

한 문제 더 맞히는 개념 노트   must와 have to

조동사 must는 강한 의무를 표현하고, have to는 다소 약한 의무를 표현한다. have to는 주어의 수와 인칭 그리고 문장의 시제에 따라 have to, has to, had to를 사용한다. have to가 부정문으로 쓰였을 때는 '~할 필요가 없다'라는 의미를 가진다.

- You **have to be** quiet in the library. 너는 도서관에서 조용히 해야 한다.
- She **has to study** math. 그녀는 수학을 공부해야 한다.
- I **had to finish** the report yesterday. 나는 어제 보고서를 끝마쳐야 했다.
- We **don't have to go** to school today. 우리는 오늘 학교에 갈 필요가 없다.
- He **doesn't have to go** there. 그는 거기에 갈 필요가 없다.

키워드 05

조동사 should

'~하는 것이 좋겠다'의 의미로 충고나 조언을 할 때 씀

- You **should go** to bed early. 너는 일찍 잠자리에 드는 것이 좋겠다.
- You **should not eat** too much fast food. 너는 패스트푸드를 너무 많이 먹지 않는 것이 좋겠다.

키워드 06

조동사 had better

- had better 뒤에는 반드시 동사원형이 나온다는 것을 기억하세요.
- had better는 한 단어라고 생각하는 것이 좋아요.

① '~하는 게 좋겠다'의 뜻으로, 충고나 조언의 뜻을 동사의 의미에 덧붙임
② had better를 줄여서 'd better로 씀

- You'**d better take** an umbrella. 너는 우산을 가져가는 것이 좋다.
- You'**d better not go** swimming. 너는 수영하러 가지 않는 것이 좋다.

셀 수 있는 명사

셀 수 있는 명사의 단·복수형의 올바른 형태를 고르는 문제가 출제됩니다.

1. 명사   사람·동물·사물·장소의 이름을 나타내는 단어

2. 셀 수 있는 명사의 형태   셀 수 있는 명사에는 단수형과 복수형이 있음. 단수일 경우 앞에 a(n)를 붙여야 함

3. 셀 수 있는 명사의 종류

보통명사	같은 종류의 사람과 사물에 공통으로 쓰이는 명사 예 book, boy, cat
집합명사	사람이나 사물이 모인 집합체의 이름 예 class, family, people

4. 명사의 복수형 만들기

대부분의 명사	-s를 붙임 예 book → books, pen → pens
-s, -ss, -ch, -sh, -x, -o로 끝나는 명사	-es를 붙임 예 bus → buses, class → classes, box → boxes, hero → heroes
「자음 + y」로 끝나는 명사	y를 i로 고치고 -es를 붙임 예 candy → candies, lady → ladies, lily → lilies
「모음 + y」로 끝나는 명사	-s를 붙임 예 boy → boys, toy → toys
-f/-fe로 끝나는 명사	f/fe를 없애고 -ves를 붙임 예 leaf → leaves, knife → knives, shelf → shelves
불규칙 명사	예 child → children, mouse → mice, man → men, woman → women, foot → feet, tooth → teeth
단수/복수가 같은 명사	예 deer – deer, fish – fish, sheep – sheep
두 개가 하나의 쌍을 이루는 명사	항상 복수형으로 씀 예 shoes(신발), socks(양말), pants(바지), gloves(장갑)

셀 수 없는 명사

✚ 물질명사의 수량 표시
- a cup of coffee 커피 한 잔
- a glass of milk 우유 한 잔
- a piece of pizza 피자 한 조각
- a slice of cheese 치즈 한 조각
- a sheet of paper 종이 한 장
- a pair of shoes 신발 한 켤레

1. 셀 수 없는 명사의 형태   일정한 형태가 없어 셀 수 없음. 복수형으로 쓸 수 없으며 앞에 부정관사 a(n)도 붙일 수 없음

2. 셀 수 없는 명사의 종류

고유명사	세상에 하나뿐인 특정한 사람·사물·장소 등의 이름을 나타내는 명사 예 Alice, Seoul, Korea
추상명사	머릿속으로만 생각할 수 있으며 눈에 보이는 구체적인 형태보다는 추상적인 관념을 나타내는 명사 예 beauty, love, peace
물질명사	일정한 형태가 없는 물질이나 재료를 나타내는 명사 예 cheese, milk, sugar

인칭대명사

빈칸에 들어갈 수 있는 알맞은 인칭대명사의 격의 형태를 묻는 문제가 자주 출제됩니다. 특히 인칭대명사의 소유격 출제 가능성이 높으니, 확실히 숙지하여야 해요.

➕ 대명사

명사를 대신하는 말

TIP 단수란 하나를 의미하고, 복수란 두 개 이상을 의미해요.

1. 인칭대명사 '나, 너, 그, 그녀, 그것, 우리, 너희들, 그들' 등을 나타냄

수	인칭	주격	소유격	목적격	소유대명사
단수	1인칭	I	my	me	mine
	2인칭	you	your	you	yours
	3인칭	he	his	him	his
		she	her	her	hers
		it	its	it	–
복수	1인칭	we	our	us	ours
	2인칭	you	your	you	yours
	3인칭	they	their	them	theirs

2. 인칭대명사의 쓰임

주격	'~은, ~는, ~이, ~가'의 의미로 문장에서 주어 역할을 함 • I am happy. 나는 행복하다. • He is happy. 그는 행복하다. • We are happy. 우리는 행복하다.
소유격	'~의'의 의미로 소유를 나타냄 • This is my computer. 이것은 나의 컴퓨터이다. • This is his computer. 이것은 그의 컴퓨터이다. • This is our computer. 이것은 우리의 컴퓨터이다.
목적격	'~을, 를'의 의미로 문장에서 목적어 역할을 함 • Sam likes me. Sam은 나를 좋아한다. • Sam likes her. Sam은 그녀를 좋아한다. • Sam likes them. Sam은 그들을 좋아한다.
소유대명사	'~의 것'의 의미로 「소유격 + 명사」를 대신함 • The farm is mine(= my farm). 그 농장은 나의 것이다. • The bike is hers(= her bike). 그 자전거는 그녀의 것이다.

it

it이 비인칭대명사로 쓰인 경우와 일반 인칭대명사로 쓰인 경우를 잘 구별해야 합니다.

1. 비인칭 주어 it
시간·날짜·요일·날씨·명암·계절·거리 등을 나타낼 때는 문장의 주어로 it을 사용함. 이때 it을 비인칭주어라고 하며 우리말로 해석하지 않음

2. 비인칭 주어 it의 쓰임

시간	• It's six o'clock. 6시 정각이다.
날짜	• It's December 10th. 12월 10일이다.
요일	• It's Monday today. 오늘은 월요일이다.
날씨	• It's sunny today. 오늘은 날씨가 맑다.
계절	• It's summer in Korea. 한국은 여름이다.
명암	• It's dark outside. 밖은 어둡다.
거리	• It's 10 kilometers. 10킬로미터이다.

지시대명사

지시대명사와 be동사를 일치시키는 문제가 출제됩니다.

1. 지시대명사 '이것', '저것'의 의미로 특정한 사람이나 사물을 가리킬 때 사용

2. 지시대명사의 종류

this/these	'이것/이것들[이 사람/이 사람들]'이라는 뜻으로 비교적 가까이 있는 대상을 가리킴 • This is a bag. 이것은 가방이다. • These are tomatoes. 이것들은 토마토이다.
that/those	'저것/저것들[저 사람/저 사람들]'이라는 뜻으로 비교적 멀리 있는 대상을 가리킴 • That is a watch. 저것은 손목시계이다. • Those are carrots. 저것들은 당근이다.

재귀대명사

• 수와 인칭에 알맞은 재귀대명사의 형태를 고르는 문제가 출제됩니다.
• 재귀대명사의 용법도 잘 구별해야 해요.

1. 재귀대명사 자신에게 다시 돌아오는 대명사

2. 재귀대명사의 형태

단/복수	대명사	재귀대명사
단수 (-self)	I	myself
	you	yourself
	he	himself
	she	herself
	it	itself
복수 (-selves)	we	ourselves
	you	yourselves
	they	themselves

3. 재귀대명사의 용법

① 재귀 용법: '~ 자신, ~ 자체'의 의미로 문장의 주어와 동작의 대상인 목적어가 같을 때, 즉 주어가 하는 행동이 주어 자신에게 되돌아올 때 동사나 전치사의 목적어로 재귀대명사를 씀

• He hates **himself**. 그는 그 자신을 싫어한다.

② 강조 용법: '직접, 스스로'의 의미로 강조하고자 하는 (대)명사 바로 뒤나 문장 맨 끝에 쓰여 직접 혹은 스스로 어떤 행동을 했다는 의미를 강조함. 이때 재귀대명사는 생략이 가능함

• My mother **herself** baked these cookies. 나의 어머니는 직접 이 쿠키를 구우셨다.

한 문제 더 맞히는 개념 노트   재귀대명사의 관용적 용법

• by oneself 혼자서
• enjoy oneself 즐기다
• for oneself 자기 힘으로
• help oneself 마음껏 먹다

05 ▶ 형용사, 부사, 비교

키워드 01

형용사

문장 내에서 형용사의 올바른 위치 및 형태를 고르는 문제가 출제됩니다.

1. 형용사 사람 및 사물의 성질이나 모양새 등을 나타내는 말로 명사나 대명사를 꾸며 주거나 보어로 사용

2. 형용사의 용법
① 한정적 용법: 형용사가 명사나 대명사를 수식함
  • He is a **handsome** boy. 그는 잘생긴 소년이다.
② 서술적 용법: 형용사가 주어나 목적어의 상태나 성질을 설명하는 보어로 쓰임
  • The story is **interesting**. 그 이야기는 재미있다. [주격 보어]
  • I found the story **interesting**. 나는 그 이야기가 재미있다는 것을 알았다. [목적격 보어]

키워드 02

수량형용사

명사의 형태에 알맞은 수량형용사의 형태 고르기가 출제됩니다.

1. 수량형용사 명사의 수나 양의 정도를 나타내는 형용사

2. 수량형용사의 종류

구분	많은	약간 있는(긍정)	거의 없는(부정)
셀 수 있는 명사 앞(수)	many	a few	few
셀 수 없는 명사 앞(양)	much	a little	little
둘 다 쓰는 경우 (수와 양 공통)	a lot of/lots of	–	–

• There are **many cows** on the farm. 농장에 소가 많이 있다.
• There is **much juice** in the glass. 유리컵에 주스가 많다.
• There are **a few trees** in the park. 공원에 나무가 약간 있다. (긍정적)
• There are **few trees** in the park. 공원에 나무가 거의 없다. (부정적)
• I have **a little time**. 나는 시간이 조금 있다. (긍정적)
• I have **little time**. 나는 시간이 거의 없다. (부정적)

키워드 03

부사

형용사로 쓰인 경우와 부사로 쓰인 경우를 구별하는 문제가 출제됩니다.

1. 부사 동사·형용사·다른 부사 또는 문장 전체를 꾸며주는 말

2. 부사의 역할
① 동사 수식
  • We live **happily**. 우리는 행복하게 산다.
② 형용사 수식
  • That is a **very** big bag. 저것은 매우 큰 가방이다.
③ 다른 부사 수식
  • He sings **very** well. 그는 노래를 매우 잘 한다.
④ 문장 전체 수식
  • **Luckily**, I didn't miss the train. 운 좋게도 나는 기차를 놓치지 않았다.

3. 부사의 형태

대부분의 형용사	형용사 + -ly **예** quick → quickly
자음 + -y로 끝나는 형용사	y를 i로 고치고 + -ly **예** happy → happily
자음 + -le로 끝나는 형용사	e를 빼고 + -y **예** simple → simply
모양이 완전 다른 부사	**예** good → well
형용사와 형태가 같은 부사	**예** early(이른) – early(일찍), fast(빠른) – fast(빨리), late(늦은) – late(늦게), hard(딱딱한, 어려운) – hard(열심히), high(높은) – high(높게)

- She had an **early** lunch. 그녀는 이른 점심을 먹었다. [형용사]
- She goes to bed **early**. 그녀는 일찍 잔다. [부사]
- He is a **fast** runner. 그는 빠른 달리기 선수이다. [형용사]
- He runs **fast**. 그는 빠르게 달린다. [부사]
- She had a **late** lunch. 그녀는 늦은 점심을 먹었다. [형용사]
- She goes to bed **late**. 그녀는 늦게 잔다. [부사]

키워드 04

빈도부사

빈도부사가 들어갈 알맞은 위치를 찾는 문제가 자주 출제됩니다.

➕ 빈도부사의 가능성 수치

100%	always
85%	usually
60%	often
50%	sometimes
0%	never

1. 빈도부사 어떤 일이 얼마나 자주 일어나는지를 나타내는 부사로, be동사와 조동사의 뒤, 일반동사의 앞에 위치함

2. 빈도부사의 종류 always(항상), usually(보통, 대개), often(자주, 종종), sometimes(가끔, 때때로), never(결코/절대/한 번도 ~ 않다)

- She is **always** kind. 그녀는 항상 친절하다.
- I **usually** clean my room in the morning. 나는 대개 아침에 내 방을 청소한다.
- He **often** goes to the park. 그는 종종 공원에 간다.
- We **sometimes** play computer games. 우리는 가끔 컴퓨터 게임을 한다.
- They are **never** late. 그들은 결코 늦지 않는다.

키워드 05

원급

TIP 원급·비교급·최상급은 형용사와 부사에 사용합니다.

1. 원급 두 비교 대상이 서로 동등한 상태임을 나타낼 때 씀

2. 원급 비교

① 「A + 동사 + as 원급 as + B」: A는 B만큼 ~하다
- Today is **as hot as** yesterday. 오늘은 어제만큼 덥다.

② 「A + 동사 + not + as[so] + 원급 + as + B」: A는 B만큼 ~하지 않다(원급 비교 구문의 부정)
- Today is **not as hot as** yesterday. 오늘은 어제만큼 덥지 않다.

비교급

- 그림이나 표의 내용을 파악하여 빈칸에 들어갈 알맞은 비교급 표현을 고르는 문제가 자주 출제됩니다.
- 비교급의 관용적인 표현을 잘 기억해 두세요.

+ 음절

발음을 할 수 있는 최소의 단위. 영어는 모음을 중심으로 음절이 나뉘어짐

1. 비교급 두 대상을 비교할 때 씀. 「A + 비교급 + than + B」가 기본 형태이며 'A는 B보다 더 ~하다'라는 의미

- Sam is **taller than** Yumi. Sam은 Yumi보다 키가 크다.

2. 비교급 만들기

구분	비교급
대부분의 단어	-er을 붙임 예 cheap → cheaper, old → older
-e로 끝나는 단어	-r을 붙임 예 large → larger, nice → nicer
「단모음 + 단자음」으로 끝나는 단어	마지막 자음 추가하고 -er을 붙임 예 big → bigger, hot → hotter
「자음 + y」로 끝나는 단어	y를 i로 고치고 -er을 붙임 예 busy → busier, easy → easier
-ful, -less, -ous, -ive, -ing 로 끝나는 단어 또는 3음절 이상의 단어	more + 원급 예 beautiful → more beautiful, expensive → more expensive, interesting → more interesting
불규칙 단어	예 good/well → better, bad/ill → worse, many/much → more

3. 비교급 강조 비교급 앞에 much, still, even, a lot, far를 붙여 비교의 의미를 강조

- He is **much taller** than you. 그는 너보다 키가 훨씬 더 크다.

4. 비교급 표현

① 「the + 비교급 ~, the + 비교급 …」: ~하면 할수록 더욱더 …하다
- **The higher** we climb up the mountain, **the harder** the wind blows.
  산에 높이 올라가면 갈수록, 바람이 더 세게 분다.

② 「become/get/grow + 비교급 and 비교급」: 점점 더 ~해지다
- The trees **grow taller and taller** each year. 나무들은 매년 점점 더 크게 자란다.

③ 「Which/Who + 비교급, A or B?」: A와 B 중에서 어느 쪽이 더 ~한가?
- **Which** do you like **better**, badminton **or** tennis?
  너는 배드민턴과 테니스 중 어느 것을 더 좋아하니?
- **Who** do you like **better**, William **or** Ben? 너는 William과 Ben 중에 누구를 더 좋아하니?

최상급

- 그림이나 표의 내용을 파악하여 빈칸에 들어갈 알맞은 최상급 표현을 고르는 문제가 자주 출제됩니다.
- 비교급과 함께 선택지에 등장하기도 하니 연계하여 학습하는 것이 좋습니다.

1. 최상급 여러 개의 대상을 비교하여 'A는 (~ 중에서) 가장 …하다'라고 표현할 때 최상급을 사용

① 「A + the + 최상급 + in + 장소/범위」: A는 장소/범위에서 가장 …하다
- Mt. Everest is **the highest mountain in the world**. 에베레스트는 세계에서 가장 높은 산이다.

② 「A + the + 최상급 + of + 비교 집단」: A는 비교 집단 중에서 가장 …하다
- Bentley is **the smartest boy of my friends**.
  Bentley는 나의 친구들 중에서 가장 똑똑한 남자아이다.

③ 「one of the + 최상급 + 복수명사」: 가장 ~한 것들 중의 하나
- She is **one of the greatest singers** in Korea. 그녀는 한국에서 가장 훌륭한 가수들 중 한 명이다.

2. 최상급 만들기

구분	최상급
대부분의 단어	-est를 붙임 (예) cheap → cheapest, old → oldest
-e로 끝나는 단어	-st를 붙임 (예) large → largest, nice → nicest
「단모음 + 단자음」으로 끝나는 단어	마지막 자음 추가하고 -est를 붙임 (예) big → biggest, hot → hottest
「자음 + y」로 끝나는 단어	y를 i로 고치고 -est를 붙임 (예) busy → busiest, easy → easiest
-ful, -ous, -ive, -ing로 끝나는 단어 또는 3음절 이상의 단어	most + 원급 (예) beautiful → most beautiful, famous → most famous, expensive → most expensive, interesting → most interesting
불규칙 변화	(예) good/well → best, bad/ill → worst, many/much → most

---

06 ▶ 접속사

키워드 01

등위접속사

글의 흐름상 알맞은 등위접
속사를 고르는 문제가 자주
출제됩니다.

+ 접속사
단어와 단어, 구와 구, 절과
절을 연결해 주는 말

+ 구
두 개 이상의 단어가 모여서
하나의 역할을 하는 것

+ 절
「주어 + 동사」가 갖춰진 문
장 요소

1. 등위접속사 단어와 단어, 구와 구, 절과 절처럼 동등한 지위의 말들을 연결해 주는 접속사

2. 등위접속사의 종류

and	~와, 그리고
but	그러나, 그런데
or	또는, 혹은
so	그래서

- We had dinner **and** played tennis. 우리는 저녁을 먹고 테니스를 쳤다.
  <u>동사구</u>   <u>동사구</u>
- Sam is American, **but** he likes Kimchi. Sam은 미국인인데, 김치를 좋아한다.
  <u>절</u>   <u>절</u>
- I want to be a lawyer **or** a writer. 나는 변호사나 작가가 되고 싶다.
                <u>단어</u>   <u>단어</u>
- It was very cold, **so** I closed the window. 날씨가 몹시 추워서 나는 창문을 닫았다.
  <u>절</u>   <u>절</u>

한 문제 더 맞히는 개념 노트   **명령문의 and와 or**

- 「명령문 + and」: ~해라, 그러면 …
  – Hurry up now, and you'll be able to meet her. 지금 서둘러, 그러면 너는 그녀를 만날 수 있어.
    = If you hurry up now, you'll be able to meet her.
     만약 지금 서두른다면, 너는 그녀를 만날 수 있을 거야.
- 「명령문 + or」: ~해라, 그렇지 않으면 …
  – Hurry up now, or you won't be able to meet her.
     지금 서둘러, 그렇지 않으면 너는 그녀를 만날 수 없을 거야.
    = If you don't hurry up now, you won't be able to meet her.
     만약 지금 서두르지 않는다면, 너는 그녀를 만날 수 없을 거야.

키워드 02
상관접속사

상관접속사는 해당 표현을 완성하기 위해 빈칸에 알맞은 단어를 찾는 문제가 자주 출제됩니다.

+ not only A but (also) B
• B를 강조할 때 사용함
• also는 생략 가능

TIP 제시된 상관접속사가 들어간 표현이 주어로 쓰이는 경우 동사는 B에 일치시켜요.

1. 상관접속사 서로 짝을 이루어 접속사 역할을 하는 표현. 상관접속사로 이어지는 A와 B는 동일한 품사이거나 문법적으로 성격이 같아야 함

2. 상관접속사의 종류

both A and B	A와 B 둘 다
either A or B	A 또는 B 둘 중 하나
not A but B	A가 아니라 B
not only A but (also) B(= B as well as A)	A뿐만 아니라 B도 역시

• We like **both** pizza **and** spaghetti. 우리는 피자와 스파게티 둘 다 좋아한다.
• **Either** you **or** she is wrong. 너 아니면 그녀가 잘못이다.
• I'm **not** Chinese **but** Korean. 나는 중국인이 아니라 한국인이다.
• She is **not only** kind **but (also)** honest. 그녀는 친절할 뿐만 아니라 정직하기도 하다.
  = She is honest **as well as** kind.
• **Not only** my friends **but also** my teacher likes me.
  나의 친구들뿐만 아니라 나의 선생님도 나를 좋아한다.

키워드 03
종속접속사

+ when의 쓰임
• 접속사
  예 When I have a cold, I go see a doctor.
  감기에 걸릴 때, 나는 병원에 간다.
• 의문사
  예 When is your birthday?
  너의 생일은 언제니?

TIP when절은 미래의 시간을 의미하더라도 반드시 현재시제를 써요.

+ because와 because of
둘 다 '~때문에'라는 의미이지만 because 다음에는 절, because of 다음에는 구가 옴

1. 종속접속사 의미상 종속되어 있는 두 문장을 연결시켜 주는 접속사

2. 종속접속사의 종류
① 시간을 나타내는 종속접속사

when	• '~할 때'의 의미 • 「when + 주어 + 동사」 형태의 시간 부사절을 이끌며 when절은 주절의 앞이나 뒤에 올 수 있음
before	'~하기 전에'의 의미
after	'~한 후에'의 의미

• **When** I was young, I lived in Lisbon. 내가 어렸을 때, 나는 리스본에서 살았다.
  = I lived in Lisbon **when** I was young.
• I will show this **when** she **comes** back. (○) 그녀가 돌아오면 나는 이것을 보여줄 것이다.
  I will show this **when** she will come back. (×)
• He asked a question **before** the class ended. 수업이 끝나기 전에 그는 질문을 했다.
• **After** we won the game, we had a party. 우리는 경기에서 이긴 후, 파티를 열었다.

② 이유를 나타내는 종속접속사: because(~때문에)
• I got angry **because** she was late again. 그녀가 또 늦었기 때문에 나는 화가 났다.

③ 조건을 나타내는 종속접속사

if	• '만약 ~라면(한다면)'의 의미 • 「If + 주어 + 현재시제 ~, 주어 + will/can + 동사원형 ~.」의 형태로 쓰임
unless	'만약 ~하지 않는다면'의 의미, if ~not으로 교체할 수 있음

TIP if가 이끄는 절을 조건절이라고 하는데 조건절에서는 현재시제로 미래를 표현해요.

- **If** I **finish** my homework early, I **will** go to the park.

  만약 내가 숙제를 일찍 끝낸다면, 나는 공원에 갈 것이다.

- **If** you **go** to Kenya, you **can** see many animals.

  만약 네가 케냐에 간다면, 너는 많은 동물들을 볼 수 있다.

- **If** it **rains** tomorrow, we **will** stay home. (○)

  만약 내일 비가 내린다면, 우리는 집에 있을 것이다.

  If it **will rain** tomorrow, we **will** stay home. (×)

- **Unless** you get up early, you **will** miss the train.

  = **If** you don't get up early, you **will** miss the train.

  만약 일찍 일어나지 않는다면, 너는 기차를 놓칠 것이다.

④ 양보를 나타내는 종속접속사: though, although, even though 등. '비록 ～이지만, 비록 ～일지라도, 비록 ～임에도 불구하고'의 의미를 가짐. 강조할 때는 even though를 사용함

- **Though** the question was so hard, she solved it.

  = **Although** the question was so hard, she solved it.

  = **Even though** the question was so hard, she solved it.

  비록 그 문제가 매우 어려웠지만, 그녀는 그것을 풀었다.

---

07 ▶ 전치사

키워드 01

장소 전치사

- 그림을 보고 빈칸에 들어갈 말로 가장 적절한 장소의 전치사를 묻는 문제가 출제됩니다.
- 각 전치사별 의미의 차이를 정확하게 알아야 합니다.

+ 전치사

명사나 대명사 앞에 놓여 명사, 대명사와의 관계(장소, 방향, 시간 등)를 나타냄

1. 장소 전치사의 종류

at	～에(비교적 좁은 장소, 장소의 한 지점) 예 at the bus stop, at school	at 점의 개념
on	～위에(접촉해 있는 상태) 예 on the table, on the wall	on 면의 개념
in	～안에, ～에(비교적 넓은 장소, 공간 내부) 예 in Korea, in Seoul, in the box, in the room	in 공간의 개념

at	～에	on	～ 위에
in	～ 안에	next to	～ 옆에
under	～ 아래에	behind	～ 뒤에
in front of	～ 앞에	between A and B	A와 B 사이에

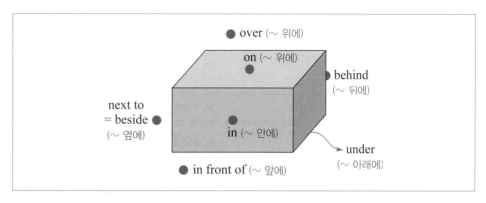

2. 「주어 + be동사 + 전치사 + 명사」 '~이/가 …에 있다'의 의미

- The bird is **in** the cage. 새는 새장 안에 있다.
- A book is **on** the desk. 책 한 권이 책상 위에 있다.
- The puppy is **under** the desk. 강아지는 책상 아래에 있다.
- My school is **next to** the church. 나의 학교는 교회 옆에 있다.
- The bike is **in front of** the bench. 자전거가 벤치 앞에 있다.
- The pool is **behind** the fence. 수영장이 담장 뒤에 있다.
- The bookstore is **between** the museum **and** the restaurant.
  서점은 박물관과 식당 사이에 있다.

키워드 02

방향 전치사

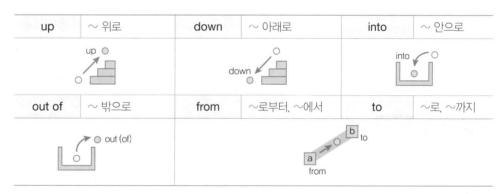

- She is going **up** the stairs. 그녀는 층계를 올라가고 있다.
- He is coming **down** the stairs. 그는 층계를 내려오고 있다.
- She ran **into** the classroom. 그녀는 교실로 뛰어 들어갔다.
- He ran **out of** the classroom. 그는 교실에서 뛰어나왔다.
- The leaves are falling **from** the tree. 나뭇잎들이 나무에서 떨어지고 있다.
- He is going **to** the park. 그는 공원에 가고 있다.

키워드 03

시간 전치사

- 주어진 대화나 문장의 내용을 파악하여 빈칸에 들어갈 적절한 시간의 전치사를 묻는 문제가 출제됩니다.

at	구체적 시각, 식사 시간, 특정 시점
on	날짜, 요일, 특정한 날
in	비교적 긴 시간(월, 계절, 연도), 하루의 때(오전, 오후)

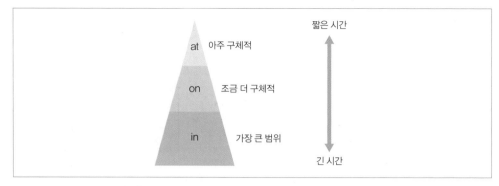

- 각 전치사가 가지는 다양한 의미를 모두 정확하게 알아야 합니다.

➕ 그 밖의 전치사

- with: (동반) ~와 함께, (방법) ~을 사용해서, ~로
  예
  - He lives with his parents.
    그는 부모님과 함께 산다.
  - Cut it with a knife.
    그것을 칼을 가지고[칼로] 잘라라.
- without: (사람, 물건 등이) 없이
  예
  - Don't go without me.
    나 없이 가지 마.
  - I can see well without my glasses.
    나는 안경 없이도 잘 볼 수 있다.

- She arrived here **at** 2 o'clock. 그녀는 여기에 2시 정각에 도착했다. [구체적 시각]
- We arrived at the airport **at** noon. 우리는 정오에 공항에 도착했다. [특정 시점]
- I heard someone laughing loudly **at** midnight.
  나는 누군가가 한밤중에 크게 웃는 것을 들었다. [특정 시점]
- I went to Jeju-do **on** Sunday. 나는 일요일에 제주도에 갔다. [요일]
- Americans eat turkey **on** Thanksgiving Day.
  미국 사람들은 추수감사절에 칠면조를 먹는다. [특정한 날]
- It snows a lot **in** January. 1월에 눈이 많이 온다. [월]
- She was born **in** winter. 그녀는 겨울에 태어났다. [계절]
- He was born **in** 1999. 그는 1999년에 태어났다. [연도]
- I usually walk **in** the morning. 나는 보통 오전에 걷는다. [하루의 때]

---

08 ▶ **to부정사**

키워드 01

to부정사의 명사적 용법

➕ to부정사

「to + 동사원형」의 형태로 문장에서 명사적, 형용사적, 부사적 용법으로 쓰임

➕ 가주어와 진주어

영어는 주어 부분이 길어질 때 주어 역할을 하는 to부정사를 뒤로 보내고 가짜 주어인 it을 주어 자리에 씀

1. to부정사의 명사적 용법   문장에서 명사의 역할을 함

주어	~하기는, ~하는 것은 • To exercise is important. 운동하는 것은 중요하다. = It is important to exercise. 　가주어　　　　　　　진주어
보어	~하는 것(이다) • My plan is to exercise. 나의 계획은 운동하는 것이다.
목적어	~하기를, ~하는 것을 • I want to exercise. 나는 운동하기를 원한다.

2. to부정사만을 목적어로 사용하는 동사   want, hope, decide, plan, promise, expect 등

3. 「의문사 + to부정사」   명사구가 되어 문장에서 주어·목적어·보어로 쓰일 수 있는데 주로 동사의 목적어로 쓰임. 이 구문에 주로 사용되는 의문사는 how, what, when, where이며, why는 이 구문으로 쓰지 않음. 「의문사 + to부정사」는 「의문사 + 주어 + should + 동사원형」으로 바꿔 쓸 수 있음

how + to부정사	'어떻게 ~할지, ~하는 방법'으로 해석 • I know how to use this computer. 나는 이 컴퓨터를 쓰는 법을 안다.
what + to부정사	'무엇을 ~할지'로 해석 • I didn't decide what to cook for dinner. 나는 저녁식사로 무엇을 요리해야 할지 정하지 않았다.
when + to부정사	'언제 ~할지'로 해석 • Tell me when to open the door. 언제 문을 열어야 하는지 내게 말해 줘.
where + to부정사	'어디에서 ~할지'로 해석 • I don't know where to put the key. 나는 열쇠를 어디에 놓아야 하는지 모르겠다.

키워드 02

to부정사의 형용사적 용법

to부정사의 형용사적 용법은 다양한 의미를 나타내므로 해석에 유의해야 합니다.

명사를 꾸며 주는 역할을 함

명사 + to부정사	It's time to say goodbye. 안녕이라고 말할 시간이다.
명사 + to부정사 + 전치사	I have a pen to write with. 나에게는 쓸 펜이 있다.

키워드 03

to부정사의 부사적 용법

+ 목적과 결과
• 목적: 의도된 행동
• 결과: 의도된 행동이 아닌 시간의 흐름에 따라 자연스러운 결과가 나타난 일

목적, 결과, 감정의 원인, 판단의 근거 등 여러 가지 의미를 나타냄

목적	~하기 위해서(= in order to/so as to) • We went to Paris to study art. 우리는 미술을 공부하기 위해서 파리에 갔다.
결과	(결국) ~하다 • She grew up to be an announcer. 그녀는 자라서 아나운서가 되었다.
감정의 원인	~해서 • I'm happy to help you. 나는 너를 도와서 기쁘다.
판단의 근거	~하다니 • He must be angry to say so. 그렇게 말하다니 그는 화가 난 것임에 틀림없다.

09 동명사

키워드 01

동명사의 쓰임

+ 동명사의 부정
동명사의 부정형은 「not/never + 동사 + -ing」임

TIP 동명사 형태 만들기는 진행시제에서 진행형 만들기를 참고하세요.

1. **동명사** 「동사 + -ing」의 형태로 '~하기, ~하는 것'의 뜻을 가짐. 문장 속에서 동사의 성격을 가지고 명사의 역할을 함

2. **동명사의 쓰임**
   ① 동사의 성질을 유지하면서 명사 역할을 함
   ② 주어·보어·목적어로 사용될 수 있음
   ③ 주어나 보어로 사용된 동명사는 to부정사로 바꾸어 쓸 수 있음

동명사의 역할

동사에 따라 목적어를 to부정사로 할 것인지 동명사로 할 것인지를 잘 구별해야 합니다.

➕ 주어로 쓰인 동명사
동명사(구) 주어는 항상 단수 취급함

1. 동명사의 역할

주어	~하기는, ~하는 것은(이)
보어	~하는 것(이다)
목적어	~하기를, ~하는 것을

- **Baking** cookies is not difficult. 쿠키를 굽는 것은 어렵지 않다. [주어]
- My hobby is **baking** cookies. 나의 취미는 쿠키를 굽는 것이다. [보어]
- I enjoy **baking** cookies. 나는 쿠키를 굽는 것을 즐긴다. [목적어]

2. 동명사만을 목적어로 사용하는 동사　enjoy(즐기다), keep(계속하다), practice(연습하다), finish(끝내다), give up(포기하다), mind(꺼리다), avoid(피하다) 등

- I **enjoyed playing** the cello. 나는 첼로 켜는 것을 즐겼다.
- I **kept playing** the cello. 나는 계속 첼로를 켰다.
- I **practice playing** the cello. 나는 첼로 켜는 것을 연습한다.
- I **finished playing** the cello. 나는 첼로 켜는 것을 끝냈다.
- I **gave up playing** the cello. 나는 첼로 켜는 것을 포기했다.
- I **mind playing** the cello. 나는 첼로 켜는 것을 꺼린다.

3. 동명사와 to부정사 둘 다 목적어로 사용하는 동사　like, love, hate, begin, start 등

- I **like drinking/to drink** juice. 나는 주스 마시는 것을 좋아한다.
- I **love drinking/to drink** coffee. 나는 커피 마시는 것을 굉장히 좋아한다.
- I **hate drinking/to drink** soda. 나는 탄산음료 마시는 것을 싫어한다.
- It **began raining/to rain** heavily. 비가 세차게 오기 시작했다.
- He **started working/to work** at the hotel. 그는 호텔에서 일하기 시작했다.

10 ▶ 분사

현재분사

➕ 분사(分詞)
나눌 (분) + 말씀 (사)
동사에서 갈라져 나왔다는 뜻으로, 동사에 -ing나 -ed가 붙음

1. 현재분사 「동사원형 + -ing」의 형태로 쓰며, 능동·진행의 의미를 나타냄
　① 능동: ~하는
　　- The movie was **boring**. 그 영화는 지루했다.
　② 진행: ~하고 있는
　　- The boy was **singing**. 그 소년은 노래를 하고 있었다.

2. 현재분사의 역할
　① 명사를 수식하는 형용사 역할을 함. 현재분사가 단독으로 명사를 수식할 때는 명사의 앞에 위치하지만, 현재분사를 뒤따르는 어구가 있을 때는 명사 뒤에 위치함
　　- Look at the **crying** baby. 저 울고 있는 아기를 봐.
　　- The baby **crying on the bed** is my son.
　　　침대에서 울고 있는 아기가 나의 아들이다.
　② 동사의 뒤에서 앞의 주어나 목적어에 대한 정보를 제공하는 보어 역할을 함
　　- The news was **shocking**. 그 뉴스는 충격이었다.
　　- I saw him **riding** a horse. 나는 그가 말을 타고 있는 것을 보았다.

키워드 02

과거분사

1. **과거분사** 「동사원형 + -ed」의 형태로 쓰며, 수동·완료의 의미를 나타냄

   ① 수동: ~된

   The girl was **disappointed**. 소녀는 실망했다.

   ② 완료: ~한

   The leaves have **fallen**. 낙엽이 졌다.

2. **과거분사의 역할**

   ① 명사를 수식하는 형용사 역할을 함

   - He will buy a **used** car. 그는 중고차를 살 것이다.
   - The chocolate **made in Canada** is delicious. 캐나다에서 만들어진 초콜릿은 맛있다.

   ② 주어와 목적어에 대한 보어 역할을 함

   - You look **worried**. 너는 근심스러워 보인다.
   - I heard my name **called**. 나는 내 이름이 불리는 것을 들었다.

   한 문제 더 맞히는 개념 노트 형용사화된 분사(감정을 나타내는 분사)

   - 현재분사: ~한 감정을 느끼게 하는
   - 과거분사: ~한 감정을 느끼는
     - The story is **boring**. 그 이야기는 지루하다.
     - I'm **bored** with the story. 나는 그 이야기에 지루함을 느낀다.
     - The party was **surprising**. 그 파티는 놀라웠다.
     - I was **surprised** at the party. 나는 그 파티에서 놀랐다.

---

11 **관계사**

키워드 01

관계대명사

선행사에 알맞는 관계대명사를 찾는 문제가 출제됩니다.

➕ 관계대명사 what
선행사를 포함하는 관계대명사로 the thing(s) which (that)로도 바꿔 쓸 수 있으며, 명사절을 이끎. '~하는 것'으로 해석함

1. **관계대명사** 두 문장을 연결해 주는 접속사 역할과 앞의 명사를 대신하는 대명사 역할을 동시에 하며 명사인 선행사를 수식함. 관계대명사절은 불완전한 문장으로 이루어짐

2. **관계대명사의 종류**

선행사 \ 격	주격	소유격	목적격
사람	who	whose	who(m)
사물, 동물	which	whose (of which)	which
사람, 사물, 동물	that	–	that

- She is a girl. She cooks well.
  → She is a girl **who**[**that**] cooks well. 그녀는 요리를 잘하는 소녀이다.[주격]
- I like that boy. His hair is brown.
  → I like that boy **whose** hair is brown. 나는 갈색 머리인 저 소년을 좋아한다.[소유격]
- Julia likes the man. She met him at the party.
  → Julia likes the man **who(m)**[**that**] she met at the party.
  Julia는 파티에서 만난 그 남자를 좋아한다.[목적격]

➕ 목적격 관계대명사의 생략
목적격 관계대명사는 생략 가능함

영어

관계부사

선행사에 알맞은 관계부사를 찾는 문제가 출제됩니다.

1. 관계부사 문장과 문장을 연결해주는 접속사 역할을 함과 동시에 선행사에 따라 시간(when), 장소(where), 이유(why), 방법(how)을 나타내는 부사의 역할을 함

2. 관계부사의 종류

선행사	선행사	관계부사	전치사 + 관계대명사
시간	the day	when	at/on/in which
장소	the place	where	at/on/in which
이유	the reason	why	for which
방법	(the way)	how	in which

- I remember the day **when** I met you first. 나는 내가 너를 처음 만났던 그날을 기억한다.
- This is the house **where** she lives. 이 집은 그녀가 살고 있는 집이다.
- I don't know the reason **why** he left. 나는 그가 왜 떠났는지 그 이유를 모른다.
- Tell me **how** you solved the problem. 네가 어떻게 그 문제를 풀었는지 말해 줘.

TIP the way와 how는 동시에 사용할 수 없어요.

---

12 수동태

수동태

by 이외의 전치사를 사용하는 수동태 구문에도 익숙해져야 합니다.

1. 태 동작의 관점에 대한 차이에 의해 생기는 동사의 표현 양식
① 능동과 수동

능동	'(주어가) ~하다'의 의미
수동	'(주어가) ~에 의해서 …되다'의 의미

② 능동태와 수동태

능동태	주어가 스스로 하는 것
수동태	주어가 스스로 하지 못하고 타인이나 다른 것에 의해 되거나 받는 것

TIP 과거분사의 형태는 기본적으로는 동사에 -ed가 붙지만 그 이외에도 다양한 형태가 있어요.

2. 수동태 만들기
① 능동태의 목적어를 수동태의 주어(주격)로 바꿈
② 능동태의 동사를 「be동사 + 과거분사」로 바꿈(이때, be동사의 인칭과 수는 수동태의 주어와 일치시키고 시제는 능동태의 시제와 일치시킴)
③ 능동태의 주어를 「by + 행위자(목적격)」로 바꿈

- She loves him. 그녀는 그를 사랑한다. [능동태]
  He **is loved** by her. 그는 그녀에 의해 사랑을 받는다. [수동태]

- I broke the window. 내가 그 창문을 깼다. [능동태]
  The window **was broken** by me. 그 창문이 나에 의해 깨졌다. [수동태]

TIP 수동태 문장에서 행위자가 중요한 의미를 갖지 않는 경우에는 생략 가능해요.

3. 수동태의 평서문 「주어 + be동사 + 과거분사 + by 목적격.」

- English **is spoken** in many countries (by people).

  영어는 (사람들에 의해) 많은 나라에서 사용된다.

4. 수동태의 부정문 「주어 + be동사 + not + 과거분사 + by 목적격.」

- The letter **was not written** by Juho. 그 편지는 Juho에 의해 쓰이지 않았다.

5. 수동태의 의문문 「be동사 + 주어 + 과거분사 + by 목적격?」

- **Was** the letter **written** by Naeun? 그 편지는 Naeun에 의해 쓰였니?

  – No, it wasn't. It **was written** by Geonhu.

  아니, 그렇지 않아. 그것은 Geonhu에 의해 쓰였어.

6. 수동태의 시제

① 현재 시제: 「am/are/is + 과거분사」

- The room **is cleaned** by students. 그 방은 학생들에 의해 청소된다.

② 과거 시제: 「was/were + 과거분사」

- Yesterday the room **was cleaned** by William. 어제 그 방은 William에 의해 청소되었다.

③ 미래 시제: 「will be + 과거분사」

- The room **will be cleaned** by Bentley tomorrow. 그 방은 내일 Bentley에 의해 청소될 것이다.

한 문제 더 맞히는 개념 노트   by 이외의 전치사를 쓰는 수동태

- be filled with: ~로 가득 차다
  – The cup **is filled with** coffee. 그 컵은 커피로 가득 차 있다.
- be interested in: ~에 흥미가 있다
  – He **is interested in** history. 그는 역사에 관심이 있다.
- be made from: ~로 만들어지다(원료의 성질이 변할 때, 화학적 변화)
  – Wine **is made from** grapes. 포도주는 포도로 만들어진다.
- be made of: ~로 만들어지다(재료의 성질이 변하지 않을 때, 물리적 변화)
  – This table **was made of** wood. 이 탁자는 나무로 만들어졌다.
- be satisfied with: ~에 만족하다
  – I **am satisfied with** the test result. 나는 시험 결과에 만족한다.
- be surprised at: ~에 놀라다
  – She **was surprised at** the news. 그녀는 그 소식에 놀랐다.

---

13 ▶ 가정법

키워드 01

가정법 과거

가정법 과거 문장의 올바른 형태를 알고 있어야 합니다.

➕ 조동사의 과거형
would, should, could, might

TIP S는 주어를 의미해요.

의미	'만약 ~라면, …할 텐데'의 의미로 현재 사실과 반대되는 내용을 가정할 때 씀
형태	「If + 주어 + 동사의 과거형 ~, 주어 + 조동사의 과거형 + 동사원형 ….」

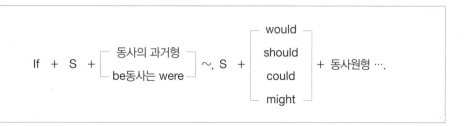

TIP be동사의 과거형에는 was/were 두 가지 형태가 있지만 가정법 과거는 가정이라는 것을 강조하기 위해 인칭에 관계없이 were를 써요.

- **If I had** the new cap, **I would lend** it to you.
  만약 내가 새 모자를 가지고 있다면, 너에게 그것을 빌려줄 텐데.
- **If I were** a bird, **I could fly** to you. 만약 내가 새라면, 너에게 날아갈 수 있을 텐데.

(키워드 02)

가정법 과거완료

의미	'만약 ~했더라면, …했을 텐데'의 의미로 과거 사실과 반대되는 상황을 가정할 때 씀
형태	「If + 주어 + had + 과거분사(p.p.) ~, 주어 + 조동사의 과거형 + have + 과거분사 ….」

$$\text{If} + \text{S} + \text{had} + \text{과거분사} \sim, \text{S} + \begin{bmatrix} \text{would} \\ \text{should} \\ \text{could} \\ \text{might} \end{bmatrix} + \text{have} + \text{과거분사} \cdots.$$

- **If I had had** money, **I could have bought** a big house.
  만약 내가 돈이 있었더라면, 큰 집을 살 수 있었을 텐데.

(키워드 03)

I wish 가정법

1. I wish + 가정법 과거

의미	'~라면 좋을 텐데'의 의미로, 현재 이룰 수 없는 소망, 일에 대한 유감이나 아쉬움을 나타낼 때 씀
형태	「I wish + 주어 + 동사의 과거형」

- **I wish I had** a cat. 고양이가 한 마리 있으면 좋을 텐데.
  = I don't have a cat, but I want to have one. 나는 고양이가 없지만, 한 마리 있었으면 한다.

2. I wish + 가정법 과거완료

의미	'~했더라면 좋았을 텐데'의 의미로, 과거의 사실과 반대되는 소망이나 과거의 일에 대한 유감이나 아쉬움을 나타낼 때 씀
형태	「I wish + 주어 + had + 과거분사(p.p.)」

- **I wish I had slept** well. 내가 잠을 잘 잤더라면 좋았을 텐데.
  = I didn't sleep well. I'm very sleepy. 나는 제대로 자지 못했다. 나는 매우 졸립다.

II 생활영어

🔼 **원포인트 공부법** 생활영어는 일상생활에서 쓸 수 있는 회화 표현들을 다룹니다. 주제별로 자주 쓰이는 대화 표현들과 단어들을 익히는 것이 중요해요.

01 인사

키워드 01

기본 인사

• A와 B의 대화에서 B의 응답으로 적절한 것을 고르는 문제 유형이 출제됩니다.

• 특히 안부를 묻고 답하는 대화문이 자주 출제되고 있어요.

TIP What's up?은 문맥에 따라 '무슨 일이야?', '왜 그래?'의 의미로도 쓰일 수 있어요.

1. 아침·낮·저녁에 만났을 때

• Good morning! (오전 중 인사) (밤새) 안녕!
• Good afternoon! (오후 인사) 안녕! → 정오가 지난 후부터 저녁에 해가 질 때까지
• Good evening! (저녁 인사) 안녕! → 해가 지고 난 후
• Good night! 잘 자! → 자기 전에

2. 안부를 묻고 답할 때

① 안부 묻기

• How do you feel? 어떠니?
• How are you doing? 잘 지내고 있니?
  = How are you?
  = How's it going?
  = How's everything?
• What's up? 요즘 어때?

② 안부 물음에 답하기

긍정적 대답 (좋을 때)	• Fine, thank you. 좋아. 고마워. • Good. 좋아. • Great. 아주 잘 지내. • Very well, thank you. 아주 좋아. 고마워.
부정적 대답 (좋지 않을 때)	• (Just) So-so. 그럭저럭 지내. • Not so good. 그다지 좋지 않아(= 별로야). = Not great. • Terrible. 아주 나빠.

연습 대화 1

A: How are you?
B: Great, thanks.

A: 잘 지내니?
B: 아주 잘 지내. 고마워.

연습 대화 2

A: How's it going?
B: Not so good. I have a cold.

A: 잘 지내니?
B: 그다지 좋지 않아. 나 감기에 걸렸어.

3. 오랜만에 만났을 때

- Long time no see. 오랜만이야.
- I haven't seen you for a long time. 오래 못 봤어.
- I haven't seen you in ages. 오래 못 봤어.
- We haven't seen each other for a long time. 우리는 오랫동안 서로 만나지 못했어.

연습 대화 3

A: Long time no see! How have you been?	A: 오랜만이야! 그동안 어떻게 지냈어?
B: Good. How about you?	B: 잘 지냈어. 너는 어떻게 지냈어?
A: Fine. We haven't seen each other since my birthday party last June.	A: 잘 지냈어. 우리는 지난 6월 내 생일 파티 이후로 서로 보지 못했네.

4. 헤어질 때

- Bye. 잘 가.
- Good-bye. 안녕(잘 가).
- Take care. 몸 건강해(조심해).
- See you again. 또 만나.
- See you later. 나중에 봐.
- See you tomorrow. 내일 봐.

1. 자기 소개

- Let me introduce myself. 내 소개를 할게.
- My name is Sam. 내 이름은 Sam이야.
- Just call me Sam. 나를 그냥 Sam이라고 불러 줘.

2. 다른 사람 소개하고 인사하기

- This is ~. 이 사람(분)은 ~이(시)다.
- Good to meet you. 만나서 반가워요.
  - = Glad to meet you.
  - = Great to meet you.
  - = Happy to meet you.
  - = Nice to meet you.
  - = Pleased to meet you.

연습 대화

A: Mom, this is my friend, Jenny.	A: 엄마, 이 아이는 제 친구 Jenny예요.
B: Nice to meet you, Jenny.	B: 만나서 반가워, Jenny야.
C: Pleased to meet you, too.	C: 저도 만나서 반가워요.

키워드 03

감사

감사 표현과 적절한 응대를
연결시킬 수 있어야 합니다.

1. 감사 표현
- Thank you. 고마워.
  = Thanks.
- Thank you very much. 너무 고마워.
  = Thank you so much.
  = Thanks a lot.

2. 구체적인 감사 표현
① 무엇이 고마운지 구체적으로 이야기하고 싶을 때는 뒤에 for를 붙여 주고, 그 뒤에 구체적인 내용을 더 붙임
② 단, for는 전치사이므로 뒤에 명사가 나와야 하며 어떤 행위에 대한 감사를 표시하기 위해 동사를 사용할 때는 동명사 형태를 씀
  - Thank you for your help. 너의 도움 고마워.
  - Thank you for helping me. 나를 도와줘서 고마워.

3. 감사 표현에 답하기
- You're welcome. 천만에.
- No problem. 괜찮아.
- Not at all. 별 것도 아닌데 뭐.
- Don't mention it. 고맙다고 할 것까지야.
- My pleasure. 나도 기뻐.
- Anytime. (도움이 필요하면) 언제든지.

키워드 04

사과

사과 표현과 적절한 응대를
연결시킬 수 있어야 합니다.

+ please의 위치

please는 문장 앞뒤 어디나
올 수 있으나 뒤에 올 때는
쉼표를 붙이고 please를 써
야 함

1. 사과 표현
- I'm sorry. 미안해.
- I'm really/so/very sorry. 정말 미안해.
- It's all my fault. 다 내 잘못이야.
- Please forgive me. 용서해 줘.

2. 구체적인 사과 표현   무엇이 미안한지 구체적으로 이야기하고 싶을 때는 뒤에 about/for/to를 붙여 주고, 그 뒤에 구체적인 내용을 더 붙임
- I'm sorry about your phone bill. 너의 전화 요금 때문에 미안해.
- I'm sorry for speaking in bad manner. 나쁜 태도로 이야기해서 미안해.
- I'm sorry to hurt your feelings. 네 기분을 상하게 해서 미안해.

3. 사과 표현에 답하기
- That's all right. 괜찮아.
  = That's OK.
- Don't worry about it. 걱정할 것 없어.
- No problem. 문제 없어.
- Never mind. 신경 쓰지 마.
- Forget it. 잊어버려.

연습 대화 1

A: I'm sorry. I lost your pen.
B: That's all right.

A: 미안해. 내가 네 펜을 잃어버렸어.
B: 괜찮아.

연습 대화 2

A: I broke the vase. I'm so sorry. It's all my fault.
B: That's okay. Don't worry about it.

A: 내가 꽃병을 깨뜨렸어. 정말 미안해. 모두 내 잘못이야.
B: 괜찮아. 걱정하지 마.

키워드 05
축하

Congratulations on + 구체적인 일

• Congratulations! 축하해!

연습 대화 1

A: I got a prize in an English Speech Contest.
B: Congratulations!

A: 나 영어 말하기 대회에서 상 받았어.
B: 축하해!

연습 대화 2

A: Congratulations on your new job.
B: Thanks.

A: 새 직장 얻은 거 축하해.
B: 고마워.

---

02 **감정**

키워드 01
감정

1. 감정 묻기

• How are you feeling? 기분이 어때?

2. 감정 표현하기

기쁠 때	I'm happy/pleased.	슬플 때	I'm sad.
걱정할 때	I'm worried.	초조할 때	I'm nervous.
속상할 때	I'm upset.	화날 때	I'm angry.
놀랄 때	I'm surprised.	지루할 때	I'm bored.
외로울 때	I'm lonely.		

연습 대화

A: How are you feeling?
B: I'm feeling good because the weather is so nice today.

A: 기분이 어떠니?
B: 오늘 날씨가 너무 좋아서 기분이 좋아.

키워드 02

기쁨

1. 기쁨 표현하기

- I'm happy. 나는 행복해.

연습 대화 1

A: Are you happy?
B: Yes, I am./Yes, I'm happy.

A: 너는 행복하니?
B: 응. 나는 행복해.

연습 대화 2

A: Are you happy?
B: No, I'm not.

A: 너는 행복하니?
B: 아니, 행복하지 않아.

2. 상대방의 말을 듣고 기쁨 표현하기

- I'm glad to hear that. 그 말을 들으니 기쁘구나.
- = I'm happy to hear that.
- = I'm pleased to hear that.

연습 대화 3

A: I passed the test.
B: I'm glad to hear that.

A: 시험에 합격했어.
B: 그 말을 들으니 기쁘구나.

연습 대화 4

A: I got an A on the test.
B: I'm happy to hear that.

A: 시험에서 A를 받았어.
B: 그 말을 들으니 기쁘구나.

연습 대화 5

A: We won the game.
B: Great. I'm pleased to hear that.

A: 우리가 게임에서 이겼어.
B: 굉장해. 그 말을 들으니 기쁘구나.

키워드 03

슬픔

대화를 통해 A 또는 B가 걱정하는 이유를 찾는 문제가 자주 출제됩니다.

＋long face

울적하고 시무룩할 때 입이 아래로 삐죽 내려가 얼굴이 길어지는 데서 생긴 표현

1. 슬픔·걱정 묻기

- What's wrong? 무슨 일이니?
- = What's the matter?
- = What's the problem?
- = What happened?
- Why the long face? 왜 시무룩한 표정이니?

연습 대화 1

A: You look worried. What's wrong?
B: I forgot my key.

A: 너 걱정스러워 보인다. 무슨 일이니?
B: 열쇠를 잃어버렸어.

TIP worried about에서 about이 전치사이기 때문에 뒤에는 명사 또는 동명사 (-ing)가 와야 해요.

2. 걱정하기

- I'm worried about ~. 나는 ~이 걱정 돼.
  - I'm worried about the test next week. 나는 다음 주 시험이 걱정 돼.
  - I'm worried about failing the test. 나는 시험에 불합격할까 봐 걱정 돼.

3. 위로 · 격려하기

① 위로하기

- Don't worry. 걱정하지 마.
- You don't have to worry. 걱정할 필요 없어.
- Don't take it so hard. 너무 심각하게 받아들이지 마.
- Take it easy. 쉽게 생각해.
- Never mind. 신경 쓰지 마.
- Forget it. 잊어버려.

② 격려하기

- Don't give up. 포기하지 마.
- Cheer up. 힘내.
- Come on. 힘내.
- You can do it. 너는 할 수 있어.
- Things will get better. 상황이 더 나아질 거야.
- Everything will be fine. 모든 일이 잘 될 거야.
- Everything will be OK. 모든 일이 잘 될 거야.

연습 대화 2

A: I lost my new bike.
B: Don't worry. You'll find it.

A: 새 자전거를 잃어버렸어.
B: 걱정하지 마. 찾 수 있을 거야.

4. 유감 표현하기

- I'm sorry to hear that. 그 말을 들으니 유감이구나.
- That's too bad. 너무 안됐구나.
- That's a pity. 안됐구나.
- What a pity! 안됐구나!

연습 대화 3

A: My dad is suffering from a bad headache.
B: I'm sorry to hear that.

A: 아빠가 심한 두통으로 고생하고 계셔.
B: 그 말을 들으니 유감이구나.

연습 대화 4

A: I didn't sleep well last night.
B: That's too bad.

A: 지난밤에 잠을 잘 못 잤어.
B: 너무 안됐구나.

키워드 04

놀람

TIP amazing, surprising 의 경우에는 사물·사건이 주어가 되어야 해요.

- That's amazing! 그것 참 놀랍구나!
- That's surprising! 그것 참 놀랍구나!
- What a surprise! 정말 놀라워!
- I can't believe it! 믿을 수 없어!
- Unbelievable! 믿기지 않아!
- Really? 정말?
- You're kidding! 설마(농담이지)!
- Are you kidding? 농담이지?
- No kidding! 농담 아냐(정말이야)!
- No way! 설마! / 말도 안 돼!

연습 대화 1

A: I can speak three languages.
B: That's surprising!

A: 나는 3개 국어를 할 수 있어.
B: 그것 참 놀랍구나!

연습 대화 2

A: It's snowing outside.
B: You're kidding! It's April now.

A: 밖에 눈이 오고 있어.
B: 농담이지! 지금은 4월이야.

키워드 05

칭찬

칭찬 표현과 관련된 문제에 서는 주로 밑줄 친 말의 의 도를 찾는 문제가 출제되고 있습니다.

1. 칭찬하기

- Awesome! 놀라워!
- Cool! 멋져!
- Excellent! 훌륭해!
- Fantastic! 멋있는데!
- Good (for you)! 잘했어!
- Great! 훌륭해!
- Wonderful! 멋져!
- (You did a) Good job! 잘했어!
- Well done! 잘했어!
- I'm proud of you! 네가 자랑스러워!
- You're the best! 네가 최고야!

2. 칭찬에 답하기

- Thanks. 고마워.
- Thank you very much. 정말 고마워.

연습 대화

A: Dad, I cleaned the house.
B: You did a good job!
A: Thanks.

A: 아빠, 집 청소했어요.
B: 잘했어!
A: 고마워요.

좋고 싫음

- 가장 좋아하는 것을 묻고 답하는 대화가 자주 출제됩니다.
- 좋아하는 것을 물을 때 쓰는 favorite의 쓰임을 잘 알아 두어야 합니다.

TIP better가 '더 좋은'이라는 의미의 비교급이므로 뒤에 than이 온다는 것도 기억해 두세요.

1. 선호하는 것 묻기

- Would you prefer A or B? A가 더 좋니, B가 더 좋니?
  - Would you prefer rice or noodles? 밥이 더 좋니, 국수가 더 좋니?
- Which do you prefer, A or B? A와 B 중 어느 것이 더 좋니?
  - Which do you prefer, milk or juice? 우유와 주스 중 어느 것이 더 좋니?
- Which do you like better, A or B? A와 B 중 어느 것이 더 좋니?
  - Which do you like better, meat or fish? 고기와 생선 중 어느 것이 더 좋니?

2. 선호 표현하기 「prefer A to B」는 'B보다 A를 더 좋아한다'는 뜻으로, 「prefer A to B」에서 to가 전치사이므로 뒤에 (동)명사가 오는 것에 유의해야 함. 비교대상이 되는 to B는 생략할 수 있음

- I prefer A (to B).
- I like A better (than B).

연습 대화 1

A: Which do you prefer, baseball or soccer?
B: I prefer baseball to soccer.

A: 야구와 축구 중 어느 것을 더 좋아하니?
B: 나는 축구보다 야구를 더 좋아해.

연습 대화 2

A: Which do you like better, math or science?
B: I like science better.

A: 수학과 과학 중 어느 것을 더 좋아하니?
B: 나는 과학을 더 좋아해.

---

3. 가장 좋아하는 것 묻기 「What's your favorite + 명사?」의 형태로 물음. 좋아하는 것 여러 가지를 물을 때는 「What are your favorite + 복수명사?」로 함

- What's your favorite color/day/food/fruit/movie/music/number/season/subject?
  네가 가장 좋아하는 색깔/요일/음식/과일/영화/음악/숫자/계절/과목은 무엇이니?

4. 가장 좋아하는 것 답하기 「My favorite ~ is ….」 또는 「I like ~ most.」를 쓸 수 있음

- My favorite color/day/food/fruit/movie/music/number/season/subject is ~.
  내가 가장 좋아하는 색깔/요일/음식/과일/영화/음악/숫자/계절/과목은 ~이야.

연습 대화 3

A: What's your favorite color?
B: My favorite color is red.

A: 네가 가장 좋아하는 색깔은 무엇이니?
B: 내가 가장 좋아하는 색깔은 빨간색이야.

연습 대화 4

A: What are your favorite clothes?
B: I like the white shirt and jeans.

A: 네가 가장 좋아하는 옷은 뭐니?
B: 나는 흰색 셔츠와 청바지를 가장 좋아해.

---

03 화술

키워드 01

동의

동의 표현을 묻는 문제는 주로 밑줄 친 말의 의도를 찾거나 빈칸에 들어갈 말로 가장 적절한 것 찾기 유형으로 출제되고 있습니다.

➕ 동의의 표현

'나도 그래.'라는 의미의 동의를 나타내는 표현으로, 긍정문에 대해서는 **So do I.**, 부정문에 대해서는 **Neither do I.**를 사용하기도 함

예 A: I like baseball.
　　나는 야구가 좋아.
　B: So do I. 나도 그래.
　A: I don't like soccer.
　　나는 축구를 안 좋아해.
　B: Neither do I.
　　나도 안 좋아해.

1. 동의 묻기

- Do you agree? 동의하니?
- Do you agree with me? 내 말에 동의하니?

2. 답하기

동의하기	• I agree. 동의해. • I agree with you. 네 말에 동의해. • I think so. 나도 그렇게 생각해. • I'm with you. 동의해. • You're right. 네 말이 맞아. • Me, too. 나도 그래. • Same here. 나도. • I agree with you 100 percent. 100퍼센트 동의해. • I couldn't agree with you more. 전적으로 동의해. • You can say that again. 네 말에 전적으로 동의해.
반대하기	• I disagree. 동의하지 않아. • I don't agree. 동의하지 않아. • I don't agree with you. 네 말에 동의하지 않아. • I don't think so. 그렇게 생각하지 않아. • (I'm afraid) You're wrong. 네가 틀렸어.

연습 대화 1

A: I like Japchae very much.　　　A: 나는 잡채를 아주 좋아해.
B: Me, too.　　　　　　　　　　B: 나도 그래.

연습 대화 2

A: This math problem is difficult.　A: 이 수학 문제는 어려워.
B: I don't agree with you.　　　　B: 네 말에 동의하지 않아.

키워드 02

되묻기

TIP 되묻는 표현인 I beg your pardon?, Pardon?, Sorry?, Excuse me? 등은 끝부분의 억양을 올려서 말해야 해요.

- What (did you say)? 뭐라고 말했니?
- Can you say that again? 다시 한 번 말해 주겠니?
- I beg your pardon? 뭐라고?
  - = Pardon (me)?
  - = (I'm) Sorry?
  - = Excuse me?

연습 대화

A: My phone number is 010-2345-6789.　　A: 내 전화번호는 010-2345-67890!야.
B: Sorry, but can you say that again?　　　B: : 미안하지만, 다시 한 번 말해 주겠니?
A: Sure. It's 010-2345-6789.　　　　　　A: : 물론이야. 010-2345-67890!야.

질문

- 질문 표현은 출제 확률이 매우 높습니다. 주로 빈칸에 들어갈 적절한 의문사를 고르는 문제가 출제됩니다.
- 각 의문사별로 쓰임을 잘 알아 두어야 합니다.

1. Who 누구인지 궁금할 때 사용

연습 대화 1

A: Who is that man?
B: He is my math teacher.

A: 저 남자는 누구니?
B: 그는 내 수학 선생님이야.

2. When 언제인지 궁금할 때 사용

연습 대화 2

A: When is your birthday?
B: It's June 4th.

A: 너의 생일이 언제니?
B: 6월 4일이야.

3. Where 어디인지 궁금할 때 사용

연습 대화 3

A: Where is my key?
B: It's on the bed.

A: 나의 열쇠는 어디에 있니?
B: 침대 위에 있어.

4. What 무엇인지 궁금할 때 사용

연습 대화 4

A: What are you going to do this weekend?
B: I'm going to study Spanish.

A: 너는 이번 주말에 무엇을 할 거니?
B: 스페인어를 공부할 거야.

한 문제 더 맞히는 개념 노트 계획 묻고 답하기

- 계획 묻기
  - What are you going to do + 시기? ~에 무엇을 할 거니?
  - What are you planning to do + 시기? ~에 무엇을 할 계획이니?
- 답하기
  - I'm going to + 동사원형. ~할 거야.
  - I'm planning to + 동사원형. ~할 계획이야.

5. How 어떻게 또는 얼마나인지 궁금할 때 사용

연습 대화 5

A: How is your new bike?
B: It's nice.

A: 너의 새 자전거는 어떠니?
B: 멋져.

6. Why 왜인지 궁금할 때 사용

연습 대화 6

A: Why are you late?
B: Because I got up late.

A: 왜 늦었니?
B: 늦게 일어났기 때문이야.

한 문제 더 맞히는 개념 노트 이유 묻고 답하기

- 이유 묻기
  - Why is that? 그게 왜?
  - Why do you say that? 왜 그렇게 말하니?
  - What makes you say that? 왜 그렇게 말하니?
  - Why do you think so? 왜 그렇게 생각하니?
  - What makes you think so? 왜 그렇게 생각하니?
- 답하기
  - (It's) Because ~. 왜냐하면 ~이기 때문이야.

키워드 04

제안

- 제안 표현은 주로 밑줄 친 말의 의도 찾기 유형으로 출제됩니다.
- 제안을 할 때 쓸 수 있는 다양한 표현을 알아야 합니다.

TIP Let's는 Let us의 줄임말이에요.

1. 제안하기

- Let's + 동사원형 ~. ~하자.
  - = Shall we + 동사원형 ~? ~할래?
  - = Why don't we + 동사원형 ~? ~하는 게 어때?
  - = How about + 동사원형 + -ing~? ~하는 게 어때?
  - = What about + 동사원형 + -ing~? ~하는 게 어때?
- Let's go to the beach. 해변에 가자.
  - = Shall we go to the beach? 해변에 갈래?
  - = Why don't we go to the beach? 해변에 가는 게 어때?
  - = How about going to the beach? 해변에 가는 게 어때?
  - = What about going to the beach? 해변에 가는 게 어때?

2. 답하기

승낙하기	Sure. 그래.
거절하기	I'm sorry, but I can't. 미안하지만, 안 되겠어.

연습 대화 1

A: How about going to the gallery?
B: That's a good idea. I'm interested in art.

A: 미술관에 가는 게 어때?
B: 그거 좋은 생각이야. 나는 미술에 관심이 있어.

연습 대화 2

A: Do you have any plans after school?
B: No, I don't.
A: Then, let's play basketball.
B: I'm sorry, but I can't.

A: 너는 방과 후에 무슨 계획이 있니?
B: 아니, 없어.
A: 그러면, 우리 농구하자.
B: 미안하지만, 안 돼.

키워드 05

요청

요청 표현은 밑줄 친 말의 의도 찾기, 대화 직후 상대방이 할 일 찾기 유형으로 주로 출제되고 있습니다.

1. 도움 요청

① 도움 요청하기

- Can you help me? 좀 도와줄 수 있니?
- Help me, please. 도와줘.
- Can you give me a hand? 좀 도와줄래?

② 답하기

승낙하기	• No problem. 문제없어. • Okay. 좋아. • Sure. 물론이지.
거절하기	Sorry, I can't. 미안해, 도와줄 수 없어.

연습 대화 1

A: Can you help me with my homework?
B: Sure.

A: 내 숙제를 도와줄 수 있니?
B: 물론이지.

연습 대화 2

A: Can you give me a hand with this box?
B: Sorry, I can't. I'm busy.

A: 이 상자 옮기는 것 좀 도와줄래?
B: 미안해, 도와줄 수 없어. 내가 바빠.

TIP give ~ a hand에서 hand는 '도움의 손길'을 뜻해요.

✚ 허락 요청하기
어떤 일을 하기 전에 상대방에게 허락을 요청할 때는 May I ~?, Can I ~? 등을 사용할 수 있음

2. 허락 요청

① 허락 요청하기

• Do you mind if ~? ~해도 되겠니?

– Do you mind if I close the window? 창문 좀 닫아도 되겠니?

② 답하기: Do you mind if ~?로 허락을 요청했을 때 아래와 같이 답함

승낙하기	• Certainly not. 물론. • No, I don't (mind). 상관없어. • No problem. 괜찮아. • Not at all. 괜찮아. • Of course not. 물론이지.
거절하기	• Yes. 안 돼. • Yes, I do. 안 돼. • I'm afraid I do. 미안하지만 안 돼.

연습 대화 3

A: Do you mind if I borrow your book?
B: Not at all.

A: 내가 너의 책을 빌려도 되겠니?
B: 그럼.

연습 대화 4

A: Do you mind if I sit here?
B: I'm afraid I do.

A: 여기 앉아도 되겠니?
B: 미안하지만 안 돼.

연습 대화 5

A: May I go to the bathroom?
B: Yes, you may.

A: 화장실에 가도 될까?
B: 응, 그래.

충고

- 출제 가능성이 큰 키워드 중 하나입니다.
- 대화에서 밑줄 친 말의 의도를 찾거나 빈칸에 들어갈 말 찾기 등의 유형으로 출제됩니다.

1. 충고 얻기

- What should I do? 어떻게 해야 하지?
- What do you think I should do? 네 생각에는 내가 어떻게 하면 좋겠니?
- What can I do? 내가 어떻게 해야 하니?
- What would you advise me to do? 너는 나에게 어떻게 하라고 충고할 거니?
- Can you give me some advice? 나에게 충고 좀 해줄 수 있니?

2. 충고하기

- (I think) You should ~. 너는 ~해야 해.
- You have to ~. 너는 ~해야 해.
- Why don't you ~? ~하는 게 어때?

한 문제 더 맞히는 개념 노트   충고하기

- 충고하는 말 앞에 I think를 써서 좀 더 부드럽게 말할 수 있다. You should ~.는 친구 사이에 충고를 하는 경우에 더 많이 쓰는 표현이다.
- You'd better ~.는 주로 더 나은 방향, 상황 또는 긴급한 상황이나 충고가 필요할 때 쓰는 표현이다.

연습 대화 1

A: I think you should study more.
B: Thanks for your advice.

A: 내 생각에 너는 공부를 더 해야 할 것 같아.
B: 충고 고마워.

연습 대화 2

A: I have a cold.
B: You'd better go home and get some rest.

A: 나는 감기에 걸려 있어.
B: 너는 집에 가서 좀 쉬는 게 낫겠구나.

TIP '휴식을 취하다'라는 의미의 get some rest는 take some rest라고 표현할 수도 있어요.

04 ▶ 사교

초대

1. 초대하기

- Can you come to ~? ~에 올 수 있니?
- Will you come to ~? ~에 올래?

2. 초대에 답하기

승낙하기	• Of course. 물론이지 • Sure. 그럼
거절하기	• Sorry. 미안. • Sorry, but ~. 미안하지만 ~.

연습 대화

A: Can you come to my party?
B: Sure.

A: 내 파티에 올 수 있니?
B: 물론이지.

키워드 02

약속

어떤 상황의 대화인지를 찾거나 약속을 잡는 상황의 대화를 제시하고 빈칸에 들어갈 말을 찾는 문제가 자주 출제됩니다.

1. 약속 시간 정하기

- What time do you want to meet? 몇 시에 만나고 싶니?
- What time shall we meet? 몇 시에 만날까?
- What time shall we make it? 몇 시에 만날까?
- When do you want to meet? 언제 만나고 싶니?
- When shall we meet? 언제 만날까?

2. 약속 장소 정하기

- Where do you want to meet? 어디에서 만나고 싶니?
- Where shall we meet? 어디에서 만날까?

연습 대화

A: Let's go to the movies this Saturday.
B: Good idea. What time shall we make it?
A: How about 2 o'clock?
B: OK. Where do you want to meet?
A: Let's meet at the bus stop.
B: Sounds good.

A: 이번 주 토요일에 영화 보러 가자.
B: 좋은 생각이야. 몇 시에 만날까?
A: 2시 정각 어때?
B: 좋아. 어디에서 만나고 싶니?
A: 버스 정류장에서 만나자.
B: 좋아.

키워드 03

식사

음식을 권유하고 권유에 답하는 표현을 묻는 문제의 출제 가능성이 높습니다.

1. 음식 권하기

- Would you like some ~? ~ 좀 먹을래?
- Do you want some ~? ~을 원하니?
- Help yourself! 마음껏 먹어!

2. 음식 권유에 답하기

승낙하기	Yes, please. 응, 좋아.
거절하기	No, thanks. 고맙지만, 괜찮아.

연습 대화 1

A: Would you like some chicken?
B: Yes, please.

A: 치킨 좀 먹을래?
B: 응, 좋아.

연습 대화 2

A: Would you like some cake?
B: No, thanks. I'm full.

A: 케이크 좀 먹을래?
B: 고맙지만, 괜찮아. 배가 불러.

TIP 보통 의문문·부정문에서는 any를, 긍정문에서는 some을 사용해요. 하지만, 의문문에서 권유를 나타내는 문장에는 any가 아닌 some을 사용해요.

05 화제

키워드 01

개인 신상

출신을 묻고 답하는 문제가
자주 출제됩니다.

1. 이름

이름 묻기	답하기
What's your name? 이름이 뭐니?	• My name is ~. 나의 이름은 ～야. 　– My name is Yumi. 나의 이름은 Yumi야. • Just call me ~. 그냥 ～라고 불러 줘. 　– Just call me Sam. 그냥 Sam이라고 불러 줘.

연습 대화 1

A: What's your name?
B: My name is Ben.

A: 이름이 뭐니?
B: 나의 이름은 Ben이야.

2. 나이

나이 묻기	답하기
How old are you? 몇 살이니?	• I'm ~ years old. 나는 ～살이야. 　– I'm five (years old). 나는 5살이야.

연습 대화 2

A: How old are you?
B: I'm ten years old.

A: 몇 살이니?
B: 나는 10살이야.

3. 출신

TIP be from은 '～ 출신이
다'라는 의미로 come from
과 같은 표현이에요.

출신지 묻기	답하기
Where are you from? 어디 출신이니?	• I'm from ~. 나는 ～ 출신이야. 　– I'm from Canada. 나는 캐나다 출신이야.

한 문제 더 맞히는 개념 노트　　나라 이름과 해당 나라 출신 사람을 부르는 말

- Korea–Korean 한국 – 한국인
- Canada–Canadian 캐나다 – 캐나다인
- England–English 영국 – 영국인
- Germany–German 독일 – 독일인
- America–American 미국 – 미국인
- China–Chinese 중국 – 중국인
- France–French 프랑스 – 프랑스인
- Japan–Japanese 일본 – 일본인

연습 대화 3

A: Where are you from?
B: I'm from Korea.

A: 어디 출신이니?
B: 나는 한국 출신이야.

4. 가족

가족 수 묻기	답하기
How many (people) are there in your family? 너는 가족이 몇 명이니?	There are ~ in my family. 나는 가족이 ～명 있어.

5. 직업

직업 묻기	답하기

• What do you do? 직업이 무엇인가요?
• What do you do for a living?
  직업이 무엇인가요?
• What is your job? 직업이 무엇인가요?
	• I'm a(an) ~. 나는 ~입니다.
	  – I'm an artist. 나는 화가입니다.
	  – I'm a dancer. 나는 무용수입니다.

연습 대화 4

A: What do you do?	A: 직업이 무엇인가요?
B: I'm a vet.	B: 나는 수의사입니다.

키워드 02

장래 희망

• 출제 가능성이 큰 키워드 중 하나입니다.
• 장래 희망을 묻고 답하는 대화를 제시하고 대화의 주제를 찾는 유형으로 자주 출제됩니다.

장래 희망 묻기	답하기

• What do you want to be? 무엇이 되고 싶니?
• What do you want to be in the future?
  미래에 무엇이 되고 싶니?
• What do you want to be when you grow up? 커서 무엇이 되고 싶니?
	• I want to be ~. 나는 ~가 되고 싶어.
	  – I want to be a scientist. 나는 과학자가 되고 싶어.

연습 대화

A: What do you want to be?

B: I want to be a cook. I like to make food.

A: 무엇이 되고 싶니?

B: 요리사가 되고 싶어. 음식 만드는 것을 좋아해.

키워드 03

여가 · 취미

여가와 취미에 관한 대화에 서 공통점을 찾는 문제가 자 주 출제됩니다.

1. 여가 · 취미 묻기

- What do you do in your free time? 여가 시간에 무엇을 하니?
- What do you usually do in your free time? 여가 시간에 주로 무엇을 하니?
- What do you like to do in your free time? 여가 시간에 무엇을 하는 것을 좋아하니?
- What's your hobby? 취미가 뭐니?
- Do you have any hobbies? 너는 취미를 가지고 있니?

2. 답하기

- I usually ~. 보통 ~해.
  - I usually read books. 보통 책을 읽어.
- I enjoy -ing. ~하는 것을 즐겨.
  - I enjoy reading books. 책 읽는 것을 즐겨.
- My hobby is ~. 나의 취미는 ~야.
  - My hobby is reading books. 나의 취미는 책 읽는 것이야.

연습 대화 1

A: What do you do in your free time?

B: I enjoy singing. How about you?

A: I enjoy dancing.

A: 너는 여가 시간에 무엇을 하니?

B: 나는 노래하기를 즐겨. 너는 어때?

A: 나는 춤추는 걸 즐겨.

연습 대화 2

A: What's your hobby?

B: My hobby is cooking.

A: 네 취미가 뭐니?

B: 나의 취미는 요리를 하는 거야.

키워드 04

인물

- 대화에서 묘사하고 있는 인물을 그림에서 찾는 문 제가 자주 출제됩니다.
- 인물의 외모나 성격을 나 타낼 때 쓰는 표현을 잘 익혀야 합니다.

1. 특징

특징 묻기	특징 묘사하기
• What is she like? 그녀는 어떤 사람이니? • What is he like? 그는 어떤 사람이니? • What is your new homeroom teacher like? 너의 새 담임 선생님은 어떤 분이니?	• She is nice and smart. 그녀는 착하고 똑똑해. • He is kind and humorous. 그는 친절하고 유머가 있어.

연습 대화 1

A: What is he like?

B: He is very funny. He tells great jokes.

A: 그는 어떤 사람이니?

B: 그는 아주 웃겨. 농담을 굉장히 잘해.

2. 외모

① 외모 묻기

What does he/she look like? 그/그녀는 어떻게 생겼니?

② 외모 묘사하기

「be + 형용사」	전체적인 외모에 대한 묘사
「have + 신체 부위」	신체 부위와 연관된 묘사

- She is tall/short. 그녀는 키가 커/작아.
- He is fat/thin. 그는 뚱뚱해/날씬해.
- She is pretty/cute. 그녀는 예뻐/귀여워.
- He is handsome. 그는 잘생겼어.
- She has big eyes. 그녀는 큰 눈을 가지고 있어.
- He has blue/brown/green eyes. 그는 파란/갈색/초록색 눈을 가지고 있어.
- She has long/short hair. 그녀는 긴/짧은 머리를 가지고 있어.
- He has curly/straight hair. 그는 곱슬/생머리를 하고 있어.

연습 대화 2

A: What does he look like?
B: He is tall and handsome. He has curly hair.

A: 그는 어떻게 생겼니?
B: 그는 키가 크고 잘생겼어. 그는 곱슬머리를 하고 있어.

3. 패션

패션 묻기	패션 묘사하기
What is she/he wearing? 그녀/그는 무엇을 착용하고 있니?	She/He is wearing ~ (옷/잡화/장신구). 그녀/그는 ~을 착용하고 있어.

연습 대화 3

A: What is she wearing?
B: She is wearing a long pink dress.

A: 그녀는 무엇을 입고 있니?
B: 그녀는 긴 분홍색 원피스를 입고 있어.

TIP wear는 '입고 있는 상태'를 말하고 put on은 '입는 동작'을 말해요.

키워드 05

날씨

출제 가능성이 높은 키워드로, 대화에서 알 수 있는 특정 지역의 현재 날씨 찾기 등의 문제가 출제됩니다.

1. 날씨 묻기

- How's the weather? 날씨가 어때?
- What's the weather like? 날씨가 어때?

2. 답하기 「It's + 날씨를 나타내는 표현.」으로 답함

- It's sunny. 화창해.
- It's cloudy. 흐려.
- It's rainy.
  = It's raining. 비가 내려.
- It's snowy.
  = It's snowing. 눈이 내려.

- It's foggy. 안개가 꼈어.
- It's windy. 바람이 불어.
- It's stormy. 폭풍우가 쳐.
- It's warm. 따뜻해.
- It's hot. 더워.
- It's cool. 시원해.
- It's cold. 추워.

| sunny | cloudy | rainy | snowy | foggy |
| windy | stormy | warm | hot | cool | cold |

연습 대화

A: What's the weather like today?
B: It's sunny and warm.

A: 오늘 날씨 어때?
B: 화창하고 따뜻해.

키워드 06

날짜·요일·시각

날짜·요일·시각을 적절하게
나타낼 줄 알아야 합니다.

➕ 서수
첫 번째 – first
두 번째 – second
세 번째 – third

1. 날짜

① 날짜 묻기
- What's the date today? 오늘은 며칠이니?
  = What date is it today?
  = What is today's date?

② 날짜 말하기: '어느 달의 ~번째 날'이라는 의미로 날짜를 말할 때는 순서를 나타내는 서수를 사용하여 「It's + 월 + 일(서수).」로 표현함
It's December 25th. 12월 25일이야.

한 문제 더 맞히는 개념 노트   월을 나타내는 단어

1월	January	Jan.	2월	February	Feb.
3월	March	Mar.	4월	April	Apr.
5월	May	May	6월	June	Jun.
7월	July	Jul.	8월	August	Aug.
9월	September	Sep.	10월	October	Oct.
11월	November	Nov.	12월	December	Dec.

A: What's the date today?

A: 오늘은 며칠이니?

B: It's August 15th.

B: 8월 15일이야.

➕ 요일을 말할 때

형식상의 주어 It이나 Today
를 주어로 하여 요일을 말하
며, 요일은 항상 대문자로 씀

2. 요일

요일 묻기	답하기
What day is it today? 오늘이 무슨 요일이니?	• It's + 요일. ~요일이야. – It's Monday. 월요일이야.

한 문제 더 맞히는 개념 노트   요일을 나타내는 단어

월요일	Monday	Mon.	화요일	Tuesday	Tue.
수요일	Wednesday	Wed.	목요일	Thursday	Thu.
금요일	Friday	Fri.	토요일	Saturday	Sat.
일요일	Sunday	Sun.			

➕ 시각을 말할 때

• 정각을 나타낼 때는 o'clock
을 사용하거나 숫자만 말함
• 시와 분을 나타낼 때는 각
각 숫자로 표현함

3. 시각

시각 묻기	답하기
• What time is it? 몇 시니? • Do you have the time? 몇 시니?	• It's + 숫자. ~시야. – It's two o'clock.(= It's two.) 2시 정각이야. – It's two ten. 2시 10분이야.

TIP to는 '~시까지 몇 분
남았을 때', past는 '~시까
지 몇 분 지났을 때' 사용해요.
이때는 '분'을 먼저 말해요.

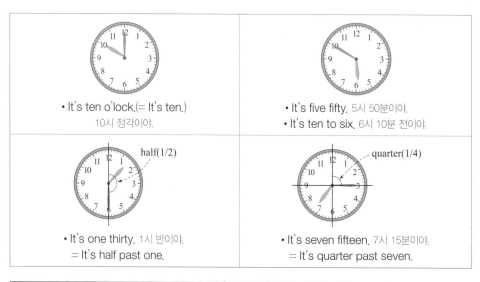

• It's ten o'lock.(= It's ten.)
10시 정각이야.

• It's five fifty. 5시 50분이야.
• It's ten to six. 6시 10분 전이야.

half(1/2)

quarter(1/4)

• It's one thirty. 1시 반이야.
= It's half past one.

• It's seven fifteen. 7시 15분이야.
= It's quarter past seven.

A: What time is it now?

A: 지금 몇 시니?

B: It's seven o'clock.

B: 7시 정각이야.

06

통신·교통

키워드 01

전화

- 전화 대화에서 B의 응답으로 적절한 것을 고르는 문제가 자주 출제됩니다.
- 통화 상황에서 전화를 건 사람과 받은 사람이 각각 할 수 있는 표현을 익혀야 합니다.

TIP 전화를 걸었을 때 The line is busy.라고 음성이 나오면 통화 중이라는 의미예요.

1. 전화 걸고 받기

전화 걸기	전화 받기
• Hello. 여보세요. • May I speak to ~? ~와 통화할 수 있어요? • Can I speak to ~? ~와 통화할 수 있어요? • I'd like to speak to ~. ~와 통화하고 싶어요. • Is ~ there ~ 있어요?	• It's me. 저예요. • This is he/she. 저예요. • This is he/she speaking. 저예요. • Speaking. 저예요.

2. 다양한 통화 상황

전화 건 사람 확인하기	Who's calling, please? 전화거신 분은 누구세요?
전화 건 사람 밝히기	This is ~. 저는 ~예요.
통화를 원하는 상대 바꿔주기	• Hold on, please. 잠시만 기다려 주세요. • Just a second, please. 잠시만 기다려 주세요.
통화를 원하는 상대가 부재중임을 알리기	• Sorry, he's/she's not here. 그/그녀는 여기 없어요. • May I take a message? 메시지 남기시겠어요? • Can I take a message? 메시지 남기시겠어요? • Would you like to leave a message? 메시지 남기시겠어요?
잘못 걸린 전화라고 하기	You have the wrong number. 전화를 잘못 거셨어요.

> **연습 대화**
>
> A: Hello. This is Ben. Can I speak to William?
>
> B: He's not here right now. Would you like to leave a message?
>
> A: No, thanks. I'll call again later.
>
> A: 여보세요. 저는 Ben입니다. William과 통화할 수 있을까요?
>
> B: 그는 지금 여기에 없어요. 메시지 남기시겠어요?
>
> A: 아뇨, 괜찮아요. 나중에 다시 걸게요.

키워드 02

길

- 출제 가능성이 큰 키워드 중 하나입니다.
- 대화에서 A가 가려고 하는 곳 찾기, 지도를 주고 대화에 맞는 도착지 찾기 등의 유형으로 출제됩니다.

1. 길 묻고 안내하기

① 길 묻기

- How can I get to ~? ~에 어떻게 가나요?
- Can/Could you tell me the way to ~? ~에 가는 길을 알려 주시겠어요?
- Can/Could you show me the way to ~? ~에 가는 길을 알려 주시겠어요?
- Where is ~? ~은 어디에 있나요?

② 길 안내하기

- Go straight. 곧바로 가세요.
- Go straight one block. 한 블록 직진하세요.
- Turn left/right. 왼쪽/오른쪽으로 도세요.

- It's on your left/right. 당신의 왼편/오른편에 있어요.
- It's in front of ~. ~ 앞에 있어요.
- It's behind ~. ~ 뒤에 있어요.
- It's next to ~. ~ 옆에 있어요.
- It's between A and B. A와 B 사이에 있어요.
- You can't miss it. 분명 찾을 거예요.

연습 대화 1

A: Can you show me the way to the bakery?
B: Go straight two blocks. It's next to the hospital. You can't miss it.

A: 빵집 가는 길을 알려 주시겠어요?
B: 두 블록 직진하세요. 병원 옆에 있어요. 분명 찾을 거예요.

2. 거리 묻고 말하기

거리 묻기	거리 말하기
How long does it take to get to ~? ~에 가는 데 얼마나 걸리나요?	It takes about ~. ~ 정도 걸립니다.

연습 대화 2

A: How long does it take to get to the hotel?
B: It takes about 10 minutes.

A: 그 호텔까지 가는 데 얼마나 걸리나요?
B: 10분 정도 걸립니다.

키워드 03

교통수단

목적지까지 어떻게 가는지 묻는 질문에 대하여 적절한 대답을 고르는 문제가 출제될 수 있어요.

교통수단 묻기	답하기
How do you go to school? 너는 어떻게 학교에 가니?	• I walk to school. 나는 걸어서 학교에 가. = I go to school on foot. • I go to school by bus. 나는 버스를 타고 학교에 가.

by (air)plane	비행기를 타고	by bike	자전거를 타고
by bus	버스를 타고	by car	자동차를 타고
by ship	배를 타고	by subway	지하철을 타고
by train	기차를 타고	on foot	걸어서

연습 대화

A: How do you go to school?
B: I go to school by subway. How about you?
A: I walk to school.

A: 너는 어떻게 학교에 가니?
B: 나는 지하철을 타고 학교에 가. 너는 어때?
A: 나는 걸어서 학교에 가.

키워드 01

공항

주어진 대화를 읽고 해당 대화가 이루어지는 장소가 어디인지 고르는 문제가 자주 출제됩니다.

여권 검사	• Can/May I see your passport? 여권 좀 보여 주시겠어요? • Here you are. 여기요. = Here it is.
방문 목적	• What is the purpose of your visit? 방문 목적이 무엇인가요? • I'm here for sightseeing. 관광하러 왔습니다. • I'm here for traveling. 여행하러 왔습니다.

방문 기간	• How long are you going to stay? 얼마나 오래 머물 예정인가요?
	  = How long are you staying?
	  = How long will you be staying?
	• For a week. 일주일이요.

숙소	• Where are you going to stay? 어디에 머물 예정인가요?
	  = Where are you staying?
	  = Where will you be staying?
	• At the Marriott Hotel in New York. 뉴욕의 메리어트 호텔에서 머물 겁니다.

연습 대화

A: Can I see your passport?
B: Here it is.
A: What is the purpose of your visit?
B: For traveling.
A: How long are you staying?
B: For nine days.
A: Where are you staying?
B: At the Hilton Hotel.

A: 여권 좀 보여 주시겠어요?
B: 여기요.
A: 방문 목적이 무엇인가요?
B: 여행하러 왔습니다.
A: 얼마나 오래 머물 예정인가요?
B: 9일이요.
A: 어디에 머물 예정인가요?
B: 힐튼 호텔에서 머물 겁니다.

TIP 현재진행시제는 가까운 미래의 의미를 나타내기도 해요.

키워드 02

택시

택시기사	승객

• Where to? 어디로 가세요?
• Here we are. 도착했습니다.
	• Take me to ~. ~로 데려다주세요.
	  – Take me to the airport. 공항으로 데려다주세요.
	• 장소, please. ~로 가 주세요.
	  – The Plaza Hotel, please. 플라자 호텔로 가 주세요.
	• Let me get off ~. ~에 내려 주세요.
	  – Let me get off in front of the Hayatt Hotel.
	    하얏트 호텔 앞에 내려 주세요.
	• Open the trunk, please. 트렁크 좀 열어 주세요.

연습 대화

A: Good morning. Where to?
B: Take me to the subway station.
A: No problem.
B: How long will it take to get there?
A: About 30 minutes.

A: 안녕하세요. 어디로 가세요?
B: 지하철역으로 데려다주세요.
A: 알겠습니다.
B: 그곳까지 가는 데 얼마나 걸리죠?
A: 약 30분이요.

상점

- 상점은 특히 자주 출제되는 장소입니다.
- 대화에서 B가 사려고 하는 것 찾기 등의 유형으로 출제됩니다.

TIP try ~ on은 '~을 입어 보다. 신어보다'의 의미예요.

1. 점원

- Can/May I help you? 도와 드릴까요?
- Do you need any help? 도움이 필요하세요?
- What can I do for you? 무엇을 도와 드릴까요?
- How about this one? 이거 어때요?
- How do you want to pay? 어떻게 계산하시겠어요?
- How would you like to pay? 어떻게 계산하시겠어요?
- Cash or charge? 현금으로 하시겠어요, 아니면 카드로 하시겠어요?

2. 손님

- I'm just looking around. 그냥 둘러보는 거예요.
- I'm looking for ~. ~을 찾고 있어요.
- Can/May I try this on? 이것을 입어 봐도 될까요?
- Do you have this in a different color? 이걸로 다른 색 있어요?
- Do you have this in a smaller size? 이걸로 조금 더 작은 것 있어요?
- Do you have this in a larger size? 이걸로 조금 더 큰 것 있어요?
- I'll take it/them. (이걸로) 살게요.
- I'll pay in cash. 현금으로 지불할게요.
- I'll pay by credit card. 신용카드로 지불할게요.

연습 대화 1

A: Can I help you?
B: Yes, please. I'm looking for a blouse.
A: What color do you want?
B: White, please.

A: 도와 드릴까요?
B: 네. 블라우스를 찾고 있어요.
A: 어떤 색을 원하세요?
B: 흰색으로 주세요.

연습 대화 2

A: I like this jacket. May I try this on?
B: Of course.

A: 이 재킷이 맘에 드네요. 입어 봐도 될까요?
B: 물론입니다.

3. 가격 묻고 답하기

+ these/those

물건이 두 개 이상일 때, 신발처럼 두 개가 한 쌍인 물건을 말할 때 지시대명사의 복수형 these나 those를 사용함. 늘 쌍인 물건은 pants(바지), socks(양말), gloves(장갑), glasses(안경) 등이 있음

가격 묻기	답하기
• How much is it/this/that? 그것/이것/저것은 얼마예요? • How much are these/those? 이것들/저것들은 얼마예요?	• It/This/That is ~ won/dollar(s). 그것/이것/저것은 ~ 원(달러)입니다. • They/These/Those are ~ won/dollar(s). 그것들은/이것들은/저것들은 ~ 원(달러)입니다.

연습 대화 3

A: May I help you?
B: Yes, please. I'm looking for a hat.
A: How about this one?
B: How much is it?
A: It's five dollars.
B: Great. I'll take it.

A: 도와 드릴까요?
B: 네. 모자를 찾고 있어요.
A: 이거 어때요?
B: 얼마예요?
A: 5달러입니다.
B: 좋아요. 살게요.

키워드 04

식당

- 상점과 함께 출제율이 높은 키워드입니다.
- A와 B의 관계 찾기, 주어진 말에 이어질 대화의 순서 찾기 등의 유형으로 출제됩니다.

➕ I'd like

I'd like는 I would like의 줄임말로 I want와 같은 의미임

TIP have는 '가지다'라는 의미도 있지만 문맥에 따라 '먹다, 마시다'의 의미도 있어요.

➕ please

주문하려는 음식의 종류와 수량을 제시하고 please를 붙이기도 함

1. 종업원

- Are you ready to order? 주문하시겠어요?
  - = Can/May I take your order?
  - = Would you like to order?
- How would you like your steak? 스테이크는 어떻게 해 드릴까요?
- Anything else? 더 필요한 거 있으세요?
- For here or to go? 여기서 드실 건가요, 아니면 가져가실 건가요?

2. 손님

- Can/May I see the menu? 메뉴 보여 주시겠어요?
- What's today's special? 오늘의 특별 요리는 무엇인가요?
- What do you recommend? 추천해 주실 만한 게 있나요?
- What's good here? 여기에서(식당에서) 잘하는 게 뭐죠?
- I'd like ~. ~ 주세요.
  - = I'll have ~.
  - = ~, please.
- Rare/Medium/Well done, please. 살짝/중간으로/잘 익혀 주세요.
- For here, please. 여기서 먹을 거예요.
- To go, please. 가져갈 거예요.

연습 대화 1

A: Are you ready to order?	**A:** 주문하시겠어요?
B: Yes. I'd like a sandwich and a coke.	**B:** 네. 샌드위치 하나와 콜라 하나 주세요.
A: Anything else?	**A:** 더 필요한 거 있으세요?
B: No, thanks.	**B:** 아뇨, 괜찮아요.

연습 대화 2

A: May I take your order?	**A:** 주문하시겠어요?
B: One hamburger, please.	**B:** 햄버거 하나 주세요.
A: For here or to go?	**A:** 여기서 드실 건가요, 아니면 가져가실 건가요?
B: To go, please.	**B:** 가져갈 거예요.

키워드 05

미술관

TIP take pictures는 '사진을 찍다'라는 의미로 take a picture와 같은 표현이에요.

1. 관람객

- Can/May I bring my pet? 저의 애완동물을 데리고 가도 될까요?
- Can/May I take pictures here? 여기에서 사진을 찍어도 될까요?
- Can/May I touch the painting? 그림을 만져 봐도 될까요?

2. 안내인

승낙하기	거절하기
• Yes, you can. 네, 해도 됩니다. • Yes, you may. 네, 해도 됩니다. • Okay. 좋아요. • Of course. 물론이죠. • Sure. 물론이죠.	• Sorry, you can't. 미안하지만 안 됩니다. • No, you may not. 아니요, 안 됩니다. • No way. 안 됩니다.

연습 대화

A: May I take pictures here?
B: No, you may not. You may take pictures outside.

A: 여기에서 사진을 찍어도 될까요?
B: 아니요, 안 됩니다. 밖에서는 사진을 찍을 수 있습니다.

키워드 06

영화관

관람객	매표소 직원
• 숫자 ticket(s) for + 영화 제목. (영화 제목) 표 ~장 주세요. – Two tickets for *Harry Potter*. 해리포터 표 두 장 주세요. • Can I get ~ ticket(s) for + 영화 제목? (영화 제목) 표 ~장을 살 수 있을까요? – Can I get two tickets for *Harry Potter*? 해리포터 표 두 장을 살 수 있을까요?	• For what time? 몇 시 영화로 드릴까요? • Here you are. 여기 있어요. • The tickets are all sold out. 표가 모두 매진되었어요.

연습 대화 1

A: How can I help you?
B: Two tickets for *Harry Potter*.
A: For what time?
B: One fifty, please.
A: Here you are. Enjoy the movie.

A: 도와 드릴까요?
B: 해리포터 표 두 장 주세요.
A: 몇 시 영화로 드릴까요?
B: 1시 50분 걸로 주세요.
A: 여기 있어요. 영화 재미있게 보세요.

연습 대화 2

A: May I see your movie ticket, please?
B: Here you are.
A: Thank you so much. Please go to Theater 6. Enjoy the movie.

A: 표를 보여 주시겠어요?
B: 여기 있습니다.
A: 정말 고맙습니다. 6번 영화관으로 가세요. 영화 재미있게 보세요.

키워드 07

우체국

대화에서 두 사람의 관계를 찾는 문제가 출제되고 있습니다.

고객	우체국 직원
• I'd like to send this letter to Canada. 이 편지를 캐나다에 보내고 싶어요. • I'd like to mail this package to Hong Kong. 이 소포를 홍콩에 보내고 싶어요. • How long will it take to get there? 거기에 도착하는 데 얼마나 걸릴까요? • How much is the postage? 우편요금이 얼마인가요? • I'd like to buy some stamps. 우표를 좀 사고 싶어요.	• How would you like to send the letter? 편지를 어떻게 보내 드릴까요? • What's inside? 내용물이 뭐죠?

연습 대화

A: May I help you?
B: I'd like to send this letter to Canada.
A: How would you like to send the letter?
B: By air, please.

A: 도와 드릴까요?
B: 이 편지를 캐나다에 보내고 싶어요.
A: 편지를 어떻게 보내 드릴까요?
B: 항공편으로 보내 주세요.

키워드 08

병원

• 대화에서 두 사람의 관계를 찾는 문제로 출제되고 있습니다.
• 몸의 상태를 표현하고 그에 대한 충고를 하는 대화문으로도 출제되고 있습니다.

의사	환자
• Where does it hurt? 어디가 아프세요? • When did the pain start? 언제부터 아팠어요? • Let me take a look. 좀 볼게요. • Take a deep breath. 심호흡을 해 보세요. • Hold your breath. 숨을 멈추세요. • Let's take your temperature. 체온을 재 볼게요. • Take this medicine and get some rest. 이 약을 드시고 좀 쉬세요. • Please drink a lot of warm water. 따뜻한 물을 많이 드세요.	• I don't feel well. 몸이 좋지 않아요. • I have a headache. 머리가 아파요. • I have a toothache. 이가 아파요. • I have a stomachache. 배가 아파요. • I have a cold. 감기에 걸렸어요. • I have a fever. 열이 나요. • I have a runny nose. 콧물이 나와요. • I have a cough. 기침이 나와요. • I have a sore throat. 목이 아파요.

연습 대화

A: Where does it hurt?
B: I have a fever and a runny nose.
A: You have a cold. Take this medicine and get some rest.

A: 어디가 아프세요?
B: 열이 나고 콧물이 나와요.
A: 감기에 걸렸네요. 이 약을 드시고 좀 쉬세요.

독해

⬆️ **원포인트 공부법** 독해는 자주 출제되는 유형을 집중 공략하는 것이 최우선! 유형별 풀이법을 익히고 문제들을 많이 풀어 봐야 해요.

01 ▶ 중심 내용 파악하기

키워드 01

주제 찾기

글의 전체적인 내용을 담은 주제를 찾는 유형입니다.

똑똑한 유형 풀이법

- 글의 주제는 대개 글의 첫 부분(두괄식) 혹은 마지막 부분(미괄식)에 제시하는 경우가 많으므로 글의 첫 부분 혹은 마지막 부분을 꼼꼼하게 읽어야 한다.
- 핵심어와 중심 내용을 전달하는 문장을 종합해서 주제를 찾는다.
- 너무 세부적인 선택지는 제외하면서 답을 고른다.

Q1 다음 글의 주제로 가장 적절한 것은?

[2020년 1회]

> Hi, my name is Sora. I am 14 years old. I love watching movies and playing the guitar. My favorite subject is math. I want to be a teacher. Nice to meet you all.

① 자기소개   ② 대회 홍보   ③ 악기 판매   ④ 영화 예매

정답찾기 | 14살 Sora가 영화 보는 것과 기타 치는 것을 좋아하고, 가장 좋아하는 과목은 수학이며, 장래 희망은 선생님이라고 이야기한 뒤, 모두 만나서 반갑다고 하면서 처음 만나는 사람에게 하는 친근한 인사를 하고 있으므로 글의 주제로 가장 적절한 것은 ①이다.

어휘 | favorite 매우 좋아하는   subject 과목   math 수학

해석 | 안녕하세요. 저의 이름은 Sora입니다. 14살이에요. 영화 보는 것과 기타 치는 것을 정말 좋아해요. 제가 가장 좋아하는 과목은 수학입니다. 저는 선생님이 되고 싶어요. 여러분 모두 만나서 반가워요.   **정답** ①

Q2 다음 글의 주제로 가장 적절한 것은?

[2020년 1회]

> You can improve yourself by reading books. Reading gives you a chance to learn new things. It also helps you to understand others. The more you read, the more you learn. Reading makes you much smarter and happier.

① 배려의 필요성   ② 교통 법규 준수
③ 독서의 이로운 점   ④ 시간 활용의 중요성

TIP 「make+목적어+목적격 보어」는 '목적어를 ~하게 만들다'라는 의미예요.

예 • make me healthy
　　나를 건강하게 만들다
　• make him sad
　　그를 슬프게 만들다

Q3 글의 주제로 가장 적절한 것은?

[2019년 1회]

> Growing vegetables is good for your health. It makes your mind calm, and it gives you some exercise. You can also eat the fresh vegetables after you grow them.

① 채소를 키우는 것이 건강에 좋은 이유
② 집을 항상 청결하게 유지해야 하는 이유
③ 나무에 적절한 비료를 주어야 하는 이유
④ 건강관리를 위해 운동을 해야 하는 이유

키워드 02

제목 찾기

주제를 구성하는 중심 소재와 내용을 함축적이거나 상징적으로 표현한 글의 제목을 찾는 유형입니다.

똑똑한 유형 풀이법

• 글의 주제나 요지를 전달하는 주요 문장을 찾고 자주 반복되거나 비중 있는 핵심어(구)를 파악한 후 글의 전체 내용을 포괄적으로 담고 있는 제목을 유추해 본다.
• 제목은 주제와 가장 가깝고 비슷한 의미를 담고 있는 경우가 많다.

Q1 글의 제목으로 가장 알맞은 것은?

[2018년 2회]

> There are many good habits to make a healthy life. Getting up early, having breakfast every morning, and going jogging are good examples. If you keep habits like these, you can be healthy and happy.

① 신속한 요리 방법
② 간편한 조깅 복장
③ 적당한 아침 기상 시간
④ 건강을 위한 좋은 습관

정답찾기 | 일찍 일어나기, 매일 아침을 먹기, 조깅하기 등을 예시로 든 후 이를 유지하면 건강해질 수 있다고 하므로 글의 제목으로 가장 적절한 것은 ④이다.

어휘 | habit 습관   healthy 건강한   example 예, 사례   like ~와 같이

해석 | 건강한 삶을 만들기 위한 좋은 습관들이 많이 있습니다. 일찍 일어나는 것, 매일 아침을 먹는 것, 그리고 조깅하는 것이 좋은 예입니다. 만약 이러한 습관들을 유지한다면, 건강해지고 행복할 수 있습니다.　　　　　정답 ④

Q2 글의 제목으로 가장 알맞은 것은?

[2015년 2회]

My family and I went to Jeju-do last summer. We stayed there for five days. We hiked to the top of Mt. Halla and enjoyed its natural beauty. We had a great time! I want to go there again someday.

① My Family Members ② Tips for Making Plans

③ The Importance of Friends ④ My Family's Summer Trip

정답찾기 | 지난 여름 가족들과 함께 간 제주도 여행에 대한 글이므로 글의 제목으로 가장 적절한 것은 ④이다.

어휘 | hike 하이킹[도보 여행]을 가다   natural 자연의   beauty 아름다움   someday 언젠가, 훗날   importance 중요성

해석 | 나의 가족과 나는 지난 여름에 제주도에 갔다. 우리는 그곳에서 5일 동안 머물렀다. 우리는 한라산의 정상까지 하이킹을 했고 자연의 아름다움을 즐겼다. 우리는 아주 멋진 시간을 보냈다! 언젠가 다시 가 보고 싶다.

선택지 | ① 나의 가족 구성원들   ② 계획 세우기에 대한 조언들
　　　　③ 친구들의 중요성   ④ 나의 가족의 여름 여행　　　　　정답 ④

Q3 다음 글의 제목으로 알맞은 것은?

[2015년 1회]

I have a cute dog. Her name is Pipi. She is two years old. She has big eyes and long ears. She looks like a rabbit.

① My Dad   ② My Pet   ③ My Dream   ④ My School

정답찾기 | 키우고 있는 귀여운 개 Pipi에 관한 글이므로 글의 제목으로 가장 적절한 것은 ②이다.

어휘 | cute 귀여운   look like ~인 것처럼 보이다

해석 | 나는 귀여운 개를 키우고 있다. 그녀(개)의 이름은 Pipi이다. 그녀는 두 살이다. 그녀는 큰 눈과 긴 귀를 가지고 있다. 그녀는 토끼를 닮았다.

선택지 | ① 나의 아빠   ② 나의 애완동물   ③ 나의 꿈   ④ 나의 학교　　　　　정답 ②

주장 찾기

글을 통해 글쓴이가 하고자 하는 말, 즉 주장하는 바를 찾는 유형입니다.

똑똑한 유형 풀이법

• 글의 주제문을 찾은 후 and(그리고), but(그러나), however(하지만), for example(예를 들어), so(그래서), therefore(그러므로) 등의 연결어를 주의 깊게 살펴본다. 이후에 주장을 나타내는 표현인 must/should(~해야 한다), need to(~할 필요가 있다), it's important ~(~은 중요하다), 명령문(~해라) 등이 들어간 문장을 특히 집중적으로 보며 구체적으로 어떤 주장을 하는지 찾아본다.
• 글쓴이의 주장과 생각에 주안점을 두고 글의 논리를 이해하는 능력을 키워야 한다.
• 상식적인 주장이 담긴 선택지가 정답이 아닐 때가 많으니 혼동해서는 안 된다.
• 글에 기초하여 글쓴이가 주장하는 것을 정확하게 선택한다.

Q1 글의 주장으로 가장 적절한 것은? [2018년 2회]

> Rivers have many benefits. We get fresh water from them. We can go to a river to go fishing and we can even go swimming. If we want to enjoy these good things that rivers give us, we should keep them clean.

① 안전 수칙을 지키자.　② 신선한 공기를 마시자.
③ 수상 스포츠를 즐기자.　④ 강을 깨끗하게 보존하자.

정답찾기 | 강이 우리에게 주는 좋은 것들을 즐기길 원한다면 강을 깨끗하게 보존해야 한다고 주장하는 글이다.
어휘 | benefit 이점, 혜택　go fishing 낚시하러 가다　go swimming 수영하러 가다
해석 | 강은 많은 이점들을 가지고 있다. 우리는 강으로부터 신선한 물을 얻는다. 우리는 강에 낚시하러 갈 수 있고 수영하러 갈 수도 있다. 만약 우리가 강이 우리에게 주는 이러한 좋은 것들을 즐기길 원한다면 강을 깨끗하게 보존해야 한다.　정답 ④

Q2 글쓴이가 주장하는 내용으로 가장 알맞은 것은? [2015년 2회]

> Here are some easy ways to save energy. Turn off the lights you're not using. Turn off the water while brushing your teeth. Walk short distances instead of driving your car.

① 양치질을 자주하자.
② 에너지를 절약하자.
③ 교통 법규를 지키자.
④ 자원봉사에 참여하자.

정답찾기 | 에너지를 절약할 수 있는 쉬운 방법들을 제시하며 에너지를 절약하자고 주장하는 글이다.
어휘 | save 절약하다, 아끼다　turn off 끄다(↔ turn on 켜다)　light 전등, 빛　brush one's teeth 양치하다　distance 거리　instead of ~ 대신에
해석 | 여기 에너지를 절약하기 위한 쉬운 방법들이 있다. 사용하지 않는 전등을 꺼라. 양치를 하는 동안에는 물을 잠가라. 당신의 차를 운전하는 대신 짧은 거리는 걸어 다녀라.　정답 ②

Q3 글의 주장으로 가장 알맞은 것은?

[2014년 2회]

> Forests are very important to us. They give us fresh air. We can take a deep breath of fresh air in the forests. So, we should take care of them.

① 숲을 보호하자.　　　　　　　② 물을 아껴 쓰자.
③ 환기를 자주 시키자.　　　　　④ 대중교통을 이용하자.

정답찾기 | 우리에게 맑은 공기를 주는 숲이 매우 중요하므로 숲을 보호해야 한다고 주장하는 글이다.

어휘 | forest 숲　important 중요한　take a breath 숨을 쉬다　deep 깊은　take care of 돌보다

해석 | 숲은 우리에게 매우 중요하다. 숲은 우리에게 맑은 공기를 준다. 우리는 숲에서 신선한 공기를 깊이 들이마실 수 있다. 따라서, 우리는 숲을 보호해야 한다.　　　**정답** ①

키워드 04

목적 찾기

글쓴이가 전달하고자 하는 의도를 파악하여 목적을 찾는 유형입니다.

똑똑한 유형 풀이법

- 목적 찾기 유형은 주로 편지글, 이메일, 광고문, 안내문, 기사문으로 출제된다.
- 편지글, 이메일은 대부분 도입부에서 간단하게 화제 제시 후, 후반부에서 목적을 서술한다.
- 두괄식으로 먼저 목적을 밝히는 경우도 있지만 마지막에 드러나는 경우가 많다.
- 글쓴이의 목적이 무엇인지 구체적으로 확인 후 우리말로 정확하게 옮긴 선택지를 고른다.
- 글에 나온 말을 일부분만 활용한 선택지는 제외하고, 반드시 전체적인 내용과 흐름을 파악해서 목적을 찾아본다.

Q1 다음 글을 쓴 목적으로 가장 적절한 것은?

[2020년 1회]

+ every

every 다음에는 항상 단수 명사가 옴

> Are you interested in space? Then, join our club, Big Bang. We meet every Friday after school and learn about space. Come and study together.

① 전학생 소개　　　　　　　　② 식당 사용 안내
③ 안전 수칙 제시　　　　　　　④ 동아리 회원 모집

정답찾기 | 우주에 흥미가 있다면 매주 금요일 방과 후에 모여 우주에 대해 배우는 동아리 Big Bang에 가입하라고 하는 글이므로 글을 쓴 목적으로 가장 적절한 것은 ④이다.

어휘 | be interested in ~에 흥미가 있다　space 우주　join 가입하다　club 동아리　after school 방과 후에 together 같이

해석 | 우주에 흥미가 있나요? 그렇다면, 우리 동아리 Big Bang에 가입하세요. 우리는 매주 금요일 방과 후에 모이고 우주에 대해 배워요. 와서 같이 공부해요.　　　**정답** ④

Q2 글을 쓴 목적으로 가장 적절한 것은?

> Do you want to have a special weekend? Then, come to Hana Art Museum! We have a lot of paintings from around the world. You can also enjoy many exciting art classes. Come and have a great time!

① 미술관 홍보　　　　　　　　　② 시험 일정 안내
③ 체육대회 결과 발표　　　　　　④ 그림 보관 방법 설명

정답찾기 | 특별한 주말을 보내고 싶은 사람들에게 미술관을 소개하며 오라고 하고 있으므로 이 글의 목적은 ①이다.

어휘 | special 특별한　weekend 주말　a lot of 많은　painting 그림　enjoy 즐기다　exciting 흥미로운
art class 미술 수업

해석 | 특별한 주말을 보내고 싶으요? 그렇다면, Hana 미술관으로 오세요! 우리는 전 세계에서 온 많은 그림을 갖고
있습니다. 또한 흥미진진한 많은 미술 수업을 즐길 수 있습니다. 오셔서 좋은 시간 보내세요! 　정답 ①

Q3 글을 쓴 목적으로 가장 적절한 것은?

> Do you want to have a special weekend? Then, come to our zoo! We have many animals from around the world. We are open every day from 9 a.m. to 5 p.m. Come and enjoy!

① 동물원 홍보　　　　　　　　　② 여행 일정 안내
③ 동물 보호 요청　　　　　　　　④ 행사 결과 보고

정답찾기 | 동물원에 많은 동물이 있고, 개장 시간이 언제인지를 소개하며 와서 즐기라고 하고 있으므로 이 글의 목적은 ①
이다.

어휘 | zoo 동물원　animal 동물

해석 | 특별한 주말을 보내고 싶으십니까? 그렇다면, 우리 동물원에 오세요! 우리는 전 세계에서 온 많은 동물들을 데
리고 있습니다. 우리는 매일 오전 9시에서 오후 5시까지 개장합니다. 와서 즐기세요! 　정답 ①

내용 일치·
불일치

글의 내용과 일치하는 것 또
는 일치하지 않는 것을 찾는
유형입니다.

＋ play

play + the + 악기 이름

play + 운동 경기 이름

🔊 • play the paino
  피아노를 치다

  • play badminton
  배드민턴을 치다

똑똑한 유형 풀이법

• 글에 담긴 여러 가지 사실·정보와 선택지의 일치 여부를 정확하게 파악했는지 묻는 유형으로, 선택지를 먼저 읽고 선택지와 본문의 내용을 비교하여 내용의 일치 여부를 확인한다.
• 일반적으로 지문의 순서대로 선택지가 나오기 때문에 선택지 ①부터 읽은 다음, 역으로 지문에서 내용을 찾아 일치하는지 불일치하는지 따져본다.
• 글을 읽기 전에 글이 어떠한 내용으로 전개될지 파악하기 위해 선택지를 미리 훑어본다.
• 선택지의 내용만 보고 상식이나 자신이 알고 있던 지식으로 판단하여 답을 선택하지 말아야 한다.

Q1 John에 대한 설명과 일치하지 않는 것은?   [2019년 1회]

> Let me introduce John. He is friendly and funny. He likes playing basketball. He enjoys listening to music. He is good at cooking.

① 친근하고 재미있다.　　　　　　　② 농구하기를 좋아한다.

③ 음악 감상을 즐긴다.　　　　　　　④ 요리를 잘 못한다.

정답찾기 | 그는 요리를 잘한다고 나와 있으므로 John에 대한 설명과 일치하지 않는 것은 ④이다.

어휘 　| friendly 친근한　listen to ~을 듣다　be good at ~을 잘하다(↔ be bad at)　cook 요리하다

해석 　| John을 소개할게요. 그는 친근하고 재미있습니다. 그는 농구하기를 좋아합니다. 그는 음악 감상을 즐깁니다.
　　　그는 요리를 잘합니다.　　　　　　　　　　　　　　　　　　　　　　　　　　　정답 ④

Q2 다음에서 설명하는 'migrating birds'에 대한 내용과 일치하지 않는 것은? [2018년 2회]

> Migrating birds face dangers when they migrate*. Sometimes they are hunted by other animals. The noises and lights of cities can also be dangerous to them. The worst thing is that humans destroy the places they can live.
>
> * migrate: 이주하다

① 이주할 때 위험에 직면한다.

② 때때로 다른 동물들에게 잡히기도 한다.

③ 도시의 소음과 불빛을 좋아한다.

④ 서식지가 인간에 의해 파괴된다.

정답찾기 | 도시의 소음과 불빛이 철새들에게 위험할 수 있다는 내용으로 보아 'migrating birds'에 대한 내용과 일치하지
　　　　않는 것은 ③이다.

어휘 　| migrating bird 철새　face 직면하다　danger 위험　sometimes 때때로　hunt 사냥하다　noise 소음
　　　light 빛, 전등　dangerous 위험한　worst 가장 나쁜　human 인간　destroy 파괴하다　place 장소

해석 　| 철새들은 이주할 때 위험에 직면한다. 때때로 그들은 다른 동물들에게 잡히기도 한다. 도시의 소음과 불빛 또한
　　　철새들에게 위험할 수 있다. 가장 나쁜 것은 인간들이 철새들이 살 수 있는 장소를 파괴한다는 것이다.

정답 ③

Q3 글의 내용과 일치하지 않는 것은?

[2018년 1회]

> I went camping with my family. My dad set up the tent. My mom made bibimbap for us. After dinner, we sat around the fire, and I played the guitar. It was a special day for us.

① 나는 가족과 함께 캠핑을 갔다.
② 아버지가 텐트를 설치했다.
③ 어머니는 비빔밥을 만들었다.
④ 우리는 식사 후에 산책을 했다.

정답찾기 | 나와 가족은 캠핑을 가서 식사 후 불 주변에 앉았고 나는 기타를 쳤다고 했으나 산책을 했다는 내용은 없으므로 글의 내용과 일치하지 않는 것은 ④이다.

어휘 | go camping 캠핑을 가다   set up 설치하다, ~을 세우다[놓다]   sit around ~의 둘레에 앉다

해석 | 나는 가족과 함께 캠핑을 갔다. 아버지는 텐트를 설치하셨다. 어머니는 우리를 위해 비빔밥을 만드셨다. 우리는 저녁 식사 후에 불 주변에 앉았고, 나는 기타를 연주했다. 우리에게 특별한 날이었다.

정답 ④

키워드 02

실용문

실용문에 제시된 정보와 선택지의 일치 여부를 정확하게 파악했는지를 묻는 유형입니다.

똑똑한 유형 풀이법

• 실생활에서 흔히 볼 수 있는 다양한 안내문·초대장·광고문 등이 출제된다.
• 일반적으로 지문의 순서대로 선택지가 나오기 때문에 ①번 선택지부터 읽은 다음, 역으로 지문에서 내용을 찾아 하나씩 꼼꼼히 확인해 본다.
• 실용문은 난이도가 쉬운 유형에 속하므로 실수하지 않고 빠른 시간 안에 해결하여 고난도 유형의 문제를 위한 시간을 확보해 두는 것이 좋다.

Q1 다음 관찰 일지를 보고 알 수 없는 것은?

[2020년 1회]

When: May 25th, 14:00~15:00
Where: School playground
What: Ants
Ants live together and each one has a special job.

① 관찰 도구　　　　　　　② 관찰 일시
③ 관찰 장소　　　　　　　④ 관찰 대상

정답찾기 | ② 관찰 일시(When), ③ 관찰 장소(Where), ④ 관찰 대상(What)은 관찰 일지를 통해 알 수 있지만, ① 관찰 도구는 알 수 없다.

어휘 | playground 운동장   each 각각, 각자

해석 | 일시: 5월 25일, 14:00 ~15:00
　　　장소: 학교 운동장
　　　대상: 개미
　　　개미는 함께 살고, 각각 특별한 역할을 가지고 있다.

정답 ①

Q2 다음 안내문에서 손을 씻어야 하는 경우로 언급되지 <u>않은</u> 것은?   [2020년 1회]

 You should wash your hands
- after arriving home
- after coughing
- before eating food

① 집에 도착한 후

② 기침을 한 후

③ 음식을 먹기 전

④ 동물을 만지기 전

정답찾기 | ① 집에 도착한 후, ② 기침을 한 후, ③ 음식을 먹기 전은 안내문에서 손을 씻어야 하는 경우로 언급되어 있지만, ④ 동물을 만지기 전은 언급되어 있지 않다.

어휘 | wash one's hands 손을 씻다   arrive 도착하다   cough 기침하다

해석 | 손을 씻어야 한다.
- 집에 도착한 후
- 기침을 한 후
- 음식을 먹기 전

정답 ④

Q3 생일 초대장을 보고 알 수 <u>없는</u> 것은?   [2019년 2회]

Birthday Party

You're invited to Mary's birthday party!

Date: March 20

Time: 5 p.m.

Place: Happy Restaurant

Call me at 008 − 123 − 5467 if you can come.

① 시간   ② 장소   ③ 연락처   ④ 참석 인원

정답찾기 | 초대장에 ① 시간은 오후 5시, ② 장소는 행복 레스토랑, ③ 연락처는 008 − 123 − 5467이라고 나와 있지만, ④ 참석 인원은 알 수 없다.

해석 | 생일 파티
당신은 Mary의 생일 파티에 초대되었습니다!
날짜: 3월 20일
시간: 오후 5시
장소: 행복 레스토랑
올 수 있으면 008 − 123 − 5467로 전화해 주세요.

정답 ④

도표

- 제시된 도표와 선택지를 대조하여 사실을 정확하게 파악했는지 알아보는 유형입니다.
- 매회 1문제 정도가 출제되고 있습니다.

똑똑한 유형 풀이법

- 도표나 그림은 특정 정보를 시각적으로 압축해 전달하므로 제대로 이해해야 한다.
- 도표는 비교적 쉬운 유형에 속하므로 빠르게 해결해서 다른 문제를 풀기 위한 시간을 확보하는 것이 좋다.
- 구체적인 정보에 유의하여 선택지와 꼼꼼히 대조한다.

Q1 다음은 Tom의 여행 계획이다. 토요일에 할 일은?

[2021년 1회]

Thursday	Friday	Saturday	Sunday
Go to the beach	Eat street food	Visit a museum	Ride a boat

① 해변에 가기   ② 길거리 음식 먹기
③ 박물관 방문하기   ④ 보트 타기

정답찾기 | Tom의 여행 계획을 보면 토요일(Saturday)에 할 일은 ③ 박물관 방문하기이다.

해석 |

목요일	금요일	토요일	일요일
해변에 가기	길거리 음식 먹기	박물관 방문하기	보트 타기

정답 ③

Q2 다음은 Mina의 주간 계획표이다. 수요일에 해야 할 일은?

[2020년 1회]

Monday	Tuesday	Wednesday	Thursday	Friday
Do my homework	Clean my room	Practice the piano	See the doctor	Meet friends

① 숙제하기   ② 방 청소하기
③ 피아노 연습하기   ④ 친구 만나기

정답찾기 | Mina의 주간 계획표를 보면 수요일(Wednesday)에 해야 할 일은 ③ 피아노 연습하기이다.

해석 |

월요일	화요일	수요일	목요일	금요일
숙제하기	방 청소하기	피아노 연습하기	병원 가기	친구 만나기

정답 ③

Q3 주간 날씨 예보에 나타난 화요일의 날씨는?

[2019년 2회]

Monday	Tuesday	Wednesday	Thursday	Friday

① rainy　　　　② sunny　　　　③ cloudy　　　　④ snowy

정답찾기 | 주간 날씨 예보에서 화요일(Tuesday)은 비가 오는 그림이 있으므로 정답은 ① rainy이다.

선택지 | ① 비가 오는　　② 화창한　　③ 흐린　　④ 눈이 오는

정답 ①

키워드 01

흐름과 무관한 문장 찾기

글의 주제에서 벗어난 문장을 찾는 유형입니다.

똑똑한 유형 풀이법

- 첫 문장을 읽은 뒤 글의 흐름을 따라가면서 앞뒤 연결이 자연스러우면 바로 선택지에서 지우고, 글의 주제와 관련이 없는 내용이 나오면 그 내용이 들어간 문장을 답으로 고른다.
- 글의 내용이 하나의 주제를 중심으로 일관성 있게 쓰이고 있는지, 즉 글에 통일성이 있는지를 알아본다.
- 글의 주제(핵심 단어 포함) 혹은 요지부터 파악한 후 글의 흐름상 어색한 문장(주어와 무관한 문장)을 찾아본다.
- 제시된 글의 첫 문장, 즉 선택지 번호가 달려 있지 않은 문장은 대부분 주제문이거나 주제를 소개하는 도입 내용이다.

Q1 글의 흐름으로 보아 어울리지 않는 문장은?

[2018년 2회]

> I'm a member of the 'Movie Maker Club.' ① We make movies with digital cameras or cellphones. ② My favorite food is pizza. ③ You can be an actor, a cameraman or a director in our club. ④ Every Friday we have a 'Cinema Day'. On that day we watch movies that we made.

정답찾기 | '영화 제작자 클럽(Movie Maker Club)'에 대한 글이므로 가장 좋아하는 음식에 대해 말하고 있는 ②는 글의 흐름에 어울리지 않는다.

어휘 | member 구성원　favorite 가장 좋아하는　actor 배우　director 감독

해석 | 나는 '영화 제작자 클럽'의 멤버이다. ① 우리는 디지털 카메라나 휴대전화로 영화를 만든다. (② 내가 가장 좋아하는 음식은 피자이다.) ③ 당신은 우리 클럽에서 배우, 카메라맨, 혹은 감독이 될 수 있다. ④ 매주 금요일에 '영화의 날'이 있다. 그날 우리는 우리가 만들었던 영화를 본다.

정답 ②

Q2 글의 흐름으로 보아 어울리지 <u>않는</u> 문장은?

[2016년 2회]

> I went to Jeju Island with my family. ① <u>We went there by airplane.</u> ② <u>We saw a beautiful beach.</u> ③ <u>My teacher is very kind.</u> ④ <u>I swam there.</u> I want to go there again someday.

정답찾기ㅣ 가족과 제주도 여행을 간 것에 대한 글이므로, 선생님에 대해 말하고 있는 ③은 글의 흐름에 어울리지 않는다.

어휘ㅣ by airplane 비행기로   beach 해변

해석ㅣ 나는 나의 가족과 제주도에 갔다. ① 우리는 그곳에 비행기로 갔다. ② 우리는 아름다운 해변을 보았다. (③ 나의 선생님은 굉장히 친절하다.) ④ 나는 거기서 수영을 했다. 나는 언젠가 그곳에 다시 가 보고 싶다.   **정답** ③

Q3 글의 흐름으로 보아 어울리지 <u>않는</u> 문장은?

[2015년 2회]

➕ 집 안 공간

- bedroom 침실
- bathroom 욕실
- kitchen 부엌
- dining room 식당
- basement 지하실
- attic 다락방

> Yesterday was Parents' Day. ① <u>My sister and I wanted to make our parents happy.</u> ② <u>My sister cleaned the living room.</u> ③ <u>A new student moved to my class.</u> ④ <u>I washed the dishes.</u> We did our best!

정답찾기ㅣ 어버이날에 부모님을 기쁘게 해 드리기 위해 거실 청소와 설거지를 했다는 이야기이므로 새로운 학생이 왔다는 ③은 글의 흐름에 어울리지 않는다.

어휘ㅣ living room 거실   do one's best 최선을 다하다

해석ㅣ 어제는 어버이날이었다. ① 언니(누나/여동생)와 나는 부모님을 기쁘게 해 드리고 싶었다. ② 언니(누나/여동생)는 거실을 청소했다. (③ 새로운 학생이 우리 반에 전학 왔다.) ④ 나는 설거지를 했다. 우리는 최선을 다했다!   **정답** ③

문장 삽입

글의 흐름으로 보아 주어진 문장이 들어갈 적절한 위치를 찾는 유형입니다.

TIP 문장 삽입은 시간 순서에 따라 전개되는 글 혹은 논리적인 순서에 따라 기술되는 글에서 출제되는 경우가 많아요.

똑똑한 유형 풀이법

- 빈칸에 들어갈 문장은 결국 빈칸 앞뒤를 연결하는 것이므로 앞뒤의 연결이 부드러운지 살펴보는 것이 관건이기에, 전체 맥락보다 빈칸 바로 앞뒤가 중요하다.
- 주어진 문장에서 단서가 될 만한 대명사나 접속사 등에 집중해야 한다.
- 문장의 앞뒤에 어떤 내용이 나와야 할지 예측하며 읽어 본다.
- 주어진 문장을 삽입해 본 다음 문장과 문장 사이의 흐름이 자연스러운지 확인한다.

Q1 글의 흐름으로 보아 주어진 문장이 들어가기에 가장 적절한 곳은? [2019년 1회]

> But she is sick these days.

> (①) This is my dog, Pinky. (②) When I first got her, she was healthy and active. (③) She doesn't want to eat or play. (④)

정답찾기 | 주어진 문장은 '그러나 요즘 그녀는 아프다.'라는 의미로, 앞부분에는 이와 대조되는 내용이 와야 자연스럽다. 따라서 건강하고 활동적이었다는 문장 뒤인 ③에 들어가는 것이 가장 적절하다.

어휘 | these days 요즘   active 활동적인

해석 | (①) 이것은 나의 개 Pinky이다. (②) 내가 처음 그녀를(=그 개를) 가지게 되었을 때, 그녀는 건강하고 활동적이었다. (③ 그러나 요즘 그녀는 아프다.) 그녀는 먹거나 놀고 싶어 하지 않는다. (④)

정답 ③

Q2 글의 흐름으로 보아 주어진 문장이 들어가기에 가장 알맞은 곳은? [2016년 1회]

> It is delicious.

> I am happy at school. (①) First, I like our school food. (②) Second, my homeroom teacher, Mr. Kim, is very kind. (③) He also makes us laugh a lot. (④) Last, I like playing soccer on the playground.

정답찾기 | 주어진 문장은 '그것은 맛있다.'라는 의미로, 앞부분에 음식에 대한 내용이 나오는 것이 자연스러우므로 학교 음식을 좋아한다는 문장 뒤인 ②에 들어가는 것이 가장 적절하다.

어휘 | delicious 맛있는   homeroom teacher 담임 선생님   a lot 많이   last 마지막으로, 맨 끝에

해석 | 나는 학교에서 행복하다. (①) 첫째, 나는 우리 학교 음식을 좋아한다. (② 그것은 맛있다.) 둘째, 나의 담임 선생님이신 김 선생님은 매우 친절하다. (③) 그는 또한 우리를 많이 웃게 만든다. (④) 마지막으로, 나는 운동장에서 축구하는 것을 좋아한다.

정답 ②

글 뒤에 이어질 내용 찾기

주어진 글 뒤에 이어질 내용을 찾는 유형입니다.

똑똑한 유형 풀이법

• 글의 흐름을 바탕으로 주어진 글의 마지막 부분과 자연스럽게 이어질 내용을 선택한다.
• '내가 이 글을 쓰고 있다면?'이라고 능동적으로 생각하면서 주어진 글 뒤에 이어질 내용으로 가장 적절한 것을 선택한다.

Q1 다음 글의 바로 뒤에 이어질 내용으로 가장 적절한 것은?

[2020년 1회]

> Most of us want to help save the Earth. We can start this by recycling at home. Here are some simple ways to recycle more effectively at home.

① 대기 오염의 원인 ② 산림 보호의 실천 사례
③ 단체 생활 시 질병 예방 수칙 ④ 가정에서의 효율적 재활용 방법

정답찾기 | 마지막 문장에 '여기 가정에서 보다 효율적으로 재활용을 할 수 있는 몇 가지 간단한 방법들이 있다'고 나와 있으므로 글 바로 뒤에 이어질 내용으로 가장 적절한 것은 ④이다.

어휘 | most of ~의 대부분 save 구하다 recycle 재활용하다 simple 간단한 way 방법 effectively 효율적으로

해석 | 우리의 대부분은 지구를 구하는 것을 돕고 싶어한다. 우리는 이것을 집에서 재활용을 하며 시작할 수 있다. 여기 가정에서 보다 효율적으로 재활용을 할 수 있는 몇 가지 간단한 방법들이 있다. **정답** ④

Q2 글 바로 뒤에 이어질 내용으로 가장 적절한 것은?

[2019년 2회]

> Hello, everyone! We finally got a new computer room. You can use the new computers at any time during school hours. Please keep the following rules when you use the computer room.

① 식중독 예방법 ② 도서관 이용 절차
③ 컴퓨터실 사용 규칙 ④ 영어 말하기 대회 홍보

정답찾기 | 마지막 문장에서 컴퓨터실을 사용할 때 '다음의 규칙'을 지켜야 한다고 하므로 글 바로 뒤에 이어질 내용으로 가장 적절한 것은 ③이다.

어휘 | finally 마침내 at any time 언제든지 during ~ 동안 following 다음의, 따라오는 rule 규칙

해석 | 여러분, 안녕하세요! 우리가 마침내 새로운 컴퓨터실을 가지게 되었습니다. 수업 시간 동안에 언제든지 새 컴퓨터들을 사용할 수 있습니다. 컴퓨터실을 사용할 때 다음의 규칙을 지켜 주시기 바랍니다. **정답** ③

Q3 글 바로 뒤에 이어질 내용으로 가장 적절한 것은?

[2019년 1회]

> Do you want to speak English well? Most students spend a lot of time studying English, but still many students can't speak English well. Here are some ways you can speak English better.

① 친구에게 사과하는 방법

② 과학 시험을 잘 준비하는 방법

③ 학생들이 도서관을 이용하는 방법

④ 영어 말하기를 더 잘 할 수 있는 방법

정답찾기 | 마지막 문장에서 '여기에 영어 말하기를 더 잘할 수 있는 몇 가지 방법이 있다'고 했으므로 글 바로 뒤에 이어질 내용으로 가장 적절한 것은 ④이다.

어휘 | spend + 시간 + -ing ~하는 데 시간을 보내다   a lot of 많은   still 여전히

해석 | 영어 말하기를 잘하고 싶은가? 대부분의 학생들은 영어를 공부하는 데 많은 시간을 보내지만, 아직도 많은 학생들이 영어 말하기를 잘하지 못한다. 여기에 영어 말하기를 더 잘할 수 있는 몇 가지 방법이 있다.   **정답** ④

키워드 04

심경·분위기 파악하기

글에 나타난 상황을 바탕으로 필자 또는 등장인물의 심경이나 글의 전체적인 분위기를 찾는 유형입니다.

+ go + -ing

'~하러 가다'라는 의미

예 • go camping
캠핑을 가다

• go hiking
하이킹을 가다

• go surfing
서핑을 가다

• go skiing
스키 타러 가다

똑똑한 유형 풀이법

• 세부 내용에 초점을 맞추기보다는 글을 훑으면서 전체적인 흐름을 이해하고 글 속 정보들을 종합적으로 판단해야 한다.

• 글의 중간에서 흐름과 상황이 바뀌는 경우가 있으므로 글을 끝까지 읽고 앞뒤 상황과 분위기를 바르게 파악해야 한다.

• 글쓴이 또는 등장인물의 심경 그리고 글의 분위기와 밀접한 관련이 있는 사람이 처한 상황을 이해한 후 심경이나 분위기를 파악해야 한다.

Q1 글쓴이의 심경으로 가장 알맞은 것은?

[2015년 1회]

> My family went camping. We sang songs together and saw many stars in the sky. It was a wonderful night. I was very happy.

① 슬픔

② 외로움

③ 당황함

④ 행복함

정답찾기 | 마지막 문장(I was very happy.)에 매우 행복했다는 글쓴이의 심경이 드러나 있다.

해석 | 나의 가족은 캠핑을 갔다. 우리는 함께 노래를 불렀고, 하늘에 있는 많은 별을 보았다. 멋진 밤이었다. 나는 매우 행복했다.   **정답** ④

Q2 다음 글에 나타난 'I'의 심경으로 가장 알맞은 것은?

[2014년 1회]

> I'm from America. I'm not good at Korean, so I can't understand it well. It makes me feel terrible.

① 답답함　　　② 당당함　　　③ 만족함　　　④ 신기함

정답찾기 | 한국어를 잘하지 못해서 잘 이해하지 못하는 것이 기분을 안 좋게 만든다고 했으므로 글에 나타난 'I'의 심경으로 가장 알맞은 것은 ①이다.

해석 | 나는 미국 출신이다. 나는 한국어를 잘하지 못해서 한국어를 잘 이해하지 못한다. 그것은 나의 기분을 안 좋게 한다.

정답 ①

---

04 ▶ 의미 추론하기

키워드 01

빈칸(연결사) 추론

글의 흐름으로 보아 빈칸에 들어갈 적절한 연결어를 찾는 유형입니다.

▣ 똑똑한 유형 풀이법

- 선택지에서 적절한 연결어를 빈칸에 넣어 보고 해석하며 정답을 찾는다.
- 빈칸(연결사) 추론 문제의 선택지에는 역접의 접속사 But(그러나), However(하지만), 예시의 접속사 For example, For instance(예를 들어), 이유의 접속사 Because, Since(~ 때문에), 결과의 접속사 So(그래서), Therefore(그러므로), 요약의 접속사 In short(간단히 말해, 요약하자면) 등이 제시되는 경우가 많다.
- 선택지에 나와 있는 연결어를 살펴보며 빈칸 앞뒤 문장들 간의 관계를 파악해야 한다.

Q1 글의 흐름으로 보아 빈칸에 들어갈 말로 가장 적절한 것은?

[2018년 2회]

> People believe that paper is not strong enough to make clothes with. _____ we can make beautiful clothes or shoes with traditional Korean paper, hanji. How is it possible? Hanji is strong because we make it from the tough bark* of the dak tree**.
>
> * bark: 껍질 **dak tree: 닥나무

① So　　　② But　　　③ Then　　　④ Because

정답찾기 | 빈칸의 앞 문장에서는 사람들은 종이가 옷을 만들 만큼 충분히 강하지는 않다고 믿는다고 나와 있고 뒤 문장에서는 한지로 옷이나 신발을 만들 수 있다고 언급하고 있다. 빈칸 앞뒤로 상반되는 내용이 나오므로 빈칸에는 ②가 가장 적절하다.

어휘 | believe 믿다　enough to ~할 정도로 충분한　traditional 전통적인　possible 가능한　tough 질긴, 거친

해석 | 사람들은 종이가 옷을 만들 만큼 충분히 강하지는 않다고 믿는다. 그러나 우리는 한국의 전통 종이인 한지로 아름다운 옷이나 신발을 만들 수 있다. 이것이 어떻게 가능할까? 한지는 질긴 닥나무 껍질로 만들기 때문에 강하다.

선택지 | ① 그래서　② 그러나　③ 그 뒤에　④ 왜냐하면

정답 ②

Q2 빈칸에 들어갈 말로 가장 적절한 것은?

[2018년 1회]

> There are various festivals in the world. _____, there is a mud festival in Korea. At this festival, you can have fun playing in the mud. In Japan, there is a snow festival. You can take pictures of the beautiful art pieces made of snow.

① For example　　　　　　　② However

③ Unfortunately　　　　　　④ On the other hand

정답찾기 | 빈칸의 앞 문장은 세계에 다양한 축제가 있다는 내용이고, 빈칸 뒤에서는 한국과 일본의 축제를 예시로 들고 있으므로 빈칸에는 ①이 가장 적절하다.

어휘 | various 다양한　festival 축제　mud 진흙　art piece 예술 작품　made of ~ ~로 만들어진

해석 | 세계에는 다양한 축제가 있다. 예를 들어, 한국에는 진흙 축제가 있다. 이 축제에서 당신은 진흙 속에서 재미있게 놀 수 있다. 일본에는 눈 축제가 있다. 당신은 눈으로 만들어진 아름다운 예술 작품들의 사진을 찍을 수 있다.

선택지 | ① 예를 들어　② 하지만　③ 불행하게도　④ 반면에　　**정답** ①

Q3 글의 흐름으로 보아 빈칸에 들어갈 말로 알맞은 것은?

[2015년 2회]

> We can do many useful things with cellphones, like making phone calls or listening to music. _____, if we are not careful when using cellphones in public places, they can cause problems.
>
> * cellphone: 휴대 전화

① However　　　　　　　② At first

③ In short　　　　　　　④ For example

정답찾기 | 앞부분에서는 휴대전화의 유용성에 대해 이야기하고 있고 빈칸 이후에는 휴대전화가 문제를 일으킬 수 있다고 이야기하고 있으므로 빈칸에는 서로 상반된 내용을 이어주는 말인 ①이 가장 적절하다.

어휘 | useful 유용한　careful 조심스러운　public place 공공장소　cause 초래하다　problem 문제

해석 | 전화를 걸거나 음악을 듣는 것처럼 우리는 휴대전화로 많은 유용한 일들을 할 수 있다. 하지만, 우리가 공공장소에서 휴대전화를 사용할 때 주의를 하지 않으면 문제를 일으킬 수 있다.

선택지 | ① 하지만　② 처음에　③ 요약하면　④ 예를 들어　　**정답** ①

＋ like

동사로는 '좋아하다'의 의미이지만 전치사로는 '~와 같은'의 의미임. 전치사로 쓰일 때는 뒤에 (동)명사가 와야 함

똑똑한 유형 풀이법

- 대명사가 가리키는 대상을 찾은 후 대명사 자리에 그 명사를 넣고 해석하여 문맥이 자연스러운지 확인한다.
- 지칭(지시어) 추론으로 등장하는 대명사에는 단수 지시대명사 it, this, that과 복수 지시대명사 they, these, those 등이 있다.

키워드 02

지칭(지시어) 추론

대명사가 가리키고 있는 것을 찾는 유형입니다.

TIP 대명사는 주로 앞에 나온 명사를 대신해요.

Q1 다음 중 밑줄 친 It(it)이 가리키는 것으로 적절한 것은?

[2020년 1회]

> It can live with people. It has four legs and a tail. Many people have it as a pet. When it is young, it is called a puppy.

① dog　　　　② lion　　　　③ bird　　　　④ snake

정답찾기 | 사람들과 함께 살 수 있고, 네 다리와 하나의 꼬리를 가졌으며, 많은 사람들은 애완용으로 키우고, 어릴 때 강아지라고 불린다고 했으므로 밑줄 친 It(it)은 ①이다.

어휘 | tail 꼬리 pet 애완동물 young 어린, 젊은 puppy 강아지

해석 | 그것은 사람들과 함께 살 수 있다. 그것은 네 개의 다리와 하나의 꼬리를 가지고 있다. 많은 사람들은 애완용으로 그것을 키운다. 어릴 때, 그것은 강아지라고 불린다.

선택지 | ① 개   ② 사자   ③ 새   ④ 뱀   **정답** ①

Q2 밑줄 친 It(it)이 가리키는 것으로 적절한 것은?   [2019년 1회]

> It is an important thing for life. We can't see it, but we need it to breathe. Riding bicycles instead of driving cars can keep it clean.

① air   ② tree   ③ land   ④ water

정답찾기 | 삶에 중요한 것이고, 볼 수 없지만 숨을 쉬는 데 필요하고, 자동차를 운전하는 대신에 자전거를 타는 것은 그것을 깨끗하게 유지할 수 있게 한다고 하므로 밑줄 친 It(it)은 ①이다.

어휘 | need 필요로 하다 breathe 숨을 쉬다 instead of ~ ~ 대신에

해석 | 그것은 삶에 중요한 것이다. 우리는 그것을 볼 수 없지만 숨을 쉬는 데 필요로 한다. 자동차를 운전하는 대신에 자전거를 타는 것은 그것을 깨끗하게 유지할 수 있게 한다.

선택지 | ① 공기   ② 나무   ③ 땅   ④ 물   **정답** ①

Q3 밑줄 친 it이 가리키는 것으로 적절한 것은?   [2018년 2회]

> Salt has been in our lives for a long time. One example is that many people used salt to improve the taste of food. Gandhi also used it to lead the independence movement* in India. So, it makes our food tasty and has historical meaning.
>
> *independence movement: 독립운동

① 소금   ② 시간   ③ 예시   ④ 음식 맛

정답찾기 | 첫 문장에서 소금(Salt)이 우리의 삶 속에 존재해 왔다고 말하면서 뒤에는 그 예를 들고 있으므로 it은 ①이다.

어휘 | improve 향상시키다 taste 맛 lead 이끌다 tasty 맛이 있는 historical 역사적인 meaning 의미

해석 | 소금은 우리의 삶 속에서 오랫동안 있어 왔다. 하나의 예로, 많은 사람들이 음식의 맛을 향상시키는 데 소금을 사용했다. Gandhi 또한 인도에서 독립운동을 이끌기 위해서 그것을 사용했다. 그래서, 그것은 우리의 음식을 맛있게 만들어주고 역사적인 의미를 가지고 있다.   **정답** ①

IV 어휘

🔼 **원포인트 공부법** 기본적인 단어·숙어·속담을 익히고 주어진 예문 속에서 어떻게 활용되는지 확인해 봅니다.

1 단어

A(a)

1	**absent** [ǽbsənt]	형 결석한, 결근한	He was **absent** from school yesterday. 그는 어제 학교에 결석을 했다.
2	**accident** [ǽksidənt]	명 사고	The **accident** happened at 6 p.m. 그 사고는 오후 6시에 발생했다.
3	**address** [ǽdres]	명 주소	What is your **address**? 주소가 어떻게 되나요?
4	**advice** [ədváis]	명 조언, 충고	Follow your doctor's **advice**. 의사의 조언을 따르세요.
5	**again** [əgén]	부 다시, 또	See you **again**. 또 만납시다. (작별 인사)
6	**age** [eidʒ]	명 나이	What's your **age**? (= How old are you?) 당신은 몇 살이죠?
7	**agree** [əgríː]	동 동의하다	I **agree** with you. 나는 너의 의견에 동의한다.
8	**already** [ɔːlrédi]	부 이미, 벌써	They are **already** there. 그들은 이미 거기에 있다.
9	**angry** [ǽŋgri]	형 화난, 성난	They looked **angry**. 그들은 화나 보였다.
10	**arrive** [əráiv]	동 도착하다	He'll **arrive** in London at noon. 그는 정오에 런던에 도착할 것이다.
11	**art** [ɑːrt]	명 미술, 예술	**Art** is long, life is short. 예술은 길고 인생은 짧다.
12	**ask** [æsk]	동 ❶ 묻다, 물어 보다 ❷ 부탁하다[요청하다]	❶ Can I **ask** a question? 질문 하나 해도 돼요? ❷ I want to **ask** you a favor. 한 가지 부탁할 일이 있어.

B(b)

13	**bank** [bæŋk]	명 은행	What time does the **bank** close today? 은행은 오늘 몇 시에 문을 닫죠?
14	**basketball** [bǽskitbɔ̀ːl]	명 농구	He is a great **basketball** player. 그는 굉장한 농구 선수이다.
15	**become** [bikʌ́m]	동 ~(해)지다, ~이 되다	My dream is to **become** a singer. 나의 꿈은 가수가 되는 것이다.

16	**begin** [bigín]	图 시작하다	The meeting will **begin** at 6 o'clock. 회의는 6시 정각에 시작할 것이다.
17	**believe** [bilíːv]	图 믿다	I **believe** him to be honest. 난 그가 정직하다고 믿는다.
18	**block** [blɑk]	圆 (도로로 나뉘는) 구역, 블록	Go straight one **block** and turn right. 한 블록 직진하고 우회전 하세요.
19	**body** [bɑ́di]	圆 몸, 신체	Exercise is good for both **body** and mind. 운동은 몸과 마음 양쪽에 다 유익하다.
20	**boring** [bɔ́ːriŋ]	圈 재미없는, 지루한	This movie is **boring**. 이 영화는 지루하다.
21	**borrow** [bɑ́rou]	图 빌리다	How long can I **borrow** this book? 이 책을 얼마 동안 빌릴 수 있을까요?
22	**brave** [breiv]	圈 용감한	He is a strong and **brave** boy. 그는 강하고 용감한 소년이다.
23	**breakfast** [brékfəst]	圆 아침(밥), 아침 식사	I never skip **breakfast**. 나는 아침 식사를 절대 거르지 않는다.
24	**bring** [briŋ]	图 가져오다, 데려오다	I didn't **bring** my umbrella. 나는 나의 우산을 가져오지 않았다.
25	**buy** [bai]	图 사다, 구입하다	I want to **buy** a bag. 나는 가방을 하나 사고 싶다.

C(c)

26	**calm** [kɑːm]	圈 침착한, 차분한	His voice was **calm**. 그의 목소리는 차분했다.
27	**child** [tʃaild]	圆 아이, 어린이	I lived in Canada as a **child**. 나는 어렸을 때 캐나다에 살았다.
28	**class** [klæs]	圆 ❶ 학급[반] ❷ 수업	❶ They were in the same **class** at school. 그들은 학교에서 같은 반이었다. ❷ I have a history **class** at 10 o'clock. 나는 10시 정각에 역사 수업이 있다.
29	**clean** [kliːn]	圈 깨끗한	a **clean** room 깨끗한 방
		图 청소하다	We can **clean** the streets. 우리는 길거리를 청소할 수 있다.
30	**close** [klous]	圈 ❶ 가까운 ❷ 친한	❶ Our new house is **close** to the hospital. 우리의 새 집은 병원과 가깝다. ❷ He was my **close** friend. 그는 나의 친한 친구였다.
	[klouz]	图 (문·커튼 등을) 닫다[치다], (눈을) 감다	Please **close** the window. 창문을 닫아 주세요.
31	**clothes** [klouðz]	圆 옷, 의복(cloth의 복수형)	She has many **clothes**. 그녀는 옷이 많다.
32	**cloudy** [kláudi]	圈 흐린	It is **cloudy**. 날씨가 흐리다.

33	**color** [kʌ́lər]	몡 색(깔), 빛깔	I don't like the **color**. 나는 그 색깔이 마음에 안 든다.
34	**company** [kʌ́mpəni]	몡 회사	He works for a toy **company**. 그는 장난감 회사에서 일한다.
35	**cook** [kuk]	몡 요리사	He is a very good **cook**. 그는 아주 훌륭한 요리사이다.
		동 요리하다	She likes to **cook** for her friends. 그녀는 친구들을 위해 요리하는 것을 좋아한다.
36	**cool** [kuːl]	혱 ❶ 시원한, 서늘한 ❷ 멋진	❶ Mountain air feels **cool**. 산 공기는 시원하다. ❷ It's a **cool** movie. 그것은 멋진 영화다.
37	**country** [kʌ́ntri]	몡 ❶ 국가, 나라 ❷ 시골, 전원	❶ Russia is the largest **country** in the world. 러시아는 세계에서 가장 큰 나라이다. ❷ He likes living in the **country**. 그는 시골에서 사는 것을 좋아한다.
38	**cousin** [kʌ́zən]	몡 사촌	She's my **cousin** in China. 그녀는 중국에 있는 나의 사촌이다.

D[d]

39	**dangerous** [déindʒərəs]	혱 위험한	It's **dangerous** to drink and drive. 술을 마시고 운전하는 것은 위험하다.
40	**dark** [dɑːrk]	혱 ❶ 어두운, 캄캄한 ❷ 짙은	❶ a **dark** room 캄캄한 방 ❷ **dark** green 짙은 녹색
41	**date** [deit]	몡 (특정한) 날짜	What's the **date** today? 오늘이 며칠이죠?
42	**delicious** [dilíʃəs]	혱 아주 맛있는, 냄새가 좋은	It is very sweet and **delicious**. 그것은 매우 달고 맛있다.
43	**different** [dífərənt]	혱 다른, 차이가 나는	They looked **different**. 그들은 다르게 보였다.
44	**difficult** [dífikəlt]	혱 어려운, 힘든	This book is too **difficult** for him. 이 책은 그에게 너무 어렵다.
45	**doctor** [dɑ́ktər]	몡 ❶ 의사 ❷ 박사	❶ My father is a famous **doctor**. 나의 아버지는 유명한 의사이다. ❷ a **Doctor** of Laws 법학 박사
46	**draw** [drɔː]	동 그리다	I'll **draw** a tree. 나는 나무 한 그루를 그릴 것이다.
47	**drive** [draiv]	몡 드라이브, 자동차 여행	Let's go for a **drive**. 드라이브하러 갑시다.
		동 운전하다	Can you **drive**? 운전할 줄 알아요?

48	**early** [ə́ːrli]	형 빠른, 이른	an **early** visitor 이른 방문객
		부 일찍	I arrived **early** the next day. 나는 다음 날 일찍 도착했다.
49	**enjoy** [indʒɔ́i]	동 즐기다	I **enjoy** playing golf. 나는 골프 치는 것을 즐긴다.
50	**exam** [igzǽm]	명 시험	I have a math **exam** today. 나는 오늘 수학 시험이 있다.
51	**exciting** [iksáitiŋ]	형 신나는, 흥미진진한, 흥분하게 하는	an **exciting** game 흥미진진한 시합
52	**exercise** [éksərsàiz]	명 운동	Walking is good **exercise**. 걷기는 좋은 운동이다.
		동 운동하다	How often do you **exercise**? 얼마나 자주 운동하세요?
53	**expensive** [ikspénsiv]	형 비싼, 돈이 많이 드는	This ring is very **expensive**. 이 반지는 매우 비싸다.

54	**fact** [fækt]	명 사실	Right or not, it is a **fact**. 옳건 옳지 않건, 그것은 사실이다.
55	**famous** [féiməs]	형 유명한	He was rich and **famous**. 그는 부유하고 유명했다.
56	**far** [fɑːr]	부 멀리	The bank is not **far** from here. 그 은행은 여기서 멀지 않다.
57	**farm** [fɑːrm]	명 농장, 농원	At that time, she lived on a **farm**. 그 당시 그녀는 농장에서 살았다.
58	**favorite** [féivərit]	형 마음에 드는, 매우 좋아하는	My **favorite** food is Bulgogi. 내가 가장 좋아하는 음식은 불고기이다.
59	**feel** [fiːl]	동 느끼다	I **feel** so happy. 나는 너무 행복하다.
60	**festival** [féstəvəl]	명 축제	The **festival** will be on for six days. 축제는 6일간 열릴 것이다.
61	**find** [faind]	동 찾다[발견하다]	I can't **find** my red pen. 나는 나의 빨간 펜을 못 찾겠다.
62	**free** [friː]	형 ❶ 자유로운 ❷ 한가한 ❸ 무료의	❶ I don't have **free** time anymore. 나에게 더 이상 자유 시간은 없다. ❷ Are you **free** tomorrow evening? 내일 저녁에 한가하세요? ❸ a **free** ticket 무료 입장권
63	**fun** [fʌn]	명 재미[즐거움](를 주는 것)	We had a lot of **fun** at Ben's party. 우리는 Ben의 파티에서 아주 재미있게 보냈다.
		형 재미있는, 즐거운	This game looks **fun**. 이 게임은 재미있을 것 같다.

영어

| 64 | **future**
[fjúːtʃər] | 명 미래 | I want to be a cook in the **future**.
나는 미래에 요리사가 되고 싶다. |

65	**get** [get]	동 ❶ 받다 ❷ 얻다, 구하다, 마련하다 ❸ (장소·위치에) 도착하다	❶ What did you **get** for your birthday? 생일에 무엇을 받았나요? ❷ Where did you **get** that bag? 저 가방을 어디서 구했나요? ❸ What time did you **get** here? 몇 시에 여기 도착했나요?
66	**give** [giv]	동 주다	Did you **give** the waiter a tip? 종업원에게 팁을 줬어요?
67	**goal** [goul]	명 ❶ 골, 득점 ❷ 목표	❶ get a **goal** 득점하다 ❷ My **goal** is to be a doctor. 나의 목표는 의사가 되는 것이다.
68	**guest** [gest]	명 손님, 하객	The people are waiting for the **guest**. 사람들이 손님을 기다리고 있다.

69	**habit** [hǽbit]	명 버릇, 습관	He has a bad sleeping **habit**. 그는 나쁜 잠버릇이 있다.
70	**hard** [hɑːrd]	형 ❶ 단단한, 굳은, 딱딱한 ❷ 어려운[힘든]	❶ This bread is as **hard** as a rock. 이 빵은 바위처럼 딱딱하다. ❷ This is a **hard** question. 이것은 어려운 문제이다.
		부 열심히	She works **hard**. 그녀는 열심히 일한다[공부한다].
71	**have** [həv]	명 ❶ 가지다, 있다, 소유하다 ❷ 먹다	❶ I **have** a dream. 나는 꿈이 있다. ❷ I **have** an egg for breakfast. 나는 아침 식사로 계란을 한 개 먹는다.
72	**health** [helθ]	명 (몸·마음의) 건강	**Health** is the most important thing. 건강은 가장 중요한 것이다.
73	**hear** [hiər]	동 듣다	I didn't **hear** what she said. 나는 그녀가 말한 것을 듣지 않았다.
74	**help** [help]	명 도움	Thank you for your **help**. 당신의 도움에 감사드립니다.
		동 돕다	Computers can **help** me study alone. 컴퓨터는 내가 혼자 공부하도록 도와줄 수 있다.
75	**hobby** [hábi]	명 취미	My **hobby** is reading a book. 나의 취미는 독서이다.
76	**holiday** [hálidèi]	명 휴가	They went on **holiday** together last summer. 그들은 지난 여름에 휴가를 함께 갔다.

77	**homework** [hóumwə̀ːrk]	몡 숙제[과제]	It's time to do my **homework**. 숙제할 시간이다.
78	**hope** [houp]	몡 희망, 기대	While there is life, there is **hope**. 살아 있는 한 희망이 있다.
		동 바라다, 희망[기대]하다	I **hope** we'll meet again soon. 우리가 곧 다시 만나기를 바란다.
79	**hospital** [háspitəl]	몡 병원	She is in the **hospital**. 그녀는 병원에 있다.

I(i)

80	**important** [impɔ́ːrtənt]	혱 중요한	It is **important** to choose good friends. 좋은 친구를 선택하는 것은 중요하다.
81	**impossible** [impásəbl]	혱 불가능한	an **impossible** goal 불가능한 목표
82	**interesting** [íntərəstiŋ]	혱 재미있는, 흥미로운	This book is **interesting**. 이 책은 흥미롭다.
83	**introduce** [intrədjúːs]	동 소개하다	Let me **introduce** myself to you. 여러분에게 제 소개를 하겠습니다.
84	**invite** [inváit]	동 초대[초청]하다	I want to **invite** you to my home. 나는 너를 우리 집에 초대하고 싶다.

J(j)

| 85 | **job**
[dʒɑb] | 몡 일, 직장, 일자리 | I love my **job**.
나는 나의 직업을 사랑한다. |
| 86 | **join**
[dʒɔin] | 동 ~에 가입하다, 함께 ~하다 | I would like to **join** a music club.
나는 음악 클럽에 가입하고 싶다. |

K(k)

87	**keep** [kiːp]	동 ❶ 유지하다[유지하게 하다], 계속 있다[있게 하다] ❷ (비밀을) 지키다 ❸ (약속을) 지키다	❶ **Keep** trying. 계속 노력하세요. ❷ I know how to **keep** a secret. 나는 비밀을 지킬 줄 안다. ❸ I'll **keep** my promise. 나는 나의 약속을 지킬 것이다.
88	**kind** [kaind]	몡 종류, 유형	What **kind** of bag do you want? 어떤 종류의 가방을 원하세요?
		혱 친절한, 다정한	He is very **kind**. 그는 굉장히 친절하다.

IV 어휘 · 311

89	**late** [leit]	형 늦은	in the **late** afternoon 늦은 오후에
		부 늦게	He got up **late**. 그는 늦게 일어났다.
90	**learn** [ləːrn]	동 배우다, 학습하다	I want to **learn** how to swim well. 나는 수영을 잘하는 방법을 배우고 싶다.
91	**library** [láibrèri]	명 도서관	You should be quiet in the **library**. 도서관에서는 조용히 해야 한다.
92	**listen** [lísn]	동 듣다, 귀 기울이다	We always **listen** to music while we're working. 우리는 일을 하는 동안 항상 음악을 듣는다.
93	**little** [lítl]	형 ❶ 작은, 소규모의 ❷ 어린 ❸ 거의 없는[아닌]	❶ a **little** bird 작은 새 ❷ my **little** sister 내 여동생 ❸ I have **little** hope. 나는 희망이 거의 없다.
94	**live** [laiv]	형 살아 있는	**live** animals 살아 있는 동물들
	[liv]	동 살다	We **live** in the country. 우리는 시골에서 산다.
95	**look** [luk]	동 ❶ 보다 ❷ ~해[처럼] 보이다	❶ If you **look** carefully, you can just see his house from here. 자세히 보면, 여기서 그의 집을 바로 볼 수 있다. ❷ They **look** happy. 그들은 행복해 보인다.
96	**lose** [luːz]	동 잃어버리다, 분실하다	If you are not careful, you may **lose** it. 네가 주의하지 않으면, 그것을 잃어버릴지 모른다.

97	**math** [mæθ]	명 수학	I have a **math** exam today at school. 나는 오늘 학교에서 수학 시험이 있다.
98	**matter** [mǽtər]	명 문제[일/사안]	What's the **matter**? 무슨 일 있으세요?
		동 문제가 되다, 중요하다	It doesn't **matter** to me what you do. 네가 뭘 하든 내겐 중요하지 않다.
99	**mean** [miːn]	형 못된, 심술궂은	He is so **mean**. 그는 너무 심술궂다.
		동 의미하다	I see what you **mean**. 네 말이 무슨 의미인지 알겠다.
100	**mind** [maind]	명 마음, 정신	I changed my **mind**. 나는 마음이 바뀌었다.
		동 언짢아하다, 상관하다, 개의하다	I don't **mind** the cold. 나는 추운 건 상관없다.

101	move [mu:v]	통 ❶ 움직이다 ❷ 옮기다[이사하다]	❶ I can't **move** my fingers. 나는 나의 손가락을 움직일 수가 없다. ❷ We've decided to **move**. 우리는 이사하기로 결정했다.
102	movie [mú:vi]	명 영화	She is watching a **movie**. 그녀는 영화를 보고 있다.
103	museum [mju(:)zí(:)əm]	명 박물관, 미술관	I visited the National **Museum**. 나는 국립 박물관을 방문했다.

영어

N(n)

104	need [ni:d]	통 (~을) 필요로 하다	I **need** time to think about it. 나는 그것에 대해 생각할 시간이 필요하다.
105	nervous [nə́:rvəs]	형 불안해[초조해/두려워] 하는	I'm so **nervous**. 나는 너무나 초조하다.
106	never [névər]	부 결코[절대/한 번도] ~ 않다	I will **never** do that again. 나는 결코 다시는 그 일을 하지 않을 것이다.

O(o)

| 107 | old
[ould] | 형 나이 먹은, 나이 많은 | The **old** man is playing the guitar.
노인이 기타를 연주하고 있다. |
| 108 | opinion
[əpínjən] | 명 생각, 의견, 견해 | In my **opinion**, you are wrong.
내 생각엔 네가 틀렸다. |

P(p)

109	paint [peint]	통 ❶ 페인트를 칠하다 ❷ 그리다	❶ We are going to **paint** the garden gate. 우리는 정원 문에 페인트칠을 하려 한다. ❷ They **paint** well. 그들은 그림을 잘 그린다.
110	park [pɑ:rk]	명 공원	She went for a walk in the **park**. 그녀는 공원으로 산책을 갔다.
		통 주차하다	When did you **park** your car? 언제 당신의 차를 주차했나요?
111	pass [pæs]	명 탑승권, 통행증	a boarding **pass** (항공기) 탑승권
		통 ❶ 지나가다, 통과하다 ❷ 건네주다 ❸ (시험에) 합격[통과]하다	❶ You'll **pass** a bank on the way to the bus stop. 너는 버스 정류장으로 가는 길에 은행을 지나갈 것이다. ❷ **Pass** the salt, please. 소금 좀 건네주세요. ❸ I will **pass** the test. 나는 시험에 합격할 것이다.
112	place [pleis]	명 장소, 곳	There is no **place** to sleep. 잘 곳이 없다.

113	plan [plæn]	몡 계획	My **plan** is to travel in the country. 나의 계획은 시골을 여행하는 것이다.
		통 계획을 세우다, 계획하다	I **plan** to leave tomorrow. 나는 내일 떠날 계획이다.
114	plant [plænt]	몡 식물, 초목	She is watering the **plant**. 그녀는 식물에 물을 주고 있다.
		통 심다	Let's **plant** trees. 나무를 심읍시다.
115	play [plei]	통 ❶ 놀다 　❷ 연주하다	❶ Let's **play** a different game. 우리 다른 게임하자. ❷ He can **play** the cello. 그는 첼로를 연주할 수 있다.
116	poor [puər]	혱 가난한, 빈곤한	She was very **poor**. 그녀는 매우 가난했다.
117	popular [pápjələr]	혱 인기 있는	Coffee is very **popular** around the world. 커피는 전 세계에서 매우 인기 있다.
118	price [prais]	몡 값, 가격	The **price** of this book is high. 이 책의 가격은 비싸다.
119	problem [prábləm]	몡 문제	What's the **problem**? 문제가 뭔가요?
120	put [put]	통 놓다	I **put** a book on my desk. 나는 나의 책상 위에 책 한 권을 놓았다.

Q(q)

| 121 | quiet
[kwáiət] | 혱 조용한 | his **quiet** voice
그의 조용한 목소리 |

R(r)

122	read [ri:d]	통 읽다	I like to **read** a book. 나는 책 읽기를 좋아한다.
123	reason [rí:zən]	몡 이유, 까닭	This is the **reason** why I'm here. 이것이 내가 여기에 있는 이유이다.
124	remember [rimémbər]	통 기억하다[나다]	I can't **remember** his name. 나는 그의 이름이 기억나지 않는다.
125	rest [rest]	몡 ❶ 나머지 　❷ 휴식, 수면	❶ Here's the **rest** of your change. 여기 나머지 잔돈이 있다. ❷ You need to take a **rest**. 너는 휴식을 취할 필요가 있다.
		통 쉬다, 휴식을 취하다, 자다	The doctor told him to **rest**. 의사가 그에게 휴식을 취하라고 했다.
126	right [rait]	혱 ❶ 바른, 옳은 　❷ 오른쪽의, 우측의	❶ You're **right**. 네가 맞다. ❷ I always use the **right** hand to eat. 나는 먹을 때 항상 오른손을 사용한다.

127	safe [seif]	형 안전한	It is **safe** to wear a helmet. 헬멧을 쓰는 것이 안전하다.
128	save [seiv]	동 ❶ 구하다 ❷ (돈을) 모으다, 저축하다	❶ We need to **save** pink dolphins. 우리는 분홍 돌고래를 구해야 한다. ❷ I'll **save** money little by little. 나는 조금씩 돈을 모을 것이다.
129	science [sáiəns]	명 과학	She felt interested in studying **science**. 그녀는 과학을 공부하는 것에 흥미를 느꼈다.
130	season [síːzən]	명 계절	Spring is my favorite **season**. 봄은 내가 제일 좋아하는 계절이다.
131	send [send]	동 보내다	I need to **send** these letters today. 나는 이 편지들을 오늘 보내야 한다.
132	show [ʃou]	동 ❶ 보여 주다 ❷ 알려[가리켜] 주다	❶ You have to **show** your ticket as you go in. 너는 들어갈 때 표를 보여 줘야 한다. ❷ I'll go first and **show** you the way. 내가 먼저 가면서 당신에게 길을 알려 줄게요.
133	smart [smaːrt]	형 똑똑한, 영리한	He is a very **smart** boy. 그는 매우 영리한 소년이다.
134	smell [smel]	명 냄새, 향	a sweet **smell** 달콤한 냄새
		동 냄새[향]가 나다	Pizza **smells** good. 피자는 맛있는 냄새가 난다.
135	solve [salv]	동 풀다[해결하다]	He found the way to **solve** the problem. 그는 그 문제를 해결할 방법을 찾아냈다.
136	special [spéʃəl]	형 특별한	He's a very **special** friend. 그는 아주 특별한 친구이다.
137	spend [spend]	동 ❶ (돈을) 쓰다 ❷ (시간을) 보내다	❶ You always **spend** money like water. 너는 항상 돈을 물 쓰듯 쓴다. ❷ They **spend** too much time watching TV. 그들은 텔레비전을 보는 데 너무 많은 시간을 보낸다.
138	stand [stænd]	동 ❶ 서다, 서 있다 ❷ 참다, 견디다	❶ He was too weak to **stand**. 그는 너무 힘이 없어서 서 있을 수 없었다. ❷ I can't **stand** any more. 나는 더는 못 참겠다.
139	start [staːrt]	명 시작[출발/처음]	They've had problems from the **start**. 그들은 처음부터 문제가 있었다.
		동 시작하다	I **start** work at seven. 나는 7시에 일을 시작한다.
140	station [stéiʃən]	명 역	The train is in the **station**. 기차는 역에 있다.
141	stay [stei]	동 머무르다[남다]	I'll **stay** at my friend's home. 나는 나의 친구 집에 머물 것이다.
142	stop [stap]	명 정류장, 정거장	He is looking for a bus **stop**. 그는 버스 정류장을 찾고 있다.
		동 멈추다	I **stopped** playing the piano six years ago. 나는 6년 전에 피아노 치는 것을 그만두었다.

영어

143	**straight** [streit]	형 곧은, 똑바른	She has long **straight** hair. 그녀는 긴 생머리를 가지고 있다.
		부 똑바로, 곧장	Go **straight** and turn left at the first corner. 곧장 가시다가 첫 번째 모퉁이에서 왼쪽으로 도세요.
144	**street** [striːt]	명 거리, 도로	A lot of people are on the **street**. 거리에는 많은 사람들이 있다.
145	**subway** [sʌ́bwèi]	명 지하철	We're looking for the **subway** station. 우리는 지하철역을 찾고 있다.

T(t)

146	**talk** [tɔːk]	명 이야기, 말	She is all **talk**. 그녀는 말뿐이다.
		동 말하다, 이야기하다	I don't want to **talk** to him. 나는 그와 말하기 싫다.
147	**teach** [tiːtʃ]	동 가르치다	I'll **teach** you how to swim. 내가 너에게 수영하는 법을 가르쳐 줄 것이다.
148	**tell** [tel]	동 말하다	You must not **tell** a lie. 거짓말을 해서는 안 된다.
149	**think** [θiŋk]	동 (~라고) 생각하다	I **think** TV is still useful. 나는 텔레비전이 여전히 유용하다고 생각한다.
150	**ticket** [tíkit]	명 표, 입장권, 승차권, 티켓	a plane **ticket** 비행기표[비행기 탑승권]
151	**tired** [taiərd]	형 피로한, 피곤한, 지친	She looks **tired**. 그녀는 피곤해 보인다.
152	**travel** [trǽvəl]	동 여행하다[다니다/가다]	They like to **travel** by train. 그들은 기차를 타고 여행하는 것을 좋아한다.

U(u)

153	**understand** [ʌ̀ndərstǽnd]	동 이해하다, 알아듣다, 알다	I can't **understand** what she said. 나는 그녀가 말한 것을 이해할 수 없다.
154	**uniform** [júːnəfɔ̀ːrm]	명 제복, 군복, 교복, 유니폼	When I go to school, I have to wear a school **uniform**. 나는 학교 갈 때 교복을 입어야 한다.
155	**useful** [júːsfəl]	형 유용한, 도움이 되는, 쓸모 있는	Computers are **useful** for doing many things. 컴퓨터는 많은 일을 하는 데 유용하다.

V(v)

| 156 | **vacation**
[veikéiʃən] | 명 방학 | It's time for a summer **vacation**.
여름 방학을 할 시기이다. |
| 157 | **vegetable**
[védʒtəbl] | 명 채소 | He is working in his **vegetable** garden.
그는 그의 채소밭에서 일하고 있다. |

| 158 | visit [vízit] | 명 방문 | It's my first **visit** to Hungary. 이번이 나의 헝가리 첫 방문이다. |
| | | 동 방문하다[찾아가다] | I will **visit** Lisbon for sure. 나는 리스본을 꼭 방문할 것이다. |

W(w)

159	wait [weit]	동 기다리다	My friends will **wait** for me. 내 친구들이 나를 기다릴 것이다.
160	walk [wɔːk]	동 ❶ 걷다, 걸어가다 ❷ (동물을) 걷게 하다 [산책시키다]	❶ I can **walk** to my office in 10 minutes. 나는 내 사무실까지 10분만에 걸어 갈 수 있다. ❷ I **walk** my dogs every day. 나는 내 개들을 매일 산책시킨다.
161	warm [wɔːrm]	형 따뜻한, 따스한, 훈훈한	The weather in Busan is very **warm**. 부산의 날씨는 아주 따뜻하다.
162	wash [wɑʃ]	동 씻다	I **wash** my face with soap every morning. 나는 매일 아침 비누로 얼굴을 씻는다.
163	watch [wɑtʃ]	명 시계	My **watch** is slow. 내 시계가 늦다.
		동 보다, 지켜보다, 주시하다	I used to **watch** TV a lot when I was a child. 어렸을 때 나는 텔레비전을 많이 봤었다.
164	weak [wiːk]	형 약한, 힘이 없는	We should help **weak** people. 우리는 약한 사람들을 도와야 한다.
165	wear [wɛər]	동 (옷·모자·신발 등을) 입고 [신고/착용하고] 있다	I don't like to **wear** this skirt. 나는 이 치마를 입기 싫다.
166	weather [wéðər]	명 날씨, 기상, 일기	What's the **weather** like today? 오늘 날씨는 어때?
167	weekend [wíːkènd]	명 주말(토요일과 일요일)	I have a birthday party this **weekend**. 이번 주말에 내 생일 파티가 있다.
168	work [wəːrk]	명 일, 직장, 직업	She's still looking for **work**. 그녀는 아직 직장을 구하고 있다.
		동 일하다, 작업[근무]하다	I **work** twenty hours a week. 난 일주일에 20시간 일한다.
169	write [rait]	동 쓰다, 편지 쓰다	**Write** your name at the top of the paper, please. 종이 맨 윗부분에 이름을 써 주세요.
170	wrong [rɔ(ː)ŋ]	형 틀린, 잘못된	a **wrong** answer 틀린 답
		부 잘못, 틀리게	You guessed **wrong**. 너는 잘못 추측했다.

1	**a lot of**	많은	He has **a lot of** science books. 그는 많은 과학 서적을 가지고 있다.
2	**agree with**	~에 동의하다	They **agree with** your opinion. 그들은 너의 의견에 동의한다.
3	**ask for**	~을 요청하다	He **asked for** a cup of coffee. 그는 커피 한 잔을 요청했다.
4	**be about to**	막 ~하려고 하다	The milk **is about to** be on the turn. 우유가 막 변하려 한다.
5	**be afraid of**	~을 두려워하다	Many people **are afraid of** snakes. 많은 사람들이 뱀을 무서워한다.
6	**be careful of**	~을 조심하다	**Be careful of** those steps. 저 계단들 조심해.
7	**be covered with**	~로 덮여 있다	The mountain **is covered with** snow. 그 산은 눈으로 덮여 있다.
8	**be different from**	~와는 다르다	English **is different from** French. 영어는 프랑스어와는 다르다.
9	**be famous for**	~로 유명하다	Jeju-do **is famous for** rocks, wind, and women. 제주도는 돌, 바람, 그리고 여자로 유명하다.
10	**be full of(= be filled with)**	~로 가득 차다	The basket **is full of** beautiful flowers. 바구니가 아름다운 꽃으로 가득 차 있다.
11	**be good at**	~을 잘하다	He **is good at** dancing and acting. 그는 춤추는 것과 연기하는 것을 잘한다.
12	**be interested in**	~에 관심이[흥미가] 있다	He **is interested in** taking pictures. 그는 사진을 찍는 것에 관심이 있다.
13	**be made of**	~로 만들어지다	This chair **was made of** wood. 이 의자는 나무로 만들어졌다.
14	**be supposed to**	~하기로 되어 있다, ~해야만 한다	We **are supposed to** go shopping. 우리는 쇼핑하러 가기로 되어 있다.
15	**compare A with B**	A와 B를 비교하다	I hate **comparing myself with my friends**. 나는 나 자신을 내 친구들과 비교하기 싫다.
16	**depend on(= rely on)**	~에 의존하다	All living things **depend on** the sun. 모든 살아 있는 생명체는 태양에 의존한다.
17	**do one's best**	최선을 다하다	Whatever she does, she **does her best**. 그녀는 무엇을 하든지, 최선을 다한다.
18	**figure out**	~을 이해하다	I can't **figure out** what he is trying to say. 나는 그가 무엇을 말하려고 하는지 이해할 수가 없다.
19	**find out(= discover)**	알다, 알게 되다	He **found out** that she was a singer. 그는 그녀가 가수라는 것을 알게 되었다.
20	**get along with**	~와 사이좋게 지내다	Try to **get along with** your classmates. 학급 친구들과 사이좋게 지내려고 노력해라.
21	**get rid of(= remove)**	~을 제거하다	This solution will **get rid of** your trouble. 이 해결책은 너의 문제를 제거해 줄 것이다.
22	**get over(= overcome)**	극복하다	You'll **get over** the trauma. 너는 트라우마를 극복할 것이다.

23	get used to	~에 익숙해지다	He soon **got used to** school life. 그는 곧 학교생활에 익숙해졌다.
24	give ~ a hand(= help)	~을 돕다	Can you **give** me **a hand** with this? 나 이것 좀 도와줄래?
25	give up	포기하다	Don't **give up** your dream. 네 꿈을 포기하지 마.
26	have a hard time -ing	~하는 데 어려움을 겪다	They **have a hard time finding** food. 그들은 음식을 찾는 데 어려움을 겪는다.
27	in front of	~의 앞에	There is a public square **in front of** the village. 마을 앞에는 공공 광장이 있다.
28	in order to	~하기 위하여	I studied very hard **in order to** pass the exam. 나는 시험에 합격하기 위하여 매우 열심히 공부했다.
29	instead of	~ 대신에	I drank green tea **instead of** orange juice 나는 오렌지 주스 대신에 녹차를 마셨다.
30	keep in mind(= remember)	명심하다	Please **keep in mind** what I said. 내가 말한 것을 명심하렴.
31	look after	~을 보살피다[돌보다]	I need someone to **look after** my cat. 나는 내 고양이를 돌봐줄 누군가가 필요하다.
32	look for	~을 찾다	I'm **looking for** a gas station. 나는 주유소를 찾고 있다.
33	look forward to -ing(= expect)	기대하다	I **look forward to meeting** you again. 나는 너를 다시 만나기를 기대한다.
34	look up	찾아보다	**Look up** the new words in the dictionary. 새로운 단어들을 사전에서 찾아보아라.
35	on one's own	혼자서	She did the work **on her own**. 그녀는 그 일을 혼자서 했다.
36	on the other side of	~의 건너편에	He saw the taxi **on the other side of** the street. 그는 길 건너편에 있는 택시를 보았다.
37	pay attention to	~에 주의를 기울이다	Please **pay attention to** the speech. 연설에 주의를 기울여 주세요.
38	put off(= postpone)	연기하다	I'm afraid we have to **put off** our appointment. 미안하지만 우리는 약속을 연기해야 할 것 같다.
39	put on(= wear)	입다	**Put on** your coat. 외투를 입어라.
40	run out of	다 떨어지다, ~을 다 써 버리다	The taxi **ran out of** gasoline. 그 택시는 휘발유가 다 떨어졌다.
41	shut down	폐쇄하다	They decided to **shut down** the area for a week. 그들은 일주일 동안 그 지역을 폐쇄하기로 결정했다.
42	sign up for	~을 신청하다	I will **sign up for** the swimming class. 나는 수영 강좌를 신청할 것이다.
43	stand by	~의 옆에 있다	I will **stand by** you. 나는 너의 옆에 있을 거야.
44	take care of(= look after)	~을 돌보다	He usually **takes care of** his little brother on Sundays. 그는 보통 일요일마다 그의 남동생을 돌본다.

45	take off	벗다	Would you please **take off** your hat inside? 실내에서는 모자를 벗어 주시겠어요?
46	take part in(= participate in)	~에 참여하다[참가하다]	The country **took part in** the Olympics for the first time. 그 나라는 처음으로 올림픽에 참가했다.
47	thank for	~에 대해 감사하다	**Thank for** the nice present. 멋진 선물을 주셔서 감사합니다.
48	turn off	~을 끄다	You should **turn off** your cellphone in class. 너는 수업 중에 휴대 전화를 꺼야 한다.
49	turn in	~을 제출하다	You must **turn in** your report when you leave the school. 너는 학교를 떠날 때 과제물을 제출해야 한다.
50	wait for	~을 기다리다	**Wait for** a green light. 녹색 불을 기다려라.

3 속담

1 **A sound mind in a sound body.**
건강한 신체에 건강한 정신이 깃든다.

2 **Don't judge a book by its cover.**
겉만 보고 판단하지 마라.

3 **The icing on the cake.**
금상첨화

4 **Many drops make a shower.**
낙숫물이 바위를 뚫는다.

5 **The grass is greener on the other side of the fence.**
남의 떡이 더 커 보인다.

6 **No pains, no gains.**
고통 없이는 얻는 것도 없다.

7 **It's a piece of cake.**
누워서 떡 먹기

8 **Look before you leap.**
돌다리도 두들겨 보고 건너라.

9 **Two heads are better than one.**
백지장도 맞들면 낫다.

10 **A little knowledge is dangerous.**
선무당이 사람 잡는다.

11 **Well begun is half done.**
시작이 반이다.

12 **It's no use crying over spilt milk.**
이미 엎질러진 물이다.

13 **Kill two birds with one stone.**
일석이조

14 **A good medicine tastes bitter.**
좋은 약은 입에 쓰다.

15 **Even a worm will turn.**
지렁이도 밟으면 꿈틀한다.

16 **Blood is thicker than water.**
피는 물보다 진하다.

17 **Heaven helps those who help themselves.**
하늘은 스스로 돕는 자를 돕는다.

18 **Talk of the devil(and you'll hear the flutter of his wings).**
호랑이도 제 말하면 온다.

19 **Dead men tell no tales.**
죽은 자는 말이 없다.

20 **After the storm comes the calm.**
비 온 뒤에 땅이 굳는다.

01 다음을 모두 포함할 수 있는 단어로 가장 적절한 것은?

> cherry   melon   peach   strawberry

① color
② fruit
③ music
④ weather

[02~03] 두 단어의 의미 관계가 나머지 셋과 <u>다른</u> 것을 고르시오.

02 ① food – salad
② job – dentist
③ lily – rose
④ season – winter

03 ① begin – start
② buy – sell
③ love – hate
④ pull – push

[04~05] 다음 대화의 빈칸에 들어갈 말로 가장 적절한 것을 고르시오.

04
> A: What _____ of music do you like?
> B: I like classical music.

① hand
② kind
③ mind
④ sand

05
> A: What are you _____ at?
> B: I can swim very well.
> A: I envy you.

① angry
② glad
③ good
④ sad

06 다음은 Ben의 주간 계획표이다. 금요일에 하는 활동은?

Monday	Tuesday	Wednesday	Thursday	Friday
play the violin	listen to music	swim	sing a song	play tennis

① 음악 듣기
② 수영하기
③ 노래 부르기
④ 테니스 치기

07 다음 빈칸에 들어갈 말로 가장 적절한 것은?

> A: They like pizza, _____?
> B: No, they don't.

① aren't they
② didn't they
③ do they
④ don't they

[08~14] 다음 대화의 빈칸에 들어갈 말로 가장 적절한 것을 고르시오.

08

A: _____ is that boy?
B: He is my little brother.

① Who   ② When
③ Where   ④ What

09

A: _____ is your name?
B: My name is Sam.

① Who   ② When
③ Where   ④ What

10

A: _____ do you go to school?
B: I go to school by bus.

① How   ② Why
③ Whose   ④ Which

11

A: How _____ cars do you have?
B: I have two cars.

① long   ② many
③ often   ④ old

12

A: How _____ do you exercise?
B: Once a week.

① long   ② many
③ often   ④ old

13

A: How _____ is your son?
B: He is six years old.

① long   ② many
③ often   ④ old

14

A: _____ there two trees in the park?
B: Yes, there are.

① Am   ② Are
③ Is   ④ Was

15 B의 응답으로 가장 적절한 것은?

A: Does he watch TV every night?
B: _____.

① No, he isn't
② No, he wasn't
③ No, he doesn't
④ No, he didn't

16 다음 표의 내용으로 보아 빈칸에 들어갈 말로 가장 적절한 것은?

Drinks	Price
Coffee	3,000 won
Tea	4,000 won

The coffee is _____ than the tea.

① cheap   ② cheaper

③ expensive   ④ more expensive

17 다음 그림으로 보아 빈칸에 들어갈 말로 가장 적절한 것은?

The cat is _____ the table.

① behind   ② in   ③ on   ④ under

[18~19] 다음 대화의 빈칸에 들어갈 말로 가장 적절한 것을 고르시오.

18

A: Mom, this is my English teacher, Mr. Green.
B: Hello, Mr. Green. _____.
C: Nice to meet you, too.

① Good luck
② Long time no see
③ Nice to meet you
④ That's a good idea

19

A: _____?
B: I'm from Canada.

① How's the weather today
② How many people are there in your family
③ How old are you
④ Where are you from

[20~21] 다음 대화의 주제로 가장 적절한 것을 고르시오.

20

A: What do you want to be in the future?
B: I want to be a fashion designer. How about you?
A: My dream is to be a vet.

① 자기 소개   ② 장래 희망
③ 추천 영화   ④ 휴가 계획

21

> A: What does your father look like?
> B: He is tall and handsome. He has curly hair.

① 아버지의 성격
② 아버지의 외모
③ 아버지의 직업
④ 아버지의 취미

22 다음 글의 제목으로 가장 적절한 것은?

> I have a cute puppy. Her name is Popo. She is so smart. She has very big eyes and long ears. She looks like a rabbit.

① My Dream
② My Life
③ My Name
④ My Pet

23 다음 글을 쓴 목적으로 가장 적절한 것은?

> Dear Mr. Park,
> I have something to tell you in secret. My classmates always copy my homework. It makes me so angry. What should I do? I need your advice.
>
> Mia

① 비밀번호 설정
② 반 친구 소개
③ 복사기 임대
④ 조언 요청

24 Yumi에 관한 내용과 일치하지 <u>않는</u> 것은?

> Let me introduce Yumi. She is friendly to everybody. She likes playing tennis. She enjoys listening to music. She is good at playing the piano.

① 누구에게나 상냥하다.
② 테니스 치는 것을 좋아한다.
③ 음악 듣기를 즐긴다.
④ 피아노를 잘 못 친다.

25 다음 글의 흐름과 관련이 <u>없는</u> 문장은?

> Last weekend, I went to Busan with my family. ①We went there by train. ②We saw a beautiful beach. ③My favorite food is Japchae. ④I swam there. I want to go there again.

영어

01 다음을 모두 포함할 수 있는 단어로 가장 적절한 것은?

| bear   cat   fox   sheep |

① animal ② country
③ hobby ④ number

[02~03] 두 단어의 의미 관계가 나머지 셋과 <u>다른</u> 것을 고르시오.

02 ① body – head
② color – yellow
③ food – hamburger
④ summer – winter

03 ① beautiful – pretty
② cold – hot
③ long – short
④ old – young

04 다음 대화의 빈칸에 공통으로 들어갈 말로 가장 적절한 것은?

A: What will you do this Saturday?
B: I will _____ a rest.
A: Will you? I will _____ a violin lesson.

① come ② live
③ move ④ take

05 다음 빈칸에 공통으로 들어갈 말로 가장 적절한 것은?

• This room is full _____ toys.
• I'm so proud _____ my daughter.

① by ② in ③ of ④ to

06 주간 날씨 예보에 나타난 월요일의 날씨는?

Monday	Tuesday	Wednesday	Thursday	Friday

① cloudy ② rainy
③ snowy ④ sunny

[07~08] 다음 빈칸에 들어갈 말로 가장 적절한 것을 고르시오.

07

_____ your hands.

① Wash
② Washes
③ Washed
④ Washing

08

_____ a nice day!

① Who
② When
③ Where
④ What

[09~17] 다음 대화의 빈칸에 들어갈 말로 가장 적절한 것을 고르시오.

09

A: _____ is your birthday?
B: It's June 1.

① Who
② When
③ Where
④ Why

10

A: _____ do you live?
B: I live in Hong Kong.

① Who
② When
③ Where
④ Why

11

A: _____ are you so late?
B: Because I got up late in the morning.

① Who
② When
③ Where
④ Why

12

A: How _____ is it to the airport?
B: It is about 20 kilometers.

① far
② long
③ much
④ tall

13

A: How _____ did you stay in Spain?
B: I stayed for three weeks.

① far
② long
③ much
④ tall

14

A: _____ you go to the zoo last weekend?

B: Yes, I did.

① Are　　　　　② Were

③ Do　　　　　④ Did

15

A: _____ you ever been to Canada?

B: No, I haven't. I'd like to go there someday.

① Are　　　　　② Were

③ Do　　　　　④ Have

16

A: Can you speak Japanese?

B: No, _____. I can speak Chinese.

① I can　　　　② I can't

③ I did　　　　③ I didn't

17

A: Do you have a younger sister?

B: Yes, I do.

A: What's _____ favorite food?

B: She likes Bulgogi.

① my　　② your　　③ his　　④ her

18 다음 그림으로 보아 빈칸에 들어갈 말로 가장 적절한 것은?

The monkey is _____ the table.

① behind　　　　② in

③ on　　　　　　④ under

19 다음 대화에서 B의 응답으로 가장 적절한 것은?

A: How are you doing?

B: _____.

① Don't worry

② Fine, thank you

③ I'm five years old

④ I'm sorry, but I can't

20 다음 대화의 주제로 가장 적절한 것은?

A: What do you like to do in your free time?

B: I dance. I love dancing. How about you?

A: I enjoy cooking.

① 설명 요청　　　　② 여가 활동

③ 이해 점검　　　　④ 인물 묘사

21 다음 대화가 이루어지는 장소로 가장 적절한 것은?

> A: May I see your passport?
> B: Here you are.

① 공항　　　　　　② 상점
③ 식당　　　　　　④ 택시

22 다음 글의 주제로 가장 적절한 것은?

> I have two things to do this Sunday. In the morning, I'm going to meet my classmates. In the evening, I'm going to go shopping with my mother.

① 두 가지 소원
② 이번 주 일요일에 할 일
③ 반 친구 소개
④ 쇼핑몰 창업

23 Sally에 관한 내용과 일치하지 <u>않는</u> 것은?

> Today I want to tell you about my best friend, Sally. She is kind and smart. She has long straight hair. She has one younger brother. She likes to play soccer with boys.

① 친절하고 똑똑하다.
② 곱슬머리이다.
③ 남동생이 한 명 있다.
④ 남자애들이랑 축구 하는 것을 좋아한다.

24 다음 생일 초대장에서 언급되지 <u>않은</u> 것은?

> **Birthday Party**
>
> You're invited to William's birthday party!
> Date: July 12
> Time: 2 p.m.
> Place: Lucky Restaurant
> Call me at 010 − 2345 − 6789 if you can come.

① 날짜　　　　　　② 시간
③ 장소　　　　　　④ 생일파티 음식

25 글쓴이의 심경으로 가장 적절한 것은?

> My family went camping last Sunday. We saw many shining stars in the sky. It was a wonderful night. I was very happy.

① 기쁨　　　　　　② 두려움
③ 슬픔　　　　　　④ 외로움

SPEED 정답 체크

01 ①	02 ④	03 ①	04 ④	05 ③	06 ④
07 ①	08 ④	09 ②	10 ③	11 ④	12 ①
13 ②	14 ④	15 ④	16 ②	17 ④	18 ③
19 ②	20 ②	21 ①	22 ②	23 ②	24 ④
25 ①					

성적에 날개를 달아주는

Ň가지 젤 중요한 개념

1 의문사가 있는 의문문

who	• '누구, 누가'의 의미 • 사람을 가리켜 누구인지 물을 때 사용
when	• '언제'의 의미 • 날짜·요일·시각 등을 물을 때 사용
where	• '어디에'의 의미 • 장소를 물을 때 사용
what	• '무엇'의 의미 • 가리키는 대상이 무엇인지 물을 때 사용
why	• '왜'의 의미 • 이유를 물을 때 사용하고 주로 Because로 대답
how	• '어떻게'의 의미 • 상태·방법 등을 물을 때 사용
how + 형용사/부사	• '얼마나 ~하니?'의 뜻 • 정도를 물을 때 사용

- **Who** is that tall boy? 저 키가 큰 소년은 누구니?
- **When** is your birthday? 너의 생일은 언제니?
- **Where** are you from? 너는 어디에서 왔니?
- **What** do you want? 너는 무엇을 갖고 싶니?
- **Why** was he late? 그는 왜 늦었니?
- **How** is the weather today? 오늘의 날씨는 어떠니?
- **How old** are you? 너는 몇 살이니?

2 Be동사의 현재시제

■ 긍정문

구분	단수		복수	
	주어	be동사	주어	be동사
1인칭	I	am	We	
2인칭	You	are	You	
3인칭	He	is	They	are
	She			
	It			

■ 부정문과 Yes/No 의문문

주어	부정문	Yes/No 의문문
I	주어 + am not	Am I ~?
You	주어 + are not	Are you ~?
He/She/It	주어 + is not	Is he/she/it ~?
We/You/They	주어 + are not	Are we/you/they ~?

선생님's 조언 각각의 줄임말도 배웠죠? I'm, I'm not, You're, You're not… 다시 한번 상기해 보도록 하세요.

3 일반동사의 현재시제

■ 일반동사의 현재형

일반동사의 현재형은 주어가 3인칭 단수인 경우를 제외하고, 동사원형을 그대로 씀

- **I go** to school. 나는 학교에 간다. / • She **likes** him. 그녀는 그를 좋아한다.

■ 부정문

주어	형태
I/You/We/They	「주어 + do not[don't] + 동사원형」
He/She/It	「주어 + does not[doesn't] + 동사원형」

■ Yes/No 의문문

주어	형태
I/You/We/They	「Do + 주어 + 동사원형 ~?」
He/She/It	「Does + 주어 + 동사원형 ~?」

4 Be동사의 과거시제

■ be동사의 형태

be동사 현재형	be동사 과거형
am/is	was
are	were

■ 부정문

「주어 + was/were + not ~.」의 형태

■ Yes/No 의문문

「Was/Were + 주어 ~?」의 형태

5 일반동사의 과거시제

■ 일반동사의 과거형

구분	과거형
대부분의 동사	동사원형 + -ed
-e로 끝나는 동사	동사원형 + -d
「자음 + -y」로 끝나는 동사	y를 i로 고치고 + -ed
「단모음 + 단자음」으로 끝나는 동사	마지막 자음을 한 번 더 쓰고 + -ed
현재형과 과거형이 같은 동사	cut, hit, put, read 등
모양이 완전히 바뀌는 동사	come–came, eat–ate 등

선생님's 조언 「모음 + y」로 끝나는 동사는 y를 i로 고치지 않고 -ed를 붙여요.

■ 부정문

「주어 + did not[didn't] + 동사원형 ~.」의 형태

■ Yes/No 의문문

「Did + 주어 + 동사원형 ~?」의 형태

- 긍정 대답: 「Yes, 주어 + did.」/ • 부정 대답: 「No, 주어 + didn't.」

6 현재진행시제

▩ 동사의 -ing형

구분	진행형
대부분의 동사	동사원형 + -ing
-e로 끝나는 동사	e를 빼고 + -ing
「단모음 + 단자음」으로 끝나는 동사	마지막 자음을 한 번 더 쓰고 + -ing
-ie로 끝나는 동사	-ie를 y로 바꾸고 + -ing

▩ 긍정문
「주어 + be동사 현재형(am/are/is) + 동사원형 + -ing ~.」의 형태

▩ 부정문
「주어 + be동사 현재형(am/are/is) + not + 동사원형 + -ing ~.」의 형태

▩ Yes/No 의문문
「Be동사의 현재형(am/are/is) + 주어 + 동사원형 + -ing ~?」의 형태

7 미래시제

▩ will
- 긍정문: '~할[될] 것이다, ~하겠다'의 의미로 「주어 + will + 동사원형 ~.」의 형태
- 부정문: '~하지 않을 것이다'의 의미로 「주어 + will not[won't] + 동사원형 ~.」의 형태
- Yes/No 의문문: '~할 것이니?'의 의미로 「Will + 주어 + 동사원형 ~?」의 형태

▩ be going to
- 긍정문: '~할 것이다, ~할 예정이다'의 의미로 「주어 + be going to + 동사원형 ~.」의 형태
- 부정문: 「주어 + be not going to + 동사원형 ~.」의 형태
- Yes/No 의문문: 「Be동사 + 주어 + going to + 동사원형 ~?」의 형태

8 조동사 can

▩ 가능 · 능력
'~할 수 있다'는 뜻을 동사의 의미에 덧붙임

긍정문	「주어 + can+동사원형.」(= 주어 + be able to+동사원형.)
부정문	「주어 + cannot[can't]+동사원형.」(= 주어 + be not able to+동사원형.)
Yes/No 의문문	「Can+주어 + 동사원형 ~?」 (= Be동사 + 주어 + able to+동사원형 ~?)

He **can** speak English. 그는 영어를 말할 수 있다.

▩ 허락
'~해도 좋다'는 뜻을 동사의 의미에 덧붙임

You **can** go home now. 너는 지금 집에 가도 좋다.

▩ 요청
'~해 주실래요?'의 의미로, could는 can보다 공손한 표현

Can/Could you come to my house? 너는 우리 집에 올 수 있니?

9 인칭대명사

수	인칭	주격	소유격	목적격
단수	1인칭	I	my	me
	2인칭	you	your	you
	3인칭	he	his	him
		she	her	her
		it	its	it
복수	1인칭	we	our	us
	2인칭	you	your	you
	3인칭	they	their	them

10 원급, 비교급, 최상급

▩ 비교급 · 최상급 만들기(규칙 변화)

구분	비교급	최상급
대부분의 경우	-er	-est
형용사, 부사가 -e로 끝나는 경우	-r	-st
형용사, 부사의 끝이 「단모음 + 단자음」으로 끝나는 경우	마지막 자음 추가하고 -er	마지막 자음 추가하고 -est
-ful, -less, -ous, -ive, -ing로 끝나는 단어 또는 3음절 이상의 단어	more + 원급	most + 원급

▩ 비교급 · 최상급 만들기(불규칙 변화)

원급	비교급	최상급
good/well	better	best
bad/ill	worse	worst
many/much	more	most
little	less	least

ENERGY

힘들 땐 잠시 네가 걸어온 길을 뒤돌아 봐라.

그 얼마나 보람있었던가.

잊지말라.

넌 이 세상 누구보다 아름다운 향기를 가진 꽃이다.

– 작자 미상

정답과 해설

국어		제1회							
01	④	02	④	03	④	04	①	05	④
06	②	07	①	08	④	09	④	10	④
11	②	12	③	13	①	14	③	15	①
16	④	17	③	18	①	19	①	20	①
21	①	22	①	23	③	24	④	25	①

01 ④ 쓰기 계획표는 '계획하기' 단계에서 작성하는 것으로, 여기에는 대개 글의 목적, 주제, 예상 독자, 전달 매체 등이 포함된다. 제시된 대화에서 자료 조사 방법은 드러나지 않았다. 자료 조사는 '내용 선정하기' 단계에서 해야 할 일이다.

02 ④ 경아의 '괜찮아.'는 열심히 노력했지만 결과가 좋지 않은 채원을 위로하는 말이다.

03 ④ 청중은 질의 시간이 주어졌을 때 토의자에게 질문을 할 수 있다.

04 ① '옛'은 명사인 '건물'을 꾸며 주는 관형사이며, '바짝'은 동사인 '말랐다'를 꾸며 주는 부사이다. 두 단어는 문장에서 다른 단어를 꾸며 주는 역할을 하는 수식언이다.

05 ④ 제시된 글자는 'ㄱ, ㄷ, ㅂ, ㅅ, ㅈ'을 가로로 나란히 쓴 것으로, 병서의 원리로 만들어진 글자이다.

06 ② 주어 '옷이'와 서술어 '예쁘다'의 관계가 한 번만 나타나는 홑문장이다.
| 오답해설 |
① 서술절을 안은문장이다.
③ 부사절을 안은문장이다.
④ 대등하게 이어진문장이다.

07 ① 용언의 어간 말음 'ㄹ'은 'ㄱ' 앞에서 [ㄹ]로 발음하므로 '읽고'는 [일꼬]로 발음한다.
| 오답해설 |
② 용언의 어간 말음 'ㄹ'은 자음 앞에서 [ㄱ]으로 발음하므로 [박찌]라고 발음한다.

③ 예외 규정에 따라 용언의 어간 말음 'ㄹ'은 'ㄱ' 앞에서 [ㄹ]로 발음하므로 [물께]라고 발음한다.
④ 자음 'ㄱ' 앞에 오는 'ㄹ'이지만 용언의 어간 말음이 아닌 단어의 끝에 오는 'ㄹ'이므로 [닥꽈]라고 발음한다.

08 ④ '마음이 어진 사람'에 쓰인 '마음'은 '사람이 본래부터 지닌 성격이나 품성'을 뜻하는 말이다. 따라서 이 경우의 '마음'은 '성격(性格)'이나 '품성(品性)'이라는 한자어와 대응될 수 있다. '호감(好感)'은 '좋게 여기는 감정'을 뜻하는 말이다.

09 ④ '앞으로 해야 할 일이 많이 남아 있다.'라는 의미를 지닌 '갈 길이 멀다.'라는 관용 표현이 있기는 하나, ④의 '갈 길이 멀다.'는 문장 그대로 '가야 하는 길이 멀다.'라는 뜻으로 사용되었다.
| 오답해설 |
① '귀 기울이다.'는 '남의 이야기나 의견에 관심을 가지고 주의를 모으다.'라는 의미를 지닌 관용 표현이다.
② '파김치가 되다.'는 '몹시 지쳐서 기운이 아주 느른하게 되다.'라는 의미를 지닌 관용 표현이다.
③ '머리를 맞대다.'는 '어떤 일을 의논하거나 결정하기 위하여 서로 마주 대하다.'라는 의미를 지닌 관용 표현이다.

1인치 더 파고들기 관용어와 속담의 차이

관용어	둘 이상의 낱말이 결합하여 특별한 의미로 사용되는 말로, 관습적으로 굳어진 말
속담	예로부터 내려온 우리 생활 속 지혜를 간결하면서도 맛깔스럽게 표현해 낸 말

10 ④ 윗글은 '많다', '보다', '생각한다' 등 현재형 어미를 사용하여 시상을 전개하고 있다.
| 오답해설 |
①, ③ 자기반성과 앞으로의 바람을 독백조로 드러내고 있다.
② '돌'과 '바다'를 대조하여 주제를 강조하고 있다.

11 ② 윗글은 1연에서 잘고 굳은 '돌'을 통해 옹졸했던 자신의 과거 모습을 떠올리며, 남에게는 엄격하고 자신에게는 너그러웠던 태도를 반성하고 있다.

12 ③ 화자는 남에게는 지나치게 엄격하면서 자신에게는 너그러웠던 자신의 모습에 대해 반성적인 태도를 보이고 있다.

13 ① 윗글은 판소리계 소설로, 당시의 사회상이 잘 반영되어 있으며 해학과 풍자를 통해 주제를 드러낸다. 윗글은 전지적 작가 시점으로 서술되고 있으므로 서술자는 작품 밖에 있다.

14 ③ 윗글에서 본관 사또(변학도)는 자신의 권력을 악용하여 춘향에게 수청을 강요하는 탐관오리이다.

15 ① 은유와 대구를 통해 현실 상황에 대한 비판 의식을 형상화하고 있다. 반어법은 사용되지 않았다.

16 ④ 윗글은 아직 사랑의 감정에 눈뜨지 못한 어리숙한 '나'를 서술자로 설정하여 순수하고 순박한 느낌을 주고 있다. '나'는 이야기 속에 등장하여 자신의 생각과 심리를 구체적으로 서술하고 있다.

| 오답해설 |

㉠ '나'는 점순이의 말과 행동에 담긴 의도를 자신이 판단한 대로 서술하고 있다. 따라서 사건을 객관적으로 전달한다고 볼 수 없다.

㉢ 점순이의 심리는 정확히 서술되어 있지 않으므로 독자가 상상하며 읽어야 한다.

> **1인치 더 파고들기** **1인칭 주인공 시점의 특징**
> • '나' = 주인공 = 서술자
> • 주인공인 '나'가 자신의 이야기를 하는 방식

17 ③ 점순이가 '감자'를 주기 전에 "느 집엔 이거 없지?"라고 묻는 것으로 볼 때, 감자가 귀한 음식임을 알 수 있다. 점순이는 귀한 음식인 감자를 '나'에게 주면서 '나'를 좋아하는 마음을 전하려고 했던 것이다. 그러므로 '감자'는 '나'를 향한 점순이의 애정을 엿볼 수 있는 소재라고 할 수 있다.

18 ① 점순이가 '나'에게 '감자'를 주었으나, '나'는 고개도 돌리지 않고 일하던 손으로 그 감자를 쑥 밀어서 거절하였다. 그러자 점순이는 얼굴이 빨개지며 눈물이 어린 채 논둑으로 달아나 버렸다. 이는 점순이가 '나'에게 감자를 줌으로써 애정을 표현했지만, 이를 거절당했다고 느꼈기 때문이다.

19 ① 윗글은 실험을 통해 벼락치기의 힘이 발생하는 원인(스트레스)에 객관적으로 접근하고 있으며, 그것이 뇌에 어떤 변화를 주는지 과학적으로 설명하고 있다.

20 ④ 스트레스를 받으면 교감 신경이 활성화되어 집중력이 향상되므로 벼락치기가 효과가 있다고 하였다.

21 ① ㉡~㉣은 벼락치기의 힘과 관련된 내용이고, ㉠은 과제를 미루는 것과 관련된 내용이다.

22 ① 윗글은 스트레스를 받으면 생기는 변화를 제시하고 있다. 스트레스를 받으면 뇌의 시상 하부에서 신호를 전달하고 → 부신에서 호르몬을 분비하고 → 심장 박동이 빨라지고 혈압이 상승하며 에너지원인 포도당이 만들어지고 → 고도의 집중력이 생긴다.

23 ③ 윗글은 (가)에서 사람들이 시계를 언제부터 많이 사용하게 된 것일지를 물으며 독자의 호기심을 자극하고 있다.

24 ④ (마)에서 사탕수수나 커피나무를 기르려고 밀림을 없앤 탓에 지구가 점점 더워진다고 하였다.

| 오답해설 |

① (라)에서 공장을 돌리는 데 계절은 큰 문제가 되지 않으며 공장은 언제든지 돌아간다고 하였다.

② (마)에서 철 없는 과일을 생산하기 위해 석유나 석탄이 더 빨리 사라지고 있다고 하였다.

③ (마)에서 쇠고기 생산량을 증가시키려고 인위적으로 늘린 소 떼가 사막의 면적을 크게 늘렸다고 하였다.

25 ① (마)의 내용을 통해 윗글의 글쓴이는 인간이 자연의 질서에 따라 살지 않고 인위적으로 자연 환경을 바꾸면서 홍수, 가뭄 등의 자연재해가 잦아졌다고 생각함을 알 수 있다. 또한 (바)에서 "지금 인류에게 필요한 것은 '자연을 살피는 마음'이다."라고 말하는 것으로 보아 글쓴이는 인간이 자연의 질서에 따르지 않음을 걱정하고 있다고 볼 수 있다.

01	③	02	④	03	③	04	④	05	①
06	①	07	③	08	①	09	②	10	③
11	④	12	③	13	②	14	③	15	②
16	④	17	④	18	③	19	③	20	②
21	①	22	④	23	④	24	③	25	①

01 ③ 토론은 논제에 대해 찬성 측과 반대 측으로 나누어 각자 논거를 들어 자신의 주장이 정당함을 내세우고 상대방의 주장과 논거가 부당함을 밝히는 말하기이다.

1인치 더 파고들기 담화의 유형

토의	공동의 문제를 해결하기 위해 여러 사람이 의견이나 생각을 주고받는 협력적인 말하기
토론	논제에 대해 찬성과 반대로 나뉘어 각각 자기 측 주장의 타당함을 내세워 상대방을 설득하기 위한 말하기
협상	개인·집단 간에 존재하는 의견 차이나 갈등을 해소하기 위하여 당사자 또는 집단의 대표가 의견과 주장의 차이를 조정하고 만족스러운 대안을 찾는 의사 결정 과정

02 ④ 선택지의 '부쳤다'는 '서로 맞닿아 떨어지지 않게 하였다.'라는 의미로 사용되었으므로 이에 해당하는 단어인 '붙였다'로 고쳐야 한다. '부치다'는 '편지나 물건을 상대에게로 보내다, 프라이팬 따위에 기름을 바르고 음식을 익혀서 만들다.'라는 의미를 지니고 있다.

03 ③ 제시된 사례는 같은 대상을 의미하는 단어가 나라마다 다른 것으로, 의미와 말소리의 관계가 필연적이 아니라 우연적이라는 것이다. 이는 언어의 자의성과 관계가 깊다.

04 ④ '소년'과 '소녀'는 의미가 서로 짝을 이루어 대립하는 단어들의 관계인 '반의 관계'에 해당한다.

05 ① '가져'는 용언 '가지다'의 활용형이므로 [가저]로 발음한다.

06 ① 강아지, 비빔밥, 종이는 모두 고유어이다.
| 오답해설 |
② '빵'은 외래어이다.
③ '달걀'은 고유어이다.
④ '백일장'은 한자어이다.

07 ③ 다른 사람과 대화를 나눌 때에는 상대방의 흥미와 관심을 고려하여야 한다.

08 ① 제시된 글의 ㉮는 특정 집단의 사람끼리 비밀을 유지하려고 사용하는 은어에 해당한다.

09 ② 2연과 3연은 6행으로 구성되어 있지만, 1연은 2행으로 구성되어 있어 각 연의 행수가 모두 같지는 않다.
| 오답해설 |
① '귀뚜라미'를 의인화하여 독자들에게 친근감을 주고 있다.
③ 2연과 3연에서 '~ 있을까.'라는 의문형을 사용하여 시적 의미를 강조하고 있다.
④ 매미와 화자 자신을 대조하며 자기의 처지를 드러내고 있다.

10 ③ 윗글의 시적 화자는 귀뚜라미로, ㉠, ㉡, ㉣은 모두 귀뚜라미를 의미한다. ㉢은 귀뚜라미가 아닌 매미이다.

11 ④ 윗글의 화자인 귀뚜라미는 현재 힘든 상황 속에 있지만, 좌절하는 데서 그치지 않고 이를 견디며 자신의 울음이 노래가 되는 날이 올 것을 희망하고 있다.

12 ③ 윗글의 내용으로는 양반이기 때문에 부유하다거나 평민이기 때문에 가난하다는 것을 알 수 없다. 따라서 신분에 따라 빈부의 격차가 뚜렷하게 나타났는지는 윗글에서 알 수 없다.

13 ② 허생의 아내는 생계에는 관심이 없는 허생에게 답답함을 느끼고 있다. 따라서 ㉠은 '도둑질을 해서라도 가족을 먹여 살려야 한다.'는 의미이다.

14 ③ '문득 이 녀석 치다꺼리에 구역질 같은 걸 느꼈으나 가까스로 평정을 가장했다.'라는 말을 통해 '나'는 '훈이'의 태도에 '구역질'이 나는 느낌을 받으며 평정심을 잃었으나 가까스로 평정을 거짓으로 꾸며, 즉 가장하여 다음 대화를 이어가고 있는 것으로 볼 수 있다.

15 ② [A]는 '글쎄 어떻게 설명할 수 있을 것인가.', '~ 어떻게 납득시킬 수 있담.', '~ 어떻게 저 녀석에게 알릴 수 있을 것인가.'와 같은 서술자의 독백적 어조가 잘 드러나 있는 대목으로, 이를 통해 '나'의 내면 심리를 효과적으로 드러내고 있다.

16 ④ '우리를 위해 발 벗고 나서 애써 줄 유력한 친척이나 친구가 있는 것도 아니니'라는 말을 통해 주변에 '훈이'의 취직 운동을 도와줄 수 있는 유력한 친척이 있는 것은 아님을 알 수 있다. 또한 '훈이'의 취직 운동에 적극적 태도로 임하고 있는 것은 '나'이지 '어머니'가 아니다. '어머니'는 '훈이'의 어려운 처지를 곁에서 안타까워할 뿐, 취직 운동과 관련한 구체적 노력을 기울이고 있지는 않다.

17 ④ 중국 신장의 요구르트, 스페인 랑하론의 하몬, 우리나라 구례 양동 마을의 된장은 모두 발효 식품으로, 건강에 좋고 특유의 맛과 향이 있다. 된장과 달리 요구르트와 하몬은 우리나라의 전통 식품이 아니다.

18 ③ 김치에서 젖산을 만들어 내는 것은 젖산균으로, 젖산균은 아미노산이 아닌 포도당을 분해하여 젖산을 만든다. 이렇게 만들어진 젖산은 유해균이 증식하는 것을 막는다.

19 ③ 젖산은 약한 산성 물질이어서(원인) 유해균이 증식하는 것을 억제하고 김치가 잘 썩지 않게 한다(결과)고 하였다. 이는 인과의 설명 방식을 사용한 것이다.

1인치 더 파고들기	**설명 방법**
정의	대상이나 용어의 뜻을 밝혀서 설명함
예시	구체적인 예를 들어 설명함
대조	둘 이상의 대상을 견주어 차이점을 중심으로 설명함
분석	어떤 대상을 구성 요소나 부분으로 나누어 설명함
인과	원인과 결과에 따라 설명함
인용	다른 사람의 말이나 글을 끌어와 설명함

20 ② 글쓴이는 독서의 중요성을 강조하면서 중학교 때 읽은 한 권의 책 때문에 자신이 소설가가 되었다고 말하며 그 책이 자신의 일생을 바꾸었다고 하였다.

21 ① 글쓴이는 마지막 문단에서 독서의 가치와 의의를 강조하고 있다.

22 ④ '책 속에 길이 있다.'는 예로부터 전해 오는 격언으로, 독서의 중요성을 나타내는 말이다. 따라서 ㉠은 독서에 대한 글쓴이의 생각을 격언을 통해 압축적으로 제시한 것이다.

23 ④ 설명하는 글은 말하고자 하는 대상에 대한 정보를 객관적으로 전달한다. 윗글은 정전기에 대해 설명하는 글이다.

| 오답해설 |
① 수필의 특징이다.
② 보고서나 건의하는 글의 특징이다.
③ 비평문의 특징이다.

24 ③ 정전기란 전하가 정지 상태로 있어 그 분포가 시간적으로 변화하지 않는 전기 및 그로 인한 전기 현상을 말한다고 하였다.

| 오답해설 |
① 전자는 작고 가벼워서 마찰을 통해 다른 물체로 쉽게 이동하기도 한다고 하였다.
② 겨울에는 정전기가 기승을 부린다고 표현할 정도로 정전기가 잘 발생한다고 하였다.
④ 마찰이 일어날 때마다 우리 몸과 물체는 전자를 주고받는다고 하였다.

25 ① 문맥상 ㉠은 '기운이나 힘 따위가 성해서 좀처럼 누그러들지 않음. 또는 그 기운이나 힘'을 의미한다.

01	③	02	③	03	②	04	①	05	④
06	②	07	①	08	②	09	④	10	④
11	④	12	①	13	③	14	③	15	③
16	③	17	④	18	②	19	①	20	①

01 ③ $24=2^3\times3$으로 소인수분해되므로 a의 값은 3이다.

02 ③ 절댓값은 수직선 위에서 원점으로부터 수에 대응하는 점까지의 거리를 말한다. 따라서 절댓값이 가장 큰 수는 -7이다.

| 오답해설 |
① $|-4|=4$
② $|0|=0$
④ $|5|=5$

03 ② $5x-5=3x-1$, $5x-3x=-1+5$, $2x=4$
$\therefore x=2$

04 ① 제2사분면 위에 있는 점의 x좌표의 부호는 음, y좌표의 부호는 양이다. 따라서 제2사분면 위의 점은 $(-9, 2)$이다.

05 ④ 모든 면의 모양이 정삼각형이고, 한 꼭짓점에 모이는 면의 개수가 5개인 정다면체는 정이십면체이다.

1인치 더 파고들기 정다면체

정다면체	정사면체	정육면체	정팔면체	정십이면체	정이십면체
겨냥도					
면의 모양	정삼각형	정사각형	정삼각형	정오각형	정삼각형
한 꼭짓점에 모인 면의 개수	3	3	4	3	5
면의 개수	4	6	8	12	20
꼭짓점의 개수	4	8	6	20	12
모서리의 개수	6	12	12	30	30

06 ② 순환마디가 653이므로 순환소수 $3.653653\cdots$을 바르게 나타낸 것은 $3.\dot{6}5\dot{3}$이다.

1인치 더 파고들기 순환소수

① 순환소수: 무한소수 중에서 소수점 아래의 어떤 자리에서부터 일정한 숫자의 배열이 한없이 되풀이되는 소수
  예 $0.333333\cdots$, $3.542542\cdots$ 등
② 순환마디: 순환소수의 소수점 아래에서 숫자의 배열이 일정하게 되풀이되는 한 부분
③ 순환소수의 표현: 순환마디의 양 끝의 숫자 위에 점을 찍어 나타낸다.
  예 $0.333\cdots$의 순환마디는 3 ➡ $0.\dot{3}$
  $3.542542\cdots$의 순환마디는 542 ➡ $3.\dot{5}4\dot{2}$

07 ① 8명 이상 10명 미만인 계급의 도수는 1이므로 가족 수가 8명 이상인 학생의 수는 1명이다.

08 ② 삼각형의 세 내각의 크기의 합은 $180°$이므로
$(4\angle x+15°)+(2\angle x+30°)+3\angle x=180°$
$9\angle x+45°=180°$, $9\angle x=135°$
$\therefore \angle x=15°$

09 ④ 직사각형의 대각선의 길이는 $\sqrt{5^2+4^2}=\sqrt{41}$

1인치 더 파고들기 피타고라스의 정리

직각삼각형 ABC에서 직각을 낀 두 변의 길이를 각각 a, b라 하고 빗변의 길이를 c라 하면 $a^2+b^2=c^2$이 성립한다.

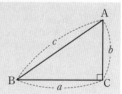

10 ④ a의 값은 y절편, 즉 $x=0$일 때의 y의 값이므로 y축과 만나는 점의 y좌표이다. 따라서 그래프에서 4이다.

11 ④ $\overline{AB}=\overline{CD}$이므로 $3x-2=10$
$3x=12$ $\therefore x=4$
또, $\angle C+\angle D=180°$이므로
$y°+80°=180°$ $\therefore y=100$

1인치 더 파고들기 평행사변형의 성질

① 두 쌍의 대변의 길이는 각각 서로 같다.
② 두 쌍의 대각의 크기는 각각 서로 같다.
③ 두 대각선은 서로 다른 것을 이등분한다.

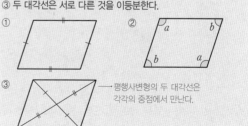

평행사변형의 두 대각선은 각각의 중점에서 만난다.

12 ① 눈의 수의 합이 6인 경우의 수는 $(1, 5)$, $(2, 4)$, $(3, 3)$, $(4, 2)$, $(5, 1)$의 5가지이고, 눈의 수의 합이 7인 경우의 수는 $(1, 6)$, $(2, 5)$, $(3, 4)$, $(4, 3)$, $(5, 2)$, $(6, 1)$의 6가지이다. 따라서 눈의 수의 합이 6 또는 7이 되는 경우의 수는 $5+6=11$(가지)이다.

13 ③ $\angle B = \angle C$이므로 $\triangle ABC$는 $\overline{AB} = \overline{AC}$인 이등변삼각형이고, $\overline{AD}$는 $\angle A$의 이등분선이므로

$\overline{BD} = \overline{CD} = 3\text{cm}$

$\therefore \overline{BC} = 2 \times 3 = 6(\text{cm})$

1인치 더 파고들기 이등변삼각형의 성질

① 이등변삼각형의 두 밑각의 크기는 같다.
➡ $\triangle ABC$에서 $\overline{AB} = \overline{AC}$이면
$\angle B = \angle C$
② 이등변삼각형의 꼭지각의 이등분선은 밑변을 수직이등분한다.
➡ $\triangle ABC$에서 $\overline{AB} = \overline{AC}$,
$\angle BAD = \angle CAD$이면
$\overline{BD} = \overline{CD}$, $\overline{AD} \perp \overline{BC}$

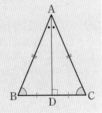

14 ③ $\triangle ABC \sim \triangle DEF$이므로 $\overline{AC} : \overline{DF} = 9 : 3 = 3 : 1$, 즉 닮음비는 $3 : 1$이다. 따라서 $\overline{BC} : \overline{EF} = 3 : 1$이다.

15 ③ $32 = 2^5$이므로 $2^2 \times 2^5 = 2^7$

1인치 더 파고들기 거듭제곱과 지수의 합

① 거듭제곱: 같은 수나 문자를 여러 번 곱한 것을 간단히 나타낸 것
(곱하는 수)$^{곱하는 횟수}$ = (밑)^{지수}

$a \times a \times a = a^3$
$\llcorner a$를 3번 곱한 것
⑩ $2 \times 2 = 2^2$, $5 \times 5 \times 5 = 5^3$,
$a \times a \times a \times a = a^4$
② 지수법칙 – 지수의 합
m, n이 자연수일 때, $a^m \times a^n = a^{m+n}$
⑩ $a^2 \times a^4 = a^{2+4} = a^6$ $\llcorner$ 지수끼리 더한다.

> **참고** a는 a^1으로 생각한다. 즉 $a \times a^2 = a^{1+2} = a^3$

16 ③ 주어진 자료를 작은 값부터 순서대로 나열하면 1, 3, 4, 6, 7, 10, 26이므로 중앙값은 4번째 오는 값인 6이다.

17 ④ 이차함수 $y = 4(x+2)^2$의 그래프는 x축과 오직 한 점에서 만난다.

| 오답해설 |

① 꼭짓점의 좌표는 $(-2, 0)$이다.
② $x < -2$일 때, x의 값이 증가하면 y의 값은 감소한다.
③ 아래로 볼록한 포물선이다.

18 ② $\sin A = \dfrac{12}{13}$, $\cos A = \dfrac{5}{13}$, $\tan A = \dfrac{12}{5}$

19 ① 한 원에서 한 호에 대한 원주각의 크기는 그 호에 대한 중심각의 크기의 $\dfrac{1}{2}$이므로 $x = \dfrac{1}{2} \times 70° = 35°$

20 ① 보기 속 산점도는 음의 상관관계를 나타내고 있다. 어떤 물건의 가격이 증가할 때 판매량은 대체로 감소하므로 음의 상관관계를 갖는다고 볼 수 있다.

| 오답해설 |

② 여름철 기온과 냉방비: 양의 상관관계
③ 신발 크기와 그 신발의 가격: 상관관계가 없다.
④ 자동차의 이동 거리와 사용한 기름의 양: 양의 상관관계

1인치 더 파고들기 상관관계의 종류

① 양의 상관관계	② 음의 상관관계
두 변량 x와 y 중 한쪽이 증가할 때 다른 한쪽도 대체로 증가하는 관계	두 변량 x와 y 중 한쪽이 증가할 때 다른 한쪽은 대체로 감소하는 관계

③ 상관관계가 없다.
x와 y 중 한쪽이 증가할 때 다른 한쪽이 대체로 증가하거나 감소하는지 분명하지 않은 관계

예시

일상생활에서 상관관계
① 양의 상관관계: 발의 길이와 신발의 크기, 여름철 기온과 전기 소비량
② 음의 상관관계: 자동차 속력과 소요 시간, 불을 켠 시간과 남은 초의 길이
③ 상관관계가 없다.: 등교 시간과 영어 성적, 손의 길이와 시력

01	①	02	③	03	①	04	②	05	③
06	①	07	②	08	②	09	②	10	④
11	①	12	②	13	③	14	④	15	②
16	①	17	①	18	①	19	③	20	①

01 ① 주어진 수들을 각각 소인수분해한 후 공통인 소인수를 모두 곱한다. 이때 거듭제곱의 지수가 같으면 그대로 곱하고, 지수가 다르면 작은 것을 택하여 곱한다.

$$40=2^3 \quad\ \times 5$$
$$\underline{60=2^2\times 3\times 5}$$
$$\quad ㉠ \quad\ \times 5$$

따라서 ㉠$=2^2$이다.

02 ③ 점 C의 좌표는 $(-3, -2)$이다.

03 ① $-a+3b=-2+3\times(-1)$
$$=-2-3=-5$$

04 ② 윗몸일으키기를 21개 이상 한 학생의 수는 줄기가 2, 3일 때의 잎을 세어보면 구할 수 있다. 따라서 윗몸일으키기를 21개 이상 한 학생의 수는 줄기가 2일 때 4명, 줄기가 3일 때 1명으로 5명이다.

05 ③ $x:(2x-15)=9:15$
$$x:(2x-15)=3:5$$
$$5x=3(2x-15),\ 5x=6x-45$$
$$\therefore x=45$$

06 ① 두 점 $(0, 0)$과 $(6, 400)$이 연결된 선분에서 출발 후 6분 동안 이동한 거리는 400 m인 것을 알 수 있다.

07 ② 면 ABCD와 평행한 모서리는 $\overline{EF}$, $\overline{FG}$, $\overline{GH}$, $\overline{HE}$이므로 4개이다.

08 ② $x-1\leq 3x+5$에서
$$-2x\leq 6 \quad \therefore x\geq -3$$

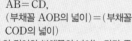

09 ② $x=-\dfrac{1}{2}$일 때, $y=-2\times\left(-\dfrac{1}{2}\right)+3=4$이므로 일차함수 $y=-2x+3$의 그래프 위의 점이 아닌 것은 ②이다.

10 ④ 모든 경우의 수는 6이고, 소수의 눈이 나오는 경우의 수는 2, 3, 5의 3가지이므로 구하는 확률은 $\dfrac{3}{6}=\dfrac{1}{2}$

11 ① $\overline{AD}$는 이등변삼각형 ABC의 밑변 BC의 수직이등분선이므로 $\angle A$를 이등분한다.
$$\therefore \angle BAD=\angle CAD=22°$$
따라서 △ABD에서
$$\angle B=180°-(90°+22°)=68°$$

12 ② 12의 약수 중 10 이하의 수는 1, 2, 3, 4, 6으로 5개이므로 10장의 카드 중 12의 약수가 나올 확률은 $\dfrac{5}{10}=\dfrac{1}{2}$이다.

13 ③ 직육면체 A, B의 닮음비는 3 : 5이므로
겉넓이의 비는 $3^2:5^2=9:25$
$$90:(\text{B의 겉넓이})=9:25$$
$$\therefore (\text{B의 겉넓이})=250\text{cm}^2$$

14 ④ $5\sqrt{2}\times\sqrt{2}=5\sqrt{2\times 2}=5\sqrt{4}=5\sqrt{2^2}=10$

15 ② $x^2+x-30=(x+6)(x-5)=0$
따라서 $x=-6$ 또는 $x=5$이므로 다른 한 근은 $x=-6$이다.

16 ① $\square BFGC=\square ADEB+\square ACHI$
$$=9+16=25(\text{cm}^2)$$

17 ① 이차함수 $y=ax^2$의 그래프가 점 $(-2, 6)$을 지나므로
$$6=4a \quad \therefore a=\dfrac{3}{2}$$

18 ① 좋아하는 색의 최빈값은 도수가 54로 가장 큰 빨강이다.

1인치 더 파고들기　**최빈값**

자료의 값 중에서 가장 많이 나오는 값

19 ③ $\overline{AC}=\sqrt{(4\sqrt{6})^2-8^2}=4\sqrt{2}$이므로

$$\cos A=\frac{4\sqrt{2}}{4\sqrt{6}}=\frac{1}{\sqrt{3}}$$

1인치 더 파고들기　**삼각비의 정의**

$$\sin A=\frac{(높이)}{(빗변의 길이)}\qquad \cos A=\frac{(밑변의 길이)}{(빗변의 길이)}$$

$$\tan A=\frac{(높이)}{(밑변의 길이)}$$

20 ① 15명 중에서 왼쪽 눈의 시력이 오른쪽 눈의 시력보다 좋은 학생은 5명이므로 그 비율은 $\dfrac{5}{15}=\dfrac{1}{3}$

1인치 더 파고들기　**산점도**

두 변량 x, y 사이의 관계를 알아보기 위하여 순서쌍 (x, y)를 좌표로 하는 점을 좌표평면 위에 나타낸 그래프

영어	제1회								322쪽
01	②	02	③	03	①	04	②	05	③
06	④	07	④	08	①	09	④	10	①
11	②	12	③	13	④	14	②	15	③
16	②	17	④	18	③	19	④	20	②
21	②	22	④	23	④	24	④	25	③

01 ② cherry(체리), melon(멜론), peach(복숭아), strawberry(딸기)를 모두 포함할 수 있는 단어는 fruit(과일)이다.

| 선택지 |

① 색(깔)

② 과일

③ 음악

④ 날씨

02 ③ 두 단어 모두 꽃의 하위 개념이다. ①, ②, ④는 상위 – 하위 개념 관계이다.

| 선택지 |

① 음식 – 샐러드

② 직업 – 치과 의사

③ 백합 – 장미

④ 계절 – 겨울

03 ① 유의어 관계이다. ②, ③, ④는 반의어 관계이다.

| 선택지 |

① 시작하다 – 시작하다

② 사다 – 팔다

③ 사랑하다 – 몹시 싫어하다

④ 당기다 – 밀다

04 ② B가 고전 음악을 좋아한다고 응답하므로, A는 어떤 종류의 음악을 좋아하냐고 물어봐야 흐름상 자연스럽다. 따라서 A의 말은 What kind of music ~?이 가장 적절하다.

| 해석 |

A: 너는 어떤 종류의 음악을 좋아해?

B: 나는 고전 음악을 좋아해.

| 어휘 | what kind of 어떤 종류의

classical music 고전 음악, 클래식

| 선택지 |

① 손

② 종류, 유형

③ 마음, 정신

④ 모래

05 ③ B가 나는 수영을 매우 잘한다고 응답하므로, A의 말은 무엇을 잘하냐고 물어보는 What are you good at?이 가장 적절하다.

| 해석 |

A: 너는 무엇을 잘하니?

B: 나는 수영을 매우 잘해.

A: 부럽네.

| 어휘 | be good at ~ ~에 능숙하다, ~을 잘하다(↔ be bad at) envy 부러워하다

| 선택지 |

① 화난, 성난

② 기쁜

③ (~에) 능한[훌륭한]

④ 슬픈

06 ④ Ben의 주간 계획표를 보면 금요일에 하는 활동은 테니스 치기(play tennis)이다.

| 해석 |

월요일	화요일	수요일	목요일	금요일
바이올린 연주하기	음악 듣기	수영하기	노래 부르기	테니스 치기

| 어휘 | Monday 월요일 Tuesday 화요일 Wednesday 수요일 Thursday 목요일 Friday 금요일

07 ④ 부가의문문을 완성하는 문제이다. A의 문장 형태는 「주어 + 일반동사 ~, do(es)n't/didn't + 주어?」가 되어야 한다. 주 문장의 동사는 긍정의 일반동사, 주어는 복수인 they, 동사 like의 시제는 현재시제이므로, 문장의 빈칸에 들어갈 말로 가장 적절한 것은 don't they이다.

| 해석 |

A: 그들은 피자를 좋아해, 그렇지 않아?

B: 아니, 그렇지 않아(그들은 피자를 좋아하지 않아).

| 어휘 | pizza 피자

1인치 더 파고들기 부가의문문

부가의문문을 만들 때 주 문장이 긍정이면 부가되는 의문문을 부정의문으로, 주 문장이 부정이면 부가되는 의문문을 긍정의문으로 나타낸다. 시제는 주 문장과 일치시켜야 하며, be동사와 조동사는 그대로 쓰고 일반동사는 do/does/did를 쓴다. 주어가 명사일 때는 대명사를 쓴다.

08 ① B가 그는 나의 남동생이라고 응답하므로, A의 빈칸에는 누구냐고 물어볼 때 사용하는 Who가 가장 적절하다.

| 해석 |

A: 저 소년은 누구니?

B: 그는 나의 남동생이야.

| 어휘 | little brother 남동생

| 선택지 |

① 누구, 누가

② 언제

③ 어디에

④ 무엇

09 ④ B가 '내 이름은 Sam이야.'라고 응답하므로, A의 빈칸에는 '무엇'을 물어볼 때 사용하는 What이 들어가는 것이 가장 적절하다.

| 해석 |

A: 이름이 뭐니?

B: 내 이름은 Sam이야.

| 어휘 | name 이름

| 선택지 |

① 누구, 누가

② 언제

③ 어디에

④ 무엇

10 ① B가 버스를 타고 학교에 간다고 응답하므로, A의 빈칸에는 '어떻게'를 물어볼 때 사용하는 How가 들어가는 것이 가장 적절하다.

| 해석 |

A: 너는 어떻게 학교에 가니?

B: 버스를 타고 학교에 가.

| 어휘 | school 학교

| 선택지 |

① 어떻게

② 왜

③ 누구의

④ 어떤

11 ② B가 차 2대를 가지고 있다고 응답하므로, A의 말에는 얼마나 많은지를 물어보는 How many가 들어가는 것이 가장 적절하다.

| 해석 |

A: 얼마나 많은 차를 가지고 있니?

B: 나는 차를 2대 가지고 있어.

| 어휘 | car 차

| 선택지 |

① 긴, 오래

② 많은, 많이

③ 자주

④ 나이 든, 오래된

12 ③ B가 일주일에 한 번이라고 응답하므로, A의 말에는 얼마나 자주인지를 물어볼 때 사용하는 How often ~?이 들어가는 것이 가장 적절하다.

| 해석 |
A: 얼마나 자주 운동하니?
B: 일주일에 한 번.

| 어휘 | exercise 운동하다   once 한 번   week 일주일

| 선택지 |
① 긴, 오래
② 많은, 많이
③ 자주
④ 나이 든, 오래된

1인치 더 파고들기   빈도를 묻는 표현

빈도를 물을 때는 '얼마나 자주'의 의미인 How often ~?을 쓴다. 빈도 · 횟수를 나타내는 부사 표현으로는 always(항상), usually(보통), often(종종), sometimes(때때로), never(결코 ~ 아닌), once(한 번), twice(두 번), three times(세 번) 등이 있다.

13 ④ B가 아들이 6살이라고 응답하므로, A의 말에는 나이가 몇 살인지 물어볼 때 사용하는 How old ~?가 들어가는 것이 가장 적절하다.

| 해석 |
A: 너의 아들은 몇 살이니?
B: 6살이야.

| 어휘 | son 아들

| 선택지 |
① 긴, 오래
② 많은, 많이
③ 자주
④ 나이 든, 오래된

14 ② B가 Yes, there are.라고 긍정의 대답을 하므로, A는 '~가 있습니까?'라는 뜻의 의문문으로 「Are there + 복수명사 ~?」 형태가 되어야 한다. 따라서 빈칸에는 Are가 가장 적절하다.

| 해석 |
A: 공원 안에 나무 두 그루가 있습니까?
B: 네, 있습니다.

| 어휘 | tree 나무   park 공원

15 ③ 일반동사 현재형 3인칭 단수 주어인 Yes/No 의문문이다. 이런 의문문의 형태는 「Does + 주어 + 동사원형 ~?」이고, 대답은 「Yes, 주어 + does.」나 「No, 주어 + doesn't.」로 한다.

| 해석 |
A: 그는 매일 밤 TV를 보니?
B: 아니, 그렇지 않아.

| 어휘 | watch 보다, 감상하다   every night 매일 밤

16 ② 커피는 3,000원이고 차는 4,000원이므로 빈칸에 들어갈 말로 가장 적절한 것은 '더 싼'이라는 의미인 cheep의 비교급 cheaper이다.

| 해석 |
음료   가격
커피: 3,000원
차: 4,000원
커피가 차보다 더 쌉니다.

17 ④ 고양이가 탁자 아래에 있으므로, 빈칸에는 '~ 아래에'라는 뜻의 전치사인 under가 가장 적절하다.

| 해석 | 고양이가 탁자 아래에 있다.

| 어휘 | cat 고양이

| 선택지 |
① ~ 뒤에
② ~ 안에
③ ~ 위에
④ ~ 아래에

18 ③ A가 B(엄마)에게 C(영어 선생님)를 소개하고 있는 상황이다. B와 C는 처음 만난 사이로, B가 C에게 만나서 반갑다는 말을 하는 것이 흐름상 자연스럽고 C도 Nice to meet you, too.라고 하고 있으므로 대화의 빈칸에 들어갈 말로 가장 적절한 것은 Nice to meet you이다.

| 해석 |
A: 엄마, 이분은 영어 선생님이신 Green 선생님이세요.
B: 안녕하세요, Green 선생님. 만나서 반갑습니다.
C: 저도 만나서 반갑습니다.

| 선택지 |
① 행운을 빕니다
② 오랜만이군요
③ 만나서 반갑습니다
④ 그거 좋은 생각이네요

1인치 더 파고들기   소개 표현

This is ~.는 '이 사람은 ~이다.'라는 뜻으로 처음 만나는 사람들에게 가족이나 친구 등을 소개할 때 사용하는 표현이다.

19 ④ B가 '캐나다에서 왔다.'라고 출신을 말하므로 대화의 빈칸에 들어갈 말로 가장 적절한 것은 '어디 출신이니?'라는 의미의 Where are you from이다.

| 해석 |

A: 어디 출신이니?

B: 나는 캐나다에서 왔어.

| 선택지 |

① 오늘 날씨 어때

② 가족이 몇 명이니

③ 나이가 몇 살이니

④ 어디 출신이니

20 ② A와 B는 서로 미래의 꿈에 대해 묻고 답하고 있으므로 대화의 주제로 가장 적절한 것은 장래 희망이다.

| 해석 |

A: 장차 어떤 사람이 되고 싶니?

B: 나는 패션 디자이너가 되고 싶어. 너는?

A: 나의 꿈은 수의사가 되는 거야.

| 어휘 | want 원하다   future 미래

fashion designer 패션 디자이너   vet 수의사

1인치 더 파고들기 장래 희망을 묻는 표현

What do you want to be ~?와 What would you like to be ~?는 장래 희망을 묻는 표현으로 뒤에는 in the future(장래에), when you grow up(자라서) 등 구체적인 시기를 나타내는 표현을 추가하여 쓰기도 한다.

21 ② A와 B는 아버지의 생김새에 대해 묻고 답하고 있으므로 대화의 주제로 가장 적절한 것은 아버지 외모이다.

| 해석 |

A: 네 아버지는 어떻게 생겼니?

B: 그는 키가 크고 잘생겼어. 그는 곱슬머리를 하고 있어.

| 어휘 | look like ~ ~처럼 보이다   tall 키가 큰

handsome 잘생긴   curly hair 곱슬머리

22 ④ 강아지(puppy) Popo에 대한 글이므로 제목으로 가장 적절한 것은 My Pet이다.

| 해석 |

나는 귀여운 강아지가 있다. 그녀의 이름은 Popo이다. 그녀는 매우 똑똑하다. 그녀는 아주 큰 눈과 긴 귀를 가지고 있다. 그녀는 토끼를 닮았다.

| 어휘 | cute 귀여운   puppy 강아지   so 매우

smart 똑똑한   big 큰   eye 눈   long 긴   ear 귀

look like ~ ~처럼 보이다   rabbit 토끼   pet 애완동물

| 선택지 |

① 나의 꿈

② 나의 삶

③ 나의 이름

④ 나의 애완동물

23 ④ 반 친구들이 항상 숙제를 베껴 화가 나는 것에 대해 어떻게 해야 하는지(What should I do?) 조언을 요청하고 있으므로(I need your advice.) 글을 쓴 목적으로 가장 적절한 것은 조언 요청이다.

| 해석 |

박 선생님께,

비밀리에 드릴 말씀이 있습니다. 반 친구들이 항상 제 숙제를 베낍니다. 그 일은 저를 무척 화나게 합니다. 어떻게 해야 하나요? 당신의 조언이 필요해요.

Mia 올림

| 어휘 | something 어떤 것   in secret 비밀리에

classmate 반 친구   copy 베끼다, 복사하다

homework 숙제   advice 조언, 충고

1인치 더 파고들기 목적 찾기 유형

목적 찾기는 글쓴이가 어떤 목적으로 글을 썼는지 전달하고자 하는 의도를 파악하는 유형이다. 글쓴이의 목적이 무엇인지 구체적으로 확인한 다음, 우리말로 정확하게 옮긴 선택지를 골라야 한다.

24 ④ Yumi는 피아노를 잘 친다고 본문에 나와 있으므로 Yumi에 관한 내용과 일치하지 않는 것은 피아노를 잘 못 친다는 것이다.

| 해석 |

Yumi를 소개해 줄게. 그녀는 모두에게 상냥해. 그녀는 테니스 치는 것을 좋아해. 그녀는 음악 듣기를 즐겨. 그녀는 피아노를 잘 쳐.

| 어휘 | introduce 소개하다   friendly 상냥한, 친절한

play tennis 테니스를 치다   enjoy 즐기다

listen to 듣다   be good at ~ ~에 능숙하다

play the piano 피아노를 치다

1인치 더 파고들기 내용 일치·불일치 유형

내용의 일치와 불일치를 파악하는 문제는 일반적으로 지문의 순서대로 선택지가 오기 때문에 선택지 ①부터 읽은 다음, 역으로 지문에서 내용을 찾아 일치하는지 불일치하는지 따져본다.

25 ③ 가장 좋아하는 음식이 잡채라고 하는 내용은 주제문을 뒷받침하지 않는 문장이다. ①, ②, ④는 모두 주제문인 첫 번째 문장 '지난 주말, 나는 가족과 함께 부산에 갔다.'를 적절하게 뒷받침하는 문장이다. 글의 흐름으로 보아 어울리지 않는 문장은 ③이다.

| 해석 |

지난 주말, 나는 가족과 함께 부산에 갔다. ① 우리는 그곳에 기차로 갔다. ② 우리는 아름다운 해변을 봤다. (③ 내가 가장 좋아하는 음식은 잡채이다.) ④ 나는 거기에서 수영했다. 나는 거기에 다시 가기를 원한다.

| 어휘 | weekend 주말   family 가족   by train 기차를 타고   beach 해변, 바닷가   favorite 가장 좋아하는
there 거기에, 거기서

01	①	02	④	03	①	04	④	05	③
06	④	07	①	08	④	09	②	10	③
11	④	12	①	13	②	14	④	15	④
16	②	17	④	18	③	19	②	20	②
21	①	22	②	23	②	24	④	25	①

01 ① bear(곰), cat(고양이), fox(여우), sheep(양)을 모두 포함할 수 있는 단어는 animal(동물)이다.
| 선택지 |
① 동물
② 국가, 나라
③ 취미
④ 숫자

02 ④ 두 단어 모두 계절의 하위 개념이다. ①, ②, ③은 상위 – 하위 개념 관계이다.
| 선택지 |
① 몸 – 머리
② 색(깔) – 노란색
③ 음식 – 햄버거
④ 여름 – 겨울

03 ① 유의어 관계이다. ②, ③, ④는 반의어 관계이다.
| 선택지 |
① 아름다운 – 예쁜
② 추운, 차가운 – 더운, 뜨거운
③ 긴 – 짧은
④ 늙은, 나이 많은 – 어린, 젊은

04 ④ 이번 토요일에 무엇을 할지 묻는 A의 질문에 B가 답을 하고, 다시 A가 자신의 계획을 말하고 있다. take a rest는 '쉬다'의 의미, take a lesson은 '수업을 받다'의 의미이므로 빈칸에 공통으로 들어갈 말은 take이다.
| 해석 |
A: 이번 주 토요일에 뭐 할 거야?
B: 나는 휴식을 <u>취할</u> 거야.
A: 그래? 나는 바이올린 수업을 <u>받을</u> 거야.
| 어휘 | take a rest 쉬다   take a lesson 수업을 받다

05 ③ be full of는 '~로 가득하다'라는 의미, be proud of는 '~을 자랑스럽게 여기다'라는 의미이므로 빈칸에 공통으로 들어갈 말로 알맞은 것은 of이다.

| 해석 |

• 이 방은 장난감으로 가득하다.

• 나는 내 딸이 매우 자랑스럽다.

| 어휘 | be full of ~ ~로 가득하다   toy 장난감   so 매우
be proud of ~ ~을 자랑스럽게 여기다   daughter 딸

06 ④ 주간 날씨 예보에서 월요일에 해 그림이 있으므로 월요일의 날씨는 sunny(화창한)이다.

| 어휘 | Monday 월요일   Tuesday 화요일
Wednesday 수요일   Thursday 목요일   Friday 금요일

| 선택지 |

① 흐린

② 비가 오는

③ 눈이 오는

④ 화창한

07 ① 주어진 문장은 빈칸에 동사가 필요한 명령문이다. 명령문은 '너'에게 말하는 것임을 모두가 알기 때문에 너라는 주어를 생략할 수 있다. 명령문은 동사의 원형으로 시작하므로 빈칸에 가장 적절한 것은 Wash이다.

| 해석 | 손을 씻어라.

08 ④ What을 이용해 만드는 감탄문의 어순은 「What +
a(n) + 형용사 + 명사 + (주어 + 동사)!」이므로 빈칸에 들어갈 말로 가장 적절한 것은 What이다.

| 해석 | 날씨 참 좋아!

09 ② B가 6월 1일이라고 응답하므로, A의 빈칸에는 언제인지 물어볼 때 사용하는 When이 가장 적절하다.

| 해석 |

A: 너의 생일은 언제니?

B: 6월 1일이야.

| 어휘 | birthday 생일   June 6월

| 선택지 |

① 누구, 누가

② 언제

③ 어디에

④ 왜

10 ③ B가 홍콩에 산다고 응답하므로, A의 빈칸에는 어디에 사는지 물어볼 때 사용하는 Where이 들어가는 것이 가장 적절하다.

| 해석 |

A: 너는 어디에 살아?

B: 나는 홍콩에 살아.

| 어휘 | live in ~ ~에 살다

| 선택지 |

① 누구, 누가

② 언제

③ 어디에

④ 왜

11 ④ B가 늦게 일어났기 때문이라고 응답하므로, A의 빈칸에는 이유를 물어볼 때 사용하는 Why가 들어가는 것이 가장 적절하다.

| 해석 |

A: 왜 이렇게 늦었어?

B: 아침에 늦게 일어났기 때문이야.

| 선택지 |

① 누구, 누가

② 언제

③ 어디에

④ 왜

12 ① B가 대략 20킬로미터 된다고 응답하므로, A의 빈칸에는 얼마나 멀리 있는지 물어볼 때 사용하는 How far의 far가 들어가는 것이 가장 적절하다.

| 해석 |

A: 공항은 얼마나 멀리 있니?

B: 대략 20킬로미터야.

| 어휘 | airport 공항   about 약

| 선택지 |

① 먼

② 긴

③ 많은

④ 키가 큰

1인치 더 파고들기	How + 형용사/부사
How far ~?	~은 얼마나 멀리 있니? (거리)
How long ~?	~은 길이가 얼마니? (길이) 얼마나 오래 ~하니? (기간)
How often ~?	얼마나 자주 ~하니? (빈도)
How tall ~?	~은 얼마나 크니? (키) ~은 얼마나 높니? (높이)

13 ② '얼마나 ~한지'를 물을 때는 「How + 형용사/부사
~?」를 사용한다. B가 3주 동안 머물렀다고 응답하므로,
A의 빈칸에는 얼마나 오래 머물렀는지 물어볼 때 사용하

는 How long의 long이 들어가는 것이 가장 적절하다.
| 해석 |
A: 얼마나 오래 스페인에 머물렀나요?
B: 3주 동안 머물렀어요.
| 어휘 | stay 머무르다

14 ④ A는 과거시제를 나타내는 표현인 last weekend를 써서 질문을 하고 있다. 일반동사 과거형의 Yes/No 의문문은 「Did + 주어 + 동사원형 ~?」이므로 빈칸에는 Did가 들어가는 것이 가장 적절하다.
| 해석 |
A: 지난 주말에 동물원에 갔니?
B: 응, 그랬어.
| 어휘 | zoo 동물원   last 지난   weekend 주말

> **1인치 더 파고들기**   일반동사 과거형 Yes/No 의문문
> • 일반동사 과거형의 Yes/No의문문: 「Did + 주어 + 동사원형 ~?」
> • 긍정 대답: 「Yes, 주어 + did.」
> • 부정 대답: 「No, 주어 + didn't.」

15 ④ B가 No, I haven't.라고 현재완료로 답을 하고 있으니 질문도 현재완료가 되어야 한다. have been to는 '~에 가 본 적이 있다'라는 의미로, 경험을 나타내는 현재완료시제이다.
| 해석 |
A: 캐나다에 가 본 적이 있어?
B: 아니, 가본 적 없어. 거기에 언젠가는 가 보고 싶어.
| 어휘 | Canada 캐나다
'd like to ~ ~하고 싶다(= would like to)
there 거기에   someday 언젠가는

> **1인치 더 파고들기**   현재완료시제의 의미
> • She has been to Spain. 그녀는 스페인에 간 적이 있다. [경험]
>   → be는 '있다'라는 의미로, 현재완료시제로 쓰일 때 '~에 있었던 적이 있다'라는 의미를 가진다.
> • She has gone to Spain. 그녀는 스페인에 가 버렸다. [결과]
>   → go는 '가다'라는 의미로, 현재완료시제로 쓰일 때 '~에 가 버렸다'의 의미를 가진다.

16 ② can 의문문에 대한 부정 답변은 「No, 주어 + can't.」이므로 빈칸에는 I can't가 들어가는 것이 가장 적절하다.
| 해석 |
A: 너는 일본어를 할 수 있니?
B: 아니, 할 수 없어. 나는 중국어를 할 수 있어.
| 어휘 | speak 말하다   Japanese 일본어   Chinese 중국어

17 ④ A의 질문에 B는 '그녀는 불고기를 좋아해.'라고 답하고 있다. 따라서 빈칸에는 favorite food를 수식할 수 있으면서 younger sister를 표현할 수 있는 '그녀의'라는 뜻의 인칭대명사 소유격 her가 들어가는 것이 가장 적절하다.
| 해석 |
A: 너는 여동생이 있니?
B: 응, 있어.
A: 그녀가 가장 좋아하는 음식은 뭐야?
B: 그녀는 불고기를 좋아해.
| 선택지 |
① 나의
② 너의
③ 그의
④ 그녀의

18 ③ 원숭이가 탁자 위에 있으므로, 빈칸에 들어갈 말은 '~ 위에'라는 뜻의 전치사인 on이 가장 적절하다.
| 해석 | 원숭이가 탁자 위에 있습니다.
| 어휘 | monkey 원숭이   table 탁자
| 선택지 |
① ~ 뒤에
② ~ 안에
③ ~ 위에
④ ~ 아래에

19 ② How are you doing?은 안부를 묻는 말로 '어떻게 지내니?'라는 의미이며 이에 대한 응답으로 가장 적절한 것은 '좋아, 고마워.'라는 의미의 Fine, thank you이다.
| 해석 |
A: 어떻게 지내니?
B: 좋아, 고마워.
| 선택지 |
① 걱정하지 마
② 좋아, 고마워
③ 나는 5살이야
④ 미안하지만, 안 돼

20 ② A와 B는 여가 시간에 무엇을 하는지 묻고 답하고 있으므로 대화의 주제로 가장 적절한 것은 여가 활동이다.
| 해석 |
A: 여가 시간에 무엇을 하는 것을 좋아하니?
B: 나는 춤을 춰. 나는 춤을 추는 것을 정말 좋아해. 너는?
A: 나는 요리하는 것을 즐겨.
| 어휘 | free time 여가 시간   enjoy 즐기다
cook 요리하다

- What do you do in your free time?
  여가 시간에 무엇을 하니?
- What do you like to do in your free time?
  여가 시간에 무엇을 하는 것을 좋아하니?
- What's your hobby? 취미가 뭐니?

21 ① A가 여권을 보여 달라고 하자 B가 여기 있다고 하고 있으므로 대화가 이루어지는 장소로 가장 적절한 것은 공항이다.

| 해석 |
A: 여권 좀 보여 주시겠어요?
B: (여권) 여기요.

| 어휘 | May I ~? ~해도 될까요?   passport 여권

22 ② 이번 주 일요일에 해야 할 일로 아침에 반 친구들을 만나러 가는 것과 저녁에 어머니와 함께 쇼핑을 하러 가는 것을 말하고 있으므로 주제로 가장 적절한 것은 이번 주 일요일에 할 일이다.

| 해석 | 나는 이번 일요일에 해야 할 일이 두 가지 있다. 아침에는 나의 반 친구들을 만나러 갈 것이다. 저녁에는 어머니와 함께 쇼핑을 하러 갈 것이다.

| 어휘 | this Sunday 이번 일요일   classmate 반 친구
be going to ~할 예정이다   go shopping 쇼핑을 가다

23 ② Sally는 긴 생머리라고 하였으므로 Sally에 관한 내용과 일치하지 않는 것은 곱슬머리라는 것이다.

| 해석 | 오늘 나는 너희들에게 나의 가장 친한 친구, Sally에 대해 말하고 싶어. 그녀는 친절하고 똑똑해. 그녀는 긴 생머리야. 그녀는 남동생이 한 명 있어. 그녀는 남자 애들이랑 축구하는 것을 좋아해.

| 어휘 | best friend 가장 친한 친구   kind 친절한
smart 똑똑한   straight hair 생머리, 직모
younger brother 남동생   play soccer 축구를 하다

24 ④ 날짜는 7월 12일, 시간은 오후 2시, 장소는 행복 식당인 것을 생일 초대장에서 알 수 있지만, 생일파티 음식은 언급되지 않았다.

| 해석 |
생일 파티
당신은 William의 생일 파티에 초대되었습니다!
날짜: 7월 12일
시간: 오후 2시
장소: 행복 식당
올 수 있으면 010-2345-6789로 전화해 주세요.

| 어휘 | birthday 생일   invite 초대하다   date 날짜
July 7월   p.m. 오후   place 장소   if ~라면

25 ① 글에 사용된 형용사인 wonderful(아주 멋진)과 happy(행복한)를 통해 글을 쓴 사람이 느끼는 감정을 쉽게 알 수 있다. 글쓴이의 심경으로 가장 적절한 것은 기쁨이다.

| 해석 | 나의 가족은 지난 일요일에 캠핑을 갔다. 우리는 하늘에 있는 빛나는 많은 별을 봤다. 멋진 밤이었다. 나는 매우 기뻤다.

| 어휘 | family 가족   go camping 캠핑을 가다
last Sunday 지난 일요일   shining 빛나는   star 별
sky 하늘   wonderful 아주 멋진   night 밤
happy 행복한[기쁜]

내가 꿈을 이루면
나는 누군가의 꿈이 된다.

– 이도준

업계 최초 대통령상 3관왕,
정부기관상 19관왕 달성!

 2010 대통령상   2019 대통령상   2019 대통령상

 대한민국 브랜드대상 국무총리상

 국무총리상

 문화체육관광부 장관상

 농림축산식품부 장관상

 과학기술정보통신부 장관상

 여성가족부장관상

 서울특별시장상

 과학기술부장관상

 정보통신부장관상

 산업자원부장관상

 고용노동부장관상

 미래창조과학부장관상

법무부장관상

2004
서울특별시장상 우수벤처기업 대상

2006
부총리 겸 과학기술부장관 표창 국가 과학 기술 발전 유공

2007
정보통신부장관상 디지털콘텐츠 대상
산업자원부장관 표창 대한민국 e비즈니스대상

2010
대통령 표창 대한민국 IT 이노베이션 대상

2013
고용노동부장관 표창 일자리 창출 공로

2014
미래창조과학부장관 표창 ICT Innovation 대상

2015
법무부장관 표창 사회공헌 유공

2017
여성가족부장관상 사회공헌 유공
2016 합격자 수 최고 기록 KRI 한국기록원 공식 인증

2018
2017 합격자 수 최고 기록 KRI 한국기록원 공식 인증

2019
대통령 표창 범죄예방대상
대통령 표창 일자리 창출 유공
과학기술정보통신부장관상 대한민국 ICT 대상

2020
국무총리상 대한민국 브랜드대상
2019 합격자 수 최고 기록 KRI 한국기록원 공식 인증

2021
고용노동부장관상 일·생활 균형 우수 기업 공모전 대상
문화체육관광부장관 표창 근로자휴가지원사업 우수 참여 기업
농림축산식품부장관상 대한민국 사회공헌 대상
문화체육관광부장관 표창 여가친화기업 인증 우수 기업

2022
국무총리 표창 일자리 창출 유공
농림축산식품부장관상 대한민국 ESG 대상

2025 에듀윌 중졸 검정고시
핵심총정리

한 번에 빠른 합격을 위한 학습 커리큘럼

1 최근 3개년 기출 분석을 통한 핵심 키워드 제공
출제 가능성이 높은 최근 3개년 기출 빅데이터로 과목별 핵심이론 학습

2 실전 대비를 위한 과목별 모의고사 2회분 제공
이용방법 교재 내 수록

3 최종 점검을 위한 N가지 젤 중요한 개념
과목별 빈출 개념 반복 학습

YES24 수험서 자격증 고입검정 분야 베스트셀러 1위
(2018년 11월 3주, 12월 3주, 2019년 1월 2주, 2월 2주, 5월 4주, 7월 1주, 3주, 11월 4주, 12월 1주~2주, 2020년 1월 2주, 5월 3주~4주, 6월 3주, 7월 2주, 2021년 1월 1주, 4월 3주, 5월 1주, 5주, 6월 1주, 3주~4주, 7월 1주, 3주, 8월 3주, 2021년 11월 1주, 3주, 12월 4주, 2022년 10월 2주, 4주~5주, 2023년 3월 3주, 4월 1주~2주, 4주, 5월 2주, 2023년 10월 1주, 12월 3주, 2024년 4월 3주~4주, 5월 2주, 6월 3주~4주 주별 베스트)

2023, 2022, 2021 대한민국 브랜드만족도 검정고시 교육 1위 (한경비즈니스)
2020, 2019 한국브랜드만족지수 검정고시 교육 1위 (주간동아, G밸리뉴스)

고객의 꿈, 직원의 꿈, 지역사회의 꿈을 실현한다

펴낸곳 (주)에듀윌　　**펴낸이** 양형남　　**출판총괄** 오용철　　**에듀윌 대표번호** 1600-6700
주소 서울시 구로구 디지털로 34길 55 코오롱싸이언스밸리 2차 3층　　**등록번호** 제25100-2002-000052호
협의 없는 무단 복제는 법으로 금지되어 있습니다.

에듀윌 도서몰
book.eduwill.net
- 부가학습자료 및 정오표: 에듀윌 도서몰 > 도서자료실
- 교재 문의: 에듀윌 도서몰 > 문의하기 > 교재(내용, 출간) / 주문 및 배송

세상을 움직이려면
먼저 나 자신을 움직여야 한다.

– 소크라테스(Socrates)

에듀윌 중졸 검정고시
핵심총정리

eduwill

Contents
차례

4교시

사회

기출문제 3개년 빅데이터

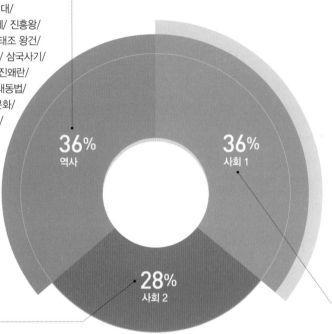

🔑 **키워드**

구석기·신석기·청동기 시대/
광개토 대왕/ 장수왕/ 백제/ 진흥왕/
삼국통일/ 신문왕/ 발해/ 태조 왕건/
고려 광종의 정책/ 공민왕/ 삼국사기/
삼국유사/ 세종/ 사림/ 임진왜란/
병자호란/ 정조/ 균역법/ 대동법/
탕평책/ 조선 후기 서민 문화/
갑신정변/ 동학 농민 운동/
국가 총동원법/ 3·1운동/
대한민국 임시 정부/
4·19혁명/ 박정희 정부/
5·18 민주화 운동/
김대중 정부/ 독도

36%
역사

36%
사회 1

28%
사회 2

🔑 **키워드**

기본권의 종류/ 국회/ 대통령/ 행정부/
대법원/ 헌법 재판소/ 경제 활동의 유형/
자산(부동산)/ 희소성/ 기회비용/
국내 총생산(GDP)/ 균형 가격/
시장 가격/ 환율/ 도심/ 개발 제한 구역/
도시화/ 로컬 푸드/ 영해/ 독도/
부당 해고/ 공간적 분업/ 장소 마케팅

🔑 **키워드**

랜드마크/
표준 경선·경도·위도/ 지리 정보 시스템/
세계의 기후(열대 우림·지중해성·사막·고산 기후)/ 히말라야산맥/
피오르/ 갯벌/ 화산 지형(제주도, 독도)/ 문화 상대주의/ 인도 문화 지역/
북극 문화 지역/ 건조 문화 지역/ 자연재해(지진, 가뭄, 태풍)/
광물 자원(희토류)/ 신·재생 에너지(풍력·조력·지열 발전)/
사회화 기관(학교)/ 성취 지위/ 역할 갈등/ 문화의 속성(변동성, 축적성)/
시민 단체/ 공정한 선거/ 보통 선거/ 선거 공영제/ 선거 관리 위원회/
선거구 법정주의/ 지방 자치 제도/ 재판의 종류(형사·민사 재판)

💬 **선생님의 한마디**

사회는 공부해야 할 범위가 넓은 반면 난이도는 쉬운 편입니다. 지리, 사회·문화, 정치, 법, 경제, 한국사 등 영역별 특징을 파악하고 기본 개념을 확실히 학습한다면 반드시 고득점으로 합격할 수 있습니다. 방대한 양을 효율적으로 나누어서 한쪽으로 치우치지 않는 균형 있는 학습을 하는 것이 중요합니다. 또한 단원별로 기출문제를 분석하여 자주 출제되는 문제의 유형 및 개념을 파악하여 보다 효과적으로 학습해야 합니다.

I

사회 1

🖐 **원포인트 공부법** 기후, 지형, 문화권, 자원, 사회화, 문화 이해 태도, 민주주의의 원리 및 제도, 법의 영역 등의 개념을 정리한 후에 구체적인 사례와 연결지어 공부하세요.

---

01 ▶ 내가 사는 세계

키워드 01

지도 속 정보 읽기

지도 읽기에 대한 문제가 출제되었어요.

➕ 등고선
등고선 간격이 좁을수록 급경사이고, 등고선 간격이 넓을수록 완경사임

➕ 축척에 따른 지도의 종류

1. 지도

의미		지표면의 다양한 지리적 현상을 일정한 비율로 줄여 약속된 기호나 문자, 색 등으로 평면에 나타낸 것
구성 요소	축척	실제 거리를 지도상에 줄여 나타낸 비율 📍 1:25,000 지도에서 지도상의 1cm=실제 거리 250m
	방위	동서남북의 방향을 나타내는 것으로, 표시가 없으면 지도의 위쪽이 북쪽임
	기호	지표면 위의 여러 현상을 지도상에 간략하게 나타내는 약속
	등고선	평균 해수면을 기준으로 해발 고도가 같은 지점들을 연결한 선

한 문제 더 맞히는 개념 노트   **지도 읽기**

축척은 1:50,000이며, 지도의 위쪽이 북쪽이다. B산이 A산보다 높고, C 지역은 논으로 이용되고 있다.

2. 지도의 종류

축척에 따른 분류	• 대축척 지도: 좁은 지역을 상세하게 나타낸 지도 📍 1:5,000 지도 등 • 소축척 지도: 넓은 지역을 간략하게 나타낸 지도 📍 세계 전도 등
사용 목적에 따른 분류	• 일반도: 지역의 자연환경 및 인문 환경을 종합적으로 나타낸 지도 📍 지형도 등 • 주제도: 사용 목적에 따라 필요한 내용만 상세하게 나타낸 지도 📍 지하철 노선도, 관광 안내도 등

키워드 02

공간 규모에 따른 위치 표현

랜드마크와 세계의 대륙에 대한 문제가 출제되었어요.

1. 좁은 공간의 위치 표현

랜드마크	한 지역을 대표하는 건물이나 역사적 상징물, 조형물 등의 표지를 이용하여 위치를 나타냄 📍 뉴욕의 자유의 여신상
주소	행정 구역을 기준으로 하여 위치를 나타냄
지형지물	산맥, 하천, 바다 등을 이용하여 위치를 나타냄 📍 서해안의 도시

2. 넓은 공간의 위치 표현

대륙과 해양 활용 (지리적 위치)	대륙	아시아, 유럽, 아프리카, 북아메리카, 남아메리카, 오세아니아, 남극 대륙 → 지표면의 약 30%를 차지함
	해양	태평양, 인도양, 대서양, 북극해, 남극해, 지중해 등 → 지표면의 약 70%를 차지함
	우리나라	유라시아 대륙 동쪽의 반도국으로, 태평양의 북서쪽에 위치함
위도와 경도 활용 (수리적 위치)	위도	• 적도(위도 0°)를 기준으로 북위나 남위를 각각 0°~90°로 표현함 → 저위도(0°~30°)·중위도(30°~60°)·고위도(60°~90°) • 적도를 기준으로 북반구와 남반구로 구분함 • 위선: 같은 위도를 연결한 가로선 • 기후대를 결정하는 기준이 됨
	경도	• 경도: 본초 자오선(경도 0°)을 기준으로 동경이나 서경을 각각 0°~180°로 표현함 • 본초 자오선을 기준으로 동반구와 서반구로 구분함 • 경선: 같은 경도를 연결한 세로선 • 시간대를 결정하는 기준이 됨
	우리나라	북위 33°~43°(북반구 중위도), 동경 124°~132°에 위치함
주변 국가 활용 (관계적 위치)		주변국과의 상대적 위치로, 시대와 주변 정세에 따라 변화한다. 흔히 북중러·한미일이라 부르는 용어가 이에 해당한다.

+ 위도와 경도

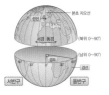

+ 본초 자오선

영국의 그리니치 천문대를 지나는 경선

키워드 03

위도와 경도

• 위도와 경도에 관한 문제가 각각 출제되었어요.
• 중위도 지역에서 계절 차이가 발생하는 원인에 대해 알아 두도록 해요.

+ 위도별 태양 에너지의 양

고위도
햇빛을 비스듬히 받아 넓은 지역에 열이 분산된다.

중위도
햇빛을 약간 비스듬히 받는다.

저위도
햇빛을 수직에 가깝게 받아 열이 좁은 지역에 집중된다.

+ 중위도 지역의 계절 변화

사계절의 변화는 지구의 공전에 따른 결과이며, 중위도 지역에서만 나타남

1. 위도에 따른 기후 차이

① 위도별 기후 차이

발생 원인		지구는 둥글기 때문에 위도에 따라 태양 에너지를 받는 양의 차이가 나타남 → 저위도에서 고위도로 갈수록 기온이 낮아짐
위도에 따른 기온 분포	저위도	적도 부근으로, 태양 에너지가 수직으로 비추기 때문에 기온이 가장 높음 → 열대 기후가 나타남
	중위도	비교적 온화한 온대·냉대 기후가 나타남
	고위도	극지방으로, 태양 에너지가 비스듬히 비추기 때문에 기온이 가장 낮음 → 한대 기후가 나타남
주민 생활	저위도	얇고 간단한 옷, 다양한 농작물 재배, 개방적 가옥 구조
	중위도	사계절의 변화가 뚜렷하여 다양한 의식주 문화가 발달함
	고위도	두꺼운 옷, 농업 발달에 불리함, 폐쇄적 가옥 구조

② 위도별 계절 차이

발생 원인		지구 자전축이 23.5° 기울어진 채 공전하기 때문에 위도별 계절 차이가 나타남
계절 차이	저위도	연중 높은 기온을 유지함
	중위도	• 남반구와 북반구는 계절이 반대로 나타남 • 여름: 북반구는 6~8월, 남반구는 12~2월 • 겨울: 북반구는 12~2월, 남반구는 6~8월
	고위도	• 일 년 내내 연중 낮은 기온을 유지함 • 여름: 해가 지지 않고 낮만 지속되는 백야 현상이 발생함 • 겨울: 해가 뜨지 않고 밤만 지속되는 극야 현상이 발생함

주민 생활	• 농업: 북반구는 남반구와 작물의 수확 시기가 다르고, 남반구는 상대적으로 인구가 많은 북반구로 수출하기가 유리함 • 가옥: 북반구는 주로 남향집, 남반구는 주로 북향집을 선호함 • 관광: 남반구와 북반구의 계절 차이를 이용한 관광 산업이 발달함

2. 경도에 따른 시간 차이(시차 발생)

✚ **자전**
천체가 스스로 고정된 축을 중심으로 회전하는 것

발생 원인	• 경도는 시간을 결정하는 기준으로, 지역마다 시간의 차이(시차)가 발생함 • 지구가 하루에 한 바퀴씩 자전하여, 경도 15°마다 1시간의 차이가 발생함 • 태양이 비추는 쪽은 낮이 되고, 반대편은 밤이 됨
표준시	• 의미: 각 나라에서 공통 시간으로 정하여 사용하는 시간 • 세계 표준시: 영국의 본초 자오선을 기준으로 국가별로 표준시를 정함 • 국토가 동서로 넓은 국가: 여러 개의 표준시 사용(중국은 예외로 한 개의 표준시 사용) • 우리나라: 동경 124°~132°에 위치하지만 동경 135°를 표준 경선으로 한 표준시를 사용함 → 영국(세계 표준시)보다 9시간 빠름
날짜 변경선	동경 180°와 서경 180°가 만나는 지점으로, 본초 자오선의 정반대에 있는 경도 180°선 → 날짜를 바꾸기 위해 그어 놓은 선

키워드 04

지리 정보와
지리 정보 기술

• 지리 정보 시스템, 위성 위치 확인 시스템, 원격 탐사에 대한 문제가 출제될 수 있어요.
• 종이 지도, 인터넷 전자 지도, 항공 사진 및 위성 사진의 특징에 대해 구분할 수 있어야 해요.

1. 지리 정보

의미		공간 및 지역과 관련된 자연적·인문적인 모든 정보
중요성		교통·통신의 발달로 지리 정보의 필요성이 높아지고 있으며, 지리 정보가 공간적 의사 결정을 할 때 합리적 선택을 하도록 도움을 줌
지리 정보가 포함된 도구	종이 지도	지표면의 현상을 기호를 이용하여 종이에 표현한 지도
	인터넷 전자 지도	• 컴퓨터에 입력된 디지털 지리 정보를 인터넷으로 찾아볼 수 있는 지도 • 확대 및 축소가 용이하고, 원하는 지점과의 최단 경로 파악이 용이하여 시간과 비용을 절약할 수 있음
	항공 사진 및 위성 사진	• 항공기나 인공위성에서 실제 모습을 찍은 사진이나 영상 자료 • 지도에 비해 사실적·입체적이고, 주기적 관측이 가능하며, 직접 가 보지 못한 곳의 지리 정보를 획득할 수 있음

✚ **인터넷 전자 지도**

2. 지리 정보 기술

지리 정보 시스템 (GIS)	• 컴퓨터를 이용하여 다양한 정보를 입력·저장·처리·분석·표현하는 종합적인 관리 시스템 • 정보의 신속한 처리와 수정 및 분석이 용이하며, 사용자의 요구에 맞게 효과적으로 활용이 가능함
위성 위치 확인 시스템 (GPS)	• 인공위성을 이용하여 현재의 위치를 파악하는 시스템 • 위치를 정확하게 파악할 수 있으며, 다양한 위치 기반 서비스를 제공함
원격 탐사	• 항공기나 인공위성을 이용하여 멀리 떨어진 지역이나 광범위한 지역의 공간 정보를 획득하는 방법 • 접근이 어려운 지역의 지리 정보를 파악할 수 있음

우리와 다른 기후, 다른 생활

세계의 기후

• 고산 기후에 대한 문제가 출제되었어요.

• 위도에 따른 세계의 기후별 특징에 대해 알아 두도록 해요.

✚ 연교차
일 년 동안 측정한 기온, 습도 등의 최댓값과 최솟값의 차이

✚ 회귀선
적도를 기준으로 하여 남북 각 23° 27′을 지나는 위선

✚ 기후와 날씨
• 기후: 한 지역에 장기간에 걸쳐 일정하게 나타나는 평균적인 대기의 상태
• 날씨: 짧은 기간 동안 나타나는 대기의 상태

✚ 기후 요소와 기후 요인
• 기후 요소: 기후를 구성하는 요소
  예 기온, 강수량, 바람 등
• 기후 요인: 기후 요소에 영향을 주는 원인
  예 위도, 대륙과 해양의 분포, 지형, 해류 등

1. 세계의 기온과 강수량

기온 차이 요인	• 위도: 연평균 기온은 저위도(적도)에서 고위도 지역(극지방)으로 갈수록 낮아짐 • 대륙과 해양 분포: 같은 위도라도 대륙이 해양보다 연교차가 큼 • 대륙의 동안과 서안: 난류와 편서풍의 영향으로 대륙의 서안이 대륙의 동안보다 연교차가 작음
강수량 차이 요인	• 위도: 적도 부근에서 강수량이 많음, 위도 20°~30°의 회귀선 부근과 극지방은 강수량이 적음 • 대륙과 해양 분포: 해안 지역이 내륙 지역보다 강수량이 많음 • 지형: 산맥의 바람받이 지역이 바람그늘 지역보다 강수량이 많음 • 해류: 같은 해안이라도 난류가 흐르는 지역이 한류가 흐르는 지역보다 강수량이 많음

2. 세계의 기후 분포

열대 기후	• 저위도(적도 부근)에 분포 → 가장 추운 달의 평균 기온이 18℃ 이상으로 일 년 내내 높은 기온을 보임 • 식생: 강수량이 많은 곳에 상록 활엽수림으로 된 밀림이 형성됨
건조 기후	• 남·북위 20°~30° 일대(남·북회귀선 부근) → 연 강수량이 500mm 미만으로 강수량보다 증발량이 많음 • 식생: 강수량이 적기 때문에 나무가 잘 자라지 못함
온대 기후	• 중위도에 분포 → 가장 추운 달의 평균 기온이 −3℃~18℃로 온화한 기후와 적당한 강수량, 뚜렷한 계절의 변화를 보임 • 식생: 낙엽 활엽수림 분포
냉대 기후	• 북반구 중위도 지역에 분포 → 가장 추운 달의 평균 기온이 −3℃ 미만, 가장 따뜻한 달의 평균 기온이 10℃ 이상으로 겨울이 길고 추우며, 기온의 연교차가 큼 • 식생: 냉대 침엽수림(타이가) 분포
한대 기후	• 고위도(극지방)에 분포 → 가장 따뜻한 달의 평균 기온이 10℃ 미만이고 강수량이 적음 • 식생: 기온이 낮아 나무가 자라지 못하고 눈과 얼음으로 덮여 있음, 짧은 여름에 이끼나 풀이 자람
고산 기후	적도 부근의 해발 고도가 높은 지역에 분포 → 일 년 내내 봄과 같이 온화함

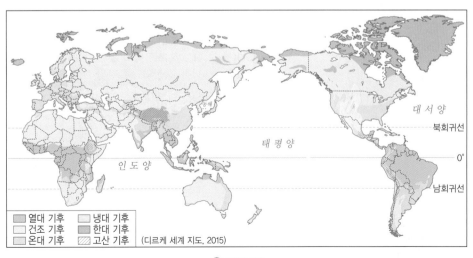

대 서 양
북회귀선
태 평 양
0°
인 도 양
남회귀선

☐ 열대 기후　☐ 냉대 기후
☐ 건조 기후　☐ 한대 기후
☐ 온대 기후　▨ 고산 기후
(디르케 세계 지도, 2015)

🔺 세계의 기후

사회

인간의 거주에 영향을 미치는 기후 조건

인간의 거주에 유리한 기후와 불리한 기후에 대해 구분해 두도록 해요.

1. 인간의 거주에 영향을 미치는 환경

자연환경	거주지의 선정에 큰 영향을 미치는 1차적 요인
인문 환경	산업, 도시, 종교, 교육 등 인간의 거주에 큰 영향을 미치는 요인
최근 변화	산업화와 도시화로 인해 많은 거주 공간이 필요해지면서 불리한 기후 조건을 극복함 예 과학 기술의 발달로 툰드라·건조 기후 지역에 도시를 건설함, 남극 대륙에 과학 연구 기지를 건설함

2. 인간의 거주와 기후 조건

유리	• 온대 및 냉대 기후: 사계절이 뚜렷하고 기온과 강수 조건이 농업 활동에 유리함, 상공업과 도시가 발달함 예 서부 유럽 • 열대 계절풍 기후: 벼농사에 유리하여 많은 사람들이 모여 살고 있음 예 동남아시아 • 열대 고산 기후: 적도 부근의 해발 고도가 높은 지역으로, 일 년 내내 온화한 기후가 나타남 예 안데스 산맥의 고산 지대에 위치한 고산 도시
불리	• 건조 기후: 강수량이 부족하여 농업에 불리함 • 한대 기후: 너무 춥기 때문에 농업에 불리함

열대 우림 기후 지역

열대 우림 기후의 특징과 주민 생활에 대한 문제가 출제되었어요.

✚ 스콜

강한 햇빛을 받아 더워진 공기가 상승하면서 내리는 대류성 강수 현상

1. 특징과 분포

특징	• 일 년 내내 기온이 높으며, 계절의 변화가 거의 없음 • 연중 강수량이 많고 매우 습함 • 매일 규칙적으로 한낮에 스콜이 내림
분포	• 적도 부근에 분포함 • 아마존강 유역, 인도네시아를 비롯한 동남아시아 일대의 여러 섬, 아프리카의 콩고 분지 등
자연환경	• 덥고 습한 날씨로 인해 다양한 종류의 상록 활엽수림이 빽빽하게 들어서 있는 열대 우림(밀림)이 형성됨 • 지구에 서식하는 동식물 종의 절반 이상이 분포하여 '생태계의 보고'로 불림

✚ 고상 가옥

열기와 습기, 해충 등을 피하기 위해 지면에서 간격을 띄워 지은 집

2. 주민 생활

농업	이동식 화전 농업	• 원주민의 전통적인 농업 방식 • 숲에 불을 질러 만든 땅에 카사바, 얌 등의 식량 작물을 재배함 → 토양의 양분이 떨어지면 다른 지역으로 이동함
	플랜테이션	• 과거 유럽의 식민 지배 이후 나타난 농업 형태로, 커피, 카카오, 천연고무 등의 상품 작물을 대규모로 재배함 • 방식: 선진국의 자본 및 기술 + 원주민의 노동력
	벼농사	아시아의 열대 우림 지역에서는 1년에 2~3번까지 경작이 가능함
의식주		• 통풍이 잘 되는 단순한 형태의 얇은 옷을 입음 • 음식이 쉽게 상하기 때문에 튀기거나 향신료를 사용하고, 다양한 열대 과일을 섭취함 • 고상 가옥 및 수상 가옥 발달, 개방적인 가옥 구조(문과 창문이 크고 벽이 얇음), 강수량이 많기 때문에 지붕의 경사가 급함
지역의 변화		• 열대 우림 면적 감소: 농경지 개간, 자원 개발, 도시 건설 등으로 무분별하게 삼림 벌채 → 원주민의 생활 터전이 파괴되고 전통적인 생활 방식이 변화함 • 교통이 편리한 해안 지역에서 무역이 이루어져 도시가 발달함 • 관광 산업 발달: 자연환경과 관련된 관광 상품을 개발하여 관광객을 유치함

온대 기후 지역

- 서안 해양성 기후와 지중해성 기후의 농업과 주민 생활에 대한 문제가 출제되었어요.
- 다양한 온대 기후의 특징에 대해 구분할 수 있어야 해요.

＋ 편서풍과 계절풍
- 편서풍: 일 년 내내 서쪽에서 동쪽으로 부는 습윤한 바람
- 계절풍: 계절에 따라 방향이 바뀌는 바람으로, 주로 대륙의 동안에서 발생함

＋ 원예 농업
꽃, 채소, 과일 등을 재배하는 농업

＋ 지중해성 기후 지역의 흰색 가옥

＋ 2기작
동일한 땅에서 종류가 같은 농작물을 일 년에 두 번 심어 거두는 것

1. 특징과 분포

특징	• 계절에 따른 기온 차이가 큼 → 사계절이 뚜렷하게 나타남 • 기온이 온화하고 강수량이 적당하여 농업 발달에 유리함 • 일찍부터 상공업과 도시가 발달한 세계적인 인구 밀집 지역임
분포	주로 중위도 지역에 분포함

2. 다양한 온대 기후 지역

서안 해양성 기후	특징	• 중위도의 대륙 서안에서 나타남 　예 서부 유럽, 북아메리카의 북서 해안, 뉴질랜드 등 • 바다에서 불어오는 편서풍의 영향으로 연중 강수량이 고름 • 북대서양 해류(난류)의 영향으로 여름이 서늘하고, 겨울에는 따뜻하여 기온의 연교차가 작음
	농업 및 주민 생활	• 혼합 농업: 곡물 재배와 가축 사육을 동시에 하는 전통적 농업 방식 • 원예 농업·낙농업 발달 • 흐린 날이 많아 맑은 날이면 해변, 공원에서 일광욕을 즐김
지중해성 기후	특징	• 남부 유럽의 지중해 연안, 미국 캘리포니아 태평양 연안 일대 등 • 여름철은 고온 건조하고, 겨울철은 온난 습윤함
	농업 및 주민 생활	• 수목 농업: 여름철 고온 건조한 기후에 잘 견디는 포도, 올리브, 오렌지 등 재배 • 곡물 농업: 겨울철 온난 습윤한 기후를 이용한 밀 등 재배 • 집의 외벽을 흰색으로 칠해 햇빛이 흡수되는 것을 막음 • 두꺼운 벽과 작은 창문을 만들어 외부의 열기를 차단함 • 풍부한 문화 유적과 여름철 맑고 건조한 날씨로 세계적인 관광지를 이룸
온대 계절풍 기후	특징	• 중위도의 대륙 동안에서 나타남 • 대륙 동안에 위치하여 계절풍의 영향을 많이 받음 • 여름에는 고온 다습하고, 겨울에는 춥고 건조한 편임 • 기온의 연교차가 매우 큰 대륙성 기후가 나타남
	농업 및 주민 생활	• 고온 다습한 여름철 계절풍으로 인해 벼농사가 발달함 • 동남아시아는 벼의 2기작까지 가능함 • 벼농사가 발달하여 쌀을 이용한 음식 문화가 발달함 • 계절의 변화가 뚜렷하여 다양한 의식주 문화가 나타남 • 추위와 더위에 대비한 시설이 발달함

한 문제 더 맞히는 개념 노트 다양한 온대 기후

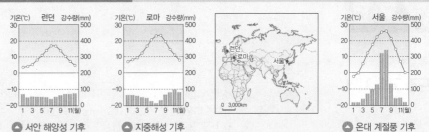

▲ 서안 해양성 기후　　▲ 지중해성 기후　　▲ 온대 계절풍 기후

대륙의 서안인 영국 런던은 편서풍과 난류의 영향으로 연교차가 작은 서안 해양성 기후가 나타난다. 이탈리아 로마는 여름에는 고온 건조하고, 겨울에는 온난 습윤한 지중해성 기후가 나타난다. 대륙의 동안인 대한민국 서울은 계절풍의 영향으로 연교차가 큰 온대 계절풍 기후가 나타난다.

건조 기후 지역

- 사막 기후 지역의 생활 모습에 대한 문제가 출제되었어요.
- 사막 기후 지역 주민들의 생활을 기후 특징과 연결지어 알아 두도록 해요.

➕ 사막 기후와 스텝 기후

- 사막 기후

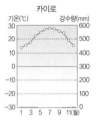

- 스텝 기후

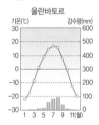

➕ 지하 관개 수로(카나트)

물의 증발을 막기 위해 지하 수로를 만들어 멀리 떨어진 곳까지 물을 끌어오는 시설

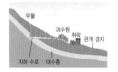

➕ 몽골의 게르

1. 특징과 분포

구분	사막 기후 지역	스텝 기후 지역
특징	• 연 강수량이 250mm 미만인 지역 • 식생 발달이 어려움 • 기온의 일교차가 매우 큼 • 모래사막과 암석사막(80% 차지)이 분포함	• 연 강수량이 250mm 이상~500mm 미만인 지역(사막을 둘러싼 주변 지역) • 짧은 우기에는 초원을 이루고, 건기에는 사막처럼 변함
농업	• 오아시스 농업: 물을 구하기 쉬운 오아시스 주변에서 대추야자, 밀 등을 재배함 • 관개 농업: 지하 관개 수로를 이용하여 끌어들인 물을 생활 용수로 사용하거나 목화, 밀 등을 재배함 **예** 이란의 카나트	• 유목: 염소나 양 등 가축을 데리고 물과 풀을 찾아 이동하는 방식 • 대규모 목축업: 관개 시설을 확보하여 기업적으로 목축업이 이루어짐
주민 생활	• 모래바람과 강한 햇빛으로부터 피부를 보호하기 위해 몸을 감싸는 헐렁하고 긴 옷을 입음 • 주변에서 쉽게 구할 수 있는 재료를 이용한 흙벽돌집이 발달함 • 큰 일교차 때문에 벽이 두껍고 창문이 작음 • 강수량이 매우 적기 때문에 지붕의 경사가 평평함 • 건물 사이의 간격이 좁음 → 그늘이 형성됨	• 가축의 가죽이나 털로 만든 옷을 입음 • 나무와 가축의 가죽을 이용하여 만든 이동식 가옥에서 거주함 **예** 몽골의 게르

한 문제 더 맞히는 개념 노트   사막의 분포

- 남·북회귀선: 적도 부근에서 상승한 공기가 하강하는 지역으로, 구름이 형성되지 않아 매우 맑다.
  예 서남아시아, 사하라 사막 등
- 대륙의 내륙: 바다에 비해 수증기의 공급이 적다.
  예 중국의 사막, 북아메리카 대륙의 내륙 사막 등
- 한류가 흐르는 해안: 기온이 높지 않아 대기가 안정되어 있어 공기가 상승하기 어렵다.
  예 칠레의 아타카마 사막 등

2. 지역의 변화

유목민의 생활 변화	급격한 산업화로 유목민의 정착 생활이 증가함
사막화 현상	오랜 가뭄과 농경지 확대로 초원이 사막으로 변함 **예** 아프리카의 사헬 지대
급격한 산업화	서남아시아에서는 풍부한 석유 자원을 바탕으로 산업화를 이루며 현대적 도시가 발달함 **예** 아랍에미리트의 두바이

툰드라 기후 지역

1. 특징과 분포

특징	• 가장 따뜻한 달의 평균 기온이 10℃ 미만으로, 식생이 자라기가 어려움 • 짧은 여름 동안 기온이 0℃ 이상으로 올라감 • 찬 공기로 인해 구름이 형성되기 어려워 강수량이 적음
분포	• 위도 60° 이상의 고위도 지역 • 유라시아 대륙 북부, 북아메리카 대륙 북부, 알래스카, 그린란드 등 북극해를 둘러싼 지역 등

2. 주민 생활

농업과 목축업	• 기온이 매우 낮기 때문에 농업이 불가능함 • 순록 유목: 짧은 여름 동안 이끼를 찾아 이동하며 순록을 기름
의식주	• 동물의 털과 가죽을 이용한 두꺼운 옷을 입음 • 비타민과 무기질을 보충하기 위해 닭고기와 날생선을 먹음 • 냉동, 염장, 건조 등의 방법으로 음식을 저장함 • 찬바람을 차단하기 위한 폐쇄적 가옥 구조가 발달함 • 난방 열기, 여름철 기온 상승 등으로 가옥이 붕괴되는 것을 방지하기 위해 고상 가옥이 발달함 • 이동 수단: 개와 순록이 이끄는 썰매나 스노모빌 등을 이용함
지역의 변화	• 자원 개발: 천연가스, 석유 등이 대규모로 개발됨, 자원 수송을 위한 파이프라인 등이 건설되고 도시가 발달함 • 환경 파괴: 자원 개발로 도로·철도 등이 건설되면서 환경이 파괴됨, 지구 온난화로 땅이 많이 녹아 원주민의 생활 터전이 파괴됨 • 원주민의 생활 변화: 순록의 먹이인 이끼류의 훼손 등으로 원주민들이 전통적인 생활 방식을 버리고 도시에 정착함

03 자연으로 떠나는 여행

키워드 01

산지 지형

고기 습곡 산지와 신기 습곡 산지에 대한 문제가 출제될 수 있어요.

➕ 지형을 형성하는 운동
• 융기: 땅이 주변보다 높아 지는 현상
• 조산: 땅이 솟아올라 산맥을 만드는 지각의 변동
• 풍화: 지표의 암석이 부서 지는 현상

1. 산지 지형의 형성 원인

구분	지구 내부의 힘	지구 외부의 힘
특징	맨틀의 움직임에 의해 지각판이 이동하면서 형성됨	태양 에너지에 의해 물, 공기가 순환하면서 형성됨
종류	조륙 운동(융기, 침강), 조산 운동(습곡, 단층), 화산 활동	하천, 바람, 파랑, 빙하의 침식·운반·퇴적·풍화 작용
주요 지형	산맥, 고원 등의 대지형	하천, 해안, 카르스트, 빙하, 사막 등의 소지형

2. 세계의 산지

산맥	고기 습곡 산지	• 고생대에 형성됨 • 오랜 침식으로 해발 고도가 낮고 완만하며 지각이 안정적임 • 대표 산맥: 스칸디나비아산맥, 우랄산맥, 애팔래치아산맥, 그레이트디바이딩산맥
	신기 습곡 산지	• 신생대에 형성됨 • 형성 시기가 오래되지 않아 해발 고도가 높고 지각이 불안정함 • 판과 판의 경계(조산대)에 위치함 • 대표 산맥: 알프스산맥, 히말라야산맥(알프스·히말라야 조산대), 로키산맥, 안데스산맥(환태평양 조산대)
고원		낮고 평탄했던 지형이 융기하거나 용암이 쌓이면서 굳어져 형성된 지형으로, 해발 고도가 높은 곳에 있으나 지형이 평탄한 곳 예 티베트고원, 브라질고원 등
화산		지각판의 충돌로 땅속의 뜨거운 마그마가 땅 위로 솟아오르는 과정에서 형성됨 예 일본의 아소산, 미국의 하와이제도, 에콰도르의 코토팍시산

3. 산지 지역의 특징과 주민 생활

특징		• 기온이 낮고 경사가 급하기 때문에 농업에 불리함 • 서늘한 기후를 이용하여 고랭지 농업과 목축업이 발달함 • 수려한 자연 경관을 이용하여 산악 스포츠 및 관광 산업이 발달함 • 지하자원이 풍부한 곳에서는 광업이 발달함
주민 생활	히말라야 산지	• 방목: 양이나 야크 등을 목초지에 풀어놓고 기르는 방식 • 관광 산업의 발달로 셰르파와 같은 관광 산업 종사자의 비중이 증가함
	알프스 산지	• 이목: 여름에는 산지로, 겨울에는 평지로 이동하며 소, 염소 등을 기르는 방식 → 우유·버터·치즈 등을 생산함 • 스키장과 같은 관광 산업이 발달함
	안데스 산지	• 라마와 알파카 등을 방목하거나 감자, 옥수수 등을 재배함 • 고대 문명(잉카 문명)의 발상지로 관광 산업이 발달함 • 저위도 지역 중 온화한 고산 기후가 나타나는 곳에 키토, 보고타 등 고산 도시가 분포함

키워드 02

해안 지형

• 해안 침식 지형에 대한 문제가 출제되었어요.
• 관광 산업이 해안 지역에 미친 긍정적·부정적 영향을 구분하여 알아 두도록 해요.

✚ 해안 지형(곶과 만)

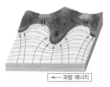

◄--- 파랑 에너지

✚ 암석 해안

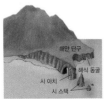

1. 해안 지형

곶	육지가 바다 쪽으로 돌출된 곳 → 침식 작용이 활발함
만	바다가 육지 쪽으로 들어간 곳 → 퇴적 작용이 활발함

2. 형성 원인

침식	암석 해안: 주로 곶에서 볼 수 있는 지형으로, 파랑의 침식 작용으로 형성됨 → 해안 절벽(해식애), 시 스택, 시 아치, 해식 동굴 등
퇴적	• 모래 해안: 주로 만에서 볼 수 있는 지형으로, 파랑의 퇴적 작용으로 형성됨 → 모래사장(사빈), 석호(모래가 퇴적되어 형성된 호수) 등 • 갯벌 해안: 조석 간만의 차가 큰 해안에서 밀물과 썰물(조류)의 퇴적 작용에 의해 형성됨 → 오염 물질 정화, 자연재해 감소 등의 기능, 염전이나 양식장으로 활용

3. 독특한 해안 지형

산호초 해안	• 열대 기후 지역의 얕은 바다에 사는 산호가 자라 형성됨 • 다양한 바다 생물의 서식지 역할을 함
피오르 해안	빙하의 침식으로 만들어진 골짜기(U자곡)에 바닷물이 들어오면서 형성된 좁고 긴 만
리아스 해안	하천의 침식으로 만들어진 골짜기에 바닷물이 차올라 형성됨 → 해안선이 복잡함
맹그로브 숲	열대 기후 지역의 해안에 나무들이 많이 자라 이룬 숲

4. 해안 지역의 특징과 주민 생활

특징		• 전 세계 인구의 약 40%가 해안 지역에 거주하고 있음 • 바다와 육지 모두를 이용할 수 있기 때문에 다른 지역과 교류하기가 유리하며, 어업과 농업의 겸업이 가능함
주민 생활	과거	어업이나 양식업에 종사함
	오늘날	• 무역항이나 공업 도시로 성장하거나 관광 산업이 발달함 • 간척 사업 등으로 인해 생태계가 파괴되기도 함

5. 관광 산업이 해안 지역에 미친 영향과 해결 방안

긍정적 영향	일자리 증가와 수익 증대로 지역 경제가 활성화 됨 → 주민들의 삶의 질이 향상됨
부정적 영향	• 휴양지 개발로 갯벌 등 해안 생태계가 파괴됨 • 쓰레기 증가 등으로 환경 오염이 심화됨 • 지역 주민과 관광객의 문화적 갈등이 발생함
해결 방안	• 지속 가능한 관광: 미래 세대와 현 세대 모두를 충족시키는 관광 • 생태 관광: 환경 피해를 최소화하면서 해안 생태계를 즐기는 여행

키워드 03

우리나라의 자연 경관

• 갯벌과 카르스트 지형에 대한 문제가 출제되었어요.
• 제주도는 빈출 주제이므로 이에 대해 꼼꼼히 알아 두도록 해요.

➕ 우리나라의 산지 지형

➕ 갯벌

밀물과 썰물의 반복적 흐름에 따라 하천 운반 물질이 쌓여 형성됨 → 간척 사업으로 농경지나 공업 단지가 조성되면서 생태계가 파괴됨

---

1. 산지 지형

특징	산지가 많은 지형	• 국토의 70% 이상이 산지임 • 오랜 침식으로 해발 고도가 낮고 경사가 완만한 편임
	동고서저 지형	• 태백산맥 등 대부분의 산맥이 동쪽에 치우쳐 있어 동쪽이 높고 서쪽으로 갈수록 낮아짐 • 북동부에는 높은 산지, 남서부에는 낮은 산지와 평야가 주로 분포함
유형	돌산	• 땅속 깊은 곳의 화강암이 오랜 기간 동안 침식 작용을 받아 정상부에 바위가 드러나 있음 • 바위 봉우리, 절벽 등 경관이 수려하여 암벽 등반이 이루어짐 **예** 금강산, 설악산, 북한산 등
	흙산	• 바위 위에 흙이 두껍게 덮여 있으며, 오랜 기간 풍화와 침식을 받아 완만하고 평탄함 • 등반이나 둘레길 걷기 등 관광 활동이 이루어짐 **예** 지리산, 오대산 등

2. 하천 지형

특징		동고서저의 지형으로, 큰 하천은 대부분 서해나 남해로 흐름
유형	서·남해로 흐르는 하천	하천의 길이가 길고 경사가 완만하여 유속이 느린 편
	동해로 흐르는 하천	하천의 길이가 짧고 경사가 급하여 유속이 빠른 편

3. 해안 지형

구분	서·남해안	동해안
특징	복잡한 해안선, 얕은 수심, 큰 조석 간만의 차, 넓은 갯벌	단조로운 해안선, 깊은 수심, 작은 조석 간만의 차
유형	• 리아스 해안과 다도해: 섬이 많고 만이 발달하여 해안선이 복잡함, 경관이 수려하여 해상 국립 공원으로 지정됨 **예** 한려 해상 국립 공원, 다도해 해상 국립 공원 • 갯벌(간석지): '생태계의 보고'로 오염 물질 정화 기능을 담당함 → 염전이나 양식장으로 이용, 생태 학습장이나 머드 축제 등 관광 자원으로 개발됨	• 모래사장: 동해로 흐르는 하천이 운반해 온 모래가 파랑에 의해 퇴적되어 형성된 모래 해안 → 해수욕장과 관광지로 이용 • 석호: 파랑의 퇴적 작용으로 모래가 만의 입구를 막아 형성된 호수 → 관광지로 이용 **예** 강릉의 경포호 • 암석 해안: 파랑의 침식에 의해 형성 → 해식애(해안 절벽), 시 스택이 발달

4. 제주도의 화산 지형

한라산	• 유동성이 큰 현무암질 용암으로 형성되어 전체적으로 완만함 • 정상에는 화구호인 백록담이 있음
오름	화산 중턱에 형성된 소규모의 기생 화산
용암 동굴	용암이 흘러 표면의 용암은 먼저 굳어지고 내부의 용암은 계속 흘러가며 형성된 동굴 예 만장굴
주상 절리	용암이 냉각되는 과정에서 수축되면서 다각형의 기둥 모양으로 쪼개져 형성됨
세계 자연 유산	• 유네스코 지정 자연환경 분야 3관왕: 생물권 보전 지역(2002), 세계 자연 유산(2007), 세계 지질 공원(2010) • 섬 전체가 다양한 화산 지형으로 이루어진 화산 박물관으로, 관광 산업이 발달함

+ 화산 지형의 유형
• 순상 화산: 용암의 점성이 약해 유동성이 크기 때문에 경사가 완만한 화산체를 형성함 예 제주도
• 종상 화산: 용암의 점성이 강해 유동성이 적기 때문에 경사가 급한 화산체를 형성함 예 울릉도, 독도

5. 카르스트 지형

형성		석회암이 지하수나 빗물의 용식 작용을 받아 형성됨
분포		강원도 남부와 충청북도 북동부 일대의 석회암 지대에 분포함
주요 지형	돌리네	• 석회암이 빗물에 녹아 움푹 파여 형성된 웅덩이 모양의 지형 • 물이 잘 빠지기 때문에 주로 밭농사에 이용함
	석회 동굴	동굴 내부에 종유석, 석순, 석주 등이 형성됨 → 관광 자원으로 활용됨 예 단양의 고수 동굴, 삼척의 환선굴 등

+ 용식
빗물이나 지하수가 암석을 용해하여 침식하는 현상

---

04 ▶ 다양한 세계, 다양한 문화

키워드 01

문화와 문화권

세계의 다양한 문화권의 특징을 구분해서 알아 두도록 해요.

1. 문화와 문화 경관

문화	의미	한 사회의 구성원들이 만들어 낸 모든 생활 양식이나 행동 양식의 총체 예 의식주, 종교, 언어 등
	특성	• 다양성: 지역마다 자연환경(기후, 지형, 토양 등)과 인문 환경(경제, 산업, 종교 등)이 다르기 때문에 다양한 문화가 존재함 • 변동성: 문화는 다른 지역과의 교류를 통해 변화함
문화 경관		어떤 장소에 특정 문화를 지닌 사람들이 오랜 기간 거주하면서 만든 그 지역만의 생활 모습 예 종교 경관, 언어 경관 등

+ 문화권(문화 지역)
의식주, 종교, 언어, 산업 등의 문화 경관이 비슷하게 나타나는 지리적 공간 범위

2. 세계의 문화권

동(부)아시아 문화권	• 우리나라, 일본, 중국 • 계절풍 기후 지역으로 벼농사가 발달함 • 공통적으로 유교와 불교, 한자, 젓가락 문화가 나타남
동남아시아 문화권	• 태평양과 인도양 사이에 위치한 교통의 요지 • 다양한 민족과 종교(불교, 이슬람교, 크리스트교, 힌두교)가 분포함 • 벼농사가 발달함
남부 아시아 (인도) 문화권	• 힌두교와 불교의 발상지 • 카스트 제도의 영향이 남아 있음 • 종교와 언어 및 민족이 다양하고 복잡함

유럽 문화권	• 크리스트교 문화가 발달함 • 시민 혁명을 바탕으로 민주주의가 발달함 • 산업 혁명의 발상지로 일찍부터 산업화를 이룸
건조(이슬람) 문화권	• 북부 아프리카와 서남아시아 일대의 건조 기후 지역 • 이슬람교의 발상지로, 대부분의 주민이 아랍어를 사용하고 이슬람교를 믿음 • 유목과 오아시스 농업이 발달함
아프리카 문화권	• 사하라 사막 이남 아프리카 지역 • 부족 단위의 공동체 문화와 토속 신앙이 발달함 • 다양한 언어와 부족이 분포함 • 과거 유럽 식민 지배의 영향으로 부족의 구분과 국경선이 일치하지 않아 잦은 분쟁이 발생함
앵글로아메리카 문화권	• 과거 북서 유럽의 식민 지배를 받음 • 다인종·다민족 국가로 주로 영어를 사용하고 크리스트교(개신교)를 믿음 • 세계 경제의 중심지이자 세계적인 농산물 수출 지역임
라틴아메리카 문화권	• 과거 남부 유럽의 식민 지배를 받아 주로 에스파냐어와 포르투갈어(브라질)를 사용하고 크리스트교(가톨릭교)를 믿음 • 혼혈 인종이 많고 다양한 문화가 나타남
오세아니아 문화권	• 영국의 식민 지배로 유럽 문화가 전파됨 • 영어를 사용하고 크리스트교(개신교)의 비율이 높음 • 관광업 및 기업적 농업과 목축업이 발달함 • 원주민인 오스트레일리아의 애버리지니와 뉴질랜드의 마오리족이 있음
북극 문화권	• 북극해 연안 지역으로 한대 기후 지역 • 순록 유목, 수렵, 어로 활동을 하며 생활함 • 사모예드족, 라프족, 이누이트족 등이 거주함

(디르케 세계 지도, 2016)

🔵 세계의 문화권

키워드 02

문화의 지역 차이

종교에 따른 문화 경관의 모습을 구분할 수 있어야 해요.

➕ 냉량한

약간 차갑고 서늘한

1. 자연환경에 따른 문화의 지역 차이

의복 문화	• 열대 기후 지역: 얇고 통풍이 잘 되는 옷을 입음 • 건조 기후 지역: 온몸을 감싸는 헐렁한 옷을 입음 • 한대 기후 지역: 털옷이나 가죽옷을 입음
음식 문화	• 아시아의 계절풍 기후 지역: 벼농사 발달 → 쌀을 이용한 음식이 발달함 • 유럽, 건조 기후 지역: 밀농사와 목축업 발달 → 빵과 고기를 이용한 음식이 발달함 • 라틴 아메리카의 고산 기후 지역: 냉량한 기후에서 잘 자라는 감자와 옥수수를 이용한 음식이 발달함
주거 문화	• 열대 기후 지역: 개방적인 가옥 구조, 고상 가옥이나 수상 가옥이 발달함 • 건조 기후 지역: 흙벽돌집(사막 지역), 유목 활동에 유리한 이동식 가옥(유목 지역)이 발달함 • 냉대 기후 지역: 통나무를 이용한 통나무집이 발달함 • 한대 기후 지역: 언 땅이 녹았을 때의 가옥 붕괴를 막기 위한 고상 가옥이 발달함

2. 사회·경제적 환경에 따른 문화의 지역 차이

① 종교에 따른 차이

이슬람교 문화권	• 둥근 돔이 있는 모스크에서 예배를 드림 • 유일신 알라를 숭배하고, 쿠란을 따르는 생활을 함 • 술과 돼지고기를 금기시함 • 여성들은 히잡, 부르카 등으로 몸과 얼굴을 가림 • 다섯 가지 의무를 지켜야 함
크리스트교 문화권	• 믿음과 사랑을 강조하고 예수의 구원을 믿음 • 십자가와 종탑이 있는 성당이나 교회에서 예배를 드림 • 결혼식이나 장례식 등 전반적인 생활에 영향을 미침
힌두교 문화권	• 다양한 신들이 조각되어 있는 힌두교 사원이 있음(다신교) • 갠지스강에서 목욕을 하거나 시신을 화장함 • 소를 신성시하여 소고기를 먹지 않음
불교 문화권	• 인간의 평등과 자비, 개인의 수양을 강조함 • 사찰, 불상, 탑(부처의 사리 보관) 등을 볼 수 있음 • 육식을 금기시하고 주로 채식 위주의 식사를 함

② 산업에 따른 차이

산업이 발달한 지역	• 인구가 많고, 산업 시설과 고층 건물이 밀집되어 있음 • 주민들은 현대적인 도시 생활을 함
산업 발달 수준이 낮은 지역	• 비교적 잘 보존된 자연 경관이 나타남 • 주민들은 전통적인 생활을 함

＋ 세계의 종교 분포

＋ 이슬람교의 다섯 가지 의무

라마단 기간의 금식, 성지 순례, 자선 활동, 신앙 고백, 하루 다섯 번의 예배

키워드 03

세계화와 문화 변용

문화 전파에 따른 문화 변용에 대한 문제가 출제될 수 있어요.

＋ 문화 변용

서로 다른 문화 간에 문화 접촉과 문화 전파가 일어나면서 한쪽 또는 양쪽의 고유한 문화가 변화하는 현상

＋ 과달루페의 성모

가톨릭교와 멕시코 원주민의 문화가 만남 → 원주민을 닮은 검은 머리와 갈색 피부의 모습

---

1. 문화 접촉과 문화 전파

문화 접촉	• 지리적으로 인접한 지역의 서로 다른 문화가 지속적으로 접촉하는 현상 • 교통·통신의 발달로 인해 오늘날 문화 변화의 큰 요인으로 작용함
문화 전파	• 한 지역의 문화가 다른 지역으로 이동하거나 퍼져나가는 현상 • 문화 접촉이 반복되면서 그 결과로 나타남

2. 문화 전파에 따른 문화 변용

문화 동화	기존 문화가 외부 문화에 의해 완전히 흡수되거나 대체되는 현상 예 가로쓰기 형식의 도입으로 세로쓰기 형식이 사라진 경우
문화 공존	기존 문화와 외부 문화가 함께 존재하는 현상 예 우리나라에 있는 이슬람 사원, 차이나타운
문화 융합	기존 문화와 외부 문화가 만나 이전의 두 문화와는 다른 새로운 제3의 문화가 나타나는 현상 예 과달루페의 성모

키워드 04

세계화에 따른 문화 변화

1. 문화의 세계화

의미	세계화에 따라 각 지역의 문화가 점차 유사해지는 현상
배경	인터넷, SNS를 통해 다양한 문화를 쉽게 접할 수 있게 됨

2. 세계화에 따른 문화 변용

문화의 획일화 (동질화)	• 한 지역의 문화가 다른 지역에서 비슷하게 나타나거나 전 세계적으로 같은 문화를 공유하는 현상 → 주로 서구 문화로 획일화되는 경향이 강함 • 문화적 다양성과 정체성이 약화되고, 외래문화가 유입되면서 전통문화가 사라지기도 함 • 국가 간·지역 간 문화적 차이로 인해 갈등이 발생하기도 함
문화의 다양화 (문화 융합)	• 세계화에 따라 확산된 문화가 각 지역의 특성에 맞게 지역 문화와 섞이는 현상 📌 지역별로 특화된 햄버거와 피자, 우리나라의 돌침대, 김치 냉장고 등 • 지역 문화와 전통문화를 창조적으로 발전시킬 수 있음

사회

1. 문화 공존

의미		서로 다른 문화를 가진 사람들이 한 지역 안에 모여 사는 다문화 현상
특징		서로 다른 문화가 한 지역에 공존하기도 하고, 문화 간 상호 작용을 통해 새로운 문화를 만들어 내기도 함
문화 공존 지역	싱가포르	• 인도양과 태평양을 잇는 해상 교통의 요지 • 불교, 이슬람교, 힌두교, 크리스트교 등 다양한 종교가 공존함
	말레이시아	• 말레이어가 공용어이지만, 중국어, 타밀어, 영어 등을 함께 사용함 • 국교는 이슬람교이지만, 불교, 힌두교, 크리스트교 등 다양한 종교가 공존함
	스위스	독일어·프랑스어·이탈리아어·레토로망스어를 공용어로 사용함
	미국	백인, 흑인, 라틴 아메리카 및 아시아 이주민, 원주민 등 여러 민족이 분포함
	인도	• 헌법으로 다양한 언어를 공용어로 지정함 • 각 주에서 사용하는 15개의 언어가 지폐에 표기되어 있음
	우리나라	유교·불교·크리스트교·민간 신앙 등이 공존하고 다양한 외국인 마을이 분포함
	브라질	유럽계 백인, 아프리카계 흑인, 혼혈 인종, 원주민(인디오) 등이 함께 문화를 이루고 있음 → 혼혈 인종의 비중이 높기 때문에 인종 갈등이 적은 편임
	터키	문명의 교차로로, 크리스트교·이슬람 문화가 공존함
	뉴질랜드	마오리족 원주민에 대한 우대·보호 정책으로 백인과 원주민이 평화롭게 공존함

2. 문화 갈등

의미		서로 다른 특성을 가진 문화끼리 충돌하거나 서로 적대시하는 현상
특징		• 다른 문화에 대한 이해가 부족하여 서로의 문화를 인정하지 않음 • 종교·민족·언어와 국경선이 불일치함 • 영토와 자원을 둘러싼 주변 국가와의 이해관계가 충돌함
언어 갈등 지역	벨기에	북부 네덜란드 언어권과 남부 프랑스 언어권 간의 갈등
	캐나다 퀘벡주	프랑스어를 사용하려는 퀘벡주의 독립 요구 → 캐나다 정부와 갈등
	슬로바키아	반드시 슬로바키아어를 사용해야 하는 언어법 제정 → 슬로바키아 정부와 슬로바키아에 거주하는 10%의 헝가리인 간의 갈등
	에스파냐 카탈루냐주	에스파냐어와 카탈루냐어 사용을 둘러싼 갈등 → 카탈루냐주의 분리·독립 운동 전개

	팔레스타인	아랍인(이슬람교)과 유대인(유대교) 간의 갈등
종교 갈등 지역	카슈미르	인도(힌두교)와 파키스탄(이슬람교) 간의 갈등
	북아일랜드	영국으로부터의 독립을 요구하는 가톨릭교도와 개신교도 간의 갈등
	수단	북부(아랍계, 이슬람교)와 남부(흑인, 개신교·토속 신앙) 간의 갈등
	나이지리아	북부(이슬람교)와 남부(개신교) 간의 갈등
	스리랑카	불교를 믿는 싱할리족과 힌두교를 믿는 타밀족 간의 갈등
	필리핀	주민 대부분인 가톨릭교도와 소수인 이슬람교도 간의 갈등
해결 방안		• 다른 문화의 고유한 가치를 인정하고 이해하려는 문화 상대주의 태도가 필요함 • 여러 개의 공용어를 지정하고 종교의 자유를 법으로 보장해야 함

➕ 문화 상대주의
한 사회의 문화를 그 사회의 사회적·역사적 맥락에서 이해하려는 태도로, 문화 이해의 가장 바람직한 태도

한 문제 더 맞히는 개념 노트   이스라엘−팔레스타인 분쟁

제2차 세계 대전이 끝나면서 국제 연합은 팔레스타인을 유대인 구역과 아랍인 구역으로 분할하였다. 이후 1948년 팔레스타인 지역에 유대인들이 이스라엘을 건국하면서 유대인과 아랍인 간에는 팔레스타인 지방의 영유권을 둘러싸고 심한 대립이 나타났으며, 이는 수차례에 걸친 중동 전쟁으로 이어졌다. 몇 차례의 전쟁을 겪으면서 이스라엘은 아랍인 구역을 장악하였으며, 이 과정에서 팔레스타인 사람들이 이스라엘을 떠나 주변 국가에서 난민 생활을 하게 되었다.

🔺 중동 내 이스라엘 위치

🔺 이스라엘−팔레스타인 분쟁 지도

05   지구 곳곳에서 일어나는 자연재해

(키워드 01)

지형과 관련된 자연재해 (지질 재해)

지진, 지진 해일에 대한 문제가 출제되었어요.

➕ 자연재해
• 지형과 관련된 자연재해 (지질 재해): 지진, 화산, 지진 해일(쓰나미) 등
• 기후와 관련된 자연재해 (기상 재해): 홍수, 가뭄, 열대 저기압, 폭설, 한파, 토네이도 등

1. 화산 활동

의미	지하의 마그마가 지각을 뚫고 나와 분출하는 현상
피해	• 용암이나 화산재가 분출하여 촌락·농경지를 파괴하고 구조물을 매몰시킴 • 대기로 올라간 화산재가 햇빛을 차단하거나 항공기 운항에 지장을 주기도 함
주민 생활	• 화산재가 쌓여 만들어진 토양은 비옥하여 농업 활동에 도움이 됨 • 독특한 화산 지형과 온천을 활용한 관광 산업이 발달함 • 땅속의 열에너지를 이용하여 지열 발전소가 세워짐 **예** 아이슬란드

2. 지진

의미	지구 내부의 힘이 지표면에 전달되면서 땅이 흔들리거나 갈라지는 현상
피해	• 짧은 시간 동안 넓은 지역에 큰 피해를 입힘 • 건물, 도로, 통신망을 붕괴시키고 막대한 인명 피해를 입힘 • 화재, 산사태, 지진 해일을 동반함

대책	• 내진 설계를 의무화함 • 주기적인 지진 대피 훈련을 실시함 • 원자력 발전소는 주거지와 되도록 멀리 건설함

3. 지진 해일(쓰나미)

의미	지진이나 화산 활동이 바다 밑에서 일어나 바닷물이 육지까지 밀려오는 현상 → 화산 활동과 지진이 발생하는 태평양과 인도양 일대에서 주로 발생함
피해	발생 지점으로부터 수천 km 떨어진 곳까지 매우 빠른 속도로 이동하며 인명 피해와 각종 시설의 침수 등 재산상의 막대한 피해를 입힘

한 문제 더 맞히는 개념 노트   **화산 활동과 지진 발생 지역**

• 알프스 · 히말라야 조산대: 유라시아판과 아프리카판 및 인도 · 오스트레일리아판의 경계에 해당한다.
• 환태평양 조산대: 태평양판과 주변 판과의 경계로, '불의 고리'라고 불린다.

1. 홍수

의미	단기간 또는 장기간에 걸쳐 많은 비가 내려 하천이 흘러넘치는 현상
발생 원인	장기간에 걸친 강우, 짧은 시간 동안 집중적인 강우, 한꺼번에 녹은 눈
발생 지역	고온 다습한 계절풍의 영향을 받는 아시아 지역, 큰 하천의 하류 및 저지대, 열대 저기압의 영향을 받는 지역, 북극해로 유입되는 하천 주변 등
피해	• 농경지, 가옥, 도로 등 생활 터전이 물에 잠겨 인명과 재산 피해가 큼 • 생태계가 파괴되고 산사태가 일어남
대책	• 홍수에 대비하기 위해 터를 높게 하여 집을 지음(터돋움집) • 일시적으로 주거지를 옮기기도 함
긍정적 영향	• 한꺼번에 많은 물을 공급하여 가뭄을 해소함 • 토양에 영양분을 공급하여 땅이 비옥해지기 때문에 농업에 유리함

2. 가뭄

의미	장기간 비가 오지 않아 땅이 메마르고 물이 부족한 현상
발생 지역	건조 기후 지역과 그 주변 지역 **예** 아프리카 사헬 지대, 중국 내륙 등
특징	피해 속도는 느리나, 피해 면적이 넓고 장기간에 걸쳐 점점 악화됨
피해	• 농업용수 부족으로 농작물 수확량이 감소함 • 토양이 황폐화되고 사막화를 촉진시킴 • 우리나라의 경우 가을철에서 봄철까지 피해를 입음

대책	• 용수 확보를 위해 지하수 개발 및 해수 담수화 시설을 건설함 • 물을 오랫동안 보존할 수 있는 방안을 모색함

+ 해수 담수화 시설

바닷물의 염분 등을 제거하여 순수한 물만을 걸러낼 수 있는 장비

3. 열대 저기압

의미	열대 해상에서 발생하여 중위도 지역으로 이동하는 저기압 → 발생 지역에 따라 태풍, 사이클론, 허리케인으로 불림
발생 지역	해수면 온도가 높고 대기가 불안정하여 공기 중 수증기가 많이 발생하는 열대 해상 지역
특징	이동 경로 예측이 어렵고, 강한 바람과 비를 동반함
피해	• 집중 호우로 홍수나 해일이 발생함 • 항만 시설이나 선박, 양식장이 파괴되는 등 막대한 피해를 가져옴
대책	미리 대피하거나 임시 휴일을 선포하여 피해를 줄임
긍정적 영향	• 많은 비로 인해 더위가 해소되고 가뭄이 해결됨 • 바닷물을 순환시켜 적조 현상을 완화함 • 지구의 열 균형을 유지시킴

🔺 홍수·가뭄·열대 저기압 발생 지역

+ 폭설 발생 지역의 전통 가옥

겨울에 눈이 빨리 흘러내릴 수 있도록 지붕의 경사를 급하게 하여 건물 붕괴의 위험을 막음

4. 폭설

의미	짧은 기간 동안 많은 양의 눈이 내리는 현상
발생 지역	주로 겨울철에 습한 공기가 많이 유입되는 지역
피해	가옥 및 건축물이 붕괴되거나 도로와 항공 교통이 마비됨
대책	• 폭설에 대비하기 위해 지붕의 경사를 급하게 만듦 • 폭설 시 생활 공간을 확보하기 위한 가옥 구조를 발달시킴
긍정적 영향	스키장 건설이나 눈 축제 개최 등 관광 산업이 발달함

키워드 03

인간 활동이 자연재해에 미치는 영향

홍수 피해와 사막화를 심화시키는 요인을 구분할 수 있어야 해요.

1. 인간 활동과 홍수(홍수 피해를 증가시키는 요인)

도시화·무분별한 개발	아스팔트 포장 면적이 증가하고 녹지 면적은 감소함
하천 직선화	유속이 빨라져 하천의 하류 지역에 물이 불어남
지구 온난화	산업화·도시화로 대기 중 온실가스가 증가하면서 해수면 상승으로 이어져 홍수의 피해가 더욱 커짐

한 문제 더 맞히는 개념 노트 — 도시화에 따른 빗물 흡수율 변화

40% 증발

하천 유입 10%　토양 흡수 50%
물이 안빠지는 면적: 0%

▲ 도시화 이전

30% 증발

하천 유입 55%　토양 흡수 15%
물이 안빠지는 면적: 75 ~ 100%

▲ 도시화 이후

콘크리트나 아스팔트 포장이 많은 지역일수록 빗물이 땅속으로 흡수되지 못해 홍수의 위험이 커진다.

2. 인간 활동과 사막화

의미		사막 주변의 초원 지대가 사막처럼 황폐해진 땅으로 변하는 현상
영향		식량 부족 문제나 기아 문제 등을 일으킴
발생 지역		아프리카 사헬 지대, 중국 내륙 지역, 아랄해 주변, 북아메리카 서부 지역, 오스트레일리아 내륙 지역 등
사막화를 심화시키는 요인	지구 온난화	지구 온난화로 인해 극심한 가뭄이 지속됨
	지나친 방목 및 관개 농업	• 인구 증가로 인한 지나친 농경지 개간과 방목이 이루어져 삼림과 초원이 파괴됨 • 건조 기후 지역에서 농작물 생산을 위해 지하수를 지나치게 농경지까지 끌어와 관개 농업을 실시함

＋ 사헬 지대
아랍어로 '가장자리'라는 뜻으로, 사하라 사막 남부의 초원 지대를 말함

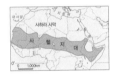

키워드 04

자연재해의 피해를 줄이기 위한 노력

자연재해의 유형별 대응 방안을 알아야 합니다.

1. 생활 수준에 따른 자연재해 대응

생활 수준이 높은 지역	철저한 대비 훈련을 실시하고 피해 방지를 위해 대비 체계에 큰 비용을 투자함 → 상대적으로 피해가 적은 편임
생활 수준이 낮은 지역	대비 체계가 부족하여 피해가 큰 편임

2. 자연재해의 대응 방안

지진	• 정밀한 예보 체계와 복구 체계 구축, 지진 대피 훈련을 실시함 • 건물의 내진 설계를 의무화함
화산 활동	• 지속적으로 화산을 관측함 • 용암이 거주 지역을 덮치지 않도록 인공 벽이나 인공 하천을 조성함
홍수와 가뭄	• 녹색 댐, 사방 댐, 다목적 댐, 저수지 등을 조성함 • 저류 시설과 배수 시설을 설치함 • 무분별한 개발을 제한하고 조림 사업을 통해 녹지 면적을 확보함
열대 저기압	• 이동 경로와 영향권을 예측하여 주민들을 미리 대피시킴 • 풍수해를 대비하여 시설물을 관리하고 갯벌을 보존함
폭설	• 제설 장비를 확보하고, 필요 시 신속한 제설 작업을 진행함 • 교통 대책을 마련함
사막화	• 무분별한 방목과 농경지 개간을 금지함 • 나무와 풀 등을 심는 조림 사업을 통해 녹지 면적을 넓힘 • 유엔 사막화 방지 협약을 통해 개발 도상국의 사막화 문제를 지원함

＋ 댐
• 녹색 댐: 숲이 빗물을 흡수하거나 흘려보내도록 하여 홍수와 가뭄을 조절함
• 사방 댐: 집중 호우 시 계곡으로 흐르는 빗물의 유속을 줄여 주고 물만 빠져나갈 수 있도록 배수구를 만드는 방식

＋ 저류 시설
빗물 등을 일정 기간 동안 저장하는 시설

06

자원을 둘러싼 경쟁과 갈등

키워드 01

자원의 의미와 특성

➕ 자원의 종류
- 천연자원: 광물 자원·에너지 자원·식량 자원
- 인적 자원: 노동력, 기술, 창의력 등
- 문화 자원: 예술, 종교, 법, 제도 등

➕ 가채 연수
현재 파악된 매장량을 바탕으로 앞으로 그 자원을 몇 년간 사용할 수 있는지를 나타낸 지표

1. 자원

의미		자연으로부터 얻을 수 있는 것 중 인간의 기술로 개발과 이용이 가능하고 경제적으로 가치가 있는 것
종류	범위에 따른 분류	• 좁은 의미의 자원: 천연자원 • 넓은 의미의 자원: 천연자원 + 인적 자원 + 문화 자원
	재생 여부에 따른 분류	• 재생 자원(순환 자원): 태양열, 물 등과 같이 계속 만들어지는 재생이 가능한 에너지 • 비재생 자원(고갈 자원): 석유, 석탄 등과 같은 화석 에너지로 재생이 불가능한 에너지

2. 자원의 특성

가변성	기술 발달, 사회·문화적 배경, 경제적 수준 등에 따라 자원의 가치가 변화함
유한성	자원의 매장량이 한정되어 있어 사용하면 고갈됨 → 자원의 가채 연수가 계속 줄고 있음
편재성	자원이 지구상에 고르게 분포하지 않고 일부 지역에 분포함 → 국제적 이동의 원인이 됨

키워드 02

자원의 분포와 소비

- 석탄에 대한 문제가 자주 출제되었어요.
- 에너지 자원의 종류와 특징에 대해 알아 두도록 해요.

➕ 냉동 액화 기술
천연가스를 냉각시켜 액체로 만드는 기술

1. 에너지 자원

석유	• 세계적으로 가장 많이 사용되고 있는 에너지 자원 • 편재성이 크고 사용 비중이 높기 때문에 국제 이동량이 매우 많은 편임 • 사우디아라비아, 러시아 등에서 수출하고, 한국, 일본은 전량 수입함
석탄	• 산업 혁명 때 주요 자원으로 이용함 • 석유에 비해 비교적 고르게 분포되어 있어 국제 이동량이 적은 편임 • 중국, 인도, 미국 등에서 많이 소비함
천연가스	• 에너지 효율이 높은 편으로 대기 오염 물질 배출량이 적은 청정에너지 • 냉동 액화 기술의 발달로 장거리 수송이 가능해지면서 이용량이 증가하고 있음 • 석유와 함께 매장되어 있음

🔵 석유와 석탄의 국제적 이동

2. 식량 자원

쌀	• 고온 다습한 아시아의 계절풍 기후 지역에서 주로 재배함 • 생산지에서 대부분 소비되기 때문에 밀에 비해 국제 이동량이 적음
밀	• 서늘하거나 건조한 곳에서 잘 자라기 때문에 널리 재배되고 있음 • 생산지와 소비지가 달라 국제 이동량이 많음
옥수수	• 브라질, 미국 등 주로 아메리카 대륙에서 수출함 • 육류 소비 증가로 인해 가축 사료용이나 바이오 에너지의 원료로 사용됨

➕ 바이오 에너지
생명체에서 얻을 수 있는 물질을 이용하여 만든 에너지로, 옥수수나 사탕수수 등의 녹말 작물을 발효시켜 만든 바이오 에탄올이 대표적임

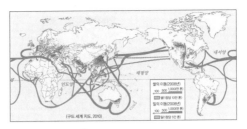

🔺 쌀과 밀의 국제적 이동

3. 물 자원

분포	• 지역적으로 불균등하게 분포함 • 적도 지방은 물 자원이 풍부하지만, 사막과 그 주변 지역은 물 부족 문제가 심각함
이용	각종 용수 공급 및 수력 발전에 이용함
소비	인구 증가로 1인당 사용 가능한 물의 양이 점점 감소하는 추세임

키워드 03

자원을 둘러싼 경쟁과 갈등

물 자원을 둘러싼 분쟁에 대한 문제가 출제되었어요.

➕ 자원 민족주의
자원 보유국들이 자국에서 생산되는 자원을 무기화하여 자국의 이익을 극대화하려는 것

➕ 애그플레이션
농산물 가격 상승에 따른 물가 상승 현상

1. 석유 자원을 둘러싼 경쟁과 갈등

원인	• 인구 증가와 경제 발전으로 석유의 수요가 증가함 • 석유의 편재성과 유한성으로 공급량이 원활하지 않음 • 자원 민족주의의 등장으로 갈등이 더욱 심화됨
분쟁 지역	페르시아만, 카스피해, 북극해, 기니만, 동중국해, 남중국해, 오리노코강 유역 등
해결 방안	자원 외교, 해외 유전 개발 참여, 다양한 국가에서 자원 수입(수입국 다변화), 개발 기술 연구 등

2. 식량 자원을 둘러싼 경쟁과 갈등

원인	식량 부족 문제	• 기후 변화에 따라 농작물 생산량이 감소함 • 개발 도상국의 인구 급증으로 인해 곡물 수요가 증가함 • 육류 소비 증가에 따른 사료 작물에 대한 수요가 증가함 • 바이오 에너지 사용량 증가에 따라 연료용 곡물 수요가 증가함
	식량 자원을 둘러싼 갈등	• 국제 식량 대기업(곡물 메이저)에 의한 식량 분배의 불균형으로 곡물 가격이 상승하여 애그플레이션이 발생함 • 생산과 이동이 원활하지 못한 경우 식량 자원 확보를 위한 국가 간 갈등이 심화됨
해결 방안		• 새로운 품종을 개발하거나 해외 농장을 임대하여 식량을 확보해야 함 • 식량 부족 국가에 국제적 원조를 확대하여 기아 문제를 해결해야 함

3. 물 자원을 둘러싼 경쟁과 갈등

원인	• 물의 자정 능력이 한계에 도달함 • 기후 변화로 강수량보다 증발량이 많음 • 인구 증가, 산업 발달로 물 소비량이 증가함
분쟁 지역	메콩강, 티그리스·유프라테스강, 나일강, 다뉴브강 등 국제 하천 주변
해결 방안	댐이나 해수 담수화 시설을 건설하고, 지하수를 개발해야 함

사
회

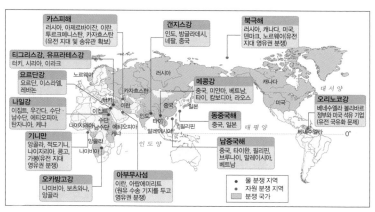

◆ 세계의 주요 자원 갈등 지역

키워드 04

자원 개발과 주민 생활의 변화

풍부한 자원을 바탕으로 경제가 성장한 국가들의 사례를 정리해 두도록 해요.

1. 자원 개발의 영향

긍정적 영향	경제 성장	일자리가 증가하고, 자원의 수출로 소득이 증대됨
	생활 수준 향상	자원 개발의 이익으로 사회 기반 시설 및 교육·의료 시설을 확충하고, 다른 산업 개발에 투자가 가능해짐
부정적 영향	빈부 격차 심화	자원 수출로 벌어들인 외화를 특정 계층이 독점하여 빈부 격차가 발생함
	환경 오염	무리한 자원 개발로 대기·수질·토양 오염 등이 발생하여 삶의 질이 악화됨
	산업의 불균형 발전	자원 개발과 관련된 산업만 발전하게 되어 산업이 균형 있게 발전하지 못함
	높은 수출 의존도	해당 자원이 고갈될 경우 주민 생활이 어려워짐

2. 풍부한 자원을 바탕으로 경제가 성장한 국가들

미국, 캐나다, 오스트레일리아	넓은 영토, 풍부한 자원, 뛰어난 기술력을 바탕으로 경제가 성장함
사우디아라비아, 쿠웨이트, 아랍에미리트	• 석유 개발로 인해 경제가 크게 성장함 • 석유 수출로 얻은 이익을 사회 기반 시설에 투자하여 국민의 생활 수준을 높임 → 유목민 감소, 전통적인 사고방식 변화 등
노르웨이	• 북해의 유전이 개발되면서 경제가 크게 성장함 • 자원 수출로 창출된 이익을 국가가 직접 관리하여 복지 정책 등에 투자함

✚ 천연자원은 부족하지만 경제가 성장한 국가들
대한민국, 일본, 싱가포르 등은 인적 자원을 개발하여 경제가 성장한 국가들임

3. 자원은 풍부하지만 어려움을 겪는 국가들

나이지리아	석유와 천연가스의 자원 개발 이후 빈부 격차 및 갈등이 심화되고, 석유 생산 및 운송 과정에서 환경 문제가 발생하여 주민들의 건강이 악화되고 생활 터전이 파괴됨
콩고 민주 공화국	첨단 기기에 들어가는 콜탄이 풍부하나 자원을 둘러싸고 오랜 기간 내전을 거치면서 주민 생활이 어려워지고, 열대 우림의 생태 환경이 파괴됨
시에라리온	세계적인 다이아몬드 생산국이지만 자원 개발을 둘러싸고 내전이 발생하고 빈부 격차가 심화됨

노르웨이
북해의 석유와 천연가스를 개발하여 얻은 이익을 국민 복지 정책에 투자하여 주민의 생활 수준을 높임

오스트레일리아
넓은 영토, 알루미늄, 석탄, 철광석, 우라늄 등 풍부한 천연자원, 뛰어난 기술력 등을 바탕으로 경제 성장을 이룸

사우디아라비아
석유를 가장 많이 수출하는 국가로, 석유 수출로 얻은 이익을 공업, 담수화 시설, 농업 복지 등에 투자함

⬆ 풍부한 자원을 바탕으로 경제가 성장한 국가들

나이지리아
자원을 개발하는 기술이 부족하여 외국 기업이 들어와 자원을 개발하였고, 이 과정에서 정부와 기업의 독점적 이익 분배, 기름 유출 등으로 인해 주민 생활이 악화됨

시에라리온
다이아몬드를 수출하여 얻은 이익을 정부군과 반군이 무기를 사는 데 사용하고 있으며, 내전이 10년 이상 이어짐

콩고 민주 공화국
세계적인 콜탄 생산국이지만 오랜 내전으로 주민 생활이 악화되고 생태 환경이 파괴되었으며, 근로자들은 매우 낮은 임금으로 노동력을 착취당하고 있음

⬆ 자원은 풍부하지만 어려움을 겪는 국가들

키워드 05

윤리적 소비

윤리적 소비에 대한 문제가 출제될 수 있어요.

의미	나의 소비 행위가 다른 지역의 삶에 미칠 영향을 고려하여 바람직한 방향으로 소비하는 것
사례	공정 무역 제품 소비하기, 환경에 해를 끼치는 상품에 대한 불매 운동 실천하기 등

키워드 06

지속 가능한 자원 개발

신·재생 에너지의 종류가 자주 출제되었어요.

➕ 에너지 소비 효율 등급 표시 제도

제품의 에너지 소비 효율 또는 에너지 사용량에 따라 1~5등급으로 구분하여 표시하는 제도

➕ 탄소 포인트 제도

온실가스 감축 실적에 따라 포인트를 발급하여 혜택을 제공하는 제도

1. 자원의 지속 가능한 활용 방안

① 석유, 석탄 등 재생 불가능한 화석 연료 사용량을 줄여야 함

② 냉난방 절제, 대중교통 이용 등 일상생활 속에서 에너지 절약을 실천해야 함

③ 에너지 소비 효율 등급 표시 제도 및 탄소 포인트 제도, 탄소 성적 표시 제도 등 에너지 사용 절감 정책을 확충해야 함

④ 화석 연료를 대체할 신·재생 에너지 개발 및 이용 확대가 이루어져야 함

2. 신·재생 에너지

장점	• 고갈되지 않고 지구상에 비교적 고르게 분포함 • 오염 물질 배출이 적어 환경친화적임
단점	• 저장이나 수송이 어려우며, 자연환경의 영향을 크게 받음 • 개발 초기에 많은 비용이 발생하여 경제성이 낮음
종류 및 개발 조건	• 태양광 에너지: 일사량이 풍부하고 건조한 지역 예 에스파냐, 사우디아라비아 등 • 풍력 에너지: 바람이 강하며 지속적으로 부는 산지나 해안 지역 예 네덜란드, 덴마크 등 • 수력 에너지: 유량이 풍부하고 낙차가 큰 하천 지역 예 브라질 등 • 조력 에너지: 조석 간만의 차가 큰 해안 지역 예 우리나라 등 • 조류 에너지: 바닷물의 유속이 빠른 지역 • 지열 에너지: 지하의 고온 증기를 이용하기 때문에 판의 경계에 있어 지각 활동이 활발한 지역 예 뉴질랜드, 일본, 아이슬란드 등 • 바이오 에너지: 동물의 배설물이나 옥수수 등의 식물을 분해해서 얻는 에너지로, 원료를 대량 생산할 수 있는 지역 예 독일 등

3. 지속 가능한 자원 개발의 효과

① 친환경 에너지 분야와 관련된 새로운 일자리가 창출됨

② 화석 연료를 대체할 고갈 가능성이 없는 에너지를 공급할 수 있게 됨

③ 에너지 관련 시설을 이용한 관광 산업을 발달시킬 수 있음 → 에너지 자립 마을 형성

4. 신·재생 에너지 개발의 문제점

풍력 에너지	산지에 발전소를 조성할 시 삼림이 파괴되고 심각한 소음 문제가 발생함
수력 에너지	• 댐 건설로 상류에 수몰 지구가 발생함 • 상류와 하류의 생태계 순환 단절로 하천 생태계가 파괴됨
조력 에너지	• 방조제 건설로 갯벌 등 해안 생태계가 파괴됨 • 어획량이 감소하면서 어민 생활에 부정적 영향을 미침
지열 에너지	지하수를 무리하게 끌어다 쓸 경우 땅이 꺼지거나 주민들이 사용할 지하수가 줄어듦
바이오 에너지	• 옥수수 등 곡물 가격이 상승하여 개발 도상국은 식량 부족 문제를 겪게 될 수 있음 • 생산 과정에서 열대림이 파괴되거나 토양 및 수질 오염이 발생함

---

07 개인과 사회 생활

＋ 신·재생 에너지
• 신 에너지: 연료 전지, 석탄 액화 가스, 수소 등 새로운 기술에 의해 개발된 에너지
• 재생 에너지: 태양 에너지, 바이오 에너지, 지열 에너지, 수력 에너지 등

키워드 01

사회화

• 재사회화에 대한 문제가 출제되었어요.
• 사회화 기관의 종류와 특징에 대해 알아 두도록 해요.

＋ 사회적 존재로서의 인간
인간은 사회 구성원과 지속적인 상호 작용을 통해 인간다운 존재로 성장함

＋ 사회화 기관
개인의 사회화에 도움을 주는 집단 또는 기관

＋ 사회화 기관의 특징
• 1차적 사회화 기관: 비형식적·자연 발생적임
• 2차적 사회화 기관: 형식적·의도적임

1. 사회화와 재사회화

사회화	의미	자신이 속한 사회의 언어, 규범, 행동 양식, 가치관 등을 배우고 내면화하는 과정
	특징	• 태어나는 순간부터 평생에 걸쳐 이루어짐 • 사회화의 내용이나 방식은 시대와 사회마다 다를 수 있음
	기능	• 개인적 측면: 개성과 자아·소속감을 형성하고, 사회생활에 필요한 행동 양식을 습득함 • 사회적 측면: 한 사회의 문화를 공유하고 다음 세대에 전달하여 사회를 유지하고 발전시킴
재사회화		• 사회의 변화에 적응하기 위해 새로운 지식이나 기술을 배우는 과정 • 현대 사회의 변화 속도가 빨라지면서 중요성이 커지고 있음 例 노인들의 스마트폰 사용법 습득, 직장인의 외국어 공부 등

2. 사회화 기관

1차적 사회화 기관	• 가정: 가장 기초적인 사회화 기관으로, 기초적인 생활 습관과 언어 등을 배움 → 유아기와 유년기에 영향 • 또래 집단: 놀이를 통해 공동체의 규칙과 질서 의식 등을 배움 → 청소년기에 영향
2차적 사회화 기관	• 학교: 공식적·지속적·체계적인 사회화 기관으로, 사회생활에 필요한 지식과 기술, 규범 등을 배움 • 직장: 직장 생활에 필요한 새로운 지식과 기술, 규범 등을 배움 → 성인기에 영향 • 대중 매체: 다양한 정보와 지식을 제공함 → 현대 사회에서 큰 영향력을 발휘함

＋ 사회화 과정

구분	사회화 기관
유아기	가정
아동기	또래 집단,
청소년기	학교 대중 매체
성인기	직장
노년기	

3. 사회화 과정

유아기	가정에서 기초적인 생활 습관과 언어를 배움
아동기	또래 집단과의 놀이를 통해 집단 생활의 규범을 배움
청소년기	학교에서 공동체 생활에 필요한 지식과 규범을 체계적으로 배움
성인기	직장에서 업무와 관련된 지식 및 행동 양식을 배움
노년기	취미나 자기 계발을 위해 대중 매체 등에서 새로운 지식과 행동 양식을 배움

키워드 02

청소년기의 사회화

청소년기의 자아 정체성에 대한 문제가 출제될 수 있어요.

+ 질풍노도의 시기
'빠르게 부는 바람과 무섭게 소용돌이치는 파도'와 같이 충동적이고 감정적으로 불안한 시기

+ 심리적 이유기
부모로부터 정서적으로 독립하여 자기 스스로 판단하려는 시기

+ 주변인의 시기
아동과 성인 중 어디에도 속하지 못하고 주변을 맴도는 시기

1. 청소년기의 특징

신체적 · 심리적 측면	• 2차 성징 등 급격한 신체적 변화를 겪음 • 감정의 기복이 심하고 충동적으로 행동하기도 함 • 독립심이 강해지고 또래 집단의 영향을 많이 받음 • 추상적이고 논리적이며 합리적인 사고가 가능해짐 • 질풍노도의 시기, 심리적 이유기, 주변인의 시기 등으로 표현함
사회적 측면	• 원만하고 친밀한 인간관계를 통해 건전한 사회성을 형성함 • 기존 질서에 저항하기도 함

2. 청소년기의 자아 정체성

의미	다른 사람과 구별되는 자신의 특성과 역할을 명확히 이해하는 상태 → '나는 누구인가?'라는 질문에 대한 대답
형성	사회화 기관이나 자아를 찾으려는 노력 등 다양한 상호 작용 속에서 형성됨
청소년기의 자아 정체성	청소년기는 자아 정체성 형성에 중요한 시기로, 개인의 삶뿐만 아니라 사회에도 큰 영향을 미침
올바른 자아 정체성 형성을 위한 노력	구체적 삶의 목표 설정, 자신의 특성 이해, 긍정적 · 적극적인 삶의 태도, 사회와 주변에 대한 이해

키워드 03

사회적 지위와 역할

귀속 지위와 성취 지위, 역할 갈등에 대한 문제가 출제되었어요.

1. 사회적 지위

의미	한 개인이 자신이 속한 집단이나 사회 내에서 차지하고 있는 위치
특징	모든 개인은 사회적 지위를 가지며, 여러 집단 속에서 다양한 지위를 가짐
유형	• 귀속 지위: 태어나면서부터 자연적으로 갖게 되는 지위 → 전통 사회에서 중시함 **예** 여자, 아들, 양반, 청소년 등 • 성취 지위: 개인의 노력에 의해 후천적으로 얻게 되는 지위 → 현대 사회에서 중시함 **예** 아버지, 아내, 학생 등

2. 사회적 역할

의미	사회적 지위에 따라 기대되는 일정한 행동 양식
특징	• 지위에 따른 역할은 같지만, 실제로 역할을 수행하는 개인의 구체적인 행동은 개인마다 다를 수 있음 • 역할을 제대로 수행하면 보상을 받지만, 충실히 수행하지 못하면 제재나 비난을 받음

+ 사회적 측면에서의 역할 갈등 해결 사례
맞벌이 부부를 위해 직장 내 보육 시설을 마련하면 부모의 역할과 직장인 역할 간의 역할 갈등을 해결하는 데 도움이 됨

3. 역할 갈등

의미	한 개인에게 요구되는 역할들이 충돌하여 발생하는 갈등 **예** 경찰인 아들이 법을 위반한 부모를 처벌해야 할 때
발생 원인	한 개인이 갖는 지위와 그에 따른 역할이 다양해지면서 발생함
특징	현대 사회가 복잡해지면서 역할 갈등도 증가함
유형	• 역할 모순: 여러 지위에 따른 역할들이 충돌하는 경우 • 역할 긴장: 하나의 지위에 기대되는 역할들이 서로 대립하는 경우

해결 방안	• 개인적 측면: 우선순위를 정한 후 중요한 역할부터 수행하거나 하나만 선택함
	• 사회적 측면: 역할 갈등 상황을 감소시키거나 사전에 이를 방지할 수 있는 제도를 마련함

키워드 04

사회 집단

사회 집단의 유형을 기준에
따라 각각 구분할 수 있어야
해요.

1. 사회 집단

의미	둘 이상의 사람이 모여 소속감을 가지고 지속적으로 상호 작용을 하는 집단
기능	• 개인에게 사회적 지위와 역할을 부여함 • 개인과 사회의 매개체 역할을 담당함
개인과의 관계	개인은 사회 집단 내에서 사회적 존재로 성장하고, 사회 집단은 개인의 역할 수행 결과에 따라 변화·발전함 → 상호 의존 관계

2. 사회 집단의 유형

소속감 유무에 따른 분류	내집단 (우리 집단)	• 자신이 속해 있으면서 소속감과 공동체 의식을 가진 집단 • 행동의 기준을 판단하는 데 도움을 줌 예 우리 반
	외집단 (그들 집단)	• 자신이 소속되어 있지 않고 이질감이나 적대감을 가지는 집단 • 내집단의 결속력을 높여 주는 데 기여함 예 다른 반
접촉 방식에 따른 분류	1차 집단	• 친밀하게 접촉하면서 인격적인 관계가 형성되는 집단 • 자아 형성의 근원이 되며, 사회 유지에 기여함 예 가족
	2차 집단	• 형식적이고 수단적인 만남을 바탕으로 형성된 집단 • 사회가 복잡해질수록 비중이 커짐 예 학교, 회사 등
결합 의지에 따른 분류	공동 사회	• 자신의 결합 의지와 상관없이 본능적·자연적으로 형성된 집단 • 친밀한 인간관계가 이루어짐 예 가족, 친족 등
	이익 사회	• 목표 달성을 위해 의도적으로 형성된 집단 • 수단적 인간관계가 주로 이루어짐 예 회사, 정당 등
준거 집단		• 개인이 어떤 행동이나 판단을 할 때 기준으로 삼는 집단 • 소속 집단과 준거 집단이 일치할 경우 만족감과 자부심을 느낌 • 소속 집단과 준거 집단이 불일치할 경우 불만을 느낌

키워드 05

사회 집단 내의 차별과 갈등

개인적·사회적 차원의 차별
해결 방안에 대해 알아 두도
록 해요.

1. 차이

의미	사람마다 서로 다른 특성을 보이는 것 → 존중해야 할 대상
발생 원인	사람마다 처한 상황이나 조건이 다르기 때문에 발생함
사례	외모, 성격, 종교, 성별, 국적 등의 객관적인 차이

2. 차별

의미	차이를 인정하지 않고 자신과 다르다는 이유로 부당하게 대우하는 것 → 없애야 할 대상
발생 원인	이해관계의 충돌, 편견이나 오해 등
영향	인간의 존엄성 등 인권을 침해함
사례	고용 및 승진에 있어 여성과 장애인을 차별하는 경우 등
해결 방안	• 개인적 차원: 차이를 인정하고 다른 사람의 권리를 존중해야 함 • 사회적 차원: 차별을 금지하고 사회적 소수자를 보호할 수 있는 제도를 마련함

✚ 사회적 약자 보호 관련
법률
「남녀 고용 평등과 일·가정
양립 지원에 관한 법률」, 「장
애인 차별 금지 및 권리 구
제 등에 관한 법률」 등

키워드 01

문화

문화와 문화가 아닌 것을 구분하는 문제, 문화의 다양성과 변동성에 대한 문제가 출제되었어요.

✚ 문화인 것과 문화가 아닌 것

- 문화인 것: 후천적으로 학습된 행동, 반복적이고 지속적인 생활 양식
- 문화가 아닌 것: 본능이나 유전적 요인에 의한 행동, 개인적인 습관, 일시적 행동 ⓓ 배가 고프면 먹을 것을 찾는 행동, 다리를 떠는 습관 등

TIP 문화의 속성을 사례와 함께 알아두면 학습에 도움이 돼요.

1. 문화의 의미

좁은 의미	문학이나 예술 및 공연과 관련 있는 것, 세련되고 교양 있는 것 ⓓ 문화인, 문화 시민 등
넓은 의미	한 사회의 구성원들이 주어진 환경에 적응하면서 만든 생활 양식 ⓓ 한국 문화, 음식 문화, 청소년 문화 등

2. 문화의 구성 요소

물질문화	기본적 욕구 충족과 생존에 필요한 도구나 기술 ⓓ 옷, 음식 등
비물질 문화	• 관념 문화: 삶의 방향을 제시해 주고 삶을 풍요롭게 해 주는 지식이나 가치 ⓓ 종교, 예술, 학문, 언어 등 • 제도 문화: 사회 질서를 유지하기 위한 제도 및 행동의 기준 ⓓ 법, 예절, 정치, 교육 등

3. 문화의 특성

보편성	어느 시대, 어느 사회에서나 있는 공통의 문화 현상임
특수성	각 사회의 문화가 서로 다른 모습으로 나타남

4. 문화의 속성

학습성	문화는 타고나는 것이 아니라 후천적으로 배우는 것임 ⓓ 어린아이가 반복적인 학습을 통해 젓가락을 사용할 수 있게 된 것
공유성	문화는 한 사회의 구성원들이 공통적으로 가지고 있는 생활 양식임 → 사회 구성원들의 행동을 예측할 수 있음 ⓓ 우리나라에서는 생일에 미역국을 먹음
변동성	문화는 새로운 문화가 추가되거나 사라지는 등 끊임없이 변화하는 것임 ⓓ 카드 대신 전자 우편이나 문자 메시지로 새해 인사를 하는 것
축적성	문화는 언어와 문자 등을 통해 다음 세대로 전승되면서 점차 풍부해짐 ⓓ 의료 지식의 축적으로 의료 기술이 발달하는 것
전체성	문화 요소들은 서로 밀접하고 긴밀하게 연결되어 하나의 전체를 이루고 있음 ⓓ 인터넷의 발달이 생활 전반에 영향을 끼친 것

키워드 02

문화를 이해하는 태도

자문화 중심주의에 대한 문제가 출제되었어요.

✚ 국수주의
자기 문화에 대한 우월감을 바탕으로 다른 문화를 배척하려는 태도

1. 문화의 우열이 있다고 보는 태도

	의미	자기 문화의 우수성만을 내세우고 다른 문화를 무시하는 태도 ⓓ 중국의 중화사상, 19세기 서구 열강들의 백인 우월주의, 나치의 인종주의 등
자문화 중심주의	기능	• 자기 문화의 주체성과 정체성을 지킬 수 있음 • 구성원의 결속을 강화시키고 사회 통합에 기여함
	문제점	• 국수주의로 발전하여 국제적 고립을 초래함 • 자문화를 다른 나라에 적용시키려는 문화 제국주의를 정당화하는 근거가 됨 • 문화 간에 갈등이 발생할 수 있음

사회

문화 사대주의	의미	자기 문화를 낮게 평가하고 다른 사회의 문화를 우수하다고 믿는 태도 예 조선 사대부의 중국 숭배 사상, 무분별한 영어 표현 사용 등
	기능	선진 문화를 수용하는 데 용이하며, 자기 문화를 발전시키는 데 기여함
	문제점	• 자신의 문화적 주체성과 정체성을 상실할 우려가 있음 → 지나칠 경우 다른 문화에 종속될 수 있음 • 사회 구성원 간 소속감이 약화될 수 있음

2. 바람직한 문화 이해의 태도 – 문화 상대주의

의미	한 사회의 문화를 그 사회의 사회적·역사적 맥락에서 이해하려는 태도 예 인도인들이 손으로 음식을 먹는 행위를 존중하는 것
기능	• 문화에 우열이 없다고 보고 문화를 평가의 대상으로 생각하지 않음 • 어느 문화든지 나름의 고유한 의미와 가치를 가진다고 보고 문화의 다양성을 인정함 • 세계화 시대에 다양한 문화가 공존할 수 있는 기반이 되며, 문화 갈등을 예방할 수 있음
문제점	인류의 보편적 가치를 무시하는 문화까지도 인정하는 극단적 문화 상대주의에 빠질 우려가 있음

✚ 극단적 문화 상대주의
중국의 전족 문화, 이슬람 문화의 '명예 살인'이라는 관습 등을 인정하는 태도 → 경계해야 할 태도임

3. 문화 이해의 관점

총체론적 관점	문화를 그 사회의 여러 부분과 관련 지어 전체적으로 파악하고 이해하려는 관점
상대론적 관점	문화를 그 사회의 환경과 상황, 역사적 맥락 속에서 이해하려는 관점
비교론적 관점	한 사회의 문화를 다른 사회의 문화와 비교하여 보다 객관적으로 이해하려는 관점

키워드 03

대중 매체와 대중문화

• 뉴 미디어의 특징에 대한 문제가 출제되었어요.
• 대중문화의 긍정적·부정적 영향에 대해 알아 두도록 해요.

1. 대중 매체

의미		불특정 다수에게 동일한 정보를 대량으로 동시에 전달하는 수단
기능		정보를 전달하고 오락을 제공하는 등 일상생활에 많은 영향을 줌
구분	기존의 대중 매체	• 정보 전달의 일방향성: 정보의 생산자와 소비자가 명확하게 구분됨 • 대중은 정보를 수동적·무비판적으로 수용함 • 종류: 인쇄 매체(신문, 잡지), 음성 매체(라디오), 영상 매체(텔레비전) 등
	뉴 미디어	• 정보 전달의 쌍방향성: 정보의 생산자와 소비자의 경계가 불분명함, 대중이 정보의 소비자 역할뿐만 아니라 생산자 역할도 함 • 대중은 정보를 선별적으로 수용할 수 있음 • 종류: 인터넷, 스마트폰, 소셜 네트워크 서비스(SNS) 등

2. 대중문화

의미	대중이 일상생활에서 쉽게 접하고 누리는 문화
형성 배경	• 정치적 측면: 민주주의의 발달, 대중의 지위 상승 • 경제적 측면: 산업화 이후의 경제적 풍요 • 사회적 측면: 대중 매체의 발달, 대중의 교육 기회 확대
변화	뉴 미디어의 등장으로 대중문화의 규모와 영향력이 커짐

✚ 대중문화의 속성
• 일상성: 일상적으로 접하기 때문에 객관적으로 보기 어려움
• 양면성: 긍정적 측면과 부정적 측면이 모두 존재함

특징	• 대중화: 일상생활에서 누구나 접하고 즐길 수 있음 • 상업화: 상업성을 띠기 쉬우며, 대량 생산되어 대량 소비됨 • 획일화: 확산 속도가 빠르고 공유되는 범위가 넓어 다수의 대중에게 일방적으로 전달됨

3. 대중문화의 영향

긍정적 영향	• 문화의 대중화: 과거 소수 특권 계층이 누리던 문화를 누구나 부담 없이 누리게 됨 • 문화적 평등 실현: 누구나 쉽게 문화적 혜택을 향유함 • 삶의 질 향상: 오락과 휴식을 제공하며, 새롭고 다양한 정보를 전달하여 삶의 질 향상에 기여함 • 사회 문제의 개선: 사회 문제에 대해 사람들의 관심을 불러일으켜 문제를 개선하는 데 도움을 줌
부정적 영향	• 문화의 질적 저하: 지나치게 상업화되면 선정적·쾌락적인 문화가 확산될 수 있음 • 문화의 다양성 저하: 동일한 정보를 동시에 전달하기 때문에 획일적 문화가 확산되어 개성을 상실할 수 있음 • 정보의 조작 가능성: 문화의 생산자가 의도하는 방향으로 정보가 조작될 수 있음

4. 대중문화를 대하는 바람직한 태도

비판적인 자세	대중문화를 비판적으로 평가하고 검토하는 자세가 필요함
적극적·능동적인 자세	대중문화의 문제점을 지적하고 잘못된 정보에 대한 시정을 요구해야 함
주체적인 자세	주체적인 문화 생산자로서 미디어를 올바르게 활용해야 함

09 정치 생활과 민주주의

키워드 01

정치와 정치 생활

좁은 의미의 정치와 넓은 의미의 정치를 구분해 두도록 해요.

1. 정치의 의미와 기능

의미	• 좁은 의미: 정치인들이 정치권력을 획득·유지·행사하는 활동 **예** 국회의원의 입법 활동, 선거 등 • 넓은 의미: 사회 구성원 간의 대립과 갈등을 조정하고 문제를 해결하는 활동 **예** 학급 회의, 노사 간 협상 등
기능	• 개인이나 집단 간의 갈등과 대립을 해결함 → 사회 질서 유지, 사회 통합, 사회의 발전 방향 제시 • 사회 구성원들의 권리 보장 수준이 향상되면서 행복이 증진됨

2. 국가와 시민의 역할

국가의 역할	• 시민의 동의와 지지를 바탕으로 정당한 권력을 행사해야 함 • 갈등과 분쟁을 민주적인 과정을 통해 해결해야 함 • 시민의 복리 증진을 위한 제도와 시민이 정치에 참여할 수 있는 실질적인 제도를 마련해야 함
시민의 역할	• 정치 현상에 관심을 가지고 적극적으로 정치에 참여해야 함 • 정치권력을 올바르게 행사하도록 국가 기관을 감시하고 견제해야 함 • 공동체 의식을 가지고 사익과 공익의 조화를 추구해야 함

민주 정치의 발전 과정

시대별 민주 정치의 특징에 대한 문제가 출제될 수 있어요.

+ 도편 추방제
시민의 자유를 위협하는 사람의 이름을 도자기 조각에 적어 투표로 결정하여 10년 동안 국외로 추방한 제도

+ 윤번제
돌아가며 차례로 하는 방식

+ 계몽사상
인간의 합리적 이성으로 불합리한 제도를 타파할 수 있다는 사상

+ 입헌주의
국가 구성원의 합의로 제정된 헌법에 따라 국가를 운영하려는 정치 사상

+ 보통 선거 제도
성별, 신분, 재산 등에 관계없이 일정한 나이 이상의 모든 사람에게 선거권을 부여하는 제도

+ 대의 민주주의의 한계 보완
대의 민주주의의 한계를 보완하기 위해 직접 민주 정치의 요소(국민 투표, 국민 소환, 국민 발안 등)를 도입하고 있음

1. 고대 그리스 아테네의 민주 정치

제도	민회	• 최고 의결 기관, 모든 시민이 직접 참여하여 중요한 일을 결정함 • 도편 추방제 실시
	공직자 선출	• 아테네 시민이라면 누구나 공직자가 될 수 있었음 • 추첨제와 윤번제를 통해 선출, 임기는 보통 1년
	재판	추첨을 통해 선정된 500명 정도의 배심원이 다수결을 통해 판결을 내림
특징		• 직접 민주 정치: 모든 시민이 직접 참여하여 국가의 중요한 일을 결정함 • 제한적 민주 정치: 성인 남자에게만 시민권이 주어짐(여성, 노예, 외국인 등은 정치에서 제외됨)

2. 근대 시민 혁명과 근대 민주 정치

① 시민 혁명의 배경
　㉠ 대다수의 시민은 신분제에 의해 차별을 받고, 절대 군주로부터 억압을 받고 있었음
　㉡ 천부 인권 사상, 계몽사상, 사회 계약설 등의 영향으로 시민 의식이 성장함

② 3대 시민 혁명

영국 명예혁명 (1688)	• 의의: 의회 정치와 입헌주의의 전통 확립 • 관련 문서: 권리 장전(의회의 동의 없이 과세 금지 등을 명시함)
미국 독립 혁명 (1775~1783)	• 과정: 영국의 지배를 받고 있던 미국이 영국의 차별에 대항하며 독립 혁명을 일으킴 • 의의: 국민이 대통령을 선출하는 세계 최초의 민주 공화국이 수립됨 • 관련 문서: 미국 독립 선언(국민 주권, 시민의 저항권 등을 명시함)
프랑스 혁명 (1789)	• 과정: 차별받았던 시민들이 절대 왕정에 대항하여 봉건 체제를 무너뜨림 • 관련 문서: 인권 선언(인간의 자유와 평등 및 천부 인권, 국민 주권을 명시함)

③ 시민 혁명의 결과와 근대 민주 정치의 특징

시민 혁명의 결과	헌법에 따라 시민이 정치에 참여하는 근대 민주 정치가 등장함
근대 민주 정치의 특징	• 대의 민주 정치: 시민의 대표로 구성된 의회를 중심으로 정치가 이루어짐 • 제한적 민주 정치: 성별, 신분, 재산 등에 따라 정치 참여가 제한됨 → 노동자, 여성, 농민 등은 정치에서 제외됨

3. 보통 선거의 확립과 현대 민주 정치

참정권 확대 운동	• 영국의 차티스트 운동: 영국의 노동자들이 인민 헌장을 통해 보통 ·비밀 선거를 요구함 → 실패하였으나 이후 점진적으로 선거권 확대에 영향을 끼침 • 여성 참정권 운동: 여성이 성차별에 맞서 선거권을 요구함 • 흑인 참정권 운동: 흑인이 인종 차별에 맞서 선거권을 요구함 • 결과: 20세기 중반 대부분의 민주 국가에서 보통 선거 제도가 확립됨
현대 민주 정치의 특징	• 대중 민주주의: 보통 선거의 실시로 일반 대중이 정치에 자유롭게 참여함 • 대의 민주주의: 국민이 선출한 대표가 국민의 의사를 대신 결정함 • 전자 민주주의의 발달: 정보 통신 기술의 발달로 국민이 인터넷, 모바일 기기 등을 통해 정치 과정에 직접 참여할 수 있게 됨 • 복지 국가의 실현: 인간의 존엄성 보장과 모든 사회 구성원의 행복 증진을 목표로 함

민주주의의 이념과 민주 정치의 기본 원리

- 국민 주권의 원리와 권력 분립의 원리가 자주 출제돼요.
- 민주주의의 이념을 구분해 두도록 해요.

1. 민주주의의 의미

정치 형태로서의 민주주의	주권이 국민에게 있고 정치권력이 국민의 동의와 지지를 바탕으로 행사되는 정치 형태
생활 양식으로서의 민주주의	일상생활에서 발생하는 다양한 문제를 민주적으로 해결하려는 생활 태도 예 다수결, 대화와 타협, 비판과 토론 등

2. 민주주의의 이념

인간의 존엄성	• 모든 사람은 인간이라는 이유만으로 성별, 신분, 종교에 상관없이 소중하고 존엄한 존재로 대우받을 가치가 있음 → 민주주의의 근본이념 • 실현 조건: 자유와 평등의 보장
자유	• 외부의 간섭을 받지 않고 스스로 판단하고 행동하는 것 • 소극적 자유: 외부로부터 부당한 억압이나 자기 의사에 반하는 부당한 지배를 받지 않는 것 • 적극적 자유: 국가에 최소한의 인간다운 삶을 요구하거나, 정치 과정에 참여할 수 있는 것 → 현대 사회에서 중요함
평등	• 형식적 평등: 모든 사람이 법 앞에 평등하며 기회의 균등을 보장받는 것 • 실질적 평등: 개인의 후천적 능력과 차이에 따른 합리적 차별을 인정하고 고려한 것 → 현대 사회에서 중요함

3. 민주 정치의 기본 원리

국민 주권의 원리	의미	국가의 최고 권력인 주권이 국민에게 있음
	의의	국민의 동의와 지지를 바탕으로 행사되는 국가 권력에 정당성을 부여함
	관련 조항	헌법 제1조 ② 대한민국의 주권은 국민에게 있고, 모든 권력은 국민으로부터 나온다.
국민 자치의 원리	의미	주권을 가진 국민이 스스로 국가를 다스려야 함
	실현 방법	• 직접 민주 정치: 국민이 직접 정치에 참여하는 정치 형태 • 간접 민주 정치: 대표를 선출하여 간접적으로 참여하는 정치 형태
권력 분립의 원리	의미	국가 권력을 입법권, 행정권, 사법권으로 분립하고, 서로 독립된 기관에 나누어 맡김
	목적	국가 권력의 남용을 막고 국민의 기본권을 보장함
	관련 조항	• 헌법 제40조 입법권은 국회에 속한다. • 헌법 제66조 ④ 행정권은 대통령을 수반으로 하는 정부에 속한다. • 헌법 제101조 ① 사법권은 법관으로 구성된 법원에 속한다.
입헌주의의 원리	의미	국민의 기본권 보장과 국가의 통치가 헌법에 따라 이루어지도록 하는 원리
	목적	국가 권력의 집중과 남용을 막고 국민의 자유와 권리를 보장함
법치주의의 원리	의미	국가 운영이 국회에서 제정한 법률에 근거하여 수행되도록 하는 원리
	목적	국가 권력에 의한 독단적 지배를 막을 수 있음

✚ 권력 분립의 원리

입법부(국회)
 법률 제정
 견제 ← → 견제
 국민
 행정부(정부)
 법률 집행
 견제
 사법부(법원)
 법률 적용

정부 형태의 구분

대통령제와 의원 내각제에 대한 문제가 각각 출제되었어요.

✚ 행정부 수반

행정부의 가장 높은 자리에 있는 사람

✚ 대통령제

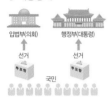

✚ 의원 내각제

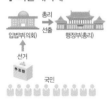

✚ 우리나라의 의원 내각제 요소 도입

• 목적: 행정부와 국회 간 긴밀한 협조를 통해 효율적인 국정 운영
• 내용: 행정부의 법률안 제출권 행사, 국회의원의 행정부 장관 겸직 가능, 국무총리 제도 등

1. 대통령제와 의원 내각제의 구분

① 정부 형태의 구분 기준

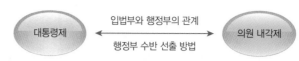

② 공통점
    ㉠ 선거를 통해 국민의 대표를 선출함
    ㉡ 권력 분립 제도와 사법부의 독립을 보장하고 있음

2. 대통령제와 의원 내각제의 비교

구분	대통령제	의원 내각제
국가	우리나라, 미국, 브라질 등	영국, 일본, 독일, 캐나다 등
형태	입법부와 행정부가 엄격하게 분리됨	입법부와 행정부가 긴밀한 관계를 맺고 있음
입법부와 행정부의 관계	• 입법부: 국민의 선거를 통해 선출된 의원들로 구성됨 • 행정부: 국민의 선거를 통해 선출된 대통령이 행정부를 구성함	• 입법부(의회): 국민의 선거를 통해 선출된 의원들로 구성됨 → 의회가 행정부를 구성함 • 행정부(내각): 의회 다수당의 지도자가 총리(수상)가 되어 내각을 구성함
특징	• 의회는 행정부를 불신임할 수 없고, 행정부는 의회를 해산할 수 없음 • 대통령은 법률안 거부권을 행사할 수 있음 • 행정부의 법률안 제출은 불가능함 • 의회 의원은 행정부의 장관을 겸직할 수 없음	• 명목상의 국가 원수가 존재하지만, 실질적인 권력은 총리가 행사함 • 의회는 내각 불신임권을 행사할 수 있고, 내각은 의회 해산권을 행사할 수 있음 • 총리는 법률안 제출권을 행사할 수 있음 • 의회 의원은 내각의 각료(장관)를 겸직할 수 있음
장점	• 법률안 거부권을 통해 다수당의 횡포를 견제할 수 있음 • 대통령의 임기가 정해져 있어 비교적 일관된 정책 수행이 가능함	• 의회와 내각이 국민의 요구에 민감하게 반응하여 책임 있는 정치를 실현함 • 의회와 내각의 협조로 효율적인 정책 수행이 가능함
단점	• 의회와 행정부가 대립할 경우 해결이 곤란함 • 대통령의 권한이 강력하여 독재의 가능성이 높음	• 의회와 내각을 한 정당이 독점하면 다수당의 횡포가 우려됨 • 군소 정당이 난립하면 국정을 안정적으로 운영하기가 어려움

3. 우리나라의 정부 형태

형태	대통령제를 기본으로 의원 내각제 요소를 부분적으로 도입함
조직	• 국민이 직접 선거를 통해 대통령과 국회의원을 각각 선출함 • 대통령의 임기는 5년으로 단임제임
특징	• 대통령이 행정부 수반이자 국가 원수임 • 대통령(행정부)은 국회를 해산할 수 없고, 국회는 대통령을 불신임할 수 없음 • 대통령(행정부)은 법률안 거부권을 행사할 수 있음

키워드 01

민주 사회의 정치 과정

정치 과정의 단계별 특징을 정리해 두세요.

1. 다양한 이익의 표출

사회의 다원화	• 다양한 직업과 사회 집단이 등장하면서 사회가 복잡해지고 전문화됨 • 개인과 집단이 추구하는 가치나 이익이 다양해짐
민주주의의 발달	• 시민의 자유와 권리가 신장됨 • 시민의 참여를 보장하는 제도가 마련되면서 자신의 요구를 주장할 수 있게 됨

2. 정치 과정의 의미와 단계

의미	다양한 이해관계가 표출되고 집약되어 정책으로 결정되고 집행되는 과정
필요성	대립과 갈등을 조정하고 해결하기 위해 필요함
단계	이익 표출 → 이익 집약 → 정책 결정 → 정책 집행 → 정책 평가
의의	• 시민이 정책 결정 및 집행 과정을 견제하고 감시할 수 있음 • 다양한 갈등과 사회 문제를 해결하는 과정을 통해 사회 통합에 기여함
정치 주체의 역할	• 시민: 적극적인 자세로 정치 과정에 참여해야 함 • 국가: 정책 결정 시 국민의 의사를 반영하고 공익을 고려해야 함

+ 이익 집약
정당이나 언론 등이 표출된 이익을 모아 여론으로 수렴하고 대안을 제시하는 것

+ 환류(피드백)
국민의 평가를 반영하여 정책을 수정 또는 보완하는 것

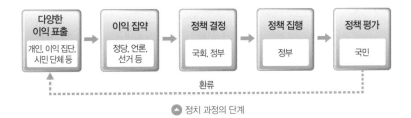

△ 정치 과정의 단계

키워드 02

정치 과정의 참여 주체

정당에 대한 문제가 자주 출제되었어요.

1. 정치 과정의 참여 주체 변화

과거	국가 기관을 중심으로 정치 과정이 이루어짐
오늘날	• 시민의 의사를 정책에 반영하기 위한 절차가 중시됨 • 국가 기관을 비롯한 여러 개인과 집단들이 정치 과정에 참여함

2. 공식적 정치 주체

입법부 (국회)	• 법률을 제정하고 개정하는 국가 기관 • 국가의 중요 정책을 점검함 예 예산 심의·의결, 국정 감사 등
행정부 (정부)	• 법률을 집행하고 공익을 적극적으로 실현하는 국가 기관 • 정책을 결정하고 현실에 맞게 다양한 정책을 집행함
사법부 (법원)	• 법률을 해석하고 적용함으로써 분쟁을 해결하는 국가 기관 • 국민의 권리와 이익을 보호함

① 투입
(국민의 요구와 지지)

② 정책 결정 기구
(입법부, 행정부)

③ 산출
(정책 결정 및 집행)

④ 환류
(정책에 대한 반응)

△ 공식적 정치 주체를 통한 정치 과정

3. 비공식적 정치 주체

➕ 정당, 이익 집단, 시민 단체의 비교

구분	정당	이익 집단	시민 단체
정권 획득 추구	○	×	×
공익 추구	○	×	○
정치적 책임	○	×	×
공통점	정책 결정에 영향력을 행사함		

➕ 여론

사회 구성원 다수의 공통된 의견

➕ 청원

행정 기관에 대한 불만이나 요구 사항을 진술하고 시정을 요구하는 제도

정당	의미	정치적 견해를 함께하는 사람들이 정권 획득을 위해 결성한 집단
	역할	공익 추구(정치적 책임을 짐), 국민의 대표자 배출, 여론 형성·정책 마련, 정부와 의회를 연결해 주는 매개체, 정부 활동에 대한 감시 및 정책 대안 제시
이익 집단	의미	이해관계를 같이하는 사람들이 특수 이익(사익)을 실현하기 위해 만든 집단 ❸ 노동조합, 대한 의사 협회 등
	등장 배경	다원화된 현대 사회에서 정당의 한계점을 보완하기 위해 등장함
	순기능	• 다양한 집단의 이익을 대변하여 정부와 국회에 압력을 행사함 • 사회 문제에 대한 전문적인 해결책을 제시함
	역기능	집단의 이익만을 추구할 경우 공익과 충돌하거나 사회 혼란을 야기할 수 있음
시민 단체	의미	공익 추구를 목표로 시민들이 자발적으로 만든 집단 ❸ 경제 정의 실천 시민 연합, 환경 운동 연합 등
	특징	가장 적극적인 정치 참여 방법임
	역할	정책에 대한 감시·비판 및 대안 제시, 다양한 분야에서 활동하며 시민의 정치 참여 유도, 여론 형성
언론	의미	신문이나 인터넷 등 대중 매체를 통해 정보를 전달하는 정치 주체
	특징	여론 형성에 주도적 역할을 함
	역할	정부 정책에 대한 해설과 비판 제공, 국민에게 정보 전달, 국민의 의사를 정책 결정자에게 전달
개인	특징	가장 기본적이고 중요한 정치 참여 주체
	참여 방법	선거·투표(정치에 참여하는 가장 기본적인 방법), 청원, 공청회나 토론회 참석, 집회나 서명 운동, SNS를 통한 의견 제시, 이익 집단·시민 단체·정당 가입 등

키워드 03

선거와 공정한 선거를 위한 제도

• 선거의 4대 원칙과 공정한 선거를 위한 제도는 자주 출제되는 중요한 키워드예요.
• 선거의 4대 원칙을 사례와 관련지어 알아 두도록 해요.

1. 선거

의미	대의 민주주의 제도에서 국민이 대표자를 선출하는 절차
의의	가장 기본적인 정치 참여 수단으로, '민주주의의 꽃'이라고 불림
기능	대표자 선출, 대표자에게 권력의 정당성 부여, 대표자 통제, 국민의 주권 의식 신장, 여론 반영
중요성	시민의 의사와 관계없는 정책이 결정되지 않도록 선거에 참여해야 함

2. 공정한 선거를 위한 제도

① 민주 선거의 4대 원칙

보통 선거	일정 연령 이상의 모든 국민에게 제한 없이 선거권을 부여하는 원칙(↔ 제한 선거)
평등 선거	모든 사람의 투표권의 개수와 가치가 차등적이지 않고 같아야 한다는 원칙(↔ 차등 선거)
직접 선거	선거권자가 대리인을 거치지 않고 자신이 직접 나가서 투표해야 하는 원칙(↔ 대리 선거)
비밀 선거	투표자가 누구에게 투표했는지 알 수 없게 하는 원칙(↔ 공개 선거)

② 선거구 법정주의

의미	국회에서 정한 법률에 따라 선거구를 정하는 것
목적	• 특정 정당이나 후보에게 유리한 결과가 나오는 것(게리맨더링)을 방지함 • 국민의 의사를 올바르게 반영함
선거구 획정 방식	• 행정 구역을 바탕으로 인구수와 생활권 등을 고려하여 선거구를 획정함 • 선거구의 유권자의 수가 지나치게 차이가 나지 않도록 함

③ 선거 공영제

의미	선거 운동을 국가 기관이 관리하고, 선거 비용의 일부를 국가나 지방 자치 단체에서 부담하는 제도
역할	• 후보자들에게 선거 운동의 기회를 균등하게 보장함 • 선거 운동의 과열을 방지하고 공정한 선거가 되도록 함

④ 중앙선거관리위원회

의미	공정한 선거를 위해 만들어진 헌법상의 독립 기관
역할	• 선거와 국민 투표의 공정한 관리를 담당함 예 선거 운동 및 투표·개표 과정 관리 • 정당과 정치 자금에 관한 사무를 담당함

＋ 게리맨더링
(Gerrymandering)

특정 정당이나 후보에게 유리하도록 선거구를 임의대로 정하는 것

키워드 04

지방 자치 제도와 주민 참여

• 지방 자치 제도, 주민 발의에 대한 문제가 출제되었어요.
• 지방 자치 제도를 표현하는 용어와 함께 의의를 알아 두도록 해요.

1. 지방 자치 제도

의미	지역의 문제를 지역 주민이 스스로 처리하는 제도
목적	지역 주민의 복리를 증진시킴
역할	중앙 정부의 국가 기능을 지방 정부가 분담함
성공 요건	• 지역 주민의 적극적인 참여가 전제되어야 함 • 중앙 정부는 권한을 지방 정부로 이양하고, 지방 정부는 충분한 재정을 확보하고 있어야 함
의의	• 권력 분립 실현: 국가 권력이 중앙 정부에 집중되는 것을 예방함 • 주민 자치 실현: 지역 주민의 자발적 참여를 통해 민주주의를 실현함 → 풀뿌리 민주주의 • 주민 참여 기회 확대: 지역의 주인으로서 민주주의를 배우고 실천함 → 민주주의의 학교 • 지역에 맞는 정책 추진: 지역의 실정에 맞는 업무와 정책을 추진할 수 있음

2. 우리나라의 지방 자치 제도

구분	지방 의회(의결 기관)	지방 자치 단체장(집행 기관)
역할	• 자치 법규인 조례의 제정 및 개정 • 지역의 현안 논의 및 정책 결정 • 집행 기관을 견제 및 감시 • 예산 심의 및 의결	• 자치 법규인 규칙의 제정 및 개정 • 지역의 행정 업무 및 정책 집행 • 지역 내에서 자치권 행사 • 예산 수립 및 집행
광역 자치 단체	특별시·광역시·도 의회, 특별자치도 의회, 특별자치시 의회 예 서울특별시 의회, 경기도 의회 등	특별시장, 광역시장, 도지사, 특별자치도지사, 특별자치시장 예 서울특별시장, 경기도지사 등
기초 자치 단체	시·군·구 의회	시장, 군수, 구청장
조직	주민의 직접 선거로 선출 → 임기 4년, 연임 가능	

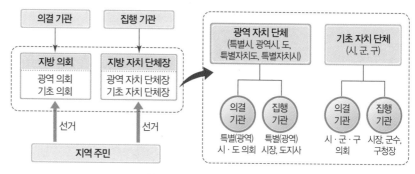

▲ 우리나라 지방 자치 단체의 구성

3. 주민의 정치 참여 방법

주민 소환	선출된 공직자가 주민의 의사에 반하는 직무를 수행할 경우 투표로 해임함
주민 투표	지역의 주요 정책이나 결정 사항에 관해 주민이 직접 투표로 결정함
주민 발의	주민이 지역에 필요한 조례안을 만들어 지방 의회에 제출함
주민 소송	부당한 재정 활동을 한 지방 자치 단체장에 대해 소송을 제기함
주민 참여 예산제	주민이 지역의 예산 편성 과정에 참여하여 의견을 제시함
지방 선거 참여	지역의 대표를 선출하는 가장 기본적이고 보편적인 주민 참여 방법
기타	주민 공청회 참여, 주민 청원, 시위나 서명 운동 참가 등

✚ 주민 공청회
지역 정책이나 대안을 공개적으로 설명하고 그에 관해 지역 주민들의 의견을 듣는 제도

11 일상생활과 법

키워드 01

법의 의미

법과 도덕의 특징을 구분하여 알아야 합니다.

1. 사회 규범

의미		사회 구성원들이 사회생활에서 지켜야 할 규칙
종류	관습	한 사회에서 오랫동안 반복되어 온 행동 양식이 사회적 기준이 된 것 **예** 제사, 인사 예절 등
	종교 규범	종교에서 지켜야 할 것을 정해 놓은 교리 **예** 크리스트교의 십계명 등
	도덕	인간이라면 마땅히 지켜야 할 도리 **예** 효도, 어른 공경 등
	법	• 사회 구성원의 합의가 전제된 국가에서 정한 강제적인 사회 규범 **예** 「도로교통법」, 「청소년 보호법」 등 • 특성 – 강제성: 법을 어기면 국가로부터 제재를 받음 – 명확성: 다른 사회 규범에 비해 내용이 구체적이며 명확함

2. 법과 도덕

구분	법	도덕
목적	정의의 실현	선(善)의 실현
강제성	있음	없음
판단 기준	행위의 결과	행위의 동기
위반 시	국가에 의한 제재	사회적 비난과 양심의 가책

한 문제 더 맞히는 개념 노트 — 법과 도덕의 관계

법   도덕

A C B

A 영역	순수한 법 영역 예 「주민등록법」
B 영역	순수한 도덕 영역 예 살인하지 말라.
C 영역	도덕을 바탕으로 만든 법의 영역 예 '살인한 자는 사형, 무기 징역 또는 5년 이상의 징역에 처한다.'

키워드 02

법의 목적과 기능

✚ 서양의 정의의 여신상

• 가린 눈: 공평한 법의 적용
• 저울: 법의 공정성
• 칼: 법의 강제성

1. 법의 목적

정의의 실현	• 정의: 모든 사람이 각자 받아야 할 정당한 몫을 얻는 것 → 법이 추구하는 가장 중요한 목적 • 실현 방법: 모두에게 평등한 법을 만들고 공평하게 적용해야 함
공공복리 추구	• 공공복리: 소수가 아닌 사회 구성원 전체가 행복과 이익을 누리는 것 • 실현 방법: 모든 사회 구성원이 행복한 생활을 할 수 있는 법을 만들어야 함

2. 법의 기능

국민의 권리 보호	국민의 권리가 침해되었을 때 구제받을 수 있는 방법을 알려 줌
분쟁 예방 및 해결	• 사회 구성원이 지켜야 할 행위를 제시하고 법적 결과를 예측할 수 있게 하여 불필요한 분쟁을 예방함 • 분쟁이 발생하였을 경우 공정한 법을 통해 합리적으로 해결할 수 있음 • 분쟁을 해결함으로써 사회 질서가 유지됨

키워드 03

다양한 생활 영역과 법

• 민법, 공법에 대한 문제가 출제되었어요.
• 사회법의 등장 배경과 연결지어 사회법의 종류에 대해 알아 두도록 해요.

1. 사법(私法)

의미	개인과 개인 사이의 사적 생활을 규율하는 법
특징	• 일상생활에 관한 내용을 규정하여 사람들 사이에서 발생할 수 있는 분쟁을 예방하고 해결함 • 개인의 자유와 권리를 중시한 근대 이후부터 강조됨
종류	• 「민법」: 개인 간의 가족 관계 및 재산 관계 등을 규정한 법(혼인, 상속, 재산권, 계약, 손해 배상 등에 관한 내용을 다룸) • 「상법」: 개인이나 기업 간의 상거래 활동 등 경제생활 관계를 규율하는 법

2. 공법(公法)

의미	개인과 국가 기관 또는 국가 기관 사이의 공적 생활을 규율하는 법
특징	• 국가나 공공 단체 등이 공권력을 행사하는 것과 관련된 내용을 규정함 • 국가를 통치하는 중요한 수단임

종류	• 「헌법」: 한 국가의 최고법으로 국민의 권리와 의무, 국가의 통치 구조 및 운영 원리 등을 규정한 법 • 「형법」: 범죄의 유형과 형벌의 종류를 규정한 법 • 「행정법」: 행정 기관의 조직과 작용 및 행정 기관으로 인해 침해된 권리를 구제하도록 규정한 법 • 「소송법」: 재판의 절차를 정해 놓은 법 예 「형사소송법」, 「민사소송법」 • 기타: 「세법」, 「병역법」, 「선거법」 등

3. 사회법

의미		국가가 사적 영역에 개입하여 사회적 약자를 보호하기 위해 만든 법
등장 배경		• 산업 혁명 이후 개인의 경제적 자유를 최대한 보장함 → 빈부 격차, 노동자와 사용자 간의 대립 등 각종 사회 문제가 발생함 • 사회 문제를 해결하기 위해 국가가 적극적으로 사적 생활에 개입해야 한다는 요구가 확대됨
목적		사회적·경제적 약자의 권리를 보호하고, 사회 구성원의 최소한의 인간다운 생활을 보장하기 위함
특징		사법과 공법의 중간적인 성격을 지니며, 현대 복지 국가에서 중요성이 커짐
종류	노동법	노동자와 사용자 간의 관계를 조정하고 대립 완화를 목적으로 만든 법 → 노동자의 권리와 근로 조건 등을 규정함 **예** 「근로기준법」, 「노동조합 및 노동관계 조정법」, 「최저임금법」 등
	경제법	기업 간의 공정한 경쟁을 유도하고, 소비자와 중소기업의 권익을 보호하기 위해 만든 법 → 개인과 기업, 기업과 기업 간의 관계를 규정함 **예** 「독점규제 및 공정거래에 관한 법률」, 「소비자기본법」 등
	사회 보장법	실업, 질병, 재해, 노령, 빈곤 등으로 어려움에 처한 사람들을 돕고, 모든 국민의 인간다운 생활을 보장하기 위해 만든 법 **예** 「국민기초생활보장법」, 「국민건강보험법」, 「장애인복지법」, 「노인복지법」 등

키워드 04

**재판의
의미와 종류**

재판의 종류를 구분할 수 있어야 합니다.

1. 재판의 의미와 역할

의미	구체적 분쟁이 발생하였을 경우 법원이 법을 적용하여 옳고 그름을 판단하는 과정
역할	국민의 이익 보호, 사회 정의와 인권 보호 실현, 분쟁 해결 및 예방, 사회 통합에 기여, 사회 질서 유지

2. 재판의 종류

민사 재판	개인 간의 관계에서 발생하는 분쟁을 해결하는 재판
형사 재판	절도, 폭행 등 범죄가 발생했을 때 형벌의 종류와 형량을 결정하는 재판
가사 재판	이혼, 상속 등 가족 관계에서 벌어진 다툼을 해결하는 재판
행정 재판	행정 기관의 잘못으로 개인의 권리가 침해당했을 때 국가를 상대로 이를 고쳐줄 것을 요구하는 재판
선거 재판	선거 자체의 효력, 당선의 유·무효를 가리기 위한 재판
소년 보호 재판	10세 이상 19세 미만의 소년이 저지른 범죄에 대해 판단하는 재판
헌법 재판	재판에 적용되는 법이 헌법에 비추어 어긋나는지를 판단하는 재판

키워드 05

민사 재판과 형사 재판

민사 재판과 형사 재판은 매번 출제될 정도로 중요한 키워드예요.

➕ 재판의 용어

- 소장: 법원에 소송을 제기하기 위해 제출하는 문서
- 고소: 범죄 피해자가 범죄 사실을 수사 기관에 신고하는 것
- 고발: 제3자가 범죄 사실을 수사 기관에 신고하는 것
- 피의자: 범죄 혐의가 있는 사람
- 기소: 법원에 재판을 요구하는 행위
- 피고인: 형사 재판이 열리면 피의자를 피고인이라고 함

➕ 평결

평론하거나 평가하여 결정한 내용

1. 민사 재판

절차	원고의 소장 제출 → 피고의 답변서 제출 → 원고와 피고의 증거 제출 및 변론 → 판사의 판결 선고
참여자	• 판사: 판결을 내리는 사람 • 원고: 소송을 제기한 사람(재판을 청구한 사람) • 피고: 소송을 당한 사람(재판을 청구당한 사람) • 소송 대리인: 원고나 피고의 편에 서서 법률적인 도움을 주는 사람(변호사)

2. 형사 재판

절차	사건 발생 → 고소 또는 고발 → 검사와 경찰의 수사 → 검사의 공소 제기(기소) → 검사 진술 및 피고인 변론 → 판사의 판결 선고
참여자	• 판사: 판결을 내리는 사람 • 검사: 범죄 사실을 수사하고 기소하여 피고인의 처벌을 요구하는 사람 • 피고인: 범죄 혐의가 있어 형사 재판을 받는 사람 • 변호인: 피고인의 편에서 변호해 주는 사람(변호사)

🔺 민사 재판의 법정 모습　　🔺 형사 재판의 법정 모습

3. 국민 참여 재판 제도

의미	형사 재판에서 피고인이 원할 경우 국민이 배심원으로 재판에 참여하는 제도
목적	사법 제도의 민주적 정당성과 투명성 강화 및 사법 제도에 대한 국민의 신뢰를 확보함
특징	• 피고인의 신청으로만 이루어짐 • 배심원의 평결은 구속력이 없으며 판사에게 권고하는 수준임

키워드 06

공정한 재판을 위한 제도

- 공정한 재판을 위한 제도에 대한 문제가 출제될 수 있어요.
- 상소 제도 중 항소와 상고를 구분해 두도록 해요.

1. 사법권의 독립

의미	재판이 다른 국가 기관의 압력을 받지 않고 오직 법에 의해서만 공정하게 이루어지게 하는 것
필요성	국민의 권리를 보호하기 위함
실현 방법	• 법원의 독립: 법원을 입법부, 행정부로부터 독립시켜 판결하도록 함 • 법관의 독립: 외부의 압력을 받지 않고 오직 헌법과 법률, 양심에 따라 재판을 할 수 있도록 법관의 신분을 보장함

2. 심급 제도

의미	하나의 사건을 급을 달리하는 법원에서 여러 번 재판받을 수 있도록 하는 제도
목적	법관이 잘못된 판결을 내릴 가능성을 최소화하고, 공정한 재판을 통해 국민의 기본권을 보장함
원칙	우리나라에서는 기본적으로 3심제를 원칙으로 함

상소 제도	• 의미: 상급 법원에 다시 재판을 청구하는 것
	• 종류
	  – 항소: 재판 당사자가 1심 판결에 불복하여 상급 법원에 2심 재판을 청구하는 것
	  – 상고: 재판 당사자가 2심 판결에 불복하여 대법원에 3심 재판을 청구하는 것

3. 공개 재판주의와 증거 재판주의

공개 재판주의	의미	일반 시민들도 재판의 과정을 볼 수 있도록 공개하는 원칙
	목적	소송 당사자의 인권 침해나 불공정한 판결을 방지함
	예외	국가의 안전 보장 또는 재판받는 사람의 인권 보장 등을 위해 예외적으로 비공개로 진행하기도 함
증거 재판주의	의미	법원은 반드시 구체적이고 명확한 증거에 의해 판결을 내려야 한다는 원칙
	목적	재판의 신뢰성을 높이고, 소송 당사자를 보호함

키워드 07

일상생활 속의 분쟁 해결

재판을 통한 분쟁 해결 방법과 재판 이외의 분쟁 해결 방법을 구분하여 알아야 합니다.

+ 일상생활 속 분쟁 사례

학교 폭력, 저작권 침해와 관련된 분쟁, 층간 소음과 관련된 분쟁 등

1. 재판을 통한 분쟁 해결 방법

민사 소송	타인의 위법한 행위로 손해를 입은 경우 민사 소송을 통해 손해 배상을 청구할 수 있음
형사 소송	타인의 위법한 행위가 형사상 범죄 행위에 해당할 경우 형사 소송을 통해 형벌을 부과할 수 있음

2. 재판 이외의 분쟁 해결 방법

장점	재판보다 시간과 비용이 적게 듦
종류	• 합의: 분쟁 당사자가 대화를 통해 분쟁을 해결함 • 조정: 제3자가 개입하여 도움을 주는 것으로, 관련 당사자가 반드시 조정안을 따를 필요는 없음 • 중재: 제3자가 해결안을 제시하는 것으로, 관련 당사자는 해결안을 강제적으로 따라야 함

12 › 사회 변동과 사회 문제

키워드 01

사회 변동

현대 사회 변동의 특징에 대해 알아야 합니다.

1. 사회 변동

의미	정치, 경제, 사회 제도, 가치관 등이 시간의 흐름에 따라 변화하는 현상
원인	교통·통신 및 과학 기술의 발달, 가치관의 변화, 정부의 정책 변화, 인구 변화, 문화 전파 등

원시 사회		농경 사회		산업 사회		정보 사회
수렵과 채집 생활	농업 혁명	농업이 기반이 되는 사회	산업 혁명	노동력과 자본이 바탕인 공업 사회	정보 혁명	정보와 지식을 기반으로 하는 사회

▲ 인류 사회의 변동 과정

2. 현대 사회 변동의 특징

가속성	기술의 발달로 사회 변화의 속도가 빨라지고 새로운 삶의 방식이 급격하게 변함
동시성	교통과 정보 통신 기술의 발달로 세계가 거의 동시에 변화함
광범위성	정치, 경제, 문화 등 특정 영역의 변화가 물질적인 변화뿐만 아니라 생활 양식과 사고 방식까지 변화시킴

키워드 02

현대 사회의 변동

산업화, 정보화, 세계화의 의미와 문제점이 출제될 수 있어요.

✚ 인간 소외 현상

기계나 산업이 중심이 되면서 오히려 인간의 존엄성이 약화되는 현상

✚ 정보 격차

새로운 정보에 접근할 수 있는 능력을 보유한 사람과 그렇지 못한 사람 간의 경제적·사회적 격차

✚ 한국 사회의 변동

한국 사회는 '한강의 기적'이라고 불릴 정도로 50년 남짓한 짧은 기간에 산업화와 정보화가 이루어짐

농경 사회	1960년대 이전

⬇

산업 사회	1960년대 중반 이후

⬇

정보 사회	1990년대

1. 산업화

의미	농업 사회에서 제조업, 광공업, 서비스업의 비율이 증가하여 산업 사회로 변화하는 현상
특징	대량 생산으로 대량 소비 가능, 생활 수준 향상, 의료 기술 발달에 따른 급격한 인구 증가, 대중 사회 형성, 이촌 향도 현상으로 도시화 진행 등
문제점	빈부 격차 심화, 도시와 농촌의 격차 심화, 노동자와 사용자 간의 갈등 심화, 인간 소외 현상 발생, 환경 오염 등

2. 정보화

의미	지식과 정보가 중심이 되어 사회의 변화를 이끌어 가는 현상
특징	다품종 소량 생산, 정보 통신 관련 산업 발달, 재택근무와 인터넷 뱅킹 확산, 전자 민주주의의 실현, 가상 공간에서의 새로운 인간관계 형성 등
문제점	정보 격차 심화, 권력 기관에 의한 감시와 통제, 인터넷 중독, 사이버 범죄 등

3. 세계화

의미	경제, 사회, 문화 등 여러 분야에서 국경을 넘어 교류가 이루어지고 생활 공간이 전 지구로 확대되는 현상
특징	국가 간 교류 및 상호 의존성 증대, 현대적인 생활 양식의 확대, 국가 간 문화 교류의 활성화 및 세계 문화의 등장, 민주주의 이념의 확산 등
문제점	국가 간 빈부 격차 심화, 강대국의 영향력 강화로 인한 약소국의 자율성 침해 등

4. 한국 사회의 변동 과정

경제적 변동	1960년대 이후 정부 주도의 경제 성장 정책으로 빠르게 산업 사회로 진입함
정치적 변동	시민들의 저항을 통해 민주주의가 정착됨
사회적 변동	개인의 능력을 중시하고 여성의 사회 참여가 확대됨
문제점	환경 오염 발생, 지역 간 격차와 빈부 격차 심화, 지역 감정 심화 등

키워드 03

저출산 · 고령화 현상

저출산·고령화의 해결 방안에 대한 문제가 출제될 수 있어요.

➕ 고령화의 구분
- 고령화 사회: 전체 인구 중 65세 이상 인구 비율이 7% 이상~14% 미만인 사회
- 고령 사회: 전체 인구 중 65세 이상 인구 비율이 14% 이상~ 20% 미만인 사회
- 초고령 사회: 전체 인구 중 65세 이상 인구 비율이 20% 이상인 사회

1. 저출산 · 고령화의 의미와 배경

의미		출산율이 낮아지고, 전체 인구 중 65세 이상 노인 인구가 차지하는 비율이 높아지는 현상
배경	저출산	• 여성의 사회 진출 증가와 결혼 평균 연령이 상승함 • 양육비, 사교육비 등의 경제적 부담이 증가함
	고령화	• 의학 기술의 발달과 경제 발전으로 평균 수명이 증가함 • 출산율 감소에 따른 노인 비율이 증가함

2. 저출산 · 고령화의 문제점 및 해결 방안

문제점		• 생산 가능 인구가 줄어들어 노동력 부족으로 경제 성장이 악화됨 • 노인 복지 비용 등 노인 부양 부담이 증가함
해결 방안	저출산	• 육아를 사회가 함께 책임져야 한다는 의식의 전환이 필요함 • 양육비·보육비 지원, 육아 휴직 확대 등 각종 출산 장려 정책을 시행해야 함
	고령화	• 개인적 차원의 연금 등 노후 대비 자금을 마련함 • 노년층에게 일자리를 제공하는 등 다양한 노인 복지 정책을 마련해야 함

한 문제 더 맞히는 개념 노트   우리나라의 저출산 · 고령화 현상

◐ 우리나라 합계 출산율의 변화   ◐ 우리나라 65세 이상 노인 인구 구성 비율의 변화

우리나라는 산업화 이후 경제 성장과 산아 제한 정책 및 여성의 사회 진출 등으로 인구 성장률이 둔화되었다. 최근에는 고용 불안, 결혼 연령 상승 등으로 저출산 및 고령화 현상이 매우 빠른 속도로 진행되고 있다.

키워드 04

다문화 사회

다문화 사회의 긍정적·부정적 영향에 대해 알아 두도록 해요.

1. 다문화 사회의 의미와 영향

의미		각기 다른 민족, 인종, 종교, 문화를 가진 사람들이 함께 살아가는 사회
등장 배경		외국인 근로자, 결혼 이민자, 외국인 유학생 북한 이탈 주민 등의 유입 증가
영향	긍정적 영향	• 새로운 문화의 유입으로 문화 경험의 기회가 확대됨 • 외국인 근로자의 유입으로 노동력 부족 문제가 해결됨
	부정적 영향	• 문화적 차이에 대한 무지와 이해 부족으로 문화 갈등이 발생함 • 편견이 사회적 차별로 확장되어 인권 침해 문제가 발생함 • 국내 노동자와 외국인 근로자 간의 일자리 경쟁이 심화됨

2. 다문화 사회의 대응 방안

의식적 차원	• 문화의 다양성을 이해하는 문화 상대주의 태도를 지녀야 함 • 차이를 인정하고 차별하지 않는 자세를 지녀야 함

제도적 차원	• 이주자들의 권리 보장을 위한 법과 제도를 마련해야 함 • 결혼 이민자의 국내 정착을 돕기 위한 정책 및 다양한 다문화 프로그램을 시행해야 함 　**예**「다문화가족지원법」 제정, 한국어 교육 프로그램 운영, 구직 활동 지원 등

키워드 05

현대 사회 문제

1. 사회 문제의 의미와 특징

	의미	사회 구성원 대다수가 문제로 여기며 바람직한 방향으로 개선되어야 한다고 생각하는 사회 현상
	원인	사회 변동이나 가치관의 변화, 사회 제도 또는 구조의 모순으로 발생함
	특징	• 발생 원인이 사회에 있으며, 인간의 노력으로 해결이 가능함 • 사회 문제는 어느 사회에나 존재하지만 시대나 장소에 따라 다르게 나타남
영향	긍정적 영향	한 사회의 잘못된 부분이 드러나, 이를 해결할 경우 사회 발전과 사회 통합에 기여함
	부정적 영향	사회 구성원들에게 고통을 주고 사회가 혼란해짐

2. 다양한 사회 문제

인구 문제	• 선진국: 저출산·고령화로 인한 노동 가능 인구의 감소 → 경제 성장 둔화, 사회 복지 비용 증가 • 개발도상국: 높은 출산율로 인한 급격한 인구 증가 → 식량 부족 및 기아와 빈곤 문제, 일자리와 각종 시설 부족 등
노동 문제	실업 문제, 노사 갈등, 비정규직 증가, 고용 불안, 임금 격차 확대 등
환경 문제	지구 온난화, 산업화에 따른 각종 오염, 사막화 등
기타	사회 양극화, 전쟁과 테러, 정보화에 따른 문제 등

키워드 06

현대 사회 문제의 해결 방안

다양한 사회 문제의 해결 방안에 대해 알아 두도록 해요.

1. 사회 문제 해결의 필요성 및 해결 방안

	필요성	• 사회 문제가 해결되지 못할 경우 사회 갈등 및 사회 혼란을 초래함 • 사회 문제가 잘 해결될 경우 사회 발전과 통합의 계기가 됨
해결 방안	인구 문제	• 선진국: 출산 장려 정책 시행, 사회 복지 제도 마련 등 • 개발도상국: 출산 억제 정책 시행 등
	노동 문제	일자리 창출, 기업의 투자 확대, 다양한 취업 정보 제공과 취업 기회 확대, 부당한 노동 행위 규제, 임금 격차 해소를 위한 제도 마련 등
	환경 문제	• 개인적 차원: 쓰레기 분리 배출, 에너지 절약 생활화 등 • 국가적 차원: 오염 방지 시설 건설, 친환경 기술 개발·투자, 환경 문제 해결을 위한 국가 간 협력 확대 등

2. 현대 사회의 문제 해결을 위한 자세

개인적 차원	공동체 의식을 바탕으로 문제 해결에 적극적으로 참여함
제도적 차원	문제 해결에 적합한 제도와 정책을 마련함
국제적 차원	전 지구적 차원에서 구체적이고 실질적인 협력 방안을 마련함

사회 2

☝ **원포인트 공부법** 기본권, 국가 기관, 시장 경제 체제, 수요와 공급, 국내 총생산, 인구 문제, 도시화, 다국적 기업, 환경 문제, 영역 분쟁은 핵심 개념으로 매우 중요하기 때문에 꼭 정리해 두도록 합니다.

01 인권과 헌법

키워드 01

인권과 헌법

인권의 특징에 대한 문제가 출제되었어요.

1. 인권

의미		인간이라면 누구나 마땅히 누려야 할 기본적인 권리
특징	천부 인권	태어나면서 하늘로부터 부여받은 당연한 권리임
	보편적 권리	모든 사람이 동등하게 누리는 권리임
	불가침의 권리	누구도 함부로 침해할 수 없고, 남에게 양도할 수 없는 권리임
	자연권	국가의 법으로 정하기 이전에 자연적으로 주어진 권리임
인권 보장의 역사적 전개		근대 시민 혁명을 통해 시민의 자유와 평등이 제도적으로 보장받기 시작함 → 세계 인권 선언을 통해 인권 보장의 국제적 기준을 제시함

2. 인권과 헌법의 관계

헌법의 의미	국가의 최고법으로, 국가의 통치 조직 및 운영 원리를 규정하고 국민의 기본권의 내용과 이를 보장하기 위한 제도를 명시함
헌법의 역할	• 인권이 침해되었을 때 이를 구제할 수 있는 최후의 보호 수단임 • 추상적인 인권을 구체적으로 규정하여 실질적으로 보장함

키워드 02

헌법에 보장된 기본권

기본권의 종류와 제한에 대한 문제는 자주 출제돼요.

1. 기본권의 종류

인간의 존엄과 가치 및 행복 추구권	의미	인간이라는 이유만으로 그 가치를 보장받고 존중받으며 행복을 추구할 수 있는 권리
	성격	모든 기본권이 궁극적으로 지향하는 근본 가치이자, 목표에 해당하는 권리
자유권	의미	국가로부터 간섭받지 않고 자유롭게 행동할 수 있는 권리
	내용	신체의 자유, 종교의 자유, 직업 선택의 자유 등
평등권	의미	불평등한 대우와 차별을 받지 않을 권리
	성격	다른 기본권 보장을 위한 전제 조건
	내용	법 앞에서의 평등, 성별·종교·사회적 신분에 의해 차별받지 않을 권리
참정권	의미	국가의 의사 결정 과정에 참여하여 국가를 통제할 수 있는 권리
	내용	선거권, 국민 투표권, 공무 담임권

✚ 공무 담임권

국민이 국가나 지방 자치 단체의 구성원이 되어 공무를 담당할 수 있는 권리

➕ 청구권의 종류
• 청원권: 국가 기관에 문서로써 자신의 요구와 의견을 진술할 수 있는 권리
• 형사 보상 청구권: 형사 피의자 또는 피고인이 법률이 정한 불기소 처분을 받거나 무죄 판결을 받았을 때 국가에 보상을 청구할 수 있는 권리
• 국가 배상 청구권: 국가 또는 공무원의 직무상 불법 행위 등으로 손해를 입은 국민이 국가나 공공 단체에 배상을 청구할 수 있는 권리

청구권	의미	다른 기본권들이 침해되었을 때 국가에 대해 일정한 행위를 요구할 수 있는 권리
	성격	다른 기본권 보장을 위한 수단적 권리
	내용	청원권, 재판 청구권, 형사 보상 청구권, 국가 배상 청구권
사회권	의미	국가에 최소한의 인간다운 생활의 보장을 요구할 수 있는 권리
	성격	국가에 요구하는 적극적 권리, 현대 복지 국가에서 강조되는 권리
	내용	교육을 받을 권리, 사회 보장을 받을 권리, 쾌적한 환경에서 살 권리 등

2. 기본권의 제한

┌ 제한 요건
헌법 제37조 ② 국민의 모든 자유와 권리는 국가 안전 보장·질서 유지 또는 공공복리를 위하여 필요한 경우에 한하여 법률로써 제한할 수 있으며, 제한하는 경우에도 자유와 권리의 본질적인 내용을 침해할 수 없다.
└ 제한 방법
└ 제한의 한계 명시

키워드 03

인권 침해와 구제

인권 침해에 대한 구제 방법을 구체적으로 구분해 두도록 해요.

➕ 행정 심판
행정 기관의 부당한 행정 처분에 대해 상급 행정 기관에 고쳐 달라고 요구하는 제도

➕ 행정 소송
행정 기관의 부당한 행정 처분에 대해 법원에 재판을 청구하는 제도

1. 인권 침해의 의미와 발생 원인

의미	국가 기관 또는 단체, 다른 사람에 의해 개인의 인권이 훼손되는 것
발생 원인	선입견과 편견, 잘못된 관습이나 불합리한 법과 제도 등
사례	장애인 등 사회적 소수자를 차별하는 경우, 외모나 인종 등을 이유로 차별하는 경우 등

2. 인권 침해에 대한 구제 방법
① 국가 기관에 의한 인권 침해와 구제 방법

입법부에 의한 침해	위헌 법률 심판 등
행정부에 의한 침해	행정 심판, 행정 소송 등
사법부에 의한 침해	상소 제도
기타	헌법 소원 신청, 국가 인권 위원회 또는 국민 권익 위원회에 진정 등

② 타인에 의한 인권 침해: 고소 또는 고발, 민사 소송

키워드 04

인권 보장 국가 기관

인권 보장 기관들의 역할을 알아 두도록 해요.

1. 법원과 헌법 재판소

법원	성격	• 법을 적용하여 분쟁을 해결하는 사법 기관 • 침해받은 국민의 권리를 구제하고 인권을 보장하는 국가 기관
	역할	• 재판을 통해 분쟁을 해결함 • 위헌 법률 심사를 제청함
헌법 재판소	성격	헌법 질서 유지와 국민의 기본권을 보장하는 독립된 헌법 기관
	의의	법원과는 별도로 헌법과 관련된 분쟁을 심판함
	역할	• 헌법 소원 심판: 헌법상 기본권을 침해당한 국민이 권리 구제를 청구할 경우 이를 심판함 • 위헌 법률 심판: 법률이 헌법에 위반되는지에 대해 법원이 제청할 경우 이를 심판함

2. 국가 인권 위원회와 국민 권익 위원회

국가 인권 위원회	성격	• 개인의 인권에 관한 모든 사항 등을 다루는 인권 전담 기구 • 입법, 사법, 행정 어디에도 속하지 않은 독립된 국가 기관
	역할	• 인권 침해 사례를 조사하고 구제함 • 인권 침해 관련 법령·제도의 개선을 권고함
국민 권익 위원회	성격	공직 사회의 부패 예방 등을 통해 국민의 권리를 보호하고 불합리한 행정 제도를 개선하는 국가 기관
	역할	• 국민의 고충 민원을 조사함 • 잘못된 행정 처분을 취소시키는 행정 심판의 권한이 있음

근로자의 권리

노동 3권에 대한 문제가 출제될 수 있어요.

+ 사용자

근로자를 채용하거나 해고하는 사람

+ 청소년 근로자의 권리 보호

• 만 15세 이상의 청소년만 근로가 가능함
• 근로 계약서를 반드시 작성해야 함
• 성인과 동일한 최저 임금을 적용받음
• 하루 7시간, 일주일에 35시간 이상 일할 수 없음
• 일을 하다 다치면 산업 재해 보상 보험으로 치료와 보상을 받을 수 있음

+ 부당 해고

정당한 이유 없이 해고하는 행위

+ 부당 노동 행위

사용자에 의해 근로자의 노동 3권이 침해되는 행위

1. 근로자의 의미와 범위

의미		임금을 받기 위해 사용자에게 노동을 제공하는 사람 예 회사원, 공무원, 아르바이트생 등
범위	포함	사용자에게 고용되어 일하는 모든 사람
	불포함	스스로 사업을 하는 자영업자, 전업주부 등

2. 헌법에 보장된 근로자의 권리

근로의 권리	일할 능력과 의사가 있는 사람이 노동할 기회를 요구할 수 있는 권리
최저 임금 보장	임금의 최저 수준을 법률로 정하여 보장하고 근로자를 보호함 예 「최저임금법」
근로 기준 규정	근로 조건의 기준을 법률로 정하여 근로자의 기본 생활을 보장함 예 「근로기준법」
노동 3권 (근로 3권)	• 단결권: 근로자들이 단체(노동조합)를 설립할 수 있는 권리 • 단체 교섭권: 노동조합을 통해 사용자와 근로 조건을 교섭·협의할 수 있는 권리 • 단체 행동권: 사용자에 대항하여 단체 행동(파업, 태업 등 쟁의 행위)을 할 수 있는 권리

3. 노동권 침해 사례 및 구제 방법

사례	부당 해고, 부당 노동 행위, 임금 체불·미지급, 근로 계약서 미작성 등
구제 방법	노동 위원회에 구제 요청, 법원에 소송 제기, 고용 노동부에 진정서 제출

---

02 ▶ 헌법과 국가 기관

국회의 의미와 조직

국회의 구성과 조직을 알아야 합니다.

1. 국회의 의미와 위상

의미	선거를 통해 선출된 국회 의원으로 구성된 국가 기관
위상	국민의 대표 기관, 입법 기관, 국가 권력의 견제 기관

2. 국회의 구성과 조직

구성	국회 의원의 유형	• 지역구 국회 의원: 국민의 선거를 통해 다수의 득표로 당선된 국회 의원 • 비례 대표 국회 의원: 각 정당이 얻은 득표수에 비례하여 당선된 국회 의원
	국회 의원의 구성	임기 4년, 연임 가능, 국회 의원 중 의장 1인과 부의장 2인 임명, 최소 200명 이상으로 구성
	특권	불체포 특권과 면책 특권을 가짐
조직	본회의	• 국회의 의사를 최종적으로 결정하는 회의(회의 공개 원칙) → 재적 의원 과반수의 출석과 출석 의원 과반수의 찬성으로 결정 • 종류: 정기회, 임시회
	위원회	• 본회의에서 결정할 안건을 미리 조사하고 심의하는 기구 → 본회의에서 모든 안건을 처리하기 어려우므로 효율적인 의사 진행을 위해 설치 • 종류: 상임 위원회, 특별 위원회
	교섭 단체	일정 수 이상의 국회 의원이 소속된 단체, 사전에 국회 운영에 대해 협의하는 단체 → 국회의 효율적인 운영을 위해 필요함

+ 상임 위원회
각 분야를 전담하기 위해 조직된 상설 위원회

키워드 02

국회의 권한

국회의 권한에 대한 문제가 자주 출제되었어요.

입법에 관한 권한	• 법률의 제정 및 개정: 본회의에서 법률을 제정하거나 개정함 • 헌법 개정안 제안 및 의결: 헌법 개정안을 제안하고 의결함 → 최종적으로는 국민 투표를 거쳐 결정됨 • 외국과의 조약 체결 동의: 대통령이 외국과 맺은 조약에 대해 최종적으로 동의함
재정에 관한 권한	• 예산안 심의 및 확정: 정부가 마련한 예산안을 심의하고 확정함 • 예산 결산 심사: 정부가 예산을 제대로 집행하였는지를 확인함 • 조세의 종목 및 세율을 법률로 정함
일반 국정에 관한 권한	• 국정 감사 및 국정 조사: 행정부의 잘못된 정책 집행을 찾아 고치도록 함 • 탄핵 소추 의결: 대통령 등이 헌법이나 법률을 위반했을 때 파면을 요구하는 탄핵 소추를 의결함 • 중요 공무원(국무총리, 대법원장, 헌법 재판소장 등)의 임명에 동의권을 행사함 • 중요 공무원 임명 시 인사 청문회를 실시함

+ 국정 감사와 국정 조사
국정 감사는 국정 전반에 대해, 국정 조사는 특정 사안에 대해 감시하고 비판하는 것을 말함

키워드 03

행정부의 의미와 조직

행정부의 역할을 대통령을 중심으로 정리해 두세요.

1. 행정과 행정부

행정	국회에서 만든 법률을 집행하고 정책을 수립·실행하는 활동
행정부	행정을 담당하는 국가 기관
행정 국가화 현상	현대 복지 국가로 접어들면서 다른 국가 기관에 비해 행정부의 역할이 상대적으로 비대해지는 현상

2. 행정부의 조직과 구성

대통령	• 행정부의 최고 책임자, 국무 회의의 의장 • 국민의 직접 선거에 의해 선출, 임기 5년, 중임할 수 없음
국무 총리	• 행정 각 부처를 총괄하는 행정부의 2인자 • 대통령의 명을 받아 행정부의 각 부서를 관리함 • 국회의 동의를 얻어 대통령이 임명함

+ 중임
거듭하여 맡는 것

	• 행정부의 최고 심의 기관
국무 회의	• 정부의 정책 등 행정부의 중요한 사안을 심의함
	• 대통령, 국무총리, 각 부서 장관을 비롯한 국무 위원으로 구성됨
행정 각부	• 구체적인 행정 업무를 처리하는 부서.
	• 행정 각부 장관의 역할: 부서의 업무 지휘, 국무 위원으로서 국무 회의에 참석
감사원	• 행정부 최고 감사 기관, 독립적인 지위를 가진 헌법 기관
	• 국가의 세입 및 세출 결산, 행정 전반 감찰
	• 감사원장은 국회의 동의를 얻어 대통령이 임명함

키워드 04

대통령의 지위와 권한

대통령의 권한은 자주 출제되는 중요한 키워드예요.

1. 행정부 수반으로서의 권한

행정부 지휘 및 감독	국무 회의의 의장으로서 행정부를 구성하고 지휘·감독함
국군 통수	국군의 최고 사령관으로서 국군을 통솔하고 지휘함
고위 공무원 임면권	국무총리, 각부 장관 등 행정부의 고위 공무원을 임명하거나 해임함
법률안 제출	국민의 생활에 필요하다고 생각되는 법률안을 국회에 제출함
법률안 거부권	국회가 의결한 법률안에 대해 거부함으로써 국회를 견제할 수 있음

✚ 국가 원수

국가의 최고 지도자이자 대표자

2. 국가 원수로서의 권한

대외적 국가 대표	외국과의 조약 체결 및 비준권을 가짐
국가와 헌법 수호	• 국가가 긴급한 상황에 놓였을 때 긴급 명령이나 계엄을 선포함
	• 민주적 기본 질서에 위배되는 정당의 해산을 헌법 재판소에 요구함
국정 조정	헌법 개정 또는 국가의 중요 정책 결정 시 국민 투표에 부침
헌법 기관 구성	국무총리, 대법원장, 헌법 재판소장, 감사원장 등 국회의 동의를 얻어 국가 기관의 장을 임명하여 헌법 기관을 구성함

키워드 05

법원의 지위와 사법권의 독립

법을 해석·적용하는 곳이 법원임을 알아 두도록 해요.

1. 사법과 법원

사법	법적 분쟁 발생 시 법을 적용하고 판단하는 국가의 작용
법원(사법부)	법을 해석하여 적용하는 국가 기관

2. 사법권의 독립

의미	재판이 독립적으로 이루어지는 것
목적	공정한 재판을 통해 국민의 기본권을 보호하기 위함
방법	• 법원의 독립: 법원이 외부의 간섭을 받지 않는 것
	• 법관의 독립: 법관이 오직 헌법과 법률에 의해 양심에 따라 독립하여 판결하는 것

법원의 조직과 권한

대법원에 대한 문제가 출제되었어요.

＋ 법원의 조직

1. 법원의 조직

대법원	• 사법부의 최고 법원으로 최종적인 재판을 담당함 • 2심의 판결에 불복한 상고 사건을 재판함(3심), 최종심 • 명령과 규칙의 최종 심사권을 가짐
고등 법원	주로 1심 판결에 불복한 항소 사건을 재판함(2심)
지방 법원	주로 민사 또는 형사 사건의 1심 사건을 재판함
특수 법원	• 특허 법원: 특허권과 관련된 사건을 재판함 • 가정 법원: 가사 사건과 소년 보호 사건을 재판함 • 행정 법원: 잘못된 행정 작용에 관한 소송 사건을 재판함 • 군사 법원: 군사 재판(군인의 형사 사건)을 관할함

2. 법원의 권한

재판	법률을 해석하고 적용하여 법적 분쟁을 해결함
위헌 법률 심판 제청권	재판을 하다가 법률이 헌법에 위반되는지의 여부가 문제가 될 경우 헌법 재판소에 법률 심판을 제청할 수 있음
명령·규칙·처분 심사	국가 기관에서 만든 명령이나 규칙이 헌법과 법률에 위반되는지 최종적으로 심사함
기타	등기, 가족 관계 등록에 관한 업무 등을 담당함

헌법 재판소의 지위와 권한

헌법 재판소의 권한에 대한 문제가 자주 출제되었어요.

＋ 헌법 재판소의 결정
권한 쟁의 심판을 제외하고 재판관 6인 이상의 찬성으로 결정됨

1. 헌법 재판소의 위상과 구성

위상	헌법 재판을 담당하는 독립된 국가 기관, 헌법 수호 기관, 기본권 보장 기관
역할	법률이나 국가 기관의 작용이 헌법에 위배되거나 국민의 기본권을 침해했는지를 심판하는 헌법 재판을 담당함
구성	• 9명의 헌법 재판관 → 국회, 대통령, 대법원장이 각각 3명씩 지명함 • 임기 6년, 연임 가능 • 헌법 재판소장은 국회의 동의를 얻어 대통령이 임명함

2. 헌법 재판소의 권한

헌법 소원 심판	• 공권력이나 법률이 국민의 기본권을 침해하였는지를 심판함 • 요청 주체: 기본권을 침해당한 국민
위헌 법률 심판	• 재판의 전제가 되는 법률의 헌법 위반 여부를 심판함 • 요청 주체: 법원
탄핵 심판	• 위법 행위를 한 고위 공직자에 대한 파면 여부를 심판함 • 요청 주체: 국회
위헌 정당 해산 심판	• 민주적 기본 질서에 어긋난 정당의 해산 여부를 심판함 • 요청 주체: 정부
권한 쟁의 심판	국가 기관이나 지방 자치 단체 간의 권한 분쟁을 심판함

오늘날 대부분의 민주 국가에서는 국가 기관의 권력 남용을 방지하고 국민의 기본권을 보장하기 위해 국가 권력을 나누어 서로 다른 기관이 담당하도록 하고 서로 견제할 수 있는 권한을 부여하고 있다.

03 경제생활과 선택

키워드 01

경제 활동

경제 주체는 자주 출제되는 중요한 키워드예요.

1. 경제 활동의 의미와 유형

의미		재화와 서비스를 생산, 분배, 소비하는 모든 활동
대상	재화	인간의 욕구를 충족시켜 주는 눈에 보이는 물건 예 옷, 신발 등
	서비스	인간의 욕구를 충족시켜 주는 사람의 행위 예 의사의 진료, 가수의 공연 등
유형	생산	재화와 서비스를 만들거나 그 가치를 증대시키는 활동 예 상품의 제조, 판매 등
	분배	생산 활동에 참여한 사람들에게 그 대가를 나누어 주는 활동 예 임금, 이자, 지대 등을 받는 것
	소비	재화와 서비스를 구매하여 욕구를 충족시키는 활동 예 상품 구매 등

2. 경제 활동의 주체

가계	• 소비 활동의 주체로, 최소의 비용으로 최대의 만족을 얻는 것을 목적으로 함 • 노동, 토지, 자본 등 생산 요소를 기업에 제공하고 그 대가로 소득을 얻음 • 소득 중 일부는 저축하고 국가에 세금을 납부함
기업	• 생산 활동의 주체로, 최소의 비용으로 최대의 이윤을 얻는 것을 목적으로 함 • 가계로부터 생산 요소를 제공받아 생산 활동을 함 • 가계에 생산 요소의 대가를 지불함
정부	• 생산 및 소비 활동의 주체 • 공공재와 사회 간접 자본을 공급하고 공공사업 운영에 필요한 재화와 서비스를 소비함 • 경제 활동에 관련된 법이나 규칙을 만들어 시장 경제 질서를 유지함
외국	무역 활동의 주체로, 수출과 수입을 함

+ 경제 활동의 주체

+ 공공재와 사회 간접 자본

공공재와 사회 간접 자본의 경우 생산 비용이 많이 들고 이윤이 적으므로 기업에게만 공급을 맡기면 충분히 공급되지 않아 정부에서 생산함 예 국방, 치안, 공원, 도로, 항만, 공항, 전기, 댐 등

키워드 02

희소성과 합리적 선택

• 기회비용의 개념에 대한 문제가 출제되었어요.
• 자원의 희소성에 대한 문제는 자주 출제돼요.

1. 자원의 희소성

의미	인간의 욕구에 비해 이를 충족시켜 줄 수 있는 자원의 양이 상대적으로 부족한 상태
특징	• 상대성: 자원의 절대적인 양이 아닌 인간의 필요와 욕구에 따라 달라지며, 시대나 장소에 따라 달라질 수 있음 • 희소성에 따라 가격이 결정됨

2. 합리적 선택

의미	최소의 비용으로 최대의 편익을 얻을 수 있는 선택
선택 시 고려할 점	• 비용: 어떤 경제적 선택을 하는 데 지불되는 대가 **예** 돈, 시간, 자원 등 • 편익: 어떤 경제적 선택을 통해 얻게 되는 만족감이나 이익 • 기회비용: 어떤 선택을 함으로써 포기하는 가치 중 가장 가치가 큰 것으로, 기회비용은 사람마다 다르게 나타남
선택 방법	• 비용이 같다면 편익이 큰 것을, 편익이 같다면 비용이 작은 것을 선택함 • 편익이 기회비용보다 크고, 기회비용은 최소화되도록 선택함

키워드 03

경제 문제와 경제 체제

시장 경제 체제와 계획 경제 체제의 특징을 구분해 두도록 해요.

1. 경제 문제

의미	경제 주체가 경제생활 중에 결정해야 하는 문제
발생 원인	자원의 희소성
기본적인 경제 문제	• 생산물의 종류와 수량의 문제: 무엇을, 얼마나 생산할 것인가? • 생산 방법의 문제: 어떻게 생산할 것인가? • 분배 방식의 문제: 누구를 위하여 생산할 것인가?

2. 경제 체제

시장 경제 체제	의미	시장에서 자유 경쟁을 통해 모든 경제 활동이 이루어지는 체제
	특징	경제 활동의 자유 보장, 시장 가격에 의해 경제 문제 해결, 사유 재산 제도와 사적 이익 추구 보장
	장점	개인의 창의성 발휘와 자원의 효율적 사용 가능, 사회 전체의 생산성 향상
	문제점	빈부 격차 발생, 환경 오염 심화 등
계획 경제 체제	의미	국가의 계획과 명령에 의해 경제 문제를 해결하는 체제
	특징	주요 생산 수단의 국가 소유, 사유 재산 부정, 경제 활동의 자유 제한
	장점	소득 불평등의 완화
	문제점	개인의 근로 의욕 저하, 경제적 효율성 약화 등
혼합 경제 체제	의미	시장 경제 체제와 계획 경제 체제가 혼합된 경제 체제
	등장 배경	시장 경제 체제에서 각종 문제가 발생하면서 정부의 개입이 필요해짐
우리나라의 경제 체제	원칙	시장 경제 체제를 기본 원칙으로 하되, 정부 개입을 어느 정도 인정하는 혼합 경제 체제
	목적	• 시장 경제 체제 요소: 사유 재산 제도와 경제 활동의 자유 보장 • 계획 경제 체제 요소: 경제적 약자 보호와 경제 질서 유지

키워드 04

기업의 의미와 사회적 책임

기업의 역할에 대한 문제가 출제되었어요.

1. 기업의 의미와 역할

의미	생산 활동을 하는 경제 주체
목적	최소 비용으로 최대 이윤을 추구하는 것 → 이윤의 극대화
역할	재화와 서비스 생산, 국민에게 일자리와 소득 제공, 세금 납부, 연구 개발 등

2. 기업의 사회적 책임

의미	기업 윤리를 토대로 법규를 준수하며 경제 사회 구성원의 역할을 다하는 것
등장 배경	기업의 지나친 이윤 추구로 환경 오염, 독과점 등 각종 사회 문제 발생 → 기업의 사회적 역할에 대한 요구가 커짐
실천 방안	「근로기준법」·「공정 거래법」 등 법률 준수, 소비자에 대한 책임, 노동자에게 정당한 임금 제공, 환경 오염의 최소화, 사회로 이익 환원 등

＋독과점
소수의 특정 기업이 생산과 시장을 독차지하는 상태

3. 기업가 정신

의미	위험을 무릅쓰고 혁신을 통해 새로운 것을 창조하려는 기업가의 도전적인 자세
실천 방안	새로운 생산 기술 개발 및 시장 개척, 새로운 경영 방식 도입, 신제품 개발 등
의의	기업의 생산성 향상, 고용 창출, 다양한 상품 소개 등

키워드 05

합리적 자산 관리

자산 관리 시 고려해야 할 요인과 자산의 종류에 대한 문제가 출제될 수 있어요.

1. 생애 주기에 따른 경제생활

유소년기	부모의 소득에 의존, 대부분 소비하는 시기
청년기	취업을 통해 소득이 생기는 시기
중·장년기	• 소득과 소비가 모두 많은 시기 • 결혼, 출산, 양육, 주택 마련 등으로 소비가 크게 증가함
노년기	경제적 은퇴로 소득이 거의 없거나 감소하지만 소비는 지속되는 시기

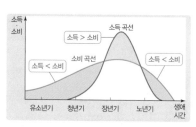

🔵 생애 주기 곡선에 따른 소득과 소비의 변화

＋ 수익성과 위험성 간의 관계

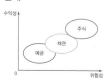

2. 자산과 자산 관리

자산의 종류	• 금융 자산: 현금, 주식, 채권 등 눈에 보이지 않는 자산 • 실물 자산: 부동산, 귀금속 등 눈에 보이는 자산
자산 관리	소득을 바탕으로 생애 주기에 따른 소득과 소비를 고려하여 자산을 운용하는 것
필요성	소득을 얻을 수 있는 기간이 한정적이고, 평균 수명의 연장으로 노후 대책이 필요함

3. 자산 관리 시 고려해야 할 요인

안전성	투자한 자산의 원금이 안전하게 보전될 수 있는 정도
수익성	투자한 자산으로부터 기대할 수 있는 수익의 정도
유동성	보유하고 있는 자산을 쉽게 현금화할 수 있는 정도

4. 자산의 종류

예금	정해진 이자를 기대하고 금융 기관에 돈을 맡기는 방식(안전성 ↑, 수익성 ↓)
주식	주식회사가 투자자에게 자금을 투자받은 대가로 발행하는 증서(안전성 ↓, 수익성 ↑)
채권	국가, 지방 자치 단체, 기업 등이 투자자로부터 필요한 자금을 빌리면서 일정한 이자와 원금을 지급하기로 약속한 증서(안전성 ↑)
펀드	투자 전문가에게 돈을 맡겨 수익을 내면 그 수익을 투자자에게 분배하는 간접 투자 상품
부동산	토지, 집 등과 같이 움직여서 옮길 수 없는 자산(유동성 ↓)

5. 신용

의미	미래의 어느 시점에 갚기로 약속하고 상품을 사거나 돈을 빌릴 수 있는 능력
장점	현금 없이 거래가 가능하고, 현재 소득보다 많은 소비가 가능함
단점	충동 구매나 과소비를 할 우려가 있음
필요성	신용이 나쁘면 휴대 전화 가입 제한, 신용 카드 발급 제한, 대출 거절, 취업 제한 등 경제 활동이 제한됨
신용 관리 방법	• 소득을 초과하는 소비를 자제해야 함 • 소득이나 상환 능력의 범위 내에서 신용을 이용해야 함 • 자신의 신용 등급을 항상 점검하고 관리해야 함

04 시장 경제와 가격

키워드 01

시장

시장의 종류를 구분하고, 특히 전자 상거래의 특징을 알아 두도록 해요.

✚ **분업과 특화**
• 분업: 여러 사람이 나누어 맡는 것
• 특화: 잘하는 일이나 분야에 전념하여 전문화하는 것

✚ **전자 상거래의 장단점**
• 장점: 상품이나 서비스의 비교가 쉬우며, 시·공간의 제약을 받지 않고 자유롭게 상품 구매가 가능함. 중간 유통 단계가 생략되어 물건의 가격이 저렴함
• 단점: 거래 시 개인 정보가 노출될 우려가 있음. 상품을 위조할 경우 식별이 어려움

1. 시장의 의미와 기능

의미	상품을 사려는 사람(수요자)과 팔려는 사람(공급자)이 만나 거래가 이루어지는 곳
형성	자급자족 경제 → 농경 시작 → 물물 교환 → 분업 발생 → 시장 형성 → 화폐 출현
기능	상품의 거래 비용 감소, 상품의 정보 제공, 분업과 특화의 촉진으로 상품의 생산성 증대

2. 시장의 종류

거래 상품에 따른 구분	• 생산물 시장: 일상생활에 필요한 재화와 서비스가 거래되는 시장 예 농수산물 시장, 꽃 시장 등 • 생산 요소 시장: 노동, 토지, 자본 등의 생산 요소가 거래되는 시장 예 부동산 시장, 노동 시장 등
거래 형태에 따른 구분	• 눈에 보이는 시장: 구체적 장소가 존재하며 거래 모습이 눈에 보이는 시장 예 재래시장, 백화점 등 • 눈에 보이지 않는 시장: 구체적 장소가 없으며 거래 모습이 드러나지 않는 시장 예 주식 시장, 외환 시장, 전자 상거래 등
개설 주기에 따른 구분	• 상설 시장: 매일 열리는 시장 예 남대문 시장, 동대문 시장 등 • 정기 시장: 특정 날짜에만 열리는 시장 예 3일장, 5일장 등
판매 대상에 따른 구분	• 도매 시장: 소매 상인을 대상으로 하는 시장 • 소매 시장: 소비자를 대상으로 하는 시장
새로운 시장의 확대	• 원인: 정보 통신 기술의 발달 • 양상: 전자 상거래의 비중이 증가하고 있음

수요 법칙과 공급 법칙

수요 법칙과 공급 법칙에 대해 알아야 합니다.

1. 수요 법칙

수요	일정한 가격으로 상품을 구입하고자 하는 욕구
수요량	일정한 가격 수준에서 수요자가 구입하려고 하는 상품의 수량
수요 법칙	가격이 상승하면 수요량이 감소하고, 가격이 하락하면 수요량이 증가하는 현상 → 가격과 수요량은 반비례(−) 관계

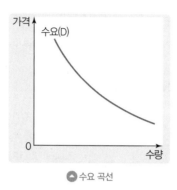

▲ 수요 곡선

2. 공급 법칙

공급	일정한 가격에 상품을 팔고자 하는 욕구
공급량	일정한 가격 수준에서 공급자가 판매하려고 하는 상품의 수량
공급 법칙	가격이 상승하면 공급량이 증가하고, 가격이 하락하면 공급량이 감소하는 현상 → 가격과 공급량은 비례(+) 관계

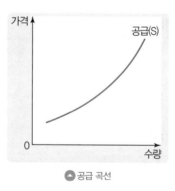

▲ 공급 곡선

시장 가격의 결정

• 균형 가격에 대한 문제가 출제되었어요.
• 시장 가격의 결정 과정을 이해해 두도록 해요.

1. 균형 가격과 균형 거래량
시장에서 수요량과 공급량이 일치하여 균형을 이루는 지점에서 균형 가격(시장 가격)과 균형 거래량이 결정됨

2. 초과 수요와 초과 공급

초과 수요	어떤 가격 지점에서 수요량이 공급량보다 많은 상태 → 수요자들 간의 경쟁으로 상품 가격이 상승함
초과 공급	어떤 가격 지점에서 공급량이 수요량보다 많은 상태 → 공급자들 간의 경쟁으로 상품 가격이 하락함

가격이 P_1일 때	수요량 < 공급량 → 초과 공급 발생 → 가격 하락
가격이 P_2일 때	수요량 > 공급량 → 초과 수요 발생 → 가격 상승
균형 가격 지점	수요량 = 공급량 → 균형 가격과 균형 거래량이 결정됨

사회

키워드 04

수요의 변동

수요 증가에 따른 결과를 묻는 문제가 출제되었어요.

➕ 대체재

한 상품을 대신하여 사용할 수 있는 경쟁 관계의 재화
예 닭고기와 돼지고기 등

➕ 보완재

함께 소비할 때 더 큰 만족을 얻을 수 있는 재화
예 커피와 설탕 등

1. 수요량의 변동과 수요의 변동

수요량의 변화	• 가격 변동에 따라 수요량이 변화하는 것 • 수요 곡선상의 점의 이동으로 표현됨
수요의 변동	• 가격 이외의 요인이 변화하여 수요 자체가 변화하는 것 • 수요 곡선 자체의 이동으로 표현됨 • 변동 요인: 소득 변화, 소비자의 기호 변화, 대체재와 보완재의 가격 변화, 인구수의 변화, 미래 가격에 대한 예상 등

2. 수요 변동에 따른 결과(단, 공급은 일정)

구분	수요 증가	수요 감소
변동 요인	• 소득·기호·인구 증가 • 대체재의 가격 상승 • 보완재의 가격 하락 • 상품 가격의 상승 예상 등	• 소득·기호·인구 감소 • 대체재의 가격 하락 • 보완재의 가격 상승 • 상품 가격의 하락 예상 등
변동 결과	 수요 곡선이 오른쪽으로 이동 → 균형 가격 상승, 균형 거래량 증가	 수요 곡선이 왼쪽으로 이동 → 균형 가격 하락, 균형 거래량 감소

키워드 05

공급의 변동

공급 변동의 다양한 요인과 그에 따른 결과를 알아 두도록 해요.

1. 공급량의 변동과 공급의 변동

공급량의 변동	• 가격 변동에 따라 공급량이 변화하는 것 • 공급 곡선상의 점의 이동으로 표현됨
공급의 변동	• 가격 이외의 요인이 변화하여 공급 자체가 변화하는 것 • 공급 곡선 자체의 이동으로 표현됨 • 변동 요인: 생산 기술의 변화, 생산 요소의 가격 변화, 공급자 수의 변화, 미래 가격에 대한 예상 등

2. 공급 변동에 따른 결과(단, 수요는 일정)

구분	공급 증가	공급 감소
변동 요인	• 생산 기술의 발전 • 생산 요소의 가격 하락 • 공급자 수 증가 • 상품 가격의 하락 예상 등	• 생산 요소의 가격 상승 • 공급자 수 감소 • 상품 가격의 상승 예상 등
변동 결과	 공급 곡선이 오른쪽으로 이동 → 균형 가격 하락, 균형 거래량 증가	 공급 곡선이 왼쪽으로 이동 → 균형 가격 상승, 균형 거래량 감소

시장 가격의 기능

경제 활동의 신호등 역할	• 소비자와 생산자에게 무엇을 얼마만큼 소비·생산할 것인지를 알려 주는 경제 활동의 신호등과 같은 역할을 함 • 시장 가격 상승 → 소비자는 수요량을 줄이고, 생산자는 공급량을 늘림 • 시장 가격 하락 → 소비자는 수요량을 늘리고, 생산자는 공급량을 줄임
효율적인 자원 배분	• 한 사회에서 필요로 하는 적정한 양의 상품이 생산되어 효율적으로 배분되도록 함 • 생산자: 가장 적은 비용으로 생산할 수 있는 상품을 생산함 • 소비자: 가장 큰 만족감을 얻을 수 있는 상품을 구입함

---

05 ▶ 국민 경제와 국제 거래

키워드 01

국내 총생산 (GDP)

국내 총생산에 포함되는 것을 알아 두도록 해요.

+ 1인당 국내 총생산

국내 총생산(GDP)을 그 나라의 인구수로 나누는 것으로, 국민들의 평균적인 소득 수준과 경제생활 수준을 알 수 있음

의미	• 일정 기간 동안 한 나라 안에서 생산된 최종 생산물의 가치를 시장 가격으로 합한 것 • 일정 기간 동안: 보통 1년 기준, 그 해에 새롭게 생산된 것만 포함 • 한 나라 안에서: 한 나라의 국경 안에서 생산된 것만 포함 • 최종 생산물의 가치: 최종 생산물만 포함하며, 생산 과정에 투입된 중간 생산물은 포함하지 않음 • 시장 가격으로 계산: 시장에서 거래되는 것만 포함
측정 방법	최종 생산물의 시장 가치의 합 또는 각 생산 단계의 부가가치의 합
의의	한 나라의 전체적인 생산 수준 및 경제 활동 규모를 알 수 있음
한계	• 정확한 경제 활동 규모 파악이 어려움 **예** 가사 노동, 봉사 활동 등은 포함되지 않음 • 삶의 질 수준 파악이 어려움 　**예** 환경 오염 등 삶의 질을 떨어뜨리는 문제를 해결하는 데 드는 비용이 국내 총생산에 포함됨 • 소득 분배와 빈부 격차 상태 파악이 어려움

경제 성장

경제 성장의 달성 방안을 경제 주체별로 구분해서 알아 두도록 해요.

1. 경제 성장의 의미와 영향

의미	한 나라의 생산 능력과 경제 규모가 커지는 것, 즉 국내 총생산이 지속해서 증가하는 현상 → 경제 성장률을 통해 측정함
영향	• 긍정적 영향: 일자리와 국민 소득이 증가하고, 물질적 풍요 등 생활 수준이 향상됨 • 부정적 영향: 환경 오염, 빈부 격차, 자원 고갈 등의 문제가 발생함

2. 경제 성장의 달성 방안

소비자	합리적인 소비와 저축을 함
기업가	기업가 정신을 발휘하여 생산성을 높임
근로자	생산성 향상을 위해 지속적으로 자기 계발 노력을 함
정부	합리적인 법과 제도를 마련함

사회

키워드 03

물가 상승

인플레이션의 개념과 영향에 대한 문제가 출제되었어요.

＋ 물가

여러 상품의 가격을 종합하여 평균한 것

1. 인플레이션

의미	물가가 일정 기간 동안 지속적으로 오르는 현상
발생 원인	• 총수요가 증가하는데 총공급이 이에 미치치 못할 경우 • 생산비(임금, 원자재의 가격)가 오를 경우 • 통화량 증가로 화폐의 가치가 하락하는 경우

영향	• 화폐 가치가 하락하여 일정 금액으로 살 수 있는 상품의 양이 감소함
	• 소득과 부의 불공정한 분배가 이루어짐
	   − 유리: 실물 자산 보유자(부동산 등의 소유자), 채무자, 수입업자
	   − 불리: 금융 자산 보유자(예금 보유자), 임금 근로자, 채권자, 수출업자
	• 국내 상품의 가격 상승 → 수출 감소, 수입 증가 → 무역 적자 발생
	• 불건전한 거래가 증가함 **예** 저축 기피, 부동산 투기 증가

2. 물가 안정을 위한 노력

정부	• 재정 지출 축소와 세금 확대를 통한 총수요 감소 정책을 시행함 • 공공 요금 인상을 억제함
중앙은행	통화량 감축 및 이자율 인상을 통해 소비를 억제하고 저축을 유도함
기업	기술 혁신 등을 통한 생산 비용을 절감함
근로자	과도한 임금 인상 요구를 자제함
소비자	과소비와 충동구매를 자제하는 등 합리적인 소비 생활을 함

키워드 04

실업

실업의 영향, 특히 실업의 유형을 묻는 문제가 자주 출제되었어요.

1. 실업

의미	일할 능력과 의사가 있음에도 불구하고 일자리를 갖지 못한 상태
영향	• 개인적 측면: 생계 유지의 어려움, 자아실현의 기회 상실 • 사회적 측면: 생계형 범죄 증가, 사회 보장비 지출의 증가 등
실업률	경제 활동 인구 중 실업자가 차지하는 비율
고용 안정	• 기업: 연구·개발을 통해 고용 창출 방안을 마련함 • 근로자: 자기 계발을 통해 생산성 향상에 힘씀 • 바람직한 노사 관계: 대립적인 노사 관계는 근로자의 고용 불안 등을 초래하기 때문에 협력하는 노사 관계가 이루어져야 함

한 문제 더 맞히는 개념 노트　　실업과 관련된 개념

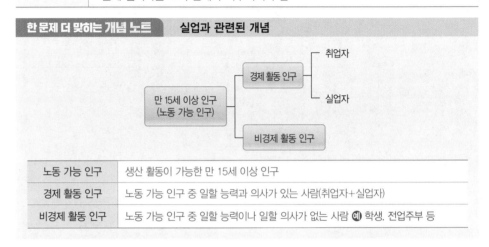

노동 가능 인구	생산 활동이 가능한 만 15세 이상 인구
경제 활동 인구	노동 가능 인구 중 일할 능력과 의사가 있는 사람(취업자+실업자)
비경제 활동 인구	노동 가능 인구 중 일할 능력이나 일할 의사가 없는 사람 ❸ 학생, 전업주부 등

2. 실업의 유형에 따른 정부의 대책

유형	원인	대책
경기적 실업	경기 침체로 기업이 고용을 줄여 발생함	재정 지출을 늘리는 공공사업 실시 등
구조적 실업	산업 구조의 변화로 발생함	직업 훈련 프로그램 개발, 직업 교육 시행 등
계절적 실업	계절에 따라 발생함	농공 단지 조성, 공공 근로 사업 확대 등
마찰적 실업	더 나은 일자리를 구하기 위해 일시적으로 발생함	고용 지원 센터와 직업 정보 센터 운영 등

키워드 05

국제 거래

국제 거래의 긍정적 영향과 부정적 영향에 대해 알아 두도록 해요.

➕ 비교 우위

한 나라가 다른 나라에 비해 특정 재화나 서비스를 상대적으로 낮은 비용으로 생산할 수 있는 상태

1. 국제 거래의 필요성 및 특징

의미	국가 간에 국경을 넘어 상품, 서비스, 생산 요소들이 이동하는 것
필요성	• 생산비의 차이: 국가마다 보유한 자본, 기술, 자원의 종류 등에 차이가 있음 • 분업 및 특화: 각 나라마다 비교 우위를 갖고 있는 상품을 특화하여 생산하고 교환하면 두 나라 모두 거래의 이익을 얻을 수 있음
특징	• 관세 부과, 통관 절차 등 거래의 제약이 존재함 • 나라마다 다른 화폐를 사용하므로 환율을 고려해야 함

2. 국제 거래의 영향

긍정적 영향	• 소비자의 상품 선택의 폭이 넓어짐 • 외국 기업과의 경쟁으로 인해 기술 개발과 생산성 향상에 힘써 국내 기업의 경쟁력이 강화됨 • 세계 시장을 대상으로 판매하기 때문에 상품 시장이 확대됨
부정적 영향	• 경쟁력을 갖추지 못한 국내 기업은 피해를 입음 • 무역 의존도가 높은 국가는 해외의 경제 상황에 크게 영향을 받음 • 무역 마찰 가능성이 증가함

키워드 06

세계화와 국제 거래

WTO, 지역 경제 협력체, FTA 에 대해 알아 두도록 해요.

1. 세계화에 따른 국제 거래의 확대

배경	교통·통신 수단이 발달하고, 세계 무역 기구(WTO)의 출범으로 자유 무역이 확대됨
양상	국제 거래의 규모가 증가하고, 국제 거래의 대상이 확대됨

2. 국제 거래를 통한 경제 협력의 모습

세계 무역 기구 (WTO)	• 국가 간 무역 장벽을 제거하고 자유 무역을 확대하기 위해 1995년에 설립된 국제기구 • 영향: 자유 무역 확대, 국가 간 상호 의존 관계 심화
지역 경제 협력체	• 지리적으로 인접한 국가들이 결성한 경제 공동체 예 유럽 연합(EU), 북아메리카 자유 무역 협정(NAFTA), 동남아시아 국가 연합(ASEAN), 아시아·태평양 경제 협력체(APEC) 등 • 특징: 회원국 간에만 무역 장벽 완화 → 상대적으로 비회원국에 대한 차별이 나타날 수 있음
자유 무역 협정 (FTA)	개별 국가 간 교역을 할 때 무역 장벽을 완화하거나 제거하려는 목적으로 체결된 협정

키워드 07

환율

환율을 결정하는 요인과 변동의 결과를 알아 두도록 해요.

➕ 외채

외국에서 빌려온 빚

➕ 환율의 결정

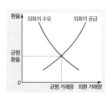

외국 화폐의 수요와 공급에 의해 결정됨

1. 환율

의미		외국 화폐와 자국 화폐의 교환 비율 예 1달러를 사기 위해 1,000원이 필요하다면 환율은 '1,000원/달러' 또는 '1달러:1,000원'으로 표시함
결정	외화의 수요	• 외화가 해외로 나가는 것 • 외화의 수요 요인: 상품의 수입, 자국민의 해외여행 및 해외 유학, 외채 상환, 내국인의 해외 투자 등
	외화의 공급	• 외화가 국내로 들어오는 것 • 외화의 공급 요인: 상품의 수출, 외국인의 국내 여행 및 국내 유학, 차관 도입, 외국인의 국내 투자 등
변동	환율 상승 요인	• 외화의 수요가 증가하는 경우: 상품의 수입 증가, 자국민의 해외여행 및 해외 유학 증가, 해외 투자 증가, 외국에 외채를 갚을 경우 등 • 외화의 공급이 감소하는 경우
	환율 하락 요인	• 외화의 공급이 증가하는 경우: 상품의 수출 증가, 외국인의 국내 여행 및 국내 유학 증가, 외국인의 국내 투자 증가, 외국에서 외채를 빌려올 경우 등 • 외화의 수요가 감소하는 경우

사회

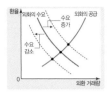
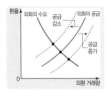
2. 환율 변동의 영향

구분	환율 상승(원화 가치 하락)	환율 하락(원화 가치 상승)
수출	수출품의 가격 하락 → 수출 증가	수출품의 가격 상승 → 수출 감소
수입	수입품의 가격 상승 → 수입 감소	수입품의 가격 하락 → 수입 증가
물가	수입 원자재 가격 상승 → 생산비 증가 → 국내 물가 상승	수입 원자재 가격 하락 → 생산비 감소 → 국내 물가 안정
외채 상환 부담	증가	감소
내국인 해외여행	불리	유리
외국인 국내 여행	유리	불리

06 국제 사회와 국제 정치

(키워드 01)

**국제 사회의
특성과 행위 주체**

국제 사회의 행위 주체를 각
각 구분하여 정리하세요.

+ 국제 사회

독립적인 주권을 지닌 국가
들로 구성된 사회

+ 국제 연합(UN)

대표적인 정부 간 국제기구
로, 제2차 세계 대전 이후 전
쟁 방지와 국제 평화 유지를
위해 설립됨

+ 그린피스

1972년 국제 환경 보호 단
체로 시작하여 지금은 핵 실
험 반대, 기후 변화 억제 등
을 위해 활동하는 단체

(키워드 02)

**국제 사회의
갈등과 협력**

국제 사회의 갈등 모습을 사
례와 연결지어 알아 두세요.

1. 국제 사회의 특성

① 원칙적으로 평등한 주권을 가지지만, 실제로는 힘의 논리가 작용함
② 자국의 이익을 최우선으로 추구함 → 갈등이 심해질 경우 전쟁이 일어나기도 함
③ 대립과 갈등을 해결할 힘을 가진 중앙 정부가 없음
④ 국제법을 준수하고 국제기구의 결정을 존중하는 등 국제 사회의 질서 유지를 위해 노력함
⑤ 국제 협력이 점차 확대되고 있음

2. 국제 사회의 행위 주체

국가	• 일정한 영토와 국민을 바탕으로 하는 주권을 가진 행위 주체 → 가장 기본적인 국제 사회의 행위 주체 • 자국의 이익을 추구함 • 국제기구에 가입하여 회원국으로 활동하고 구호 활동을 전개함
정부 간 국제 기구	• 각 국가의 정부가 회원으로 활동하는 국제 사회의 행위 주체 예 국제 연합(UN), 세계 무역 기구(WTO) 등 • 제3자로서 국가 간 이해관계를 조정함
국제 비정부 기구	• 정부와 관련 없는 개인이나 민간 단체가 자발적으로 만든 비영리 시민 단체 예 그린피스, 국경 없는 의사회 등 • 정치·인권·환경 등의 영역에서 공익을 추구하며, 오늘날 영향력이 확대됨
다국적 기업	• 여러 국가를 상대로 생산과 판매 활동을 하는 기업 • 세계화로 인해 세계 경제 및 국제 관계에 큰 영향을 미침
기타	전직 국가 원수, 노벨상 수상자, 종교인 등 영향력 있는 개인, 지방 정부, 소수 인종, 소수 민족 등

1. 국제 사회의 변화

제2차 세계 대전 이후	냉전 체제 형성
1990년대 이후	• 냉전 체제 종식 후 이념보다 자국의 이익을 중시함 • 다양한 분야에서 갈등과 경쟁, 협력이 나타남

2. 국제 사회의 경쟁과 갈등

경쟁	원인	자국의 이익을 추구하는 과정에서 경쟁이 심화됨
	양상	다국적 기업 간의 경쟁, 자원 확보 등을 위한 국가 간 경쟁
갈등	원인	지나친 경쟁이 갈등으로 이어지거나, 가치관이나 신념의 차이로 인해 발생함
	양상	영역, 자원, 종교, 환경 문제 등 여러 가지 원인이 복잡하게 얽혀 나타남
	사례	• 영토와 자원 갈등: 남중국해 분쟁 등 각종 자원을 둘러싼 갈등 등 • 민족과 종교 갈등: 카슈미르 분쟁, 이스라엘과 팔레스타인의 분쟁 등 • 환경 문제: 온실가스 배출 등 오염 물질 규제와 관련된 선진국과 개발 도상국 간의 갈등 • 기타: 스마트폰 제조사 간 특허 소송, 북한의 핵무기 개발 등
협력	양상	• 지역 경제 협력체를 구성하여 상호 이익을 증진함 • 선진국이 개발 도상국에서 자원과 기술 등을 지원하는 공적 개발 원조(ODA)를 통해 개발 도상국의 발전에 기여함
	필요성	국제 문제는 특정 국가의 노력만으로는 해결이 불가능함

1. 외교의 의미와 중요성

외교와 외교 정책	• 외교: 한 국가가 자국의 이익을 위해 평화적으로 수행하려는 모든 행위 • 외교 정책: 외교적 목적을 달성하기 위해 취하는 정책
외교의 중요성	자국의 대외적 위상과 국제적 영향력 향상, 국가 간 우호 증진, 국가 간 분쟁 해결 및 예방에 기여함
외교 활동	정상 외교(국가 원수 간의 만남), 공식적 외교(외교관의 활동), 민간 외교(시민의 비정부 기구에의 참여)
변화	외교관을 통한 공식적 활동(전통적 외교)이 민간 외교 등 다양한 분야로 확대됨 (오늘날의 외교)

2. 공존을 위한 다양한 노력

국제 사회	국제법을 준수하고 다양한 국제기구에 참여함
개인적 차원	세계 시민 의식을 함양하여 공존을 위해 노력함

1. 우리나라와 일본의 갈등

일본의 독도 영유권 주장	내용	• 1905년 독도를 불법적으로 자국 영토로 편입했던 시마네현 고시를 근거로 독도가 일본의 땅이라고 주장함 • 일본 역사 교과서에 독도를 일본 땅이라고 기술함 • 독도 문제를 국제 사법 재판소를 통해 힘의 논리로 해결하고자 함
	목적	독도의 풍부한 해양 자원과 군사적·전략적 요충지로서의 이점을 활용하고자 함
	우리의 입장	역사적·지리적·국제법적으로 명백한 우리 영토이며, 외교적 교섭이나 사법적 해결의 대상이 아님
역사 왜곡 문제		• 역사 교과서를 왜곡하여 일본의 식민 지배와 침략을 정당화하고 있음 • 일본군 '위안부' 문제에 대한 반성과 사죄가 부족함 • 강제 징용 및 강제 징병 문제를 은폐하고 있음 • 일본 정치인이 야스쿠니 신사에 참배하고 있음 • 동해를 '일본해'로 단독 표기할 것을 주장하고 있음

+ 카슈미르 분쟁
인도(힌두교)와 파키스탄(이슬람교) 간의 갈등 지역에서 일어나는 영유권 싸움

+ 이스라엘-팔레스타인 분쟁
제2차 세계 대전 이후 유대교를 믿는 유대인들이 팔레스타인 지역에 이스라엘 건국을 선언하자, 그곳에 거주해 온 이슬람교를 믿는 아랍인이 반발하면서 갈등이 시작됨

키워드 03

국제 사회의 공존

외교의 의미와 활동에 대한 문제가 출제될 수 있어요.

키워드 04

우리나라의 국가 간 갈등

우리나라와 일본, 중국과의 갈등 문제들을 각각 구분하여 알아 두세요.

+ 야스쿠니 신사
제2차 세계 대전 전쟁 범죄자들의 위패가 있는 곳

- 지증왕 13년에 이사부가 우산국을 복속하였다. – 「삼국사기」
- 우산과 울릉은 서로 거리가 멀지 않기 때문에 날씨가 맑은 날에는 바라볼 수 있다. – 「세종실록지리지」
- 울릉도가 독도를 관할하게 한다. – 「대한 제국 칙령 제41호」
- 일본의 영역에서 울릉도와 독도가 제외된다고 규정하였다. – 「연합국 최고 사령관 각서(SCAPIN)」

2. 우리나라와 중국의 갈등

동북공정	내용	현재 중국의 영토(만주 지역)에서 활동하였던 고조선, 고구려, 발해를 중국사로 편입시키려는 사업
	목적	한반도 통일 시 발생할 수 있는 영토 분쟁을 방지하고 소수 민족의 분리 독립을 막아 중국의 현재 영토를 확고히 하고자 함
	우리의 입장	고조선, 고구려, 발해는 당시 중국과는 별개의 독립된 국가였고 우리나라의 역사임
기타 문제		• 중국 어선이 우리나라 배타적 경제 수역을 불법으로 침범함 • 한류 저작권을 침해함

3. 해결 방안

정부	• 주변국의 역사 왜곡에 대해 시정을 요구함 • 우리의 주장을 국제 사회에 널리 알리고 국제 연대를 통해 적극적으로 외교 활동을 전개함 • 관련 연구 기관을 운영함
시민 사회	• 학계: 관련 분야 학자들의 국가 간 공동 연구를 진행함 • 시민 단체: 서명 운동 등 다양한 활동을 통해 시민의 관심을 유도함 • 개인: 국가 간 갈등 문제에 대해 지속적으로 관심을 가짐

07 ▶ 인구 변화와 인구 문제

키워드 01

인구 분포

인구 희박 지역에 대한 문제가 출제되었어요.

1. 세계 인구 분포의 특징

반구별 분포	전 세계 인구의 90% 이상이 북반구에 분포되어 있음
위도별 분포	북위 20°~40° 중위도 지역은 인구 밀도가 높음
지형별 분포	하천 주변의 평야 지대나 해안 지역은 인구 밀도가 높음
대륙별 분포	아시아 대륙에 세계 인구의 약 60%가 분포함

2. 인구 분포에 영향을 미치는 요인

① 인구 밀집 지역

자연적 요인	• 냉·온대 기후 지역의 하천 주변 및 평야 지대 • 벼농사에 유리한 기후 지역 **예** 아시아 계절풍 기후 지역 • 풍부한 천연자원이 매장되어 있는 지역
인문·사회적 요인	• 일자리·편의 시설이 풍부한 지역, 교통이 편리한 지역 **예** 서부 유럽 • 정치적으로 안정된 지역

➕ 지역을 나누는 요인
- 자연적 요인: 지형, 기후 등 자연환경
- 인문·사회적 요인: 산업, 경제 등 최근에 영향력이 커지고 있는 요인

② 인구 희박 지역

자연적 요인	• 열대 · 건조 · 한대 기후 지역 • 험준한 산지, 사막, 극지방, 토양이 척박한 지역
인문 · 사회적 요인	• 일자리 · 편의 시설이 부족한 지역, 교통이 불편한 지역 • 전쟁이나 분쟁이 발생하는 지역

키워드 02

우리나라의 인구 분포

이촌 향도에 대한 문제가 출제되었어요.

＋ 이촌 향도
촌락의 인구가 일자리를 얻기 위해 도시로 이동하는 현상

1. 산업화 이전의 우리나라 인구 분포(1960년대 이전)

특징	농업 사회로, 자연적 요인의 영향이 컸음
인구 밀집 지역	남서부 지역 → 평야가 발달함
인구 희박 지역	북동부 지역 → 산지 발달로 농경이 불리함

2. 산업화 이후의 우리나라 인구 분포(1960년대 이후)

특징	산업화와 도시화에 따른 이촌 향도 현상으로 인문 · 사회적 요인이 커짐
인구 밀집 지역	수도권, 남동 해안 지역, 대도시 지역 → 산업 발달 지역
인구 희박 지역	태백산맥, 소백산맥 일대의 산지 지역, 농어촌 지역

키워드 03

인구 이동

인구의 흡인 요인에 대한 문제가 출제되었어요.

1. 인구 이동의 원인

흡인 요인	풍부한 일자리, 높은 임금, 풍부한 생활 편의 시설, 편리한 교통, 쾌적한 주거 환경 등
배출 요인	부족한 일자리, 낮은 임금, 부족한 생활 편의 시설, 불편한 교통, 환경 오염, 빈곤, 전쟁과 분쟁 등

2. 인구 이동의 유형

이동 범위	국내 이동, 국제 이동
이동 기간	일시적 이동, 영구적 이동
이동 원인	경제적 이동, 정치적 이동, 종교적 이동 등
이동 동기	자발적 이동, 강제적 이동

키워드 04

세계 인구의 이동

오늘날 강조되는 경제적 이동을 중점적으로 정리해 두세요.

1. 세계 인구의 국제 이동

과거 인구 이동	• 종교적 이동과 강제적 이동의 비중이 큼 • 경제적 이동: 중국인(화교)들이 동남아시아 및 전 세계로 이동, 유럽인들이 식민지 개척을 위해 아메리카와 오스트레일리아로 이동 • 종교적 이동: 종교의 자유를 위해 영국의 청교도가 북아메리카로 이동 • 강제적 이동: 노예 무역으로 아프리카 흑인들이 유럽 및 아메리카로 이동, 고려인이 중앙아시아로 강제 이동

오늘날 인구 이동	• 경제적 이동과 자발적 이동의 비중이 커짐 • 경제적 이동: 라틴 아메리카에서 미국 서남부 지역으로의 이동, 동남아시아 등지에서 우리나라로의 이동(개발 도상국에서 산업이 발달한 선진국으로 이동) • 정치적 이동: 난민의 이동(주로 아프리카 대륙, 서남아시아 등지에서 발생) • 환경적 이동: 해수면 상승이나 사막화 등 자연재해가 발생한 국가에서 환경 난민의 이동

2. 세계 인구의 국내 이동

산업화 이전	농업 중심 사회로 인구 이동이 적음
산업화 시기	주로 개발 도상국에서 이촌 향도 현상이 발생함
산업화 이후	주로 선진국에서 역도시화 현상이 발생함

✚ 역도시화 현상

도시에서 주변의 촌락이나 중소 도시로 인구가 이동하는 현상

키워드 05

우리나라의 인구 이동

우리나라 인구 이동을 시기별로 구분하여 알아 두도록 해요.

1. 우리나라의 국내 이동

일제 강점기	일자리를 찾아 광공업이 발달한 북부 지방으로 이동
6·25 전쟁	피난을 위해 남부 지방으로 대규모 이동
1960년대 이후	산업화에 따라 수도권과 대도시, 신흥 공업 도시 등지로 이동하는 이촌 향도 현상 발생
1990년대 이후	대도시 인구의 일부가 쾌적한 환경을 찾아 주변 지역으로 이동하는 역도시화 현상 발생

🔵 우리나라의 시기별 인구 이동

2. 우리나라의 국제 이동

일제 강점기	일제의 탄압을 피해 만주나 연해주로 이동, 징병과 징용 등에 의한 해외 이주
광복 후	해외 동포들의 귀국
1960년대 이후	청장년층이 취업을 위해 독일, 미국 등으로 이동
1990년대 이후	유학이나 해외 취업 등 일시적 이동 증가, 교육이나 은퇴 등을 위해 이민

3. 외국인의 국내 유입

외국인 근로자	인력이 부족한 기업의 생산을 담당하고 있음
결혼 이민자	주로 농어촌 지역에서 국제결혼이 증가하며 다문화 사회로 진입함

사
회

인구 이동에 따른 변화

인구 유입 또는 유출이 국가에 미친 영향을 구분하여 정리해 두세요.

1. 인구 유입 지역

해당 국가	북아메리카와 서부 유럽, 오세아니아의 선진국
긍정적 측면	노동력 증가로 인해 경제가 활성화 되고 문화의 다양성이 증대됨
부정적 측면	문화적 갈등, 난민 문제를 둘러싼 갈등 등이 발생함

2. 인구 유출 지역

해당 국가	아시아, 아프리카, 중남부 아메리카의 개발 도상국
긍정적 측면	본국으로 송금하는 외화로 인해 경제가 발전함
부정적 측면	• 노동 가능 인구의 유출로 지역 경제가 침체됨 • 주로 남성의 해외 유출로 인한 성비 불균형 문제가 발생함

선진국의 인구 문제와 대책

저출산·고령화에 대한 문제가 출제될 수 있어요.

＋ 선진국의 인구 구조

1. 저출산

원인	여성의 사회 진출 증가, 여성의 결혼 평균 연령 상승, 결혼 및 출산에 대한 가치관의 변화
문제점	생산 가능 인구 감소로 인한 경제 성장률 하락, 외국인 노동자 유입에 따른 문화 갈등 발생
대책	출산 장려 및 보육 정책 실시, 양성평등 가치관의 확립, 문화 갈등 예방안 마련

2. 고령화

의미	전체 인구에서 65세 이상 노인 인구가 차지하는 비율이 높아지는 현상
원인	의학 기술 발달 등으로 평균 수명이 연장됨
문제점	생산 가능 인구 감소, 의료 및 노년 부양비 등 국가 재정 부담 증가, 노인 소외 현상
대책	연금 제도 마련, 노인 복지 정책 강화

개발 도상국의 인구 문제와 대책

＋ 인구 부양력

한 지역의 인구가 사용 가능한 자원(식량, 주택 등)에 의해 생활할 수 있는 능력

1. 급속한 인구 증가

원인	• 제2차 세계 대전 이후 의료 기술의 보급으로 사망률이 감소함 • 인구 부양력이 인구 증가 속도를 따라가지 못함
문제점	낮은 인구 부양력 → 빈곤 및 기아, 일자리와 주택 부족 문제가 발생함
대책	경제 성장 정책 실시, 출산 억제 정책 시행

2. 도시로의 인구 집중

원인	산업화 이후 이촌 향도 현상에 의해 도시로 인구가 집중됨
문제점	교통 혼잡, 범죄 증가 등 각종 도시 문제가 발생하고, 농촌은 노동력 부족 현상이 심화됨
대책	도시의 인구 및 기능 분산 정책 실시

3. 성비 불균형

원인	중국, 인도 등 일부 아시아 지역에서 남아 선호 사상이 팽배함
문제	여성에 대한 성차별이 일어나고, 남성은 결혼 적령기에 배우자를 만나기가 힘듦
대책	양성평등 가치관의 확립, 여성의 지위 강화, 태아 감별 금지

키워드 09

우리나라의 인구 문제

우리나라의 인구 문제를 시대별 상황과 인구 정책 표어와 함께 순서대로 구분해 두세요.

➕ 가족계획 사업

계획적으로 자녀 수와 터울을 조정하는 계획

1. 시기별 인구 문제와 정책

구분	인구 문제	인구 정책
1960년대	6·25 전쟁 이후 베이비 붐 현상, 사망률 감소 → 인구 급증	출산 억제 정책
1970~1980년대	가족계획 사업 → 합계 출산율 감소	
1990년대 이후	출생률 감소, 출생 성비 불균형, 저출산·고령화 문제 발생	출산 장려 정책
오늘날	출생 성비 불균형 해소, 심각한 저출산·고령 사회 진입	

한 문제 더 맞히는 개념 노트 **우리나라의 시대별 인구 정책 포스터**

 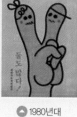   

🔼1970년대　🔼1980년대　🔼1990년대　🔼2000년대　🔼2015년

➕ 우리나라의 저출산·고령화 현상

• 저출산: 세계 최저 수준의 합계 출산율 기록
• 고령화: 2000년에 이미 고령화 사회로 진입

2. 저출산·고령화 현상

원인	• 저출산: 여성의 사회 진출 증가, 결혼과 자녀에 대한 가치관의 변화, 자녀 양육비 및 육아·가사 노동에 대한 부담 증가 • 고령화: 의학 기술의 발달로 평균 수명 증가, 출산율 하락에 따른 노인 비율 증가
문제점	• 생산 가능 인구 감소로 노동력 부족 → 경제 성장 악화 • 노인 부양 부담 증가, 노인 문제 및 세대 간 갈등 발생
대책	• 저출산: 각종 출산 장려 정책 시행 예 양육비 및 보육비 지원, 육아 휴직 확대 등 • 고령화: 노후 대비 마련, 다양한 노인 복지 정책 마련 예 노년층에게 일자리 제공, 정년 연장 등

🔼 우리나라의 저출산·고령화 현상

키워드 01

도시의 특징과 세계 주요 도시

촌락과 비교한 도시의 특징을 구분할 수 있어야 해요.

➕ 도시
많은 사람들이 살아가는 거주 공간이자 정치·경제·문화의 중심지

➕ 기타 세계 도시
• 고산 도시: 에콰도르 키토, 페루 쿠스코 등
• 항구 도시: 오스트레일리아의 시드니 등
• 해상 교통이 발달한 물류 도시: 싱가포르, 네덜란드 로테르담 등

1. 도시와 촌락

구분	도시	촌락
인구 밀도	높음	낮음
주민 직업	다양함	단순함
주민 연령	청장년층의 비율이 높음	노년층의 비율이 높음
주요 산업	2·3차 산업 발달	1차 산업 발달
환경의 영향	인문 환경의 영향이 큼	자연환경의 영향이 큼
토지 이용	높은 건물, 도로, 생활 편의 시설 등 → 집약적 토지 이용	논, 밭, 임야 등 → 단순한 토지 이용

2. 도시 발달 과정
문명 발상지에서 역사상 최초의 도시 건설(고대) → 상업 도시(중세) → 공업 도시 발달(근대) → 여러 기능을 수행하는 도시(현대)

3. 세계 주요 도시

세계 도시	전 세계적으로 중심지 역할을 수행하는 도시 → 다국적 기업의 본사나 국제기구의 본부, 국제 금융 기관이 위치함 예 미국 뉴욕, 프랑스 파리, 영국 런던 등
생태 도시	자연과 인간이 공존할 수 있는 환경친화적인 도시 예 독일 프라이부르크, 브라질 쿠리치바, 우리나라 순천 등
역사·문화 도시	역사·문화적 가치가 큰 문화 유적이 많은 도시 예 그리스 아테네, 이탈리아 로마, 터키 이스탄불 등

키워드 02

도시 내부의 지역 분화

• 도심, 부도심, 개발 제한 구역, 위성 도시가 출제되었어요.
• 도시의 내부 구조의 특징을 구분하여 알아 두도록 해요.

➕ 인구 공동화 현상
낮에는 사람이 증가하지만, 밤에는 사람들이 도시 외곽 지역에 위치한 주거 지역으로 이동하면서 도심이 텅 비게 되는 현상

1. 지역 분화

의미	도시 내부의 기능과 역할이 분리되면서 비슷한 기능끼리 모이는 현상
원인	접근성, 지대, 지가의 차이
특징	교통이 편리한 지역일수록 접근성이 높고, 접근성이 높은 지역일수록 지대가 높음

2. 도시의 내부 구조

도심	• 도시의 중심에 위치 → 접근성과 지가가 높음 • 관청, 백화점 등이 위치, 중심 업무 지구(CBD) • 인구 공동화 현상이 나타남
중간 지역	도심과 주변 지역 사이에 상가, 주택과 학교, 공장 등이 섞여 나타남
부도심	도심과 중간 지역을 연결하는 교통의 요지에 위치 → 도심의 기능을 분담하며, 도심과 비슷한 경관을 지님
주변 지역	저렴한 지가, 넓은 땅 확보 → 대규모 아파트 단지, 공장, 학교 등이 자리함
개발 제한 구역 (그린벨트)	도시의 무질서한 팽창 현상을 막고, 녹지 공간을 확보하기 위해 설정함
위성 도시	대도시 밖 교통의 요지에 위치 → 대도시의 인구와 기능을 분산하는 역할을 함

△ 도시의 내부 구조

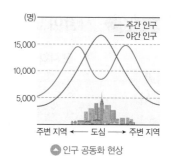
△ 인구 공동화 현상

키워드 03

도시화

도시화 과정의 단계별 특징을
구분하여 알아 두도록 해요.

＋ 도시화 곡선

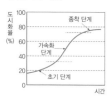

1. 도시화

의미	도시의 수가 증가하거나 도시에 거주하는 인구 비율이 높아지는 현상 → 산업화와 함께 진행
도시화 과정	• 초기 단계: 도시화율이 낮고 도시화 속도가 느림 → 농업 사회 • 가속화 단계: 이촌 향도 현상으로 급격한 도시화가 진행됨 → 현재 개발 도상국이 해당함 • 종착 단계: 도시화율이 매우 높고 도시 성장률이 둔화됨 → 역도시화 현상 발생, 현재 선진국이 해당함

2. 선진국과 개발 도상국의 도시화 과정

선진국	18세기 산업 혁명 이후 200여 년간 도시화가 완만하게 진행됨
개발도상국	제2차 세계 대전 이후 단기간 내에 급속한 산업화가 이루어지면서 이촌 향도 현상으로 도시화가 빠르게 진행됨

키워드 04

도시 문제

선진국과 개발 도상국에서 발
생하는 도시 문제를 각각 구
분하여 정리해 두세요.

1. 도시 문제

원인	인구와 기능이 지나치게 도시로 집중, 급격한 인구 성장에 비해 부족한 기반 시설
선진국	• 도시 문제: 도심의 노후화, 비싼 집값, 교통 체증, 범죄 문제, 실업률 상승 등 • 해결 방안: 도시 재개발 추진, 도시 내 일자리 창출 등
개발도상국	• 도시 문제: 과도시화로 인한 도시 기반 시설 부족, 주택 부족, 불량 주거 지역 형성, 교통 혼잡, 환경 오염, 도시 내 빈부 격차 문제, 일자리 부족 등 • 해결 방안: 도시 기반 시설 확충, 주거 환경 개선 등

2. 우리나라의 도시화와 도시 문제

1960년대 중반	이촌 향도 현상으로 도시화가 가속화 됨
1970년대	인구의 절반 이상이 도시에 거주 → 각종 도시 문제가 발생함
1990년대	대도시 주변에 위성 도시가 발달함
현재	수도권과 남동 해안 지역에 인구 집중으로 국토 불균형 문제가 발생함(종착 단계)

3. 도시 문제의 해결 방안

주택 문제	공공 주택 건설, 도시 재생 사업 추진 등
교통 문제	도로 환경 개선, 혼잡 통행료 부과, 대중교통 수단 확충 등
환경 문제	친환경 에너지 사용 정책, 생태 하천 복원 등
인구 밀집 문제	대도시 주변에 신도시 조성, 지역 균형 발전 정책 추진 등

키워드 05

살기 좋은 도시

살기 좋은 도시의 조건과 국가별 사례를 정리해 두세요.

1. 살기 좋은 도시

의미	거주민의 삶의 질이 높은 도시
조건	쾌적한 자연환경, 다양한 문화 공존, 정치 안정과 낮은 범죄율, 풍부한 일자리와 다양한 생활 편의 시설 등을 갖춘 도시

2. 세계 여러 지역의 살기 좋은 도시

오스트레일리아 멜버른	세계에서 살기 좋은 도시로 선정됨
오스트리아 빈	예술과 음악의 도시, 쾌적한 환경을 갖춘 도시
브라질 쿠리치바	친환경 에너지 정책 도시
우리나라의 순천	생태 환경이 발달한 도시
캐나다 밴쿠버	우수한 사회 보장 제도와 쾌적한 환경을 갖춘 도시

사회

09 글로벌 경제 활동과 지역 변화

키워드 01

농업 생산의 세계화와 기업화

농업 생산 방식의 변화와 농업 생산의 기업화에 대해 정리해 두세요.

1. 농업 생산의 세계화

① 의미와 배경

의미	전 세계를 대상으로 농산물의 생산 및 판매가 이루어지는 현상
배경	교통과 통신의 발달, 생활 수준 향상으로 다양한 농산물에 대한 수요 증가, 세계 무역 기구(WTO)의 등장으로 자유 무역 확대

② 농업 생산 방식의 변화

구분	과거	현재
형태	자급적 농업	상업적 농업
규모	소규모 생산	대규모 생산, 농업 생산의 다각화
방법	가족 노동력 이용	대형 농기계 이용
사례	아시아 지역의 쌀 재배 등	낙농업, 원예 농업, 기업적 목축 등

2. 농업 생산의 기업화

의미	막대한 자본과 뛰어난 기술을 보유한 기업이 농장을 운영하는 현상
배경	상업적 농업의 발달, 경제 활동의 세계화
특징	체계화 및 전문화, 대량화(대형 농기계 및 화학 비료 사용)
방식	• 미국, 오스트레일리아 등과 같은 넓은 농업 지역에서 농기계를 이용하여 대규모로 이루어짐 • 플랜테이션: 아프리카, 아시아의 개발 도상국에 진출한 다국적 농업 기업이 커피, 카카오 등의 기호 작물을 생산하여 전 세계로 유통함

농업 생산의 세계화 및 기업화에 따른 변화

농업 생산의 세계화·기업화에 따른 농작물 생산 지역과 소비 지역의 변화를 알아 두도록 해요.

+ 우리나라의 식량 자급률

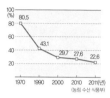

1. 농작물 생산 지역의 변화

토지 이용의 변화	• 식량 작물을 재배하던 농경지가 상품 작물을 재배하기 위한 플랜테이션 농장으로 변함 **예** 필리핀(바나나 농장), 베트남(커피 농장) 등 • 육류 소비 증가로 인해 사료 작물 재배 면적이 증가함 **예** 아마존 열대 우림이 소를 사육하기 위한 목초지로 변화, 밀 재배 지역이 옥수수나 콩 재배지로 변화
환경 변화	과도한 농약 및 비료 사용에 따른 토양 오염, 열대 우림 파괴 등의 문제

2. 농작물 소비 지역의 변화

농작물 소비 특성의 변화	• 곡물 소비 감소, 상업적 농축산물의 소비 증가 • 외국산 농산물의 소비 증가
긍정적 영향	세계 각지에서 생산된 농산물을 쉽고 저렴하게 살 수 있음, 식생활이 다양화 됨
부정적 영향	식량 자급률이 하락함, 국내 소규모 자영농이 어려워짐, 과도한 방부제 사용으로 인한 안전성 문제가 제기됨

다국적 기업

다국적 기업의 기능별 공간적 분업의 특징을 알아 두도록 해요.

1. 다국적 기업

의미	세계 여러 국가에 지사, 연구소, 생산 공장을 세우고 여러 나라를 대상으로 제품을 생산하고 판매하는 기업
등장 배경	교통과 통신의 발달, 세계 무역 기구(WTO)의 출범과 자유 무역 협정(FTA)의 증가
특징	• 세계 경제에서 차지하는 영향력이 점차 커지고 있음 • 공산품 생산뿐만 아니라 각종 서비스의 제공 등 역할과 범위가 확대되고 있음
기능별 공간적 분업	• 본사: 경영 및 정보 수집 등에 유리한 선진국의 대도시에 입지함 • 연구소: 연구 시설과 전문 인력이 풍부한 선진국에 입지함 • 생산 공장: 땅값과 노동비(임금)가 저렴한 개발 도상국에 입지함

⬭ 다국적 기업의 공간적 분업

2. 다국적 기업의 등장에 따른 변화
① 생산 공장이 들어선 지역(개발 도상국)

긍정적 영향	• 일자리가 증가하여 지역 경제가 활성화 됨 • 다국적 기업의 경영 기법이나 선진 기술을 습득함
부정적 영향	• 다국적 기업의 본국에 대한 경제 의존도가 높아짐 • 환경 오염 방치 문제가 발생함 • 상대적으로 경쟁력이 약한 국내 기업이 쇠퇴함

② 생산 공장이 빠져 나간 지역(선진국)

긍정적 영향	• 세계 도시로 성장함 • 첨단 산업 및 고부가 가치 산업이 발달함
부정적 영향	• 생산 공장의 이전으로 실업자가 증가함 • 산업 공동화 현상으로 지역 경제가 침체됨

+ **산업 공동화 현상**

산업이 다른 지역으로 이전하면서 해당 산업이 쇠퇴하는 현상

키워드 04

서비스업

1·2차 산업과 다른 서비스업의 특징에 대해 알아 두도록 해요.

1. 서비스업

의미	상품을 유통·판매하거나 인간 활동에 필요한 서비스를 제공하는 산업(3차 산업)
유형	• 소비자 서비스업: 소비자에게 직접 제공하는 서비스 예 음식업, 숙박업, 소매업 등 • 생산자 서비스업: 기업 활동에 도움을 주는 서비스 예 금융, 광고, 유통 등
특징	• 기계화 및 표준화하기가 어려움 • 기계가 대신할 수 없기 때문에 고용 창출의 효과가 큼 • 산업의 기계화로 인해 노동력이 서비스업으로 이동하면서 탈공업화 현상이 발생함

2. 서비스업의 세계화

의미	서비스업이 국경을 넘어 세계적으로 확대되는 현상
배경	교통·통신의 발달로 시간적·공간적 제약 감소, 다국적 기업의 활동 증가
특징	유통·관광·의료 등 다양한 분야에서 서비스업이 차지하는 비중이 높아짐

키워드 05

서비스업의 세계화에 따른 변화

공정 여행에 대한 문제가 출제될 수 있어요.

1. 유통의 세계화

배경	교통·통신 기술의 발달로 전자 상거래 확대, 다국적 기업의 활동 증가
특징	전자 상거래의 확대 → 택배 산업 활성화, 해외 직접 구매 증가, 다국적 유통업체의 출현, 대규모 물류 창고 발달
긍정적 영향	소비자는 저렴한 가격으로 세계의 다양한 물건 구매가 가능해짐
부정적 영향	영세한 유통업체 및 오프라인 상점, 재래시장의 상권이 위축됨

2. 관광의 세계화

배경	교통·통신 기술의 발달, 소득 수준 향상과 여가 시간 증가
특징	관광 지역과 유형의 다양화, 관광 관련 산업 성장
긍정적 영향	관광지의 일자리 창출로 지역 경제가 활성화되고, 관광지의 기반 시설이 개선됨
부정적 영향	• 인터넷상의 지나친 가격 경쟁 및 과장 광고로 인한 피해가 증가함 • 무리한 관광지 개발로 인해 자연환경이 훼손됨 • 지나친 상업화로 지역 고유 문화가 훼손됨
대안	여행지의 생활 방식과 문화를 존중하는 공정 여행

+ **공정 여행**

환경을 파괴하지 않고 현지 주민에게 더 많은 혜택이 돌아가게 하는 여행

3. 기타 서비스업의 세계화

교육	인터넷을 이용한 교육 서비스 지원
의료	선진국의 의료 서비스 수요 증가로 의료 관광 서비스업 발달

10 환경 문제와 지속 가능한 환경

키워드 01

전 지구적 차원의 기후 변화

- 지구 온난화의 원인에 대한 문제가 출제되었어요.
- 기후 변화의 영향을 사례와 연결지어 알아 두도록 해요.

➕ 지구 평균 기온과 이산화 탄소 농도 변화

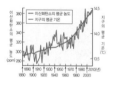

1. 기후 변화

의미	장기간에 걸쳐 기후의 평균적인 상태가 변하는 현상
원인	• 자연적 요인: 태양 활동의 변화, 대기 · 물 · 해양 등의 상호 작용 등 • 인위적 요인: 화석 연료 사용 증가, 산업화로 인한 무분별한 개발
양상	• 최근 100년간 지구의 평균 기온이 꾸준히 상승해 왔음 • 기후 변화에 따른 피해는 전 지구적 차원으로 확산되고 있음

2. 지구 온난화

의미	온실가스의 농도가 증가하여 지구의 평균 기온이 상승하는 현상
과정	화석 연료 사용, 열대림 파괴 → 대기 중 온실가스 농도 증가 → 온실 효과 강화 → 기온 상승

3. 기후 변화의 영향

빙하 감소와 해수면 상승	빙하가 녹으면서 해수면 상승 → 해안 저지대의 침수나 홍수 피해 증가 例 투발루와 몰디브 등 섬나라들이 물에 잠길 위기에 놓인 경우 등
기상 이변 증가	사막화, 태풍과 같은 자연재해의 발생 빈도 증가, 폭염 등 이상 기후 현상 증가
생태계 변화	열대 식물의 분포 범위 확대, 동물 서식지의 변화, 해양 생태계 변화, 해충이나 질병의 발생률 증가

키워드 02

기후 변화 문제의 해결 방안

기후 변화와 관련된 국제 협약에 대한 문제가 출제될 수 있어요.

1. 국제적 차원

기후 변화 협약(1992)	브라질 리우 환경 회의에서 온실가스 배출을 제한하기 위해 채택함
교토 의정서(1997)	기후 변화 협약의 구체적 이행 방안으로, 선진국의 온실가스 감축 목표치를 구체적으로 규정함
파리 협정 (파리 기후 협약, 2015)	2021년부터 적용된 새로운 기후 협약으로, 선진국과 개발 도상국인 195개국 모두 온실가스 배출량을 감축해야 함

2. 국가적 차원

온실가스 배출량 감축 정책 실시	• 탄소 배출권 거래 제도: 온실가스 배출 권리를 사고팔 수 있도록 한 제도 • 녹색 성장 정책: 친환경 기술 사용, 친환경 제품을 개발하는 정책
대체 에너지 개발	화석 연료를 대체할 수 있는 신·재생 에너지를 개발함

3. 개인적·시민 단체 차원

개인적 차원	쓰레기 분리수거, 일회용품 사용하지 않기, 대중교통 이용 등
시민 단체 차원	사람들의 환경 의식 개선 주도, 정부의 환경 정책 감시 등

+ 선진국과 개발 도상국의 입장 차이

• 선진국: 온실가스 배출량이 급증하는 개발 도상국이 온실가스 감축에 적극 참여해야 한다고 주장함
• 개발 도상국: 오늘날 기후 변화는 선진국이 지금까지 배출한 온실가스의 영향이 크다고 주장함

(키워드 03)

환경 문제 유발 산업의 이전

환경 문제 유발 산업 이전의 유형에 대한 문제가 출제될 수 있어요.

+ 전자 쓰레기

수명이 다 된 휴대 전화 등 가전 제품이나 부품에서 나오는 쓰레기

+ 공해 유발 산업

폐수, 석면, 수은 등의 유해 물질을 배출하여 환경 문제를 일으키는 산업

+ 농장 이전 사례

케냐 남서부의 나이바샤 호수 근처에는 물이 풍부하여 대규모 장미 농장이 들어섰고, 이곳에서 생산된 꽃은 네덜란드 꽃 시장을 거쳐 세계로 판매됨

1. 산업 이전

배경	다국적 기업의 생산 공장 이전, 농업 생산의 세계화로 인한 플랜테이션 농장 운영
특징	• 생산 시설뿐만 아니라 환경 문제도 함께 따라가는 경향이 있음 • 주로 선진국에서 개발 도상국으로 이동함

2. 산업 이전의 유형

① 전자 쓰레기의 이동

선진국	대부분의 전자 쓰레기는 선진국에서 배출됨 → 자국의 환경·경제적 부담을 줄이기 위해 개발 도상국으로 수출함
개발 도상국	금속 자원을 채취하기 위해 전자 쓰레기를 수입함 → 전자 쓰레기의 유해 물질 배출에 따른 환경 오염과 생태계 파괴가 발생함

② 공해 유발 산업의 이전

선진국	환경 규제가 엄격하고, 쾌적한 환경에 대한 요구가 높음 → 공해 유발 산업을 개발 도상국으로 이전함
개발 도상국	환경 규제가 약하고 환경 문제에 대한 주민의 의식이 약함 → 경제 성장을 우선시하는 정부 정책으로 인해 공해 유발 산업을 유치함

3. 농장과 농업 기술의 이전

배경	선진국은 탄소 배출 비용을 절감하면서 임금과 지가가 저렴한 개발 도상국으로 농장을 이전하고 있음
영향	• 긍정적 영향: 일자리 증가 등으로 인한 지역 경제 활성화 • 부정적 영향: 화학 비료와 농약 사용에 따른 토양과 식수 오염 문제, 플랜테이션 농업 확대에 따른 식량 생산 부족 문제 등

환경 문제 유발 산업의 이전에 따른 영향

환경 문제 유발 산업의 유출 지역과 유입 지역의 변화를 각각 구분할 수 있어야 해요.

1. 유출 지역 및 유입 지역의 변화

구분	유출 지역(선진국)	유입 지역(개발 도상국)
긍정적 영향	환경 문제가 해결됨	산업 시설의 유치로 일자리가 증가함
부정적 영향	공장 시설 이전으로 일자리가 감소함	환경 오염, 산업 재해 등이 발생하고, 각종 질병에 노출됨

2. 환경 문제의 지역적 불평등 해결

선진국	기업들은 환경 오염을 최소화하고 안전한 생산 환경을 만들어야 함
개발 도상국	기업에 대한 환경 규제와 감시를 강화해야 함
국제 사회	유해 폐기물, 공해 유발 산업 등이 불법적으로 다른 지역에 확산되지 않도록 공동으로 대처해야 함 **예** 바젤 협약(국가 간 유해 폐기물 거래를 규제하는 협약)

환경 이슈

미세 먼지, 유전자 변형 식품, 로컬 푸드 운동에 대한 문제가 출제될 수 있어요.

✚ 환경 이슈

환경 문제 중 원인, 영향 등에 대한 입장이 서로 다른 쟁점

✚ 기타 환경 이슈

• 원자력 발전소 등 혐오 시설 건립을 둘러싼 갈등 문제
• 간척 사업 등 개발과 환경 보존을 둘러싼 갈등
• 주거지 및 공장 등에서 발생하는 소음 공해

✚ 푸드 마일리지

먹거리가 생산지에서 소비지까지 이동한 거리(km)에 식품 수송량(t)을 곱한 것으로, 푸드 마일리지가 낮을수록 배출되는 온실가스의 양과 방부제 사용량이 적음

1. 주요 환경 이슈

① 미세 먼지

의미	공기 중에 떠다니는 눈에 보이지 않을 정도의 작은 먼지
원인	자동차 배기가스 등에서 발생하는 매연, 건설 현장의 날림 먼지 등
영향	호흡기 및 심혈관 질환 등 유발, 가시거리 미확보로 인한 항공기 및 여객선 운행에 차질 발생, 반도체 등 정밀 산업의 불량률 증가 등

② 유전자 변형 식품(GMO)

의미	유전자 재조합 기술을 통해 유전자를 변형시켜 새로운 성질의 유전자를 가지게 된 식품이나 농산물
갈등 양상	• 긍정적 입장: 특정 영양소 강화와 대량 생산이 가능하여 식량 부족 해결에 기여하고, 병충해에 강하기 때문에 농약 사용을 감소시킴 • 부정적 입장: 인체 유해성과 생태계에 미치는 영향이 검증되지 않음

③ 로컬 푸드 운동

의미	지역에서 생산된 먹거리를 그 지역에서 소비하자는 운동
배경	식품의 운송 과정에서 과도한 온실가스의 배출과 방부제 사용으로 푸드 마일리지가 높은 글로벌 푸드에 대한 대안으로 등장함
영향	먹거리의 안전성 확보, 지역 농민의 소득 보장, 온실가스의 배출량 감소

④ 쓰레기 문제

원인	더 많은 자원 소비, 일회용품과 포장재의 사용 증가
영향	쓰레기 매립 지역의 토양 오염, 쓰레기 소각 시 대기 오염 등
갈등 양상	쓰레기 소각장이나 매립지 설치 등을 둘러싼 갈등 심화

2. 환경 이슈의 해결 방안

개인적 차원	• 환경 이슈를 둘러싼 자신만의 의견 정립하기 • 생활 속에서 환경 보전 실천하기 예 에너지 효율 등급이 높은 제품 사용하기 등
이해 당사자 차원	개인, 시민 단체, 기업, 정부, 국제 사회가 환경 이슈에 관심을 갖고 합리적인 해결책을 찾아야 함 → 토의 과정 필요

키워드 01

우리나라의 영역

• 영토, 영해, 영공에 대한 문제가 출제되었어요.
• 우리나라의 영역을 설정하는 기준에 대해 알아 두도록 해요.

✚ 해리

바다에서 거리를 잴 때 쓰는 단위(1해리=1,852km)

1. 영역의 의미와 구성

의미		한 국가의 주권이 미치는 공간적 범위
구성	영토	• 한 국가의 주권이 미치는 땅으로, 국토 면적과 일치함 • 영해와 영공 설정의 기준이 됨
	영해	• 영토 주변의 바다로, 일반적으로 영해 기선으로부터 12해리까지의 바다 • 내륙 국가들은 영해가 존재하지 않음
	영공	• 영토와 영해의 수직 상공으로, 일반적으로 대기권 내로 제한함 • 최근 항공 교통의 발달로 중요성이 커짐

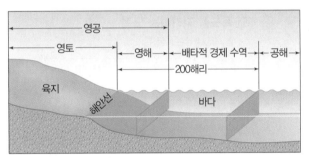

🔺 영역과 배타적 경제 수역

✚ 우리나라의 영해

✚ 최저 조위선

썰물 시 수위가 가장 낮았을 때의 해안선

✚ 직선 기선

가장 바깥쪽에 위치한 섬을 직선으로 연결한 선

2. 우리나라의 영역

영토		• 한반도와 그 부속 도서, 남북으로 긴 형태의 반도국으로 다양한 기후가 나타남 • 총면적: 약 22.3만 km²(남한 면적은 약 10만 km²)
영해	동해안, 제주도, 울릉도, 독도	통상 기선, 즉 최저 조위선을 기준으로 12해리까지 설정
	서해안, 남해안	해안선이 복잡하고 섬이 많음 → 직선 기선에서부터 12해리까지 설정
	대한 해협	일본과 거리가 가까워 3해리로 설정
영공		우리나라 영토와 영해의 수직 상공

3. 배타적 경제 수역(EEZ)

의미	영해 기선에서부터 200해리까지의 바다 중 영해를 제외한 바다
특징	• 연안국의 어업 활동 및 자원 탐사·개발에 관한 경제적 권리를 보장함 • 영역에 해당되지 않으므로 다른 국가의 선박·항공기의 자유로운 통행이 가능함
우리나라	중국, 일본과 배타적 경제 수역의 경계가 겹침 → 중국, 일본과 어업 협정을 체결하여 겹치는 해역은 공동으로 관리함

영토의 동쪽 끝, 독도

독도는 중요한 빈출 키워드 예요.

╋ 독도의 위치

╋ 메탄 하이드레이트

천연가스와 물이 결합된 95% 이상의 메탄으로 이루어진 고체 에너지로, 불을 붙이면 타기 때문에 '불타는 얼음'이라고 불림

╋ 해양 심층수

세균 번식이 없는 청정수로, 식수, 식품, 의약품, 화장품의 원료로 사용됨

1. 독도의 위치와 환경

위치	경상북도 울릉군 울릉읍 독도리 → 우리나라 가장 동쪽의 섬(극동)
자연환경	• 형성: 화산섬 → 동도와 서도, 89개의 부속 도서로 이루어져 있음 • 지형: 해안이 급경사를 이루어 거주 환경이 불리한 편임 • 기후: 난류의 영향으로 연교차가 작은 해양성 기후임
인문 환경	• 512년 신라가 우산국(울릉도)을 신라의 영토로 편입한 이후 우리의 영토가 됨 • 현재 우리나라 주민과 독도 경비대가 거주하고 있음

2. 독도의 가치

영역적 가치	• 우리 영토의 동쪽 끝을 확정하는 지점이자 배타적 경제 수역 설정의 중요한 기점 • 해상 및 항공 교통과 방어 기지로서 중요한 군사적 요충지
경제적 가치	• 풍부한 수산 자원: 조경 수역으로 플랑크톤과 어족 자원 풍부 • 풍부한 해저 자원: 메탄 하이드레이트와 해양 심층수 매장
환경·생태적 가치	• 해저 화산의 형성과 진화 과정을 알 수 있음 • 불리한 생태 환경(건조하고 척박한 토양임)에도 다양한 동식물이 서식하여 섬 전체가 '독도 천연 보호 구역'으로 지정됨

3. 독도를 지키려는 노력

① 역사 속의 독도

팔도총도	현존하는 우리나라 고지도 중 독도가 그려진 가장 오래된 지도
삼국접양지도	일본에서 만든 지도로, 울릉도와 독도를 조선과 같은 색으로 그리고 '조선의 소유'라고 표기함
연합국 최고사령관 각서 제 677호	제2차 세계 대전 이후 작성된 지도로, 독도를 우리나라 영토로 표기함

② 독도 지킴이 방안

개인적 차원	독도의 중요성을 인식해야 함
정부 및 시민 단체 차원	독도가 우리의 영토임을 국제 사회에 알리기 위한 활동을 전개해야 함 예 독도 문화 대축제, 해외 광고 등

지역화 전략

지리적 표시제에 대한 문제가 출제되었어요.

1. 지역화

의미	특정 지역이 그 지역만이 가지고 있는 독특한 특성을 살려 세계의 정치·경제·사회·문화의 주체가 되는 현상
등장 배경	세계화 시대에 지역 간 경쟁이 치열해지면서 지역의 경쟁력을 키우는 것이 중요해짐

＋ 지역화 전략
지역의 경쟁력을 높이기 위해 다른 지역과 차별화할 수 있는 전략

＋ 지역 브랜드

△ 뉴욕의 'WE♥NYC'

＋ 우리나라의 유네스코 지정 유산
• 유네스코 세계 자연 유산: 제주도의 한라산, 성산일출봉, 거문 오름, 용암 동굴
• 유네스코 세계 문화 유산: 서울 종묘, 수원 화성, 경주 역사 유적 지구 등

2. 세계화 시대의 지역화 전략

① 지역 브랜드

의미	지역에서 생산되는 상품이나 지역 자체에 고유한 상표를 부여한 제도 예 뉴욕의 'WE♥NYC', 서울의 'SEOUL, MY SOUL'
유의점	해당 지역의 지역성이 잘 드러나는 로고, 슬로건, 캐릭터를 활용함
효과	• 지역 브랜드의 가치가 높아지면 관광 산업 발전으로 이어짐 • 지역 정체성을 강화시킬 수 있음

② 지리적 표시제

의미	해당 지역에서 생산된 상품임을 표시할 수 있도록 국가가 허가해 주는 제도 예 보성 녹차(우리나라 최초 등록), 횡성 한우, 성주 참외, 순창 고추장 등
효과	• 소비자가 믿을 수 있는 상품을 구입할 수 있음 • 지역 이미지를 개선하여 지역 경제 발전에 이바지함 • 지역 특산물 보호 및 지역 농산물의 상품 경쟁력을 향상시킴

③ 장소 마케팅

의미	특정 장소를 매력적인 상품으로 개발하여 판매하려는 전략
사례	• 자연환경을 활용한 축제 개최 예 함평 나비 축제 • 랜드마크와 같은 이미지 홍보 예 파리 에펠탑 • 스포츠, 문화 이벤트 행사 개최 예 부산 국제 영화제 • 문화·역사적인 보존 가치 활용 예 안동 하회 마을
효과	• 지역 경제를 활성화 함 • 지역 주민들의 자긍심을 높여 줌

키워드 04

통일의 필요성

통일로 예상되는 결과에 대한 문제가 출제되었어요.

＋ 분단 비용
통일이 이루어지지 않기 때문에 지출하고 있는 비용

1. 통일의 필요성

지리적 측면	• 대륙과 해양을 연결하는 중심지 역할을 기대할 수 있음 • 국토 공간의 균형적 활용이 가능함
경제적 측면	• 분단 비용을 절감하여 경제, 교육, 복지 분야에 사용할 수 있음 • 남한의 자본과 기술, 북한의 천연자원과 노동력을 결합하여 국가 경쟁력을 강화시킬 수 있음
정치적 측면	• 북한의 인권 문제를 개선하고 전쟁의 위협에서 벗어날 수 있음 • 세계 유일한 분단국가의 통일로 세계 평화에 이바지하여 국가 위상이 높아질 수 있음
사회·문화적 측면	• 이산가족과 실향민의 고통을 해소할 수 있음 • 문화의 이질화를 극복하고 민족 정체성과 동질성을 회복할 수 있음

2. 통일 이후 국토 공간의 변화

+ 아시안 하이웨이

아시아 32개국을 연결하는 고속도로망으로, 완공된다면 아시아 국가 간 물적·인적 교류와 협력이 증대될 것으로 예상됨

매력적인 국토 공간 조성	백두산, 금강산, 비무장 지대(DMZ) 등 생태·환경·역사·문화가 결합된 매력적인 국토 공간 조성이 가능해짐
국제 물류 중심지로 성장	유라시아 대륙과 태평양을 잇는 반도국이라는 지리적 이점을 이용하여 물류의 중심지로 성장할 수 있음 **예** 아시안 하이웨이, 유라시아 횡단 철도 건설
이념 갈등 및 긴장 완화	분단 시대의 이념 갈등 완화, 자유 민주주의적 이념 확대
경제 발전	생활권 확대로 거주, 직업 등 다양한 분야에서 선택의 기회 확대 → 풍요로운 삶을 누릴 수 있게 됨

---

12 ▶ 더불어 사는 세계

키워드 01

지리적 문제

지리적 문제의 의미와 특징에 대해 알아 두도록 해요.

의미	사람들이 살아가는 공간에서 발생하는 문제
배경	세계화로 지역 간 상호 작용이 활발해지면서 지구상의 다양한 지리적 문제가 등장함
유형	기아 문제, 생물 다양성 감소 문제, 영역 분쟁 문제 등
발생 원인	국가 및 지역 간 불평등 심화, 종교 및 민족의 차이, 자원을 둘러싼 대립, 환경 오염 물질의 장거리 이동 등 여러 요인이 복합되어 나타남
특징	특정 지역만의 문제가 아니라 다른 지역과 연관되어 있기 때문에 해결을 위해 세계가 함께 노력해야 함

키워드 02

지구상의 다양한 지리적 문제

다양한 지리적 문제. 특히 영역 분쟁의 사례가 출제될 수 있어요.

+ 기아 현황

40여 개국 8억 명 이상의 인구가 굶주림으로 고통을 겪고 있으며, 4명 중 1명 이상의 어린이가 영양 결핍 상태에 놓여 있음

1. 기아 문제

의미		인간이 생존하는 데 필요한 물과 영양소가 충분히 섭취되지 못한 상태 → '소리 없는 쓰나미'로 불림
문제점		영양 부족으로 전염병에 취약하고 인간의 성장을 방해해 노동 생산성을 낮춤
발생 원인	자연적 요인	가뭄, 홍수, 태풍, 병충해 등으로 인한 식량 생산량 감소
	인위적 요인	• 개발 도상국의 인구 급증에 따른 곡물 수요의 증가 • 식량 작물이 가축 사료나 바이오 에너지의 원료로 사용되면서 작물의 가격 상승 • 곡물 대기업이 유통량을 조절하여 개발 도상국의 곡물 수입이 어려워짐 → 식량 분배의 불균형 문제 발생 • 전쟁으로 인한 식량 생산 감소
해당 지역		식량 생산에 비해 인구 증가율이 높은 곳 **예** 사하라 사막 이남 아프리카 등

2. 생물 다양성 감소 문제

+ 생물 다양성 협약

국제 연합(UN)에서 생물 종을 보호하고 생물 다양성을 유지하기 위해 채택한 협약

의미	자연계에 존재하는 생물과 서식 환경의 다양성이 훼손되는 것
발생 원인	지구 온난화와 같은 기후 변화, 열대 우림과 습지 감소로 인한 동식물의 서식지 파괴, 무분별한 남획, 인구 증가로 인한 농경지 확대, 외래종의 유입 등
영향	생물 종이 감소하여 인간 생존 위협, 먹이 사슬이 끊겨 생태계가 파괴될 수 있음
해결	세계 자연 기금 설립, 생물 다양성 협약 체결

3. 영역 분쟁

① 현황 및 발생 원인

현황	영토 및 영해를 차지하기 위한 갈등과 분쟁이 끊임없이 일어나고 있으며, 전쟁으로 확대되기도 함
발생 원인	모호한 국경선 설정, 자원을 둘러싼 갈등, 종교·민족·언어 등의 차이, 해상 교통의 요지와 군사적 요충지 확보 경쟁, 해양 자원 확보를 둘러싼 갈등

② 영토 분쟁 사례

팔레스타인	아랍인(이슬람교)과 유대인(유대교) 간의 갈등
북아일랜드	영국으로부터의 독립을 요구하는 가톨릭교도와 개신교도 간의 갈등
카슈미르	인도(힌두교)와 파키스탄(이슬람교) 간의 갈등
아프리카	과거 유럽 강대국에 의해 설정된 국경선으로 인해 현재 국경과 부족 경계가 달라 내전과 난민이 발생함

③ 영해 분쟁 사례

✚ 센카쿠 열도(댜오위다오)

센카쿠 열도 (댜오위다오)	• 해당 국가: 중국과 일본 • 갈등 배경: 현재 일본의 실효 지배 → 최근 석유와 천연가스가 매장된 사실이 알려지면서 갈등이 심화됨
쿠릴 열도 (북방 4도)	• 해당 국가: 러시아와 일본 • 갈등 배경: 현재 러시아가 실효 지배 → 군사적 요충지로 일본과 갈등하고 있음
난사 군도 (스프래틀리 군도)	• 해당 국가: 중국, 타이완, 필리핀, 베트남, 브루나이, 말레이시아 • 갈등 배경: 해상 교통의 요지로 석유와 천연가스가 매장되어 있음 → 2015년 현재 6개국이 나누어 실효 지배하고 있음
카스피해	• 해당 국가: 러시아, 이란, 카자흐스탄, 아제르바이잔, 투르크메니스탄 • 갈등 배경: 석유와 천연가스 지대의 영유권을 두고 분쟁 중임
북극해	• 해당 국가: 러시아, 캐나다, 미국, 노르웨이, 덴마크 • 갈등 배경: 석유와 천연가스 지대의 영유권을 두고 분쟁 중임
포클랜드 제도	• 해당 국가: 영국, 아르헨티나 • 갈등 배경: 현재 영국령 → 가까운 위치에 있는 아르헨티나가 석유 지대에 대한 영유권을 주장하고 있음

키워드 03

발전 수준에 따른 국가 구분

선진국과 개발 도상국의 발전 수준 차이를 비교하여 정리해 두세요.

1. 선진국과 개발 도상국의 발전 수준 차이

선진국	• 18세기 후반 일찍 산업화를 이룸 • 소득 수준이 높음 • 서부 유럽, 앵글로아메리카 등 주로 북반구에 위치함
개발 도상국	• 20세기 이후부터 현재까지 산업화가 진행 중임 • 소득 수준이 낮고 빈곤 상태인 국가도 많음 • 대부분 사하라 사막 이남 아프리카와 남아시아, 라틴 아메리카 등 남반구에 위치함

2. 발전 지표에 따른 국가 구분

구분	선진국	개발 도상국
1인당 국내 총생산	많음	적음
인간 개발 지수(HDI)	높음	낮음
성 불평등 지수	낮음	높음
영아 사망률	낮음	높음
기대 수명	높음	낮음
교사 1인당 학생 수	적음	많음
성인 문자 해독률	높음	낮음

✚ 인간 개발 지수(HDI)
실질 국민 소득, 교육 수준 등 자료를 조사하여 각국의 발전 수준을 평가하는 지표

키워드 04

빈곤 문제 해결을 위한 노력

저개발 국가의 빈곤 문제 해결을 위한 노력에 대해 알아 두도록 해요.

✚ 적정 기술
지속적인 생산과 소비가 가능하도록 만들어진 기술

1. 저개발 국가의 자체적 노력

경제	• 사회 기반 시설, 자원 개발 등으로 외국 자본과 기술을 유치함 • 농업 기술 개량, 품종 개발 등을 통해 식량 생산을 증대시킴
교육	교육의 보급으로 문맹률을 낮춤
정치	정치적 불안정 문제를 해결하고 여성의 권리를 신장시키는 데 힘씀
보건	위생 및 보건 환경을 개선함
기술	적정 기술 제품을 도입함

2. 저개발 국가의 노력 사례

보츠와나	다이아몬드 산업 개발을 통해 얻은 이익을 국내에 재투자함
볼리비아	에너지 자원 주권 운동을 통해 빈곤 문제 완화에 힘씀
르완다	여성 권리 신장·빈곤 퇴치에 힘씀
에티오피아	정치적 안정과 외국 자본 유치, 대외 경제 협력에 힘씀
부탄	행복 지수를 통해 국민의 삶의 질 측정 → 2010년 행복 지수 1위

3. 저개발 국가 간 경제 협력체

등장 배경	단일 국가가 선진국에 맞서기 힘듦 ⓔ 서아프리카 경제 공동체(ECOWAS) 등
장점	선진국에 공동 대응 가능, 공동으로 자원 개발 및 수출

4. 자체적 노력의 한계와 국제 협력의 필요성

한계점	기술 수준이 낮고 자본이 부족한 저개발 국가들의 노력만으로는 빈곤 문제의 해결이 어려움
국제 협력의 필요성	국제 연합에서 2016년부터 '지속 가능한 발전 목표'를 정해 국제적인 지원과 협력을 확대하고 있음

키워드 05

지역 간 불평등 완화를 위한 노력

- 공정 무역에 대한 문제가 출제될 수 있어요.
- 지역 간 불평등 완화를 위한 정부 간 국제기구 및 국제 비정부 기구의 역할에 대해 알아 두도록 해요.

＋ 한국 국제 협력단 (KOICA)

1991년에 설립된 우리나라의 공적 대외 원조를 총괄하는 기관으로, 개발 도상국에 정부 차원의 개발을 원조하고 있는 단체

＋ 공정 무역 커피의 이익 배분 구조

판매업자 93.8%
}
농민 0.5%
}
기타 5.7%

일반 커피

판매업자 50%
}
농민 6%
}
기타 44%

공정 무역 커피

사 회

1. 국제 사회 차원의 노력

① 정부 간 국제기구의 노력(국제 연합 산하 기구)

세계 보건 기구(WHO)	보건 위생 분야의 국제적 협력을 위한 기구
세계 식량 계획(WFP)	식량 원조 및 긴급 구호를 위한 기구
유엔 난민 기구(UNHCR)	난민들이 새로운 국적을 취득할 때까지 지원하는 기구
유엔 평화 유지군(UNPKF)	세계 평화와 안전 유지를 위해 편성한 국제 군대
유엔 개발 계획(UNDP)	개발 도상국에 대한 원조 계획을 조정하는 기구
유엔 인권 이사회(UNHRC)	세계 인권 보호 및 증진을 위한 기구

② 공적 개발 원조(ODA)

의미	선진국에서 개발 도상국의 경제 개발과 복지 증진을 위해 자원과 기술 등을 지원하는 것
특징	• 경제 협력 개발 기구(OECD) 산하의 개발 원조 위원회(DAC)에서 주도함 • 과거 우리나라는 원조를 받았으나, 현재 한국 국제 협력단(KOICA)을 설립하여 저개발 국가를 원조하고 있음

③ 국제 비정부 기구(NGO)

그린피스	국제 환경 보호 단체로 시작 → 핵 실험 반대, 기후 변화 억제 등을 위해 활동함
국경 없는 의사회	의료 혜택을 받지 못하는 사람들에 대한 긴급 구호를 실시하는 단체 → 1999년 노벨 평화상을 받음
옥스팜	빈곤 퇴치 및 기근 구제를 위해 활동함
기타	세이브 더 칠드런, 국제 엠네스티, 국제 적십자사, 유니세프, 월드비전 등

④ 국제 사회 노력의 성과와 한계

성과	저개발 국가의 시급한 기아 문제를 일정 부분 해소함
한계	• 문제 해결 효과가 나타나기까지 시간이 걸림 • 단기적인 성장 위주의 지원은 오히려 자발적 성장을 저해할 수 있음

2. 개인적 차원의 노력

① 공정 무역(Fair Trade)

의미	저개발 국가의 생산자가 만든 커피, 차, 카카오 등 친환경 상품을 직거래를 통해 공정한 가격으로 구매하여 노동에 대한 공정한 대가를 지불하고자 하는 윤리적 소비 운동
효과	• 생산자: 아동과 부녀자의 노동 착취 방지, 쾌적하고 안전한 노동 환경, 유통 비용 절감 • 소비자: 저개발 국가의 어려운 사람들을 직접 도움, 친환경 제품을 구입할 수 있음
한계	• 생산자: 다국적 기업의 상품에 밀려 시장 확보가 어려울 수 있음 • 소비자: 가격이 저렴하지 않고 이용 가능한 제품이 적음

② 세계 시민으로서의 자세와 역할

공동체 의식 함양	• 봉사 활동과 기부에 적극적으로 동참해야 함 • 다양한 지리적 문제에 관심을 가지고 협력해야 함
환경 보호	일회용품 사용을 자제하는 등 친환경적인 행동을 실천해야 함

역사

⚡ **원포인트 공부법** 전근대사는 시대별 흐름을 파악한 후 주요 왕들의 업적을 제도·주요 사건·문화와 연결지어 정리하고, 근현대사는 전체적인 흐름을 파악한 후 주요 사건의 과정을 정리해 두세요.

01 선사 문화와 고대 국가의 형성

키워드 01

선사 문화

- 구석기·신석기·청동기 시대는 매회 출제되었어요.
- 구석기·신석기·청동기 시대의 도구 및 경제를 구분하여 알아 두도록 해요.

+ 주먹도끼

+ 빗살무늬 토기

+ 신석기 시대의 신앙

- 애니미즘: 자연 현상이나 자연물에 영혼이 있다고 믿음
- 토테미즘: 호랑이나 곰 등 특정한 동물을 부족의 수호신으로 여김
- 샤머니즘: 무당과 그의 주술을 믿음

TIP 청동은 재료가 귀하고 다루기 어려워 농기구와 일상생활 도구는 여전히 돌이나 나무로 만들었습니다.

1. 만주와 한반도의 구석기·신석기 시대

구분	구석기 시대	신석기 시대
시기	약 70만 년 전	약 1만 년 전
도구	뗀석기(돌을 깨거나 떼어 만든 도구) 사용 → 주먹도끼, 슴베찌르개 등	• 간석기(돌을 갈아 만든 도구) 사용 → 갈돌과 갈판 등 • 빗살무늬 토기 제작
경제	사냥, 고기잡이(어로), 채집	• 농경과 목축의 시작 • 사냥, 고기잡이 병행 • 가락바퀴와 뼈바늘로 옷과 그물 제작
주거	동굴, 바위 그늘, 강가에 지은 막집	강가나 해안가에 지은 움집(중앙의 화덕, 반지하, 원형 바닥)
사회	이동 생활, 평등 사회	정착 생활, 평등 사회
예술	사냥의 성공과 풍요를 기원하는 예술품 제작, 동굴 벽화	조개껍데기 예술품, 뼈로 만든 장신구, 동물 조각 등 제작
신앙 생활	―	애니미즘, 토테미즘, 샤머니즘

2. 만주와 한반도의 청동기 시대

시기	기원전 2000년경 ~ 기원전 1500년경부터 청동기 사용 시작
도구	• 청동기(주로 지배층의 무기나 장신구, 제사용 도구) 사용 → 비파형 동검, 거친무늬 거울, 청동 방울 등 • 간석기 사용 → 반달 돌칼(농사용 도구) 등
경제	주로 조·보리·콩 등 재배, 한반도 남부 일부 지역에서 벼농사 시작
주거	야산이나 구릉에 지은 움집(벽쪽의 화덕, 지상 가옥, 사각형이나 원형의 바닥)
사회	인구 증가, 잉여 생산물 발생 → 사유 재산 발생 → 빈부 격차 → 계급 발생 → 군장(족장)의 출현, 제사 주관 → 제정일치 사회
유물	• 지배층의 무덤 축조 → 고인돌 • 사냥과 고기잡이의 성공을 기원하는 바위그림을 그림

🔺 비파형 동검

🔺 반달 돌칼

🔺 고인돌

고조선의
건국과 발전

고조선과 단군왕검을 묻는
문제가 출제되었어요.

+ 단군의 건국 이야기를
통해 알 수 있는 당시의 사
회 모습

• 환인, 환웅: 선민사상
• 풍백, 우사, 운사(바람, 비,
  구름의 주관자): 농경 사회
• 홍익인간: 건국 이념
• 곰, 호랑이: 동물을 숭배
  했던 토테미즘 사상
• 웅녀와 환웅의 결합: 토착
  민과 유이민 세력의 결합
• 단군왕검: 단군은 '제사장',
  왕검은 '정치적 지배자'라
  는 의미(제정일치 사회)

1. 고조선의 건국

건국	기원전 2333년 단군왕검이 우리 역사상 최초의 국가인 고조선 건국
기록	『삼국유사』에 최초로 단군왕검의 고조선 건국 이야기 기록
성장	• 청동기 문화를 바탕으로 만주 랴오닝 지방과 한반도 서북부 지방까지 세력 확대 • 문화 범위 근거: 비파형 동검, 탁자식 고인돌의 분포 지역으로 추측
사회	• 계급 사회: 강력한 왕 등장, 지배층과 피지배층으로 나뉨 • 제정일치 사회(단군왕검), 부족 연합 국가 • 사회 질서 유지를 위한 엄격한 법인 범금 8조(8조법) 존재

2. 위만 조선의 성립과 고조선의 멸망

위만 조선 성립	• 진·한 교체기에 위만과 유이민 이주 → 준왕은 위만에게 서쪽 지역의 수비를 담당하게 하였으나 위만이 준왕을 몰아내고 왕이 됨(기원전 2세기경) • 철기 문화의 본격 수용, 중국의 한과 한반도 남부 세력 사이에서 중계 무역을 통해 발전
고조선 멸망	한 무제의 침략 → 수도 왕검성 함락 → 고조선 멸망(기원전 108) → 한의 고조선 지배(4개의 군현 설치, 법률이 복잡해지고 사회가 각박해짐)

여러 나라의 성장

• 옥저, 동예에 대한 문제가
  출제되었어요.
• 철기 시대에 등장한 국가
  들의 특징을 구분하여 알
  아 두도록 해요.

+ 여러 나라의 성장

+ 부여의 풍습

• 순장: 왕이 죽으면 노비를
  껴묻거리와 함께 매장
• 우제점법: 전쟁 시 소의
  발굽 모양으로 점을 침
• 형사취수제: 형이 죽으면
  동생이 형수를 아내로 삼
  음 → 노동력 중시

+ 서옥제

혼인 후 신랑이 신부 집에서
일정 기간 거주하는 일종의
데릴사위제

1. 철기의 보급

시기	기원전 5세기경 만주와 한반도에 보급 → 기원전 1세기경에 본격적으로 사용
도구	• 철제 무기: 활발한 정복 전쟁 → 영역이 확대되며 국가 형성 • 철제 농기구: 농업 생산력의 향상으로 인구 증가 • 청동기: 장신구나 의례 도구로 사용, 한반도의 독자적인 청동기 문화 발달 • 토기: 민무늬 토기, 덧띠 토기, 검은 간 토기
사회	연맹 왕국의 등장, 사회 계층화와 직업 전문화
교류	중국과의 활발한 교류: 중국 화폐 발견(명도전·반량전·오수전), 경남 창원 다호리 유적에서 붓 발견(한자 전래 짐작)
무덤	독무덤(항아리), 널무덤(나무 널)

2. 만주와 한반도 북부에 등장한 국가

구분	부여	고구려
건국	만주 쑹화강 유역의 넓은 평야 지대에서 여러 부족이 연합하여 건국	부여에서 이주한 주몽이 졸본 지방에서 압록강 토착 세력과 연합하여 건국
정치	왕이 중앙을 다스리고 여러 가(加)들이 사출도를 다스림(5부족 연맹 왕국) → 왕권 미약	왕 아래 각자 영역을 다스리는 대가 존재(5부족 연맹 왕국) → 왕권 미약, 왕과 대가들이 제가 회의에서 국가의 중요한 일 결정
경제	밭농사와 목축, 말과 모피 생산	산악 지대, 농경 불리 → 활발한 정복 전쟁(약탈 경제)
풍습	순장, 우제점법, 형사취수제, 엄격한 법(1책 12법) 존재	서옥제, 형사취수제
제천 행사	영고(12월)	동맹(10월)

3. 한반도에 등장한 국가

① 옥저와 동예

구분	옥저	동예
위치	함경도 동해안 지역	강원도 동해안 지역
정치	• 군장(읍군, 삼로)이 각각의 영역을 다스리는 군장 국가 • 일찍부터 고구려의 간섭을 받음	
경제	소금과 해산물 풍부 → 고구려에 공납을 바침	• 해산물 풍부, 토지 비옥 • 특산물(단궁, 과하마, 반어피) → 고구려에 공납을 바침
풍습	민며느리제, 가족 공동 무덤	족외혼, 책화
제천 행사	–	무천(10월)

② 삼한(마한, 변한, 진한)

건국	한반도 중남부 지역에서 여러 소국이 모여 건국함
정치	• 제정 분리 사회 • 정치: 군장(신지, 읍차)이 각 소국을 통치함 • 제사: 천군이 신성 지역인 소도에서 종교와 제사를 주관함
경제	• 벼농사 발달, 저수지 축조 • 변한 지역은 철이 풍부하여 낙랑·왜 등지에 수출하거나 화폐(덩이쇠)로 사용함
제천 행사	계절제(5월, 10월)

＋ 민며느리제

신부가 될 어린아이를 신랑 집에서 데려다 키운 후 성인이 되면 신랑 측에서 대가를 지불하고 결혼을 시키는 풍습

＋ 책화

다른 부족의 영역을 침범하면 노비나 소, 말 등으로 갚게 하는 제도

키워드 04

중앙 집권 국가의 등장

해당 국가	고구려, 백제, 신라
중앙 집권 국가의 특징	• 왕권 강화: 왕위 부자 상속 확립 • 영토 확장: 활발한 정복 전쟁을 통한 영토 확장 • 율령 반포: 관등제, 관복제 마련 등 통치 체제 정비 • 불교 수용: 백성의 사상적 통합 추구, 왕의 권위와 중앙 집권 체제 뒷받침

키워드 05

고구려의 성립과 발전

고구려 발전의 토대를 마련한 소수림왕, 전성기를 이끈 광개토 대왕, 장수왕의 업적에 대해 알아 두도록 해요. 특히, 광개토 대왕과 장수왕은 빈출 주제예요.

1. 고구려의 성립

건국 (기원전 37)	부여 계통의 유이민인 주몽이 압록강 근처의 졸본에서 토착 세력과 연합하여 5부를 중심으로 한 연맹 왕국 건국 → 1세기 초 국내성으로 천도
태조왕 (1세기 후반)	옥저 정복, 요동 지방으로의 진출 시도
고국천왕 (2세기 말)	• 왕위 부자 상속 확립 • 빈민 구휼을 위해 진대법 실시
미천왕 (4세기 초)	낙랑군을 몰아내고 대동강 유역 확보, 요동으로 세력 확대
고국원왕 (4세기 중반)	중국 전연의 침입으로 수도 국내성 함락, 백제 근초고왕의 평양 침입으로 고국원왕 전사 → 국가적 위기

소수림왕 (4세기 후반)	• 통치 체제 정비 노력 → 위기 극복, 중앙 집권 체제 강화 • 율령 반포, 태학 설립, 중국 전진으로부터 불교 수용

2. 고구려의 발전

✚ **고구려의 전성기(5세기)**

광개토 대왕 (4세기 말~ 5세기 초)	• 고구려의 전성기 • 요동을 포함한 만주 대부분의 지역 차지 • 백제 공격 → 한강 이북 지역 차지 • 신라에 침입한 왜군 격퇴 → 신라에 대한 영향력 확대, 가야 지역까지 공격 • 연호 '영락' 사용, 스스로 '태왕'이라 칭함 • 광개토 대왕의 아들인 장수왕이 광개토 대왕릉비를 세워 광개토 대왕의 업적을 기록
장수왕 (5세기)	• 고구려의 전성기 • 평양 천도, 남진 정책 추진 → 백제와 신라 압박 → 백제와 신라의 동맹 결성 (나·제 동맹) • 백제의 수도인 한성 함락(백제 개로왕 전사), 한강 유역 확보 • 충주 고구려비를 세워 남한강 유역까지 진출하였음을 나타냄

1. 백제의 건국과 성장

건국 (기원전 18)	부여·고구려계 유이민 세력(온조)과 한강 유역의 토착 세력이 연합하여 위례성(한성)에서 건국
고이왕 (3세기 중반)	• 중앙 집권 국가의 기틀 마련, 관등제 정비, 관복제 제정 • 마한의 목지국 병합 → 한반도 중부 지방 확보
근초고왕 (4세기 중반)	• 백제의 전성기 • 왕위의 부자 상속 확립 • 고구려 고국원왕을 전사시키고 황해도 일부 지역 차지, 마한 전 지역 확보, 가야에 영향력 행사 • 중국 남조의 동진과 교류, 산둥 지방·왜의 규슈 지방에 진출(칠지도)
침류왕 (4세기 말)	중국 동진으로부터 불교 수용

2. 백제의 중흥 노력(5~6세기)

개로왕	고구려 장수왕의 공격으로 전사
문주왕	수도인 한성을 빼앗기고 웅진(공주)으로 천도(475) → 한강 유역 상실
무령왕	• 지방의 요지에 설치한 22담로에 왕족 파견 → 지방 통제 강화 • 중국 남조와 외교 관계 강화: 무령왕릉(중국 남조의 양 무덤 양식, 벽돌무덤)에 영향
성왕	• 대외 진출에 유리한 사비(부여)로 천도 • 국호를 일시적으로 '남부여'로 바꿈 • 일본에 불교를 비롯한 선진 문물 전파 • 중앙과 지방의 통치 제도 정비 • 신라 진흥왕과 연합 → 한강 하류 유역 일시적 회복 → 신라의 배신으로 한강 유역을 빼앗김(나·제 동맹 결렬) → 관산성 전투 패배(성왕 전사)

신라의 성립과 발전

지증왕, 법흥왕, 진흥왕의 업적에 대해 알아 두도록 해요.

1. 신라의 성립

건국 (기원전 57)	• 진한의 소국인 사로국에서 시작, 박혁거세가 금성(경주)에서 건국 • 초기에는 박(박혁거세), 석(석탈해), 김(김알지)의 세 성씨가 교대로 왕위 계승
내물왕 (4세기 후반)	• 중앙 집권 국가의 기틀 마련 • 김씨의 왕위 세습 확립, 지배자의 칭호로 '마립간(대군장)' 사용 • 고구려 광개토 대왕의 도움으로 왜군의 침입 격퇴 → 고구려의 간섭 심화, 고구려를 통해 중국의 선진 문물 수용 • 고구려의 원조가 있었음을 보여 주는 근거: 광개토 대왕릉비, 호우명 그릇

2. 신라의 발전

지증왕 (6세기 초)	• 국호를 '신라'로 변경, 지배자의 칭호로 '왕' 사용 • 이사부를 보내 우산국(울릉도) 일대 복속 → 신라 영토로 편입 • 소를 이용하여 농사를 짓는 우경 장려 → 농업 생산력 확대 • 지방 제도 정비
법흥왕 (6세기 전반)	• 율령 반포, 병부 설치, 관등제와 골품제 정비, 상대등 설치 • 금관가야 병합 • 이차돈의 순교를 계기로 불교 공인 • 독자적 연호 '건원' 사용
진흥왕 (6세기 중반)	• 신라의 전성기 • 화랑도를 국가적 조직으로 개편 → 인재 양성, 계층 간의 대립 완화 • 황룡사 건립, 불교 집회 개최 • 백제 성왕과 연합하여 한강 상류 유역 차지 → 백제를 공격하여 한강 하류 유역도 장악 • 대가야 정복 → 가야 연맹 해체 • 영토 확장을 기념하기 위해 단양 신라 적성비와 4개의 진흥왕 순수비(서울 북한산 신라 진흥왕 순수비, 창녕비, 마운령비, 황초령비) 건립

✚ 신라의 전성기

✚ 신라의 한강 유역 확보의 의의

• 삼국 간의 경쟁에서 유리한 위치 차지, 한반도의 주도권 장악 → 삼국 통일의 기틀 마련
• 중국과 직접 교류 가능, 백제와 고구려의 연결 차단

가야 연맹의 성립과 발전

1. 가야 연맹의 성립과 발전

성립	변한 지역(낙동강 하류 유역)의 소국들이 연합하여 가야 연맹 형성
연맹의 중심지 이동	• 김해 지역의 금관가야: 전기 가야 연맹 주도, 철 생산과 교역으로 성장(낙랑·왜 등지에 철 수출) → 신라 법흥왕에게 멸망 • 고령 지역의 대가야: 후기 가야 연맹 주도, 농업에 유리, 철 생산으로 성장 → 신라 진흥왕에게 멸망

2. 가야 연맹의 멸망
백제와 신라 사이에서의 압박과 각 소국들의 독자적인 기반 유지로 인해 중앙 집권 국가로 발전하지 못하고 신라에 멸망

키워드 09

삼국의 통치 체제

구분	고구려	백제	신라
귀족 회의	제가 회의	정사암 회의	화백 회의(만장일치)
수상	대대로	상좌평	상대등

키워드 10

삼국의 문화

- 고구려의 굴식 돌방무덤 이 출제되었어요.
- 부여 정림사지 5층 석탑 과 무령왕릉이 백제와 관 련 있음을 묻는 문제가 출 제되었어요.

➕ 익산 미륵사지 석탑

➕ 부여 정림사지 5층 석탑

➕ 백제 금동 대향로

1. 삼국의 종교

① 불교

수용		• 왕권 강화와 백성의 정신적 통합을 위해 수용 → 왕실의 주도로 국 가적 종교로 발전, 거대한 사찰과 탑 건립 • 고구려: 소수림왕 때 중국 전진으로부터 수용 • 백제: 침류왕 때 중국 동진으로부터 수용 • 신라: 법흥왕 때 이차돈의 순교로 공인
예술	고구려	• 탑: 주로 목탑으로 제작되어 현재는 전하지 않음 • 불상: 금동 연가 7년명 여래 입상
	백제	• 사찰: 미륵사(무왕) • 탑: 익산 미륵사지 석탑, 부여 정림사지 5층 석탑 • 불상: 서산 용현리 마애여래 삼존상(백제의 미소)
	신라	• 사찰: 황룡사(진흥왕) • 탑: 경주 분황사 모전 석탑, 황룡사 9층 목탑(선덕 여왕) • 불상: 경주 배동 석조 여래 삼존 입상

② 도교

전래	일찍부터 중국에서 전래 → 산천 숭배와 신선 사상을 중심으로 귀족 사회에서 유행
유물	고구려의 사신도 고분 벽화, 백제 금동 대향로, 백제의 산수무늬 벽돌

2. 삼국의 학문

유학	고구려	• 태학: 중앙 최고의 유학 교육 기관, 유교 경전과 역사서 교육 • 경당: 지방 교육 기관, 한학과 무술 교육
	백제	오경박사가 유학 교육 담당
	신라	임신서기석(신라의 청년들이 유교 경전을 공부하였음을 알 수 있음)
역사책	고구려	이문진의 『신집』 5권 편찬(영양왕)
	백제	고흥의 『서기』 편찬(근초고왕)
	신라	거칠부의 『국사』 편찬(진흥왕)
과학 기술	천문학	• 고구려: 별자리 천문도(고분 벽화의 별자리 그림) • 신라: 첨성대(선덕 여왕)
	금속 기술	• 고구려: 철제 기구 생산 기술 발달 • 백제: 칠지도, 백제 금동 대향로 • 신라: 금 세공 기술 발달

- 돌무지무덤: 목곽 위로 돌
  을 쌓아 올림
- 굴식 돌방무덤: 무덤 안에
  돌 방을 만들고 위에 흙을
  덮음(벽화 존재)
- 돌무지덧널무덤: 땅을 파
  서 목곽을 넣고 그 위에
  돌을 덮은 후 봉토를 쌓아
  올림(벽화를 그릴 수 없고,
  도굴도 어려움)

3. 삼국의 고분

고구려	• 초기: 돌무지무덤 예 장군총 • 후기: 굴식 돌방무덤 예 무용총
백제	• 한성 시기: 돌무지무덤 예 서울 석촌동 고분 • 웅진 시기: 벽돌무덤(예 무령왕릉), 굴식 돌방무덤 • 사비 시기: 굴식 돌방무덤
신라	• 초기: 돌무지덧널무덤 예 천마총 • 후기(통일 이후): 굴식 돌방무덤

키워드 11

삼국의 대외 교류

1. 일본과의 교류 일본의 아스카 문화 형성에 영향

고구려	혜자(일본 쇼토쿠 태자의 스승), 담징(종이와 먹 제조법 전승)
백제	• 삼국 중 일본에 가장 많은 영향을 줌 • 아직기·왕인(한자와 유학 전파), 노리사치계(성왕 때 일본에 불교 전파) • 오경박사, 역박사, 의박사 등이 일본에서 활약
신라	둑 쌓는 기술(한인의 연못)과 배 만드는 기술 전파
가야	토기 제작 기술 전파(일본 토기인 '스에키'에 영향)

2. 중국·서역과의 교류

고구려	• 고분 벽화를 통해 서역 국가들과 교류하였음을 알 수 있음 • 중국 남북조와 교류하며 한자, 불교, 도교 수용
백제	• 중국 남조의 영향을 받아 벽돌무덤인 무령왕릉 제작 • 서해와 남해를 연결하는 해상 교역 주도
신라	지리적 한계로 고구려와 백제를 통해 중국과 교류 → 한강 유역을 차지한 이후 중국과 직접 교류

02 남북국 시대의 전개

키워드 01

수·당의 침략을 물리친 고구려

+ 6세기 후반~7세기 초 동아시아의 정세

1. 고구려와 수의 전쟁

배경	중국을 통일한 수가 고구려에 복속 요구 → 고구려가 이를 거절하고 요서 지방 선제 공격
경과	• 수 문제의 침략 → 고구려군의 격퇴 • 수 양제의 침략 → 을지문덕이 이끄는 고구려군이 살수(청천강)에서 격퇴(살수 대첩, 612)
결과	고구려의 승리, 수 멸망, 당 건국(618)

2. 고구려와 당의 전쟁

배경	• 당 건국 초기 친선 관계 → 당 태종 즉위 이후 적대 관계 → 국경에 천리장성을 쌓아 당의 공격에 대비 • 연개소문의 정변 발생
경과	당 태종이 연개소문의 정변을 구실로 고구려 공격 → 당의 안시성 공격 → 성주와 백성이 합심하여 승리(안시성 싸움, 645)
의의와 영향	• 의의: 수와 당의 고구려 지배 야욕을 좌절시킴(한반도의 방파제 역할 수행) • 영향: 계속된 전쟁으로 고구려의 국력 쇠퇴

키워드 02

신라의 삼국 통일

• 신라의 삼국 통일 과정을 알아 두도록 해요.
• 황산벌 전투, 나·당 전쟁에 대한 문제가 출제될 수 있어요.

나·당 동맹	배경	백제 의자왕이 신라를 공격하여 대야성 등 40여 개의 성을 빼앗음
	과정	신라가 고구려에 도움 요청 → 고구려의 거절 → 김춘추의 활약으로 나·당 동맹 체결(648) → 나·당 연합군 결성

↓

백제의 멸망과 부흥 운동	배경	백제 지배층의 사치와 분열, 정치 기강 혼란
	과정	김유신이 이끈 신라군이 백제 공격 → 계백의 결사대가 황산벌 전투에서 신라군에 패배 → 사비성 함락, 백제 멸망(660)
	부흥 운동	• 주도 인물: 복신, 도침(주류성), 흑치상지(임존성), 왕자 부여풍 • 백제 부흥군·왜 연합군이 백강 전투에서 나·당 연합군에 패배(663) → 실패

↓

고구려의 멸망과 부흥 운동	배경	• 수·당과의 거듭된 전쟁으로 국력 소모 • 연개소문 사후 연개소문의 아들들 사이에 권력 다툼 발생
	과정	나·당 연합군이 평양성 공격 → 평양성 함락, 고구려 멸망(668)
	부흥 운동	• 주도 인물: 고연무(오골성), 검모잠(한성), 안승 • 신라가 고구려 왕족 출신인 안승에게 보덕국을 세우게 하고, 보덕국의 왕으로 임명 • 지도층의 내분으로 실패

↓

나·당 전쟁	배경	당이 웅진도독부(백제 옛 땅), 계림도독부(신라 땅), 안동도호부(고구려 옛 땅) 설치 → 한반도 전체를 지배하려는 야욕을 보임
	나·당 전쟁	매소성·기벌포 전투에서 당을 크게 물리침 → 삼국 통일 완성(676)

✚ 신라의 삼국 통일의 의의와 한계

• 의의: 백제·고구려 유민과 함께 당을 몰아냈으며, 우리 민족 최초의 통일 국가를 이룩함 → 민족 문화 발전의 토대 마련
• 한계: 통일 과정에서 외세(당)의 도움을 받음, 영토상 불완전한 통일에 그침

키워드 03

통일 신라의 발전

- 신문왕에 대한 문제가 출제되었어요.
- 전제 왕권을 확립하기 위해 신문왕이 실시한 정책에 대해 알아야 합니다.

+ 관료전
관료의 등급에 따라 관직 복무의 대가로 받는 토지(수조권만 인정)

+ 녹읍
관직 복무의 대가로 받는 토지(수조권과 노동력까지 징발 가능)

1. 전제 왕권의 확립

무열왕	최초의 진골 출신 왕(김춘추) → 이후 무열왕 직계 자손의 왕위 계승 확립
문무왕	나·당 전쟁에서 승리하여 삼국 통일 완성
신문왕	• 귀족들의 반란(김흠돌의 난)을 진압하고 강력한 전제 왕권 확립 • 학문적·정치적 조언자로 6두품 등용 • 관료전 지급, 녹읍 폐지 → 진골 귀족들의 경제 기반 약화, 국가 재정 확보 • 지방 제도 정비(9주 5소경), 군사 제도 정비(9서당 10정), 유학 교육 장려(국학 설립)

2. 새로운 통치 제도의 마련

중앙 정치 기구	• 집사부와 중시(시중)의 권한 강화 → 왕권 강화 • 화백 회의의 기능과 상대등의 권한 약화 → 진골 귀족 세력 약화
지방 행정 구역	• 전국을 9주로 구분, 주 아래에 군·현을 설치하여 지방관 파견 • 5소경 설치: 수도 금성이 동남쪽에 치우진 점 보완, 지방 세력 감시, 지방 문화 육성
군사 조직	• 중앙군(9서당): 백제 유민, 고구려 유민, 말갈인까지 포함하여 편성 → 민족 융합 도모 • 지방군(10정): 주마다 1정씩 두고, 국경 지대인 한주에 2정을 두어 총 10정으로 구성

키워드 04

통일 신라의 대외 교류

장보고에 대한 문제가 출제될 수 있어요.

1. 당과의 교류

당에 진출한 신라인		• 유학생: 6두품 출신(최치원 등) 등이 당의 빈공과에 합격 • 장보고: 완도에 군사 및 무역 기지인 청해진 설치 → 해적 소탕, 해상 무역권 장악
당과의 무역	무역로	• 울산항: 아라비아 상인까지 왕래한 국제 무역항 • 당항성: 서해안에 위치한 곳으로 이곳에서 주로 중국과 교류함
	교역품	• 수출품: 금·은 세공품, 인삼 등 • 수입품: 비단, 서적, 공예품, 약재 등

2. 일본과의 교류

교류	당과 일본 사이에서 중계 무역 담당, 신라의 불교 사상을 전파함
교역품	• 수출품: 금·은·철, 서적, 불경 등 • 수입품: 직물 원료

키워드 05

통일 신라의 문화

- 경주 불국사 다보탑에 대한 문제가 출제되었어요.
- 통일 신라의 불교 문화유산은 빈출 주제예요.
- 최치원, 의상, 원효, 혜초에 대한 문제가 출제될 수 있어요.

1. 불교의 발달과 대중화

의상	당에 다녀온 뒤 신라 화엄종 개창, 영주 부석사 건립
원효	화쟁 사상·일심 사상 주장, 아미타 신앙을 통해 불교의 대중화에 힘씀
혜초	인도와 중앙아시아 등지를 다녀온 후 『왕오천축국전』 저술

2. 유학의 발달

유학의 발달	• 국학 설립: 지배층의 자제에게 유교 경전을 교육함 • 독서삼품과 실시(원성왕): 국학 학생들의 유교 경전 이해 수준을 평가하여 관리로 채용 → 진골 귀족의 반대로 실패

대표 유학자	• 주로 6두품 출신이 많음(최치원, 강수, 설총 등) • 최치원: 당의 빈공과에 합격한 뛰어난 문장가

3. 불교 예술의 발달

건축 및 불상	경주 불국사, 경주 석굴암 본존불
탑	경주 불국사 다보탑, 경주 불국사 3층 석탑(석가탑), 경주 감은사지 3층 석탑
승탑	신라 말 선종의 영향으로 승려의 사리를 넣는 승탑과 탑비 유행
범종	성덕 대왕 신종(우리나라에서 가장 큰 범종)
인쇄	『무구정광대다라니경』(석가탑에서 발견, 현재 전하는 것 중 세계에서 가장 오래된 목판 인쇄물)

🔺 경주 석굴암 본존불

🔺 경주 불국사 다보탑

🔺 성덕 대왕 신종

키워드 06

발해의
건국과 발전

대조영과 선왕에 대해 알아
두도록 해요.

1. 발해의 건국

건국	옛 고구려 출신인 대조영이 동모산 부근에서 건국(698) → 남북국 형세를 이룸
주민 구성	지배층은 대부분 고구려인, 피지배층은 대부분 말갈인
고구려 계승 의식	• 지배층에 고구려인의 비중이 높았음 • 일본에 보낸 외교 문서에 발해 왕을 고구려 왕(고려 국왕)으로 칭함 • 고구려 문화를 계승함 예 온돌, 모줄임천장, 기와 등

2. 발해의 발전

영토 확장	무왕 때 장문휴를 보내 당의 산둥반도 공격
체제 정비	문왕 때 당과 친선 관계를 맺고 선진 문물 수용, 상경 용천부로 천도
전성기	9세기 전반 선왕 때 전성기, 최대 영토 확보(옛 고구려 땅을 대부분 회복함) → 이 무렵 중국으로부터 '해동성국(바다 동쪽의 융성한 나라)'으로 불림

3. 발해의 통치 제도

TIP 발해의 중앙 정치 제
도는 정당성이 정치의 중심
이었고, 6부의 명칭을 유교
덕목으로 바꿨습니다.

중앙 정치	당의 3성 6부제 수용, 발해의 실정에 맞게 독자적으로 운영
지방 행정	5경 15부 62주로 편성
군사 제도	중앙군(10위), 지방군은 지방관이 지휘

발해의 대외 교류

발해의 대외 교류와 관련하여
국가별로 구분해 두도록 해요.

1. 당과의 교류

특징	• 건국 초기에 적대 관계였으나 문왕 때부터 당의 제도를 수용함 • 사신과 유학생 파견: 산둥반도에 발해관 설치
무역	• 해로와 육로를 통해 교역 • 수출품: 모피류, 인삼, 말 등 • 수입품: 비단, 서적 등

2. 일본·신라와의 교류

일본과의 교류	• 당과 신라를 견제하기 위한 군사적 목적으로 교류함 • 경제적·문화적 교류가 시작되면서 많은 사신과 상인이 왕래함
신라와의 교류	적대 관계였다가 문왕 때부터 '신라도'를 통해 교류하기 시작함

발해의 문화

발해 문화의 특징에 대한 문
제가 출제될 수 있어요.

1. 발해 문화의 특징

특징	고구려 문화 계승, 당의 문화 수용, 말갈의 토착 문화 존중
고구려 문화 계승	온돌, 석등, 불상(이불 병좌상), 모줄임천장, 기와 등
당 문화 수용	수도 상경성의 구조가 당의 장안성 모방(주작대로 구조), 3성 6부제 수용

2. 발해의 불교문화와 유학

불교문화	왕실의 적극적인 장려로 여러 사원 건축, 상경성의 절터와 불상
유학	주자감(국립 교육 기관, 유학 교육)

신라의 동요와
후삼국의 성립

풍수지리설에 대한 문제가
출제되었어요.

➕ 김헌창의 난

자신의 아버지 김주원(무열
왕계 후손)이 왕위에 오르지
못한 것에 원한을 품고 일으
킨 반란

➕ 풍수지리설

산과 하천의 형세가 인간의
길흉화복에 영향을 준다는
사상

1. 신라 말의 사회 동요

귀족들의 왕위 다툼	진골 귀족 간의 권력 다툼 발생 → 왕권 약화, 지방 통제력 약화 → 지방 세력의 반란(김헌창의 난, 장보고의 난), 농민 봉기 발생
농민 봉기의 발생	원종과 애노의 난, 적고적의 난 등

2. 새로운 세력의 등장

구분	6두품	호족
출신	중앙 귀족 출신	지방 촌주, 군인 세력, 해상 세력 등
성격	골품제로 인한 관직 승진의 제한 → 골품제의 모순 비판, 사회 개혁 요구 → 진골의 반대로 실패	• 대토지와 사병 소유 • 지방의 실질적인 지배자(군사권, 행정권, 경제권 장악) • 스스로 '성주' 또는 '장군'이라 칭함
사상	유학	풍수지리설, 선종
인물	최치원, 강수 등	견훤, 궁예, 장보고 등
의의	6두품과 호족이 연합하여 신라 정부에 대항, 새로운 사회 건설 추구	

3. 후삼국의 성립

구분	후백제	후고구려
건국	견훤이 완산주(전주)에서 건국(900)	신라 왕족 출신으로 알려진 궁예가 송악 (개성)에서 건국(901)
중심 지역	전라도, 충청도 일대	강원도, 경기도 일대
특징	• 백제 부흥을 내세움 • 신라에 적대적임 • 지나친 조세 수취	• 고구려 부흥을 내세움 • 국호를 '마진', '태봉'으로 변경 • 수도를 철원으로 옮김 • 미륵 신앙을 이용한 전제 정치

03 고려의 성립과 변천

키워드 01

고려의 건국과 후삼국 통일

고려의 건국 (918)	궁예 축출 후 궁예의 신하이자 송악의 호족 출신인 왕건이 왕으로 추대됨 → 국호를 '고려'라 하고(918) 이듬해 수도를 송악으로 옮김(919)
고려의 후삼국 통일 과정	고려의 건국(918) → 공산 전투에서 후백제군에 패배(927) → 고창 전투에서 후백제군 에 승리(930) → 발해 유민 포용 → 후백제 견훤 귀순 → 신라 경순왕이 스스로 고려 에 항복 → 후백제 멸망(936) → 고려의 후삼국 통일(936)

키워드 02

통치 체제의 정비

태조(왕건), 광종, 성종의 업적에 대해 알아 두도록 해요.

✚ 태조의 호족 견제 정책
- 사심관 제도: 호족이나 공신을 출신 지역의 사심관으로 임명하여 지방에 대한 책임을 지게 한 제도
- 기인 제도: 수도에 호족의 자제를 인질로 데려와 지방 행정의 자문 역할을 하게 한 제도

1. 왕권 강화와 통치 체제의 정비

태조 (왕건)	• 백성의 세금을 줄여 줌, 빈민 구제 기관인 흑창 설치 • 발해 유민까지 흡수 → 민족적 재통합 • 북진 정책: 고구려 계승 의식(국호 '고려'), 서경(평양) 중시, 거란 배척, 청천강 ~ 영흥 만까지 영토 확장 • 호족 통합 정책: 포섭 정책(혼인 정책, 사성 정책), 견제 정책(사심관 제도, 기인 제도) • 후대 왕들이 지켜야 할 훈요 10조를 남김
광종	• 노비안검법 실시: 불법적으로 노비가 된 사람을 양인으로 해방시켜 줌 → 호족의 경제적 기반 약화 ┐ • 과거제 실시: 유교적 소양을 지닌 인재 선발 ┘ → 왕권 강화 • 황제를 칭하고 독자적 연호(광덕, 준풍) 사용, 호족과 공신 숙청
성종	• 최승로의 '시무 28조'를 수용하여 유교 이념에 입각한 통치 체제 마련 • 중앙: 2성 6부제 마련, 국자감 설치 • 지방: 12목 설치, 지방관 파견

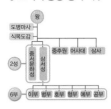
+ 고려의 중앙 정치 기구

2. 고려의 통치 제도

중앙 정치 기구	2성	• 중서문하성: 최고 관청, 중요 정책 논의 결정 기구, 장관은 문하시중 • 상서성: 6부를 통해 정책 집행
	6부	• 상서성 소속으로 행정 실무 담당 • 이부, 병부, 호부, 형부, 예부, 공부
	중추원	왕명 전달, 군사 기밀 업무
	어사대	관리 비리 감찰, 풍기 단속
	삼사	회계 업무, 화폐와 곡식 출납 담당
	도병마사, 식목도감	• 고려의 독자적인 회의 기구, 중서문하성과 중추원의 고위 관료들이 중요 정책 의논 • 도병마사: 국방과 군사 문제 담당 • 식목도감: 법률과 제도 제정
지방 행정 구역	12목	성종 때 인구와 물자가 풍부한 주요 지역에 설치 → 주요 지역에 지방관 파견
	5도	• 일반 행정 구역으로 안찰사 파견 • 도 아래 주·군·현 설치 • 주현(지방관이 파견된 곳, 속현보다 적음), 속현(지방관이 파견되지 않은 곳, 향리가 실질적인 지방 행정 담당)
	양계	• 군사 행정 구역으로 병마사 파견 • 북계와 동계 설치
	경기	수도 개경과 주변 지역
	특수 행정 구역	• 향·부곡(농업 지역), 소(수공업 지역)를 둠 • 일반 군현민에 비해 차별을 받음 → 많은 세금 부담
교육 및 관리 등용 제도	교육 제도	• 중앙: 국자감(최고 교육 기관) • 지방: 향교
	관리 등용 제도	• 음서제: 왕족과 공신의 후손, 5품 이상 고위 관료의 자제들이 무시험으로 관리가 됨 • 과거제: 광종 때 처음으로 실시, 문과·잡과·승과 실시

키워드 03

고려 전기의 대외 관계

• 서희에 대한 문제가 출제 되었어요.
• 거란의 침입과 격퇴 과정을 구분하여 알아 두도록 해요.

+ 강동 6주와 천리장성

1. 거란의 침입과 격퇴

1차 침입 (993)	원인	고려의 거란 배척과 친송 정책
	전개	거란 소손녕의 침입 → 서희의 외교 담판으로 강동 6주 획득
	결과	송과의 국교 단절과 거란과의 교류 약속
2차 침입 (1010)	원인	고려가 송과 계속 친선 관계 유지, 강조의 정변을 구실로 침입
	전개	개경 함락 → 양규의 활약 → 강화 체결
	결과	고려 왕의 친조를 조건으로 철수
3차 침입 (1018)	원인	고려 왕의 입조 회피, 고려가 강동 6주 반환 요구 거부
	전개	거란 소배압의 침입 → 강감찬이 이끄는 고려군이 거란군 격퇴(귀주 대첩, 1019)
	결과	• 고려, 송, 거란의 세력 균형 • 나성(개경 주위), 천리장성(압록강 ~ 도련포) 축조

2. 여진과의 관계

고려 초	여진이 고려를 부모의 나라로 섬김
12세기 초 여진 정벌	• 거란이 쇠퇴하자 여진족이 부족을 통일하고 세력 확대 → 여진이 국경 지역에서 고려와 자주 충돌 • 윤관의 별무반 편성 → 여진 정벌 → 동북 9성 축조 → 여진의 요구 등으로 동북 9성을 돌려줌
여진의 금 건국	여진의 금 건국(1115) → 거란(요)을 멸망시키고 고려에 군신 관계 요구 → 이자겸 등 지배층이 수용 → 북진 정책 중단

3. 대외 무역
① 벽란도(예성강 하구)가 국제 무역항으로 번성, 아라비아 상인까지 왕래
② 송과 가장 활발하게 교류 → 선진 문물 수용
③ 거란, 여진, 일본과도 교류
④ 아라비아 상인과의 교역으로 고려가 '코리아'라는 이름으로 서방 세계에 알려짐

키워드 04

문벌 사회의 성립과 동요

묘청의 서경 천도 운동에 대한 문제가 출제될 수 있어요.

✚ 공음전
5품 이상 관료에게 지급한 세습이 가능한 토지

1. 문벌 사회의 성립
① 문벌: 여러 세대에 걸쳐 중앙에서 고위 관직자를 배출한 가문 ⓔ 경원 이씨(이자겸) 등
② 특징: 과거와 음서를 통해 고위 관직 독점, 공음전을 비롯한 대토지 소유, 왕실과의 거듭된 혼인 관계 유지 → 문벌 사회의 모순 발생

2. 이자겸의 난(1126)

배경	왕실과의 거듭된 혼인을 통해 경원 이씨 가문이 권력 독점
경과	이자겸의 세력 확대 → 인종의 이자겸 제거 시도 → 이자겸과 척준경의 반란 → 인종이 척준경을 이용하여 이자겸 제거 → 척준경 축출
결과	문벌 사회의 동요, 왕실의 권위 하락

3. 묘청의 서경 천도 운동(1135)

배경	왕권 약화, 금과의 사대 외교에 대한 불만, 문벌에 대한 반발, 인종의 정치 개혁 시도, 풍수지리설 유행
경과	묘청, 정지상 등 서경파가 서경(평양) 천도 및 금국 정벌 주장 → 김부식 등 개경파의 반대 → 서경파가 서경에서 난을 일으킴 → 김부식이 이끄는 관군에 의해 진압
결과	왕권 약화, 문벌 사회의 모순 심화

한 문제 더 맞히는 개념 노트　　개경파와 서경파

구분	개경파	서경파
주요 인물	김부식	묘청
대외 정책	사대 정책	북진 정책
사상	유교	풍수지리설, 전통 사상
역사 의식	신라 계승	고구려 계승
주장	금에게 사대	서경 천도, 금국 정벌

무신 정권

만적의 난에 대한 문제가 출제되었어요.

1. 무신 정변의 발생

배경	의종의 실정, 무신에 대한 차별 대우, 하급 군인들의 불만
경과	정중부, 이의방 등이 정변을 일으킴(1170) → 문신 제거, 의종 폐위 → 무신 정권 수립
무신 정권의 변천	• 무신 간 권력 다툼 전개 • 정중부 → 경대승 → 이의민(천민 출신) → 최충헌(최씨 무신 정권)

2. 최씨 무신 정권의 성립

성립	최충헌 이후 4대에 걸쳐 60여 년간 권력 유지
최씨 무신 정권의 변천	• 최충헌 → 최우 → 최항 → 최의 • 최충헌: 교정도감(국가 주요 정책 결정) 설치, 도방(사병 집단) 확대 • 최우: 정방(인사권 장악)과 야별초(이후 삼별초로 개편) 설치

3. 농민과 천민의 봉기

망이·망소이의 난	공주 명학소에서 특수 행정 구역인 소의 차별에 반발하여 봉기
만적의 난	최충헌 집권기에 개경에서 사노비 신분의 만적이 신분 해방 시도 계획

몽골의 침략과 항쟁

몽골의 침입과 팔만대장경, 삼별초의 항쟁을 연결짓는 문제가 자주 출제돼요.

1. 몽골과의 전쟁

1차 침입 (1231)	원인	몽골 사신 저고여 피살 사건으로 외교 단절
	경과	몽골군의 의주 점령 → 박서(귀주성 전투)의 활약
	결과	몽골의 개경 포위 → 몽골과 강화 체결 → 몽골군 철수
2차 침입 (1232)	원인	최우가 몽골의 간섭에 반발, 장기전을 준비하며 강화도 천도
	경과	몽골의 재침입 → 승려 김윤후와 처인 부곡민의 저항(처인성 전투), 몽골 장수 살리타 사살, 초대대장경 소실
	결과	몽골군 퇴각
3차 침입 이후	경과	• 몽골이 금 정복 이후 여러 차례 침입 • 고려의 관군과 백성이 합심하여 저항, 팔만대장경 조판 시작
	결과	몽골의 강화

2. 몽골과의 강화 및 피해

강화	최씨 무신 정권 붕괴 → 몽골과 강화 → 무신 정권 붕괴 → 개경 환도(1270)
피해	• 인명 피해: 많은 사람이 죽고 몽골에 포로로 끌려감 • 국토 황폐화: 오랜 전쟁으로 국가 재정 악화 • 문화재 소실: 초조대장경, 황룡사 9층 목탑 소실

3. 삼별초의 항쟁

배경	몽골과의 강화에 반대
경과	• 강화도(배중손) → 진도(배중손) → 제주도(김통정)로 이동하며 항쟁 • 고려와 몽골 연합군에 의해 진압됨

＋ 초조대장경

고려 현종 때 부처의 힘으로 거란군을 물리치고자 만든 우리 역사 최초의 대장경

키워드 07

원의 간섭과 고려의 개혁

- 공민왕에 대한 문제가 출제되었어요.
- 원·명 교체기에 공민왕이 실시했던 개혁 정책에 대해 알아 두도록 해요.

+ 조혼
어린 나이에 일찍 결혼하는 것

+ 공민왕의 영토 수복

1. 원의 간섭
① 고려 왕이 원의 공주와 결혼: 원의 부마국 → 왕실의 호칭과 관제의 격이 낮아짐
② 정동행성 설치: 고려의 내정 간섭
③ 영토 상실: 쌍성총관부(철령 이북), 동녕부(서경), 탐라총관부(제주도) 설치
④ 인적·물적 수탈: 환관과 공녀 요구, 금·은·인삼·매 수탈
⑤ 사회 변화: 조혼 풍습, 몽골풍 유행, 고려양 전파

2. 권문세족의 성장

권문세족	원 간섭기에 원과 관련되어 권세를 얻은 친원 세력 예 역관, 원의 황실과 혼인 관계를 맺은 가문(기철), 환관 등
특징	음서를 통해 고위 관직 독점, 대농장 경영, 많은 노비 소유, 친원파, 불교 옹호
폐단	백성의 토지를 약탈하고 몰락한 농민을 노비로 삼음 → 국가 재정 악화

3. 공민왕의 개혁 정치

반원 자주 정책	• 친원 세력(기철 등) 숙청, 정동행성 이문소 폐지, 몽골풍 금지, 관제와 왕실 용어 복구 • 쌍성총관부를 공격하여 철령 이북 땅 수복
왕권 강화 정책	• 정방 폐지, 교육과 과거 제도 정비 • 신돈을 등용하여 전민변정도감 설치: 억울하게 된 노비가 된 사람들을 해방시켜 주고 권문세족이 불법적으로 차지한 토지를 원래의 주인에게 돌려줌 → 권문세족의 경제적 기반 약화, 재정 수입 확충

키워드 08

새로운 세력의 등장과 고려의 멸망

- 신진 사대부에 대한 문제가 출제되었어요.
- 고려의 멸망 과정을 조선의 건국 과정과 연결하여 알아 두도록 해요.

1. 신흥 무인 세력의 성장
① 홍건적과 왜구의 격퇴 과정에서 최영, 이성계 등 신흥 무인 세력이 성장함
② 이성계, 최무선(화포 사용), 박위(쓰시마섬 토벌) 등이 왜구 격퇴

2. 신진 사대부의 성장

성장	• 주로 지방 향리나 하급 관리 집안 출신 • 유교 지식과 행정 능력을 바탕으로 과거를 통해 관리로 진출 • 공민왕 시기에 개혁 추진 세력으로 성장
특징	중소 지주 출신, 성리학 수용, 부패한 권문세족과 불교의 폐단 비판
분열	• 온건파 신진 사대부(정몽주 등): 고려 왕조를 유지하면서 개혁 주장 • 급진파 신진 사대부(정도전 등): 새로운 왕조 개창 주장

3. 위화도 회군과 고려의 멸망

요동 정벌 추진	명의 철령 이북 영토 요구 → 우왕과 최영을 중심으로 요동 정벌 추진 → 이성계의 반대
위화도 회군	이성계가 위화도에서 군대를 돌려 개경으로 돌아감 → 최영과 우왕을 살해하고 정치적·군사적으로 권력을 장악함(1388)
과전법 실시	급진파 신진 사대부가 토지 개혁을 통해 신진 사대부의 경제적 기반과 국가 재정을 확보함(1391)
온건파 사대부 제거	정몽주 등 새 왕조 수립에 반대하던 온건파 신진 사대부 세력을 제거함
고려의 멸망	정도전 등이 이성계를 왕으로 추대 → 고려 멸망, 조선 건국(1392)

키워드 09

학문과 사상의 발달

의천, 지눌, 김부식, 일연에 대한 문제가 출제될 수 있어요.

1. 불교의 발달

불교 정책	연등회와 팔관회 개최, 훈요 10조에서 불교 행사 강조, 승과 실시
불교 통합 운동	종파 간 대립 심화 → 의천이 해동 천태종 창시, 교관겸수 주장 → 불교 통합 노력 → 의천 사후 교단 분열
불교 개혁 운동	지눌이 수선사 결사 제창, 조계종 창시 → 불교의 개혁 노력

2. 유학의 발달

전기	• 광종의 과거제 실시: 유교적 지식을 갖춘 관리 등용 • 성종 때 최승로의 '시무 28조' 수용: 유교 정치 이념 확립
중기	• 관학: 국자감(중앙), 향교(지방) • 사학: 최충의 9재 학당을 비롯한 사학 12도 융성 → 관학 위축, 고려 정부는 관학 진흥책 추진
후기	성리학 수용: 안향이 최초로 소개, 이색, 정몽주, 정도전 등 신진 사대부의 사상적 기반·조선의 통치 이념이 됨

+ 성리학
인간의 심성과 우주의 원리를 철학적으로 탐구하는 학문으로, 불교와 권문세족에 대한 비판 근거가 됨

3. 역사서의 편찬

① 김부식의 『삼국사기』: 유교적 입장에서 편찬 → 신라 계승 의식, 우리나라에 현존하는 최고(最古)의 역사서

② 일연의 『삼국유사』: 최초로 단군왕검의 고조선 건국 이야기 기록

키워드 10

문화와 예술

팔만대장경에 대한 문제가 출제되었어요.

1. 불교 예술과 건축 양식

불교 예술	탑	다각 다층탑 유행 예 평창 월정사 8각 9층 석탑, 개성 경천사지 10층 석탑
	불상	대형 철불과 석불 제작 예 논산 관촉사 석조 미륵보살 입상
건축 양식	주심포 양식	고려 전기에 유행, 배흘림기둥, 공포가 기둥에만 있음 예 안동 봉정사 극락전, 영주 부석사 무량수전, 예산 수덕사 대웅전
	다포 양식	고려 후기에 유행, 웅장한 지붕과 화려한 꾸밈, 공포가 기둥 사이에도 있음

2. 기타 예술

청자	12세기 상감 청자 유행 → 원 간섭기 이후 청자 쇠퇴
공예	은입사 기술, 나전 칠기 공예 발달

3. 인쇄술

목판 인쇄술	• 초조대장경: 거란의 침입을 격퇴하고자 제작, 몽골 침입 때 소실 • 팔만대장경(재조대장경): 몽골 격퇴를 목적으로 제작, 유네스코 세계 기록 유산으로 지정
금속 활자 인쇄술	『직지심체요절』: 1377년 청주 흥덕사에서 인쇄된 것으로, 현재 전하는 것 중 세계에서 가장 오래된 금속 활자본

TIP 1234년 『상정고금예문』을 금속 활자로 인쇄했다는 기록이 있지만, 현재 전해지고 있지 않아요.

키워드 01

국가 기틀의 확립

• 태조와 세종에 대한 문제가 출제되었어요.
• 국가의 기틀을 확립한 조선 왕들의 업적을 구분하여 알아 두도록 해요.

＋ 호패
조세와 군역을 부과하기 위한 일종의 주민등록증(16세 이상의 남자 소지)

＋ 경연
임금이 학문을 익히고 신하들과 국정을 협의하던 일

1. 왕권 강화와 유교 정치의 발전

태조 (이성계)	• 조선 건국, 한양 천도 • 정도전을 중심으로 한 재상 중심의 정치
태종 (이방원)	• 두 차례에 걸친 왕자의 난을 통해 정도전 및 반대 세력 제거 • 강력한 국왕 중심의 통치 체제 지향: 6조 직계제 실시, 사병 철폐 등 • 호패법 실시 → 세금 징수와 군역 부과의 기초 자료 마련
세종	• 집현전 설치, 훈민정음 창제, 경연 실시 • 과학 및 음악 등 민족 문화 발전 • 4군 6진 설치: 여진족을 몰아내고 현재와 같은 국경선 설정 • 이종무로 하여금 쓰시마섬 토벌
세조	• 계유정난으로 권력 장악, 단종을 몰아내고 즉위 • 단종의 복위를 꾀했던 사육신 제거 • 집현전과 경연 폐지 • 직전법 실시: 현직 관리에게만 토지의 수조권 지급
성종	• 세조 때부터 편찬하기 시작한 『경국대전』 완성·반포: 유교적 법치 국가의 토대 마련 • 홍문관 설치: 집현전을 계승한 왕의 자문 기관, 경연 실시 • 훈구를 견제하기 위해 사림 등용

2. 조선 전기의 대외 관계 사대교린 정책

명	사대 정책: 큰 나라를 섬기는 정책 → 경제적·문화적 실리 외교, 왕실의 안정 확보
여진	• 교린 정책: 대등한 위치에서 교류하는 정책 → 회유책과 강경책을 동시에 추진 • 무역소 설치, 귀화 장려, 세종 때 압록강 유역의 4군(최윤덕)과 두만강 유역의 6진(김종서)을 개척(→ 오늘날의 국경선 확정)
일본	• 교린 정책: 강경책과 회유책을 함께 추진 • 세종 때 쓰시마섬 토벌(이종무) → 왜구의 침략 전쟁 → 일본의 교류 요구로 3포 개항(제한적 무역 허용)

키워드 02

조선의 통치 체제

＋ 조선의 중앙 정치 조직

1. 중앙 정치 조직 중앙 집권적 통치 체제

의정부	• 3정승의 합의를 통해 국가의 중요 정책 결정 • 의정부 아래에 6조 설치
6조	이조·호조·예조·병조·형조·공조 → 행정 실무 집행
3사	• 왕과 관리 견제, 권력의 독점을 막고 부정을 방지하기 위한 언론 기능 • 사헌부: 관리의 비리 감찰 • 사간원: 왕의 잘못된 정치를 비판하는 간쟁 담당 • 홍문관: 왕의 자문에 응함, 경연 주관
승정원	왕의 비서 기관
의금부	왕의 직속 사법 기관으로, 나라의 큰 죄인을 다스림

2. 지방 행정 조직

지방 행정 구역		• 전국을 8도로 나눔 → 8도 아래 부·목·군·현을 둠 • 고려 시대에 존재했던 특수 행정 구역(향·부곡·소) 폐지
지방 행정 운영	관찰사	8도에 파견되어 수령을 지휘·감독
	수령 (사또)	• 행정, 사법, 군사를 담당하는 고을의 행정 책임자 • 역할: 호구 조사 및 조세 징수, 재판, 농업 장려, 지역 방어 등
	향리	• 6방(이방, 호방, 예방, 병방, 형방, 공방) • 수령의 행정 실무 보좌, 대대로 직역 세습
	유향소 (향청)	• 지방 양반들의 자치 조직(향촌 자치 기구) • 역할: 지방 여론 수렴, 향리의 비리 감찰, 수령 보좌, 백성 교화

TIP 조선 시대의 향리는 하급 관리의 처지가 되어 고려 시대보다 지위가 낮아졌습니다.

3. 관리 등용 및 교육 제도

과거제	양인 이상이면 응시 가능, 문과·무과·잡과 시행
음서제	고려에 비해 혜택 축소
유학 교육 기관	• 초등: 서당 • 중등: 4부 학당(중앙), 향교(지방) • 최고 국립 교육 기관: 성균관

4. 기타 제도

군사 제도	• 16 ~ 60세까지의 양인 남자 대상 • 중앙군에 5위를 두고 지방의 각 도에 병마절도사와 수군절도사 파견
교통·통신 제도	조운제, 역원제, 봉수제 시행

키워드 03

사림의 성장과 사화

1. 사림의 성장 성종 때 사림이 3사의 언관직에 진출하여 훈구 세력의 부패와 권력 독점 비판 → 훈구와의 갈등으로 사화 발생

2. 훈구와 사림

구분	훈구	사림
기원	급진파 신진 사대부	온건파 신진 사대부
경제	대지주	지방 중소 지주
정치	부국강병과 중앙 집권 추구	왕도 정치와 향촌 자치 추구

3. 훈구와 사림의 갈등

✚ 서원

성리학 연구, 지방 양반 자제 교육, 유학자에 대한 제사를 담당하는 지방의 사립 교육 기관으로, 사림 세력은 향촌 사회에서 서원을 중심으로 세력을 확대함

사화 발생	연산군	무오사화 (1498)	사초에 실린 김종직의 「조의제문」을 구실로 훈구 세력이 사림을 비판함 → 사림의 큰 피해
		갑자사화 (1504)	연산군의 생모인 폐비 윤씨 사사 사건의 주모자 처벌 → 훈구와 사림 모두 피해
	중종반정(1506)		훈구 세력이 연산군을 몰아내고 중종을 왕으로 세움 → 중종이 훈구를 견제하기 위해 사림(조광조 등) 등용

중종	기묘사화 (1519)	• 조광조의 개혁 정책: 일부 공신들의 위훈 삭제 주장, 도교 행사를 주관하는 소격서 폐지, 인재 추천제인 현량과 실시, 『소학』과 향약 보급, 언론 활동 활성화 • 훈구가 조광조의 급진적 개혁에 반발해 조광조 등 사림을 제거
명종	을사사화 (1545)	외척들 간의 권력 다툼 → 사림 세력의 피해
결과		네 차례의 사화에도 불구하고 사림은 향촌에서 서원과 향약을 기반으로 세력 확장

사
회

＋향약
마을 주민들의 향촌 자치 규약으로, 향촌 사회의 질서 유지와 풍속 교화, 유교적 덕목 실천의 기능을 하였으며 서원과 함께 사림이 향촌 통제력을 강화하는 데 기여함

키워드 04

사림의 집권과 붕당의 형성

1. 사림의 집권과 분열

사림의 집권	16세기 후반 선조의 후원으로 사림 세력이 등용되면서 권력 장악
사림의 분열	훈구 세력과 외척 세력의 처리 문제에 대한 입장 차이로 분열

2. 붕당의 형성

붕당	• 의미: 정치적·학문적 의견을 같이하는 양반들의 무리 • 형성 배경: 이조 전랑의 임명 문제를 둘러싼 대립 • 최초의 붕당: 사림이 동인과 서인으로 나뉨
붕당 정치의 전개	• 선조 때 동인 분화 → 서인에 대한 입장 차이로 남인(온건)과 북인(강경)으로 나뉨 • 광해군 때에는 북인이 정권 독점 → 서인과 남인 배제 • 서인 집권: 인조반정으로 서인과 남인 일부 세력이 집권

＋이조 전랑
3사의 관리와 하급 관리를 추천하고 후임자를 추천하는 등 중요한 권한을 가진 관직

키워드 05

민족 문화의 발달

세종의 업적과 관련하여 훈민정음에 대한 문제가 출제될 수 있어요.

1. 훈민정음의 창제와 보급

창제	한자나 이두가 있었으나 백성들은 우리글이 없어 우리말을 표현하는 데 어려움이 있었음 → 세종의 주도로 28자의 표음 문자를 만들어 반포
의의	일반 백성들도 문자 생활이 가능해짐, 민족 문화의 발전 계기 마련

2. 유교 윤리의 보급
① 『삼강행실도』: 충신, 효자, 열녀 이야기를 글과 그림으로 구성
② 『국조오례의』: 유교 질서에 맞는 국가 행사의 절차와 예법 정리

키워드 06

조선 전기 문화의 발달

• 조선 전기 과학 기술의 발달을 문화재와 연결하여 알아 두도록 해요.
• 서적의 명칭을 정확하게 알아 두는 것도 중요해요.

1. 과학 기술의 발달
① 천문학·역법: 앙부일구(해시계)·자격루(물시계)·측우기(강우량) 등을 제작하여 농사에 이용, 혼천의와 간의(천체 관측) 제작, 『칠정산』(역법서, 세종) 편찬
② 무기: 화차와 신기전(화약이 달린 화살) 개발

2. 서적의 간행과 지도 제작
① 역사서: 왕조의 정통성 강조와 왕권 강화 목적 → 『조선왕조실록』 편찬(왕의 통치 기록)
② 법전: 조선 왕조의 기본 법전인 『경국대전』 편찬(성종 때 완성)
③ 농서: 우리 풍토에 맞는 농사법을 소개한 『농사직설』 편찬(세종)
④ 지리서: 지리 정보 획득 목적 → 『세종실록지리지』, 『동국여지승람』
⑤ 지도: 현존하는 동양에서 가장 오래된 세계 지도인 「혼일강리역대국도지도」 제작(태종)

3. 양반 중심의 문화 발달
① 그림: 안견의 「몽유도원도」, 강희안의 「고사관수도」
② 자기: 분청사기(15세기), 백자(16세기)
③ 음악: 종묘 제례악, 『악학궤범』 편찬

키워드 07

**임진왜란의
발발과 영향**

임진왜란은 빈출 주제예요.

1. 임진왜란의 발발

구실	일본의 도요토미 히데요시가 명을 정벌하러 가는 데 길을 빌려 달라는 구실로 조선 침략(1592)
과정	• 부산진, 동래성 함락 → 충주 방어선 붕괴(신립의 패배) → 일본군의 한양 점령, 선조의 의주 피란, 명에 원군 요청 → 평양과 함경도 일대까지 일본군 북상 • 수군의 활약: 이순신이 옥포 해전, 한산도 대첩 등에서 승리 → 서남해의 제해권 장악, 왜군의 보급로 차단, 전라도 곡창 지대 방어 • 의병의 활약: 곽재우 등이 익숙한 지리를 활용한 전술로 활약 • 명의 지원: 국제전 양상 • 관군의 활약: 김시민의 진주 대첩, 권율의 행주 대첩

2. 일본의 재침입과 전쟁의 종결
휴전 협상 결렬 → 정유재란 발발(1597) → 이순신의 명량 대첩 승리 → 도요토미 히데요시 사망 → 이순신의 노량 해전 승리(이순신 사망) → 전쟁 종결(1598)

3. 임진왜란의 영향
국토 황폐화, 국가 재정 악화, 신분제 동요, 문화재 소실

키워드 08

**호란의
발발과 극복**

광해군, 병자호란에 대한 문제가 출제되었어요.

1. 광해군의 전후 복구 사업과 중립 외교
① 전후 복구 사업: 양전 사업, 호적 정리, 대동법 시행, 『동의보감』 편찬(허준)
② 중립 외교: 만주에서 여진이 성장하여 후금 건국 → 광해군이 명과 후금 사이에서 중립적인 실리 외교 실시

2. 인조반정
광해군의 중립 외교에 대한 비판, 도덕적인 약점 빌미 → 서인이 정변을 일으켜 광해군과 북인을 몰아내고 인조를 왕으로 추대(1623)

3. 호란의 발발과 극복

➕ 친명배금 정책
후금을 배척하고 명을 가까이 하는 외교 정책

정묘호란 (1627)	서인 정권의 친명배금 정책 → 후금의 침입 → 정봉수 등의 활약 → 후금은 조선과 화의를 맺고 형제 관계 수립 후 철수
병자호란 (1636)	후금이 청으로 국호를 바꾸고 조선에 군신 관계 요구 → 조선 내 주화론과 주전론의 대립, 주전론 우세 → 청 태종의 침략 → 인조의 남한산성 피신 → 조선의 항복(삼전도의 굴욕) → 청과 군신 관계를 맺음

➕ 주화론과 주전론
• 주화론: 일단 전쟁을 피하고 청과의 화의를 모색하여 국가 위기를 극복해야 한다는 입장
• 주전론: 북방 오랑캐인 여진족과 끝까지 전쟁을 해야 한다는 입장

4. 북벌 운동
① 북벌 추진: 청을 정벌하여 청에 대한 치욕을 씻고자 함(효종) → 성곽·무기 정비, 군대 양성 → 청의 세력 강화, 효종의 죽음으로 실패
② 나선 정벌: 청의 요청으로 조총 부대 파견 → 러시아군 격퇴
③ 북학 운동: 청의 문물을 받아들이자는 움직임 → 실학에 영향

조선 후기의 정치 변동

- 영정법, 대동법, 균역법에 대한 문제가 출제될 수 있어요.
- 조선 후기에 변화된 통치·조세·군사 제도를 구분하여 알아 두도록 해요.

✚ 방납

공납을 대신 납부해 주는 행위

✚ 훈련도감

임진왜란 중인 조선 선조 때 만들어진 군대로, 삼수병으로 구성됨

1. 통치 체제의 변화   비변사의 기능 강화(최고 권력 기구로 발전) → 의정부와 6조의 기능 유명무실화

2. 조세 제도의 변화

전세	영정법	• 내용: 풍흉에 관계없이 토지 1결당 쌀 4~6두 징수 • 결과: 각종 부가세 징수로 농민 부담 가중
공납 (토산물)	대동법	• 배경: 방납의 폐단, 농촌 경제의 파탄 • 내용: 집집마다 거두던 토산물 대신 토지 1결당 쌀 12두 또는 옷감, 동전으로 징수 • 결과: 농민의 부담 감소, 양반 지주의 반대, 공인 등장
군역	균역법	• 내용: 군 복무 대신 내는 군포를 1년에 2필에서 1필로 줄여 줌 • 재정 보충: 결작(지주에게 토지 1결당 쌀 2두 부과), 어장세, 선박세 등 • 결과: 농민의 부담 일시적 감소 → 지주가 결작을 농민에게 전가

3. 군사 제도의 변화

중앙군	훈련도감(직업 군인) 등 설치 → 5군영 체제 완성
지방군	속오군(모든 신분 편제, 유사시 동원)

붕당 정치의 변질

예송과 환국에 대해 알아 두도록 해요.

1. 예송   효종과 효종비가 죽자 인조의 계비인 자의 대비가 상복을 입는 기간을 두고 벌어진 두 차례의 논쟁 → 서인과 남인의 대립 격화

2. 환국

의미		왕(숙종)이 왕권 강화를 위해 의도적으로 집권 붕당을 급격하게 교체하는 현상
발생	경신환국	남인인 허적이 국가의 물건을 허락 없이 사용 등 → 서인 집권
	기사환국	희빈 장씨(장희빈)의 아들을 후계자로 정하는 데 반대한 서인 축출, 남인 집권
	갑술환국	남인 몰락, 서인 집권
결과		상대 붕당에 대한 가혹한 보복으로 붕당 간의 공존 체제가 무너짐

영조와 정조의 개혁 정책

- 영조와 정조가 실시한 개혁 정책의 내용을 구분하여 알아 두도록 해요.
- 영조와 정조의 업적은 자주 출제돼요.

1. 영조의 개혁 정책

탕평책	• 이조 전랑의 권한 축소, 탕평비 건립 • 붕당에 관계없이 탕평파 육성 • 붕당의 근거지인 서원 대폭 정리
개혁 정책	• 균역법 실시: 백성의 군역 부담을 줄여 줌 • 가혹한 형벌 금지, 『속대전』 편찬, 신문고 제도 부활, 청계천 정비

사회

2. 정조의 개혁 정책

＋ 탕평책

왕권 강화를 위해 붕당 간의 대립을 완화하고 세력 균형을 유지하는 정책

＋ 금난전권

시전 상인들에게 부여한 권리로, 국가에 물품을 제공하는 대가로 난전(허가받지 않은 상인)을 단속할 수 있는 권한

탕평책	• 영조의 정책을 계승하여 적극적인 탕평책 실시 • 노론의 권력 독점을 방지하기 위해 소론과 남인도 적극적으로 등용
왕권 강화 정책	• 규장각 설치: 학문과 정책 연구 → 국왕의 정책 뒷받침 • 초계문신제 실시: 우수한 인재 육성 • 장용영 설치: 왕의 친위 부대 • 수원 화성 건설: 정치적 이상을 실현할 도시로 육성
민생 안정 정책	• 서얼과 노비에 대한 차별 완화: 서얼을 규장각 관리로 등용 • 통공 정책(신해통공): 육의전을 제외한 시전 상인의 금난전권을 폐지하여 자유로운 상업 활동을 보장 • 『대전통편』·『탁지지』 등 편찬

키워드 04

세도 정치와 농민의 봉기

홍경래의 난과 임술 농민 봉기를 구분하여 알아 두도록 해요.

＋ 매관매직

돈을 주고 관직을 사고파는 행위

＋ 동학

창시	최제우가 창시
내용	인내천 사상(평등사상), 서양 세력 반대
탄압	최제우 처형, 동학 박해

1. 세도 정치의 전개

세도 정치	왕실의 외척 세력이 권력을 독점하는 정치 형태
전개	• 정조 사후 나이 어린 순조의 즉위 → 순조의 장인 김조순을 중심으로 안동 김씨 세력의 권력 장악 • 순조, 헌종, 철종의 3대 60여 년간 안동 김씨와 풍양 조씨 등 특정 가문이 권력 독점
폐단	• 세도 가문이 비변사와 주요 관직 장악 • 왕권 약화, 의정부와 6조의 기능 약화 • 정치 기강의 문란: 매관매직, 과거제의 비리 증가, 삼정의 문란(농민 봉기 발생)

2. 농민 봉기의 발생

발생 배경		• 조선 후기 농민 의식의 성장, 농민 생활의 악화 • 동학의 창시와 천주교(서학)의 유행
홍경래의 난 (1811)	원인	삼정의 문란과 세도 가문의 수탈, 평안도(서북 지방)에 대한 차별 대우
	전개	홍경래(몰락 양반 출신) 주도, 상인·농민·광부 등의 참여 → 정주성 등 청천강 이북 지역 대부분 장악
	결과	정주성에서 관군에게 진압되며 실패
임술 농민 봉기 (1862)	원인	삼정의 문란, 탐관오리의 수탈
	전개	경상 우병사 백낙신의 수탈 → 진주에서 유계춘(몰락 양반 출신)과 농민이 봉기(진주 농민 봉기) → 진주성 점령 → 전국적으로 확대
	정부의 대응	삼정이정청 설치 → 성과를 거두지 못함

키워드 05

경제와 사회의 변화

조선 후기 경제 변화에 대한 문제가 출제될 수 있어요.

+ 공인

왕실에 필요한 물건을 대신 구입해 주는 상인으로, 대동법의 실시로 등장함

+ 공명첩

관직을 받는 사람의 이름을 기재하지 않은 관직 임명장

1. 경제의 변화

모내기법의 발달	노동력 절감, 농업 생산력 증대(벼와 보리의 이모작 확대) → 농민층의 분화(부농과 빈농)
상업의 발달	장시 발달, 상인(사상, 공인, 보부상) 성장
화폐의 유통	국가에서 발행한 상평통보가 전국적으로 유통

2. 사회의 변화

신분제의 동요	• 양반 수의 증가와 양반층의 분화 • 상민의 신분 상승: 공명첩, 납속책 등을 통해 부유한 상민 계층이 양반으로 신분 상승 시도 • 중인층의 신분 상승: 서얼이 차별에 반대하는 집단 상소 운동 전개, 기술직 중인들의 신분 상승 추구 • 노비의 감소: 납속·군공 등을 통해 양인으로 신분 상승, 공노비 해방(순조)
가족 제도의 변화	가부장적 가족 제도 확립: 부계 중심의 가족 제도(장남이 제사를 지내고 양자를 들이는 것이 일반화됨, 재산 상속 시 장남을 우대하여 상속함)

키워드 06

새로운 학문의 발달

실학에서 정약용, 박지원에 대한 문제가 자주 출제되었어요.

+ 대동여지도

1. 실학의 발달

등장 배경	현실 문제를 외면하는 성리학 비판
농업 중심 개혁	• 유형원: 균전론(신분에 따른 토지의 차등 분배) 주장 • 이익: 한전론(영업전의 매매 금지) 주장 • 정약용: 여전론(마을 단위로 공동 경작·공동 분배) 주장, 거중기 고안, 『목민심서』 등 많은 저술 활동 → 실학을 집대성함
상업 중심 개혁	• 홍대용: 지전설 주장, 서양 과학 기술의 수용 주장 • 박지원: 『열하일기』 저술, 양반 사회 비판, 수레와 선박 및 화폐 사용 강조 • 박제가: 『북학의』 저술, 청과의 교역 확대 주장, 소비의 중요성 강조 • 청의 선진 문물 수용 주장('북학파'라 불림) → 개화사상에 영향

2. 서학의 전래

서양 문물의 수용	중국을 왕래하는 사신을 통해 서학(서양의 과학 기술, 문화 등) 전래 → 자명종, 천리경, 『곤여만국전도』(세계 지도) 등 전래
서학(천주교)	처음에 학문(서학)으로 전래되었다가 신앙으로 수용 → 제사 의식 거부, 평등사상 등을 내세워 정부의 탄압을 받음

3. 국학의 발달

역사	• 안정복의 『동사강목』: 고조선 ~ 고려의 역사를 체계적으로 정리 • 유득공의 『발해고』: '남북국'이라는 용어 최초 사용
지리	• 지리서: 이중환의 『택리지』 • 지도: 정상기의 『동국지도』, 김정호의 『대동여지도』

문화의 새로운 경향

✚ 김홍도의 「씨름」

1. 서민 문화의 발달

배경	상민층의 경제력 향상, 서민 의식 성장(서당 보급, 한글 사용)
문학	• 한글 소설 유행: 「홍길동전」, 「춘향전」, 「심청전」 등 • 사설시조 유행: 형식에 얽매이지 않고 서민들의 솔직한 감정을 구체적으로 표현한 시조
공연	판소리, 탈춤 유행
풍속화	• 당시 사람들의 생활 모습을 생동감 있게 표현함 • 김홍도: 「씨름」, 「서당」, 「무동」 등 주로 서민의 일상생활을 그림 • 신윤복: 「미인도」, 「단오풍정」 등 양반의 풍류나 남녀의 애정 등을 표현함
민화	대부분 작자 미상, 동식물·문자 등이 소재, 서민들의 현실적인 소망과 일상을 형식에 얽매이지 않고 자유롭게 표현함

2. 독자적 화풍 유행

진경 산수화	• 우리 산천의 모습을 직접 눈으로 보고 사실적으로 그리는 그림 • 정선의 「금강전도」, 「인왕제색도」 등

---

06 ▶ 근·현대 사회의 전개

흥선 대원군의 집권과 개항

서양 세력의 침략과 개항이 이루어진 지역으로 강화도에 대한 문제가 출제되었어요.

✚ 호포제
호(戸, 집) 단위로 군포를 부과하면서 양반에게도 군포를 징수함

✚ 제너럴셔먼호 사건
미국 상선 제너럴셔먼호가 평양에서 통상을 요구하고 난동을 부리다가 평양 관민에게 격침당한 사건

1. 흥선 대원군의 정책

국내외 정세	• 국내: 세도 정치 → 왕권 약화, 삼정의 문란 심화 • 국외: 이양선의 출몰, 서양의 통상 수교 요구
국내 정치 (내정 개혁)	• 왕권 강화: 비변사 폐지, 의정부 기능 부활, 세도 가문 타파, 경복궁 중건(당백전 발행) • 민생 안정: 서원 철폐, 삼정의 개혁(양전 사업, 호포제, 사창제 실시)
대외 정책 (통상 수교 거부 정책)	• 병인양요(1866): 병인박해(프랑스 선교사, 조선인 천주교 신자 처형) → 프랑스 함대의 강화도 침입 → 한성근(문수산성)과 양헌수(정족산성)의 활약 → 프랑스 군이 퇴각하며 외규장각의 문화재 약탈 • 신미양요(1871): 제너럴셔먼호 사건(1866) → 미군의 강화도 침입 → 어재연(광성보)의 항전 → 미군의 퇴각 • 척화비 건립: 전국 각지에 세워 통상 수교 거부 정책의 의지를 널리 알림

2. 개항(강화도 조약 체결, 1876)

배경	흥선 대원군이 물러나고 고종이 직접 통치 → 통상 개화론의 대두, 운요호 사건 (1875)
주요 내용	부산·인천·원산 개항, 해안 측량권 인정, 영사 재판권(치외 법권) 인정
의의	외국과 맺은 최초의 근대적 조약, 불평등 조약

키워드 02

개화파의 형성과 갑신정변

✚ 김옥균

TIP 개화 정책에 대한 반 발로 위정척사 운동과 임오 군란이 전개되었습니다.

✚ 톈진 조약
청과 일본이 조선에 파병 시 서로 사전에 통보할 것을 규 정함

1. **개화파의 형성** 북학파 실학자 계승 → 서양의 기술과 제도를 받아들여 근대 국민 국가를 수립하고자 함

2. **개화파의 분화** 온건 개화파와 급진 개화파로 분화

구분	온건 개화파	급진 개화파
중심인물	김홍집, 김윤식, 어윤중 등	김옥균, 박영효, 홍영식 등
개혁 모델	청의 양무운동(점진적 개혁)	일본의 메이지 유신(급진적 개혁)
주장	서양의 과학 기술과 무기만 도입	기술은 물론 사상과 제도까지 도입
성격	청과 우호 관계	정부의 사대 정책과 청의 간섭 반대

3. **개화 정책의 추진** 통리기무아문(개화 정책 총괄 기구) 설치, 별기군(신식 군대, 일본인 교 관 임명) 설치, 해외 시찰단 파견(수신사, 조사 시찰단, 영선사, 보빙사 등)

4. **갑신정변(1884)**

주도 인물	김옥균 등 급진 개화파
목표	근대 국가 수립, 입헌 군주제, 민권 정치 추구(메이지 유신 모방)
경과	우정총국 개국 축하연에서 급진 개화파가 정변을 일으킴 → 14개조 개혁 정강 발표 → 청군의 개입으로 3일 만에 실패
결과	• 청의 내정 간섭 심화 • 한성 조약(조선 – 일본), 톈진 조약(청 – 일본) 체결

키워드 03

동학 농민 운동 (1894)

동학 농민 운동의 원인과 전 개 과정에 대한 문제가 출제 되었어요.

배경	개항 이후 세금 증가, 탐관오리의 수탈, 외국 상인들의 경제 침탈, 동학의 확산 등
제1차 봉기 (반봉건)	• 고부 군수 조병갑의 횡포 → 고부 농민 봉기(전봉준 중심) → 황토현, 황룡촌 등지 에서 농민군이 승리 → 농민군의 전주성 점령 → 전주 화약 체결 • 농민 자치 기구인 집강소 설치, 폐정 개혁 추진
제2차 봉기 (반외세)	일본군의 경복궁 침범, 청·일 전쟁 발발 → 농민군 재봉기 → 공주 우금치 전투에서 농민군 패배

키워드 04

갑오개혁

✚ 연좌제
범죄인과 특정한 관계에 있 는 사람(친족 등)에게 연대 책임을 지게 하는 제도

배경	정부가 동학 농민군과 전주 화약을 맺은 후 교정청을 설치하여 개혁을 추진하려 함 → 일 본이 이를 무력화하고 군국기무처 설치, 일본의 입맛에 맞는 개혁 추진 강요(김홍집 중심)
주요 내용	• 제1차 갑오개혁: 군국기무처가 주도, 왕실 사무와 국정 사무 분리, 재정 일원화, 도량형 통일, 신분제·과거제 폐지, 고문과 연좌제 폐지, 과부의 재가 허용, 조혼 금지 등 • 제2차 갑오개혁: 군국기무처 폐지, 새로운 내각 구성 → 「홍범 14조」(개혁 기본 방향) 반 포, 「교육입국조서」 반포 등

근대화와 자주화를 위한 노력

을미사변과 독립 협회에 대한 문제가 출제되었어요.

1. 을미사변과 아관 파천

삼국 간섭 (1895)	청·일 전쟁에서 일본이 승리 → 러시아·프랑스·독일이 일본에게 청으로부터 할양받은 랴오둥반도의 반환 요구 → 일본의 굴복
을미사변 (1895)	일본은 조선에서 약화된 세력을 만회하고자 명성 황후를 시해함 → 일본의 압력으로 친일 내각 수립 → 을미개혁 추진
을미개혁 (1895)	• 단발령 시행, 태양력 사용, 종두법 실시, 우편 사무 재개 등 • 을미사변과 단발령 시행에 분노한 유생들이 항일 의병 운동 전개
아관 파천 (1896)	을미사변 이후 국왕의 신변 보호를 명목으로 고종이 러시아 공사관으로 처소 이동 → 개혁 중단, 러시아의 내정 간섭 강화, 열강의 이권 침탈 심화

2. 독립 협회와 대한 제국

구분	독립 협회	대한 제국
창립	서재필 등 개화파 지식인을 비롯한 각계각층의 참여 → 독립신문 발간, 독립 협회 창립(1896)	고종이 경운궁(덕수궁)으로 환궁한 후 대한 제국 수립 선포(1897), 환구단에서 황제 즉위식 거행(연호 '광무')
활동	• 목표: 자유 민권, 자주 국권, 자강 개혁 • 만민 공동회(최초의 계몽 민중 집회): 열강의 이권 침탈 저지 • 관민 공동회: 헌의 6조 결의, 의회 설립 운동 추진	광무개혁: 구본신참(원칙), 대한국 국제 제정(전제 황제권 강화), 원수부 설치, 양전 사업, 지계 발급, 각종 학교 설립, 상공업 진흥 정책 추진 등

+ 구본신참

옛것을 기본으로 하되 새로운 것을 참고한다는 광무개혁의 원칙

+ 지계

근대적 토지 소유 증명서

독도의 역사

+ 안용복

동래 어민이었던 안용복은 울릉도에 몰래 침입하여 어업 활동을 하던 일본 어민들을 몰아내고 일본에 건너가 울릉도와 독도가 조선의 영토임을 확인받고 돌아옴

신라	지증왕 때 우산국(울릉도) 정벌 이후 부속 섬으로 다스림
조선 후기	숙종 때 안용복이 일본에 건너가 우리의 영토임을 확인받고 돌아옴
개항 이후	일본이 '태정관 지령'을 통해 울릉도와 독도가 일본과 관계 없음을 명시함
대한 제국	• 대한 제국 정부가 「대한 제국 칙령 제41호」를 통해 우리의 영토임을 명확히 함 • 러·일 전쟁 때 일본이 「시마네현 고시 제40호」를 통해 강제로 자국 영토로 편입
현재	대한민국 경상북도 울릉군 소속으로 명백한 우리 영토임

일제의 국권 침탈

TIP 을사늑약이 부당하게 체결된 이후 다양한 방식으로 투쟁이 일어났어요.

한·일 의정서(1904)	일본이 한반도를 군사 기지로 마음대로 사용
을사늑약(1905)	대한 제국의 외교권 박탈, 통감부 설치(초대 통감 이토 히로부미) → 내정 간섭 심화
고종의 강제 퇴위(1907)	고종이 국제 사회에 을사늑약의 부당함을 알리기 위해 네덜란드 헤이그에서 열린 만국 평화 회의에 특사(이상설, 이준, 이위종) 파견(실패) → 일본이 헤이그 특사 파견을 구실로 고종 강제 퇴위
한일 병합 조약(1910)	대한 제국의 국권 박탈, 조선 총독부 설치

키워드 08

애국 계몽 운동

신민회에 대한 문제가 출제
되었어요.

TIP 애국 계몽 운동과 비
슷한 시기에 전개된 항일 의
병 운동에 대해 정리해 두도
록 해요.

1. 애국 계몽 운동 입헌 정치 개혁, 국민 교육과 계몽 활동, 산업 진흥 등을 통해 실력을 양성하여 국권을 지키려는 운동

2. 주요 애국 계몽 운동 단체

보안회(1904)	일본의 황무지 개간권 요구 저지 운동 전개 → 성공
신민회 (1907 ~ 1911)	• 조직: 안창호·이승훈·양기탁 주도로 설립(비밀 결사) • 목표: 실력 양성을 통한 국권 회복과 공화정 수립 추구 • 활동: 대성 학교·오산 학교 설립, 태극 서관·자기 회사 운영, 남만주 삼원보에 신흥 강습소 설립 • 해체: 105인 사건으로 와해

키워드 09

**3·1 운동과
대한민국
임시 정부**

• 3·1 운동과 그 영향으로
수립된 대한민국 임시 정
부에 대한 문제가 출제되
었어요.
• 대한민국 임시 정부의 활동
에 대해 알아 두도록 해요.

╋ 민족 자결주의
민족의 운명은 그 민족이 스
스로 결정해야 한다는 주장

1. 1910년대 일제의 무단 통치
① 조선 총독부 설치: 식민 통치의 최고 기구
② 헌병 경찰제: 헌병 경찰이 일반 경찰 업무와 행정 관여
③ 언론, 출판, 집회, 결사의 자유 박탈
④ 한국인의 정치 활동 금지 및 민족 운동 탄압(신민회 해산 등)
⑤ 일반 관리 및 교원들까지 제복을 입고 칼을 차게 함

2. 3·1 운동(1919)

배경	2·8 독립 선언, 미국 대통령 윌슨이 민족 자결주의 제창
전개	민족 대표 33인이 태화관에서 기미 독립 선언서 발표 → 학생과 시민들이 탑골 공원에서 만세 시위 전개, 전국 주요 도시에서 만세 시위 전개 → 전국과 국외로 확대, 평화적 만세 시위에서 무력 투쟁으로 발전
일제의 탄압	제암리 학살 사건, 유관순 순국
의의	• 우리 민족의 독립 의지를 전 세계에 알림 • 일제의 통치 방식 변화: 무단 통치 → 이른바 '문화 통치'(1920년대) 시행 • 대한민국 임시 정부 수립의 계기 • 중국의 5·4 운동 등 각국의 반제국주의 운동에 영향

3. 대한민국 임시 정부

배경	3·1 운동을 전후하여 여러 임시 정부 수립 → 통합의 필요성 대두
수립	중국 상하이의 대한민국 임시 정부로 통합(1919) → 우리나라 최초의 민주 공화제 정부 수립(대통령 중심제 채택, 삼권 분립)
활동	• 비밀 조직인 연통제, 교통국 조직 및 운영: 국내와 연락, 독립운동 지도 • 독립신문(독립운동 소식 전달) 발간, 독립 공채(독립운동 자금 마련) 발행 • 구미 위원부 설치 등 외교 활동 전개
침체	일제의 탄압, 연통제 붕괴 등 → 독립운동의 방향을 두고 갈등 → 국민대표 회의 개최(1923) → 회의 결렬, 임시 정부의 침체

사회

다양한 민족 운동

• 물산 장려 운동, 광주 학생 항일 운동에 대한 문제가 출제되었어요.
• 한인 애국단, 한국 광복군이 언급되고 대한민국 임시 정부에 대한 문제가 출제되었어요.

TIP 물산 장려 운동은 구호를, 광주 학생 항일 운동은 전개 과정을 알아 두도록 해요.

➕ 사상에 따른 분류
• 민족주의(우익): 민족의 실력과 독립을 목표로 함
• 사회주의(좌익): 민족의 독립 이후 노동자, 농민이 중심이 된 사회 건설을 목표로 함

➕ 자치론
일제의 식민 통치를 인정하고, 일제가 허용하는 범위 내에서 자치권을 얻자는 주장

1. 실력 양성 운동

물산 장려 운동	• 목표: 민족 산업 육성, 경제적 자립 → 구호 '내 살림 내 것으로', '조선 사람 조선 것' • 전개: 평양에서 시작되어 전국으로 확산 → 국산품 애용, 일본 상품 불매 주장
민립 대학 설립 운동	• 목표: 민족의 힘으로 고등 교육 기관(대학) 설립 → 구호 '한민족 1천만이 한 사람이 1원씩' • 전개: 대학 설립을 위한 모금 운동 전개 → 실패
문맹 퇴치 운동	• 문자 보급 운동: 조선일보 주도, 한글 교재 보급 → 구호 '아는 것이 힘, 배워야 산다.' • 브나로드 운동: 동아일보 주도, 야학 개설, 농촌 계몽 활동 전개

2. 민족 협동 전선 운동

1920년대 민족 운동	민족주의 계열과 사회주의 계열로 나뉘어 전개
6·10 만세 운동 (1926)	순종의 장례일에 맞추어 사회주의 세력, 민족주의 세력, 학생 등이 대규모 만세 시위를 계획했으나 사전에 발각되어 학생들 주도로 전개
신간회 창립 (1927)	• 비타협적 민족주의 세력과 사회주의 세력이 연합하여 조직(자치론을 주장하는 일부 민족주의 세력 배제) → 일제 강점기 최대 규모의 합법적 단체 • 활동: 전국 순회 강연, 농민 운동 등 지원, 광주 학생 항일 운동에 진상 조사단 파견
광주 학생 항일 운동(1929)	• 광주 지역에서 벌어진 한·일 학생들 간의 충돌이 발단 → 민족 차별 폐지, 식민지 교육 제도 철폐 등 요구하는 시위 → 전국으로 확산 • 3·1 운동 이후 국내 최대 규모의 민족 운동

3. 나라 밖 무장 독립 투쟁

1920년대	• 봉오동 전투(1920): 홍범도가 이끄는 대한 독립군이 중심이 되어 일본군 대파 • 청산리 대첩(1920): 김좌진이 이끄는 북로 군정서와 홍범도가 이끄는 대한 독립군 등 연합 부대가 일본군 대파
1930년대	양세봉의 조선 혁명군과 지청천의 한국 독립군이 중국군과 함께 항일 전쟁 전개
중·일 전쟁 발발 이후	• 조선 의용대 조직(1938): 김원봉 주도 • 한국광복군 창설(1940): 대한민국 임시 정부의 정규군, 태평양 전쟁이 발발하자 연합군의 일원으로 대일 전쟁 수행, 국내 진공 작전 준비

4. 의열 투쟁 일제의 주요 기관 폭파, 고위 관리와 친일파 처단

의열단	• 김원봉의 주도로 만주에서 조직(1919) • 김익상, 김상옥, 나석주 등 활동
한인 애국단	• 김구의 주도로 상하이에서 조직(1931) • 이봉창(일본 도쿄에서 일왕 암살 시도), 윤봉길(상하이 훙커우 공원 일본군 전승 기념식장에서 폭탄 의거)의 활동

5. 노동 · 농민 운동

소작 쟁의(농민 운동)	암태도 소작 쟁의(1923, 소작료 인하 투쟁)
노동 쟁의(노동 운동)	원산 노동자 총파업(1929, 노동 조건과 처우 개선 주장)

키워드 11

대한민국 정부 수립

모스크바 3국 외상 회의, 남북 협상에 대한 문제가 출제되었어요.

＋신탁 통치

독립할 능력이 부족하다고 판단되는 국가를 일정 기간 동안 다른 국가가 통치하는 것

1. **광복(1945. 8. 15.)** 우리 민족의 꾸준한 독립운동, 제2차 세계 대전에서 연합군이 거둔 승리의 결실

2. **모스크바 3국 외상 회의(1945. 12.)**
   ① 내용: 한반도에 임시 민주 정부 수립, 미·소 공동 위원회 설치, 최대 5년간 4개국의 신탁 통치 실시 등 결정 → 좌익과 우익의 대립 심화
   ② 신탁 통치를 둘러싼 좌익과 우익의 대립: 우익은 신탁 통치 반대, 좌익은 초기에 신탁 통치에 반대하다가 회의 결정에 대한 총체적 지지를 표방

3. **미·소 공동 위원회** 두 차례 개최, 미국과 소련의 대립으로 회의 결렬

4. **정읍 발언(1946)** 이승만이 남한만의 단독 정부 수립 주장

5. **좌우 합작 운동(1946~1947)** 중도 세력(여운형, 김규식 등)이 통일 정부 수립을 목표로 전개 → 좌우 합작 위원회 조직 → 성과를 거두지 못함

6. **한국 문제의 유엔(국제 연합, UN) 상정** 미국이 한국 문제를 유엔에 넘김 → 유엔에서 인구 비례에 의한 남북한 총선거를 통해 정부를 수립하기로 결의 → 소련과 북한의 거부 → 유엔 소총회에서 선거가 가능한 지역(남한)에서만 총선거 실시 결정

7. **남한만의 단독 정부 수립 반대**
   ① 남북 협상(1948. 4.): 김구·김규식이 북측 지도자들과 통일 정부 수립 논의 → 성과를 거두지 못함
   ② 제주 4·3 사건, 여수·순천 10·19 사건 발생

8. **대한민국 정부 수립** 5·10 총선거 실시(1948, 우리나라 최초의 민주 보통 선거) → 제헌 국회 결성, 제헌 헌법 공포(7. 17.) → 대한민국 정부 수립 선포(1948. 8. 15.)

키워드 12

경제적 자주권 수호 노력

국채 보상 운동에 대한 문제가 출제되었어요.

＋조·미 수호 통상 조약

조선이 서양과 맺은 최초의 근대적 조약, 불평등 조약

＋최혜국 대우

조약 체결 당사자국인 두 나라 외의 다른 나라에게 부여된 권리보다 불리하지 않게 상대국에게 권리를 부여하겠다는 조항

1. **개항 시기**

개항	• 일본과 강화도 조약(1876) 체결 후 개항 → 조·미 수호 통상 조약(1882) 등 체결 • 청과 조약 체결(조·청 상민 수륙 무역 장정) 후 청 상인의 내륙 진출 허용 → 이후 최혜국 대우 조항을 내세워 열강의 상인들도 내륙 진출 허용
조약의 특징	• 강제적으로 체결된 불평등 조약 • 조선의 경제 주권을 강탈하는 내용을 명시함
의의	세계 자본주의 질서에 편입됨

2. **상권 수호 운동** 외국 상인의 내륙 진출을 허용하면서 조선의 산업이 크게 타격을 입음 → 서울의 시전 상인들이 황국 중앙 총상회를 조직하여 대응

3. **방곡령** 개항 직후 일본이 조선의 쌀을 수입 → 조선 내 쌀 부족, 쌀값 폭등 → 1880년대 후반, 1890년대 초에 지방관이 쌀 유출을 금지하는 방곡령 선포 → 일본의 항의로 조선이 배상금 지급, 방곡령 철회

4. **정부의 식산흥업 정책**   열강의 이권 침탈에 대응하기 위해 민족 자본 성장 노력 → 교통 및 통신 시설 정비, 공장과 은행 설립, 교육 기관 설립 등

5. **국채 보상 운동**
   ① 목적: 일본에 진 빚(국채)을 국민의 힘으로 갚아 국권을 회복하려고 함
   ② 전개: 1907년 대구에서 서상돈 등의 발의로 시작되어 전국으로 확산 → 통감부의 방해와 탄압을 받아 중단

1. **토지 조사 사업(1910년대)**

목적	• 명분: 근대적 토지 소유권 확립 • 실제: 토지의 합법적 약탈, 식민 통치의 경제적 기반 마련
원칙	기한부 신고제(복잡한 절차)
결과	미신고 토지, 공유지, 왕실 소유지 등 약탈 → 총독부의 지세 수입 증가 → 농민 몰락, 소작농 증가 → 화전민 증가, 해외(간도, 연해주 등) 이주 증가

2. **산미 증식 계획(1920년대)**

목적	일본 본토의 식량 부족과 쌀값 폭등 → 부족한 식량을 한반도에서 확보
내용	수리 시설 확충, 종자 개량, 비료 사용 확대를 통해 식량 증산 → 일본으로 반출
결과	증산량보다 많은 수탈 → 곡물 가격 폭등 → 만주에서 잡곡 등 수입, 한국의 식량 사정 악화

3. **병참 기지화 정책(1930년대 이후)**

목적	일본의 침략 전쟁 확대로 군수 물자 필요 → 한국을 병참 기지로 이용
내용	• 북부 지방에 군수 공업 및 중화학 공업 육성, 국가 총동원법 제정(1938) • 인적 자원 수탈: 징용, 징병, 학도병, 여자 정신 근로대, 일본군 '위안부' 강제 동원 • 물적 자원 수탈: 군량미 확보를 위한 미곡 공출, 무기 제조를 위한 금속 공출

1. **국가 주도의 경제 성장**

6·25 전쟁 이후	• 6·25 전쟁으로 많은 산업 시설 파괴 • 미국의 원조 → 소비재 위주의 삼백 산업 발달(제분, 제당, 면방직)
1960년대	• 제1·2차 경제 개발 5개년 계획 추진, 수출 주도형 산업 • 경공업 육성(신발, 의류 등), 경부 고속 국도 개통(1970)
1970년대	• 제3·4차 경제 개발 5개년 계획 추진 • 중화학 공업 육성(철강, 화학, 조선, 기계 등), 고속 경제 성장('한강의 기적') • 새마을 운동 전개, 석유 파동으로 경제 위기

1980년대	3저 호황(저유가·저금리·저달러), 기술 집약적 산업(자동차, 전자 산업 등) 성장
1990년대	• 경제 협력 개발 기구(OECD) 가입(1996) • 외환 위기(1997)로 국제 통화 기금(IMF)의 구제 금융 지원·관리를 받음 → 구조 조정, 금 모으기 운동 등으로 조기 극복
2000년대 이후	첨단 산업(정보 기술, 전자 산업 등) 중심으로 성장, 여러 나라와 자유 무역 협정(FTA) 체결

2. 경제 성장에 따른 사회 변화

농촌 문제	저곡가 정책, 도시와 농촌의 격차 심화 → 1970년대 새마을 운동 전개 → 1980년대 이후 외국 농산물 수입 개방으로 농촌 경제 악화 → 최근 농업의 기계화, 현대화, 유통 구조 개선 등으로 농촌 문제 해결 노력
노동 운동	장시간 노동과 같은 열악한 근로 환경, 저임금 정책 → 전태일 분신 사건(1970) 이후 노동 운동 활성화 → 최근 청년 실업, 외국인 근로자, 비정규직 문제 등 발생
도시 문제	급격한 산업화와 도시화로 인해 도시로 인구가 집중되면서 발생 → 교통 혼잡, 주택 부족, 환경 오염, 범죄 문제, 소득 양극화로 인한 사회 양극화 문제 등
대중문화 발달	• 대중문화의 성장: 대중의 교육 기회 확대, 경제 성장, 대중 매체(텔레비전, 라디오, 인터넷 등) 보급 → 한류(한국의 대중문화)가 세계적으로 유행 • 스포츠: 1986년 아시안 게임, 1988년 서울 올림픽 대회, 2002년 한·일 공동 월드컵 대회, 2018년 평창 동계 올림픽 대회 등 개최
활발한 국제 교류	• 유학, 이민, 취업, 국제결혼 등으로 다문화 사회로 변화 • 한국의 위상: 국제기구 가입, G20 정상 회의 개최 등으로 국제 사회에 참여함 → 한국의 위상 성장

➕ 전태일 분신 사건

청계천 평화 시장의 노동자였던 전태일이 근로 기준법 준수를 요구하며 분신을 한 사건

➕ 대중문화

대중이 일상생활에서 쉽게 접하고 누리는 문화(가요, 영화, 드라마 등)

키워드 15

민주주의의 발전

• 4·19 혁명, 5·18 민주화 운동, 6월 민주 항쟁에 대한 문제가 자주 출제되었어요.
• 김대중 정부에 대한 문제가 출제되었어요.

➕ 조소앙의 삼균주의

개인, 민족, 국가의 평등을 위해 정치적·경제적·교육적 균등을 실현해야 한다고 주장함

1. 독재 시도와 저항

① 대한민국 임시 정부와 대한민국 정부

대한민국 임시 정부	• 대한민국 임시 헌장(1919): 민주 공화정 체제 채택 • 건국 강령 발표: 조소앙의 삼균주의에 기초
대한민국 정부	• 제헌 헌법(1948. 7. 17.): 제헌 국회에서 제정하여 공포함 • 민주 공화정과 대통령 간접 선거제를 채택함 • 내용: 주권 재민과 삼권 분립의 원칙, 국민의 권리와 국가의 의무 규정

② 이승만 정부의 장기 집권 시도와 4·19 혁명

장기 집권 시도	발췌 개헌(대통령 직선제), 사사오입 개헌(초대 대통령에 한해 중임 제한 폐지)
4·19 혁명 (1960)	• 배경: 3·15 부정 선거 • 전개: 부정 선거 규탄 시위 → 마산에서 김주열 학생의 시신 발견 → 전국적으로 대규모 시위 발생 → 대학교수들의 동참 → 이승만 대통령 하야 • 결과: 내각 책임제로 헌법 개정, 장면 내각 수립

③ 박정희 정부(1963 ~ 1979)

5·16 군사 정변(1961)	• 박정희를 중심으로 한 군부 세력이 정변을 일으켜 권력 장악, 군정 실시 • 대통령 중심제로 헌법 개정
박정희 정부 수립(1963)	• 대통령 선거에서 박정희 당선 • 일본과의 국교 정상화 추진, 베트남 전쟁 파병 → 경제 성장에 필요한 자금 마련 • 3선 개헌을 통해 대통령의 3회 연임 허용(1969)
유신 체제 (1972 ~ 1979)	• 10월 유신 선포(1972), 헌법 개정(유신 헌법) • 통일 주체 국민 회의에서 대통령 간접 선거, 초헌법적 대통령제 • 부·마 민주 항쟁 등 유신 체제에 대한 저항 전개, 10·26 사태(박정희 암살) → 박정희 유신 체제 붕괴

＋ 유신 헌법
• 대통령 중임 제한 폐지
• 통일 주체 국민 회의에서 대통령 선출
• 대통령에게 국회 의원 3분의 1 추천권, 긴급 조치권 등 부여

④ 신군부의 등장과 민주주의의 발전

신군부의 등장	12·12 사태로 전두환을 중심으로 한 신군부 세력이 정변을 일으켜 권력 장악 (1979) → 민주화 요구 시위가 거세지자 비상계엄 전국 확대
5·18 민주화 운동 (1980)	• 전개: 광주에서 비상계엄 확대 저항 시위 발생 → 신군부가 공수 부대를 동원하여 시위 진압 → 시민군 조직·항쟁 → 계엄군에 의해 무력 진압 • 의의: 1980년대 민주화 운동의 토대
전두환 정부	• 7년 단임의 대통령 간접 선거로 개헌 • 억압 정책: 민주화 운동 탄압, 언론 감시, 삼청 교육대 운영 • 유화 정책: 야간 통행금지 해제, 프로 야구 출범, 해외여행 자유화 등
6월 민주 항쟁 (1987)	• 배경: 전두환 정부의 독재 정치, 박종철 고문치사 사건 • 전개: 시민들이 대통령 직선제 개헌 요구 시위 → 전두환 정부의 거부(4·13 호헌 조치), 민주화 시위 탄압 → 이한열이 최루탄 피격으로 의식 불명 → 시위 전국 확대 • 결과: 6·29 민주화 선언, 5년 단임의 대통령 직선제로 헌법 개정

2. 민주화 이후의 한국 사회

노태우 정부 (1988 ~ 1993)	사회주의 국가와 국교 수립(북방 외교), 서울 올림픽 대회 개최(1988), 남북한 유엔(UN) 동시 가입
김영삼 정부 (1993 ~ 1998)	• 금융 실명제 도입, 지방 자치제 전면 실시, '역사 바로 세우기' 진행 • 임기 말 외환 위기로 국제 통화 기금(IMF)의 금융 지원·관리를 받음
김대중 정부 (1998 ~ 2003)	• 금 모으기 운동 등을 통해 외환 위기 조기 극복 • 최초의 남북 정상 회담 개최(2000) → 김대중 대통령의 노벨 평화상 수상 • 2002년 한·일 월드컵 대회 개최
노무현 정부 (2003 ~ 2008)	• 제2차 남북 정상 회담 실시(2007) • 과거사 규명을 위한 법 제정
이명박 정부 (2008 ~ 2013)	친환경 녹색 성장 목표, 실용주의 노선 지향 → 경제 성장에 중점

TIP 노벨 평화상을 수상한 우리나라 대통령은 김대중 대통령입니다.

평화 통일을 위한 노력

- 6·25 전쟁, 최초의 남북 정상 회담에 대한 문제가 출제되었어요.
- 6·25 전쟁의 과정을 알아 두도록 해요.

＋ 애치슨 선언
미국의 태평양 방위선을 일본과 필리핀 지역으로 한정하겠다는 내용을 담고 있음 (미국이 태평양 방위선에서 한국을 제외함)

1. 남북 분단과 6·25 전쟁

① 남북 분단
- 배경: 광복 이후 미국과 소련이 북위 38도선을 경계로 한반도를 분할 점령함
- 남한: 대한민국 정부 수립(1948. 8. 15.)
- 북한: 김일성을 중심으로 조선 민주주의 인민 공화국 수립(1948. 9. 9.)

② 6·25 전쟁

배경	중국과 소련의 북한 지원 약속(비밀 협정 체결), 미국의 애치슨 선언과 미군의 철수
경과	북한의 기습적인 남침으로 전쟁 발발(1950. 6. 25.) → 서울 함락, 낙동강 전선까지 후퇴 → 국군과 유엔군의 연합군 편성, 인천 상륙 작전으로 서울 탈환, 압록강 전선까지 진격 → 중국군 참전 → 흥남 철수, 1·4 후퇴 → 전선 고착화(38도선 일대에서 공방전 전개) → 정전 협정 체결(1953. 7.)
결과	전쟁고아와 이산가족 발생, 국토 황폐화, 분단 고착화

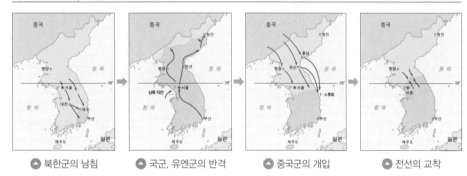

🔺 북한군의 남침　　🔺 국군, 유엔군의 반격　　🔺 중국군의 개입　　🔺 전선의 교착

2. 통일을 위한 노력

박정희 정부	• 닉슨 독트린의 영향으로 냉전 체제가 완화되면서 남북 관계의 변화 시작 • 남북 적십자 회담: 이산가족 문제 논의 • 7·4 남북 공동 성명(1972): 남북한이 최초로 통일 방안 합의 → 자주·평화·민족적 대단결의 평화 통일 3대 원칙 합의
전두환 정부	최초의 이산가족 고향 방문과 예술 공연단 교환
노태우 정부	• 남북한 유엔 동시 가입(1991) • 남북 사이의 화해와 불가침 및 교류·협력에 관한 합의서(남북 기본 합의서) 체결, 한반도 비핵화 공동 선언 합의(1991)
김대중 정부	• 대북 화해 협력 정책(햇볕 정책) 추진 • 최초의 남북 정상 회담 개최(평양, 2000) → 6·15 남북 공동 선언 발표 • 경제·사회·문화 교류: 금강산 관광 사업, 경의선 복구 사업, 개성 공단 건설 합의, 이산가족 상봉 등
노무현 정부	제2차 남북 정상 회담 개최(평양, 2007) → 10·4 남북 공동 선언 발표
문재인 정부	남북 긴장 관계 해소를 통한 관계 개선 노력 → 남북 정상이 판문점에서 만나 4·27 판문점 선언 발표(제3차 남북 정상 회담, 2018)

01 다음과 같은 지도의 특징으로 적절하지 <u>않은</u> 것은?

① 최단 경로 파악이 가능하다.
② 지도의 축소와 확대가 어렵다.
③ 모바일 기기를 통해 보기가 쉽다.
④ 원하는 지점을 찾는 데 시간이 절약된다.

02 다음과 같은 가옥의 형태가 툰드라 기후 지역에서 나타나는 이유로 적절한 것은?

① 해충의 침입을 막기 위해
② 열기와 습기를 피하기 위해
③ 난방 열기에 땅이 녹는 것을 막기 위해
④ 그늘이 많이 생길 수 있도록 하기 위해

03 다음과 관련 있는 종교는?

> 소를 신성시하여 소고기를 먹지 않는다.

① 불교 　　　　　② 힌두교
③ 이슬람교 　　　④ 크리스트교

04 천연자원은 풍부하지만 경제적·정치적 어려움을 겪는 국가를 〈보기〉에서 고른 것은?

> **보기**
> ㄱ. 우리나라 　　　ㄴ. 노르웨이
> ㄷ. 나이지리아 　　ㄹ. 시에라리온

① ㄱ, ㄴ 　　　② ㄱ, ㄷ
③ ㄴ, ㄷ 　　　④ ㄷ, ㄹ

05 다음 사례에서 선교사가 가진 문화 이해 태도의 문제점으로 가장 적절한 것은?

> 한 선교사가 아마존 밀림에 사는 사람들에게 서양식 셔츠와 바지를 입고 생활할 것을 강요하였다. 노출이 많은 그들의 모습이 도덕적이지 않다고 여겼기 때문이다. 그러나 선교사의 말에 따랐던 원주민 대다수가 피부병을 앓게 되었다.

① 국제적 고립을 초래할 수 있다.
② 외래문화를 무조건 수용하게 된다.
③ 자기 문화의 정체성을 상실할 수 있다.
④ 극단적 문화 상대주의에 빠질 위험이 있다.

06 다음 내용에 해당하는 것은?

> • 민주주의의 근본이념
> • 모든 사람은 인간이라는 이유만으로 소중하고 존엄한 존재로 대우받을 가치가 있다는 것

① 자유 　　　　　② 평등
③ 인간의 존엄성 　④ 복지 국가의 건설

07 지역 사회의 주민 참여 방법에 해당하지 <u>않는</u> 것은?

① 자치 단체의 예산 편성 과정에 참여한다.
② 주민 공청회에 참석하여 자신의 의견을 제시한다.
③ 주민 의사를 거스르는 결정을 한 지방 의회를 해산할 수 있다.
④ 선출된 공직자가 직무 수행을 잘못했을 때 투표로 해임을 결정할 수 있다.

08 다음 설명에 해당하는 법의 종류는?

> 사법과 공법의 중간적인 성격으로 사회적 약자를 보호하기 위해 만든 법이다.

① 「주민등록법」　　　② 「형사소송법」
③ 「근로기준법」　　　④ 「민사소송법」

09 다음 기본권에 해당하지 <u>않는</u> 것은?

> 국민이 국가의 의사 결정 과정에 참여하여 국가를 통제할 수 있는 권리

① 청원권　　　　　　② 선거권
③ 공무 담임권　　　　④ 국민 투표권

10 행정부 수반으로서의 대통령의 권한으로 옳지 <u>않은</u> 것은?

① 외국과 조약을 체결한다.
② 법률안을 거부할 수 있다.
③ 국군을 통솔하고 지휘한다.
④ 행정부를 지휘하고 감독한다.

11 다음 그래프에 대한 설명으로 옳지 <u>않은</u> 것은?

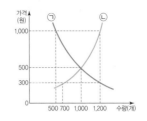

① ㉠은 수요 곡선이다.
② ㉡은 공급 곡선이다.
③ 시장 가격은 500원이다.
④ 가격이 1,000원일 때 초과 수요량은 700개이다.

12 한국에서 다음 개념에 포함되는 것은?

> 일정 기간 동안 한 나라 안에서 생산된 최종 생산물의 가치를 시장 가격으로 합한 것

① 작년에 한국에서 생산된 휴대폰
② 한국 가정주부의 양육과 가사일
③ 미국에서의 한국 가수의 공연
④ 외국인 노동자가 한국에서 일하여 번 소득

13 다음에서 설명하는 국제 분쟁 지역은?

> 인도(힌두교)와 파키스탄(이슬람교) 간의 갈등 지역으로 현재 양국이 분할 통치하고 있다.

① 카슈미르　　　　　② 난사 군도
③ 시사 군도　　　　　④ 팔레스타인

14 우리나라에서 다음과 같은 인구 이동이 일어난 시기는?

① 6 · 25 전쟁기　　　② 일제 강점기
③ 1960년대 이후　　　④ 1990년대 이후

15 다음 지도는 ○○ 다국적 기업의 기능별 입지를 나타낸 것이다. 이에 대한 설명으로 옳은 것은?

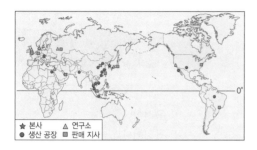

① 본사는 주로 개발 도상국에 위치한다.
② 생산 공장은 주로 선진국에 위치한다.
③ 다국적 기업이 진출한 국가에서는 일자리가 증가한다.
④ 다국적 기업의 수는 세계화에 따라 감소하고 있다.

16 독도와 관련 있는 것을 〈보기〉에서 고른 것은?

> **보기**
> ㄱ. 화산섬　　　　　　ㄴ. 무인도
> ㄷ. 대륙성 기후　　　　ㄹ. 메탄 하이드레이트

① ㄱ, ㄴ　　　　　　② ㄱ, ㄹ
③ ㄴ, ㄷ　　　　　　④ ㄷ, ㄹ

17 다음 유물이 처음 제작된 시기의 특징으로 옳은 것은?

① 군장이 최초로 출현하였다.
② 농경과 목축이 시작되었다.
③ 옷을 지어 입기 시작하였다.
④ 주로 동굴이나 막집에 거주하였다.

18 삼국의 형세가 다음 지도와 같을 때 이 시기 백제 왕의 업적으로 적절하지 <u>않은</u> 것은?

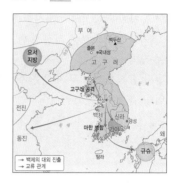

① 사비 천도
② 마한 전 지역 확보
③ 왕위 부자 상속 확립
④ 중국 남조 및 왜와 교류

19 통일 신라의 문화재에 해당하지 <u>않는</u> 것은?

① 　　②

③ 　　④

20 다음 대화에서 빈칸 (가)에 해당하는 인물은?

> (가) 이/가 별무반을 편성하여 여진을 정벌하고 동북 9성을 쌓았다고 해.

> 다행이야. 그럼 당분간 변방의 상황이 안정되겠군.

① 윤관　　　　　　② 서희
③ 이성계　　　　　④ 강감찬

21 다음 빈칸 ㉠, ㉡에 들어갈 내용을 바르게 연결한 것은?

> • 훈구와 사림 간의 갈등 → (㉠) 발생
> • 사림 내부 간의 갈등 → (㉡) 형성

	㉠	㉡		㉠	㉡
①	사화	붕당	②	붕당	사화
③	탕평	사화	④	사화	탕평

22 다음의 문제를 해결하기 위해 조선 영조가 실시한 정책으로 옳은 것은?

> 붕당의 폐해가 요즈음보다 심한 적은 없다. …… 지금은 한쪽 사람을 모조리 역적으로 몰고 있다. …… 근래에 들어 사람을 임용할 때 모두 같은 붕당의 사람들만 등용하고자 한다.
> ― 『영조실록』 ―

① 탕평책 시행   ② 호패법 실시
③ 현량과 시행   ④ 규장각 설치

23 다음 비석과 관련된 내용으로 적절하지 않은 것은?

서양 오랑캐가 침범하였을 때 싸우지 않으면 곧 화의하자는 것이요, 화의를 주장함은 나라를 파는 것이다.

① 위의 비석을 척화비라고 해.
② 우리나라의 근대화에 도움이 되었어.
③ 통상 수교 거부 정책의 의미가 담겨 있어.
④ 신미양요가 발생한 직후 전국에 위 비석을 세웠어.

24 다음 빈칸 (가)에 들어갈 단체는?

> • **학습 주제:** (가)
> • 1931년 김구가 상하이에서 조직
> • 이봉창의 도쿄 의거
> • 윤봉길의 상하이 훙커우 공원 의거

① 신민회   ② 의열단
③ 독립 의군부   ④ 한인 애국단

25 6·25 전쟁의 배경으로 옳은 것을 〈보기〉에서 고른 것은?

> **보기**
> ㄱ. 유신 체제의 성립
> ㄴ. 6·29 민주화 선언 발표
> ㄷ. 미국의 애치슨 선언 발표
> ㄹ. 북한과 소련의 비밀 협정 체결

① ㄱ, ㄴ   ② ㄱ, ㄷ
③ ㄴ, ㄷ   ④ ㄷ, ㄹ

사
회

01 친구를 집에 초대하려고 할 때 우리 집의 위치를 설명하는 방법으로 가장 적절한 것은?

① 경도와 위도를 알려 준다.
② 랜드마크를 이용하여 알려 준다.
③ 산맥과 하천을 이용하여 알려 준다.
④ 대륙과 해양의 분포를 활용하여 알려 준다.

02 다음 그래프에 해당하는 기후는?

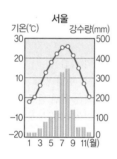

① 지중해성 기후
② 열대 우림 기후
③ 온대 계절풍 기후
④ 서안 해양성 기후

03 신기 습곡 산지와 고기 습곡 산지를 비교한 내용으로 옳지 않은 것은?

	구분	고기 습곡 산지	신기 습곡 산지
①	대표 산맥	히말라야산맥	우랄산맥
②	지각 운동	안정됨	불안정함
③	해발 고도	낮고 완만함	높고 험준함
④	형성 시기	고생대	신생대

04 다음 지도의 A 지역에 대한 설명으로 옳지 않은 것은?

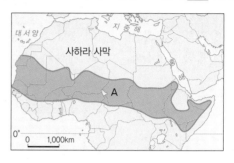

① 사헬 지대라고 불린다.
② 사막화가 진행되고 있는 지역이다.
③ 지나친 농경지 개간이 이루어지고 있다.
④ 관개 농업의 실시로 식량 부족 문제가 해결되고 있다.

05 다음 설명에 해당하는 국가는?

> 첨단기기에 들어가는 콜탄이 주목받기 시작하면서 자원을 둘러싸고 오랜 기간 내전이 이어지고 있다.

① 미국
② 시에라리온
③ 나이지리아
④ 콩고 민주 공화국

06 문화의 속성에 대한 설명으로 옳지 않은 것은?

① 문화는 후천적으로 습득된다.
② 한번 형성된 문화는 변하지 않는다.
③ 다음 세대로 전승되면서 점차 풍부해지고 발전한다.
④ 문화의 요소들은 서로 밀접한 관련을 맺으면서 전체를 이룬다.

07 다음의 특징을 가지는 정치 형태는?

> • 대중 민주주의
> • 대의 민주주의
> • 전자 민주주의

① 직접 민주주의　　② 근대 민주 정치
③ 현대 민주 정치　　④ 고대 아테네 민주 정치

08 다음 재판의 참여자가 <u>아닌</u> 것은?

> ○○은 친한 친구인 △△에게 돈을 빌려 주었다. 하지만 △△는 1년이 지나도록 돈을 갚지 않아 재판을 청구하였다.

① 판사　　　　　　② 검사
③ 원고　　　　　　④ 피고

09 A가 미용 고등학교의 잘못을 바로잡기 위해 찾아가야 할 국가 기관은?

> 현재 중학생인 A는 미용사가 되고 싶은 마음에 ◇◇ 미용 고등학교에 진학하려고 알아보던 중 남학생은 입학이 안 된다는 말을 듣고 좌절하고 있다.

① 국가 인권 위원회　　② 국민 권익 위원회
③ 언론 중재 위원회　　④ 대한 법률 구조 공단

10 법원의 권한으로 옳은 것은?

① 위헌 정당을 해산할 수 있다.
② 위헌 법률 심판을 제청할 수 있다.
③ 법률을 제정하거나 개정할 수 있다.
④ 국회의 동의를 얻어 헌법 재판소장을 임명한다.

11 다음 (가), (나)와 관련한 경제 활동을 바르게 연결한 것은?

> (가) 회사원 B 씨는 홈쇼핑에서 보험 상품을 구입하였다.
> (나) □□ 휴대폰 회사는 폴더형 스마트폰을 개발하여 판매하고 있다.

	(가)	(나)		(가)	(나)
①	생산	분배	②	소비	분배
③	분배	소비	④	소비	생산

12 다음 빈칸 ㉠에 들어갈 용어로 가장 적절한 것은?

> 독일은 제1차 세계 대전 이후 전쟁 배상 비용을 모두 화폐 발행을 통해 확보하였다. 이로 인해 독일의 화폐 가치가 크게 떨어졌고, 3년 사이에 엄청난 (㉠) 현상이 나타났다.

① 실업　　　　　　② 물가 하락
③ 경제 성장　　　　④ 인플레이션

13 다음 내용을 통해 알 수 있는 국제 갈등으로 옳지 <u>않은</u> 것은?

> 중국 정부는 중국 랴오닝성에 있는 고구려 성산산성 표지석에 '고구려 민족이 고대로부터 중화민족을 구성하는 일원이었다.'라는 문구를 새겼다.

① 중국의 동북공정에 대한 내용이다.
② 자원을 얻기 위해 영토에 대한 영유권을 주장한다.
③ 소수 민족의 독립을 차단하기 위한 의도를 갖고 있다.
④ 고조선, 고구려, 발해의 역사를 중국사로 편입시키고자 한다.

14 다음 (가), (나) 도시의 공통된 특징으로 옳은 것은?

(가) 오스트리아의 빈 　　(나) 캐나다의 밴쿠버

① IT 산업 중심 도시
② 쾌적한 환경을 갖춘 도시
③ 친환경 에너지 정책 도시
④ 정치적으로 불안정한 도시

15 다음은 환경 문제를 유발하는 산업의 이전에 대한 내용이다. 빈칸 ㉠에 들어갈 국가로 옳지 <u>않은</u> 것은?

> 선진국은 1970년대 이후 자국 내에 환경 문제를 유발하는 산업에 대한 규제를 강화하였다. 이에 따라 선진국의 기업은 비교적 규제가 심하지 않은 (㉠) 등지로 진출하였다.

① 중국　　　　　　② 인도
③ 미국　　　　　　④ 나이지리아

16 다음 영역 분쟁 지역의 공통된 특징으로 옳은 것은?

> • 팔레스타인 지역　　　• 카슈미르 지역

① 언어를 둘러싼 분쟁
② 종교를 둘러싼 분쟁
③ 석유 자원을 둘러싼 분쟁
④ 영해 확보를 둘러싼 분쟁

17 다음 자료의 풍속이 있었던 나라를 지도에서 고르면?

> 당신들은 우리 부족의 경계를 침범했으니 소, 말로 변상하시오.

① (가)　　　　　　② (나)
③ (다)　　　　　　④ (라)

18 다음 내용과 관련 있는 신라의 왕은?

> • '마립간'이라는 왕호를 사용하기 시작함
> • 김씨가 왕위를 세습하기 시작함

① 지증왕　　　　　② 내물왕
③ 법흥왕　　　　　④ 진흥왕

19 다음 빈칸 ㉠, ㉡에 들어갈 내용을 바르게 연결한 것은?

> 문무왕의 뒤를 이은 (㉠)은 김흠돌의 반란을 진압하여 귀족 세력을 제압하였다. 또한 강력한 왕권을 확립하기 위해 귀족들에게 지급한 (㉡)을 폐지하였다.

	㉠	㉡		㉠	㉡
①	신문왕	녹읍	②	무열왕	녹읍
③	신문왕	관료전	④	혜공왕	관료전

20 다음에 해당하는 세력에 대한 설명으로 옳지 <u>않은</u> 것은?

> 원 간섭기에 등장한 세력으로, 강과 하천을 경계로 삼을 만큼 대규모 농장을 소유하고도 국가에 세금을 내지 않았다. 대표적인 인물에는 기철이 있다.

① 불교를 옹호하였다.
② 대농장을 경영하였다.
③ 음서를 통해 고위 관직을 독점하였다.
④ 공민왕이 개혁 정치를 위해 등용하였다.

21 다음 내용에 해당하는 사화는?

> 김일손이 사초에 단종을 애도하고 세조를 비판하는 「조의제문」을 실은 것을 빌미로 훈구가 사림을 공격하였다.

① 무오사화   ② 갑자사화
③ 기묘사화   ④ 을사사화

22 다음 빈칸 ㉠～㉢에 들어갈 내용을 바르게 연결한 것은?

> 〈조선 후기 조세 제도의 개편〉
> • (㉠): 군포를 1필로 줄여 줌
> • (㉡): 토지 1결당 쌀 4두 징수
> • (㉢): 특산물 대신 쌀, 옷감, 동전 징수

	㉠	㉡	㉢
①	대동법	영정법	균역법
②	대동법	균역법	영정법
③	영정법	균역법	대동법
④	균역법	영정법	대동법

23 다음 밑줄 친 '이 단체'에 대한 설명으로 옳지 <u>않은</u> 것은?

> 1907년에 안창호, 이승훈, 양기탁 등이 비밀리에 이 단체를 조직하여 자주독립을 위해 활동하였으나, 1911년 일제가 조작한 105인 사건으로 인해 해체되었다.

① 자기 회사와 태극 서관을 운영하였다.
② 만주에 독립운동 기지를 건설하였다.
③ 대성 학교와 오산 학교를 설립하였다.
④ 입헌 군주제 등 정치 개혁을 주장하였다.

24 다음 신문 기사의 상황이 발단이 되어 일어난 민족 운동에 대한 설명으로 옳은 것은?

> 제△△호   **역사 신문**   ○○○○년 ○○월 ○○일
>
> 광주발 통학 열차 안에서 일본인 남학생이 한국인 여학생을 희롱하자 한·일 학생 사이에 싸움이 벌어졌다. 이 사건에 대해 경찰이 한국 학생만 검거하는 편파적인 조치를 취하자, 이에 반발하여 11월 3일 광주에서 학생들이 항일 운동을 전개하였다.

① 신간회가 결성되는 계기가 마련되었다.
② 3·1 운동 이후 국내 최대 규모의 민족 운동이었다.
③ 대한매일신보의 지원으로 전국적으로 확산되었다.
④ 순종의 인산일을 계기로 대규모 시위를 계획하였다.

25 다음 빈칸 ㉠에 들어갈 역사적 사건은?

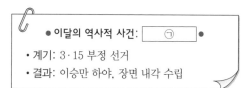

> • 이달의 역사적 사건: (㉠)
> • 계기: 3·15 부정 선거
> • 결과: 이승만 하야, 장면 내각 수립

① 4·19 혁명
② 6월 민주 항쟁
③ 5·16 군사 정변
④ 5·18 민주화 운동

1 세계의 기후 분포

열대 기후	• 저위도(적도 부근)에 분포 → 가장 추운 달의 평균 기온이 18℃ 이상, 일 년 내내 기온이 높음 • 밀림 형성
건조 기후	• 남·북위 20°~30° 일대에 분포 → 연 강수량이 500mm 미만 (강수량<증발량) • 사막 기후, 스텝 기후
온대 기후	• 중위도에 분포 → 온화한 기후와 적당한 강수량, 뚜렷한 계절의 변화 • 서안 해양성 기후, 지중해성 기후, 온대 계절풍 기후
냉대 기후	• 북반구 중위도 지역에 분포 → 가장 추운 달의 평균 기온이 −3℃ 미만, 가장 따뜻한 달의 평균 기온이 10℃ 이상 • 겨울이 춥고 길며 기온의 연교차가 큼 • 냉대 침엽수림(타이가) 분포
한대 기후	• 고위도(극지방)에 분포 → 가장 따뜻한 달의 평균 기온이 10℃ 미만 • 짧은 여름에 이끼나 풀이 자람
고산 기후	• 적도 부근의 해발 고도가 높은 지역에 분포 • 일 년 내내 봄과 같이 온화함

선생님's 조언 세계의 다양한 기후 지역과 그 지역에서 살고 있는 주민들의 생활 모습을 연결지어 이해하는 것이 가장 중요해요.

2 대통령제와 의원 내각제

① 대통령제

입법부와 행정부	입법부와 행정부 간 엄격한 분리 → 국민의 선거로 입법부와 대통령 선출
특징	• 대통령의 법률안 거부권 행사 가능 • 행정부의 법률안 제출 불가능 • 의회 의원의 행정부 장관 겸직 불가
장점	• 다수당의 횡포 견제 • 대통령의 임기 보장으로 일관된 정책 수행 가능
단점	대통령의 독재 가능성 우려

② 의원 내각제

입법부와 행정부	입법부와 행정부 간 긴밀한 관계 → 국민의 선거로 선출된 입법부(의회)가 행정부(내각) 구성
특징	• 의회의 내각 불신임권 행사 가능 • 내각의 의회 해산권 행사 가능 • 총리(수상)의 법률안 제출권 행사 가능 • 의회 의원의 내각의 각료(장관) 겸직 가능
장점	• 책임 있는 정치 실현 • 의회와 내각의 협조로 효율적인 정책 수행 가능
단점	다수당의 횡포 우려, 군소 정당의 난립 시 국정 운영의 어려움

3 재판의 종류

민사 재판	개인 간의 관계에서 발생하는 분쟁 해결
형사 재판	범죄가 발생했을 때 형벌의 종류와 형량 결정
가사 재판	이혼, 상속 등 가족 관계에서 벌어진 다툼 해결
행정 재판	행정 기관의 잘못을 판단하고 고쳐줄 것을 요구
선거 재판	선거 자체의 효력, 당선의 유·무효 등을 다룸
소년 보호 재판	10세 이상 19세 미만의 소년이 저지른 범죄에 대해 판단
헌법 재판	재판에 적용되는 법이 헌법에 어긋나는지 판단

선생님's 조언 재판의 종류를 비롯하여 공정한 재판을 위한 제도에 대해 알아 두도록 해요.

4 시장 가격의 결정

수요 법칙	• 수요: 상품을 구입하고자 하는 욕구 • 수요량: 일정한 가격 수준에서 수요자가 구입하려는 수량 • 수요 법칙: 가격과 수요량은 반비례(−) 관계
공급 법칙	• 공급: 상품을 팔고자 하는 욕구 • 공급량: 일정한 가격 수준에서 공급자가 판매하려는 수량 • 공급 법칙: 가격과 공급량은 비례(+) 관계
시장 가격 결정	• 초과 공급: 수요량<공급량 → 공급자들 간의 경쟁 → 가격 하락 • 초과 수요: 수요량>공급량 → 수요자들 간의 경쟁 → 가격 상승 • 시장 가격 형성: 수요량 = 공급량 → 균형 가격과 균형 거래량 결정

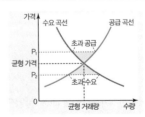

선생님's 조언 수요와 공급에 의해 시장 가격이 어떻게 결정되는지 이해해야 하며, 시장 가격의 변동 요인 또한 함께 연결지어 알아 두도록 해요.

5 실업의 유형과 대책

경기적 실업	• 원인: 경기 침체로 인한 기업의 고용 감소 • 대책: 재정 지출을 늘리는 공공 사업 실시 등
구조적 실업	• 원인: 산업 구조의 변화 • 대책: 직업 훈련 프로그램 개발, 직업 교육 시행 등

계절적 실업	• 원인: 계절에 따라 발생 • 대책: 농공 단지 조성, 공공 근로 사업 확대 등
마찰적 실업	• 원인: 더 나은 일자리를 구하기 위해 일시적으로 발생 • 대책: 고용 지원 센터와 직업 정보 센터 운영 등

6 도시의 내부 구조

도심	• 높은 접근성과 지가 • 중심 업무 지구(CBD) 형성 • 인구 공동화 현상 발생
중간 지역	• 도심과 주변 지역 사이에 위치 • 상가, 주택과 학교, 공장 등이 섞여 나타남
부도심	• 교통의 요지에 위치 • 도심의 기능 분담, 도심과 비슷한 경관
주변 지역	저렴한 지가, 넓은 땅 확보 가능 → 대규모 아파트 단지, 공장, 학교 등 입지
개발 제한 구역 (그린벨트)	도시의 무질서한 팽창 현상을 막고, 녹지 공간을 확보하고자 설정
위성 도시	대도시 밖 교통의 요지에 위치 → 대도시의 인구와 기능 분산

7 삼국의 전성기

고구려 장수왕 (5세기)	• 평양 천도, 남진 정책 추진 • 백제의 수도인 한성 함락, 한강 유역 확보 • 충주 고구려비를 세워 남한강 유역까지 장악하였음을 나타냄
백제 근초고왕 (4세기)	• 왕위의 부자 상속 확립 • 고구려 고국원왕을 전사시키고 황해도 일부 지역 차지, 마한 전 지역 확보 • 중국 남조의 동진과 교류, 산둥·왜의 규슈 지방에 진출(칠지도 하사)
신라 진흥왕 (6세기)	• 한강 유역 차지 → 중국과 직접 교역 • 화랑도 개편, 황룡사 건립 • 대가야 정복 → 가야 연맹 해체 • 단양 신라 적성비와 4개의 진흥왕 순수비 건립

선생님's 조언 삼국의 전성기를 이끈 왕들의 업적을 꼼꼼하게 정리해 두도록 해요.

8 고려 공민왕의 개혁 정치

반원 자주 정책	• 친원 세력(기철 등) 숙청, 정동행성 이문소 폐지, 몽골풍 금지, 관제와 왕실 용어 복구 • 쌍성총관부를 공격하여 철령 이북 땅 수복

왕권 강화 정책	• 정방 폐지, 교육과 과거 제도 정비 • 전민변정도감 설치(신돈 등용) → 권문세족의 경제적 기반 약화, 재정 수입 확충

9 조선 세종과 정조의 업적

세종	• 집현전 설치, 훈민정음 창제, 경연 실시 • 과학 및 음악 등 민족 문화 발전 • 여진족을 몰아내고 4군 6진 설치(최윤덕, 김종서) • 쓰시마섬 정벌(이종무)
정조	• 적극적인 탕평책 실시 • 규장각 설치: 학문과 정책 연구 • 초계문신제 실시: 우수한 인재 육성 • 장용영 설치: 왕의 친위 부대 • 수원 화성 건설: 정치적 이상을 실현할 도시로 육성 • 서얼과 노비에 대한 차별 완화 • 통공 정책: 자유로운 상업 활동 보장

10 우리나라의 민주화 운동

① 4·19 혁명(1960)

배경	3·15 부정 선거
전개	부정 선거 규탄 시위 → 마산에서 김주열 학생 시신 발견 → 전국적 대규모 시위 발생 → 대학교수들의 동참 → 이승만 대통령 하야
결과	내각 책임제로 헌법 개정, 장면 내각 수립

② 5·18 민주화 운동(1980)

배경	12·12 사태로 전두환을 중심으로 한 신군부 세력이 정변을 일으켜 권력 장악 → 신군부가 계엄령 선포
전개	광주에서 비상계엄 확대 저항 시위 발생(5. 18.) → 신군부가 공수부대를 동원하여 시위 진압 → 시민군 조직·항쟁 → 계엄군에 의해 무력 진압
의의	1980년대 민주화 운동의 토대

③ 6월 민주 항쟁(1987)

배경	전두환 정부의 독재 정치, 박종철 고문치사 사건
전개	대통령 직선제 개헌 요구 시위 → 전두환 정부의 거부(4·13 호헌 조치), 민주화 시위 탄압 → 이한열이 최루탄 피격으로 의식 불명 → 시위 전국 확대
결과	6·29 민주화 선언, 5년 단임의 대통령 직선제로 헌법 개정

선생님's 조언 광복 이후의 대한민국 정부 수립 과정 및 장기 집권 시도와 민주주의의 발전 과정을 연결하여 알아 두도록 해요.

미래를 창조하기에 꿈만큼 좋은 것은 없다.

– 빅토르 위고(Victor-Marie Hugo)

5교시

과학

기출문제 3개년 빅데이터

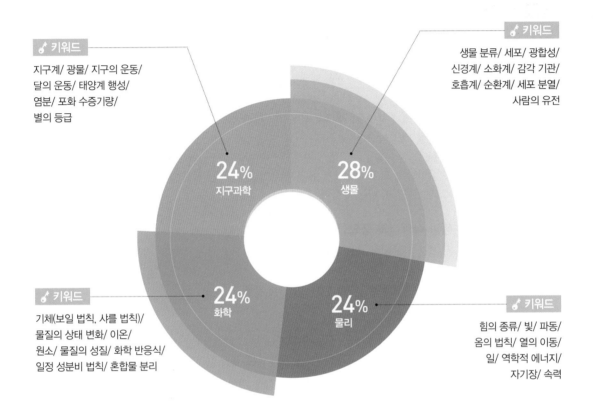

🔑 **키워드**

지구계/ 광물/ 지구의 운동/
달의 운동/ 태양계 행성/
염분/ 포화 수증기량/
별의 등급

🔑 **키워드**

생물 분류/ 세포/ 광합성/
신경계/ 소화계/ 감각 기관/
호흡계/ 순환계/ 세포 분열/
사람의 유전

24%
지구과학

28%
생물

24%
화학

24%
물리

🔑 **키워드**

기체(보일 법칙, 샤를 법칙)/
물질의 상태 변화/ 이온/
원소/ 물질의 성질/ 화학 반응식/
일정 성분비 법칙/ 혼합물 분리

🔑 **키워드**

힘의 종류/ 빛/ 파동/
옴의 법칙/ 열의 이동/
일/ 역학적 에너지/
자기장/ 속력

💬 선생님의 **한마디**

물리는 열과 관련된 문제들이 조금씩 어렵게 출제되고 있습니다. 자주 나오지 않던 비열의 개념을 묻는 문제 등이 출제되었습니다. 열 단원의 문제는 매회 1문제씩 출제되고 있으므로 놓치지 말아야 합니다. 화학은 화학반응식을 기본으로 한 문제들이 많이 출제되고 있습니다. 원소 기호부터 차근차근 공부한 후 이온, 분자 등의 개념을 잡고 화학 반응의 원리를 이해해야 합니다. 생명과학은 점점 유전 파트의 문제가 어려워지고 있습니다. 단순 문제에서 벗어나 경우의 수를 생각하여 확률을 구하는 연습까지 한다면 높은 점수를 기대할 수 있을 것입니다. 지구과학은 난도가 어렵진 않지만 1~2문제 정도는 포화 수증기량, 상대 습도, 별의 밝기, 연주 시차 등 잘 이해하고 풀어내야 하는 문제들이 출제되고 있습니다. 높은 점수를 얻기 위해서는 지구과학의 어려운 개념을 이해하고 많은 문제로 접할 필요가 있습니다.

I 생물

👍 **원포인트 공부법** 생물의 다양성을 알고 식물의 광합성과 호흡, 동물의 소화, 순환, 배설, 호흡을 담당하는 기관과 기능을 이해하면서 공부합시다.

---

01 ## 생물 다양성과 분류

키워드 01

생물 다양성

• 생물 다양성의 세 범주를 알아야 합니다.
• 생물 다양성의 중요성과 보전을 위한 노력을 알아야 합니다.

➕ 변이
같은 종의 생물 사이에서 나타나는 서로 다른 특징

➕ 먹이 사슬
한 생태계에서 생물들 간의 먹고 먹히는 관계를 나타낸 개념

1. 생물 다양성 어떤 생태계나 특정 지역에 살고 있는 생물의 다양한 정도
　① 생물 다양성의 세 범주
　　㉠ 유전자 다양성: 같은 종류의 생물이 나타내는 특징의 다양한 정도
　　㉡ 종 다양성: 특정 지역에 사는 생물의 종류가 다양한 정도
　　㉢ 생태계 다양성: 생물이 서식하는 생태계가 다양한 정도
　② 생물 다양성 과정
　　한 종류의 생물 무리에서 다양한 변이가 있음 → 환경에 알맞은 변이를 지닌 생물이 더 많이 살아남게 되어 자손에게 유전자를 전달함 → 긴 시간 동안 이 과정이 반복되면, 원래의 생물과는 특징이 다른 생물이 나타남

2. 생물 다양성의 중요성
　① 생물 다양성이 높은 생태계(먹이 사슬이 복잡한 생태계)는 일부 생물이 사라져도 안정적으로 유지됨
　② 생물 자원(식량, 목재, 의약품 등)을 얻을 수 있음
　③ 지구 환경을 유지하고 보전함

3. 생물 다양성의 위기 인간의 활동에 의해 생물 다양성 감소
　① 서식지 파괴: 인간의 무분별한 개발 과정에서 파괴됨
　② 외래종 유입: 천적이 없어 토종 생물을 위협함
　③ 남획: 과도한 사냥과 밀렵으로 야생 동물의 개체 수가 감소함
　④ 환경 오염: 환경 변화에 민감한 생물들이 사라짐

4. 생물 다양성 보존을 위한 노력

사회적 노력	생태 통로 조성, 서식 공간 조성 등
국가적 노력	국립 공원 지정, 멸종 위기종 관리 등
국제적 노력	국가 간 협약 체결

키워드 02

생물 분류

• 생물 분류 단계와 5계 분류 체계를 묻는 문제가 출제되었습니다.
• 생물 분류의 기준을 알고 생물 분류 단계를 알아야 합니다.

1. 생물 분류 일정한 기준에 따라 생물을 비슷한 종류의 무리로 나누는 것
　① 생물 분류 기준

인간 편의에 따른 분류	자연적인 특징에 따른 분류
• 쓰임새: 약용 식물, 식용 식물 • 서식지: 육상 동물, 수중 동물 • 식성: 육식 동물, 초식 동물, 잡식 동물	• 구조: 척추동물, 무척추동물 • 번식 방법: 종자 식물, 포자 식물

② 생물 분류 단계

> 종 < 속 < 과 < 목 < 강 < 문 < 계
>
> **예** 호랑이: 호랑이(종) < 표범속 < 고양잇과 < 식육목 < 포유강 < 척삭동물문 < 동물계

+ 종
생물을 분류할 때 가장 기본이 되는 단위

2. 생물의 5계 분류 체계

① 원핵생물계: 대장균, 젖산균 등
② 원생생물계: 다시마, 아메바 등
③ 균계: 푸른곰팡이, 누룩곰팡이, 버섯 등
④ 식물계: 고사리, 이끼, 단풍나무 등
⑤ 동물계: 새, 붕어, 호랑이 등

한 문제 더 맞히는 개념 노트 **여러 가지 생물 분류**

구분	원핵생물계	원생생물계	균계	식물계	동물계
핵	×	○	○	○	○
세포벽	○		○	○	×
운동성			×	×	○
광합성			×	○	×

※ '☒' 표시된 곳은 명확하게 정의되지 않는다.

---

02 ▶ ## 광합성과 호흡

키워드 01

광합성

- 광합성에 영향을 주는 환경 요인을 그래프로 묻는 문제가 출제되었습니다.
- 광합성 과정을 알고 있는지 묻는 문제가 출제되었습니다.
- 광합성에 영향을 미치는 환경 요인 3가지를 알아야 합니다.

TIP 광합성으로 생성된 포도당은 곧바로 녹말로 바뀌어 엽록체에 저장되고, 산소는 식물체 자신의 호흡에 이용되거나 기공을 통해 공기 중으로 나가요.

1. 광합성

> 물 + 이산화 탄소 ➡ 포도당 + 산소

① 일어나는 장소: 식물 세포의 엽록체
② 필요한 요소
  ㉠ 빛에너지: 엽록소에서 흡수
  ㉡ 이산화 탄소: 잎의 기공을 통해 공기 중에서 흡수
  ㉢ 물: 뿌리에서 흡수
③ 생성되는 물질: 포도당, 산소

2. 광합성에 영향을 주는 환경 요인

① 빛의 세기: 일정 세기 이상에서는 더 이상 증가하지 않고 일정해짐
② 이산화 탄소의 농도: 농도가 높아질수록 증가하다가 일정 농도 이상이 되면 일정해짐
③ 온도: 일정 온도 이상이 되면 급격히 감소함

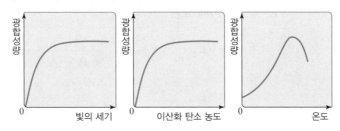

1. 잎

표피	잎의 가장 바깥쪽에 위치한 한 겹의 세포층
잎맥	물관과 체관으로 구성되는 관다발
공변세포	• 엽록체가 있어 광합성이 일어남 • 안쪽 세포벽이 바깥쪽 세포벽보다 두꺼움
기공	• 표피에 있는 작은 구멍 • 2개의 공변세포로 둘러싸여 있음 • 기체가 드나드는 통로 • 공변세포 모양에 따라 기공이 열리고 닫힘

2. 증산 작용   식물체 내의 물이 수증기 형태로 잎의 기공을 통해 빠져나가는 현상

① **증산 작용의 조절**: 기공이 잘 열리는 낮에 활발하게 일어남
② **증산 작용의 역할**
  ㉠ 뿌리에서 흡수한 물이 물관을 통해 잎까지 상승할 수 있는 원동력 제공
  ㉡ 식물체의 온도 조절
  ㉢ 식물체 내부의 수분량 조절
  ㉣ 체내의 무기 양분 조절: 여분의 물의 배출로 식물체 내 농도 유지
③ **증산 작용이 잘 일어나는 조건**: 빛이 강할 때, 온도가 높을 때, 습도가 낮을 때, 바람이 잘 불때, 식물체 내의 수분량이 많을 때 잘 일어남

호흡

• 호흡 시 필요한 물질과 생성되는 요소를 알아야 합니다.
• 낮과 밤의 식물의 기체 교환을 알아야 합니다.
• 광합성과 호흡을 구분할 수 있어야 합니다.

＋ 미토콘드리아
세포의 생명 활동에 필요한 에너지를 만드는 세포 소기관

1. 호흡

$$\text{포도당} + \text{산소} \implies \text{물} + \text{이산화 탄소} + \text{에너지}$$

① **호흡 장소**: 살아있는 모든 세포(미토콘드리아)
② **호흡이 일어나는 시기**: 밤낮 구분 없이 항상 일어남
③ **필요한 물질**
  ㉠ 포도당: 광합성 결과 생성된 양분
  ㉡ 산소: 광합성 결과 생성되거나 기공을 통해 들어옴
④ **생성되는 요소**
  ㉠ 물
  ㉡ 이산화 탄소: 식물 자신의 광합성에 이용되거나 기공을 통해 배출됨
  ㉢ 에너지: 거의 열에너지로 전환되며, 나머지는 생명 활동에 이용됨

2. 식물의 기체 교환

낮	광합성량 > 호흡량
	이산화 탄소 흡수, 산소 방출
밤	호흡만
	산소 흡수, 이산화 탄소 방출

3. 광합성과 호흡

구분	광합성	호흡
장소	엽록체	살아 있는 모든 세포(미토콘드리아)
시간	낮	항상
기체 출입	이산화 탄소 흡수, 산소 방출	산소 흡수, 이산화 탄소 방출
물질 변화	무기물 → 유기물	유기물 → 무기물
에너지 관계	에너지 저장(흡수)	에너지 방출(발생)

03 소화

키워드 01

동물의 구성 단계

동물의 구성 단계를 알아야 합니다.

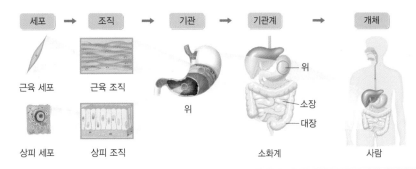

세포	생물체를 구성하는 기본 단위 **예** 상피 세포, 근육 세포 등
조직	모양과 기능이 비슷한 세포끼리 모인 단계 **예** 근육 조직, 상피 조직, 신경 조직 등
기관	조직들이 모여 일정한 형태와 기능을 수행하는 단계 **예** 위, 간 등
기관계	서로 연관된 기능을 수행하는 기관끼리 모여 구성하는 단계 **예** 소화계, 순환계, 호흡계, 배설계 등
개체	각 기관계가 연결되어 이루어진 생물체 **예** 사람, 고양이 등

키워드 02

영양소

영양소의 특징을 알아야 합니다.

1. 영양소 생명 활동에 필요한 에너지원으로 쓰이거나 몸을 구성하는 물질

3대 영양소	탄수화물	주 에너지원
	단백질	에너지원, 몸을 구성하는 주성분
	지방	에너지원, 세포막 등 구성
부영양소	물	몸의 약 60~70% 차지, 영양소와 노폐물 운반, 체온 조절
	바이타민	적은 양으로 생명 활동 조절
	무기 염류	뼈, 이, 혈액 등을 구성

2. 영양소 검출 반응

녹말	아이오딘–아이오딘화 칼륨 용액	갈색 → 청람색
포도당	베네딕트 용액(가열)	파란색 → 황적색

단백질	뷰렛 용액	파란색 → 보라색
지방	수단Ⅲ용액	붉은색 → 선홍색

+ 뷰렛 용액
5% 수산화 나트륨 수용액
+1% 황산구리(Ⅱ) 수용액

소화

• 소화 효소의 종류를 묻는 문제가 출제되었습니다.
• 소화 기관과 소화 효소를 알아야 합니다.

TIP 탄수화물은 입에서 최초로, 단백질은 위에서 최초로, 지방은 소장에서 최초로 소화돼요.

TIP 염산은 펩신의 작용을 돕고, 살균 작용으로 음식물의 부패를 방지해요.

1. 소화

① 섭취한 음식물 속의 영양소가 체내에 흡수될 수 있도록 작게 분해하는 과정
② 녹말은 포도당, 단백질은 아미노산, 지방은 지방산과 모노글리세리드로 최종 분해됨
③ 소화 과정 : 입 → 식도 → 위 → 소장 → 대장 → 항문

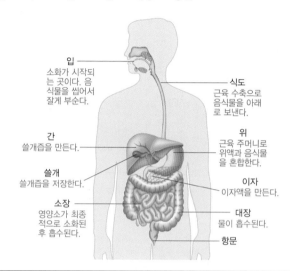

구분		소화 작용
입		침 속 녹말 ⟶아밀레이스⟶ 엿당
위		펩신 단백질 ⟶ 중간 산물 단백질
소장	이자액	아밀레이스 녹말 ⟶ 엿당 트립신 단백질 ⟶ 중간 산물 단백질 라이페이스 지방 ⟶ 지방산+모노글리세리드
	쓸개즙	• 간에서 생성되어 쓸개에 저장되고 소장으로 분비됨 • 지방의 소화를 도움
	소장 소화 효소	탄수화물 소화 효소 엿당 ⟶ 포도당 단백질 소화 효소 중간 산물 단백질 ⟶ 아미노산
대장		남은 물 흡수, 흡수되지 않고 남은 물질은 항문 밖으로 배출

2. 영양소의 흡수와 이동

① 수용성 영양소(포도당, 아미노산, 무기 염류, 수용성 바이타민 등): 융털의 모세 혈관 → 간 → 심장 → 온몸
② 지용성 영양소(지방산, 모노글리세리드, 지용성 바이타민 등): 융털의 암죽관 → 림프관 → 심장 → 온몸

키워드 01

심장과 혈관

• 그림을 통하여 심장의 구조를 파악하는 문제가 출제되었습니다.
• 심장과 혈관의 구조를 알아야 합니다.

TIP 심장은 2심방 2심실로 이루어져 있어요.

1. 심장

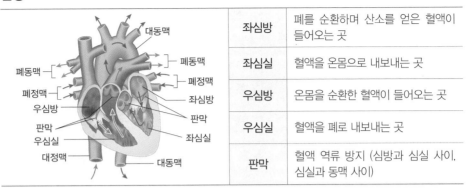

좌심방	폐를 순환하며 산소를 얻은 혈액이 들어오는 곳
좌심실	혈액을 온몸으로 내보내는 곳
우심방	온몸을 순환한 혈액이 들어오는 곳
우심실	혈액을 폐로 내보내는 곳
판막	혈액 역류 방지 (심방과 심실 사이, 심실과 동맥 사이)

2. 혈관

동맥	심장에서 나온 혈액이 흐르는 혈관으로, 혈관 벽이 두껍고 탄력성이 강함
모세 혈관	동맥과 정맥을 연결, 한 겹의 세포층으로 구성되어 혈액과 조직 세포 사이의 물질 교환에 유리함
정맥	심장으로 들어가는 혈액이 흐르는 혈관으로, 혈압이 낮아 판막이 존재함

키워드 02

혈액

• 혈액의 성분에 대한 문제가 출제되었습니다.
• 혈액의 구성 성분을 알아야 합니다.

TIP 적혈구가 가장 많아 혈액이 붉은색으로 보여요.

1. 혈액

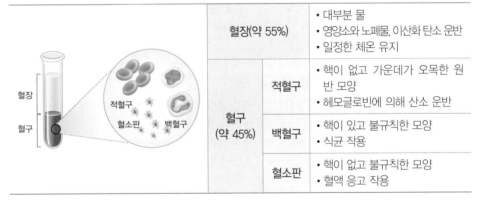

혈장(약 55%)		• 대부분 물 • 영양소와 노폐물, 이산화 탄소 운반 • 일정한 체온 유지
혈구 (약 45%)	적혈구	• 핵이 없고 가운데가 오목한 원반 모양 • 헤모글로빈에 의해 산소 운반
	백혈구	• 핵이 있고 불규칙한 모양 • 식균 작용
	혈소판	• 핵이 없고 불규칙한 모양 • 혈액 응고 작용

➕ 동맥혈

산소가 많은 혈액(좌심방, 좌심실, 대동맥, 폐정맥)

➕ 정맥혈

산소가 적은 혈액(우심방, 우심실, 폐동맥, 대정맥)

TIP 폐동맥은 동맥이지만, 정맥혈이 흘러요.

2. 혈액 순환

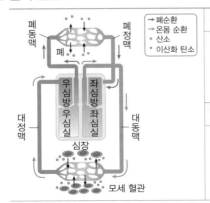

폐순환
• 우심실 → 폐동맥 → 폐의 모세 혈관 → 폐정맥 → 좌심방 • 심장에서 나온 혈액이 폐를 지나면서 이산화 탄소를 내보내고 산소를 얻는 과정
온몸 순환(체순환)
• 좌심실 → 대동맥 → 온몸의 모세 혈관 → 대정맥 → 우심방 • 심장에서 나온 혈액이 온몸의 조직 세포에 산소와 영양소를 공급하고, 이산화 탄소와 노폐물을 받아오는 과정

키워드 01

호흡

- 호흡의 원리를 묻는 문제가 출제되었습니다.
- 호흡계에 대해 알아야 합니다.
- 호흡 운동의 원리를 알아야 합니다.

＋폐포
폐의 기능적 단위로, 효율적인 기체 교환이 일어나는 장소

TIP 생물체에서 표면적을 넓히는 구조의 예로 폐포, 소장의 융털, 식물의 뿌리털 등이 있어요.

1. 호흡 공기 중의 산소를 받아들이고 몸 안에서 생긴 이산화 탄소를 내보내는 작용

2. 호흡계

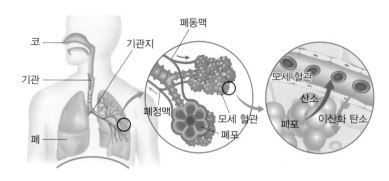

코	• 공기를 들이마시고 내보내는 통로 • 폐로 유입되는 공기에 일정한 온도와 습기를 갖게 해 줌 • 콧속의 코털과 끈끈한 점액이 먼지와 세균, 이물질 등을 걸러 냄
기관	• 코와 폐를 연결하는 관 • 표면에 섬모가 이물질을 제거함(가래)
기관지	기관에서 2개로 갈라진 관
폐	• 갈비뼈와 가로막(횡격막)으로 둘러싸인 흉강 속 좌우에 한 개씩 있음 • 근육이 없는 얇은 막이기 때문에 스스로 수축과 이완 운동을 하지 못함 • 수많은 폐포로 이루어져 있어 공기와 접촉하는 표면적이 매우 넓음

3. 호흡 운동의 원리

① 들숨: 갈비뼈가 올라가고 가로막(횡격막)이 내려감 → 흉강이 넓어짐 → 흉강의 압력이 낮아짐 → 폐로 공기가 들어옴

② 날숨: 갈비뼈가 내려가고 가로막(횡격막)이 올라감 → 흉강이 좁아짐 → 흉강의 압력이 높아짐 → 폐에서 공기가 나감

구분	갈비뼈	가로막	흉강의 부피	흉강의 압력	폐의 부피	공기의 이동
들숨	위로	아래로	커짐	낮아짐	커짐	외부 → 폐
날숨	아래로	위로	작아짐	높아짐	작아짐	폐 → 외부

＋확산
물질이 스스로 운동하여 입자가 많은 쪽에서 적은 쪽으로 퍼져 나가는 현상

4. 기체 교환 기체의 농도 차이에 따른 확산에 의해 일어남

구분	폐(폐포)에서의 기체 교환	조직 세포에서의 기체 교환
기체 농도	• 산소: 폐포＞모세 혈관 • 이산화 탄소: 폐포＜모세 혈관	• 산소: 모세 혈관＞조직 세포 • 이산화 탄소: 모세 혈관＜조직 세포
기체 이동	폐포 ⇄ 모세 혈관 (산소 →, ← 이산화 탄소)	모세 혈관 ⇄ 조직 세포 (산소 →, ← 이산화 탄소)

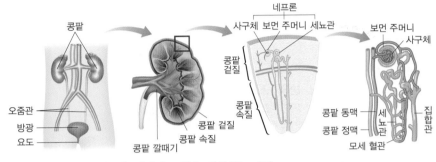

배설

- 노폐물의 생성에 대해 알아야 합니다.
- 배설계를 이해하고 오줌 생성 과정을 알아야 합니다.

1. 노폐물

① 이산화 탄소: 날숨으로 내보냄
② 물: 날숨이나 오줌, 땀으로 내보냄
③ 암모니아: 간에서 요소로 바뀐 다음, 오줌으로 내보냄

2. 배설　세포에서 만들어진 노폐물을 몸 밖으로 내보내는 작용

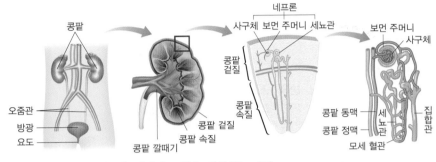

① 콩팥: 혈액 속의 노폐물을 걸러내 오줌을 생성하는 기관
　㉠ 겉질: 사구체, 보먼 주머니, 일부 세뇨관
　㉡ 속질: 주로 세뇨관
　㉢ 콩팥 깔때기: 오줌이 모이는 빈 공간
　㉣ 네프론(사구체＋보먼 주머니＋세뇨관): 오줌을 만드는 기본 단위
② 오줌관: 콩팥에서 만들어진 오줌이 방광으로 이동하는 관
③ 방광: 오줌을 모아두는 곳
④ 요도: 방광에 모인 오줌이 몸 밖으로 나가는 통로

3. 오줌 생성

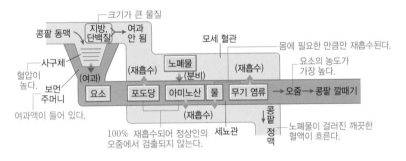

① 여과
　㉠ 물질의 이동 경로: 사구체 → 보먼 주머니
　㉡ 사구체의 높은 압력으로 혈액이 보먼 주머니로 걸러지는 과정
　㉢ 포도당이나 요소 등 크기가 작은 물질들이 여과됨
② 재흡수
　㉠ 물질의 이동 경로: 세뇨관 → 모세 혈관
　㉡ 여과된 물질 중 우리 몸에 필요한 물질이 다시 흡수되는 과정
　㉢ 포도당과 아미노산은 모두 재흡수됨
③ 분비
　㉠ 물질의 이동 경로: 모세 혈관 → 세뇨관
　㉡ 여과되지 않은 노폐물을 세뇨관으로 이동하는 과정

06 감각 기관

키워드 01

눈

눈의 구조와 조절 작용이 자주 출제되었습니다.

TIP 근시는 먼 곳의 물체를 볼 때 상이 망막 앞에 맺혀 잘 보이지 않는 현상으로 오목 렌즈로 교정하고, 원시는 가까운 곳의 물체를 볼 때 상이 망막 뒤에 맺혀 잘 보이지 않는 현상으로 볼록 렌즈로 교정해요.

1. 시각 전달 경로

빛 → 각막 → 수정체 → 유리체 → 망막 → 시각 신경 → 대뇌

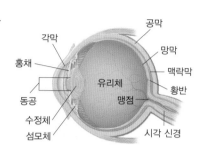

2. 눈의 구조

공막	눈의 가장 바깥쪽 막으로, 눈의 형태를 유지하고 내부를 보호함
각막	공막과 연결되어 있으며, 홍채의 바깥을 감싸는 투명한 막
홍채	동공의 크기를 변화시켜 눈으로 들어오는 빛의 양 조절
수정체	빛을 굴절시켜 망막에 상이 맺히게 함
섬모체	수정체의 두께 조절
망막	물체의 상이 맺히는 곳으로, 시각 세포 분포
맥락막	검은색 막으로, 빛의 산란을 막아주는 암실 기능
유리체	눈 속의 투명한 액체로, 눈의 형태 유지

3. 눈의 조절

빛의 양 조절	어두운 곳	홍채 수축 → 동공 확대 → 빛의 양 증가
	밝은 곳	홍채 이완 → 동공 축소 → 빛의 양 감소
거리 조절	가까운 곳	섬모체 수축 → 수정체 두꺼워짐
	먼 곳	섬모체 이완 → 수정체 얇아짐

키워드 02

귀

귀의 구조와 기능을 알아야 합니다.

1. 청각 전달 경로

소리 → 귓바퀴 → 외이도 → 고막 → 귓속뼈 → 달팽이관 → 청각 신경 → 대뇌

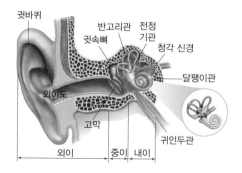

2. 귀의 구조

귓바퀴	소리를 모아 외이도로 전달
외이도	귓바퀴에서 고막에 이르는 소리의 이동 통로

고막	소리에 의해 최초로 진동하는 얇은 막
귓속뼈	고막의 진동을 증폭
귀인두관	안쪽과 바깥쪽의 압력을 조절하여 고막을 보호
달팽이관	청각 세포 분포
전정 기관	기울어짐 감지
반고리관	회전 감지

TIP 전정 기관과 반고리관에서 받아들인 자극은 평형 감각 신경을 통해 소뇌로 전달되어 몸의 기울어짐과 회전을 느낄 수 있어요.

키워드 03

코, 혀, 피부

- 미각(혀)에 대한 문제가 출제되었습니다.
- 후각, 미각, 피부 감각에 대해 알아야 합니다.

TIP 매운맛은 통각, 떫은 맛은 압각이에요.

TIP 내장 기관에도 감각점이 있어요.

후각(코)	• 기체 상태의 화학 물질 → 후각 상피(후각 세포) → 후각 신경 → 대뇌 • 기체 상태의 화학 물질을 자극으로 받아들임 • 다른 감각에 비해 매우 예민해서 쉽게 피로해짐
미각(혀)	• 액체 상태의 화학 물질 → 유두 → 맛봉오리(맛세포) → 미각 신경 → 대뇌 • 액체 상태의 화학 물질을 자극으로 받아들임 • 기본 맛: 짠맛, 단맛, 신맛, 쓴맛, 감칠맛 • 미각과 후각이 함께 작용하여 다양한 맛을 느낄 수 있음
피부 감각	• 피부 자극 → 피부의 감각점 → 피부의 감각 신경 → 대뇌 • 통증, 압력, 접촉, 온도 변화를 감지 • 몸의 부위에 따라 감각점의 분포 수가 다른데, 감각점의 수가 많을수록 예민함 • 감각점의 수: 통점>압점>촉점>냉점>온점

07 신경계

키워드 01

뉴런

- 자극의 전달 경로를 묻는 문제가 출제되었습니다.
- 뉴런의 종류를 묻는 문제가 출제되었습니다.
- 뉴런의 구조와 종류를 알아야 합니다.

1. 뉴런의 구조 신경계를 이루는 기본 단위가 되는 세포

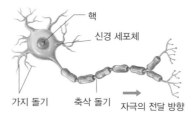

① 가지 돌기: 다른 뉴런이나 감각 기관으로부터 자극을 받아들임
② 신경 세포체: 핵과 세포질이 모여 있어 생명 활동이 일어남
③ 축삭 돌기: 받아들인 자극을 다른 뉴런이나 반응 기관으로 전달

2. 뉴런의 종류

감각 뉴런	감각 기관에서 자극을 받아들임
연합 뉴런	전달받은 자극을 종합, 판단하여 명령을 내림
운동 뉴런	명령을 운동 기관으로 전달함

3. 자극 전달 경로 자극 → 감각 기관 → 감각 뉴런 → 연합 뉴런 → 운동 뉴런 → 운동 기관 → 반응

신경계

신경계의 종류를 알아야 합니다.

1. 중추 신경계

뇌	대뇌	기억, 추리, 판단 등의 고등 정신 활동과 감정 담당
	소뇌	근육 운동 조절, 몸의 균형 유지
	간뇌	체온과 혈당량 조절(항상성 유지)
	중간뇌	안구 운동, 동공 크기 조절
	연수	심장 박동, 호흡 조절, 소화 운동 조절, 좌우 신경의 교차
척수		뇌와 몸의 각 부분 사이의 정보 전달 통로, 무의식적 반응의 중추

2. 말초 신경계

체성 신경계	대뇌의 조절을 받으며 감각 기관에서 받아들인 자극을 중추 신경계로 전달하거나 중추 신경계의 명령을 운동 기관으로 전달함
자율 신경계	대뇌의 조절을 받지 않으며, 내장 기관에 분포하면서 기능을 자율적으로 조절함

＋자율 신경계

구분	교감 신경	부교감 신경
동공	확대	확대
심장	촉진	억제
호흡	촉진	억제
소화	억제	촉진

3. 자극에 대한 반응

구분	의식적인 반응	무조건 반사
중추	대뇌	척수, 중간뇌, 연수
반응 경로	자극 → 감각 기관 → 감각 신경 → 대뇌 → 운동 신경 → 운동 기관 → 반응	자극 → 감각 기관 → 감각 신경 → (척수, 연수, 중간뇌) → 운동 신경 → 운동 기관 → 반응
예시	<u>전화벨을 듣고</u> <u>전화기를 잡는다.</u> 　　자극　　　　　반응	• 무릎 반사(척수 반사) • 동공 반사(중간뇌 반사) • 재채기, 하품, 침 분비(연수 반사)

호르몬

• 호르몬의 특징을 알아야 합니다.
• 항상성 유지의 예를 알아야 합니다.

1. 호르몬

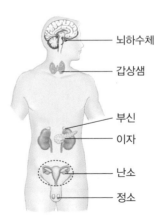

＋내분비샘

분비관이 없어 혈액으로 직접 호르몬을 분비하는 기관

＋피드백

호르몬의 분비량이 최종 분비되는 호르몬과 표적 기관으로부터 오는 정보에 따라 자동으로 조절됨

① 내분비샘에서 분비되어 특정 기관의 작용을 조절하는 화학 물질
② 혈액을 통해 운반되고, 표적 기관(세포)에서만 작용
③ 아주 적은 양으로 몸의 기능 조절
④ 피드백 작용으로 항상성 유지
⑤ 분비량이 많으면 과다증, 적으면 결핍증이 나타남

내분비샘	호르몬	기능
뇌하수체	생장 호르몬	뼈, 근육의 발육 촉진
	갑상샘 자극 호르몬	갑상샘의 티록신 분비 촉진
	생식샘 자극 호르몬	생식샘(정소, 난소)의 성호르몬 분비 촉진
	항이뇨 호르몬	콩팥에서의 수분 재흡수 촉진(오줌량 감소)
갑상샘	티록신	세포 호흡 촉진
부신	아드레날린	혈당량 증가, 심장 박동 촉진, 혈압 상승
이자	글루카곤	간에 작용하여 혈당량 증가
	인슐린	간에 작용하여 혈당량 감소
난소	에스트로겐	여성의 2차 성징 발현, 난자 생성
정소	테스토스테론	남성의 2차 성징 발현, 정자 생성

＋ 길항 작용

하나의 기관에 상반되는 작용을 하여 효과를 상쇄시키는 작용 ⓐ 인슐린과 글루카곤

2. 항상성 조절

① 체내의 환경이 변하더라도 혈당량, 체온, 몸 속 물의 양 등 몸속 상태를 항상 일정하게 유지하려는 성질

② 호르몬과 신경이 함께 작용하여 환경 변화에 대해 적절하게 조절함

3. 혈당량 조절

혈당량이 높을 때	혈당량이 낮을 때
이자에서 인슐린 분비 → 간에서 포도당을 글리코젠으로 바꾸어 저장 → 혈당량 감소	이자에서 글루카곤 분비 → 간에서 글리코젠을 포도당으로 분해 → 혈당량 증가

4. 호르몬과 신경의 작용 비교

종류	전달 방법	전달 속도	작용 범위	효과	특징
호르몬	혈관(혈액)	느림	넓음	지속적	표적 기관에 작용
신경	뉴런	빠름	좁음	일시적	일정한 방향으로만 전달

08 염색체와 체세포 분열

키워드 01

염색체

염색체의 구조와 종류를 알아야 합니다.

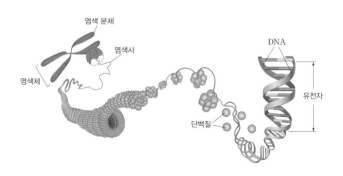

① 염색체: DNA와 단백질로 구성
② 염색 분체: 하나의 염색체를 이루는 각각의 가닥
③ 유전자: 생물의 특징을 결정하는 유전 정보가 저장된 DNA의 특정 부분
④ 상동 염색체: 체세포에 들어 있는 모양과 크기가 같은 한 쌍의 염색체
⑤ 사람의 염색체: 체세포에는 23쌍의 염색체가 있음 → 22쌍 상염색체＋1쌍 성염색체

+ 사람의 성염색체
· 남자: XY
· 여자: XX

키워드 02

체세포 분열

· 체세포 분열 과정을 아는
  지 그림을 통하여 확인하
  는 문제가 출제되었습니다.
· 체세포 분열의 과정을 알
  아야 합니다.

TIP 세포가 분열하는 까닭
은 외부와 물질 교환이 활발
하게 일어나기 위해서예요.

1. 핵분열

간기	전기	중기	후기	말기
유전 물질 복제	염색체가 나타남	염색체가 세포 중앙에 배열	염색 분체 분리	두 개의 핵

2. 세포질 분열

식물 세포		동물 세포	
	세포판		
세포판 형성		세포질 함입	

3. 체세포 분열의 결과
① 1번의 체세포 분열로 2개의 딸세포를 만듦
② 생성된 딸세포는 모세포와 유전 정보가 같음

---

09 ▶ **생식 세포 분열과 발생**

키워드 01

생식 세포 분열

생식 세포 분열 과정을 알아
야 합니다.

+ 2가 염색체
2개의 상동 염색체가 접합하
여 만들어진 염색체

1. 생식 세포 분열   생식 기관에서 생식 세포를 만들 때 일어나는 세포 분열

상동 염색체   2가 염색체

① 2번의 분열로 4개의 딸세포를 만듦
② 분열 결과 염색체 수가 절반으로 줄어듦 → 자손의 염색체 수가 계속 일정하게 유지됨

2. 감수 1분열　염색체 수가 반이 되고, 상동 염색체가 분리됨

구분		분열 과정	특징
	간기		• 세포 주기 중 가장 긴 시기 • 핵막과 인 • 염색체는 관찰되지 않음 • DNA가 복제되어 2배
감수 1 분열	전기		• 상동 염색체끼리 접합하여 2가 염색체를 형성 • 핵막과 인 사라짐 • 방추사가 나타남
	중기		• 2가 염색체가 적도면에 배열 • 방추사가 염색체에 붙음 • 염색체를 관찰하기 가장 적합한 시기
	후기		상동 염색체가 분리되어 방추사에 의해 양극으로 이동
	말기		• 핵막과 인이 나타남 • 2개의 딸세포 형성 • 방추사가 사라지면 세포질 분열 시작 • 딸세포의 염색체 수는 모세포 염색체 수의 절반임

3. 감수 2분열　염색체 수가 변함없고, 염색 분체로 분리됨

구분		분열 과정	특징
감수 2 분열	전기		• 간기 없이 1분열 말기에서 연속되어 일어남 • 핵막과 인이 사라지고 방추사가 형성 • 염색체가 나타남
	중기		• 염색체가 적도면에 배열 • 방추사가 염색체에 붙음
	후기		염색 분체가 분리되어 방추사에 의해 양극으로 이동
	말기		• 염색체가 염색사로 풀림 • 핵막과 인이 나타남 • 4개의 딸세포 형성 • 방추사가 사라지면 세포질 분열 시작

정자		구분		난자
머리부분 — 핵, 미토콘드리아, 꼬리부분	정소	생성 장소	난소	투명대, 세포질, 핵
	있음	운동성	없음	
	작음	크기	큼	
	없음	영양분	있음	
	23개	염색체 수	23개	

키워드 03

사람의 발생

• 수정을 묻는 문제가 출제되었습니다.
• 사람의 발생 과정에 대해 알아야 합니다.

✚ 포배
안쪽 빈 공간이 있는 세포 덩어리

TIP 배란된 난자가 수정되지 않으면 월경이 일어나요.

1. 발생 수정란이 세포 분열을 거듭하여 하나의 개체가 되기까지의 과정

2. 배란에서 착상까지의 과정 배란 → 수정 → 난할 → 착상

배란	난소에서 성숙한 난자가 수란관으로 배출됨
수정	수란관 앞부분에서 난자와 정자가 만나 수정되어 수정란 형성
난할	수정란의 초기 세포 분열로, 수정란이 난할을 거듭하면서 자궁으로 이동함
착상	수정란이 포배가 되어 자궁 내막에 파묻힘

3. 난할
① 수정란에서 발생 초기에 일어나는 세포 분열로, 체세포 분열의 일종
② 딸세포가 커지는 시기가 없이 빠르게 분열하여 분열이 거듭될수록 세포 수는 증가하고, 세포 하나의 크기는 점점 작아짐
③ 전체적인 크기는 수정란과 차이가 없음

4. 태아의 발생 수정 후 8주 이내에 대부분의 기관이 형성되며, 수정 후 약 266일 후 출산

---

10 유전

키워드 01

유전

• 우열의 원리를 묻는 문제가 출제되었습니다.
• 잡종 1대의 유전자형을 찾는 문제가 출제되었습니다.
• 유전의 원리에 대해 알아야 합니다.

1. 유전 부모의 형질이 자손에게 전달되는 것
① 유전 용어

형질	생물의 고유한 모양, 색깔, 크기, 성질 등 **예** 완두의 모양, 완두의 색깔 등
대립 형질	서로 대립 관계에 있는 형질 **예** 둥근 완두 ↔ 주름진 완두
표현형	겉으로 드러나는 형질
유전자형	형질을 나타내는 유전자의 조합을 기호로 나타낸 것
순종	한 형질을 나타내는 유전자의 구성이 같은 개체 **예** rr, RR
잡종	한 형질을 나타내는 유전자의 구성이 다른 개체 **예** Rr, Yy
우성	대립 형질을 가진 순종의 개체끼리 교배하여 얻은 잡종 1대에서 나타나는 형질 **예** 황색인 완두와 둥근 완두를 순종 교배 시 잡종 1대에 나타나는 형질임
열성	대립 형질을 가진 순종의 개체끼리 교배하여 얻은 잡종 1대에서 나타나지 않는 형질 **예** 녹색인 완두와 주름진 완두를 순종 교배 시 잡종 1대에서 나타나지 않는 형질임

② 멘델의 유전 연구: 완두가 유전 연구의 재료로 좋은 이유
  ㉠ 대립 형질이 뚜렷함
  ㉡ 구하기 쉽고, 재배가 간편함
  ㉢ 자손의 수가 많고, 한 세대가 짧음
  ㉣ 자가 수분이 잘 되어 순종을 얻기 쉬움

2. 멘델의 유전 원리

우열의 원리	순종의 대립 형질끼리 교배하였을 때 잡종 1대에서는 우성 형질만 나타남 예 순종의 황색 완두(YY)와 녹색 완두(yy)를 교배하였더니 잡종 1대에서는 우성 형질인 황색 완두(Yy)만 나타남
분리 법칙	• 생식 세포가 형성될 때 한 쌍의 대립 유전자가 분리되어 각각 서로 다른 생식 세포로 들어가는 현상 • 잡종 1대를 자가 수분시켜 얻은 잡종 2대에서의 표현형의 비 → 우성 형질 : 열성 형질 = 3 : 1
독립 법칙	두 쌍 이상의 대립 형질이 동시에 유전될 때, 각각의 형질이 서로 영향을 주지 않고 독립적으로 유전되는 현상

3. 중간 유전
대립 유전자 사이의 우열 관계가 뚜렷하지 않아 잡종 1대에서 어버이의 중간 형질이 나타나는 유전 현상
  예 붉은 분꽃(RR)과 흰 분꽃(WW)을 교배하였더니 분홍색 분꽃(RW)이 나타남

키워드 02

사람의 유전

• 가계도 분석을 통한 ABO식 혈액형 문제가 자주 출제되었습니다.
• 사람의 유전 형질에 대해 알아야 합니다.

TIP 사람의 유전 연구 방법에는 쌍둥이 연구, 가계도 분석, 통계 조사, 염색체와 유전자 분석 등이 있어요.

＋ 반성 유전
형질을 결정하는 유전자가 X 염색체에 있어 남녀의 성별에 따라 형질이 나타나는 빈도가 달라지는 유전 현상

1. 사람의 유전 연구가 어려운 이유
① 한 세대가 길고 자손의 수가 적음
② 순종을 얻기 힘듦
③ 인위적 교배 불가
④ 형질이 다양하고, 유전자의 수가 많으며, 대립 형질이 뚜렷하지 않음
⑤ 환경의 영향을 많이 받음

2. 사람의 유전 형질

미맹 유전	상염색체에 있는 한 쌍의 대립 유전자에 의해 결정됨 → 우열의 원리와 분리 법칙을 따름

ABO식 혈액형 유전	유전자 A와 B는 유전자 O에 대하여 우성이며, 유전자 A와 B사이에는 우열 관계가 없음

표현형	A형	B형	AB형	O형
유전자형	AA, AO	BB, BO	AB	OO

색맹 유전	• 반성 유전임 • X 염색체에 있으며, 정상 유전자에 대해 열성임 • 여자보다 남자에게서 더 많이 나타남 • 색맹: 색깔의 일부를 잘 구별하지 못하는 눈의 이상

구분	남자		여자		
표현형	정상	색맹	정상	정상(보인자)	색맹
유전자형	XY	X'Y	XX	XX'	X'X'

물리

⌂ **원포인트 공부법** 힘의 3요소, 속력을 구하는 방법, 열평형, 거울과 렌즈에서의 반사와 굴절, 소리의 3요소, 위치 에너지·운동 에너지·역학적 에너지, 전기 회로에서의 전류·전압·저항의 관계 등은 특히 더 주의 깊게 공부합시다.

---

01 ▶ **힘**

키워드 01

힘

힘의 3요소와 힘을 표시하는 방법을 알아야 합니다.

➕ **힘의 단위**
N(뉴턴)

1. 과학에서의 힘 힘이 작용하면 물체의 모양이나 운동의 상태가 변함

2. 힘의 3요소

	힘의 작용점	화살표의 시작점
	힘의 크기	화살표의 길이
	힘의 방향	화살표의 방향

키워드 02

힘의 종류

• 부력, 탄성력을 묻는 문제가 출제되었습니다.
• 중력, 탄성력, 마찰력, 부력에 대해 모두 알아야 합니다.

➕ **중력에 의한 현상**
사과가 아래로 떨어짐. 눈과 비가 아래로 내림 등이 있음

TIP 중력은 무거운 물체일수록 커져요.

➕ **탄성력의 이용**
용수철저울, 컴퓨터 자판, 활쏘기, 장대 높이 뛰기 등

1. 중력 지구가 물체를 지구 중심 방향으로 끌어당기는 힘

구분	무게(N)	질량(kg, g)
정의	물체에 작용하는 중력의 크기	물체의 고유한 양
측정 도구	용수철저울, 앉은뱅이저울	윗접시저울, 양팔저울
특징	측정 장소에 따라 달라짐	측정 장소에 관계없이 일정함
지구와 달	달에서 물체의 무게는 지구에서의 $\frac{1}{6}$배임	달에서 물체의 질량은 지구에서의 질량과 같음

2. 탄성력 변형된 물체가 원래 모양으로 되돌아가려는 힘

① **방향**: 탄성체에 작용한 힘의 방향과 반대 방향
② **크기**: 탄성체에 작용한 힘의 크기와 같음

한 문제 더 맞히는 개념 노트　　　**용수철로 무게 측정하기**

용수철이 늘어난 길이는 추의 무게에 비례한다.

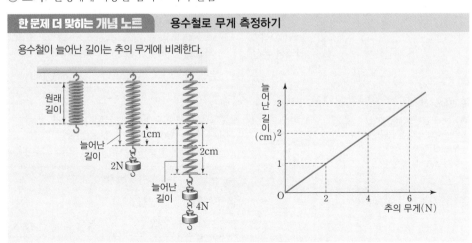

TIP 마찰력의 크기는 물체와 접촉면의 면적과는 관계 없어요.

3. 마찰력 두 물체의 접촉면에서 물체의 운동을 방해하는 힘

① 방향: 물체가 움직이거나 움직이려는 방향과 반대 방향
② 크기: 물체의 무게가 무거울수록, 접촉면이 거칠수록 커짐
③ 마찰력을 크게 하는 경우: 자동차 타이어 체인, 바닥이 거친 등산화 등
④ 마찰력을 작게 하는 경우: 미끄럼틀, 스케이트나 스키 등

4. 부력 액체나 기체가 그 속에 들어 있는 물체를 위쪽으로 밀어 올리는 힘

① 방향: 중력과 반대 방향인 위쪽
② 물속에서 부력의 크기
ㄱ 부력의 크기＝공기 중에서의 물체의 무게－물속에서의 물체의 무게
ㄴ 물에 잠긴 물체의 부피가 클수록 부력이 큼
③ 부력의 이용: 구명조끼, 부표, 열기구, 풍등 등

---

02 ▶ 운동

키워드 01

운동의 표현

• 시간-속력 그래프가 출제되었습니다.
• 속력과 이동 거리가 주어지고 시간을 구하는 문제와 평균 속력을 계산하는 문제가 출제되었습니다.
• 속력을 계산할 수 있어야 합니다.

1. 운동 시간에 따라 물체의 위치가 변하는 것

2. 속력 물체가 단위 시간 동안 이동한 거리(단위: m/s, km/h)

$$속력 = \frac{이동\ 거리}{걸린\ 시간}$$

3. 평균 속력 물체의 속력이 일정하지 않을 때 전체 이동 거리를 걸린 시간으로 나눈 값

$$평균\ 속력 = \frac{전체\ 이동\ 거리}{걸린\ 시간}$$

한 문제 더 맞히는 개념 노트 속력이 일정하게 변하는 운동의 평균 속력

$$평균\ 속력 = \frac{처음\ 속력+나중\ 속력}{2}$$

키워드 02

등속 직선 운동

등속 직선 운동 그래프를 분석할 줄 알아야 합니다.

물체가 운동할 때 속력과 운동 방향이 일정한 운동

📷 에스컬레이터, 컨베이어 벨트 등

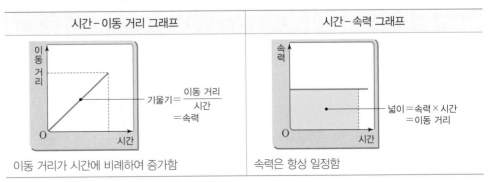

시간-이동 거리 그래프	시간-속력 그래프
기울기＝$\frac{이동\ 거리}{시간}$＝속력	넓이＝속력×시간＝이동 거리
이동 거리가 시간에 비례하여 증가함	속력은 항상 일정함

자유 낙하 운동

1. 자유 낙하 운동 정지해 있던 물체가 중력을 받아 지면으로 떨어질 때 속력이 빨라지는 운동

① 속력: 일정하게 증가
② 운동 방향: 중력 방향(일정한 크기의 중력이 작용함)
③ 이동 거리: 같은 시간 동안 이동한 거리가 점점 증가함

2. 자유 낙하 운동의 시간 – 속력 그래프

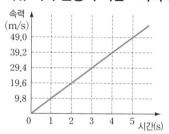

- 물체의 속력은 시간에 비례하여 일정하게 증가
- 1초 동안의 속력 변화는 9.8m/s

한 문제 더 맞히는 개념 노트   **수평으로 던진 물체의 운동**

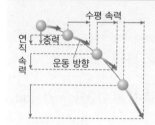

수평으로 물체를 던졌을 때 물체는 수평 방향으로 등속 운동을 하고, 연직 방향으로 자유 낙하 운동을 한다.

---

03 ▶ 열과 우리 생활

열

1. 온도 뜨겁거나 차가운 정도를 숫자로 나타낸 값

① 단위: ℃(섭씨온도), K(켈빈)
② 온도와 분자 운동: 온도가 높은 물체는 분자 운동이 활발함

▲ 차가운 물

▲ 뜨거운 물

➕ 열

온도가 다른 두 물체 사이에서 이동하는 에너지

2. 열평형 온도가 다른 두 물체가 접촉했을 때 온도가 높은 물체에서 온도가 낮은 물체로 열이 이동하여 두 물체의 온도가 같아진 상태

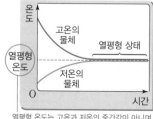

열평형 온도는 고온과 저온의 중간값이 아니며, 각 물체의 질량에 따라 달라진다.

구분	열	온도	분자 운동
고온 물체	잃음	낮아짐	둔해짐
저온 물체	얻음	높아짐	활발해짐

① **열량 보존**: 외부와 열의 출입이 없다면 고온의 물체가 잃은 열량은 저온의 물체가 얻은 열량과 같음

> 온도가 높은 물체가 잃은 열의 양=온도가 낮은 물체가 얻은 열의 양

② **열평형의 이용**
　　㉠ 음료수를 얼음에 넣어 두면 열평형 상태에 도달하여 음료수가 차가워짐
　　㉡ 얼음 위에 생선을 두면 신선한 상태가 유지됨

3. 열의 전달

① **전도**: 물질을 이루는 입자들의 운동이 이웃한 입자로 전달되어 열이 이동
　　예 뜨거운 국에 넣어 둔 금속 국자가 점점 뜨거워짐
② **대류**: 액체나 기체 입자들이 직접 이동하여 열을 전달
　　예 보일러를 켜면 집안 전체가 따뜻해짐
③ **복사**: 입자의 운동 없이 열이 직접 이동 **예** 태양열이 우주 공간을 지나 지구로 옴

4. 단열　전도, 대류, 복사에 의한 열의 이동을 막는 것

보온병	• 진공으로 된 이중벽: 전도와 대류에 의한 열의 이동을 막음 • 은 도금: 복사에 의한 열의 이동을 막음
이중창	이중창 사이에 공기가 채워짐: 전도에 의한 열의 이동 막음

＋폐열
에너지를 사용하는 과정에서 외부로 버려지는 열

키워드 02

비열과 열팽창

• 비열의 뜻을 묻는 문제가 출제되었습니다.
• 비열의 의미를 알아야 합니다.

＋비열의 단위
kcal/kg·℃, cal/g·℃

TIP 뚝배기는 금속 냄비보다 비열이 커서 음식이 천천히 식어요.

1. 비열　어떤 물질 1kg의 온도를 1 ℃ 높이는 데 필요한 열량

$$비열(c)=\frac{열량(Q)}{질량(m)\times 온도\ 변화(t)}$$
$$열량(Q)=비열(c)\times 질량(m)\times 온도\ 변화(t)$$

① **질량이 같을 때**: 비열이 클수록 온도 변화가 작음
② **비열이 같을 때**: 질량이 클수록 온도 변화가 작음
③ **비열에 의한 현상**: 비열이 작은 육지가 비열이 큰 바다보다 빨리 데워지고 빨리 식으므로 낮에는 해풍이, 밤에는 육풍이 불어옴

낮: 해풍	밤: 육풍

2. 열팽창　온도가 높아지면 물체의 길이나 부피가 늘어나는 현상

① 온도가 높아짐 → 입자 운동이 활발해짐 → 입자들 사이의 거리가 멀어짐
② 고체와 액체의 열팽창은 물질의 종류에 따라 다르고, 기체의 열팽창은 물질의 종류와 관계없이 일정
③ **열팽창의 예**: 선로의 틈, 가스관, 다리 이음매 등

＋열팽창 정도
기체 > 액체 > 고체

한 문제 더 맞히는 개념 노트 **화재 경보기의 바이메탈**

바이메탈은 열팽창 정도가 다른 두 금속을 붙여 만든 장치로, 불이 나서 온도가 높아지면 열팽창 정도가 작은 아래쪽으로 휘어지므로 회로가 연결되어 경보기가 울리게 된다.

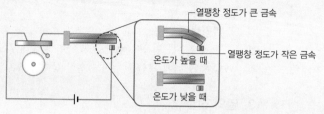

열팽창 정도가 큰 금속
열팽창 정도가 작은 금속
온도가 높을 때
온도가 낮을 때

---

04 빛

키워드 01

빛의 기본 성질

• 빛의 삼원색을 묻는 문제가 출제되었습니다.
• 빛의 삼원색을 암기해야 합니다.

✚ 광원
스스로 빛을 내는 물체

TIP 빛의 삼원색으로 모든 색의 빛을 만들 수 있어요.

✚ 빛의 합성 이용
컴퓨터의 모니터, 텔레비전, 점묘화, 무대 조명 등

1. 물체를 보는 과정

① 광원을 볼 때 빛의 경로: 광원 → 눈
② 광원이 아닌 물체를 볼 때 빛의 경로: 광원 → 물체 → 눈

2. 빛의 합성

① 개념: 두 가지 색 이상의 빛을 합쳐 다른 색의 빛을 만드는 것
② 빛의 삼원색: 빨간색, 초록색, 파란색

▲ 빛의 삼원색

한 문제 더 맞히는 개념 노트 **물체의 색**

구분	빨간색 빛 반사 초록색 빛 반사		빨간색 빛 반사
흡수된 빛	파랑	없음	파랑, 초록
반사된 빛	빨강, 초록	빨강, 파랑, 초록	빨강
물체의 색	노랑	흰색	빨강

키워드 02

반사와 굴절

• 반사 법칙 문제가 출제되었습니다.
• 렌즈에서의 빛의 경로를 묻는 문제와 입사각과 반사각이 같음을 아는지 묻는 문제가 출제되었습니다.

TIP 평면거울로 상을 보면 물체와 크기가 같고 좌우가 반대로 보여요.

1. 빛의 반사

① 반사 법칙: 입사각과 반사각의 크기는 항상 같음

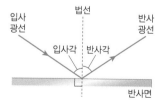

입사 광선
법선
반사 광선
입사각 반사각
반사면

② 거울

볼록 거울	오목 거울
거리에 관계없이 항상 물체보다 작고 바로 선 상 예 굽은 도로 거울, 방범용 거울 등	• 가까울 때: 물체보다 크고 바로 선 상 • 멀 때: 물체보다 작고 거꾸로 선 상 예 치과용 거울, 전조등 등

구분	정반사	난반사
반사 모습	매끄러운 표면에 평행하게 들어온 빛이 일정한 방향으로 반사됨	거친 표면에 평행하게 들어온 빛이 여러 방향으로 반사됨
반사면	잔잔한 수면, 거울 등	거친 수면, 종이, 영화관의 스크린 등
특징	반사면에 물체가 비춰 보임	여러 방향에서 물체를 볼 수 있음
공통점	반사 법칙 성립(입사각 = 반사각)

2. 빛의 굴절

＋ 빛의 속력
공기>물>유리>다이아몬드

TIP 입사각이 커지면 굴절각도 커져요.

① **굴절하는 이유**: 물질에 따라 빛이 진행하는 속력이 다르기 때문

② **굴절 방향**: 빛의 속력이 느린 쪽으로 굴절함

③ **굴절하는 정도**: 입사각이 같을 때 굴절각이 작을수록, 빛의 진행 속력이 느릴수록 굴절하는 정도가 큼

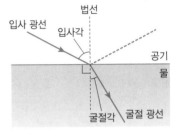

④ 렌즈

＋ 원시와 근시
• 원시: 가까이 있는 물체가 잘 안 보이는 눈
• 근시: 멀리 있는 물체가 잘 안 보이는 눈

볼록 렌즈	오목 렌즈
• 가까울 때: 물체보다 크고 바로 선 상 • 멀 때: 물체보다 작고 거꾸로 선 상 ◉ 원시용 안경, 현미경 등	거리에 관계없이 항상 물체보다 작고 바로 선 상 ◉ 근시용 안경 등

---

05 ▶ **파동**

키워드 01

파동

• 파동의 모습에서 진폭을 이해하고 있는지 묻는 문제가 출제되었습니다.
• 파동을 표시하는 법을 묻는 문제가 출제되었습니다.
• 파동의 용어를 알아야 합니다.

1. 파동   어느 한 점에서 만들어진 진동이 주변으로 퍼져 나가는 현상

① **파원**: 진동이 처음 발생하는 곳
② **매질**: 파동을 전달하는 물질 ◉ 물결파 – 물
③ **파동의 전파**: 파동이 진행할 때 매질은 제자리에서 진동만 하고 파동의 진행 방향으로 이동하지 않음

2. 파동의 종류

횡파	종파
매질의 진동이 진행 방향과 수직인 파동 ◉ 빛, 지진파의 S파, 물결파 등	매질의 진동이 진행 방향과 평행인 파동 ◉ 소리, 지진파의 P파, 초음파 등

3. 파동의 표시

마루	파동에서 가장 높은 곳
골	파동에서 가장 낮은 곳
진폭	진동의 중심에서 마루나 골까지의 거리
파장	이웃한 마루에서 마루, 골에서 골까지의 거리

키워드 02

소리

소리의 발생과 전달 및 소리의 3요소를 알아야 합니다.

TIP 진공에서는 소리가 전달되지 않아요.

➕ 매질에 따른 소리의 속력
고체 > 액체 > 기체

➕ 진동수(Hz)
매질의 한 점이 1초 동안 진동하는 횟수

➕ 주기
매질의 한 점이 한 번 진동하는 데 걸린 시간

1. 소리

① 소리의 발생: 소리는 물체의 진동으로 공기 분자들을 진동시켜 발생함
② 소리의 전달: 물체의 진동 → 공기의 진동 → 고막의 진동 → 소리 인식
③ 소리는 매질이 있어야만 전달됨

2. 소리의 3요소

① 소리의 크기: 진폭의 차이에 따라 소리의 크기가 달라짐

작은 소리	큰 소리

② 소리의 높낮이: 진동수의 차이에 의해 소리의 높낮이가 달라짐

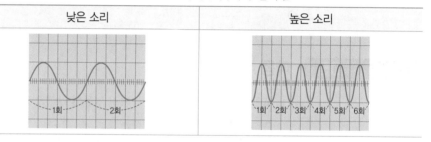

낮은 소리	높은 소리

③ 소리의 음색: 파형의 기본 형태가 다르면 다른 종류의 소리가 남

피아노 소리	바이올린 소리

한 문제 더 맞히는 개념 노트   **여러 가지 악기의 높낮이 조절 방법**

• 타악기(종, 실로폰 등): 막대의 길이를 다르게 한다.
• 현악기(기타, 바이올린 등): 줄의 굵기, 길이, 누르는 위치를 다르게 한다.
• 관악기(단소, 리코더 등): 관의 길이를 다르게 한다.

키워드 01

일

- 중력에 대해 한 일을 구하는 문제가 출제되었습니다.
- 일의 양이 0인 경우를 물었습니다.
- 일을 계산할 수 있어야 합니다.

TIP 등속 직선 운동이 한 일은 0이에요.

✚ 마찰력에 대한 일
마찰력에 대한 일 = 마찰력 × 힘의 방향으로 이동한 거리

일

① 단위: J(줄)
② 물체에 작용한 힘의 크기와 물체가 힘의 방향으로 이동한 거리의 곱

$$일[J] = 힘[N] \times 이동 거리[m]$$
$$W = F \times s$$

한 문제 더 맞히는 개념 노트   **과학에서의 일**

- 과학에서의 일: 물체에 힘을 작용하여 물체를 힘의 방향으로 이동시켰을 때를 말한다.
- 과학에서 한 일의 양이 0이 되는 경우
  - 힘이 0이 되는 경우: 마찰이 없는 수평면에서 물체가 등속 직선 운동을 하는 경우이다.
  - 이동 거리가 0이 되는 경우: 힘은 작용했지만 물체가 이동하지 않는 경우이다.
  - 힘의 방향과 물체의 이동 방향이 수직인 경우: 물체를 들고 수평 방향으로 이동한 경우 중력에 의한 일은 0이다.

키워드 02

위치 에너지와 운동 에너지

- 중력에 의한 위치 에너지 변화를 그래프로 물었습니다.
- 위치 에너지와 운동 에너지를 계산할 수 있어야 합니다.

✚ 에너지
일을 할 수 있는 능력 (단위 : J)

TIP 중력이 물체에 일을 하면 물체의 운동 에너지가 증가하고, 중력의 반대 방향으로 일을 하면 물체의 위치 에너지가 증가해요.

위치 에너지	중력이 작용하는 공간에서 높은 곳에 있는 물체가 가지는 에너지 **예** 물레방아, 수력 발전 등 $$중력에 의한 위치 에너지 = 9.8 \times 질량 \times 높이 = 무게 \times 높이, \ E_p = 9.8mh = wh$$  
운동 에너지	운동하는 물체가 가지고 있는 에너지 **예** 날아가는 총알, 운행 중인 자동차 등 $$운동 에너지 = \frac{1}{2} \times 질량 \times (속력)^2, \ E_k = \frac{1}{2}mv^2$$   

키워드 01

역학적 에너지

• 역학적 에너지 보존 법칙에 대한 문제가 출제되었습니다.
• 역학적 에너지의 의미를 알아야 합니다.

TIP 자유 낙하하는 물체의 감소한 위치 에너지는 운동 에너지로 전환돼요.

1. 역학적 에너지 운동 에너지와 위치 에너지의 합

2. 역학적 에너지 보존 법칙 마찰이나 공기 저항을 무시할 때, 물체의 역학적 에너지는 일정하게 보존됨

> 역학적 에너지＝위치 에너지 ＋ 운동 에너지

① 물체가 올라갈 때: 운동 에너지가 위치 에너지로 전환
② 물체가 내려올 때: 위치 에너지가 운동 에너지로 전환
③ 중력에 의한 위치 에너지와 운동 에너지의 합은 항상 일정하게 보존됨

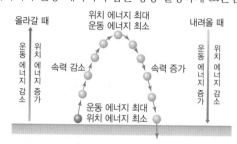

한 문제 더 맞히는 개념 노트 **진자의 운동**

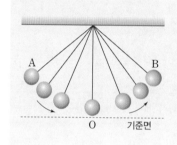

구분	A	➡	O	➡	B
속력	0	증가	최대	감소	0
높이	최대	감소	0	증가	최대
운동 에너지	0	증가	최대	감소	0
위치 에너지	최대	감소	0	증가	최대
역학적 에너지	일정	일정	일정	일정	일정

키워드 02

에너지 전환

에너지의 종류와 에너지가 전환되는 경우들을 알아야 합니다.

＋ 에너지의 종류
빛에너지, 소리 에너지, 열에너지, 화학 에너지, 전기 에너지 등

1. 에너지 전환 에너지는 끊임없이 한 종류의 에너지에서 다른 종류의 에너지로 전환됨

2. 에너지 보존 법칙 에너지가 전환될 때 새로 생기거나 사라지지 않고 에너지의 총량은 항상 일정함

📖 선풍기(전기 에너지 → 운동 에너지), 광합성(빛에너지 → 화학 에너지)

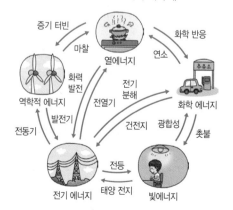

키워드 03

전기 에너지

유도 전류를 이용한 예를 알
아야 합니다.

➕ 발전기
역학적 에너지 → 전기 에너지

전자기 유도	코일 주위에서 자석을 움직이면 코일을 통과하는 자기장이 변하여 코일에 전류가 흐르는 현상
유도 전류	• 코일 주위에서 자석을 움직일 때 코일에 흐르는 전류 • 세기: 자석이 셀수록, 자석을 빠르게 움직일수록, 코일을 많이 감을수록 유도 전류의 세기가 커짐
발전기	• 영구 자석과 그 속에서 회전할 수 있는 코일로 이루어진 장치 • 코일 회전 → 코일을 통과하는 자기장이 변함 → 전자기 유도에 의해 코일에 유도 전류 흐름 → 전기 생산

08 전기

키워드 01
전기

• 전기력 문제가 출제되었습니다.
• 마찰 전기가 생기는 원리를 알아야 합니다.

➕ 대전
물체가 전기를 띠는 현상

TIP 전기력은 대전된 전하의 양이 많을수록, 대전체와의 거리가 가까울수록 세요.

마찰 전기	• 서로 다른 두 물체를 마찰할 때 한 물체에서 다른 물체로 전자가 이동하는 전기 • 전자를 잃은 물체: (+)로 대전 • 전자를 얻은 물체: (−)로 대전 • 마찰 전기에 의한 현상 − 먼지가 먼지떨이에 달라붙음 − 머리카락이 플라스틱 빗에 달라붙음
대전열	물체를 마찰할 때 전자를 잃기 쉬운 순서대로 나열한 것 털가죽 유리 명주 나무 고무 플라스틱 예 고무풍선을 털가죽으로 마찰시키면 고무풍선은 (−)전하, 털가죽은 (+)전하로 대전 고무풍선을 플라스틱 막대로 마찰시키면 고무풍선은 (+)전하, 플라스틱 막대는 (−)전하로 대전
전기력	인력: 서로 다른 종류의 전하를 띤 물체 사이에서 끌어당기는 힘 척력: 서로 같은 종류의 전하를 띤 물체 사이에서 밀어내는 힘

정전기 유도

· 정전기 유도 현상을 그림으로 출제하였습니다.
· 검전기로 알 수 있는 것을 숙지해야 합니다.

TIP 정전기 유도는 대전체를 가까이 하면 금속 내부의 자유 전자가 전기력을 받아 이동하기 때문에 발생해요.

➕ 검전기
정전기 유도를 이용하여 물체의 대전 여부를 알아보는 기구

정전기 유도			· 대전체를 대전되지 않은 금속에 가까이 할 때 금속 양 끝이 전하를 띠는 현상 · 대전체와 가까운 쪽: 대전체와 다른 종류의 전하로 대전 · 대전체와 먼 쪽: 대전체와 같은 종류의 전하로 대전
검전기	알 수 있는 것		· 금속판: 대전체와 다른 종류의 전하로 대전 · 금속박: 대전체와 같은 종류의 전하로 대전
		물체의 대전 여부	대전되지 않은 물체를 가까이 하면 금속박이 움직이지 않음 금속판에 대전체를 가까이 하면 금속박이 벌어짐
		물체에 대전된 전하의 양	대전된 전하의 양이 적을 때는 금속박이 조금 벌어짐 대전된 전하의 양이 많을 때는 금속박이 많이 벌어짐
		물체에 대전된 전하의 종류	검전기와 같은 전하로 대전된 물체를 가까이 할 때는 금속박이 더 벌어짐 검전기와 다른 전하로 대전된 물체를 가까이 할 때는 금속박이 오므라듦

---

09 ▶ 전류, 전압, 전기 저항

전류

전류의 의미를 알고 전류의 방향을 알아야 합니다.

TIP 전자는 (−)극에서 (+)극으로 이동해요.

전류		· 전선을 따라 이동하는 전하의 흐름 · 단위: A(암페어) · 전류의 방향: (+)극 → (−)극
도선에서 전자의 이동	전류가 흐르지 않을 때	전자들이 여러 방향으로 불규칙하게 움직임
	전류가 흐를 때	전자들이 (−)극에서 (+)극으로 이동함

전압

전압의 의미를 알아야 합니다.

전압	· 전기 회로에서 전류를 흐르게 하는 능력 · 단위: V(볼트) · 전지의 직렬 연결과 전압: 전지의 개수에 비례 · 전지의 병렬 연결과 전압: 전지 1개의 전압과 같음 → 전지를 오랫동안 사용할 수 있음

TIP 전류계는 직렬로, 전압
계는 병렬로 연결해야 해요.

물의 흐름과 전기 회로의 비교	• 물의 흐름: 전류 • 물레방아: 전구 • 밸브: 스위치 • 수도관: 도선 • 펌프: 전지 • 수압: 전압		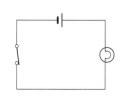

키워드 03

저항

저항이 세지는 경우를 알아
야 합니다.

➕ 저항

저항$(R) \propto \dfrac{\text{도선의 길이}(l)}{\text{도선의 단면적}(S)}$

저항 　전기 회로에서 전류의 흐름을 방해하는 정도

① 단위: Ω(옴)

② 저항에 영향을 주는 요인

도선의 길이	도선의 단면적
도선이 길수록 저항이 커짐	도선의 단면적이 좁을수록 저항이 커짐

③ 저항의 연결

직렬 연결	병렬 연결
• 여러 개의 저항을 한 줄로 연결하는 방법 　→ 저항이 길어지는 것과 같음 • 전체 저항은 커지고, 전류의 세기는 작아짐 • 각 저항에 흐르는 전류의 세기는 같음	• 여러 개의 저항의 양 끝을 나란히 연결하는 　방법 → 저항의 단면적이 커지는 것과 같음 • 전체 저항은 작아지고, 전류의 세기는 커짐 • 각 저항에 걸리는 전압은 같음
• 전체 전류: $I = I_1 = I_2$ • 전체 전압: $V = V_1 + V_2$ • 합성 저항: $R = R_1 + R_2$	• 전체 전류: $I = I_1 + I_2$ • 전체 전압: $V = V_1 = V_2$ • 합성 저항: $\dfrac{1}{R} = \dfrac{1}{R_1} + \dfrac{1}{R_2}$

키워드 04

옴의 법칙

• 전류–전압 그래프가 출제
　되었습니다.
• 옴의 법칙을 이용하여 전
　류를 구하는 문제가 출제
　되었습니다.
• 옴의 법칙을 계산할 수 있
　어야 합니다.

옴의 법칙 　전류의 세기는 전압에 비례하고, 저항에 반비례함

$$• I = \frac{V}{R} \qquad • V = IR \qquad • R = \frac{V}{I}$$

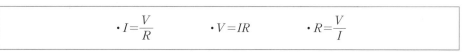

전류와 전압의 관계 그래프	전압과 저항의 관계 그래프	전류와 저항의 관계 그래프
전류의 세기 ∝ 전압	전압 ∝ 저항	전류의 세기 ∝ $\dfrac{1}{\text{저항}}$

전지	전구	저항	스위치	전류계	전압계
$\overset{}{\underset{(-)\quad(+)}{\dashv\vdash}}$	$\ominus$	$-\mathrm{W}-$	$-\circ\!\!\!\frown\circ-$	$\overset{}{\text{Ⓐ}}$	$\overset{}{\text{Ⓥ}}$

10 전기 에너지, 전류의 자기 작용

키워드 01

전기 에너지

• 소비 전력을 이용하여 전력량을 구하는 문제가 출제되었습니다.
• 전력을 구할 수 있어야 합니다.

1. 전기 에너지   전류에 의해 발생하는 에너지

① 전기 에너지의 단위: J(줄)
② 1J: 1V의 전압으로 1A의 전류가 1초 동안 흐를 때 공급되는 에너지($1J=1V\times1A\times1s$)
③ 전기 에너지의 크기

$$\text{전기 에너지}[E]=\text{전압}[V]\times\text{전류}[I]\times\text{시간}[t]$$
$$E=VIt$$

④ 전기 에너지의 전환

전기밥솥	세탁기	배터리
전기 에너지 → 열에너지	전기 에너지 → 운동 에너지	화학 에너지 → 전기 에너지

⑤ **전류의 열작용**: 물체에 전류가 흐르면 물체 내부의 자유 전자가 이동하면서 원자와 충돌하여 열이 발생하는 현상 ❸ 전기밥솥, 전기다리미 등

2. 소비 전력   1초 동안 전기 기구에 공급되는 전기 에너지

① 단위: W(와트), kW(킬로와트)
② 1W: 1초 동안 1J의 전기 에너지를 소비할 때의 전력

$$\text{전력}[W]=\frac{\text{전기 에너지}[E]}{\text{시간}[t]}=\frac{\text{전압}\times\text{전류}\times\text{시간}}{\text{시간}}=\text{전압}[V]\times\text{전류}[I]$$
$$P=VI$$

• 정격 전압: 전기 기구가 정상적으로 작동할 수 있는 전압을 말한다.
• 정격 소비 전력: 정격 전압을 걸어 주었을 때 1초 동안 사용하는 전기 에너지의 양을 말한다.
❸ 220V–440W로 표시된 전열기: 220V의 전원에 연결하였을 때 1초 동안 440J의 전기 에너지를 소비한다는 의미이다.

3. 전력량   일정 시간 동안 사용한 전기 에너지의 양

① 단위: Wh(와트시), kWh(킬로와트시)
② 1Wh: 1W의 전력을 1시간 동안 사용할 때의 전력량

$$\text{전력량}[W]=\text{전력}[P]\times\text{시간}[t]$$
$$W=Pt=VIt$$

키워드 02

전류의
자기 작용

전류가 만드는 자기장의 방향
을 찾는 연습을 해야 합니다.

자기장	• 자석 주위와 같이 자기력이 작용하는 공간 • 방향: 나침반 자침의 N극이 가리키는 방향 • 자기력선: 자기장의 모습을 선으로 나타낸 것 – 항상 N극에서 나와 S극으로 들어감 – 교차하거나 끊어지지 않음 – 촘촘할수록 자기장의 세기가 큼	

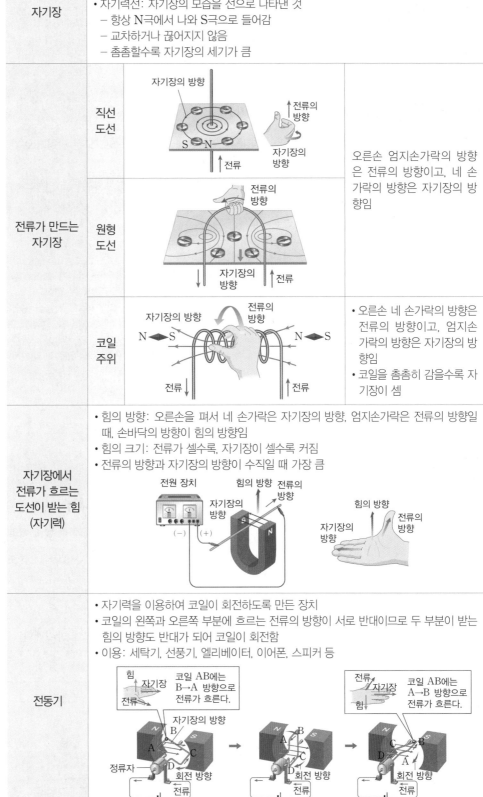

전류가 만드는 자기장	직선 도선	오른손 엄지손가락의 방향 은 전류의 방향이고, 네 손 가락의 방향은 자기장의 방 향임
	원형 도선	
	코일 주위	• 오른손 네 손가락의 방향은 전류의 방향이고, 엄지손 가락의 방향은 자기장의 방 향임 • 코일을 촘촘히 감을수록 자 기장이 셈

자기장에서 전류가 흐르는 도선이 받는 힘 (자기력)	• 힘의 방향: 오른손을 펴서 네 손가락은 자기장의 방향, 엄지손가락은 전류의 방향일 때, 손바닥의 방향이 힘의 방향임 • 힘의 크기: 전류가 셀수록, 자기장이 셀수록 커짐 • 전류의 방향과 자기장의 방향이 수직일 때 가장 큼

전동기	• 자기력을 이용하여 코일이 회전하도록 만든 장치 • 코일의 왼쪽과 오른쪽 부분에 흐르는 전류의 방향이 서로 반대이므로 두 부분이 받는 힘의 방향도 반대가 되어 코일이 회전함 • 이용: 세탁기, 선풍기, 엘리베이터, 이어폰, 스피커 등

＋ 정류자

코일이 계속 같은 방향으로
회전하게 하는 장치

화학

⚠️ **원포인트 공부법** 보일 법칙, 샤를 법칙, 물질의 상태 변화, 원소·원자·분자, 이온의 특징, 혼합물 분리 방법, 화학 반응식, 질량 보존 법칙, 일정 성분비 법칙, 기체 반응 법칙 등을 특히 주의 깊게 공부합시다.

01 기체의 성질

키워드 01

입자의 운동

· 확산과 증발의 예를 알아야 합니다.
· 확산 속도에 영향을 미치는 요인에 대한 문제가 출제되었습니다.

1. 입자
물질을 이루는 입자는 끊임없이 스스로 모든 방향으로 운동함

2. 입자 모형
물질을 이루는 입자를 간단한 모형으로 나타낸 것

3. 입자의 운동

확산	증발
· 물질을 이루는 입자가 스스로 움직여 퍼져 나가는 현상 · 온도가 높을수록 확산이 빠름 · 고체＜액체＜기체 순으로 빠름 · 입자의 질량이 작을수록 빠름 ⓔ 부엌에서 요리하는 음식 냄새를 방에서 맡을 수 있음, 마약 탐지견이 마약 냄새로 마약을 찾음 등	· 입자가 스스로 움직여 액체 표면에서 기체로 변하는 현상 · 온도가 높을수록, 습도가 낮을수록, 바람이 많이 불수록, 액체의 표면적이 넓을수록, 입자 사이의 인력이 작을수록 잘 일어남 ⓔ 젖은 머리카락이 마름, 가뭄에 논바닥이 말라 갈라짐 등

키워드 02

보일 법칙, 샤를 법칙

· 보일 법칙을 묻는 문제가 출제되었습니다.
· 샤를 법칙 그래프가 출제되었습니다.
· 보일 법칙, 샤를 법칙의 의미를 기억하고 그래프도 함께 정리해야 합니다.

TIP 기체의 압력은 모든 방향에서 같은 크기로 작용해요.

➕ 압력
단위 넓이에 수직으로 작용하는 힘의 크기

1. 기체의 압력
① 기체 입자들이 끊임없이 운동하면서 용기 벽면에 충돌할 때 용기 벽의 일정한 넓이에 작용하는 힘의 크기
② 기체 입자의 충돌 횟수가 많을수록, 온도가 높을수록 기체의 압력이 커짐

> **한 문제 더 맞히는 개념 노트** **고무풍선에 공기를 불어 넣을 때의 변화**
>
> 풍선에 공기를 불어 넣음 → 풍선 속 기체 입자 수 증가 → 기체 입자의 충돌 횟수 증가 → 풍선 속 공기의 압력 증가 → 풍선이 커짐

2. 보일 법칙
일정한 온도에서 기체의 부피는 압력에 반비례함

$$압력(P) \times 부피(V) = 일정$$

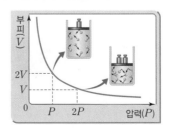

외부 압력 감소	외부 압력 증가
기체의 부피 증가 → 기체 입자의 충돌 횟수 감소 → 기체의 내부 압력 감소	기체의 부피 감소 → 기체 입자의 충돌 횟수 증가 → 기체의 내부 압력 증가

📖 하늘로 올라간 풍선이 점점 커지다 터짐, 높은 산에 올라가면 과자 봉지가 부풀어 오름

3. 샤를 법칙 일정한 압력에서 기체의 부피는 온도가 높아지면 일정한 비율로 커짐

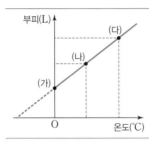

- 기체의 온도: (가)<(나)<(다)
- 기체의 부피: (가)<(나)<(다)
- 입자 운동 속도: (가)<(나)<(다)
- 입자 사이의 거리: (가)<(나)<(다)
- 기체의 압력: (가)=(나)=(다)

온도 하강	온도 상승
기체 입자의 운동 속도 감소 → 기체 입자의 충돌 횟수 감소 → 기체의 부피 감소	기체 입자의 운동 속도 증가 → 기체 입자의 충돌 횟수 증가 → 기체의 부피 증가

📖 여름철 도로를 달린 자동차 타이어가 팽팽해짐, 열기구 속 공기를 가열하면 열기구가 떠오름

TIP 온도 변화로 기체의 부피가 변하더라도 입자의 개수와 크기는 변하지 않아요.

02 물질의 상태 변화

키워드 01

상태 변화

- 상태 변화의 종류 문제가 나왔습니다.
- 상태 변화 중 융해, 기화, 응고에 대한 문제가 출제되었습니다.
- 상태 변화의 예와 상태 변화 시 변하는 것과 변하지 않는 것을 알아야 합니다.

1. 상태 변화 물질의 성질은 그대로 유지되면서 상태가 변하는 현상

2. 상태 변화 원인 온도와 압력(주로 온도에 의해 변화)

3. 상태 변화의 종류

① 융해와 응고

융해 (고체 → 액체)	• 얼음이 녹아 물이 됨 • 아이스크림이 녹아 흘러내림
응고 (액체 → 고체)	• 냉동실에 넣은 물이 얼음이 됨 • 흘러내린 촛농이 다시 굳음

② 기화와 액화

기화 (액체 → 기체)	• 물을 가열하면 끓어 수증기가 됨 • 젖은 빨래가 마름
액화 (기체 → 액체)	• 풀잎에 이슬이 맺힘 • 얼음물이 들어 있는 컵 표면에 물방울이 맺힘

③ 승화

승화 (고체 → 기체)	• 드라이아이스를 상온에 놓아두면 크기가 작아짐 • 옷장 속 나프탈렌의 크기가 작아짐
승화 (기체 → 고체)	• 겨울철 새벽에 서리가 내림 • 겨울철 유리창에 성에가 생김

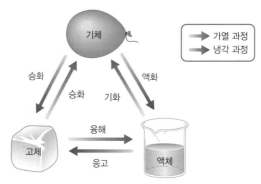

상태 변화 시 변하는 것	상태 변화 시 변하지 않는 것
• 입자의 운동 • 입자의 배열 • 입자 사이의 거리 • 입자 사이의 잡아당기는 힘	• 입자의 종류 • 입자의 질량 • 입자의 개수 • 입자의 크기
물질의 부피는 변함	물질의 질량, 성질은 변하지 않음

키워드 02

상태 변화와 열에너지

• 그래프를 통한 녹는점에 대한 문제가 출제되었습니다.
• 기화열에 대한 문제가 출제되었습니다.
• 열에너지가 흡수되고 방출될 때 어떤 상태 변화가 일어나는지 알아야 합니다.

TIP 물은 예외적으로 액체에서 고체가 될 때 부피가 감소하지 않고 증가해요.

TIP 물질을 가열하면 온도가 높아지는데, 상태 변화가 일어날 때에는 공급된 에너지가 상태 변화에 모두 사용되므로 온도가 일정하게 유지돼요.

1. 상태 변화와 열에너지

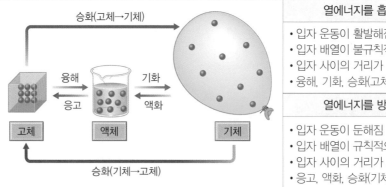

열에너지를 흡수할 때
• 입자 운동이 활발해짐 • 입자 배열이 불규칙적으로 변함 • 입자 사이의 거리가 멀어짐 • 융해, 기화, 승화(고체 → 기체)
열에너지를 방출할 때
• 입자 운동이 둔해짐 • 입자 배열이 규칙적으로 변함 • 입자 사이의 거리가 가까워짐 • 응고, 액화, 승화(기체 → 고체)

2. 물질을 가열하고 냉각할 때의 온도 변화와 상태 변화

녹는점	융해될 때 일정하게 유지되는 온도
끓는점	기화될 때 일정하게 유지되는 온도
어는점	응고될 때 일정하게 유지되는 온도

열에너지를 흡수하는 상태 변화	주위 온도 낮아짐	융해열 흡수(고체 → 액체) 예 얼음 조각상 옆에 있으면 시원해짐
		기화열 흡수(액체 → 기체) 예 땀이 마르면 시원해짐
		승화열 흡수(고체 → 기체) 예 포장할 때 넣어 둔 드라이아이스가 열에너지를 흡수하여 아이스크림을 녹지 않게 함
열에너지를 방출하는 상태 변화	주위 온도 높아짐	응고열 방출(액체 → 고체) 예 이글루 안에 물을 뿌려 내부를 따뜻하게 함
		액화열 방출(기체 → 액체) 예 소나기 내리기 전 더움
		승화열 방출(기체 → 고체) 예 눈이 내릴 때 날씨가 포근해짐

한 문제 더 맞히는 개념 노트 **온도에 따른 물질의 상태**

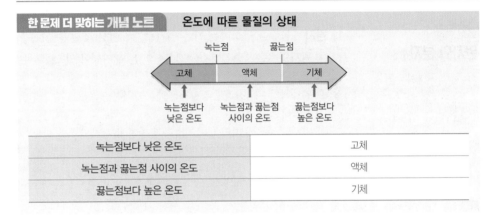

녹는점보다 낮은 온도	고체
녹는점과 끓는점 사이의 온도	액체
끓는점보다 높은 온도	기체

03 원소, 원자, 분자

키워드 01

원소

원소 기호 문제가 출제되었습니다.

1. **원소** 더 이상 다른 종류의 물질로 분해되지 않는, 물질을 이루는 기본 성분

2. **원소 기호** 원소를 나타내는 간단한 기호

원소 이름	원소 기호	원소 이름	원소 기호	원소 이름	원소 기호
수소	H	헬륨	He	리튬	Li
베릴륨	Be	붕소	B	탄소	C
질소	N	산소	O	플루오린	F
네온	Ne	나트륨	Na	마그네슘	Mg
알루미늄	Al	규소	Si	인	P
황	S	염소	Cl	아르곤	Ar
칼륨	K	칼슘	Ca	철	Fe
구리	Cu	수은	Hg	금	Au

3. 원소의 확인
① 불꽃 반응: 일부 금속 원소를 포함하는 물질을 겉불꽃에 넣을 때 특정한 불꽃색이 나타나는 반응

원소	나트륨	스트론튬	리튬	구리	칼륨	칼슘
원소 기호	Na	Sr	Li	Cu	K	Ca
불꽃색	노란색	진한 빨간색	빨간색	청록색	보라색	주황색

⑩ 염화 구리(Ⅱ)와 황산 구리(Ⅱ)는 모두 청록색의 불꽃이 나타남
② 선 스펙트럼: 빛을 분광기에 통과시킬 때 빛이 분산되어 생기는 색의 띠
　㉠ 금속 원소의 종류에 따라 선의 색깔, 위치, 굵기, 개수가 다름
　㉡ 여러 가지 원소가 섞여 있어도 각 원소의 선 스펙트럼이 모두 나타나므로 원소의 종류를 확인할 수 있음

키워드 02

원자와 분자

• 분자 모형을 통하여 분자식을 알아내는 문제가 출제되었습니다.
• 원자의 구조에 대한 문제가 출제되었습니다.
• 분자식을 통해 알 수 있는 것들을 숙지하여야 합니다.

TIP 헬륨과 네온처럼 원자 1개로 이루어진 분자도 있어요.

1. 원자　물질을 구성하는 기본 입자로, 더 이상 쪼갤 수 없는 가장 작은 알갱이
① 원자의 구조: 중심에 (+)전하를 띠는 원자핵이 있고, 그 주위를 (−)전하를 띠는 전자가 돌고 있음
② 원자핵의 (+)전하량＝전자들의 (−)전하량
③ 전기적으로 중성
④ 원자의 종류에 따라 (+)전하량과 전자의 수가 다름

원자	수소	탄소	산소
원자핵의 전하량	+1	+6	+8
전자의 수	1	6	8

2. 분자　물질의 성질을 나타내는 가장 작은 입자로, 분자가 원자로 나누어지면 물질의 성질을 잃음

분자식	원소 기호를 이용하여 분자를 이루는 원자의 종류와 수를 나타낸 것	
분자식으로 알 수 있는 것	$3H_2O$	• 분자의 종류: 물 • 분자의 개수: 3개 • 분자를 이루는 원소의 종류: 수소(H), 산소(O) • 분자 1개를 이루는 원자의 개수: 3개 • 총 원자 수: 9개

➕ 분자 모형
분자를 구성하는 원자의 종류와 수, 배열 상태를 나타낸 모형

한 문제 더 맞히는 개념 노트　　분자 모형

구분	수소(H_2)	산소(O_2)	질소(N_2)	염소(Cl_2)
분자 모형	H H	O O	N N	Cl Cl

구분	물(H_2O)	이산화 탄소(CO_2)	암모니아(NH_3)	메테인(CH_4)
분자 모형	H O H	O C O	H N H H	H H C H H

키워드 01

이온

- 이온식을 묻는 문제가 출제되었습니다.
- 이온의 생성 원리를 이해해야 합니다.

TIP 염화 나트륨과 같이 물에 녹아 이온이 되는 물질은 전류가 흐르고, 설탕과 같이 물에 녹아 이온이 되지 않는 물질은 전류가 흐르지 않아요.

1. 이온   원자가 전자를 잃거나 얻어서 전하를 띠는 입자

① 양이온: 원자가 전자를 잃어 (+)전하를 띠는 입자 예 나트륨 이온

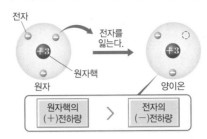

② 음이온: 원자가 전자를 얻어 (−)전하를 띠는 입자 예 황화 이온

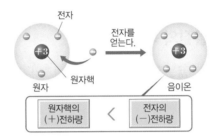

2. 여러 가지 이온식

양이온			음이온		
이름	이온식	잃은 전자 수	이름	이온식	얻은 전자 수
수소 이온	H^+	1개	플루오린화 이온	F^-	1개
구리 이온	Cu^{2+}	2개	아이오딘화 이온	I^-	1개
칼륨 이온	K^+	1개	염화 이온	Cl^-	1개
은 이온	Ag^+	1개	수산화 이온	OH^-	1개
칼슘 이온	Ca^{2+}	2개	탄산 이온	CO_3^{2-}	2개
알루미늄 이온	Al^{3+}	3개	질산 이온	NO_3^-	1개

> **한 문제 더 맞히는 개념 노트**   **이온화**
>
> 물질이 물에 녹아 양이온과 음이온으로 나누어지는 현상을 이온화라고 한다. 그리고 이온화 과정을 화학식을 이용하여 나타낸 식을 이온화식이라고 한다. 이온화식을 나타내면 다음과 같다.
>
>
>
>
>
> - 염화 나트륨: $NaCl \rightarrow Na^+ + Cl^-$
> - 염화 칼슘: $CaCl_2 \rightarrow Ca^{2+} + 2Cl^-$
> - 질산 칼륨: $KNO_3 \rightarrow K^+ + NO_3^-$
>
> - 염화 구리(II): $CuCl_2 \rightarrow Cu^{2+} + 2Cl^-$
> - 수산화 나트륨: $NaOH \rightarrow Na^+ + OH^-$
> - 황산 구리(II): $CuSO_4 \rightarrow Cu^{2+} + SO_4^{2-}$

서로 다른 전해질 수용액을 섞었을 때 양이온과 음이온이 결합하여 물에 녹지 않는 앙금을 생성하는 반응으로, 수용액에 어떤 이온이 들어있는지 알 수 있음

양이온	음이온	앙금	
Ag^+(은 이온)	Cl^-(염화 이온)	$AgCl$(염화 은)	흰색
Ca^{2+}(칼슘 이온)	CO_3^{2-}(탄산 이온)	$CaCO_3$(탄산 칼슘)	흰색
Ba^{2+}(바륨 이온)	SO_4^{2-}(황산 이온)	$BaSO_4$(황산 바륨)	흰색
Pb^{2+}(납 이온)	I^-(아이오딘화 이온)	PbI_2(아이오딘화 납)	노란색
	S^{2-}(황화 이온)	PbS(황화 납)	검은색
Cu^{2+}(구리 이온)	S^{2-}(황화 이온)	CuS(황화 구리)	검은색
Cd^{2+}(카드뮴 이온)	S^{2-}(황화 이온)	CdS(황화 카드뮴)	노란색

05 물질의 특성

키워드 01

끓는점

• 가열 곡선에서 끓는점을 묻는 문제가 출제되었습니다.
• 끓는점의 성질을 알아야 합니다.

TIP 끓는점, 녹는점, 어는점은 물질의 종류에 따라 다르기 때문에 물질을 구별할 수 있는 특성이에요.

1. 끓는점   액체가 끓어서 기체가 되는 동안 일정하게 유지되는 온도

2. 특성

① 질량이 작을수록 끓는점에 빨리 도달함
② 불꽃의 세기가 강할수록 끓는점에 빨리 도달함

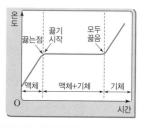

한 문제 더 맞히는 개념 노트	**외부 압력과 끓는점의 변화**
외부 압력이 높을 때	끓는점이 높아짐 ⑩ 압력밥솥으로 밥을 하면 100℃보다 높은 온도에서 끓게 되므로 밥이 빨리 됨
외부 압력이 낮을 때	끓는점이 낮아짐 ⑩ 높은 산 위에서 밥을 하면 물이 100℃보다 낮은 온도에서 끓게 되므로 밥이 설익음

1. 녹는점과 어는점

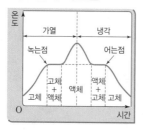

녹는점	고체가 녹아서 액체가 되는 동안 일정하게 유지되는 온도
어는점	액체가 얼어서 고체가 되는 동안 일정하게 유지되는 온도

2. 녹는점과 어는점의 성질

① 물질의 종류에 따라 녹는점과 어는점이 다름
② 같은 물질의 녹는점과 어는점이 같음

키워드 03

밀도, 용해도

밀도와 용해도에 대해 알아
야 합니다.

➕ 혼합물의 밀도

성분 물질이 섞인 비율에 따
라 밀도가 달라짐

1. 밀도 단위 부피에 대한 물질의 질량

$$밀도 = \frac{질량}{부피}$$

① 단위: g/cm^3, g/mL, kg/m^3 등
② 밀도는 물질의 양에 관계없이 같은 종류의 물질에서는 일정함
③ 밀도가 큰 물질이 가라앉음
④ 밀도의 변화
　㉠ 압력과 온도에 따른 밀도의 변화

상태	압력에 따른 밀도의 변화	온도에 따른 밀도의 변화
고체, 액체	압력의 영향은 거의 받지 않음	온도 증가 → 부피 약간 증가 → 밀도 약간 감소
기체	압력 증가 → 부피 크게 감소 → 밀도 크게 증가	온도 증가 → 부피 크게 증가 → 밀도 크게 감소

　㉡ 상태에 따른 밀도의 비교

구분	부피	밀도
일반적인 물질	고체<액체≪기체	고체>액체≫기체
물	액체<고체≪기체	액체>고체≫기체

2. 용해도 어떤 온도에서 용매 100g에 최대로 녹을 수 있는 용질의 g수

용해	용질	용매	용액
한 물질이 다른 물질에 녹아 균일하게 섞이는 현상	용액 속에 녹아 있는 물질	용질을 녹이는 물질	용매와 용질이 섞인 물질

불포화 용액	용질이 용매에 용해도보다 적게 녹아 있는 용액
포화 용액	용질이 용매에 용해도만큼 녹아 있는 용액
과포화 용액	용질이 용매에 용해도보다 많이 녹아 있는 용액

➕ 석출

용액을 냉각시킬 때 결정이
되어 나오는 것

한 문제 더 맞히는 개념 노트　　용해도 곡선

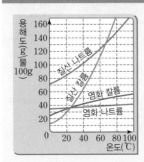

• 온도에 따른 용해도 변화를 나타낸 그래프
　– 곡선의 기울기가 클수록 온도 변화에 따른 용해도 차이가 크다.
　– 용해도 곡선에서의 위치로 용액의 종류를 알 수 있다.
　– 용액을 냉각할 때 석출되는 용질의 양을 알 수 있다.
• 용액을 냉각할 때 석출되는 용질의 양=처음 녹아 있던 용질의 양−냉각한 온도에서 녹을 수 있는 용질의 양
　– 석출량은 온도에 따른 물질의 용해도 변화에 의해 결정된다.
　– 용해도 곡선의 기울기가 클수록 석출량이 많다.

06 혼합물 분리

키워드 01

순물질과 혼합물

• 녹는점(어는점) 문제가 출제되었습니다.
• 순물질의 예를 묻는 간단한 문제가 출제되었습니다.
• 순물질과 혼합물의 예를 잘 기억해야 합니다.

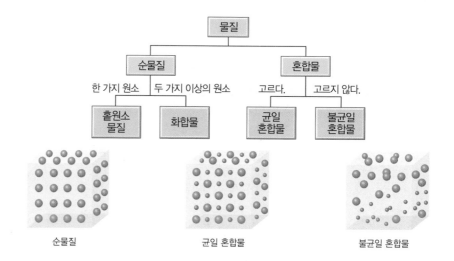

순물질   균일 혼합물   불균일 혼합물

＋ 물질의 특성

녹는점, 끓는점, 밀도, 용해도 등

＋ 어는점

액체가 고체가 될 때 일정하게 유지되는 온도(= 녹는점)

＋ 끓는점

액체가 기체가 될 때 일정하게 유지되는 온도

1. 순물질

① **홑원소 물질**: 한 가지 원소로만 이루어진 순물질 **예** 수소, 산소 등
② **화합물**: 두 가지 이상의 원소로 이루어진 순물질 **예** 물, 소금 등
③ **성질**: 한 가지 성분의 성질만 나타나며, 녹는점, 끓는점, 밀도 등이 일정
④ **분리법**: 물리적 방법으로 분리할 수 없음

2. 혼합물

① **균일 혼합물**: 성분 물질이 고르게 섞인 혼합물 **예** 설탕물, 공기 등
② **불균일 혼합물**: 성분 물질이 고르게 섞여 있지 않은 혼합물 **예** 흙탕물, 우유 등
③ **성질**: 성분 물질의 성질을 그대로 가지고, 혼합 비율에 따라 녹는점, 끓는점, 밀도 등이 다름
④ **분리법**: 물리적 방법으로 분리 가능

한 문제 더 맞히는 개념 노트   **순물질과 혼합물의 가열 곡선과 냉각 곡선**

순물질은 끓는점과 녹는점(어는점)이 일정하지만, 혼합물은 일정하지 않다. 따라서 가열 곡선과 냉각 곡선을 보았을 때 순물질은 수평한 구간이 나타나지만, 혼합물은 수평한 구간이 나타나지 않거나 여러 군데 나타나는 등 일정하지 않다.

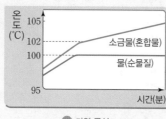

🔼 가열 곡선

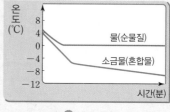

🔼 냉각 곡선

키워드 02

혼합물 분리

- 원심 분리기의 원리에 대해 묻는 문제와 끓는점 차이를 이용한 혼합물 분리에서 실험 기구와 관련된 문제가 출제되었습니다.
- 혼합물의 성질에 따른 분리 방법을 나눠서 이해해야 합니다.

TIP 혼합물을 분리하는 다양한 방법들의 원리를 잘 정리해야 하고, 실험 기구들도 여러 번 보아야 해요.

과학

1. 끓는점 차이를 이용한 혼합물 분리

증류	• 끓는점 차이가 큰 액체 상태의 혼합물을 가열할 때 끓어 나오는 기체를 다시 냉각하여 순수한 액체 물질을 얻는 방법 • 한 가지 액체 성분만 얻을 수 있음 **예** 바닷물에서 식수 얻기
물과 에탄올의 분리	끓는점이 낮은 에탄올이 먼저 끓음 (그래프: 온도(℃) vs 시간(분), A 혼합물의 온도 상승, B 에탄올 끓음, C 물의 온도 상승, D 물 끓음) | A	혼합물의 온도 상승
B	에탄올이 먼저 끓음 → 에탄올 끓는점보다 조금 높은 온도에서 끓음
C	물의 온도 상승
D	물이 끓음 → 100℃	
원유 분리	끓는점이 낮은 물질이 증류탑 위쪽으로 분리됨 (그림: 증류탑 - 석유 가스 끓는점 30℃이하 / 가정용 난방이나 취사용 연료, 휘발유(가솔린) 끓는점 40~75℃ / 자동차의 연료, 등유 끓는점 150~240℃ / 비행기 연료, 가정용 연료, 경유 끓는점 220~250℃ / 디젤 엔진 차량의 연료, 중유 끓는점 350℃ / 선박 연료, 찌꺼기 / 아스팔트, 원유 가열, 분리 순서)

2. 거름 용매에 잘 녹는 고체와 녹지 않는 고체가 섞여 있는 혼합물을 분리하는 방법

혼합물	용매	거름종이 위에 남는 물질	거른 용액
소금과 모래	물	모래	소금물
소금과 황	물	황	소금물

3. 재결정

① 두 물질의 온도에 따른 용해도 차를 이용하여 불순물을 제거함
② 염화 나트륨은 계속 모두 녹아 있지만, 염화 나트륨 30g과 붕산 30g을 90℃ 물 100g에 완전히 녹인 혼합물의 온도를 20℃로 낮추면, 온도에 따른 용해도 차이가 큰 붕산은 30−5 =25g 석출됨

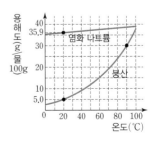

4. 밀도 차이를 이용한 혼합물 분리

고체	• 고체 혼합물을 녹이지 않으면서 밀도가 두 고체 물질의 중간 정도인 액체에 넣어 분리함 • A 물질 밀도<액체 밀도<B 물질 밀도이면, A 물질은 뜨고 B 물질은 가라앉음 • 볍씨를 소금물에 넣으면 속이 알찬 볍씨는 가라앉고, 쭉정이는 위로 뜸 쭉정이 소금물 알찬 볍씨 🔺 밀도: 알찬 볍씨>소금물>쭉정이
액체	• 밀도가 다르고 서로 섞이지 않는 액체 혼합물은 분별 깔때기로 분리 • 밀도가 큰 액체는 아래층, 밀도가 작은 액체는 위층으로 분리 밀도가 작은 액체 밀도가 큰 액체

한 문제 더 맞히는 개념 노트　**밀도 차이를 이용한 혈액 분리 – 원심 분리기**

원심 분리기는 혼합물을 빠른 속도로 회전시켜 액체나 고체 성분을 분리하는 기계이다.
혈액을 원심 분리기에 넣고 회전시키면, 혈구는 아래로, 혈장은 위로 분리된다.(밀도: 혈장<혈구)

5. 크로마토그래피　혼합물을 이루는 각 성분 물질이 용매를 따라 이동하는 속도의 차이를 이용하여 분리하는 방법 ⑩ 도핑 테스트, 수성 사인펜의 색소 분리 등

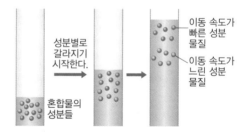

성분별로
갈라지기
시작한다.

이동 속도가
빠른 성분
물질

이동 속도가
느린 성분
물질

혼합물의
성분들

① 매우 적은 양의 혼합물, 성질이 매우 비슷한 물질의 혼합물도 쉽게 분리할 수 있음
② 많은 종류의 성분이 혼합되어 있어도 한 번에 분리할 수 있음
③ 실험 방법이 비교적 간단하고, 분리하는 데 걸리는 시간이 짧음

한 문제 더 맞히는 개념 노트　**크로마토그래피로 순물질과 혼합물 찾기**

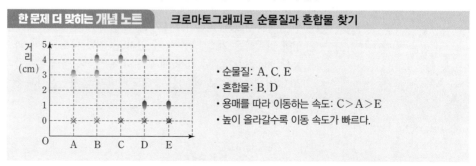

• 순물질: A, C, E
• 혼합물: B, D
• 용매를 따라 이동하는 속도: C>A>E
• 높이 올라갈수록 이동 속도가 빠르다.

키워드 01

물리 변화와 화학 변화

- 물리 변화와 화학 변화의 예를 묻는 문제가 출제되었습니다.
- 물리 변화와 화학 변화의 차이점을 구분해야 합니다.

물리 변화	화학 변화
• 물질의 모양이나 크기 등의 겉모습만 달라질 뿐, 그 물질이 가진 고유한 성질은 유지되는 변화 • 분자 배열이 변함 **예** • 그릇이 깨짐 • 물에 넣은 잉크가 퍼져 나감 • 용광로에서 철이 녹음 • 설탕이 물에 녹음	• 어떤 물질이 처음과 성질이 전혀 다른 새로운 종류의 물질로 바뀌는 변화 • 원자 배열이 변함 **예** • 철로 만든 못이 녹슴 • 고기를 익히면 냄새와 색깔이 변함 • 깎아 놓은 사과의 색깔이 변함 • 종이가 타서 재가 됨

한 문제 더 맞히는 개념 노트   물리 변화와 화학 변화

구분	물리 변화	화학 변화
변하는 것	분자 배열	• 원자 배열, 분자의 종류와 개수 • 물질의 성질
변하지 않는 것	• 원자 배열, 원자의 종류와 개수 • 분자의 종류와 개수 • 물질의 성질과 총 질량	• 원자의 종류와 개수 • 물질의 총 질량

키워드 02

화학 반응식

- 화학 반응식의 계수를 채워 넣는 문제가 출제되었습니다.
- 화학 반응식을 완성하는 문제가 출제되었습니다.

TIP 화학 반응식을 만드는 연습부터 차근차근해야 공부하기 쉬워요.

✚ 화학식

물질의 원소 기호와 숫자를 이용하여 나타낸 식

1. 화학 반응식   화학식을 사용하여 화학 반응을 나타낸 식

화학 반응식 만들기	• 반응물과 생성물을 화학식으로 나타냄 **예** H_2, O_2, H_2O • 화살표를 기준으로 반응물은 왼쪽, 생성물은 오른쪽에 씀 **예** $H_2 + O_2 \rightarrow H_2O$ • 반응 전후 원자의 종류와 개수가 같도록 계수를 맞춤 **예** $2H_2 + O_2 \rightarrow 2H_2O$
화학 반응식으로 알 수 있는 것	• 반응 물질과 생성 물질의 종류 • 반응 물질과 생성 물질을 이루는 분자의 종류와 개수 • 반응 물질과 생성 물질을 이루는 원자의 종류와 개수 • 화학 반응식에서의 계수비는 각 물질의 분자 수 비를 나타냄 • 반응 전후 물질의 총 질량이 같음 • 화합물을 구성하는 원자 사이에 일정한 질량비가 성립함

2. 화학 반응식 분석

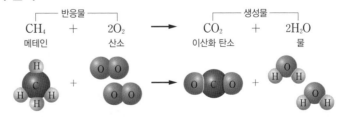

$$\underbrace{CH_4}_{\text{메테인}} + \underbrace{2O_2}_{\text{산소}} \longrightarrow \underbrace{CO_2}_{\text{이산화 탄소}} + \underbrace{2H_2O}_{\text{물}}$$

구분	반응 물질		생성 물질	
분자	메테인 분자 1개	산소 분자 2개	이산화 탄소 분자 1개	물 분자 2개
원자	탄소 원자 1개 수소 원자 4개	산소 원자 4개	탄소 원자 1개 산소 원자 2개	산소 원자 2개 수소 원자 4개
분자 수 비	메테인 : 산소 : 이산화 탄소 : 물 = 1 : 2 : 1 : 2			

1. **질량 보존 법칙** 화학 반응이 일어날 때 반응 전 물질의 총 질량과 반응 후 생성된 물질의 총 질량은 같음

> 반응 물질의 총 질량=생성 물질의 총 질량

2. **질량 보존 법칙이 성립하는 까닭** 반응 전후에 원자가 새로 생기거나 없어지지 않고, 전체 원자의 수와 종류는 같기 때문

앙금 생성 반응	앙금이 생성되는 반응에서 반응 전과 반응 후의 총 질량은 같음 ⑩ 염화 나트륨 + 질산 은 → 염화 은 + 질산 나트륨 (염화 나트륨 + 질산 은)의 질량 = (염화 은 + 질산 나트륨)의 질량 염화 나트륨　　질산 은　　　　염화 은　　　질산 나트륨

기체 발생 반응	발생하는 기체의 질량을 포함하면 반응 전후의 질량은 같음 묽은 염산 / 탄산 칼슘	
	열린 용기	**닫힌 용기**
	기체 발생 반응 시 생성된 기체가 날아가므로 질량이 감소	밀폐된 용기에서 발생한 기체가 빠져나가지 못하므로 질량이 일정

연소 반응	• 나무의 연소: 나무 + 산소 → 재 + 이산화 탄소 + 수증기  나무　　　산소　　　　　재　　　이산화 탄소　수증기	
	열린 공간	**닫힌 공간**
	발생한 이산화 탄소가 날아가므로 질량 감소	발생한 이산화 탄소가 갇혀 있으므로 반응 전후 질량이 일정
	• 강철 솜의 연소: 철 + 산소 → 산화 철(Ⅱ) 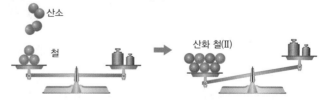	
	열린 공간	**닫힌 공간**
	결합한 산소의 질량만큼 반응 전보다 질량이 증가	반응 전 산소의 질량까지 측정되므로 반응 전후 질량이 일정

09 일정 성분비 법칙

일정 성분비 법칙

TIP 일정 성분비 법칙은 화합물에서는 성립하지만, 혼합물에서는 성립하지 않아요.

1. 일정 성분비 법칙 화합물을 구성하는 성분 원소 사이에는 일정한 질량비가 성립함

예 수소 + 산소 → 물

수소		산소		물
1	:	8	:	9

2. 일정 성분비 법칙이 성립하는 까닭 화합물을 이루는 원자가 항상 일정한 개수비로 결합하기 때문

• 물 분자는 항상 수소 원자 2개와 산소 원자 1개로 이루어짐
• 수소 원자 2개 : 산소 원자 1개 질량비 = 2 : 16 = 1 : 8
• 모든 물 분자는 수소와 산소의 질량비가 1 : 8로 일정

3. 분자 모형에서 성분 원소의 질량비 확인하기

원자의 상대적인 질량: 수소 = 1, 탄소 = 12, 질소 = 14, 산소 = 16

구분	물	이산화 탄소	암모니아
분자 모형			
원자의 개수비	수소 : 산소 = 2 : 1	탄소 : 산소 = 1 : 2	수소 : 질소 = 3 : 1
질량비	수소 : 산소 = 1 : 8	탄소 : 산소 = 3 : 8	수소 : 질소 = 3 : 14

한 문제 더 맞히는 개념 노트 **물과 과산화 수소**

화합물을 구성하는 성분 원소의 종류가 같아도, 질량비가 다르면 다른 물질이다.

구분	물	과산화 수소
모형		
원자의 개수비	수소 : 산소 = 2 : 1	수소 : 산소 = 1 : 1
질량비	수소 : 산소 = 1 : 8	수소 : 산소 = 1 : 16

여러 가지 반응에서 일정 성분비 법칙

여러 반응에서 일정 성분비 법칙이 성립됨을 알아야 합니다.

금속과 산소의 반응에서 질량비	구리를 공기 중에서 연소하면 구리와 산소가 4:1의 질량비로 결합하여 산화 구리(Ⅱ)를 형성함
	구리 : 산소 : 산화 구리(Ⅱ) 4 : 1 : 5
앙금 생성 반응에서 질량비	아이오딘화 납 반응에서, 같은 농도의 아이오딘화 칼륨 수용액과 질산 납 수용액은 1:1의 부피비로 반응함

한 문제 더 맞히는 개념 노트　　**질량 보존 법칙과 일정 성분비 법칙**

質소 　＋　 수소 　→　 암모니아　　(단, ●: 1 g, ●: 14 g)

- **질량 보존 법칙**: 질소 + 수소의 질량은 암모니아의 질량과 같다.

  $2 \times 14g + 3 \times (2 \times 1g) = 2 \times 17g$
- **일정 성분비 법칙**: 암모니아를 이루는 질소와 수소의 질량비는 일정하다.

  질소 : 수소 $= 14g : 3 \times 1g = 14 : 3$

---

10 ▶ 기체 반응 법칙

키워드 01

기체 반응 법칙

기체 반응 법칙과 아보가드로 법칙을 이해해야 합니다.

TIP 기체 반응 법칙과 아보가드로 법칙은 기체에만 해당해요. 고체나 액체의 반응에서는 성립하지 않아요.

같은 온도와 압력에서 기체가 반응하여 새로운 기체를 생성할 때 각 기체의 부피 사이에는 항상 간단한 정수비가 성립함

수증기 생성 반응	수소 　＋　 산소 　→　 수증기 2 　：　 1 　：　 2
암모니아 생성 반응	수소 　＋　 질소 　→　 암모니아 3 　：　 1 　：　 2

---

11 ▶ 화학 반응에서의 에너지 출입

키워드 01

발열 반응과 흡열 반응

화학 반응 시 열의 출입에 따른 변화를 알아야 합니다.

발열 반응	흡열 반응
• 화학 반응 시 열에너지를 방출하는 반응 • 주변의 온도가 높아짐 **예** 연소, 금속이 녹는 반응, 산과 염기의 반응 등	• 화학 반응 시 열에너지를 흡수하는 반응 • 주변의 온도가 낮아짐 **예** 열분해, 광합성, 물의 전기 분해 등

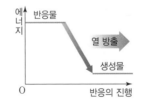

키워드 02

화학 반응에서 출입하는 열에너지 이용

1. **연료의 연소**　음식을 하거나 난방을 함
2. **휴대용 손난로**　철가루가 산소와 반응할 때 방출하는 열에너지를 이용함
3. **제설제**　염화 칼슘이 물에 용해될 때 열에너지를 방출하며 눈을 녹임
4. **휴대용 냉각 팩**　질산 암모늄이 물에 용해될 때 열에너지를 흡수하여 시원해짐

지구과학

⌂ **원포인트 공부법** 지권의 특징, 수권의 성분, 기권의 구조, 태양과 지구, 달, 별까지의 거리를 구하는 방법 및 별의 밝기를 나타내는 방법, 우리 은하의 특징 등을 특별히 주의 깊게 공부합시다.

01 지구계와 지권

키워드 01

지구계

지구계의 구성과 상호 작용을 알아야 합니다.

✚ 계
여러 요소가 모여 하나의 커다란 전체를 이루는 것

1. 지구계

지권	• 지구 표면과 지구 내부 • 생명체가 살아가는 데 필요한 공간과 여러 가지 물질 제공
수권	• 지구상의 물이 존재하는 영역 • 해수가 대부분을 차지함 • 생명체를 구성하고 생명을 유지하는 데 필수임 • 기권과 상호 작용하여 지구의 온도를 일정하게 유지
기권	• 지구 표면을 둘러싸고 있는 공기의 층 • 비, 눈, 구름, 바람 등 날씨 변화가 생김 • 태양에서 오는 유해한 빛을 차단 • 광합성과 호흡에 필요한 성분 포함 • 생명체가 살기에 적당한 온도를 유지 • 수권과 상호 작용하여 지구의 온도를 일정하게 유지
생물권	지권, 수권, 기권에 널리 분포하는 모든 생명체
외권	• 기권 바깥의 우주 공간 • 외권의 태양으로부터 에너지가 공급됨

2. 지구계의 상호 작용
지구계를 구성하는 요소들이 서로 영향을 주고 받으면서 다양한 자연 현상이 일어남

① **수권과 기권**: 구름에서 비나 눈이 내려 강물이나 바닷물이 됨
② **수권과 생물권**: 수권의 물을 이용하여 생물이 활동함
③ **수권과 지권**: 파도가 해안의 동굴을 만듦
④ **생물권과 기권**: 기권의 산소를 이용하여 생물이 호흡함
⑤ **생물권과 생물권**: 먹이사슬

키워드 02

광물

• 광물의 특성 중 자성에 대한 문제가 출제되었습니다.
• 광물의 특징을 알아야 합니다.

1. 지각의 구성 물질
지각⊃암석⊃광물⊃원소

① **광물**: 암석을 구성하는 작은 알갱이
② **조암 광물**: 지구의 암석을 구성하는 주된 광물 **예** 장석, 석영, 휘석 등

2. 광물의 특성

	겉으로 보이는 색깔					
색	장석	석영	휘석	각섬석	흑운모	감람석
	분홍색, 흰색	무색, 흰색	검은색, 녹색	검은색, 녹색	검은색	황록색

	조흔판에 긁었을 때 나오는 광물 가루의 색						
조흔색	광물	금	황동석	황철석	흑운모	자철석	적철석
	겉보기 색	노란색			검은색		
	조흔색	노란색	녹흑색	검은색	흰색	검은색	붉은색

굳기	• 광물의 단단하고 무른 정도 • 굳기 비교: 두 광물을 긁었을 때 무른 광물이 단단한 광물에 긁힘 📌 석영과 방해석 중 방해석이 긁힘 • 모스 굳기계: 10가지 표준 광물의 상대적인 굳기를 숫자로 비교한 것으로, 숫자가 클수록 단단한 광물임

1	2	3	4	5	6	7	8	9	10
활석	석고	방해석	형석	인회석	정장석	석영	황옥	강옥	금강석

자성	쇠붙이를 끌어당기는 성질 📌 자철석
염산과의 반응	염산과 반응하여 기체(이산화 탄소)가 발생하는 성질 📌 방해석

02 암석과 풍화

키워드 01

화성암, 퇴적암, 변성암

• 변성암에 대한 문제와 암석의 순환 문제가 출제되었습니다.
• 퇴적암에 대한 문제가 출제되었습니다.
• 화성암, 퇴적암, 변성암의 각 특징과 예를 알아야 합니다.

➕ 화산
지하 깊은 곳에 있던 뜨거운 열을 가진 마그마가 지각의 약한 틈으로 분출되는 것

1. 암석의 분류

화성암	화산암	• 마그마가 지표 부근에서 빨리 식음 • 마그마의 냉각 속도가 빠름 • 알갱이의 크기가 작음 📌 현무암, 유문암
	심성암	• 마그마가 지하 깊은 곳에서 천천히 식음 • 마그마의 냉각 속도가 느림 • 알갱이의 크기가 큼 📌 반려암, 화강암
퇴적암		• 퇴적물이 다져지고 굳어져서 만들어진 암석 • 생성 과정 퇴적물이 호수나 바다에 쌓임 → 위쪽에 있는 퇴적물이 아래쪽 퇴적물을 눌러 다져짐 → 물에 녹아 있던 광물 성분이 퇴적물을 붙이며 굳어짐 • 특징 – 층리: 종류와 색이 다른 퇴적물이 쌓여 만들어진 줄무늬 구조 – 화석: 과거 생물의 유해나 흔적이 퇴적물과 함께 쌓여 지층 속에 남아 있는 것

큼	⇐	입자의 크기	⇒	작음
자갈		모래		진흙
역암		사암		셰일(이암)

📌 석회 물질 – 석회암, 화산재 – 응회암

변성암	• 암석이 높은 열과 압력을 받아 성질이 변한 암석 • 특징 – 엽리: 압력의 수직 방향으로 나타나는 평행한 줄무늬 – 재결정: 암석이 녹았다가 다시 굳어져 결정이 커짐

원래 암석	화강암	석회암	사암	셰일(이암)
변성암	편마암	대리암	규암	편암 → 편마암

2. 암석의 순환　생성된 암석은 주변 환경의 영향을 받아 다른 암석으로 변화하면서 순환함

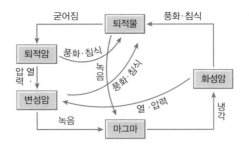

키워드 02

풍화와 토양

풍화와 토양의 생성 과정을
알아야 합니다.

1. 풍화　지표의 암석이 오랜 시간에 걸쳐 잘게 부서지거나, 성분이 변하는 현상
　① 풍화의 주요 원인
　　㉠ 물: 암석의 틈으로 스며든 물이 얼면서 부피가 커져 부서짐
　　㉡ 산소: 암석의 철 성분이 반응하여 붉어짐
　　㉢ 식물: 암석 틈으로 뿌리가 자라 부서짐
　　㉣ 압력 감소: 암석이 지표로 나오면서 압력이 약해져서 얇게 떨어짐
　② 영향을 주는 조건: 기온, 강수량, 암석의 표면적 등

2. 토양
　① 토양: 암석이 풍화를 받아 잘게 부서져 식물이 자랄 수 있는 흙이 된 것
　② 생성 과정

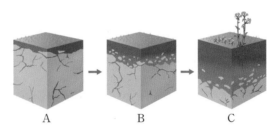

　㉠ A: 암석이 풍화되어 잘게 부서지는 과정이 반복됨
　㉡ B: 식물이 자랄 수 있는 겉흙(표토)이 생성됨
　㉢ C: 물에 녹은 물질과 진흙이 아래로 쌓임

한 문제 더 맞히는 개념 노트　　**토양의 단면**

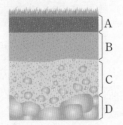

- A: 생명 활동이 가장 활발한 층이다.
- B: 지표 부근의 토양에서 빗물에 녹은 물질이 쌓여 만들어진 층이다.
- C: 암석 조각과 모래로 이루어진 층이다.
- D: 풍화 작용을 거의 받지 않은 층이다.
- 생성된 순서: D → C → A → B

03 ▶ 지권의 운동

키워드 01

지구 내부 구조

- 내핵에 대한 문제가 출제 되었습니다.
- 맨틀에 대한 문제가 출제 되었습니다.
- 지구 내부를 조사하는 방법과 지구 내부 구조를 알아야 합니다.

TIP 지진파의 속도 변화를 기준으로 지구 내부를 지각, 맨틀, 외핵, 내핵의 4개의 층으로 구분했어요.

➕ 지진파
지진에 의해 생긴 파동

➕ 모호면
지각과 맨틀의 경계면으로, 지진파의 빠르기가 급격히 빨라짐

키워드 02

판(지권의 운동)

판의 이동과 경계에 대하여 알아야 합니다.

TIP 대륙 이동설은 발표 당시에는 대륙을 이동시키는 힘을 설명하지 못해 받아들여지지 않았어요.

1. 지구 내부 조사 방법

직접적인 방법	• 시추법: 직접 땅을 파서 조사 • 화산 분출물 조사: 화산 분출 시 나오는 지구 내부 물질 조사
간접적인 방법	• 지진파 분석: 지진파를 연구하는 방법으로, 가장 효과적임 • 운석 연구: 지구 내부와 비슷한 물질로 구성된 운석을 연구 • 광물 합성 실험: 지구 내부와 비슷한 조건을 만들어 광물을 합성하여 연구

2. 지구 내부의 구조

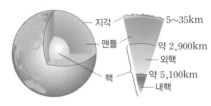

① 지각(지표면~모호면): 고체로, 대륙 지각과 해양 지각으로 나뉨
② 맨틀(모호면~지하 약 2,900km): 고체이고, 지구 전체 부피의 약 80%를 차지
③ 외핵(지하 약 2,900km~5,100km): S파가 통과하지 못하므로 액체 상태로 추정
④ 내핵(지하 약 5,100km~지구 중심): 지구 내부 구조 중 온도와 압력이 가장 높은 곳으로, 고체 상태로 추정

대륙 이동설	• 하나였던 대륙이 분리되고 이동하여 현재와 같은 대륙 분포를 이루게 되었다는 이론 • 대륙 이동의 증거 – 마주 보는 두 대륙의 해안선 모양이 일치 – 멀리 떨어진 대륙에서 나타나는 지질 구조가 연속적 – 동일한 생물의 화석이 여러 대륙에서 발견됨 – 여러 대륙에서 같은 시기의 빙하가 남긴 흔적이 나타남
판 구조론	• 판: 지각과 맨틀의 윗 부분을 이루는 단단한 암석층 | 대륙판	대륙 지각이 있는 판으로, 두께가 두껍고 밀도가 작음
해양판	해양 지각이 있는 판으로, 두께가 얇고 밀도가 높음 | • 판은 맨틀의 움직임에 따라 서로 다른 방향과 속력으로 이동함 • 판의 이동에 따라 판과 판이 멀어지거나 부딪치고, 어긋나는 경계가 생겨남
지진대와 화산대	• 지진대: 지진이 활발하게 일어나는 지역 • 화산대: 화산 활동이 활발하게 일어나는 지역 • 지진대와 화산대는 판의 경계와 거의 일치함 유라시아 판, 아라비아 판, 북아메리카 판, 태평양판, 카리브 판, 필리핀 판, 코코스 판, 아프리카 판, 남아메리카 판, 인도-오스트레일리아 판, 나즈카 판, 남극 판 ▲ 화산 ● 지진

04   **수권**

키워드 01

수권의 분포

• 지구상의 물의 분포에 관하여 묻는 문제가 출제되었습니다.
• 육지의 물 중 빙하를 묻는 문제가 출제되었습니다.

1. 수권   지구계의 구성 요소로, 지구에 존재하는 모든 물을 말함

2. 지구상의 물의 분포

종류	비율	특징
해수	약 97.2%	수권의 물 중 가장 많은 양을 차지
육지의 물	약 2.8%	빙하＞지하수＞강과 호수
대기 중의 수증기	약 0.001%	기상 현상을 일으키는 데 중요한 역할

키워드 02

염류, 염분

• 염분과 염류에 대한 문제가 출제되었습니다.
• 염분의 뜻과 염분비 일정 법칙에 대하여 알아야 합니다.

TIP 우리나라에서는 황해가 동해보다 강물의 유입량이 많아 염분이 낮아요. 그리고 여름철에 강수량이 많아 겨울철보다 염분이 낮아요.

1. 염류   해수에 녹아 있는 여러 가지 물질(염화 나트륨＞염화 마그네슘＞황산 마그네슘)

2. 염분
① 해수 1kg에 녹아 있는 염류의 총량을 g으로 나타낸 것
② 단위: psu(실용염분단위), ‰(퍼밀)

3. 염분의 변화

염분이 높은 지역	• 증발량 ＞ 강수량 • 담수가 흘러들지 않는 건조한 사막 지역 • 결빙이 일어나는 지역 • 위도 30° 부근(증발량이 많음)
염분이 낮은 지역	• 증발량 ＜ 강수량 • 담수가 흘러드는 지역 • 해빙이 일어나는 지역 • 적도(강수량이 많음), 극지방(빙하의 융해)

4. 염분비 일정 법칙   해수의 염분은 지역이나 계절에 따라 다르지만, 녹아 있는 염류 사이의 비율은 항상 일정함 → 바닷물이 항상 움직이면서 서로 섞이기 때문

1. 해수 온도의 연직 분포

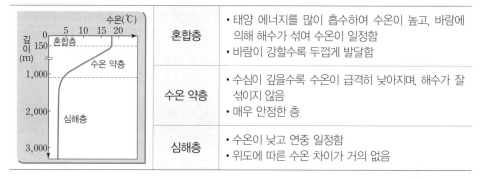

	혼합층	• 태양 에너지를 많이 흡수하여 수온이 높고, 바람에 의해 해수가 섞여 수온이 일정함 • 바람이 강할수록 두껍게 발달함
	수온 약층	• 수심이 깊을수록 수온이 급격히 낮아지며, 해수가 잘 섞이지 않음 • 매우 안정한 층
	심해층	• 수온이 낮고 연중 일정함 • 위도에 따른 수온 차이가 거의 없음

2. 위도별 수온의 연직 분포

적도 지방	• 바람이 약하므로 혼합층 두께가 얇음 • 수온 약층이 가장 잘 발달
중위도 지방	바람이 강하므로 혼합층 두께가 두꺼움
극 지방	해수의 층상 구조가 나타나지 않고, 심해층으로만 이루어짐

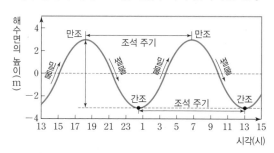

우리나라 주변의 해류	• 주변 난류: 쿠로시오 해류, 동한 난류, 황해 난류 • 주변 한류: 연해주 한류, 북한 한류
조경 수역	• 한류와 난류가 만나는 경계의 해역으로, 플랑크톤이 풍부하여 좋은 어장을 형성하는 곳 • 동한 난류와 북한 한류가 만나 우리나라 동해에 형성됨 • 여름에는 난류가 강해 북상하고, 겨울에는 한류가 강해 남하함

1. 조석 밀물과 썰물로 해수면이 주기적으로 높아졌다 다시 낮아지는 현상

만조	밀물로 해수면이 하루 중에 가장 높을 때
간조	썰물로 해수면이 하루 중에 가장 낮아졌을 때
조차	만조와 간조의 해수면 높이 차이 → 우리나라에서는 황해가 동해보다 큼
조석 주기	만조에서 만조, 간조에서 간조까지의 시간(약 12시간 25분)

2. 조석 현장의 이용 어업 활동, 갯벌 체험, 조력 발전소, 조류 발전소

1. 기권

열권	• 공기 희박 • 밤낮의 기온 차가 매우 큼 • 인공위성의 궤도로 이용 • 오로라
중간권	• 대류 현상은 일어나지만, 기상 현상은 일어나지 않음 • 유성
성층권	• 오존층(자외선 흡수) • 기층이 안정적이어서 비행기 항로로 이용
대류권	• 공기의 대부분이 분포됨 • 대류 현상, 기상 현상

키워드 01

기권

• 기권 중 대류권에 대한 문제가 출제되었습니다.
• 기권을 구분하고 각 층의 특징을 알아야 합니다.

2. 지구의 복사 평형

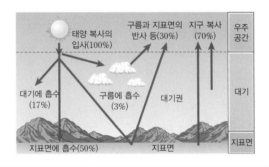

총 흡수하는 태양 복사 에너지=총 방출하는 지구 복사 에너지

➕ 복사 에너지
물체가 복사의 형태로 방출하는 에너지

3. 복사 에너지의 위도별 분포   저위도 에너지가 고위도로 이동하여 위도별 평균 기온이 일정함

저위도	흡수하는 태양 복사 에너지 > 방출하는 지구 복사 에너지
위도 38°부근	흡수하는 태양 복사 에너지 = 방출하는 지구 복사 에너지
고위도	흡수하는 태양 복사 에너지 < 방출하는 지구 복사 에너지

4. 온실 효과   대기가 지구 복사 에너지의 일부를 흡수하여, 지구의 평균 기온이 대기가 없을 때보다 높게 유지되는 현상

➕ 온실 기체
지구 대기를 이루는 기체 중 지구 복사 에너지를 흡수하여 온실 효과를 일으키는 기체
⑩ 수증기, 이산화 탄소, 메테인 등

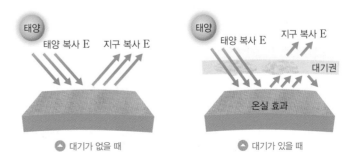

5. 지구 온난화 대기 중 온실 기체의 양이 증가하면서 온실 효과가 활발해져 지구의 연평균 기온이 높아지는 현상

키워드 02

포화 수증기

· 포화 수증기량 문제가 출제되었습니다.
· 포화 수증기량의 의미를 알고 이슬점과 상대 습도를 이해해야 합니다.

1. 포화 수증기량

① 1kg의 공기가 최대로 포함할 수 있는 수증기의 양(g)
② 기온이 높을수록 포화 수증기량도 증가

2. 이슬점 공기 중의 수증기가 응결하기 시작하는 온도

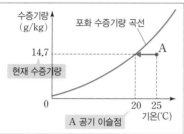

· 이슬점의 변화 요인: 현재 수증기량
· 이슬점은 기온과 관계없고, 현재 수증기량에 의해 결정됨
· 이슬점에서의 포화 수증기량=포화되지 않은 공기의 현재 수증기량
· A 공기 현재 수증기량=A 공기 이슬점(20℃)의 포화 수증기량=14.7g/kg

TIP 이슬점에서의 상대 습도는 100%예요.

3. 상대 습도

$$상대\ 습도(\%)=\frac{현재\ 공기\ 중의\ 수증기량}{현재\ 기온에서의\ 포화\ 수증기량}\times100=\frac{이슬점에서의\ 포화\ 수증기량}{현재\ 기온에서의\ 포화\ 수증기량}\times100$$

키워드 03

구름

· 구름 생성 과정 중 단열 팽창을 묻는 문제가 출제되었습니다.
· 구름의 생성 과정을 이해하고 위도에 따른 강수 과정이 다름을 알아야 합니다.

1. 구름의 생성

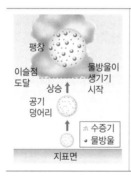

지표면의 공기가 상승함 → 공기가 상승할수록 주위 기압이 낮아지기 때문에 공기의 부피가 팽창함 → 공기가 팽창하면서 밖으로 해준 일만큼 에너지가 줄어들어 온도가 내려감 → 공기가 계속 냉각되어 이슬점에 도달함 → 수증기가 응결하여 작은 물방울이나 얼음 알갱이가 생겨서 모임 → 구름이 생성됨

2. 구름이 생성되는 경우

① 지표면이 불균등하게 가열될 때
② 저기압 중심으로 공기가 모여들 때
③ 찬 공기와 따뜻한 공기가 만났을 때
④ 공기가 산의 경사면을 타고 올라갈 때

3. 강수 과정

열대(저위도 지방)	구름 속의 크고 작은 물방울이 서로 충돌하여 합쳐져서 커지면 비가 되어 내림 → 열대 지방은 기온이 높기 때문에 구름이 모두 물방울로 되어 있음
온대 · 한대 (중위도, 고위도 지방)	구름 속의 얼음 알갱이(빙정)에 수증기가 달라붙어 커지면 떨어짐 → 떨어지던 얼음 알갱이가 녹으면 비, 녹지 않으면 눈이 됨

키워드 01

기압

1기압의 의미를 알아야 합니다.

TIP 높이 올라갈수록 공기가 희박해지므로 기압이 낮아져요.

1. 기압   단위 면적에 작용하는 공기의 무게에 의해 생기는 압력

① 기압의 작용 방향: 모든 방향으로 동일하게 작용함

② 기압의 크기 측정: 토리첼리 실험

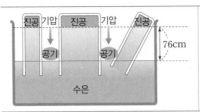

• 유리관의 굵기나 기울기에 관계없이 수은 기둥의 높이가 일정함
• 수은 면에 작용하는 기압＝수은 기둥의 압력＝수은 기둥을 떠받치는 압력

③ 1기압의 크기: 수은 기둥의 높이 76cm에 해당하는 대기 압력

$$1기압＝76cmHg＝1,013hPa＝약 10m 물기둥의 압력$$

키워드 02

바람

• 계절풍 문제가 출제되었습니다.
• 바람이 부는 까닭과 바람의 종류를 알아야 합니다.

1. 바람이 부는 까닭   지표의 기온 차이에 의해 기압 차이가 발생하기 때문에

2. 바람의 방향   기압이 높은 곳 → 기압이 낮은 곳(기압 차이가 클수록 바람이 셈)

해륙풍	해풍(낮)	풍향: 바다 → 육지, 온도: 육지 > 바다
	육풍(밤)	풍향: 육지 → 바다, 온도: 육지 < 바다
계절풍	여름(남풍)	풍향: 해양 → 대륙, 온도: 대륙 > 해양
	겨울(북풍)	풍향: 대륙 → 해양, 온도: 대륙 < 해양

키워드 03

기단과 전선

• 우리나라에 영향을 주는 기단의 종류를 묻는 문제와, 전선의 종류를 묻는 문제가 출제되었습니다.
• 계절별 우리나라에 영향을 주는 기단의 성질을 알아야 합니다.

＋기단
한 곳에 오래 머물러 지표와 비슷하게 성질이 일정해진 큰 공기 덩어리

＋전선
전선면과 지표면이 만나는 경계선

1. 우리나라에 영향을 주는 기단

시베리아 기단	고위도의 대륙	겨울	한랭 건조
북태평양 기단	저위도의 해양	여름	고온 다습
양쯔강 기단	저위도의 대륙	봄, 가을	온난 건조
오호츠크해 기단	고위도의 해양	초여름(장마철)	한랭 다습

2. 전선의 종류

한랭 전선	• 찬 기단이 따뜻한 기단 아래로 파고들어 만들어진 전선 • 적운형 구름, 좁은 지역에 강한 비	▲▲▲
온난 전선	• 따뜻한 기단이 찬 기단 위로 올라가면서 생긴 전선 • 층운형 구름, 넓은 지역에 약한 비	⌒⌒⌒
폐색 전선	이동 속도가 빠른 한랭 전선이 이동 속도가 느린 온난 전선과 겹쳐져 생기는 전선	⌒▲⌒▲
정체 전선	두 기단의 세력이 비슷하여 한 곳에 오랫동안 머무는 전선	⌒▼⌒▼

기압과 날씨

고기압과 저기압의 특징을
알아야 합니다.

TIP 태풍은 열대 지방의
해상에서 발생하는 열대 저
기압 중 최대 풍속이 17m/s
이상인 것으로, 우리나라에
는 7~9월에 주로 영향을 미
쳐요.

고기압과 저기압	고기압	• 구름 소멸: 맑음 • 바람이 시계 방향으로 불어 나감		
	저기압	• 구름 생성: 강수 • 바람이 시계 반대 방향으로 불어 들어옴		
온대 저기압	온대 지방에서 발달하는 저기압으로, 온난 전선과 한랭 전선이 함께 동반함			
		A	• 좁은 지역 소나기 • 북서풍	
		B	• 맑음 • 남서풍	
		C	• 넓은 지역 이슬비 • 남동풍	

---

07 ## 지구와 달

지구, 달

지구와 달의 크기를 측정하
는 원리를 이해해야 합니다.

TIP 지구의 크기 측정은
원에서 호의 길이가 중심각
의 크기에 비례한다는 것을
이용해요.

TIP 경도가 같은 두 지점
의 위도 차는 중심각의 크기
와 같아요.

1. 지구의 크기 측정   측정 경도가 같은 두 지역의 위도 차를 이용하여 측정함

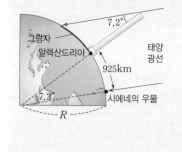

$$(\text{A의 위도} - \text{B의 위도}) : l = 360° : 2\pi R$$

$$\text{지구의 둘레}(2\pi R) = \frac{360°}{\theta} \times l$$

한 문제 더 맞히는 개념 노트   **에라토스테네스의 지구 크기 측정**

• 가정
 – 지구에 들어오는 햇빛은 평행하다.
 – 지구는 완전한 구형이다.
• 계산 방법
 – $7.2° : 925km = 360° : \text{지구의 둘레}(2\pi R)$
 – 지구의 둘레는 46,250km
• 오차 원인
 – 지구는 완전한 구형이 아니다.
 – 거리 측정값이 정확하지 않다.
 – 동일 경도상이 아니다.

TIP 달의 크기 측정은 삼
각형의 닮음비를 이용해요.

2. 달의 크기 측정

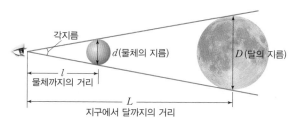

$$l : d = L : \text{달의 지름}(D), \quad D = \frac{L \times d}{l}\text{로, 실제 달의 지름은 약 } 3,500km(\text{지구의 약 } \frac{1}{4} \text{배})\text{임}$$

키워드 02

지구의 자전

- 지구의 자전에 의한 별의 일주 운동에 대한 문제가 출제되었습니다.
- 지구의 자전에 의해 나타나는 천체의 운동을 알아야 합니다.

1. 지구의 자전 지구가 자전축을 중심으로 서쪽에서 동쪽으로 하루에 한 바퀴씩 도는 운동

2. 천체의 일주 운동

① 운동 방향: 동쪽 → 서쪽(지구 자전과 반대 방향)
② 이동 속도: 1시간에 약 15°

한 문제 더 맞히는 개념 노트 **우리나라에서 관측한 별의 일주 운동**

북쪽 하늘	동쪽 하늘	남쪽 하늘	서쪽 하늘
북극성을 중심으로 시계 반대 방향으로 회전	오른쪽 위로 비스듬히 떠오름	지평선과 나란하게 동에서 서로 이동	오른쪽 아래로 비스듬히 짐

키워드 03

지구의 공전

지구의 공전에 따른 천체의 운동을 알아야 합니다.

+ 황도

천구상에서 태양이 지나가는 길

1. 지구의 공전 지구가 태양을 중심으로 일 년에 한 바퀴씩 도는 운동

2. 태양의 연주 운동

① 운동 방향: 서쪽 → 동쪽
② 이동 속도: 하루에 약 1°

3. 계절별 별자리 지구가 태양을 중심으로 공전하기 때문에 계절에 따라 관측되는 밤하늘의 별자리도 달라짐

① 황도 12궁: 황도상에 있는 12개 별자리
② 별자리의 이동 방향: 동쪽 → 서쪽
③ 이동 속도: 하루에 약 1°

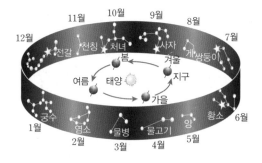

키워드 04

달의 공전

- 달의 공전에 대한 문제가 출제되었습니다.
- 달의 공전에 따른 달의 모양과 위치 변화를 알아야 합니다.

1. 달의 공전 달이 약 한 달에 한 바퀴씩 지구 주위를 서쪽에서 동쪽으로 회전하는 운동

2. 달의 공전에 의한 현상

① 달의 위상(모양) 변화: 지구, 달, 태양의 상대적인 위치에 따라 달의 모양이 달라짐

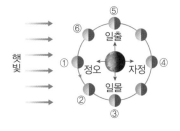

구분	모양	관측 시기(음력)	위치	남중 시각
① 삭		1일경	태양 – 달 – 지구	정오
② 초승달		2~3일경	삭과 상현 사이	
③ 상현달		7~8일경	태양의 동쪽으로 90°	일몰(초저녁)
④ 보름달(망)		15일경	태양 – 지구 – 달	자정
⑤ 하현달		22~23일경	태양의 서쪽으로 90°	일출(새벽)
⑥ 그믐달		27~28일경	하현과 삭 사이	

② 달의 위치 변화: 해가 진 후 같은 장소, 같은 시각에 매일 관측한 달의 위치가 서에서 동으로 이동함

한 문제 더 맞히는 개념 노트　　일식과 월식

구분	일식	월식
정의	달이 태양을 가려 태양의 전체 혹은 일부가 안 보이는 현상	달이 지구 그림자 속에 들어가 달의 전체 혹은 일부가 가려지는 현상
위치 관계	태양 – 달 – 지구 순으로 배열	태양 – 지구 – 달 순으로 배열
달의 위상	삭	망
종류	• 개기 일식 • 부분 일식	• 개기 월식 • 부분 월식

08 ▶ 태양계

키워드 01

태양

• 쌀알 무늬에 관하여 묻는 문제가 출제되었습니다.
• 흑점에 대한 문제가 출제되었습니다.
• 태양의 표면과 대기에서 관측되는 현상을 알아야 합니다.

1. 태양계　태양의 둘레를 공전하는 모든 천체들과 이들이 차지하는 공간

2. 태양　태양계에서 스스로 에너지를 생성하여 방출하는 유일한 항성

3. 태양의 광구(표면)

① 흑점: 주변보다 온도가 낮아 어둡게 보임(약 4,000℃)
　• 태양 표면(광구)의 평균 온도: 약 6,000℃
② 쌀알 무늬: 광구 아래의 대류 때문에 생기는 것으로, 쌀알을 뿌려 놓은 것과 같은 무늬

4. 태양의 대기와 대기에서 나타나는 현상

대기		대기에서 볼 수 있는 현상	
채층	코로나	플레어	홍염
광구 바로 위의 붉은색을 띤 얇은 대기층	채층 바깥쪽으로 멀리까지 뻗어 있는 대기층	흑점 부근의 폭발로 채층의 일부가 매우 밝아지는 현상	흑점 부근에서 분출한 불기둥으로, 주로 고리 모양

키워드 02

행성

• 지구형 행성과 목성형 행성의 특징을 파악하여 행성을 보고 분류할 줄 알아야 합니다.
• 지구형 행성과 목성형 행성에 대한 문제가 출제되었습니다.

1. 행성의 분류   8개의 행성을 물리적 특성에 따라 지구형 행성과 목성형 행성으로 분류함

구분	지구형 행성	목성형 행성
종류	수성, 금성, 지구, 화성	목성, 토성, 천왕성, 해왕성
질량	작음	큼
반지름	작음	큼
표면 상태	흙이나 암석	얼어붙은 기체 물질
평균 밀도	큼	작음

2. 지구형 행성

수성	금성
• 태양계 행성 중 태양에 가장 가깝고, 태양 주위를 가장 빨리 돌고 있으며, 크기가 가장 작음 • 대기가 없기 때문에 낮과 밤의 표면 온도 차이가 매우 큼 • 표면에 달처럼 운석 구덩이가 많이 남아 있음	• 태양계 행성 중 지구에서 가장 밝게 보임 • 이산화 탄소로 이루어진 두꺼운 대기가 있음(표면 기압: 약 90기압) • 이산화 탄소에 의한 온실 효과 때문에 표면 온도가 약 470℃로 매우 높음
지구	화성
• 물과 대기가 있어 생명체가 살고 있음 • 바다가 존재하여 우주에서는 푸르게 보임 • 위성(달)이 1개 있음	• 표면은 붉은색 암석과 흙으로 덮여 있음 • 과거에 물이 흘렀던 흔적, 협곡, 태양계에서 가장 큰 올림푸스 화산이 존재함 • 극 지역에는 극관이 존재함 • 지구에서와 같이 계절의 변화가 나타남

✚ 위성
행성 주위를 공전하는 천체

3. 목성형 행성

목성	토성
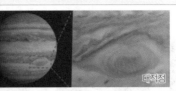	
• 태양계 행성 중 크기가 가장 큼 • 표면에 가로줄 무늬가 나타나고, 적도 부근에 대기의 소용돌이로 생긴 대적점(붉은 점)이 나타남 • 고리가 존재 • 갈릴레이 위성(이오, 유로파, 가니메데, 칼리스토) 외에 많은 수의 위성이 있음	• 태양계 행성 중 크기가 두 번째로 크며, 밀도가 가장 작음 • 표면에 가로줄 무늬가 나타남 • 얼음과 암석 조각으로 이루어진 뚜렷한 고리가 존재 • 많은 수의 위성이 있고, 그중 타이탄은 대기를 가지고 있음
천왕성	해왕성
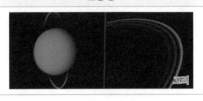	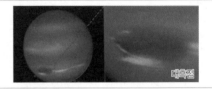
• 대기 중 메테인에 의해 청록색으로 보임 • 자전축이 거의 누운 상태로 자전함 • 고리가 존재	• 파란색으로 보임 • 표면에 대기의 소용돌이로 생긴 대흑점(검은 점)이 나타나기도 함 • 가는 고리가 존재

1. 별의 연주 시차   지구에서 6개월 간격으로 별을 관측하여 측정한 시차의 $\frac{1}{2}$

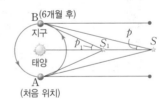

$$별까지의 거리(\mathrm{pc}) = \frac{1}{연주\ 시차('')}$$

① 지구가 공전하기 때문에 나타남
② 별까지의 거리가 멀수록 연주 시차는 작음($P < P_1$)
③ 연주 시차가 $1''$(초)인 별의 거리를 1pc(파섹)이라고 함

한 문제 더 맞히는 개념 노트   별까지의 거리를 나타내는 단위

• AU(천문 단위): 태양과 지구 사이의 거리를 기준으로 한다.
• 광년: 빛이 1년 동안 이동한 거리를 기준으로 한다.
• pc(파섹): 연주 시차가 1초인 별까지의 거리를 기준으로 한다. → 1pc≒3.26광년
• 1AU < 1광년 < 1pc

2. 별의 밝기와 거리   별까지의 거리가 2배, 3배, 4배가 되면 밝기는 $\frac{1}{4}$배, $\frac{1}{9}$배, $\frac{1}{16}$배로 줄어듦

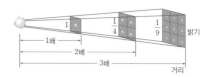

$$별의 밝기 \propto \frac{1}{(별까지의 거리)^2}$$

키워드 02

별의 밝기와 등급

- 겉보기 등급의 개념을 묻는 문제가 출제되었습니다.
- 겉보기 등급과 절대 등급이 나타내는 별의 밝기를 알아야 합니다.

TIP 1등급인 별은 6등급인 별보다 밝기가 약 100(≒ 2.5^5)배 밝아요.

1. 별의 밝기   등급으로 표시하며 숫자가 작을수록 밝은 별임

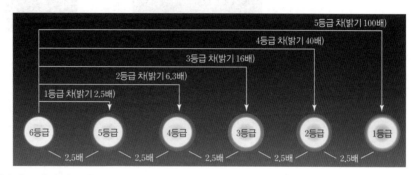

① 에너지를 많이 방출하는 별일수록 밝게 보임
② 방출하는 에너지의 양이 같은 별이라도 거리가 가까울수록 밝게 보임

2. 겉보기 등급

① 맨 눈에 보이는 별의 밝기를 나타내는 등급
② 거리를 고려하지 않고 나타냄

3. 절대 등급

① 별이 10pc(≒32.6광년)의 거리에 있다고 가정했을 때 별의 밝기를 나타낸 등급
② 별의 실제 밝기를 비교할 수 있음
③ 절대 등급이 클수록 실제로 어두운 별임

4. 별의 등급과 거리 관계

겉보기 등급 > 절대 등급	• 10pc보다 멀리 있는 별 • 겉보기 등급−절대 등급>0
겉보기 등급 = 절대 등급	• 10pc에 있는 별 • 겉보기 등급−절대 등급=0
겉보기 등급 < 절대 등급	• 10pc보다 가까이 있는 별 • 겉보기 등급−절대 등급<0

> **한 문제 더 맞히는 개념 노트**   **별의 색과 표면 온도**
>
> 표면 온도가 낮을수록 붉은색을 띠고, 표면 온도가 높아지면 점차 노란색, 흰색, 파란색을 띤다.
>
> | 별의 색 | 붉은색 | 노란색 | 흰색 | 파란색 |
> |---|---|---|---|---|
> | 표면 온도(℃) | 3,500 이하 | 5,000~6,000 | 7,500~10,000 | 30,000 이상 |
> | 예 | 베텔게우스 | 태양 | 시리우스 | 알니타크 |

키워드 01

우리은하

- 우리은하를 묻는 문제와 성운 관련 문제가 출제되었습니다.
- 사진을 통하여 은하수를 확인하는 문제가 출제되었습니다.
- 우리은하의 특징을 알아야 하며 특히 태양계의 위치는 정확히 알아야 합니다.

1. 우리은하

① 태양계가 속한 은하로, 막대 나선 은하임

② 모양

　㉠ 위에서 본 모습: 은하 중심부에 막대 모양, 그 끝에서 나선 모양으로 뻗어 나옴

　㉡ 옆에서 본 모습: 중심부가 부풀어 있는 납작한 원반 모양

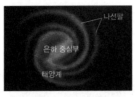

▲ 위에서 본 모습

▲ 옆에서 본 모습

③ 크기: 지름 약 10만 광년, 중심부의 두께 약 1.5만 광년

④ 포함된 별의 수: 약 2000억 개

⑤ 태양계의 위치: 우리은하 중심에서 약 3만 광년 떨어진 나선팔에 있음

⑥ 천체들의 규모 비교: 행성<태양계<성단이나 성운<우리은하

2. 은하수　밤하늘을 가로지르는 희미한 띠로, 무수히 많은 별이 모여 있는 것

① 우리은하의 일부가 보이는 것

② 북반구와 남반구에서 모두 보임

③ 우리나라에서는 여름철에 폭이 넓고 선명하게 보이고, 겨울철에 희미하게 보임

④ 우리나라에서는 궁수자리 방향을 보았을 때 가장 넓고 밝게 보임

⑤ 검게 보이는 부분은 성간 물질에 의해 빛이 가로막힌 것임

3. 우리 은하의 구성원

① 성단: 수많은 별이 무리 지어 모여 있는 집단

구분	구상 성단	산개 성단
모양		
정의	수만~수십만 개의 별들이 공 모양으로 빽빽하게 모여 있는 성단	수십~수만 개의 별들이 비교적 엉성하게 모여 있는 성단
나이	많음	적음
색	붉은색	파란색
표면 온도	낮음	높음
우리은하에서의 분포	은하 중심부, 바깥 영역	나선팔

② 성운: 별과 별 사이에 성간 물질이 밀집되어 구름처럼 보이는 천체

방출 성운	반사 성운	암흑 성운
• 주위의 별들로부터 에너지를 흡수하여 스스로 빛을 내는 성운 • 주로 붉은색을 띰	• 주위에 있는 밝은 별의 별빛을 반사하여 밝게 보이는 성운 • 주로 파란색을 띰	• 가스나 티끌이 뒤에서 오는 별빛을 가려 어둡게 보이는 성운 • 검은색을 띰
장미 성운, 오리온 대성운	부메랑 성운, 마귀할멈 성운	말머리 성운, 독수리 성운

4. 은하의 분류   은하의 모양에 따라 분류함

정상 나선 은하	막대 나선 은하	타원 은하	불규칙 은하
은하 중심에서 바로 나선팔이 휘어져 나온 모양	은하 중심을 가로지르는 막대 모양 끝에서 나선팔이 휘어져 나온 모양	나선팔이 없는 타원 모양	비대칭적이거나 불규칙한 모양

1. 우주의 팽창
① 우주 공간은 중심 없이 모든 방향으로 균일하게 팽창함
② 우주의 어느 지점에서 보더라도 은하들이 관측자로부터 멀어지고 있음
③ **우주 팽창 실험**: 풍선을 우주, 스티커를 은하에 비유할 때, 풍선이 부풀어 오르면 스티커 사이의 간격이 멀어짐 → 팽창하는 풍선 표면은 중심이 없으며, 모든 방향으로 균일하게 팽창함

2. 대폭발 우주론(빅뱅 우주론)
① 먼 과거에 하나의 작은 점이 폭발하여 우주가 시작됨
② 점점 팽창하여 현재의 우주가 됨

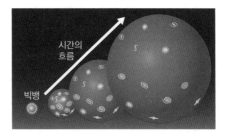

01 다음은 거울에 레이저 빛이 반사되는 모습이다. 반사각의 크기는?

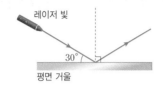

레이저 빛

30°

평면 거울

① 20°
② 40°
③ 60°
④ 90°

02 다음은 두 물체 간 열의 이동으로 열평형 상태를 나타내는 그래프이다. A와 B의 열의 이동을 옳게 설명한 것은?

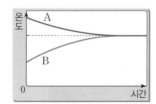

① A와 B는 열을 얻었다.
② A와 B는 열을 잃었다.
③ A는 열을 잃고, B는 열을 얻었다.
④ A는 열을 얻고, B는 열을 잃었다.

03 그림과 같이 공기 저항이 없을 때 야구공을 공중에서 가만히 떨어뜨렸다. 이때 시간에 따른 속력의 그래프로 옳은 것은? (단, 공기 저항은 무시하며 공은 땅에 닿지 않는다.)

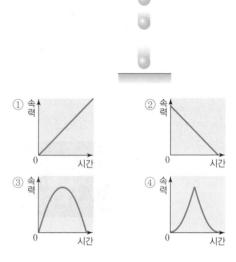

04 질량이 10kg인 물체가 2m/s의 속력으로 운동하고 있다. 이 물체의 운동 에너지는?

① 10J
② 20J
③ 40J
④ 100J

05 다음 설명에 해당하는 열의 이동 방법은?

• 액체나 기체에서의 열의 이동 방법이다.
• 입자들이 직접 이동하여 열을 전달하는 방법이다.

① 전도
② 대류
③ 복사
④ 단열

06 정격 소비 전력이 20W인 전기다리미를 정격 전압 220V에 연결하여 40Wh의 전력량을 사용하였다. 전기다리미를 사용한 시간은?

① 1시간
② 2시간
③ 3시간
④ 4시간

07 다음에서 설명한 원소의 이름과 기호로 옳은 것은?

- 물 분자를 이루는 원소 중 하나이다.
- 원소들 중 가장 가벼운 원소이다.

① 수소 – H
② 질소 – N
③ 탄소 – C
④ 구리 – Cu

08 다음 중 끓는점, 녹는점, 어는점 등 물질의 특성이 일정한 것은?

① 산소
② 식초
③ 공기
④ 우유

09 다음은 어떤 물질의 가열 곡선이다. 끓는점에 해당하는 온도는?

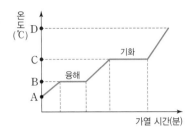

① A
② B
③ C
④ D

10 다음은 온도에 따른 부피 변화의 예이다. 이와 연관된 법칙을 설명하는 그래프는?

- 찌그러진 탁구공을 뜨거운 물에 넣으면 펴진다.
- 페트병을 차가운 냉장고 속에 넣으면 찌그러진다.

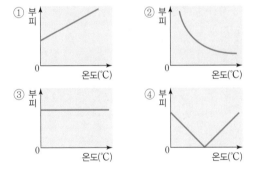

11 다음 상태 변화의 예와 관련된 것은?

- 젖은 빨래가 마른다.
- 컵에 담겨 있던 물의 양이 줄어든다.

① 액화열을 흡수한다.
② 입자의 운동이 둔해진다.
③ 주위의 온도가 낮아진다.
④ 입자 배열이 규칙적으로 변한다.

12 다음 중 발열 반응의 예로 옳은 것은?

① 휴대용 손난로
② 광합성
③ 열 분해
④ 물의 전기 분해

13 광합성량에 영향을 주는 환경 요인 중 다음 그래프의 형태를 보이는 것은?

① 온도
② 빛의 세기
③ 이산화 탄소 농도
④ 산소 농도

14 다음은 심장의 구조이다. 혈액이 심장에서 혈관으로 나가는 곳은?

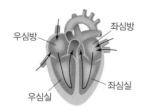

① 우심방, 우심실
② 좌심방, 좌심실
③ 우심방, 좌심방
④ 우심실, 좌심실

15 다음은 체세포 분열의 과정 중 하나이다. 염색체에 방추사가 부착되는 시기는?

① 간기
② 전기
③ 중기
④ 후기

16 중추 신경계 중 체온과 혈당량 등을 조절하는 항상성 유지 기능을 가지는 곳은?

① 대뇌
② 간뇌
③ 소뇌
④ 척수

17 들숨 시 나타나는 현상으로 옳지 <u>않은</u> 것은?

① 갈비뼈가 올라간다.
② 가로막이 내려간다.
③ 흉강의 압력이 높아진다.
④ 공기가 외부에서 폐로 이동한다.

18 수정란에서 발생 초기에 나타나는 세포 분열을 무엇이라고 하는가?

① 난할
② 배란
③ 수정
④ 착상

19 입에서 분비되는 소화 효소와 그 기능을 옳게 짝 지은 것은?

① 아밀레이스 – 단백질 분해
② 아밀레이스 – 녹말 분해
③ 펩신 – 단백질 분해
④ 펩신 – 녹말 분해

20 파도가 해안 지형을 깎아 절벽을 만드는 것은 지구계의 어떤 요소들이 상호 작용한 것인가?

① 생물권과 기권
② 외권과 기권
③ 생물권과 수권
④ 수권과 지권

21 다음은 지구의 공전 궤도와 황도 12궁을 나타낸 것이다. 12월에 볼 수 <u>없는</u> 별자리는?

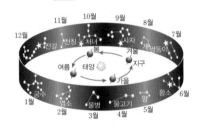

① 전갈자리
② 황소자리
③ 쌍둥이자리
④ 물고기자리

22 다음은 지진대와 화산대이다. 지진대와 화산대가 거의 일치하는 이유로 옳은 것은?

① 기상 현상에 의해서 지진과 화산이 발생하기 때문이다.
② 판의 경계에서 판들이 멀어지고, 어긋나고, 부딪치면서 지각 변동이 일어나기 때문이다.
③ 외핵의 대류 현상 때문이다.
④ 지진이 발생하면 반드시 함께 화산이 발생하기 때문이다.

23 암석이 높은 열과 압력을 받아 성질이 변한 암석을 무엇이라고 하는가?

① 화산암
② 심성암
③ 퇴적암
④ 변성암

24 태양 활동이 활발할 때 지구에 미치는 현상은?

① 델린저 현상이 발생한다.
② 오로라가 사라진다.
③ 폭우와 폭설이 내린다.
④ 흑점 관찰이 더 어려워진다.

25 우주의 팽창에 대한 설명으로 옳은 것은?

① 우주 공간은 중심 없이 모든 방향으로 균일하게 팽창한다.
② 안드로메다 은하에서 볼 때 우리은하는 점점 가까워지고 있다.
③ 우주가 팽창하면서 은하의 모양이 변한다.
④ 과거의 우주는 온도가 낮았을 것이다.

SPEED 정답 체크

01 ③	02 ③	03 ①	04 ②	05 ②	06 ②
07 ①	08 ①	09 ③	10 ①	11 ③	12 ①
13 ①	14 ④	15 ③	16 ②	17 ③	18 ①
19 ②	20 ④	21 ①	22 ②	23 ④	24 ①
25 ①					

제2회 합격예감 모의고사

01 다음과 같은 운동을 한 물체의 3초 동안의 평균 속력은?

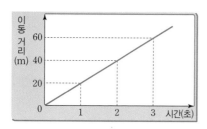

① 10 m/s
② 20 m/s
③ 30 m/s
④ 40 m/s

02 다음은 빛이 공기에서 물로 진행할 때의 경로를 나타낸 그림이다. A~D 중 굴절각에 해당하는 것은?

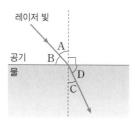

① A
② B
③ C
④ D

03 다음의 전기 회로에서 전류계에 측정되는 전류의 값은?

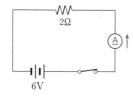

① 1A
② 2A
③ 3A
④ 6A

04 높은 소리를 내기 위한 방법은?

① 진폭을 크게 한다.
② 진폭을 작게 한다.
③ 진동수를 크게 한다.
④ 진동수를 작게 한다.

05 털가죽으로 문지른 에보나이트 막대를 검전기의 금속판에 가까이 가져갔을 때 나타나는 현상은?

① 금속박이 벌어진다.
② 금속판이 (−)전하를 띤다.
③ 금속박에 아무런 변화가 없다.
④ 금속판과 에보나이트 막대 사이에서 밀어내는 힘이 발생한다.

06 다음과 같이 공이 떨어질 때 각 지점의 에너지를 표로 나타내었다. (가)와 (나)에 들어갈 값을 차례대로 나열한 것은?(단, 공기 저항은 없다.)

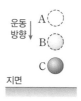

	위치 에너지	운동 에너지	역학적 에너지
A	30J	10J	40J
B	15J	(가)	(나)
C	10J	30J	40J

① 25J, 40J
② 25J, 30J
③ 20J, 40J
④ 20J, 30J

07 다음 〈보기〉의 내용과 관련 있는 현상은?

> **보기**
> • 주방에서 생선을 굽는 냄새가 방 안까지 퍼진다.
> • 향수병을 열어두면 방 안 전체에 향기가 퍼진다.

① 증발
② 끓음
③ 확산
④ 기화

08 다음은 온도가 일정할 때 기체의 압력에 대한 부피 변화이다. A에 들어갈 값으로 옳은 것은?

압력(기압)	1	3	5
부피(L)	15	A	3

① 15
② 10
③ 5
④ 1

09 다음 중 열에너지를 흡수하는 상태 변화의 예가 <u>아닌</u> 것은?

① 얼음이 녹는다.
② 젖은 빨래가 마른다.
③ 드라이아이스의 크기가 작아진다.
④ 풀잎에 이슬이 맺힌다.

10 다음 중 물(H_2O) 분자 1개를 이루는 원자의 종류와 개수는?

① 수소 원자 1개, 질소 원자 1개
② 수소 원자 2개, 질소 원자 1개
③ 수소 원자 1개, 산소 원자 1개
④ 수소 원자 2개, 산소 원자 1개

11 다음 중 전자 2개를 잃어 생성되는 이온은?

① 수소 이온 H^+
② 알루미늄 이온 Al^{3+}
③ 구리 이온 Cu^{2+}
④ 칼륨 이온 K^+

12 마그네슘 6g을 산소와 반응시켜 산화 마그네슘 10g을 만들었다. 반응한 산소의 질량은?

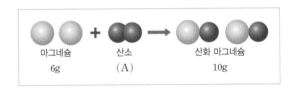

마그네슘 6g + 산소 (A) → 산화 마그네슘 10g

① 1g
② 2g
③ 4g
④ 6g

13 다음 생물들이 속하는 생물의 계는?

> 푸른곰팡이, 버섯

① 원핵생물계
② 식물계
③ 균계
④ 원생생물계

14 다음 빈칸에 들어갈 말을 순서대로 옳게 나열한 것은?

> (   )은/는 식물 잎의 표피에 있는 작은 구멍으로 2개의 (   )의/로 둘러싸여 있으며, 기체가 드나드는 통로의 역할을 한다.

① 잎맥, 공변세포
② 잎맥, 물관
③ 기공, 공변세포
④ 기공, 체관

15 다음 중 광합성과 호흡을 비교한 내용으로 옳지 <u>않은</u>것은?

	구분	광합성	호흡
①	일어나는 장소	미토콘드리아	엽록체
②	일어나는 시기	낮	항상
③	기체 출입	이산화 탄소 흡수 산소 방출	산소 흡수 이산화 탄소 방출
④	에너지	에너지 흡수	에너지 방출

16 식사 후 혈당량이 높을 때 분비되는 호르몬은?

① 인슐린
② 글루카곤
③ 항이뇨 호르몬
④ 에스트로겐

17 다음 중 산소가 많은 동맥혈이 흐르는 곳은?

① 좌심실
② 우심방
③ 폐동맥
④ 대정맥

18 눈의 구조 중 동공의 크기를 변화시켜 빛의 양을 조절하는 부분은?

① 수정체
② 각막
③ 홍채
④ 망막

19 오줌의 생성 과정 중 사구체에서 보먼 주머니로 포도당·요소 등의 작은 물질이 통과하는 작용은?

① 여과
② 재흡수
③ 분비
④ 흡수

20 오랜 시간동안 퇴적물이 퇴적되어 다져지고 굳어지면서 만들어진 암석은?

① 편마암
② 셰일
③ 현무암
④ 화강암

21 다음은 해수의 연직 수온 분포이다. A~D 중 다음 설명에 해당하는 것은?

> • 태양 에너지를 흡수하여 수온이 높다.
> • 바람이 강할수록 두껍게 발달하는 층이다.

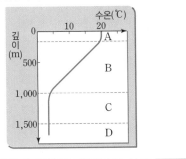

① A   ② B   ③ C   ④ D

22 염분이 32‰인 바닷물 500g 속에 들어 있는 전체 염류의 양은?

① 5g
② 16g
③ 32g
④ 64g

23 다음은 기권의 구조를 나타낸 것이다. A~D 중 다음 설명에 해당하는 구간은?

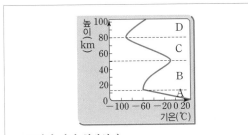

> • 공기가 가장 희박하다.
> • 낮과 밤의 기온 차이가 크다.
> • 오로라가 나타난다.

① A   ② B   ③ C   ④ D

24 다음은 어떤 천체에서 관찰할 수 있는 현상들인가?

> • 흑점   • 쌀알 무늬   • 코로나

① 혜성
② 목성
③ 금성
④ 태양

25 다음 중 10pc보다 멀리 있는 별은?

	구분	겉보기 등급	절대 등급
①	태양	−26.7	4.8
②	시리우스	−1.5	1.5
③	베가	0.0	0.5
④	리겔	0.1	−6.8

SPEED 정답 체크

01 ②	02 ③	03 ③	04 ③	05 ①	06 ①
07 ③	08 ③	09 ④	10 ④	11 ③	12 ③
13 ③	14 ③	15 ①	16 ①	17 ①	18 ③
19 ①	20 ②	21 ①	22 ②	23 ④	24 ④
25 ④					

Ň가지 젤 중요한 개념

1 생물 다양성과 분류

생물 다양성	어떤 생태계나 특정 지역에 살고 있는 생물의 다양한 정도
변이	같은 종의 생물 사이에서 나타나는 서로 다른 특징
생물 분류	일정한 기준에 따라 생물을 비슷한 종류의 무리로 나누는 것
생물 분류 단계	종<속<과<목<강<문<계
생물의 5계	• 원핵생물계: 대장균, 젖산균 등 • 원생생물계: 다시마, 아메바 등 • 균계: 푸른곰팡이, 누룩곰팡이, 버섯 등 • 식물계: 고사리, 이끼, 단풍나무 등 • 동물계: 새, 붕어, 호랑이 등

선생님's 조언 2021년 시험에 출제되었어요. 세부 내용을 정확하게 공부해 두세요.

2 감각 기관의 자극 전달 경로

시각 전달 경로	빛 → 각막 → 수정체 → 유리체 → 망막(시각 세포) → 시각 신경 → 대뇌
청각 전달 경로	소리 → 귓바퀴 → 외이도 → 고막 → 귓속뼈 → 달팽이관(청각 세포) → 청각 신경 → 대뇌
후각 전달 경로	기체 상태의 화학 물질 → 후각 상피(후각 세포) → 후각 신경 → 대뇌
미각 전달 경로	액체 상태의 화학 물질 → 유두 → 맛봉오리(맛세포) → 미각 신경 → 대뇌
피부 감각 전달 경로	피부 자극 → 피부의 감각점 → 피부의 감각 신경 → 대뇌

3 힘과 운동

힘의 3요소	힘의 작용점, 힘의 크기, 힘의 방향
여러 가지 힘	• 중력: 지구가 물체를 지구 중심 방향으로 끌어당기는 힘 • 탄성력: 변형된 물체가 원래 모양으로 되돌아가려는 힘 • 마찰력: 두 물체의 접촉면에서 물체의 운동을 방해하는 힘 • 부력: 액체나 기체가 그 속에 들어 있는 물체를 위쪽으로 밀어 올리는 힘
속력	속력$=\dfrac{이동\ 거리}{걸린\ 시간}$
등속 직선 운동	물체가 운동할 때 속력과 운동 방향이 일정한 운동 예 에스컬레이터, 컨베이어 벨트 등
자유 낙하 운동	• 속력이 일정하게 증가하는 운동 • 운동 방향: 중력 방향(일정한 크기의 중력이 작용함)

4 열

열평형	온도가 높은 물체에서 온도가 낮은 물체로 열이 이동하여 두 물체의 온도가 같아진 상태 온도가 높은 물체가 잃은 열의 양=온도가 낮은 물체가 얻은 열의 양
열의 이동	• 전도: 물질을 이루는 입자들의 운동이 이웃한 입자로 전달되어 열이 이동 • 대류: 액체나 기체 입자들이 직접 이동하여 열을 전달 • 복사: 입자의 운동 없이 열이 직접 이동
비열	비열$(c)=\dfrac{열량(Q)}{질량(m)\times온도\ 변화(t)}$
열팽창	온도가 높아지면 물체의 길이나 부피가 늘어나는 현상

5 일과 에너지

일	물체에 힘을 작용하여 물체를 힘의 방향으로 이동시켰을 때
위치 에너지	중력이 작용하는 공간에서 높은 곳에 있는 물체가 가지는 에너지
운동 에너지	운동하는 물체가 가지고 있는 에너지
역학적 에너지	위치 에너지+운동 에너지
에너지 보존 법칙	에너지가 전환될 때 새로 생기거나 사라지지 않고, 에너지의 총량은 항상 일정함
전기 에너지	전기 에너지[E]=전압[V]×전류[I]×시간[t]
소비 전력	전력[W]$=\dfrac{전기\ 에너지[E]}{시간[t]}=\dfrac{전압\times전류\times시간}{시간}$ $=전압[V]\times전류[I]$
전력량	전력량[Wh]=전력[P]×시간[t]

6 입자와 상태 변화

보일 법칙	일정한 온도에서 기체의 부피는 압력에 반비례함 압력$(P)\times$부피$(V)=$일정	
샤를 법칙	일정한 압력에서 기체의 부피는 온도가 높아지면 일정한 비율로 커짐	

	열에너지 흡수			열에너지 방출		
상태 변화	주위 온도 낮아짐			주위 온도 높아짐		
	고 → 액	액 → 기	고 → 기	액 → 고	기 → 액	기 → 고
	융해	기화	승화	응고	액화	승화

선생님's 조언 보일 법칙과 샤를 법칙은 그래프로도 자주 묻고 있으므로 다시 한 번 찾아보고 직접 그래프를 그려서 익혀보세요.

7 물질의 구성 성분

원소	더 이상 다른 종류의 물질로 분해되지 않는, 물질을 이루는 기본 성분
원자	• 물질을 구성하는 기본 입자 • 원자핵의 (+)전하량 = 전자들의 (−)전하량
분자	물질의 성질을 나타내는 가장 작은 입자
이온	• 양이온: 원자가 전자를 잃어 (+)전하를 띠는 입자 • 음이온: 원자가 전자를 얻어 (−)전하를 띠는 입자

선생님's 조언 원소 기호의 암기는 기본이에요. 처음에 확실하게 외워주세요.

8 화학 반응의 규칙

질량 보존 법칙	화학 반응이 일어날 때 반응 전 물질의 총 질량과 반응 후 생성 물질의 총 질량은 같음
일정 성분비 법칙	화합물을 구성하는 성분 원소 사이에는 일정한 질량비가 성립함
기체 반응 법칙	같은 온도와 압력에서 기체가 반응하여 새로운 기체를 생성할 때 각 기체의 부피 사이에는 간단한 정수비가 성립함
아보가드로 법칙	온도와 압력이 같을 때 모든 기체는 같은 부피 속에 같은 개수의 분자가 들어 있음

선생님's 조언 정말 중요한 4가지 법칙들이에요. 시험에도 매우 자주 나와요.

9 수권

수권의 분포	해수＞빙하＞지하수＞강과 호수
염류	• 해수에 녹아 있는 여러 가지 물질 • 염화 나트륨＞염화 마그네슘＞황산 마그네슘
염분	• 해수 1kg에 녹아 있는 염류의 총량을 g으로 나타낸 것 • 단위: psu(실용염분단위), ‰(퍼밀)
염분비 일정 법칙	해수의 염분은 지역이나 계절에 따라 다르지만, 녹아 있는 염류 사이의 비율은 항상 일정함
해수의 수온	• 혼합층: 수온이 높고, 바람에 의해 해수가 섞여 수온이 일정함 • 수온 약층: 수심이 깊을수록 수온이 급격히 낮아짐 • 심해층: 위도에 따른 수온 차이가 거의 없음
우리나라 주변 해류	• 난류: 쿠로시오 해류, 동한 난류, 황해 난류 • 한류: 연해주 한류, 북한 한류

선생님's 조언 우리나라 주변 해류는 자주 나와요. 꼭 지도를 보면서 해류의 이름을 기억하세요.

10 기권

기권의 구조	• 높이에 따른 기온의 변화를 기준으로 나눔 • 대류권, 성층권, 중간권, 열권
지구의 복사 평형	총 흡수하는 태양 복사 에너지＝총 방출하는 지구 복사 에너지
포화 수증기량	1kg의 공기가 최대로 포함할 수 있는 수증기의 양(g)
구름의 생성	공기 상승 → 단열 팽창 → 온도 하강 → 이슬점 도달 → 구름 생성
기압	1기압＝76cmHg＝1,013hPa＝약 10m 물기둥의 압력

우리 나라에 영향을 주는 기단	시베리아 기단	겨울	한랭 건조
	북태평양 기단	여름	고온 다습
	양쯔강 기단	봄, 가을	온난 건조
	오호츠크해 기단	초여름 (장마철)	한랭 다습

전선	한랭 전선	온난 전선	폐색 전선	정체 전선
	▲▲▲	●●●	▲●▲●	▼▲▼▲

11 태양계

지구의 자전	• 지구가 서쪽에서 동쪽으로 하루에 한 바퀴씩 도는 운동 • 현상: 천체의 일주 운동
지구의 공전	• 지구가 태양을 중심으로 1년에 한 바퀴씩 도는 운동 • 현상: 태양의 연주 운동, 계절별 별자리
일식과 월식	• 일식: 달이 태양을 가려 태양의 전체 혹은 일부가 안 보이는 현상(태양 – 달 – 지구 순으로 배열) • 월식: 달이 지구 그림자 속에 들어가 달의 전체 혹은 일부가 가려지는 현상(태양 – 지구 – 달 순으로 배열)
태양	• 광구: 흑점, 쌀알 무늬 • 대기: 채층, 코로나, 플레어, 홍염
행성	• 지구형 행성: 수성, 금성, 지구, 화성 • 목성형 행성: 목성, 토성, 천왕성, 해왕성

12 별과 은하

연주 시차	별까지의 거리(pc)$=\dfrac{1}{\text{연주 시차}('')}$
별의 밝기	• 겉보기 등급: 맨눈에 보이는 별의 밝기 • 절대 등급: 별이 10pc에 있다고 가정했을 때의 밝기
대폭발 우주론 (빅뱅 우주론)	• 먼 과거에 하나의 작은 점이 폭발하여 우주가 시작됨 • 점점 팽창하여 현재의 우주가 됨

에듀윌이
너를
지지할게

ENERGY

사소한 것에 목숨을 걸기에는
인생이 너무 짧고,
하찮은 것에 기쁨을 빼앗기기에는
오늘이 소중합니다.

– 조정민, 『인생은 선물이다』, 두란노

6교시

도덕

기출문제 3개년 빅데이터

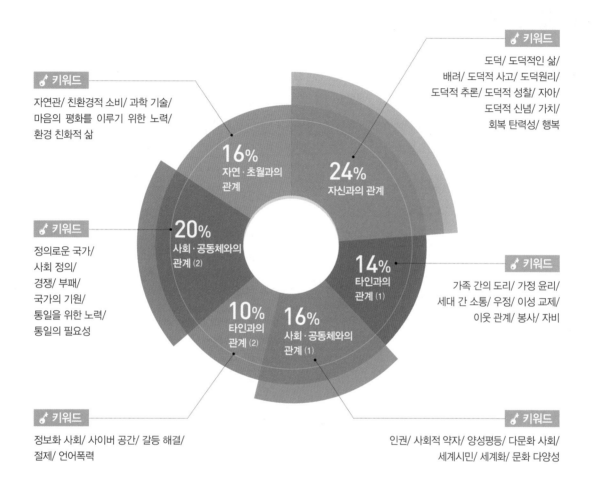

🔑 **키워드**

자연관/ 친환경적 소비/ 과학 기술/
마음의 평화를 이루기 위한 노력/
환경 친화적 삶

🔑 **키워드**

도덕/ 도덕적인 삶/
배려/ 도덕적 사고/ 도덕원리/
도덕적 추론/ 도덕적 성찰/ 자아/
도덕적 신념/ 가치/
회복 탄력성/ 행복

🔑 **키워드**

정의로운 국가/
사회 정의/
경쟁/ 부패/
국가의 기원/
통일을 위한 노력/
통일의 필요성

🔑 **키워드**

가족 간의 도리/ 가정 윤리/
세대 간 소통/ 우정/ 이성 교제/
이웃 관계/ 봉사/ 자비

🔑 **키워드**

정보화 사회/ 사이버 공간/ 갈등 해결/
절제/ 언어폭력

🔑 **키워드**

인권/ 사회적 약자/ 양성평등/ 다문화 사회/
세계시민/ 세계화/ 문화 다양성

16%
자연·초월과의
관계

24%
자신과의 관계

20%
사회·공동체와의
관계 (2)

14%
타인과의
관계 (1)

10%
타인과의
관계 (2)

16%
사회·공동체와의
관계 (1)

💬 선생님의 한마디

도덕의 모든 단원은 유기적으로 연결되어 있습니다. 하나의 단원을 익히고 다른 단원을 공부하게 되면 사고가 확장되는 것을 느끼실 겁니다. 모든 단원의 출제 비중은 비슷하나 'Ⅰ. 자신과의 관계' 단원이 모든 내용을 아우르는 출발이 되기 때문에 가장 비중이 높습니다. 따라서 도덕 공부는 앞에서부터 차분하게 진행하는 것이 효과적인 방법입니다.

자신과의 관계

⬆ **원포인트 공부법** 자신의 삶을 도덕적인 삶으로 이끌어 낼 수 있는 방법에 대해 학습하고, 스스로의 생각과 행동을 점검해 보도록 합니다.

01 **도덕적인 삶**

키워드 01

사람 존재의 특성

도구적 존재, 사회적 존재에 대해 묻는 문제가 출제되었어요.

1. 사람의 특성

도구적 존재	부족한 능력 보완을 위해 도구를 만들어 활용함
문화적 존재	언어, 사상, 예술 등 생활 양식 및 문화를 창조하고 계승함
사회적 존재	다른 사람들과 도움을 주고 받으며 더불어 살아가고자 함
이성적 존재	이성을 활용해 욕구와 충동을 절제하고 도덕적 가치를 추구함

2. 사람다운 삶

자율적인 삶	무엇이 옳고 그른지 판단하여 스스로 옳은 행동을 실천해야 함
책임지는 삶	자신의 행동을 책임지고 반성해야 함
배려하는 삶	다른 사람을 존중하고 배려해야 함

한 문제 더 맞히는 개념 노트 **자율과 타율**

자율	• 스스로 기준을 세워 해야 할 행동을 선택하고 지켜나가는 것 • 도덕의 자율성: 스스로 옳고 그름을 판단하고, 옳은 일을 선택하여 실천하는 것
타율	자신의 의지와 상관없이 다른 사람이 만들거나 이미 세워진 기준을 따르는 것

키워드 02

도덕의 의미

• 양심을 고르는 문제는 최근까지 출제되었어요.
• 욕구와 당위의 관계를 알아야 합니다.

1. 욕구와 당위

욕구	• 무엇을 얻거나 무슨 일을 하고 싶어하는 것 • '~ 하고 싶다.'라고 표현됨 • 생리적 욕구, 안전의 욕구, 사회적 욕구, 존경의 욕구, 자아실현의 욕구 등
당위	• 사람으로서 당연히 해야 하는 것 또는 하지 말아야 하는 것 • '~ 해야 한다., ~ 하지 말아야 한다.'로 표현됨 • 욕구를 조절하게 해 줌
관계	욕구와 당위는 대립하는 경우도 있지만 조화를 이루기 위해 노력해야 함

한 문제 더 맞히는 개념 노트 **규범의 종류**

구분	도덕	법	예절
의미	양심에 따른 자율적 규범	법조문에 따른 강제적 규범	사회 집단의 관습에 따른 규범
판단 기준	양심	법조문	관습
공통점	사회 질서를 유지하기 위한 규범		

2. 양심

의미		도덕적인 행동을 하도록 하는 마음의 명령
필요성		• 옳고 그름을 인식하고 도덕적인 행동을 하게 함 • 잘못된 행동을 했을 때 가책을 느끼게 하여 반성과 개선을 유발함
형성	선천설	• 맹자의 성선설: 사람의 본성이 본래 선하다고 봄 • 순자의 성악설: 사람의 본성이 본래 악하다고 봄
	후천설	고자의 성무선악설: 사람의 본성은 수양에 따라 어느 품성도 될 수 있다고 봄

키워드 03

도덕적인 삶

1. 도덕적인 삶을 살아야 하는 이유

① 행복 실현: 진정한 행복을 느낄 수 있음
② 이익 증진: 장기적으로 자신과 사회에 더 큰 이익을 줄 수 있음
③ 의무 실천: 도덕적으로 행동하는 것이 도덕적 의무임
④ 자아실현: 도덕적 자아를 완성하고 자아실현을 가능하게 함

2. 비도덕적 행동을 하는 이유와 영향

① 이유: 손해를 보기 싫은 이기적인 마음 때문임
② 영향: 공동체의 질서가 무너지며 개인의 행복도 이룰 수 없음

---

02 ▶ 도덕적 행동

키워드 01

도덕적 행동의 어려움

도덕적 지식이 실천으로 이어지기 어려운 이유에 대해 알아야 합니다.

1. 도덕적 행동이 어려운 이유

도덕적 무지	• 지식의 부족: 도덕적 문제 상황에 관한 도덕적 지식이나 행동 규범을 알지 못함 • 사고 능력의 부족: 무엇이 도덕적 행동인지 판단하지 못함
용기 부족과 이기심	• 용기 부족: 도덕적으로 잘못되었다는 것을 알면서도 거부하거나 막을 용기가 부족함 • 이기심: 비도덕적인 행동임을 알면서도 자신의 이익을 위해 잘못된 행동을 함
무관심과 공감 능력 결여	• 무관심: 도덕적 문제 상황에 관심을 갖지 않고 자신과 무관한 일로 여김 • 공감 능력 결여: 타인의 생각, 감정, 상황을 이해하지 못함
강요와 사회 분위기	• 강요: 누군가가 힘, 권위 등을 이용하여 비도덕적 행동을 강요함 • 사회 분위기: 잘못에 대해 관대하게 넘어가는 비도덕적 사회 분위기가 형성됨

2. 도덕적 행동의 원동력

도덕적 앎	• 도덕적 지식: 도덕규범과 도덕적 문제 상황을 해결하기 위한 필수적인 정보 • 도덕적 사고: 도덕적 지식을 바탕으로 문제와 해결 방법을 검토하여 판단하는 것
도덕적 실천 의지	도덕적 문제 상황에서 옳은 행동을 하겠다는 굳은 마음가짐

도덕적 상상력

도덕적 상상력의 3가지 구성 요소 중 어떤 요소의 특징을 설명하는지 찾아낼 수 있어야 해요.

의미	도덕적 문제 상황에서 상대방의 처지를 헤아리고, 그 사람을 도울 수 있는 여러 행동을 상상하며 결과를 예측할 수 있는 능력
요소	• 도덕적 민감성: 문제 상황을 인식하는 것 • 공감 능력: 다른 사람의 감정과 입장을 이해하는 것 • 결과 예측 능력: 나의 행동이 미치는 영향을 생각해 보는 것
중요성	• 도덕적 사고의 폭을 넓혀 줌 • 도덕적 행동을 하는데 도움을 줌

도덕적 추론

• 도덕적 추론은 최근 3년 동안 매년 1문제씩 출제되었어요.
• 도덕 추론 과정에서 상황과 일치하는 단계를 찾는 문제가 주로 출제돼요.

1. 도덕적 추론 도덕적 문제 상황에서 도덕 원리와 사실 판단을 근거로 도덕 판단을 내리는 것

2. 판단의 종류

사실 판단	객관적인 사실을 판단하는 것으로, '참과 거짓'으로 구분
가치 판단	개인의 주관적인 판단으로, 개인별 관점이 다름
도덕 판단	가치 판단 중 사람의 인품과 행동에 대한 판단으로, '바르다'와 '그르다'로 구분

3. 추론의 과정 도덕 원리 → 사실 판단 → 도덕 판단

도덕 원리 (대전제)	가장 보편적인 도덕 판단의 기준 ⑩ 법을 어기는 행동은 옳지 않다.
사실 판단 (소전제)	현재의 문제 상황 ⑩ 쓰레기를 지정된 곳에 버리지 않는 것은 법을 어기는 것이다.
도덕 판단 (결론)	현재의 문제 상황을 도덕 원리에 대입하여 옳고 그름을 판단함 ⑩ 쓰레기를 지정된 곳에 버리지 않는 것은 옳지 않다.

비판적 사고와 도덕 원리 검사

비판적 사고의 정의가 출제되었어요.

1. 비판적 사고 도덕 판단의 과정이 논리적이고 제시된 근거가 올바른지 따져보는 것

2. 사실 검사 사실 판단의 근거로 제시한 자료가 객관적이고 신뢰 가능한지 확인하는 것

3. 도덕 원리 검사 누구나 받아들일 수 있는 보편적인 기준인지 확인

역할 교환 검사	다른 사람과 입장을 바꾸어서 도덕 원리가 타당한지 판단하는 방법
보편화 결과 검사	문제의 도덕 원리를 모든 사람이 채택했을 때 나타날 결과를 생각해 보는 방법
반증 사례 검사	반대되는 사례를 제시하여 적절하지 않다는 것을 지적하는 방법
포섭 검사	선택한 도덕 판단의 기준을 더 포괄적인 도덕 원리에 적용해 보고 타당한지 확인하는 방법

도덕적 성찰

• 성찰을 묻는 문제가 출제되었어요.
• 성찰의 의미, 성찰의 중요성, 성찰하는 방법을 알아야 합니다.

의미		도덕적인 관점에서 바람직하게 살기 위한 구체적 방법을 찾는 것
중요성	개인적 측면	인간은 불완전한 존재이므로 실수를 하기 때문에 성찰을 통해 인격과 성품을 완성해 나가야 함
	사회적 측면	도덕적인 삶을 사는 개인이 모여 도덕적인 사회가 만들어질 수 있음
방법		• 전통적인 방법: 경(유교에서의 성찰 방법), 참선(불교에서의 성찰 방법) 등 • 일상적인 방법: 성찰하는 글쓰기, 좌우명 정하기, 명상하기, 독서하기 등

03 **자아 정체성**

키워드 01

자아 정체성

자아 정체성의 정의를 묻는
문제가 출제되었어요.

1. **자아** 스스로에 관해 고민하는 과정에서 깨닫게 되는 자신의 참된 모습

2. **자아 정체성**

의미	자신의 모습을 이해하고, 스스로를 고유한 존재로 여기는 것
중요성	• 자신의 존재를 객관적으로 인식하고 미래를 불안해하지 않음 • 자신의 사회적 역할을 인식하고 그에 대한 책임감을 느낌 • 자기 삶을 소중하게 여기고 더 나은 자아의 모습을 형성하기 위해 노력함

3. **도덕적 자아 정체성**

의미	도덕적 관점에서 자신을 평가하고 도덕적 행동을 하게 해 주는 바람직한 자아 정체성
역할	• 도덕적 문제 상황에서 도덕적 행동의 원동력이 됨 • 스스로 세운 도덕적 가치와 기준을 실천하게 만듦

키워드 02

도덕적 인물

1. **닮고 싶은 도덕적 인물** 훌륭한 성품을 가지고 보편적 가치를 실천하는 것을 몸소 보여 주기 때문에 본받을 수 있는 사람

2. **도덕적 인물의 선정**

선정 기준	• 보편적 가치를 추구하는 사람 • 도덕적 신념을 실천하는 사람 • 이타적인 삶을 추구하는 사람 • 자신이 지향하는 삶의 모습과 일치하는 사람
필요성	• 도덕적 정체성을 형성하는 데 도움을 줌 • 어떻게 살아가야 하는지를 구체적으로 보여 줌 • 도덕적 인물의 모습에 비추어 자신의 행동을 반성하게 됨

3. **도덕적 인물을 본받기 위한 노력**
   ① 도덕적 인물의 삶을 이해하고 자신의 삶에 적절히 적용하기 위해 고민하기
   ② 도덕적 인물의 삶과 자신의 삶을 비교하고 부족한 부분을 찾아 개선하기

키워드 03

도덕적 신념

• 도덕적 신념이 출제되었
  어요.
• 도덕적 신념의 의미와 역
  할을 알아야 합니다.

1. **신념**

의미	어떤 것이 옳다고 굳게 믿는 마음
역할	자신의 행동의 기준이 되며 어떤 행동을 하도록 하는 실천 의지가 됨

2. **도덕적 신념**

의미	도덕적으로 옳다고 여기는 것을 굳게 믿고 다짐하는 마음
역할	• 도덕적인 삶을 살게 함 • 사회의 불합리함을 개선하게 함 • 어려운 상황 속에서도 올바른 일을 하게 하는 의지를 줌

삶의 목적

가치

- 가치에 대한 문제가 출제 되었어요.
- 가치의 우선순위를 바르 게 세울 수 있어야 해요.

1. 가치   소중하게 생각하여 얻고자 노력하는 대상

2. 가치의 종류

정신적 가치	인간의 정신 활동을 통해 얻을 수 있는 가치(지혜로움, 선함 등)
물질적 가치	여러 가지 물질과 이를 통해서 얻는 만족감(의복, 음식 등)
본래적 가치	그 자체로 소중하고 목적이 되는 가치(생명 등)
도구적 가치	다른 목적을 이루기 위한 수단으로서의 가치(전자 제품 등)
보편적 가치	모든 사람이 소중하다고 여기고 일반적으로 추구하는 가치(자유, 평등 등)

3. 서열

① 물질적 가치(돈, 차 등) < 정신적 가치(사랑, 열정 등)
② 도구적 가치(목적 달성을 위한 수단) < 본래적 가치(목적 그 자체)

4. 가치 전도 현상   높은 가치(정신적·본래적·보편적 가치)보다 낮은 가치(물리적·도구적 가치)를 추구하는 현상

삶의 목적

삶의 목적을 바르게 세워야 하는 이유와 방법이 출제될 수 있어요.

1. 삶의 목적

의미	살아가면서 이루고자 하는 일이나 삶의 방향
중요성	• 올바른 삶의 방향을 제시해 줌 • 다른 사람과 사회에 긍정적인 영향을 줄 수 있음 • 삶에서 닥치는 어려움을 이겨낼 수 있는 힘을 줌 • 삶의 의미를 깨닫고 자신을 되돌아볼 수 있게 함

2. 바람직한 삶의 목적 설정 시 고려할 점

① 그 자체로 의미 있는 것이어야 함
② 나뿐만 아니라 사회에도 도움을 줄 수 있어야 함

도덕 공부

- 공부의 의미를 묻는 문제 가 출제되었어요.
- 우리가 하고 있는 도덕 공 부의 필요성이 출제될 수 있어요.

1. 공부

의미	• 좁은 의미: 삶과 관련된 모든 학문과 기술을 배우고 익히는 것 • 넓은 의미: 인격을 갈고닦아 완성해 가는 수양의 과정
필요성	이치에 맞는 삶의 방향을 정하게 해 주고, 삶에 유용한 지식을 습득할 수 있음

2. 도덕 공부

의미	사람의 올바른 도리와 가치를 습득하고, 바른 인격을 형성해 나가는 과정
필요성	• 올바른 인격을 갖추게 함 • 도덕적인 것과 비도덕적인 것을 구별할 수 있게 함 • 바람직한 삶의 목적을 설정할 수 있음
방법	도덕 지식 습득 → 도덕적 실천 → 도덕적 성찰

도
덕

키워드 01

행복

- 행복한 삶에 대해 묻는 문제가 출제되었어요.
- 행복을 얻기 위한 삶의 자세를 알아야 합니다.

1. 행복

의미	일상에서 충분한 만족감과 즐거움을 느끼는 상태
조건	• 정신적 조건: 사랑, 보람, 성취감 등 • 물질적 조건: 음식, 돈, 옷, 집 등

2. 진정한 행복

의미	정신적 즐거움으로부터 지속적인 만족감을 가지고, 자아실현과 도덕적 삶이 바탕이 될 때 느껴지는 행복
특징	• 일시적이지 않고 지속적임 • 도덕적인 삶 속에서 얻을 수 있음 • 정신적인 즐거움과 풍요로움이 중요함 • 주어진 삶에서 감사함을 가질 때 느껴짐 • 자신의 삶뿐만 아니라 사회의 행복에도 기여함

3. 행복을 얻기 위한 자세
자신의 삶을 긍정적으로 바라보며, 올바른 삶의 목적을 정하고 실천하는 의지를 지녀야 함

4. 쾌락주의의 역설
감각적 즐거움에만 집착할 때, 목표하였던 즐거움마저 놓치고 오히려 고통스러워지는 것

키워드 02

좋은 습관

1. 습관
오랫동안 되풀이해서 익숙해진 행동이나 생각

2. 좋은 습관

중요성	• 바람직한 행동을 의식하지 않고 하게 함 • 훌륭한 인품을 갖추게 되어 도덕적인 삶을 살게 함
방법	• 모두에게 도움이 되는 방향으로 구체적인 목표를 설정함 • 목표를 설정했다면 그에 맞는 행위를 일상에서 실천함 • 잘한 일은 강화하고 잘못한 일은 반복하지 않도록 함

키워드 03

정서적 건강과 사회적 건강

회복 탄력성을 묻는 문제가 출제되었어요.

➕ 회복 탄력성
삶 속에서 겪는 여러 고난과 실패를 이겨 내고 이전의 자신의 모습으로 돌아오거나 더 높은 성장을 이루어 낼 수 있는 마음의 힘

1. 정서적 건강과 사회적 건강

정서적 건강의 의미	다른 사람의 감정을 이해하고, 자신의 감정을 잘 조절할 수 있는 상태
사회적 건강의 의미	다른 사람들과 원만한 관계를 유지하고 사회적 역할을 하기에 바람직한 상태
노력	• 회복 탄력성 높이기 • 작은 일에도 감사하는 마음 표현하기 • 원만한 의사소통을 위해 노력하기 • 다른 사람을 존중하는 마음 가지기

2. 정서적 건강과 사회적 건강의 관계
자신의 정서가 건강해야 사회생활을 원활하게 이루어나갈 수 있고, 타인과 갈등이 없을 때 개인의 정서도 건강한 상태를 유지할 가능성이 큼

타인과의 관계 (1)

⌂ **원포인트 공부법** 평소 자신의 인간관계에 비추어 주변인과 원만한 관계를 이루기 위해서는 어떤 자세를 갖추어야 하는지 생각해 보도록 합니다.

01 가정 윤리

키워드 01

가정

바람직한 가정의 모습에 대해 묻는 문제가 출제돼요.

1. 가정 가족이 함께 살아가는 생활 공동체 또는 생활 공간

2. 가정의 형태 핵가족, 한부모 가정, 입양 가정, 조손 가정, 다문화 가정, 재혼 가정, 시설 가정, 무자녀 가정, 1인 가구 등

3. 가정의 기능

개인적 차원	• 기본적인 의식주를 제공함 • 개인의 성격, 가치관 등에 영향을 미침 • 외부의 위험으로부터 가족 구성원을 보호함 • 가족 구성원 간의 친밀한 관계로 심리적으로 안정감을 줌
사회적 차원	• 사회 구성원을 출산하고 양육하여 사회가 유지되도록 함 • 다른 사람과 더불어 살아갈 때 필요한 예절과 규범을 다음 세대에 물려줌

키워드 02

가족 간의 도리와 세대 간 소통

• 가족 간의 도리를 묻는 문제가 출제되었어요.
• 부부, 부모와 자녀, 형제자매 사이의 도리와 갈등의 원인을 구분해서 알아야 합니다.

1. 가족 간의 도리

부부	• 서로 배려하고 존중해야 함 • 서로의 역할에 대한 고정관념을 버리고 평등한 관계를 추구하며 상호 보완해야 함
부모와 자녀	• 자애: 부모가 자녀에게 베푸는 헌신적이며 조건 없는 사랑 • 효: 자녀가 부모의 은혜에 보답하고 공경하는 마음
형제자매	• 우애: 형제자매 간에 정답게 협력하는 마음 • 우애의 실천은 효를 실천하는 일이기도 함

2. 가족 간 도리의 실천
① 존중과 배려: 서로의 생각을 존중하고 이해해야 함
② 책임과 역할 분담: 각각 자신의 역할과 책임을 다해야 함
③ 바람직한 의사소통: 갈등이 발생했을 때 대화를 통해 해결해야 함

3. 세대 간 소통이 어려운 이유 세대 차이, 잘못된 의사소통, 유대감 약화 등

4. 세대 간의 올바른 소통 방법 경청, 존중과 배려, 공감과 역지사지, 나 전달법 사용, 세대 차이 인정 등

02 ▶ 우정

키워드 01
우정

1. 우정 친구 사이에서 나누는 정서적 유대감이나 정

2. 우정의 중요성

사회성 함양	다른 사람과 올바르게 관계를 맺는 능력이 길러짐
정서적 안정	서로 기쁨과 슬픔을 나누면서 즐거움과 위로, 용기를 줄 수 있음
성숙한 인격 형성	인간관계에 필요한 규범, 역할, 책임을 배워 도덕적·인격적으로 성숙해질 수 있음
인류에 대한 사랑	우정은 가족이 아닌 대상을 처음으로 사랑하는 것으로, 이웃과 인류에 대한 사랑의 출발점이 됨

한 문제 더 맞히는 개념 노트   우정과 관련된 고사성어

	금란지교	황금과 같이 단단하고 난초향과 같이 깊은 우정
고사성어	관포지교	관중과 포숙처럼 서로 돕고 이해하는 우정
	죽마고우	대나무로 만든 장난감 말을 타고 놀던 친구
세속오계	교우이신	믿음으로 벗을 사귄다.
오륜	붕우유신	친구 사이에는 믿음이 있어야 한다.

키워드 02
진정한 우정을 맺는 방법

1. 친구 간 갈등의 원인과 해결의 자세

원인	• 기본적인 예의를 지키지 않기 때문 • 친구의 처지와 감정을 고려하지 않기 때문 • 성격, 가치관 등의 차이를 인정하지 않기 때문
해결의 자세	• 갈등을 회피하거나 두려워하지 않고 잘 해결하려는 적극적인 태도가 중요함 • 물리적인 해결이 아니라 대화를 통해 서로의 생각을 털어놓고 양보해야 함

2. 진정한 친구의 모습 배려하는 관계, 협력의 관계, 선의의 경쟁 관계, 권면의 관계

3. 진정한 우정을 맺기 위한 자세 믿음, 공감, 배려, 존중, 예의, 협력, 권면, 성찰, 격려, 선의의 경쟁

➕ 권면
알아듣도록 권하고 격려하여 힘쓰게 함

03 ▶ 성윤리

키워드 01
성과 사랑

1. 성

	생물학적 성	선천적으로 타고난 육체적 특성으로 남자와 여자를 구분하는 성
의미	사회·문화적 성	사회적·문화적으로 학습되는 남성다움 혹은 여성다움을 말하며, 사회에서 기대하는 남녀의 역할과 관련 있음
	가장 넓은 의미의 성	생물학적인 성과 사회·문화적인 성을 포함하여 성에 대한 생각, 태도, 표현 방식, 감정 등을 포괄하는 성

가치	생식적 가치	새로운 생명을 탄생시키고 종족을 보존함
	쾌락적 가치	감각적인 즐거움과 기쁨을 선사함
	인격적 가치	성을 통해 다른 인격체와 인간관계를 맺고 삶의 일부분을 공유함

2. 사랑

종류	• 에로스: 남녀 간의 사랑으로 성적 관심이나 욕망에 의한 사랑 • 필리아: 친구 간의 사랑으로 신뢰와 배려하는 우호적 감정 • 아가페: 부모의 사랑으로 조건 없이 베푸는 희생적 사랑
구성 요소	친밀감, 열정, 헌신

3. 성과 사랑의 관계
성과 사랑은 같은 것이 아니며, 성적인 욕구를 조절하고 상대방을 배려하며 책임감 있는 태도를 가져야 함

키워드 02

성문제와 성윤리

1. 청소년기의 특징
왕성한 신체적·정신적 성장과 함께 성적인 호기심과 욕구가 증가함

2. 청소년기의 성문제
① 다양한 매체에 접근하여 잘못된 정보를 얻을 수 있음
② 잘못된 성적 정보가 왜곡된 성적 가치관을 만들 수 있음
③ 잘못된 가치관은 성인이 된 이후까지 영향을 미침

3. 청소년기의 바람직한 성윤리
① 부적절함에 대해 거절 의사 표현하기
② 생명 탄생의 가능성을 염두에 두고 책임감 있게 행동하기
③ 자극적인 성을 다룬 대중 매체를 경계하고 비판적인 관점을 가지기
④ 성적 욕구를 운동, 취미 등으로 해소하기
⑤ 성에 관한 올바른 지식을 습득하기

키워드 03

이성 교제

• 바람직한 이성 교제의 자세를 묻는 문제가 출제되었어요.
• 이성 교제의 긍정적 영향과 부정적 영향을 구분할 수 있어야 해요.

1. 이성 교제
이성 친구와 우정 또는 애정을 가지고 사귀는 일

2. 청소년기 이성 교제의 영향

긍정적 영향	• 즐거움과 행복감을 줌 • 상대방의 성에 대한 이해를 넓힐 수 있음 • 배려심을 기르고, 인격적 성장에 도움을 줌
부정적 영향	• 동성 친구와 거리감이 생길 수 있음 • 학업과 일상생활을 소홀히 할 수 있음

3. 청소년기의 바람직한 이성 관계
① 성별의 차이점을 이해하고 상대방을 존중해야 함
② 가족, 동성 친구들과의 관계를 균형 있게 유지해야 함
③ 책임감 있게 행동해야 함
④ 자신의 일상과 학업에도 충실해야 함

04 이웃 생활

이웃

- 이웃 간의 바람직한 관계와 상부상조의 전통이 출제되었어요.
- 상부상조의 전통은 빈출 키워드이므로 꼭 알아야 합니다.

1. 이웃

의미	가족 이외에 직접적 또는 간접적으로 인간관계를 맺고 함께 살아가는 사람들
이웃의 변화	과거에는 가까운 거리 내에 있는 사람들을 말하였으나, 현대에는 이웃의 형태가 다양해지고 범위가 넓어짐

2. 상부상조의 전통

계	경제적인 도움을 주고받기 위해 형성된 모임
두레	농사일을 함께 하는 마을 공동 노동 조직
품앗이	개인 간 노동력을 교환하는 방식
향약	마을에서 지켜야 할 약속

3. 이웃 간의 갈등 층간 소음 문제, 주차 공간 문제, 쓰레기 처리 문제, 반려동물 문제 등

4. 바람직한 이웃 관계 이웃 간의 관심과 배려, 양보와 타협의 자세가 필요함

배려와 봉사

- 이웃에 대한 배려와 봉사에 대한 문제가 출제되었어요.
- 봉사의 특징은 매우 중요하므로 반드시 기억해야 합니다.

1. 배려 다른 사람에게 피해를 주지 않고 어려움에 처한 사람을 도우려는 태도

2. 봉사

의미	이웃에게 도움이 필요할 때 자신의 시간과 재능을 이용하여 돕는 활동
특징	• 자발성: 다른 사람의 명령이나 영향에 의하지 않고 자기 의사에 의하여 이루어짐 • 이타성: 자기의 이익보다는 공익을 위함 • 무대가성: 보수나 대가를 바라지 않음 • 지속성: 일시적으로 끝나지 않고 꾸준히 이루어짐
바람직한 자세	• 봉사를 받는 사람을 존중하는 태도를 가짐 • 봉사를 받는 사람의 상황과 감정을 고려함

사회 · 공동체와의 관계 (1)

△ **원포인트 공부법** 이 단원에서는 개념을 묻는 문제가 주로 출제되므로 정의와 의미를 반드시 숙지하고 있어야 합니다.

01 인간 존중

키워드 01

인간 존엄성과 인권

· 인권의 특징을 묻는 문제가 출제되었어요.
· 인간 존엄성과 관련된 사상을 알아야 합니다.

1. 인간 존엄성

의미	인간이라는 이유만으로 소중하게 대우받는 것
사상	단군의 홍익인간 정신, 동학의 인내천 사상 등

2. 인권

의미	인간의 존엄성을 지키기 위해 마땅히 보장받아야 하는 기본 권리
특징	· 천부성: 태어날 때부터 부여받음 · 보편성: 누구에게나 똑같이 적용됨 · 항구성: 영원히 보장됨 · 불가침성: 어떤 경우라도 침해할 수 없음

3. 인간 존엄성과 인권이 소중한 이유

① 보편적이고 절대적인 가치이기 때문임
② 인간다운 삶을 보장하는 바람직한 사회 형성의 바탕이 되기 때문임

키워드 02

사회적 약자

· 사회적 약자를 배려하는 올바른 방법을 묻는 문제가 출제되었어요.
· 사회적 약자를 위한 제도를 알아야 합니다.

1. 사회적 약자   다른 사회 구성원보다 불리한 상황과 위치에 있어 어려움을 겪는 사람들

2. 사회적 약자의 어려움

① 사회적·경제적 어려움을 겪음
② 고정 관념, 편견으로 인해 차별을 받음

3. 사회적 약자를 위한 노력

개인적 노력	· 사회적 약자에 대한 편견 버리기 · 사회적 약자를 인격적으로 존중하여 대우하기 · 사회적 약자의 고통에 공감하고 사회적 약자를 배려하기 · 누구나 사회적 약자가 될 수 있다는 생각으로 역지사지의 태도 갖기
사회적 노력	· 사회적 약자의 권리를 보장하는 법과 제도 마련 ⓔ 장애인 의무 고용 제도, 국민 기초 생활 보장 제도 등 · 사회적 약자에 대한 차별을 금지하는 법과 제도 마련

키워드 03

양성평등

성차별을 극복할 수 있는 방안으로 양성평등을 묻는 문제가 출제되었어요.

1. 성별에 대한 잘못된 인식

성 역할 고정 관념	성 역할을 고정된 것으로 여기는 관념
성차별	남성이나 여성이라는 사실만으로 받는 차별

2. 양성평등

의미		남성과 여성을 성별에 따라 법적·사회적으로 차별하지 않고 인격적으로 동등하게 대우하는 것
노력	개인적 노력	성별의 다름을 인정하고 존중하는 태도를 기짐
	사회적 노력	• 지속적인 양성평등 교육을 시행함 • 양성평등을 실현할 수 있는 법과 제도를 마련함 • 대중 매체에서 성차별적 표현을 자제함

도덕

02 문화 다양성

키워드 01

다문화

다양한 문화를 대하는 바람직한 자세에 대해 출제되었어요.

1. 문화

의미	인간이 주변 환경에 적응하면서 이루어 낸 생활 모습
특징	보편성, 다양성, 변동성을 지님

2. 다문화

의미	다양한 문화를 가진 사람들이 어울려 사는 사회
갈등의 원인	• 문화 차이로 인해 오해와 갈등이 유발됨 • 다른 문화에 관한 지식 부족으로 오해나 편견이 생김
필요한 자세	• 다름에 대해 이해하고 존중하려는 태도를 가짐 • 서로 다른 문화가 조화를 이룰 수 있도록 노력하고, 관용의 자세를 가짐

키워드 02

문화를 이해하는 태도

다문화 사회에서 문화를 이해하는 바람직한 태도를 반드시 알아야 합니다.

자문화 중심주의	자기 문화를 기준으로 삼아 다른 문화를 바라보고 평가하는 태도
문화 사대주의	다른 문화를 우수한 것으로 믿고 자신의 문화를 낮게 평가하는 태도
문화 상대주의	어떤 문화를 문화가 발생한 지역의 자연환경, 역사적 배경, 사회적 맥락 등을 고려해 이해하려는 태도
극단적 문화 상대주의	어떤 사회의 문화든지 무조건 다 옳다는 식의 극단적인 주장

03 세계 시민 윤리

키워드 01

세계화와 세계 시민

바람직한 세계 시민의 모습을 묻는 문제가 출제되었어요.

1. 세계화

의미		교통과 통신의 발달로 세계 여러 나라가 서로 영향을 주고받으면서 교류가 많아지는 현상
영향	긍정적 영향	단일 국가 혼자서는 해결할 수 없는 문제를 협력하여 해결할 수 있음
	부정적 영향	• 세계 통합을 지나치게 강조하면 문화가 획일화될 수 있음 • 선진국이 경제적 이득을 독점하여 국가 간 빈부 격차가 심화될 수 있음

2. 세계 시민

의미	자신이 세계와 상호 작용을 하면서 살아간다는 인식을 바탕으로 지구 공동체의 문제에 관심을 가지며 해결하려고 노력하는 사람
세계화 시대 한국인의 바른 자세	한국인의 정체성을 유지하면서 세계 시민으로서의 보편성도 함께 지녀야 함

한 문제 더 맞히는 개념 노트　　**한국인의 정체성**

홍익인간 사상	널리 인간 세계를 이롭게 한다는 생명 존중의 정신
풍류 정신	마음의 여유를 갖고 즐겁게 살아가는 삶의 지혜와 멋
평화 애호 정신	평화를 사랑하고 폭력적인 상황을 피하려고 하는 정신
자연 애호 정신	자연을 아끼고 사랑하며 자연과 함께 더불어 사는 삶의 자세
선비 정신	의리와 지조를 바탕으로 철저한 자기 수양을 통해 학문과 덕을 쌓아 올바른 것을 실천하려는 정신

키워드 02

지구 공동체의 문제

지구 공동체가 겪고 있는 문제가 출제되었어요.

1. 세계 시민이 직면한 도덕 문제

환경 오염	• 무분별한 개발과 에너지 소비 등으로 자연환경이 심각하게 파괴됨 • 인류가 공동의 책임 의식을 가지고 해결하려고 노력해야 함
빈곤	• 가난, 자연재해, 전쟁, 부의 불공정한 분배 등 인간답게 살기 위한 여건이 부족함 • 빈곤 문제로 어려움을 겪는 사람들을 도와주어야 함
문화의 충돌과 획일화	• 서로 다른 문화로 인해 오해와 갈등이 발생함 • 서로 다른 문화가 공존할 수 있도록 다른 문화를 이해하려는 태도가 필요함
평화 위협	• 영토와 자원 확보를 위한 전쟁, 종교 갈등, 테러 등이 발생함 • 개별 국가의 평화를 넘어 인류 전체의 평화를 위한 노력이 필요함

2. 해결 방안

개인	• 지구촌 이웃의 고통에 관심 갖기: 자원봉사, 후원 및 기부, 공정 무역 제품 구매 등 • 지구 환경을 위해 노력하기: 환경친화적 소비, 에너지 절약 등
우리나라	빈곤한 나라와 지구 공동체 문제 해결을 위해 노력하는 사람들 지원하기
국제기구	국제 연합(UN), 유니세프(UNICEF) 등: 빈곤 퇴치, 평화 유지, 환경 문제 해결 등을 위해 여러 국가가 참여하여 설립한 기구
비정부 기구	그린피스, 국경없는 의사회 등: 국가적 협력만으로는 해결하기 어려운 문제를 위해 세계 시민들이 자발적으로 구성한 기구

IV 타인과의 관계 (2)

👍 **원포인트 공부법** 정보화 시대에 발생하고 있는 문제와 이를 해결하기 위한 자세를 알아 두도록 합니다.

01 정보 통신 윤리

키워드 01

정보화 시대

➕ 정보화 시대의 문제점
사이버 폭력, 사생활 침해, 인터넷 중독, 지적 재산권 침해, 해킹이나 바이러스 유포, 정보 격차 등

1. 정보화 시대 정보가 사회 구조와 인간의 습관 및 가치관에 큰 영향을 주는 시대

2. 정보화 시대의 긍정적인 면과 부정적인 면

긍정적인 면	• 생활이 편리해지고 삶의 질이 향상됨 • 나이, 성별, 국적에 관계없이 다양한 인간관계를 맺을 수 있음
부정적인 면	• 사이버 공간에서 타인에게 고통을 주는 사이버 폭력이 발생함 • 다른 사람의 개인 정보를 불법으로 수집하고 퍼뜨림 • 현실의 인간관계를 외면하고 가상 세계에 지나치게 몰두함

키워드 02

정보화 시대의 올바른 자세

사이버 공간에서의 예절을 묻는 문제가 출제되었어요.

1. 정보화 시대에 요구되는 도덕 원칙

존중	사이버 공간에서도 다른 사람의 인격, 권리, 사생활을 인정하고 존중해야 함
책임	자신의 말과 행동에 책임을 져야 함
정의	공정하고 올바른 것을 행하고 법을 준수해야 함
해악 금지	다른 사람에게 피해를 주지 않아야 함

2. 정보 통신 매체를 올바르게 사용해야 하는 이유

① 정보 통신 매체에 중독되면 건강이 나빠지고 정상적인 생활을 하기 어려워짐
② 정보 통신 매체에는 부정확하고 잘못된 정보가 많음
③ 정보 통신 매체의 글과 사진은 사람을 판단하는 도구가 될 수 있음

3. 정보 통신 매체를 사용할 때의 올바른 태도

➕ 정보 리터러시
정보를 주체적으로 선택하고 능동적으로 활용할 수 있는 능력

절제하는 태도	필요할 때 적절한 시간만큼만 이용할 것
비판적인 태도	정보 리터러시를 갖출 것
존중하는 태도	네티켓(사이버 공간에서 지켜야 할 예절)을 지킬 것

02 평화적 갈등 해결

키워드 01

갈등

갈등 상황과 갈등 원인에 대한 문제가 출제되었어요.

의미	서로 다른 의견이나 가치관이 충돌하는 상태
특징	• 누구나 일상 속에서 수시로 경험함 • 내적 갈등, 외적 갈등(개인과 개인, 개인과 집단, 집단과 집단) 형태로 경험하게 됨
원인	사실 관계 갈등, 이해관계 충돌, 가치관 차이, 인간관계 갈등, 구조적 갈등 등

갈등의 해결

• 갈등을 평화롭게 해결하는 방법이 출제되었어요.
• 갈등 해결의 바람직한 방법에 대해 알아야 합니다.

1. 갈등의 해결 유형 경쟁형, 공격형, 회피형, 타협형, 순응형, 협력형

2. 평화적 갈등 해결의 자세

① 갈등의 원인을 객관적으로 파악하고 이해해야 함
② 상대방의 의견을 수용하고 의견 차이를 좁히려고 노력해야 함

3. 갈등을 평화적으로 해결하는 방법

협상	다른 사람의 개입 없이 갈등의 당사자끼리 직접 대화해 갈등을 해결하는 방법
조정	중립적인 제삼자가 개입하여 갈등의 당사자끼리 합의하도록 도와주는 방법
중재	중립적인 제삼자가 양측의 이야기를 들어 보고 중립적인 해결책을 내놓는 방법
다수결의 원칙	가장 많은 사람이 동의하는 의견을 따르는 방법

03 폭력의 문제

키워드 01

폭력의 의미와 원인

폭력의 특징을 묻는 문제가 출제되었어요.

1. 폭력

	의미	다른 사람에게 신체적·물질적·정신적으로 고통을 주는 직간접적인 모든 행위
원인	개인적	공감 능력 부족, 감정 조절 능력 부족, 원활한 대화 능력 부족 등
	사회적	폭력을 미화하거나 당연시하는 사회 분위기 등

2. 폭력이 비도덕적인 이유

① 인간의 존엄성을 훼손시키고, 사회적 갈등을 유발하여 사회 질서가 무너짐
② 폭력의 악순환이 이어질 수 있으며 피해자가 신체적·정신적 고통에 시달리게 됨

키워드 02

폭력의 유형과 사례

1. 폭력의 유형

① 개인적 폭력과 집단적 폭력, 직접적 폭력과 간접적 폭력
② 가정 폭력과 학교 폭력
③ 국가 권력에 의한 폭력, 문화적 폭력

2. 폭력의 사례 신체 폭력, 언어 폭력, 따돌림, 성폭력, 금품 갈취, 사이버 폭력 등

키워드 03

폭력의 예방과 대처 방안

1. 예방법

① 개인적 차원: 분노 조절, 폭력의 결과 예측, 평화적 갈등 해결, 공감 능력 향상
② 사회적 차원
• 폭력의 예방과 피해자 보호를 위한 법과 제도를 마련함
• 평화를 지향하는 사회 분위기를 조성함
• 폭력의 위험성과 비도덕성을 알리는 교육을 시행함

2. 대처 방법

① 싫다는 의사를 적극적으로 표현하고 주변에 도움을 요청하기
② 목격한 경우 방관하지 말고 피해자를 돕기
③ 평화적인 문화를 만들기 위해 노력하기

사회 · 공동체와의 관계 (2)

🖑 **원포인트 공부법** 국민으로서 나는 어떤 역할을 하고 있는지, 국가는 나를 위해 어떤 역할을 하고 있는지를 생각하면서 학습해 보도록 합니다.

---

01 도덕적 시민

키워드 01

국가

• 국가의 역할과 발생 이유, 국가의 구성 요소에 대한 문제가 출제되었어요.
• 국가 발생과 관련 있는 인물을 알아야 합니다.

1. 국가의 기원설

자연 발생설	• 인간의 사회적 본성에 따라 자연스럽게 국가가 발생함 • 아리스토텔레스
사회 계약설	• 사회 구성원들이 자신의 생명과 재산을 보호하기 위해 계약을 맺고 국가가 형성됨 • 홉스 · 로크 · 루소

2. 국가의 구성 요소   주권, 국민, 영토

3. 국가의 역할

소극적 국가	개인의 자유를 최대한 보장하기 위해 국토 방위, 치안 유지 등의 안전만을 책임지며 국민의 삶에 최소한으로 개입하는 국가
적극적 국가	국민의 실질적 자유와 권리 보장을 우선으로 여기며 개인 간 불평등을 해소하기 위해 노력하는 등 국민의 삶에 적극적으로 개입하는 국가

4. 정의로운 국가의 조건   인간 존엄성 보장, 보편적 가치의 실현, 공정한 법과 제도 마련

키워드 02

시민과 애국심

바람직한 시민의 자세를 묻는 문제가 출제되었어요.

1. 시민   한 국가의 주권을 가진 구성원으로서 권리와 의무를 지닌 자율적이고 주체적인 사람

2. 성숙한 시민의 자세
① **책임 의식**: 자신이 맡은 일에 최선을 다하기
② **연대 의식**: 구성원들이 서로 연결되어 있다고 믿으며, 더 나은 공동체를 만들어 가기 위해 노력하기
③ **개인과 사회의 조화 추구**: 사익과 공익의 조화를 추구하기

3. 애국심

의미	나라를 사랑하는 마음을 가지고 국민의 역할과 의무를 충실히 다하는 것
바람직한 애국심	• 분별 있는 자세로 국가를 사랑하며, 국가가 추구하는 바에 동참함 • 맹목적이고 배타적인 애국심(국수주의)을 경계하고 보편적인 가치를 추구함

준법과 시민 불복종

시민 불복종의 정당화 조건과 준법의 의미를 묻는 문제가 출제되었어요.

1. 준법

의미	국가의 법을 존중하고 그 절차를 지키는 것
중요성	사회 질서를 유지하고 정의로운 공동체를 만들 수 있음

2. 시민 불복종

의미		부당한 법과 제도를 개선하기 위해 공개적이고 평화로운 방법으로 법을 위반하는 행위
정당화 조건	공익성	사회 전체의 이익을 추구해야 함
	비폭력성	비폭력적이고 평화로운 방법을 사용해야 함
	최후의 수단	합법적인 방법이 없을 경우 마지막으로 시도되어야 함
	처벌 감수	법을 어기는 행위이므로 책임을 져야 함

02 ▶ 사회 정의

사회 정의

- 사회 정의를 묻는 문제가 출제되었어요.
- 사회 정의를 이루기 위한 조건을 알아야 합니다.

1. 사회 정의

의미	사회를 구성하고 유지하는 공정한 도리로, 사회적 옳고 그름을 판단하는 기준을 제공함
종류	분배적 정의, 절차적 정의, 응보적 정의

2. 정의로운 사회의 조건

① 사회 구성원들이 모두 합의한 분배 기준과 절차를 따라야 함
② 사회적 차원에서 공정성과 형평성에 맞는 제도 개선 및 마련이 필요함
③ 기본적인 권리가 평등하게 보장되어야 하며 성별, 나이, 인종 등의 이유로 차별해서는 안 됨

공정한 경쟁

- 공정한 경쟁의 조건을 묻는 문제가 출제되었어요.
- 공정한 경쟁의 필요성도 함께 알아야 합니다.

1. 경쟁이 발생하는 이유
사람들이 원하는 자원은 한정되어 있기 때문에 경쟁이 벌어짐

2. 공정한 경쟁의 필요성

① 한정된 자원을 효율적으로 분배할 수 있음
② 경쟁에 참여한 개인이 더 좋은 결과를 내기 위해 노력하고, 그 노력은 개인과 사회 발전의 원동력이 됨

3. 공정한 경쟁의 조건

기회의 균등성	누구나 경쟁에 참여할 수 있는 균등한 기회를 주어야 함
과정의 공정성	경쟁의 참가자에게 동등한 규칙을 적용해야 함
결과의 정당성	경쟁에 패배한 사람도 최소한의 인간다운 삶을 살 수 있어야 함

키워드 03

부패

부패의 의미를 묻는 문제가
출제되었어요.

1. 부패

의미	공정한 절차를 무시하고 부당한 방법으로 이익을 취하는 행위
원인	• 자신의 이익만 생각하는 개인 이기주의 • 과정보다 결과를 중시하는 목표 지상주의 • 자신과 관련 있는 사람에게 관대한 연고주의와 정실주의
문제점	불신하는 사회 분위기가 조성되고 국가 경쟁력이 떨어짐

2. 부패 예방을 위한 노력

개인적 노력	• 청렴 의식을 가지고 스스로 부패한 행동을 하지 않기 • 주변에 일어나는 부패 상황에 대해 개선을 요구하고 감시하기
사회적 노력	• 부패를 없앨 수 있는 법과 제도를 마련하고 잘 작동시키기 • 청렴하고 투명한 사회 분위기 조성하기

✚ 청렴
성품과 행실이 높고 맑으며
탐욕이 없음

---

03 ▶ 북한 이해

키워드 01

북한의 특징과
관점

남한과 북한의 특징, 북한을
바라보는 올바른 관점에 대
해 물어볼 수 있어요.

1. 북한 사회의 특징

정치	독재 체제, 사회주의 대가정 체제
경제	중앙 집권적 계획 경제 체제
사회	집단주의 · 전체주의

2. 북한에 대한 올바른 시각

① 경계와 협력의 이중적 성격을 지닌 대상이므로 균형 잡힌 시각에서 바라볼 수 있어야 함
② 객관적 사실에 기초하여 북한의 실상을 있는 그대로 바라볼 수 있어야 함

키워드 02

북한 이탈 주민

북한 이탈 주민을 대하는 올
바른 자세를 묻는 문제가 출
제되었어요.

1. 북한 이탈 주민 북한에 주소, 가족, 직장을 두고 북한을 떠나온 후 외국 국적을 취득하지
않은 사람

2. 북한 이탈 주민의 어려움

① 다른 경제 체제를 이해하는 데 어려움을 겪음
② 남한 주민들의 냉대와 차별로 고통을 겪음
③ 북한에 있는 가족에 대해 그리움과 죄책감을 가짐
④ 가치관과 사고방식 차이로 인한 갈등이 발생함

3. 북한 이탈 주민을 대하는 바람직한 자세 정착 지원 서비스 제공, 존중, 관심, 배려

통일 윤리 의식

평화와 통일의 필요성

- 통일의 필요성에 대해 묻는 문제가 출제되었어요.
- 소극적 평화와 적극적 평화를 구분하여 학습해야 합니다.

1. 평화

소극적 평화	직접적인 폭력(전쟁, 폭행 등)이 없는 상태
적극적 평화	직접적인 폭력이 없고 사회 구조적으로 차별이 없어 인간다운 삶을 영위할 수 있는 상태

2. 통일의 필요성

① 한반도와 동북아시아의 평화는 세계 평화와 인류 번영에도 기여함
② 이산가족과 실향민의 아픔을 치유할 수 있음
③ 남북한이 문화와 역사를 공유하는 민족 공동체가 될 수 있음
④ 남한의 기술과 북한의 자원을 활용하여 국가 경쟁력을 향상할 수 있음
⑤ 육로를 통해 중국, 러시아, 유럽 등으로 가는 길이 열리게 됨

통일 한국의 모습과 통일을 위한 노력

통일을 이루기 위한 노력을 묻는 문제가 출제되었어요.

1. 통일 한국의 미래상

① 자주적인 민족 국가
② 자유로운 민주 국가
③ 문화적 · 도덕적으로 성숙한 국가
④ 정의로운 복지 국가
⑤ 국제적 위상이 높아진 국가

2. 통일 비용

분단 비용	남북한의 대립과 갈등으로 인한 분단 상태가 지속되는 과정에서 소요되는 비용
통일 비용	통합 과정과 통일 이후 남북한의 격차를 극복하고 남북한의 체제를 통합하는 데 소요되는 비용
통일 편익	통일로 얻게 되는 편리함과 이익으로, 통일 이후 지속해서 얻을 보상과 혜택

3. 통일을 위한 노력

개인적 노력	존중의 자세, 관용의 자세, 일상에서 평화적 문제 해결 습관화 등
사회적 노력	국민 인식 개선, 통일 비용 마련, 법과 제도 정비, 민족의 동질성 회복, 교류와 협력, 국제적 협조 등

자연·초월과의 관계

🔑 **원포인트 공부법** 자연환경과 조화로운 삶의 태도, 과학 기술을 바르게 사용하는 방법, 마음을 편안하게 유지하면서 삶을 의미 있게 보내는 방법을 제시할 수 있어야 합니다.

01 자연관

키워드 01

자연관

• 생태 중심주의적 자연관을 묻는 문제가 출제되었어요.
• 제시된 설명이 어떤 자연관과 관련 있는지 알 수 있어야 해요.

1. 자연을 바라보는 관점

인간 중심주의적 자연관	의미	인간을 자연과 구별되는 유일한 존재로 여기며 인간만이 도덕적 가치를 지닌다고 보는 관점
	특징	• 자연을 인간의 욕구, 이익, 필요를 충족하기 위한 수단으로 여김 • 인간과 자연을 분리하여 보고 인간이 자연을 지배할 권리를 지닌다고 봄
	한계	무분별한 개발과 환경 파괴의 원인이 됨
생태 중심주의적 자연관	의미	자연의 모든 존재는 각각 고유한 가치를 지니고 있으며, 서로 영향을 주고받는 상호의존적 관계라고 보는 관점
	특징	• 자연 자체가 가진 본래의 가치를 존중해야 한다고 봄 • 인간, 동식물, 무생물 모두 자연의 일부라고 여김
	한계	환경 보존을 위해 경제 발전과 환경 개발을 견제함

2. 인간과 자연의 바람직한 관계   경제 성장과 환경 보전의 조화를 추구하는 발전

키워드 02

환경과 소비

1. 환경에 부정적 영향을 끼치는 소비   물질주의적 소비, 과시적 소비

2. 환경친화적 소비의 의미와 필요성

의미	환경을 고려하고 자연과 더불어 살아가는 삶을 중시하는 소비
필요성	• 대량 소비와 무분별한 소비는 지구의 한정된 자원을 고갈시킬 수 있음 • 생태계의 자원과 환경은 현세대뿐만 아니라 미래 세대도 누릴 수 있어야 함 • 자연은 인간뿐만 아니라 다양한 생태계 구성원들이 공존하는 공간이며, 파괴된 생태계는 회복이 어려움

키워드 03

환경친화적 삶

환경친화적 삶의 모습을 묻는 문제가 출제되었어요.

1. 환경친화적인 삶   환경친화적인 태도의 함양과 지속 가능한 발전을 추구하는 삶

2. 환경친화적인 삶을 위한 노력

개인적 노력	• 일회용품 줄이기 • 물건 재활용하기 • 에너지 절약 실천하기 • 친환경 제품 사용하기 • 대중교통 이용하기
국가적·전지 구적 노력	• 친환경적인 삶을 장려하는 법과 제도 마련하기 • 각종 국제 협약을 체결하여 공동으로 문제를 개선하기 위해 모든 국가가 노력하기

과학과 윤리

과학 기술

- 과학 기술을 바람직하게 이용하는 방향을 묻는 문제가 출제되었어요.
- 과학 기술이 인간의 삶에 미치는 영향이 출제될 수 있어요.

+ 인간 소외 현상

인간성이 상실되어 인간다운 삶을 잃어버리는 일

1. 과학 기술의 영향

긍정적 영향	• 물질적으로 풍요로운 삶 • 건강한 삶과 수명의 연장 • 다양한 문화의 생산과 교류 • 시공간의 제약 극복으로 활동 범위 확대 • 기계 자동화로 인해 노동 시간 단축, 여가 시간 증대
부정적 영향	• 인간 소외 현상 • 생명 경시 현상 • 자연 환경 파괴 • 전쟁 무기 개발로 인한 평화와 안전의 위협 • 과학 기술 발전 격차에 따른 국가 간 빈부 격차 심화

2. 과학 기술을 바라보는 관점

과학 기술 만능주의	• 과학 기술로 모든 문제를 해결할 수 있다고 봄 • 과학으로 이상 사회를 건설할 수 있다고 봄
과학 기술 혐오주의	• 과학 기술은 문제만을 일으키고 인류에 불행을 안겨 줄 수 있다고 봄 • 과학 기술은 인간을 지배할 수 있고, 생명과 환경을 파괴한다고 봄

과학 기술과 책임

과학 기술을 활용할 때 어떠한 이유로 책임감을 가져야 하며, 어느 범위까지 도덕적으로 고려해야 하는지를 묻는 문제가 출제될 수 있어요.

1. 과학 기술에 대한 책임이 필요한 이유

① 과학 기술의 결과는 정확히 예측하기 어렵고 복합적이기 때문
② 과학 기술의 영향은 광범위하고 파급력이 막대하기 때문
③ 과학 기술을 잘못 사용하면 인류나 생태계에 피해를 줄 수 있기 때문

2. 과학 기술을 책임 있게 활용하기 위한 노력

① 미래 세대를 고려하여 환경을 보존하고 생명과 생태계를 보호하며 활용해야 함
② 과학 기술의 연구와 사용은 인간 존엄성을 지키는 방향으로 이루어져야 함
③ 과학 기술을 바람직하게 사용하고 있는지에 대한 반성과 성찰의 자세가 필요함

삶의 소중함

삶을 소중하게 만드는 것

삶의 특성	• 유한성: 한 번 잃으면 되찾을 수 없고, 누구에게나 하나밖에 없음 • 고유성: 나의 삶은 나만의 고유한 것이고, 다른 것으로 대체할 수 없음
삶을 소중하게 만드는 것	• 주변 사람들과의 관계 속에서 삶의 소중함을 느낌 • 꿈이나 소망을 이루어 나가면서 삶의 소중함을 알게 됨 • 즐거움을 느끼거나 원하는 것과 좋아하는 것을 얻었을 때 삶의 기쁨을 느낌

1. 죽음의 특성

보편성	누구나 겪게 되는 한계 상황임
필연성	피할 수 없는 삶의 과정임
예측 불가능성	죽음이 언제 올지 알 수 없음
삶의 유한성	삶이 영원하지 않음을 깨닫게 해줌

2. 죽음의 도덕적 의미

① 삶의 유한성을 깨닫고 욕심과 집착에서 벗어날 수 있음
② 주어진 삶에 감사하는 마음과 겸허한 태도를 가질 수 있음
③ 자신의 삶을 반성하고 올바른 삶을 살아야겠다고 다짐할 수 있음
④ 사랑하는 사람들과 함께하는 시간을 더 값지고 감사하게 여기며 보낼 수 있음

1. 의미 있는 삶

① 개인적 차원: 자신의 삶에 의미를 부여하고 자아실현을 위해 노력하는 삶
② 사회적 차원: 규범을 지키고 사회적 역할을 수행하며 사회에 이바지하는 삶

2. 의미 있는 삶을 위한 노력

① 삶의 목표와 구체적인 계획을 세우고 실천하기
② 매 순간 긍정적 의미를 부여하고 보람과 만족 추구하기

---

04 마음의 평화

의미	몸과 마음이 느끼는 아픔
대처 방법	• 고통을 용기 있게 마주하고 변화시키기 위해 노력하기 • 생각을 긍정적으로 바꾸고, 과도한 욕심과 집착 버리기 • 비슷한 고통을 겪는 사람들과 함께 경험담 나누기 • 다른 사람의 고통에 관심을 가지고 도울 수 있는 방법 찾아보기 • 자신을 고통스럽게 하는 상황이나 잘못된 사회 제도를 개선하기 위해 노력하기

의미	부정적인 감정을 잘 다스려서 마음이 평안하고 고요한 상태
마음의 평화를 이루는 방법	• 선조들의 조언을 살피고 따르기 • 다른 사람들과 비교하면서 지나치게 욕심부리지 않기 • 역지사지의 마음을 가지고 다른 사람의 실수나 잘못을 용서하기 • 명상, 감사 일기, 독서, 여행, 음악 감상, 종교 활동 등을 일상생활에서 실천하기 • 자신의 장단점을 있는 그대로 받아들이고 부족한 점은 고쳐 나가는 긍정적인 자세 지니기

키워드 02

죽음

삶의 유한성과 관련 있는 문제가 출제되었어요.

✚ 한계 상황
우리의 의지와 능력으로 피하거나 바꿀 수 없는 상황

키워드 03

의미 있는 삶

의미 있는 삶을 위한 노력을 묻는 문제가 출제되었어요.

키워드 01

고통

고통의 의미와 대처 방법에 대해 출제될 수 있어요.

키워드 02

마음의 평화

• 용서와 마음의 평화를 연결하는 문제가 출제되었어요.
• 마음의 평화를 이루는 방법이 출제될 수 있어요.

제1회 합격예감 모의고사

01 다음 질문을 통해 알 수 있는 인간의 특성으로 가장 적절한 것은?

> • 나의 행동은 옳은 것일까?
> • 어떤 행동을 선택해야 올바른 선택인 걸까?
> • 나의 삶은 양심을 따르는 삶일까?

① 이성적 존재
② 도덕적 존재
③ 사회적 존재
④ 도구적 존재

02 사람다운 삶의 모습이 아닌 것은?

① 어려운 처지에 있는 사람들을 위해 기부하는 모습
② 약속 시간을 지키기 위해 교통 신호를 무시하는 모습
③ 주말을 이용해서 도움이 필요한 이웃을 찾아가 봉사하는 모습
④ 하루하루 시간을 소중히 여기며 계획적으로 살아가려는 모습

03 다음 글에서 평원이가 보여 주고 있는 능력은?

> 평원이는 친구가 갖고 있는 스마트폰을 너무나도 갖고 싶었다. 친구가 스마트폰을 두고 잠시 자리를 비웠을 때 몰래 훔쳐서 도망가고 싶었다. 그러나 그 뒤에 일어날 일들을 생각하니 절대 해서는 안 되는 일이라는 판단이 들었다.

① 도덕적 순발력
② 도덕적 상상력
③ 도덕적 절제력
④ 도덕적 잠재력

04 다음 밑줄 친 부분에 해당하는 도덕적 추론 과정 단계는?

> 공공질서를 지키지 않는 것은 잘못되었다. → 공공장소에서 고성방가하는 것은 공공질서를 어기는 것이다. → 공공장소에서 고성방가하는 것은 잘못되었다.

① 도덕 원리
② 사실 판단
③ 도덕 판단
④ 도덕적 동기

05 다음 글에서 설명하는 성찰의 방법에 해당하는 것은?

> 편안한 자세로 앉아 눈을 감고 나의 호흡에 집중하며 다른 잡생각을 하지 않는다.

① 명상
② 대화
③ 독서
④ 글쓰기

06 다음 내용과 관련 있는 것은?

> • 나는 사람들과 함께 있을 때 즐겁다.
> • 나는 긍정적이고 밝은 편이다.
> • 나는 서비스와 관련된 일을 하고 싶다.

① 성 정체성
② 민족 정체성
③ 문화 정체성
④ 자아 정체성

07 다음에서 공통으로 나타날 수 있는 도덕적 문제 상황은?

> • 높은 시험 점수를 받기 위해 부정 행위를 하는 것
> • 행복해지기 위해 겉을 치장하는 것

① 생명 경시
② 가치 전도
③ 쾌락의 역설
④ 물질 만능주의

08 가족 간의 도리로 적절하지 않은 것은?

① 서로 존중하고 배려한다.
② 부모님에게 감사하고 효도한다.
③ 자녀를 부모의 아바타로 여긴다.
④ 형제 간에 우애를 지니며 협력한다.

09 진정한 친구 관계와 거리가 먼 것은?

① 친구의 말을 경청하며 진심으로 대한다.
② 잘하는 것은 칭찬하고 잘못하는 것은 충고한다.
③ 친구의 기분에 상관없이 무조건 솔직하게 대한다.
④ 금란지교, 관포지교, 교우이신은 우정과 관련 있다.

10 다음 수행 평가와 관련 있는 것은?

> 〈수행 평가〉
> 내 스스로 지켜야 할 것들을 쓰시오.
> • 거짓말을 하지 않겠다.
> • 다른 사람에게 피해를 주지 않겠다.
> • 성실하고 책임감 있는 행동을 하겠다.

① 도덕 공부
② 도덕적 추론
③ 도덕적 판단
④ 도덕적 신념

11 현대 사회에서 이웃의 특징으로 적절하지 않은 것은?

① 층간 소음 문제, 주차 문제 등의 갈등을 겪는다.
② 두레를 통해 동일한 업무의 도움을 받을 수 있다.
③ 이웃과의 대화나 교류가 과거에 비해 줄어들었다.
④ 먼 거리에 있는 사람과 같은 관심사로 소통할 수 있다.

12 인간 존엄성에 대한 설명으로 적절하지 않은 것은?

① 인권은 인간 존엄성을 실현하기 위한 기본권이다.
② 편견과 선입견 없이 사회적 약자를 배려해야 한다.
③ 나라마다, 인종마다 인간 존엄성의 가치가 달리 적용된다.
④ 성별과 상관없이 자신의 능력을 발휘할 수 있을 때 양성평등이 실현된다.

13 다문화 사회에 대한 설명으로 적절하지 않은 것은?

① 문화가 다를 때 갈등이 발생할 수 있다.
② 점점 단일 문화 사회로 변화하는 추세이다.
③ 다른 문화를 대할 때 관용의 자세를 취해야 한다.
④ 교통과 통신의 발달에 따라 다문화 사회가 발달하게 되었다.

14 다음 도덕 문제에 대한 설명으로 가장 적절한 것은?

> 환경 문제, 문화의 충돌과 획일화, 평화 위협

① 대량 소비로 인한 쓰레기의 배출로 발생된다.
② 국경을 잘 지킬 때 더 빨리 해결할 수 있는 문제들이다.
③ 한 국가에서만 발생하는 문제이므로 국가 내에서 해결해야 한다.
④ 세계 시민이 직면한 문제이며 국제적 협력을 통해 해결해야 한다.

15 정보화 시대에 지켜야 할 예절로 적절하지 않은 것은?

① 다른 사람을 비방하는 글은 쓰지 않는다.
② 나의 개인 정보를 함부로 알려주지 않는다.
③ 친구의 개인 정보를 내 마음대로 인터넷에 올려 공유한다.
④ 다른 사람을 존중하는 태도를 가지고 피해를 주지 않도록 한다.

16 다음과 같은 갈등이 생기는 이유로 가장 적절한 것은?

> • 쓰레기 소각장 건설 반대
> • 자연생태체험공원 조성 찬성

① 이해관계
② 인간관계
③ 가치관
④ 사실 관계

17 다음 대화에서 용수가 갈등을 대하는 태도로 가장 적절한 것은?

> 미주: 우리 점심 뭐 먹을래?
> 용수: 너 먹고 싶은 거 먹자.
> 미주: 너도 의견이 있을 수 있잖아.
> 용수: 괜찮아, 무조건 네가 선택한 거 따를게.

① 회피형
② 타협형
③ 경쟁형
④ 순응형

18 폭력으로 나타날 수 있는 문제점이 아닌 것은?

① 인간의 존엄성이 훼손당한다.
② 신체적 고통을 준다.
③ 정신적 고통을 준다.
④ 사회 질서가 유지된다.

19 국가의 역할에 해당하는 것을 모두 고르면?

> ㄱ. 개인의 자유를 통제한다.
> ㄴ. 국민의 직업을 정해 준다.
> ㄷ. 공정한 법과 제도를 운영한다.
> ㄹ. 국민의 생명과 안전을 지켜준다.

① ㄱ, ㄴ
② ㄱ, ㄹ
③ ㄴ, ㄷ
④ ㄷ, ㄹ

20 다음 설명에 해당하는 시민의 자질은?

> 구성원들이 서로 연결되어 있다고 믿으며, 함께 더 나은 공동체를 만들기 위해 노력하려는 것을 말한다.

① 애국심
② 연대 의식
③ 준법 정신
④ 책임 의식

21 정의에 대한 설명으로 적절하지 <u>않은</u> 것은?

① 정의는 공정한 분배를 통해 이루어질 수 있다.
② 정의로운 사회는 기본적 권리가 동등하게 보장된다.
③ 인류는 오랫동안 정의를 실현하기 위해 노력해 왔다.
④ 사회적 관습을 무조건 따르는 것이 정의를 실현하는 방법이다.

22 시민 불복종의 정당화 조건에 해당하지 <u>않는</u> 것은?

① 사익이 아닌 공익을 추구해야 한다.
② 최후의 수단으로 진행되며, 처벌을 감수해야 한다.
③ 국가 권력과 싸우는 것이므로 폭력을 사용하여 진행해야 한다.
④ 법을 어기는 행위이므로 책임을 져야 한다.

23 다음 ㉠, ㉡에 들어갈 내용을 바르게 연결한 것은?

> • (㉠): 성품과 행실이 높고 맑으며 탐욕이 없음
> • (㉡): 책임이 따르는 지위에 있는 사람이 그 힘을 원칙에 어긋나게 사용하는 행위

	㉠	㉡
①	검소	부패
②	청렴	절도
③	청렴	부패
④	정직	사기

24 다음과 같은 국제 협약에 가입하는 이유로 가장 적절한 것은?

> 지구 온난화 방지를 위해 1992년 리우에서 선진국의 온실가스 배출량 감축 목표치를 규정하고 이를 규제하고 있다.

① 선진국 간의 경제적 협력을 위해
② 선진국에서 온실가스 배출량이 적기 때문에
③ 환경 문제를 일으키는 나라를 처벌하기 위해
④ 환경 문제는 전 지구적 협력을 통해 해결할 수 있기 때문에

25 통일을 이루기 위한 남북한의 자세로 적절하지 <u>않은</u> 것은?

① 점진적으로 교류하는 자세
② 다름을 인정하고 포용하는 자세
③ 공동의 번영을 위해 협력하는 자세
④ 상대를 믿지 못하고 경계하는 자세

SPEED 정답 체크

01 ②	02 ②	03 ②	04 ②	05 ①	06 ④
07 ②	08 ③	09 ③	10 ④	11 ②	12 ③
13 ②	14 ④	15 ③	16 ①	17 ④	18 ④
19 ④	20 ②	21 ④	22 ③	23 ③	24 ④
25 ④					

01 도덕에 대한 설명으로 가장 적절한 것은?

① 사회의 질서 유지를 위해 강제로 만든 규범이다.
② 양심에 따라 인간이 마땅히 지켜야 하는 규범이다.
③ 사람들이 오랫동안 함께 살아오면서 지켜지는 것이다.
④ 객관적인 규범으로 모든 사람의 일치된 행동 기준이다.

02 도덕적으로 행동하기 위해 고려해야 할 것은 모두 몇 개인가?

> ㉠ 책임감   ㉡ 배려
> ㉢ 이기심   ㉣ 정의
> ㉤ 물질적 가치

① 1개   ② 2개
③ 3개   ④ 4개

03 다음 ㉠에 들어갈 내용으로 가장 적절한 것은?

> 지민: 어제 방송하는 다큐프로그램 봤어?
> 민혁: 응, 봤어. 나쁜 사람 때문에 몸이 다친 것을 보고 화가 났고, 피해자의 마음이 이해가 되어 눈물이 났어.
> 지민: 나도 눈물이 쏟아졌어. 우리 둘 모두 그 내용에 _____㉠_____ 했기 때문인 것 같아.

① 공감   ② 냉정
③ 무시   ④ 몰두

04 다음 대화에 나타난 도덕 원리 검사 방법은?

> 갑: 개인 동영상을 만들어 올리는 사이트에 너무 자극적이고 폭력적인 영상이 많이 올라오는 것 같아.
> 을: 동영상은 개인의 자유로운 표현의 영역이지 않아?
> 갑: 모든 사람들이 자극적이고 폭력적인 영상을 만들고 그 영상을 많은 사람들이 본다고 생각해 봐.
> 을: 그러네. 만일 그렇다면 좋지 않은 결과가 만들어질 것 같아.

① 포섭 검사
② 역할 교환 검사
③ 반증 사례 검사
④ 보편화 결과 검사

05 도덕적 성찰을 하는 학생은?

① 갑: 다시 생각해 봐도 동생이 나에게 예의 없게 행동한 것 같아.
② 을: 지나가다가 세일하는 물건을 샀어야 했는데 후회돼.
③ 병: 부모님께 짜증 내는 행동을 고쳐야겠어.
④ 정: 친구에게 장난치는 것은 재미있어.

06 본받을 만한 도덕적 인물을 찾는 방법으로 가장 적절한 것은?

① 돈을 많이 버는 사람 중에서 찾는다.
② 외모가 멋지다고 생각하는 사람 중에서 찾는다.
③ 사회 활동 없이 은둔 생활하는 사람 중에서 찾는다.
④ 사회를 위해 선한 행동을 보여 주는 사람 중에서 찾는다.

07 다음 중 가장 우선적으로 추구해야 할 가치는?

① 침대
② 주택
③ 사랑
④ 보석

08 다음 중 진정한 도덕 공부를 하고 있는 학생은?

① 갑: 나의 즐거움을 위해 요리를 배운다.
② 을: 일상에서 바람직한 삶의 방향을 고민한다.
③ 병: 시험 점수를 위해 교과 내용을 암기한다.
④ 정: 운동을 통해 신체를 건강하게 하는 방법을 연구한다.

09 행복을 얻기 위한 좋은 습관을 모두 고르면?

| ㉠ 감사하기 | ㉡ 불평하기 |
| ㉢ 비교하기 | ㉣ 배려하기 |

① ㉠, ㉡
② ㉠, ㉣
③ ㉡, ㉢
④ ㉢, ㉣

10 가족 간에 바람직한 대화 방법으로 적절하지 <u>않은</u> 것은?

① 부모님: 너는 옆집 친구를 본받아야 할 것 같아.
② 자녀: 제가 빨래를 걷어서 갤게요.
③ 부부: 온종일 일하느라 고생했어요.
④ 부모님: 너의 생각을 존중해.

11 다음 이웃 간의 대화를 통해 알 수 있는 상부상조 전통은?

오늘 가구를 옮기려고 하는데 도와주실 수 있을까요? 다음 번에 저의 도움이 필요하실 때 도와드릴게요.

네, 저도 다음 주에 도움 부탁드릴게요.

① 계
② 두레
③ 향약
④ 품앗이

12 봉사에 대한 설명으로 적절하지 <u>않은</u> 것은?

① 물질적 가치로 보상받을 수 있다.
② 자신의 재능과 시간을 나누는 행위이다.
③ 다른 사람을 도우면서 행복을 느낄 수 있다.
④ 도움을 받는 사람을 존중하고 배려해야 한다.

13 다문화 사회에서 갖추어야 할 자세가 <u>아닌</u> 것은?

① 관용
② 역지사지
③ 문화 상대주의
④ 배타적 민족주의

14 환경 문제에 대한 자세로 적절하지 않은 것은?

① 환경과 관련된 NGO 활동에 관심을 갖는다.
② 다른 나라에서 벌어지는 기후 이상 현상에 관심을 갖는다.
③ 일상에서 소비를 줄이고, 쓰레기 배출을 줄이려고 노력한다.
④ 환경 문제는 일시적으로 발생되고 해결이 쉬우므로 가볍게 여긴다.

15 다음 신문 기사에 나타나 있는 도덕 문제는?

> 〈대화앱에서 이런 일이〉
>
> 　요즘 청소년들은 실제로 대화하기보다는 핸드폰 이용을 많이 합니다. 특히 문자를 많이 이용하는데, 대화앱을 이용하여 고통을 받는다고 호소하는 학생들이 늘고 있습니다. 어른들이 눈치채지 못하는 가상 공간에서 친구를 대화방에 초대해 나가지 못하게 하는 것은 물론 시도 때도 없이 친구가 모욕감을 느낄 만한 이야기를 계속적으로 한다고 합니다.
>
> — ○○ 신문 —

① 사생활 침해
② 사이버 폭력
③ 저작권 침해
④ 개인 정보 유출

16 다음 설명에 해당하는 것은?

> • 이해관계의 차이, 가치관의 차이 등 다양한 이유로 발생한다.
> • 해결 유형으로는 경쟁형, 공격형, 회피형, 타협형 등이 있다.

① 폭력
② 갈등
③ 경쟁
④ 공격

17 평화적으로 갈등을 해결하기 위해 필요한 태도가 <u>아닌</u> 것은?

① 협상
② 중재
③ 다수결의 원칙
④ 고집

18 다음 중 평화의 의미 구분이 적절하지 <u>않은</u> 것은?

> • 평화의 의미
> 　– 소극적 평화
> 　　㉠ 전쟁이나 테러가 없는 상태
> 　　㉡ 사회 구조적 차별이 없는 상태
> 　– 적극적 평화
> 　　㉢ 직접적 폭력과 간접적 폭력이 없는 상태
> 　　㉣ 인간다운 삶이 보장되는 상태

① ㉠
② ㉡
③ ㉢
④ ㉣

19 폭력에 대처하는 방법으로 적절하지 <u>않은</u> 것은?

① 폭력을 목격한 경우 피해자를 돕는다.
② 주변 사람과 관련 기관 또는 경찰에 알린다.
③ 시간이 지나면 해결될 것이므로 버티며 기다린다.
④ 가해자에게 자신의 감정을 전달하고, 그만두기를 명확히 표현한다.

20 일상에서 지킬 수 있는 준법의 자세로 적절하지 <u>않은</u> 것은?

① 청소년 출입 금지 업소에는 가지 않는다.
② 신호등의 교통신호를 잘 인지하며 따른다.
③ 불법 다운로드 사이트를 이용하여 돈을 절약한다.
④ 공공장소에서 다른 사람 허락 없이 함부로 촬영하지 않는다.

21 공정한 경쟁을 방해하는 요인은?

① 자유
② 부패
③ 평등
④ 정의

22 북한 이탈 주민을 바라보는 태도로 적절하지 <u>않은</u> 것은?

① 차별과 편견을 거두고 인격체로서 존중한다.
② 남한에 적응하는 데 겪는 어려움에 공감하고 도움을 준다.
③ 경제적, 문화적으로 도움을 줄 수 있는 사회 제도를 찾아본다.
④ 북한에 국적이 있으므로 언제든 돌아갈 수 있는 여행객으로 여긴다.

23 다음 질문에 대한 답을 바르게 연결한 것은?

> • 자연을 대하는 태도 중 환경을 오염시킬 수 있는 것은?
>   답: _____ ㉠ _____
> • 환경을 위한 소비 태도는?
>   답: _____ ㉡ _____

	㉠	㉡
①	인간 중심주의	합리적 소비
②	인간 중심주의	친환경적 소비
③	생태 중심주의	합리적 소비
④	생태 중심주의	친환경적 소비

24 과학 기술을 바람직하게 활용하는 방법은?

① 좋은 결과만을 생각하고 부작용은 간과한다.
② 동물 복지보다 인간의 복지를 위한 기술을 연구한다.
③ 현재 세대가 편리해질 수 있는 삶만을 고려하고 미래 세대는 고려하지 않는다.
④ 인류의 복지와 생태계를 위해 부정적 영향이 거의 없도록 신중하게 검토한다.

25 정의로운 사회의 모습이 <u>아닌</u> 것은?

① 구성원들이 자신의 몫을 알맞게 분배 받는다.
② 사회의 규칙과 제도를 구성원들이 잘 지킨다.
③ 사회적 지위에 따라 처벌의 강도가 달라진다.
④ 사회적 약자를 위한 시설과 제도가 마련되어 있다.

SPEED 정답 체크

01 ②	02 ③	03 ①	04 ④	05 ③	06 ④
07 ③	08 ②	09 ②	10 ①	11 ④	12 ①
13 ④	14 ④	15 ②	16 ②	17 ④	18 ②
19 ③	20 ③	21 ②	22 ④	23 ②	24 ④
25 ③					

Ñ가지 젤 중요한 개념

1 사람의 특성

도구적 존재	부족한 능력 보완을 위해 도구를 만들어 활용함
문화적 존재	언어, 사상, 예술 등 생활 양식 및 문화를 창조하고 계승함
사회적 존재	다른 사람들과 도움을 주고 받으며 더불어 살아가고자 함
이성적 존재	이성을 활용해 욕구와 충동을 절제하고 도덕적 가치를 추구함

2 욕구와 당위

욕구	• 무엇을 얻거나 무슨 일을 하고 싶어하는 것 • '~ 하고 싶다.'라고 표현됨 • 생리적 욕구, 안전의 욕구, 사회적 욕구, 존경의 욕구, 자아실현의 욕구 등
당위	• 사람으로서 해야 하는 것 또는 하지 말아야 하는 것 • '~ 해야 한다., ~ 하지 말아야 한다.'로 표현됨 • 욕구를 조절하게 해 줌

3 도덕과 양심

도덕	양심에 따르는 자율적 규범
양심	도덕적인 행동을 하도록 하는 마음의 명령

4 도덕적 행동

도덕적 행동의 어려움	도덕적 무지, 용기 부족과 이기심, 무관심과 공감 능력 결여, 강요와 사회 분위기
도덕적 상상력	도덕적 문제 상황에서 상대방의 처지를 헤아리고, 그 사람을 도울 수 있는 여러 행동을 상상하며 결과를 예측할 수 있는 능력
도덕적 추론	도덕적 문제 상황에서 도덕 원리와 사실 판단을 근거로 도덕 판단을 내리는 것
도덕적 성찰	도덕적인 관점에서 바람직하게 살기 위한 구체적 방법을 찾는 것
도덕적 신념	도덕적으로 옳다고 여기는 것을 굳게 믿고 다짐하는 마음

선생님's 조언 도덕적이라는 단어가 들어가면 옳고 그름을 따져야 하는 상황이라는 거예요. 우리는 생각을 하든, 다짐을 하든, 행동으로 옮기든 옳은 것을 선택해야 해요.

5 삶의 목적

가치의 서열	• 물질적 가치(돈, 차 등)<정신적 가치(사랑, 열정 등) • 도구적 가치(목적 달성을 위한 수단)<본래적 가치(목적 그 자체)

삶의 목적	• 살아가면서 이루고자 하는 일이나 삶의 방향 • 올바른 삶의 방향을 제시해 줌 • 삶에서 닥치는 어려움을 이겨낼 수 있는 힘을 줌
행복	일상에서 충분한 만족감과 즐거움을 느끼는 상태

6 가족 간의 도리

부부	배려와 존중
부모와 자녀	• 자애: 부모가 자녀에게 베푸는 헌신적이며 조건 없는 사랑 • 효: 자녀가 부모의 은혜에 보답하고 공경하는 마음
형제자매	우애: 형제자매 간에 정답게 협력하는 마음

7 우정

의미	친구 사이에서 나누는 정서적 유대감이나 정
고사성어	금란지교, 관포지교, 죽마고우, 교우이신, 붕우유신 등
진정한 친구의 모습	배려하는 관계, 협력의 관계, 선의의 경쟁 관계, 권면의 관계

8 청소년기 이성 교제의 영향

긍정적 영향	상대방의 성에 대한 이해를 넓히고 인격적 성장에 도움을 줌
부정적 영향	학업과 일상생활을 소홀히 하거나 동성 친구와 거리감이 생길 수 있음

9 이웃

상부상조	계(경제적 도움), 두레(마을 공동 노동 조직), 품앗이(일대일 노동 교환), 향약(마을 자치 규약)
봉사	• 이웃에게 도움이 필요할 때 자신의 시간과 재능을 이용하여 돕는 활동 • 자발성, 이타성, 무대가성, 지속성

10 원활한 공동체 생활

인간 존엄성	인간이라는 이유만으로 소중하게 대우받는 것
인권	인간의 존엄성을 지키기 위해 마땅히 보장받아야 하는 기본 권리(천부성, 보편성, 항구성, 불가침성)
사회적 약자	다른 사회 구성원보다 불리한 상황과 위치에 있어 어려움을 겪는 사람들
양성평등	남성과 여성을 성별에 따라 법적·사회적으로 차별하지 않고 인격적으로 동등하게 대우하는 것

11 문화 다양성

■ 다문화

의미	다양한 문화를 가진 사람들이 어울려 사는 사회

갈등 원인	다른 문화에 대한 이해 부족, 지식 부족으로 오해와 갈등, 편견이 생김
갈등해결 방안	다름을 인정하고 존중하며, 서로 다른 문화가 조화를 이룰 수 있도록 노력하고 관용의 자세를 가짐

■ 문화를 이해하는 태도

자문화 중심주의	자기 문화를 기준으로 삼아 다른 문화를 바라보고 평가하는 태도
문화 사대주의	다른 문화를 우수한 것으로 믿고 자신의 문화를 낮게 평가하는 태도
문화 상대주의	어떤 문화를 문화가 발생한 지역의 자연환경, 역사적 배경, 사회적 맥락 등을 고려해 이해하려는 태도

12 정보화 시대의 올바른 자세

존중	사이버 공간에서도 다른 사람의 인격, 권리, 사생활을 인정하고 존중해야 함
책임	자신의 말과 행동에 책임을 져야 함
정의	공정하고 올바른 것을 행하고 법을 준수해야 함
해악 금지	다른 사람에게 피해를 주지 않아야 함

13 갈등

해결 유형	경쟁형, 공격형, 회피형, 타협형, 순응형, 협력형
해결 방법	협상, 조정, 중재, 다수결의 원칙

14 도덕적 시민

■ 국가의 기원과 역할

국가의 기원설	• 자연 발생설 • 사회 계약설
국가의 역할	• 소극적 국가: 국민의 삶에 최소한으로 개입 • 적극적 국가: 국민의 삶에 적극적으로 개입

■ 시민 불복종

의미	부당한 법과 제도를 개선하기 위해 공개적이고 평화로운 방법으로 법을 위반하는 행위
정당화 조건	공익성, 비폭력성, 최후의 수단, 처벌 감수

15 경쟁

발생 이유	사람들이 원하는 자원은 한정되어 있기 때문에 경쟁이 벌어짐
공정한 경쟁의 조건	기회의 균등성, 과정의 공정성, 결과의 정당성

16 통일 한국

■ 통일 한국의 미래상과 통일 비용

미래상	• 자주적인 민족 국가 • 자유로운 민주 국가 • 문화적·도덕적으로 성숙한 국가 • 정의로운 복지 국가 • 국제적 위상이 높아진 국가
통일 비용	분단 비용, 통일 비용, 통일 편익

■ 통일을 위한 노력

개인적 노력	존중의 자세, 관용의 자세, 일상에서 평화적 문제 해결 습관화 등
사회적 노력	국민 인식 개선, 통일 비용 마련, 법과 제도 정비, 민족의 동질성 회복, 교류와 협력, 국제적 협조 등

17 자연관

인간 중심주의적 자연관	• 인간을 자연보다 우월하다고 여김 • 자연을 인간을 위한 도구로 여김
생태 중심주의적 자연관	• 자연이 가진 본래적 가치를 존중해야 한다고 봄 • 인간과 자연은 서로 영향을 주고받는 상호의존적 관계라고 여김

18 과학 기술

긍정적 영향	물질적 풍요, 여가 시간 증대, 인간의 활동 범위 확대, 다양한 문화의 생산과 교류, 건강 증진 등
부정적 영향	인간 소외 현상, 생명 경시 현상, 환경 파괴, 평화 위협, 빈부 격차 심화 등

19 삶의 소중함

죽음의 특성	보편성, 필연성, 예측 불가능성, 삶의 유한성
의미 있는 삶	• 개인적 차원: 자신의 삶에 의미를 부여하고 자아실현을 위해 노력하는 삶 • 사회적 차원: 규범을 지키고 사회적 역할을 수행하며 사회에 이바지하는 삶

괴로움과 즐거움을
함께 맛보면서 연마하여,
연마 끝에 복을 이룬 사람은
그 복이 비로소 오래 가게 된다.

– 채근담

④ 극단적 문화 상대주의의 문제점이다.

1인치 더 파고들기 자문화 중심주의

의미	자기 문화의 우수성만을 내세우고 다른 문화를 무시하는 태도
사례	중국의 중화사상, 19세기 서구 열강들의 백인 우월주의, 나치의 인종주의 등
장점	• 자기 문화의 주체성과 정체성을 지킬 수 있음 • 구성원의 결속을 강화시키고 사회 통합에 기여함
문제점	• 국수주의로 발전하여 국제적 고립을 초래할 수 있음 • 자문화를 다른 나라에 적용시키려는 문화 제국주의를 정당화하는 근거가 됨 • 문화 간에 갈등이 발생할 수 있음

사회	제1회				122쪽
01 ②	02 ③	03 ②	04 ④	05 ①	
06 ③	07 ③	08 ③	09 ①	10 ①	
11 ④	12 ④	13 ①	14 ⑤	15 ③	
16 ②	17 ①	18 ⑤	19 ⑤	20 ①	
21 ①	22 ①	23 ②	24 ④	25 ④	

01 ② 제시된 지도는 인터넷 전자 지도로, 컴퓨터에 입력된 디지털 지리 정보를 인터넷으로 찾아볼 수 있는 지도이다. 인터넷 전자 지도는 지도의 확대 및 축소가 쉽고, 모바일 기기 등을 이용하여 볼 수 있어 시간과 비용이 절약되며, 원하는 지점과 최단 경로 파악이 가능하다.

02 ③ 툰드라 기후 지역에서는 난방 열기로 인해 가옥이 붕괴되는 것을 방지하기 위해 고상 가옥이 발달하였다.
| 오답해설 | ①, ② 열대 기후 지역에서 고상 가옥이 발달한 이유에 해당한다.

03 ② 힌두교를 믿는 사람들은 갠지스강에서 목욕을 하거나 시신을 화장하는 의식을 치르며, 소를 신성시하여 소고기를 먹지 않는다.

04 ④ 나이지리아는 석유와 천연가스의 생산량이 많으나 자원 개발 이후 빈부 격차 및 갈등이 심화되었다. 시에라리온은 다이아몬드 생산을 둘러싼 내전이 발생하고 있는 국가이다.
| 오답해설 |
ㄱ. 우리나라, 일본, 싱가포르 등은 천연자원은 부족하지만 인적 자원을 개발하여 경제가 성장한 국가이다.
ㄴ. 노르웨이, 미국, 캐나다, 오스트레일리아 등은 풍부한 자원을 바탕으로 경제가 성장한 국가들이다.

05 ① 제시된 사례에서 선교사는 자신의 문화를 강요하는 자문화 중심주의의 태도를 보이고 있다. 자문화 중심주의는 국수주의로 발전하여 국제적 고립을 초래할 수 있다.
| 오답해설 |
② 문화 사대주의에 대한 설명이다.
③ 문화 사대주의의 문제점이다.

06 ③ 제시된 내용은 민주주의의 근본이념인 인간의 존엄성에 대한 설명이다.

07 ③ 주민 예산 참여제, 주민 소환, 주민 소송, 주민 투표, 공청회 참석, 시위나 집회 참석 등 지역 사회의 주민 참여 방법은 다양하다. 지방 의회 해산권은 존재하지 않는 권한이며 주민 참여 방법에도 해당하지 않는다.

08 ③ 제시문은 사회법에 대한 설명이다. 사회법에는 노동법, 경제법, 사회 보장법이 있다. 「근로기준법」은 노동자의 권리를 보장하기 위한 노동법에 해당한다.

1인치 더 파고들기 사회법의 종류

노동법	• 노동자와 사용자 간의 관계를 조정하고 대립 완화를 목적으로 만든 법 • 「근로기준법」, 「노동조합 및 노동관계조정법」, 「최저임금법」 등
경제법	• 기업 간의 공정한 경쟁을 유도하고, 소비자와 중소기업의 권익을 보호하기 위해 만든 법 • 「독점규제 및 공정거래에 관한 법률」, 「소비자기본법」 등
사회 보장법	• 실업, 질병, 재해, 노령, 빈곤 등으로 어려움에 처한 사람들을 돕고 모든 국민의 인간다운 생활을 보장하기 위해 만든 법 • 「국민기초생활보장법」, 「국민건강보험법」, 「장애인복지법」, 「노인복지법」 등

09 ① 제시된 기본권은 참정권이다. 참정권에는 선거권, 국

민 투표권, 공무 담임권 등이 있다. 청원권은 국가 기관에 문서로써 자신의 요구와 의견을 진술할 수 있는 권리로, 청구권에 해당한다.

10 ① 행정부 수반으로서의 대통령은 행정부 지휘 및 감독권, 국군 통수권, 고위 공무원 임면권, 법률안 제출권, 법률안 거부권 등의 권한을 지닌다. 외국과의 조약 체결은 국가 원수로서의 대통령의 권한에 해당한다.

11 ④ ㉠은 수량과 가격이 반비례하는 수요 곡선을 나타내며, ㉡은 수량과 가격이 정비례하는 공급 곡선을 나타낸다. 시장 가격(균형 가격)은 수요량과 공급량이 일치하는 지점인 500원에서 형성되며, 이때 거래량은 1,000개이다. 가격이 1,000원일 때에는 초과 공급량이 700개(1,200개 − 500개)이다.

12 ④ 제시된 개념은 국내 총생산(GDP)이다. 외국인 노동자가 우리나라에서 벌어들인 소득은 국내 총생산에 포함된다.
| 오답해설 |
① 올해 새롭게 생산한 생산물이 아니기 때문에 GDP에 포함되지 않는다.
② 시장에서 거래되지 않았기 때문에 GDP에 포함되지 않는다.
③ 외국에서 벌어들인 소득은 GDP에 포함되지 않는다.

1인치 더 파고들기 국내 총생산(GDP)의 의미

일정 기간 동안	보통 1년을 기준으로 하며, 그 해에 새롭게 생산된 것만 포함됨
한 나라 안에서	생산자의 국적에 상관없이 한 나라의 국경 안에서 생산된 것만 포함됨
최종 생산물의 가치	최종 생산물만 포함되며, 생산 과정에 투입된 중간 생산물은 포함되지 않음
시장 가격으로 계산	시장에서 거래되는 것만 포함함

13 ① 제시된 글은 힌두교도와 이슬람교도 간에 갈등이 발생하고 있는 카슈미르 지역과 관련 있다.

14 ③ 1960년대 이후 우리나라에서는 산업화에 따라 수도권과 대도시, 신흥 공업 도시 등지로 일자리를 찾아 이동하는 이촌 향도 현상이 발생하였다.

15 ③ 다국적 기업은 공간적 분업을 통해 본사·연구소는 주로 선진국에 세우고, 생산 공장은 주로 개발도상국에 세운다. 다국적 기업이 진출한 국가에서는 일자리가 증가한다.

| 오답해설 |
① 본사는 주로 정보 수집에 유리한 선진국에 위치한다.
② 생산 공장은 주로 임금이 저렴한 개발 도상국에 위치한다.
④ 다국적 기업의 수는 세계화에 따라 더욱 증가하고 있다.

16 ② 독도는 동해의 해저에서 분출된 용암이 굳어져 형성된 화산섬으로, 제주도와 울릉도보다 먼저 형성되었다. 난류의 영향으로 연교차가 작은 해양성 기후이며, 메탄 하이드레이트와 해양 심층수가 매장되어 있다. 독도는 우리나라 영토로 현재 주민과 경비대가 거주하고 있다.

17 ① 제시된 유물은 반달 돌칼로, 청동기 시대에 벼의 이삭을 자르는 데 사용된 간석기이다. 청동기 시대에는 농업의 발달로 인해 사유 재산 제도와 계급이 발생하면서 군장(지배자)이 출현하였다.
| 오답해설 |
②, ③ 신석기 시대에는 농경과 목축이 시작되었으며, 가락바퀴와 뼈바늘로 옷과 그물을 제작하였다.
④ 구석기 시대에는 주로 동굴이나 바위 그늘, 강가의 막집에 거주하였다.

18 ① 제시된 지도는 백제의 전성기인 4세기 근초고왕 시기를 나타낸 것이다. 근초고왕은 왕위의 부자 상속을 확립하였으며, 고구려의 평양성을 공격하여 고국원왕을 전사시키고 황해도 일부 지역을 차지하였다. 또한 마한 전 지역을 확보하고 가야에 영향력을 행사하였으며, 중국의 남조와 교류하고 산둥 지방, 왜의 규슈 지방까지 진출하였다. 사비 천도는 성왕의 업적으로, 백제 성왕은 6세기에 웅진에서 사비(오늘날 부여)로 천도하였다.

19 ③ 이불 병좌상은 발해의 문화재이다.
| 오답해설 |
① 경주 석굴암 본존불은 통일 신라의 문화재이다.
② 경주 불국사 3층 석탑(석가탑)은 통일 신라의 문화재이다.
④ 성덕 대왕 신종은 통일 신라의 문화재이다.

20 ① 여진족이 부족을 통일하고 세력을 확대하며 고려와 국경에서 충돌하는 일이 잦아지자, 12세기 초 윤관은 별무반을 편성하여 여진을 정벌하고 그 일대에 동북 9성을 축조하였다.

21 ① 사림이 훈구 세력의 부패와 권력 독점을 비판하기 시작하면서 훈구와 사림의 갈등이 발생하여 사림이 큰 화를

입는 사화가 일어났다. 이후 선조의 후원으로 사림 세력이 정치의 주도권을 잡았는데, 이조 전랑 임명 문제와 외척 세력의 처리 문제에 대한 입장 차이로 분열이 일어나면서 붕당이 형성되었다.

22 ① 영조는 붕당에 관계없이 인재를 고루 등용하여 탕평파를 육성하고, 붕당의 근거지인 서원을 대폭 정리하는 등의 탕평책을 실시하였다. 또한 탕평에 대한 의지를 나타내기 위해 탕평비를 건립하였다.

23 ② 제시된 비석은 흥선 대원군이 통상 수교 거부 정책의 의지를 알리기 위해 신미양요 직후 전국에 세운 척화비이다. 흥선 대원군의 통상 수교 거부 정책은 외세의 침략을 일시적으로 막아 낼 수 있었으나, 조선의 근대화를 지연시켰다는 한계점이 있다.

24 ④ 1931년 김구는 대한민국 임시 정부의 침체를 극복하고 활로를 모색하기 위해 중국 상하이에서 한인 애국단을 조직하였다. 한인 애국단의 단원인 이봉창은 일본 도쿄에서 일왕의 마차에 폭탄을 던졌으며, 윤봉길은 상하이 홍커우 공원에서 열린 일본군의 상하이 전승 기념식장에 폭탄을 던졌다. 특히, 윤봉길의 의거는 중국 국민당 정부가 대한민국 임시 정부를 지원하는 계기가 되었다.

25 ④ 미국의 애치슨 선언으로 남한에서 미군이 철수한 상황에서 북한은 소련과 비밀 군사 협정을 체결한 후 중국과 소련의 지원을 약속받으며 전쟁을 준비하였다. 그 후 1950년 6월 25일 기습적인 남침으로 전쟁을 일으켰다(6·25 전쟁, 1950~1953).
| 오답해설 |
ㄱ. 유신 체제는 1972년 10월 유신의 선포로 초헌법적인 대통령권을 규정한 박정희 정부의 독재 체제를 말한다.
ㄴ. 6·29 민주화 선언은 6월 민주항쟁의 결과, 당시 민주정의당(민정당) 노태우 후보가 국민의 대통령 직선제 및 민주화 요구를 수용한다고 밝힌 선언이다.

01	②	02	③	03	①	04	④	05	④
06	②	07	③	08	②	09	①	10	②
11	④	12	④	13	②	14	②	15	③
16	②	17	①	18	②	19	①	20	④
21	①	22		23	④	24	②	25	①

01 ② 집의 범위는 좁은 공간에 해당하기 때문에 랜드마크, 주소(행정 구역), 지형지물 등을 이용하여 위치를 나타내는 것이 적절하다.
| 오답해설 | ①, ③, ④ 넓은 공간의 위치를 설명할 때 사용하는 방법이다.

02 ③ 제시된 그래프는 서울의 기후 그래프로, 서울은 온대 계절풍 기후 지역이다. 온대 계절풍 기후 지역은 대륙의 동안에 위치하여 계절풍의 영향을 많이 받아 여름에는 고온 다습하고, 겨울에는 춥고 건조한 편이다.

03 ① 고기 습곡 산지는 오랜 침식으로 낮고 지각이 안정적이며, 스칸디나비아산맥, 우랄산맥, 애팔래치아산맥 등이 대표적이다. 신기 습곡 산지는 형성 시기가 오래되지 않아 높고 지각이 불안정하며, 알프스산맥, 히말라야산맥, 로키산맥, 안데스산맥이 대표적이다.

1인치 더 파고들기 세계의 주요 산맥

04 ④ A 지역은 사헬 지대로, 사하라 사막 남부의 초원 지대를 말한다. 사헬 지대에서는 지나친 관개 농업의 실시로 사막화가 진행되면서 식량 부족 및 기아 문제가 발생하고 있다.

05 ④ 콩고 민주 공화국은 첨단기기에 들어가는 콜탄이 풍부하지만 자원을 둘러싼 오랜 기간의 내전으로 주민 생활이 어려워지고, 열대 우림의 생태 환경이 파괴되고 있다.
| 오답해설 |
① 풍부한 자원을 바탕으로 경제가 성장한 국가이다.
②, ③ 자원은 풍부하지만 어려움을 겪는 국가들이다.

06 ② 문화는 학습성, 공유성, 변동성, 축적성, 전체성의 속성을 지닌다. 문화는 시대의 흐름에 따라 새로운 문화가 추가되거나 끊임없이 변화하며 변동된다.

1인치 더 파고들기 문화의 속성

학습성	문화는 타고나는 것이 아니라 후천적으로 배우는 것임
공유성	문화는 한 사회의 구성원들이 공통적으로 가지고 있는 생활 양식임
변동성	문화는 새로운 문화가 추가되거나 사라지는 등 끊임없이 변화하는 것임
축적성	문화는 언어와 문자 등을 통해 다음 세대로 전승되면서 점차 풍부해짐
전체성	문화 요소들은 서로 밀접하고 긴밀하게 연결되어 하나의 전체를 이루고 있음

07 ③ 현대 민주 정치는 보통 선거의 실시로 일반 대중이 정치에 참여하는 대중 민주주의이며, 국민의 대표를 선출하여 국민의 의사를 대신 결정하는 대의 민주주의이다. 또한 정보 통신 기술의 발달로 인해 전자 민주주의가 발달하고 있다.

08 ② 제시된 재판은 개인 간의 다툼을 다루는 민사 재판이다. 민사 재판에는 판사, 원고, 피고, 소송 대리인(변호사)이 참여한다. 검사는 형사 재판의 참여자로, 형사 재판에서의 원고는 검사가 된다.

09 ① 국가 인권 위원회는 일상생활에서 인권 침해나 차별을 당했을 때 이에 대한 구제를 담당하는 인권 전담 기구이자 입법, 사법, 행정 어디에도 속하지 않은 독립 기구이다. 국가 인권 위원회는 인권 침해의 소지가 있는 법령이나 제도의 문제점을 조사하여 개선할 것을 권고하거나 의견을 제시할 수 있다.
| 오답해설 |
② 국민 권익 위원회는 공권력의 부패 예방을 통해 국민의 권리를 보호하는 기관이다.
③ 언론 중재 위원회는 언론 기관의 잘못된 보도로 권리를 침해당했을 경우 구제하는 기관이다.
④ 대한 법률 구조 공단은 법률 상담 등의 도움을 주는 기관이다.

10 ② 법원은 재판의 전제가 되는 법률이 헌법에 위반되었을 경우 헌법 재판소에 위헌 법률 심판을 제청할 수 있다.
| 오답해설 |
① 헌법 재판소의 권한이다.
③ 국회의 권한이다.
④ 대통령의 권한이다.

11 ④ (가)의 보험 상품 구입은 소비에 해당하고, (나)의 스마트폰 판매는 생산에 해당한다.

12 ④ 제시문에서는 통화량 증가로 인해 화폐 가치가 하락하면서 인플레이션 현상이 발생한 경우를 보여 준다. 인플레이션이란 물가가 일정 기간 동안 지속적으로 오르는 현상을 말한다.

1인치 더 파고들기 인플레이션의 발생 원인

총수요 > 총공급	가계의 소비, 기업의 투자, 정부의 재정 지출이 증가할 경우 총수요가 증가하는데, 총공급이 이에 미치지 못할 경우 물가가 상승함
생산비 상승	임금이나 원자재의 가격 상승 등으로 생산비가 상승할 경우 물가가 상승함
통화량 증가	시중에 공급되는 통화량이 많아지면 화폐의 가치가 하락하고 물가가 상승함

13 ② 동북공정은 소수 민족의 독립을 차단하고 현재 영토를 확고히 하기 위해 중국 정부가 추진해 온 역사 왜곡 사업으로, 우리나라의 역사인 고조선, 고구려, 발해의 역사를 중국사로 편입시키고자 한다. 자원을 얻기 위해 영유권을 주장하는 것은 일본의 독도 영유권 주장에 대한 설명이다.

14 ② 제시된 (가), (나) 도시들은 거주민의 삶의 질이 높아 살기 좋은 대표적인 곳이다. 살기 좋은 도시는 쾌적한 환경, 다양한 문화 공존, 정치 안정과 낮은 범죄율 등의 특징을 보인다.

15 ③ 선진국은 환경 규제가 엄격하며 쾌적한 환경에 대한 요구도 높다. 반면에 아시아 · 아프리카 등지는 비교적 규제가 심하지 않아 선진국 기업들은 공해를 유발하는 산업 등을 이전하고 있다. 미국은 환경 문제 유발 산업을 유출시키는 국가에 해당한다.

16 ② 제시된 지역은 대표적인 종교 분쟁 지역이다. 팔레스타인 지역은 유대교도와 이슬람교도, 카슈미르 지역은 힌두교도와 이슬람교도 간의 분쟁 지역이다.

17 ④ (가)는 부여, (나)는 고구려, (다)는 옥저, (라)는 동예이다. 책화는 다른 부족의 영역을 침범하면 노비나 소, 말 등으로 갚게 한 동예의 풍속이다.

18 ② 신라 내물왕 시기에는 대군장의 의미인 '마립간'이라는 왕호가 사용되었고, 김씨의 왕위 세습이 이루어졌다. 또한 고구려 광개토 대왕의 도움으로 신라에 침입한 왜군을 격퇴하였다.

① 지증왕은 '신라'라는 국호를 사용하고 지배자의 칭호로 중국식 칭호인 '왕'을 사용하였다. 또한 지증왕 시기에는 우산국(울릉도)을 정벌하여 신라의 영토로 편입시켰다.

③ 법흥왕은 율령을 반포하고 불교를 공인하였으며, 금관가야를 병합하였다.

④ 진흥왕은 화랑도를 국가적 조직으로 개편하고, 한강 유역을 확보하였으며, 대가야를 정복하였다.

19 ① 신문왕은 진골 귀족들의 경제적 기반을 약화시켜 강력한 전제 왕권을 확립하기 위해 귀족들에게 관료전을 지급하고 녹읍을 폐지하였다.

1인치 더 파고들기　　신라 신문왕의 업적

- 귀족들의 반란을 진압하고 강력한 전제 왕권 확립
- 학문적·정치적 조언자로 6두품 등용
- 관료전 지급, 녹읍 폐지 → 진골 귀족들의 경제적 기반 약화, 국가 재정 확보
- 지방 제도 정비(9주 5소경), 군사 제도 정비(9서당 10정), 유학 교육 장려(국학 설립)

20 ④ 권문세족은 원 간섭기에 원과 관련되어 권세를 얻은 친원 세력으로, 음서를 통해 고위 관직을 독점하였고 백성의 토지를 약탈하여 대농장을 소유하고 몰락한 농민을 노비로 삼았다. 공민왕이 개혁 정치를 위해 등용한 세력은 신진 사대부이다.

21 ① 무오사화란 훈구 세력이 사초에 실린 김종직의 「조의제문」을 구실로 사림에게 피해를 입힌 사건이다.

1인치 더 파고들기　　사화

연산군	무오사화 (1498)	사초에 실린 김종직의 「조의제문」을 구실로 훈구파가 사림파에 대해 일으킨 사화
	갑자사화 (1504)	연산군의 생모인 폐비 윤씨 사사 사건의 주모자 처벌
중종	기묘사화 (1519)	훈구 세력이 조광조의 급진적인 개혁에 반발하여 조광조 등 사림을 제거
명종	을사사화 (1545)	외척들 간의 권력 다툼 → 사림 세력의 피해

22 ④ 조선 후기에 군역이 균역법으로, 전세가 영정법으로, 공납이 대동법으로 개편되었다.

1인치 더 파고들기　　조선 후기 조세 제도의 변화

군정	균역법	군포를 1년에 2필에서 1필로 줄여 줌
전정	영정법	풍흉에 관계없이 토지 1결당 쌀 4~6두 징수
공납	대동법	집집마다 거두던 토산물 대신 토지 1결당 쌀 12두 또는 옷감, 동전으로 징수

23 ④ 밑줄 친 '이 단체'는 신민회이다. 신민회는 실력 양성을 통한 국권 회복과 공화정을 추구한 애국 계몽 단체이다. 신민회는 대성 학교, 오산 학교 등 민족 교육 기관을 설립하고 태극 서관과 자기 회사를 운영하여 민족 산업을 육성하려 하였으며, 만주 삼원보에 독립운동 기지를 건설하고 신흥 강습소를 세웠다.

24 ② 제시된 신문 기사는 3·1 운동 이후 국내 최대 규모의 민족 운동이었던 광주 학생 항일 운동에 대한 내용이다.

①, ④ 6·10 만세 운동에 대한 설명이다.

③ 신간회는 민중 대회를 열어 광주 학생 항일 운동을 전국으로 확산시키려 하였다.

25 ① 1960년에 3·15 부정 선거를 계기로 4·19 혁명이 일어났다. 4·19 혁명의 결과 이승만 대통령이 하야하면서 내각 책임제로 개헌되었고, 이후 장면 내각이 수립되었다.

01	③	02	③	03	①	04	②	05	②
06	②	07	①	08	①	09	③	10	①
11	③	12	①	13	①	14	④	15	③
16	②	17	③	18	①	19	②	20	④
21	①	22	②	23	④	24	①	25	①

01 ③ 입사각과 반사각의 크기는 같다. 레이저 빛과 법선 사이의 입사각은 $90° - 30° = 60°$이므로, 반사각도 $60°$이다.

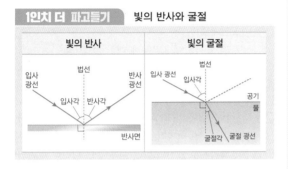
1인치 더 파고들기 빛의 반사와 굴절

02 ③ A는 열을 잃어 온도가 낮아지고, B는 열을 얻어 온도가 높아져 열평형 상태를 유지한다.

03 ① 자유 낙하 운동은 지면 방향(중력 방향)으로 속력이 일정하게 증가하는 운동이다.

04 ② 운동 에너지는 $\frac{1}{2} \times$ 질량 $\times$ (속력)$^2 = \frac{1}{2} \times 10 \times 2^2 = 20J$이다.

1인치 더 파고들기 위치 에너지와 운동 에너지

위치 에너지	중력에 의한 위치 에너지 $= 9.8 \times$ 질량 $\times$ 높이
운동 에너지	운동 에너지 $= \frac{1}{2} \times$ 질량 $\times$ (속력)^2
역학적 에너지	위치 에너지 + 운동 에너지

05 ② 액체나 기체 입자들이 직접 이동하여 열을 전달하는 이동 방법은 대류이다.
| 오답해설 |
① 전도는 입자들의 운동이 이웃한 입자로 전달되어 열이 이동하는 방법이다.
③ 복사는 물질을 이루는 입자의 운동 없이 열이 직접 이동하는 방법이다.
④ 단열은 전도, 대류, 복사에 의한 열의 이동을 막는 것이다.

06 ② 전력량은 전력과 시간의 곱으로, 40Wh의 전력량을 사용하였으므로 소비 전력이 20W인 전기다리미를 2시간 사용하였음을 알 수 있다.
40Wh $= 20W \times$ 사용 시간 $\rightarrow$ 사용 시간 $= 2h$

07 ① 물 분자는 수소 원자 2개와 산소 원자 1개로 이루어져 있다. 원소들 중 가장 가벼운 원소는 수소이다.

08 ① 산소는 순물질이므로 물질의 특성이 일정하다. 식초, 공기, 우유는 두 가지 이상의 물질이 섞여있는 혼합물이므로 혼합 비율에 따라 물질의 특성이 달라진다.

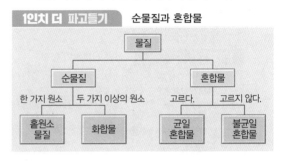
1인치 더 파고들기 순물질과 혼합물

09 ③ 가열 시 융해가 되는 온도는 녹는점, 기화가 되는 온도는 끓는점이다. 따라서 끓는점에 해당하는 온도는 C이다.

10 ① 기체는 일정한 압력에서 온도가 높아지면 부피가 일정한 비율로 증가하고, 온도가 낮아지면 부피가 일정한 비율로 감소한다. 이를 설명하는 것이 샤를 법칙이다.

11 ③ 제시된 상태 변화는 기화이다. 기화는 주위의 열에너지를 흡수하여 주위 온도가 낮아지게 되고, 입자의 운동은 빨라지며 입자 배열은 불규칙적으로 변하게 된다.

12 ① 발열 반응 시에는 열에너지를 방출하므로 주변의 온도가 높아진다. 휴대용 손난로는 열에너지를 방출하여 따뜻해지는 발열 반응의 예이다.
| 오답해설 | ②, ③, ④ 열에너지를 흡수하여 주변의 온도가 낮아지는 흡열 반응의 예이다.

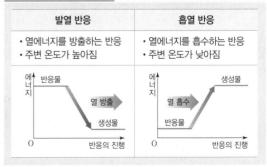
1인치 더 파고들기 발열 반응과 흡열 반응

13 ① 광합성량은 온도가 증가할수록 증가하다가 급격히 감소하게 된다.

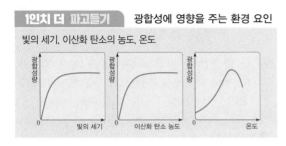

1인치 더 파고들기 **광합성에 영향을 주는 환경 요인**

빛의 세기, 이산화 탄소의 농도, 온도

14 ④ 심실은 혈액이 나가는 곳이고, 심방은 혈액이 들어오는 곳이다.

15 ③ 체세포 분열 과정 중 중기에 염색체가 세포 중앙에 배열되고, 염색체에 방추사가 부착된다.

16 ② 간뇌는 항상성을 조절하는 중추이다.
| 오답해설 |
① 대뇌는 고등 정신 활동을 담당한다.
③ 소뇌는 몸의 균형 유지를 담당한다.
④ 척수는 무의식적 반응의 중추 기능을 담당한다.

17 ③ 들숨 시 갈비뼈가 올라가고, 가로막이 내려간다. 이때 흉강이 넓어지고 압력이 낮아지면서 폐로 공기가 들어오게 된다.

18 ① 수정란의 발생 초기 세포 분열을 난할이라고 하며, 난할 시 세포 수는 늘어나지만 세포 하나의 크기는 점점 작아지며, 전체적인 크기는 수정란과 비슷하게 유지된다.

19 ② 입에서 분비되는 소화 효소는 아밀레이스이다. 아밀레이스는 녹말을 분해한다.
| 오답해설 | 펩신은 위에서 분비되며, 단백질을 분해한다.

20 ④ 파도는 수권에 의한 작용이고, 파도에 의하여 해안 절벽이 만들어진 것은 지권의 변화이다. 따라서 수권과 지권의 상호 작용이다.

21 ① 황도 12궁은 천구상에서 태양이 지나는 길에 위치한 12개의 별자리이다. 12월에 태양이 지나는 위치에 있는 별자리는 전갈자리이다. 따라서 한밤중에 가장 잘 볼 수 있는 별자리는 황소자리이며, 12월에 볼 수 없는 별자리는 태양과 같은 위치에 있는 전갈자리이다.

22 ② 판은 맨틀의 대류에 의해 서서히 움직이는데, 이때 판의 경계에서 판들이 멀어지고, 어긋나고, 부딪치면서 지진과 화산 같은 지각 변동이 일어난다.

23 ④ 암석이 높은 열과 압력을 받아 성질이 변한 암석을 변성암이라 하고, 그 특징으로 엽리와 재결정이 있다.
| 오답해설 |
①, ② 화산암과 심성암은 화산 활동에 의해 만들어진 화성암이다.
③ 퇴적암은 퇴적물이 다져지고 굳어져 만들어진 암석이다.

24 ① 태양 활동이 활발해지면 흑점 수가 늘어나고, 태양풍이 강해진다. 그리고 지구에서 오로라가 넓은 지역에 발생하고, 자기 폭풍이나 델린저 현상이 발생한다.

25 ① 우주 공간은 중심 없이 모든 방향으로 균일하게 팽창하고 있다. 빅뱅 우주론에 따르면 과거의 우주는 지금보다 크기가 작고, 온도가 높았을 것이다.

01	②	02	③	03	③	04	③	05	①
06	①	07	③	08	③	09	④	10	④
11	③	12	③	13	③	14	③	15	①
16	①	17	①	18	③	19	①	20	②
21	①	22	②	23	④	24	④	25	④

01 ② 시간 − 이동 거리 그래프의 기울기는 속력을 나타낸다. 3초 동안 60 m를 이동하였으므로 평균 속력은 20 m/s 이다.

02 ③ 입사된 빛과 법선 사이의 각인 A는 입사각이고, 굴절이 된 빛과 법선 사이의 각인 C는 굴절각이다.

03 ③ 옴의 법칙에 따라 전류와 저항의 곱은 전압의 값이다. 따라서 전기 회로에 흐르는 전류의 값은 3A이다.
$V = IR$, $6V = I \times 2\Omega$, $I = 3A$

04 ③ 진동수가 클수록 높은 소리가 나고, 진폭이 클수록 큰 소리가 난다.

1인치 더 파고들기   소리의 3요소

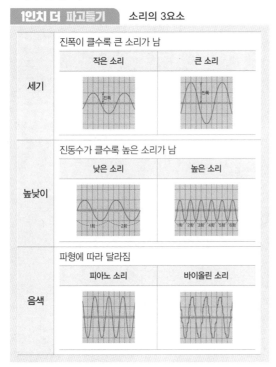

05 ① 털가죽으로 문지른 에보나이트 막대는 (−)전하로 대전되었으므로 에보나이트 막대를 금속판에 가까이 가져가면 금속박이 벌어진다.

| 오답해설 |
② 금속판은 (+)전하를 띤다.
④ 금속판과 에보나이트 막대 사이에는 끌어당기는 힘이 작용한다.

06 ① 각 지점의 역학적 에너지의 값은 40J로 같다. B 지점에서 위치 에너지가 15J이므로 운동 에너지는 40−15=25J이 된다. 따라서 (가)는 25J, (나)는 40J이다.

07 ③ 물질을 이루고 있는 입자가 스스로 움직여 퍼지는 현상을 확산이라고 한다.

08 ③ 온도가 일정할 때 기체의 부피는 압력에 반비례한다. 1기압일 때 부피가 15L이므로, 압력이 3배가 되었을 때 기체의 부피는 $\frac{1}{3}$로 감소해야 한다. 따라서 3기압일 때 부피는 5L이다.

1인치 더 파고들기   보일 법칙과 샤를 법칙

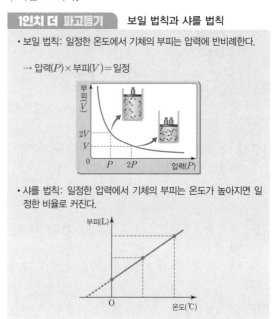

• 보일 법칙: 일정한 온도에서 기체의 부피는 압력에 반비례한다.
   → 압력(P) × 부피(V) = 일정

• 샤를 법칙: 일정한 압력에서 기체의 부피는 온도가 높아지면 일정한 비율로 커진다.

09 ④ 열에너지를 흡수하는 상태 변화는 융해, 기화, 승화 (고체 → 기체)이다. 풀잎에 이슬이 맺히는 것은 열에너지를 방출하는 액화에 해당한다.
| 오답해설 |
① 얼음이 녹는 것은 융해이다.
② 젖은 빨래가 마르는 것은 기화이다.
③ 드라이아이스의 크기가 작아지는 것은 승화(고체 → 기체)이다.

10 ④ 물(H_2O) 분자 1개는 H(수소 원자) 2개와 O(산소 원자) 1개로 이루어져 있다.

11 ③ 수소 이온과 칼륨 이온은 전자를 1개, 구리 이온은 전자를 2개, 알루미늄 이온은 전자를 3개 잃어 생성된다.

양이온		음이온	
수소 이온	H^+	플루오린화 이온	F^-
구리 이온	Cu^{2+}	아이오딘화 이온	I^-
칼륨 이온	K^+	염화 이온	Cl^-
은 이온	Ag^+	수산화 이온	OH^-
칼슘 이온	Ca^{2+}	탄산 이온	CO_3^{2-}
알루미늄 이온	Al^{3+}	질산 이온	NO_3^-

12 ③ 반응 전 마그네슘과 산소의 질량의 합은 반응 후 만들어진 산화 마그네슘의 질량과 같다(질량 보존 법칙).
따라서 $6g+A=10g$에서 $A=4g$이다.

13 ③ 곰팡이와 버섯은 균계에 속하며, 핵과 세포벽을 가진다. 균계에 속한 생물들은 엽록체가 없어 광합성을 하지 못한다.

- 원핵생물계: 대장균, 젖산균 등
- 원생생물계: 다시마, 아메바 등
- 균계: 푸른곰팡이, 누룩곰팡이, 버섯 등
- 식물계: 고사리, 이끼, 단풍나무 등
- 동물계: 새, 붕어, 호랑이 등

구분	원핵생물계	원생생물계	균계	식물계	동물계
핵	×	○	○	○	○
세포벽	○	⊠	○	○	×
운동성	⊠	⊠	×	×	○
광합성	⊠	⊠	×	○	×

14 ③ 기공은 공변세포 2개로 둘러싸여 있으며, 공변세포의 모양에 따라 기공이 열리고 닫힌다.

15 ① 광합성은 식물 세포의 엽록체에서, 호흡은 살아 있는 모든 세포의 미토콘드리아에서 일어난다.

16 ① 식사 후 혈당량이 높을 때 분비되는 호르몬은 인슐린이다. 혈당량이 높을 때 이자에서 인슐린이 분비되어 포도당을 간에서 글리코젠으로 바꾸어 저장하며 혈당량이 낮아진다.

| 오답해설 |
② 글루카곤은 혈당을 높이는 호르몬이다.
③ 항이뇨 호르몬은 콩팥에서 수분의 재흡수를 촉진하는 호르몬이다.
④ 에스트로겐은 여성 호르몬이다.

17 ① 동맥혈은 좌심방, 좌심실, 대동맥, 폐정맥에 흐르며, 정맥혈은 우심방, 우심실, 폐동맥, 대정맥에 흐른다.

18 ③ 홍채는 동공의 크기를 변화시켜 눈으로 들어오는 빛의 양을 조절한다.
| 오답해설 |
① 수정체는 빛을 굴절시켜 망막에 상이 맺히도록 한다.
② 각막은 홍채의 바깥을 감싸는 투명한 막이다.
④ 망막은 물체의 상이 맺히는 곳으로, 시각 세포가 분포되어 있다.

19 ① 사구체의 높은 압력으로 혈액이 보먼 주머니로 걸러지는 과정을 여과라고 한다.
| 오답해설 |
② 재흡수는 세뇨관에서 다시 모세 혈관으로 포도당, 아미노산 등이 흡수되는 과정이다.
③ 분비는 사구체에서 미처 여과되지 못한 노폐물 일부가 모세 혈관에서 세뇨관으로 이동하는 과정이다.

20 ② 퇴적물이 쌓여 만들어진 암석은 퇴적암이다. 퇴적암 중 셰일은 진흙이 퇴적되어 만들어진 것이다.
| 오답해설 |
① 편마암은 변성암이다.
③, ④ 현무암과 화강암은 화성암이다.

21 ① A는 혼합층으로 바람의 영향으로 해수가 섞여 수온이 일정한 구간이다. 바람이 강할수록 두껍게 발달하고, 저위도 부근에서는 태양 에너지의 영향이 커 수온이 높다.

- 혼합층(A): 수온이 높고 바람에 의해 해수가 섞여 수온이 일정하다. 바람이 강할수록 두껍게 발달한다.
- 수온 약층(B): 수심이 깊을수록 수온이 급격히 낮아지고, 해수가 잘 섞이지 않는다.
- 심해층(C, D): 수온이 낮고 연중 일정하다. 위도에 따른 수온 차이가 거의 없다.

22 ② 염분이 32‰이라는 것은 바닷물 1kg(1,000g)에 염류가 32g이 들어있다는 의미이다. 따라서 500g의 바닷물에는 16g의 염류가 들어있다.

23 ④ 열권(D)은 태양 에너지에 의해 직접 가열이 일어나 높이에 따라 기온이 상승하고, 공기가 희박하며, 낮과 밤의 기온 차가 가장 크다. 또한 오로라가 나타난다.

24 ④ 흑점과 쌀알 무늬는 태양의 표면(광구)에서, 코로나는 태양의 대기에서 관측된다.

25 ④ 태양, 시리우스, 베가는 절대 등급보다 겉보기 등급이 작은 숫자이므로 10pc보다 가까이 있는 별이다. 반면, 리겔은 절대 등급이 겉보기 등급보다 작은 숫자이므로 10pc보다 멀리 있는 별이다.

1인치 더 파고들기 별의 등급과 거리 관계

겉보기 등급 > 절대 등급	• 10pc보다 멀리 있는 별 • 겉보기 등급－절대 등급 > 0
겉보기 등급 = 절대 등급	• 10pc에 있는 별 • 겉보기 등급－절대 등급 = 0
겉보기 등급 < 절대 등급	• 10pc보다 가까이 있는 별 • 겉보기 등급－절대 등급 < 0

도덕 제1회 234쪽

01	②	02	②	03	②	04	②	05	①
06	④	07	②	08	③	09	③	10	④
11	②	12	③	13	②	14	④	15	③
16	①	17	④	18	④	19	④	20	②
21	④	22	③	23	③	24	④	25	④

01 ② 제시된 질문들은 자신이 스스로 올바른 행동을 선택했는지를 반성하는 질문들이다. 이를 통해 인간의 도덕적 존재로서의 특성을 알 수 있다.

| 오답해설 |

① 이성적 존재는 이성을 활용하여 욕구와 충동을 절제하는 특성을 말한다. 제시된 질문들은 자신의 행동에 대해 선악을 판단하는 구체적인 질문들이므로 도덕적 존재의 특성을 더 잘 보여 준다.

③ 사회적 존재는 다른 사람들과 도움을 주고받으며 더불어 살아가는 특성을 말한다.

④ 도구적 존재는 부족한 능력 보완을 위해 도구를 만들어 활용하는 특성을 말한다.

02 ② 사람다운 삶의 모습은 곧 도덕적인 삶의 모습이다. 스스로 옳은 행동을 실천하고, 자신의 행동을 책임지며, 다른 사람을 존중하는 모습이 바람직하다. 교통 신호를 무시하는 행동은 위법 행위에 해당한다.

03 ② 평원이가 잘못된 행동을 하지 않으려고 마음 먹은 것은 미래에 벌어질 일들을 상상했기 때문이다. 이는 도덕적 행동을 하도록 해 주는 능력인 도덕적 상상력과 관련 있다.

1인치 더 파고들기 도덕적 상상력의 요소

• 도덕적 민감성: 문제 상황을 인식하는 것
• 공감 능력: 다른 사람의 감정과 입장을 이해하는 것
• 결과 예측 능력: 나의 행동이 미치는 영향을 생각해 보는 것

04 ② 공공장소에서 시끄럽게 소리를 지르고 노래를 부르는 행위는 공공질서를 어기는 일로, 현재의 문제 상황을 인식하는 것이다. 이는 사실 판단에 해당한다.

| 오답해설 |

① 도덕 원리는 가장 보편적인 도덕적 행동 기준을 의미한다.

③ 도덕 판단은 가치 판단 중 사람의 인품과 행동을 판단하는 것이다.

- 사실 판단: 객관적인 사실을 참과 거짓으로 구분
- 가치 판단: 개인의 주관적인 생각이 반영된 판단
- 도덕 판단: 가치 판단 중 사람의 인품과 행동에 대한 판단

05 ① 성찰은 도덕적인 관점에서 바람직하게 살기 위한 구체적 방법을 찾는 것이다. 성찰은 여러 가지 방법으로 이루어지는데, 제시된 성찰의 방법은 명상하기에 해당한다.

06 ④ 제시된 내용은 자신의 고유한 특성에 대해 이해하는 것이다. 자신에 대해 알아가는 과정에서 스스로 얻게 되는 자기 인식을 자아 정체성이라고 한다.

07 ② 가치의 우선순위가 바뀌어 높은 가치보다 낮은 가치를 추구해 발생하는 문제를 가치 전도라고 한다. 가치 전도는 본래적·정신적 가치보다 도구적·물질적 가치를 우선시할 때 발생할 수 있다.

| 오답해설 |
① 생명 경시는 생명을 가볍게 여기는 태도이다.
③ 쾌락의 역설은 쾌락을 지속적으로 추구하면 반대로 고통으로 변질될 수 있다는 것을 말한다.
④ 물질 만능주의는 물질, 즉 돈으로 모든 것을 해결할 수 있다고 보는 태도이다.

08 ③ 아무리 친밀한 사이의 가족이라도 서로의 존재를 존중하는 태도가 중요하다. 부모가 자녀를 아바타로 여기는 것은 자녀를 종속적 존재로 여기는 것이므로 옳지 않다.

- 자애: 부모가 자녀에게 베푸는 헌신적이며 조건 없는 사랑
- 효: 자녀가 부모의 은혜에 보답하고 공경하는 마음
- 우애: 형제자매 간에 정답게 협력하는 마음

09 ③ 친구를 위하는 솔직함이더라도 친구의 감정이 상한다면 오랫동안 좋은 관계를 유지할 수 없다. 따라서 친구에게 무조건 솔직하게 대하는 것은 진정한 친구 관계와 거리가 멀다.

10 ④ 도덕적으로 옳다고 여기는 것을 굳게 믿고 다짐하는 것을 도덕적 신념이라고 한다. 수행 평가에서 지켜야 할 것을 다짐하고 있으므로 제시된 수행 평가와 관련 있는 것은 도덕적 신념이다.

| 오답해설 |
① 도덕 공부는 사람의 도리를 알아가는 모든 과정이다.
② 도덕적 추론은 문제 상황에서 도덕적 판단을 내리기 위해 노력을 기울이는 과정이다.
③ 도덕적 판단은 기준에 따라 옳고 그름을 결정하는 것이다.

11 ② 두레는 전통 사회의 상부상조 모습으로, 마을 사람들이 함께 농사를 돕는 것을 말한다. 현대 사회에서의 이웃의 특징으로는 적절하지 않다.

12 ③ 인간 존엄성은 인간이라는 이유만으로 소중하게 대우받는 것이다. 나라와 인종에 상관없이 보편적으로 추구해야 할 가치이다.

13 ② 현대에는 교통과 통신의 발달로 다양한 문화가 섞여서 또 다른 새로운 문화를 만들어 내고 있으므로 전 세계가 단일 문화 사회로 변화하고 있다는 설명은 적절하지 않다.

14 ④ 제시된 문제들은 한 국가만의 문제가 아닌 지구 공동체의 문제이다. 한 국가의 힘으로만 해결하기가 힘들기 때문에 전 세계가 함께 해결해야 한다.

15 ③ 사이버 공간에서도 다른 사람의 인격, 사생활 등을 존중해야 하고 타인에게 피해를 주지 않아야 한다. 따라서 친구의 개인 정보를 다른 사람들과 공유하는 것은 절대 해서는 안 되는 일이다. 타인에 의해 개인 정보가 악용되는 경우가 많으므로 자신의 개인 정보든 타인의 개인 정보든 인터넷에 공유해서는 안 된다.

16 ① 쓰레기 소각장 건설을 반대하는 것은 손해가 발생할 수 있기 때문이고, 자연생태체험공원 조성을 찬성하는 것은 이익이 발생되기 때문이다. 이는 이해관계에 따른 차이로 인해 갈등이 발생할 수 있음을 보여 준다.

| 오답해설 |
② 인간관계 갈등은 사람 사이에 오해와 편견으로 발생한다.
③ 가치관 갈등은 서로 가지고 있는 가치관이 달라서 발생한다.
④ 사실 관계 갈등은 정보와 자료 등을 다르게 해석하면서 발생한다.

17 ④ 용수는 미주의 의견을 무조건 따르고 있다. 이는 상대방의 입장을 그대로 받아들이면서 문제를 해결하는 유형인 순응형이다.

| 오답해설 |

① 회피형은 문제가 없는 것처럼 문제 상황 자체를 무시하고 외면하는 태도로 갈등을 미루는 유형이다.

② 타협형은 중간적인 입장을 추구하며 문제를 빨리 해결하려는 유형이다.

③ 경쟁형은 상대방의 희생을 요구하는 유형이다.

18 ④ 폭력은 사회 질서를 유지하는 것이 아니라 사회 질서를 무너뜨린다.

19 ④ 국가의 역할은 국민의 생명과 안전을 지켜주며, 공정한 법과 제도를 운영하여 국민들이 평화로운 삶을 영위할 수 있도록 돕는 것이다.

| 오답해설 |

ㄱ. 국가는 국민의 자유를 보장해 주어야 한다.

ㄴ. 직업을 선택하는 것은 국민의 자유에 맡겨야 한다.

1인치 더 파고들기 **국가의 기원과 역할**

• 국가의 기원
  – 인간의 사회적 본성에 따라 자연스럽게 국가가 발생함(자연 발생설)
  – 사회 구성원들이 자신의 생명과 재산을 보호하기 위해 계약을 맺고 국가가 형성됨(사회 계약설)
• 국가의 역할
  – 소극적 국가: 개인의 자유를 최대한 보장하기 위해 국토 방위, 치안 유지 등의 안전만을 책임지며 국민의 삶에 최소한으로 개입하는 국가
  – 적극적 국가: 국민의 실질적 자유와 권리 보장을 우선으로 여기며 개인 간 불평등을 해소하기 위해 노력하는 등 국민의 삶에 적극적으로 개입하는 국가

20 ② 구성원들이 서로의 영향을 중요하게 생각하고 함께 노력하려는 것을 연대 의식이라고 한다.

| 오답해설 |

① 애국심은 나라를 사랑하는 마음이다.

③ 준법 정신은 법을 지키려는 것이다.

④ 책임 의식은 맡은 역할과 임무를 중요하게 생각하는 것이다.

21 ④ 사회적 관습을 지키는 것은 사회 규범 중 예절을 지키기 위한 인간의 도리이다. 하지만 잘못되거나 부도덕한 사회적 관습을 무비판적으로 따르는 것은 옳지 않다.

22 ③ 시민 불복종이 정당화되려면 비폭력적으로 진행되어야 한다. 폭력 사용은 정당화 조건에 해당하지 않는다.

1인치 더 파고들기 **시민 불복종의 정당화 조건**

• 공익성: 사회 전체의 이익을 추구해야 함
• 비폭력성: 비폭력적이고 평화로운 방법을 사용해야 함
• 최후의 수단: 합법적인 방법이 없을 경우 마지막으로 시도해야 함
• 처벌 감수: 법을 어기는 행위이므로 책임을 져야 함

23 ③ 청렴은 탐욕이 없는 태도를 말하며, 부패는 책임이 따르는 지위에 있는 사람이 그 힘을 원칙에 어긋나게 사용하는 행위를 말한다.

24 ④ 환경 문제는 전 지구적 차원의 노력을 해야 하는 광범위한 문제이기 때문에 국제 협약에 가입해 많은 나라들이 함께 해결해야 한다.

25 ④ 남북한은 신뢰를 회복하기 위해 노력해야 한다. 따라서 서로를 경계하는 자세는 통일을 이루는 데 방해가 될 수 있다.

01	②	02	③	03	①	04	④	05	③
06	④	07	③	08	②	09	②	10	①
11	④	12	①	13	④	14	④	15	②
16	②	17	④	18	④	19	④	20	③
21	②	22	④	23	②	24	④	25	③

01 ② 도덕은 양심에 따라 지켜야 하는 규범이다.

| 오답해설 |
① 강제적 특성을 지닌 사회 규범은 법이다.
③ 오랜 행동 양식이 굳혀져 지켜지는 것은 예절이다.

> **1인치 더 파고들기**   욕구, 당위, 양심
> • 욕구: 무엇을 얻거나 무슨 일을 하고 싶어하는 것
> • 당위: 사람으로서 당연히 해야 하고 것 또는 하지 말아야 하는 것
> • 양심: 도덕적인 행동을 하도록 하는 마음의 명령

02 ③ 도덕적 행동을 위해서는 책임 있는 행동을 해야 하며, 다른 사람을 배려하는 마음을 가져야 하고, 옳은 일을 행하는 정의를 따르는 행동을 해야 한다.

03 ① 다른 사람의 감정을 함께 느끼는 것을 공감이라고 한다.

| 오답해설 |
② 냉정은 감정에 사로잡히지 않고 차분한 상태를 말한다.
③ 무시는 존재나 가치를 알아보지 않는 것을 말한다.
④ 몰두는 어떤 일에 온 정신을 다하는 것을 말한다.

04 ④ 제시된 대화는 모든 사람이 똑같은 행동을 한다고 가정하였을 때 벌어지는 결과를 가지고 옳지 못하다는 판단을 내리고 있다. 이처럼 모든 사람에게 적용해 보고 나타나는 결론의 옳고 그름을 통해 기준을 세우는 검사 방법을 보편화 결과 검사라고 한다.

05 ③ 도덕적 성찰은 도덕적인 관점에서 바람직하게 살기 위한 구체적 방법을 찾는 것을 말한다. 부모님께 짜증내는 행동을 고치겠다고 한 '병'이 도덕적 성찰을 하고 있다고 볼 수 있다.

06 ④ 본받을 만한 도덕적 인물은 보편적 가치를 실천하는 것을 몸소 보여 주는 사람이다. 사회적 활동을 통해 선한 영향력을 주는 사람에게서 더 많은 점을 배울 수 있다.

07 ③ 물질적·도구적 가치보다 정신적·본래적 가치를 더 우선적으로 추구해야 한다. 따라서 제시된 것 중 가장 우선적으로 추구해야 할 가치는 사랑이다.

| 오답해설 |
①, ②, ④ 도구적·물질적 가치에 해당한다.

> **1인치 더 파고들기**   가치의 종류
> • 정신적 가치: 인간의 정신 활동을 통해 얻을 수 있는 가치
> • 물질적 가치: 여러 가지 물질과 이를 통해서 얻는 만족감
> • 본래적 가치: 그 자체로 소중하고 목적이 되는 가치
> • 도구적 가치: 다른 목적을 이루기 위한 수단으로서의 가치

08 ② 도덕 공부는 사람의 올바른 도리와 가치를 습득하고, 바른 인격을 형성해 나가는 과정이다. 삶의 바람직한 방향을 고민하고 있는 '을'이 진정한 도덕 공부를 하고 있다고 볼 수 있다.

09 ② 좋은 습관을 통해 행복과 만족감을 얻을 수 있다. 이를 위해서는 감사하고 배려하는 습관을 기르는 것이 좋다.

10 ① 서로를 비교하는 대화는 갈등을 만들어 낼 수 있으므로 올바른 대화라고 볼 수 없다.

| 오답해설 | ②, ③, ④ 상대방을 배려하는 마음을 담아 이야기하고 있다.

11 ④ 개인 간 도움을 요청하고 있으므로 일대일 노동 교환의 형태로 도움을 주고받는 품앗이에 해당한다.

12 ① 봉사는 대가를 바라지 않고 하는 이웃에 대한 배려의 실천이다.

13 ④ 배타적 민족주의는 자신이 속한 집단의 문화만 우월하고 다른 집단의 문화는 열등하다고 보는 태도를 말한다. 다문화 사회는 다른 민족과 어울려서 서로를 이해해야 하므로 배타적 민족주의는 적절한 태도가 아니다.

| 오답해설 |
① 관용은 너그럽게 용서하고 받아들이는 자세이다.
② 역지사지는 상대방의 입장이 되어 생각해 보는 태도를 말한다.
③ 문화 상대주의는 어떤 문화를 문화가 발생한 지역의 자연환경, 역사적 배경, 사회적 맥락 등을 고려해 이해하려는 태도를 말한다.

14 ④ 환경 문제는 지속적으로 발생되고 쉽게 해결하기 어려운 문제이므로 전 지구적인 협력이 요구되며 장기간의 노

력이 필요하다. 따라서 가볍게 여겨서는 안 된다.

15 ② 가상 공간 또는 사이버 공간에서 타인에게 고통을 주는 행위를 하는 것을 사이버 폭력이라고 한다.

1인치 더 파고들기   정보화 시대의 도덕 문제
- 사이버 폭력: 악성 댓글, 허위 사실 유포 등 정신적 피해를 줌
- 사생활 침해: 개인 정보 유출로 범죄에 악용될 수 있음
- 인터넷 중독: 가상 공간에 빠져 현실에서의 일상적인 활동이 어려움
- 지적 재산권 침해: 다른 사람의 창작물을 허락 없이 복제·유포하여 피해를 끼침

16 ② 갈등은 서로 다른 의견이나 가치관이 충돌하는 상태를 말한다.
| 오답해설 |
① 폭력은 타인에게 고통을 주는 모든 행위를 말한다.
③ 경쟁은 이기기 위해 겨루는 것을 말한다.
④ 공격은 이기기 위해 하는 적극적인 행동이나 남을 반대하는 행동을 말한다.

17 ④ 고집은 자신의 의견을 굳게 내세우는 태도로, 갈등을 해결하기 위해 필요한 태도가 아니다.
| 오답해설 |
① 협상은 다른 사람의 개입 없이 갈등의 당사자끼리 직접 대화해 갈등을 해결하는 방법을 말한다.
② 중재는 중립적인 제삼자가 양측의 이야기를 들어 보고 중립적인 해결책을 내놓는 방법을 말한다.
③ 다수결의 원칙은 가장 많은 사람이 동의하는 의견을 따르는 방법을 말한다.

18 ② 사회 구조적 차별이 없는 상태는 적극적 평화에 해당한다.

19 ③ 폭력은 시간이 지나면 강도와 피해가 더 커질 수 있으므로 빨리 해결하는 것이 좋다.

20 ③ 준법은 국가의 법을 존중하고 지키는 것을 의미한다. 불법 사이트를 이용하여 정당한 가격을 지불하지 않고 정보를 이용하는 것은 준법의 자세가 아니다.

21 ② 부패는 책임이 따르는 지위에 있는 사람이 그 힘을 원칙에 어긋나게 사용하는 행위를 말하므로, 공정한 경쟁을 방해한다.

22 ④ 북한 이탈 주민에 대해 차별과 편견을 가지지 말고 경제적, 문화적으로 도움을 주며 남한에 적응할 수 있도록 도움을 주는 것이 북한 이탈 주민을 바라보는 적절한 태도이다.

23 ② 자연을 대하는 태도 중 인간 중심주의는 자연을 인간의 욕구를 충족하기 위한 수단으로 여겨 환경을 오염시킬 수 있는 관점이고, 친환경적 소비는 자연과 더불어 살아가는 삶을 중시하는 소비 태도이다.
| 오답해설 |
㉠ 생태 중심주의는 자연과 인간이 서로 영향을 주고 받는 의존적 관계라고 보는 관점이다.
㉡ 합리적 소비는 목적에 맞게 물건과 서비스를 구입하는 소비를 말한다.

24 ④ 인간, 자연, 미래 세대는 서로 연결되어 있으므로 과학 기술을 활용할 때에는 최대한 부작용과 악영향이 없도록 노력해야 한다.

25 ③ 사회적 지위와 상관없이 잘못을 공정하게 처벌하고, 자신의 몫이 알맞게 분배되는 사회가 정의로운 사회이다.

ENERGY

끝이 좋아야 시작이 빛난다.

– 마리아노 리베라(Mariano Rivera)

여러분의 작은 소리
에듀윌은 크게 듣겠습니다.

본 교재에 대한 여러분의 목소리를 들려주세요.
공부하시면서 어려웠던 점, 궁금한 점,
칭찬하고 싶은 점, 개선할 점, 어떤 것이라도 좋습니다.

에듀윌은 여러분께서 나누어 주신 의견을
통해 끊임없이 발전하고 있습니다.

에듀윌 도서몰 book.eduwill.net
• 부가학습자료 및 정오표: 에듀윌 도서몰 → 도서자료실
• 교재 문의: 에듀윌 도서몰 → 문의하기 → 교재(내용, 출간) / 주문 및 배송

2025 중졸 검정고시 핵심총정리

발 행 일	2024년 8월 30일 초판
편 저 자	김지상, 최주연, 유란, 이재은, 홍희진, 나하율
펴 낸 이	양형남
개 발	김성미, 최승철
펴 낸 곳	(주)에듀윌
등록번호	제25100-2002-000052호
주 소	08378 서울특별시 구로구 디지털로34길 55
	코오롱싸이언스밸리 2차 3층

www.eduwill.net
대표전화 1600-6700